图书在版编目(CIP)数据

莲都年鉴. 2022 /《莲都年鉴》编纂委员会编.—
北京: 方志出版社,2022.12
ISBN 978-7-5144-5482-6

Ⅰ. ①莲… Ⅱ. ①莲… Ⅲ. ①区(城市)－丽水－
2022－年鉴 Ⅳ. ①Z525.54

中国版本图书馆CIP数据核字(2022)第244579号

责任编辑: 刘方圆
责任校对: 刘玉霞
责任印制: 梅中英
出 版 者: 方志出版社
地　　址: 北京市朝阳区潘家园东里 9 号(国家方志馆4层)
邮　　编: 100021
网　　址: http://www.zgfzcb.cn
发　　行: 方志出版社图书营销中心(010-67110500)
印　　刷: 丽水市新时代教育印刷有限公司
开　　本: 889毫米×1194毫米　1/16
印　　张: 23.5
字　　数: 879千字
版　　次: 2022年12月第1版
印　　次: 2022年12月第1次印刷
定　　价: 150.00元

编辑说明

一、《莲都年鉴》是由中共丽水市莲都区委、丽水市莲都区人民政府主办，丽水市莲都区档案馆和党史研究中心（丽水市莲都区地方志研究中心）负责编纂的综合性地方年鉴。2006年首卷出版，《莲都年鉴（2022）》是第16卷。

二、《莲都年鉴（2022）》以马克思列宁主义、毛泽东思想、邓小平理论、“三个代表”重要思想、科学发展观、习近平新时代中国特色社会主义思想为指导，坚持辩证唯物主义和历史唯物主义的立场、观点和方法，客观、真实、准确记述2021年丽水市莲都区自然、政治、经济、文化、社会、生态文明建设等方面情况，为广大读者了解、研究莲都提供资料，也为地方文化留下年度资料文献。

三、《莲都年鉴（2022）》采用分类编辑法，基本结构为类目、分目、条目3个层次，部分分目下设子分目，条目是记述信息的基本形式，标题反映条目的内容实质。全书设36个类目。

四、《莲都年鉴（2022）》收入的区和乡镇、街道机构及负责人名录，均系担任实职的副科级以上领导干部。

五、《莲都年鉴（2022）》所用稿件均由全区各单位专人负责提供，经年鉴编辑部编辑审核，完成全书总纂后由主编审定。主要数据以区统计局公布的数据为准。

莲都区行政区划图

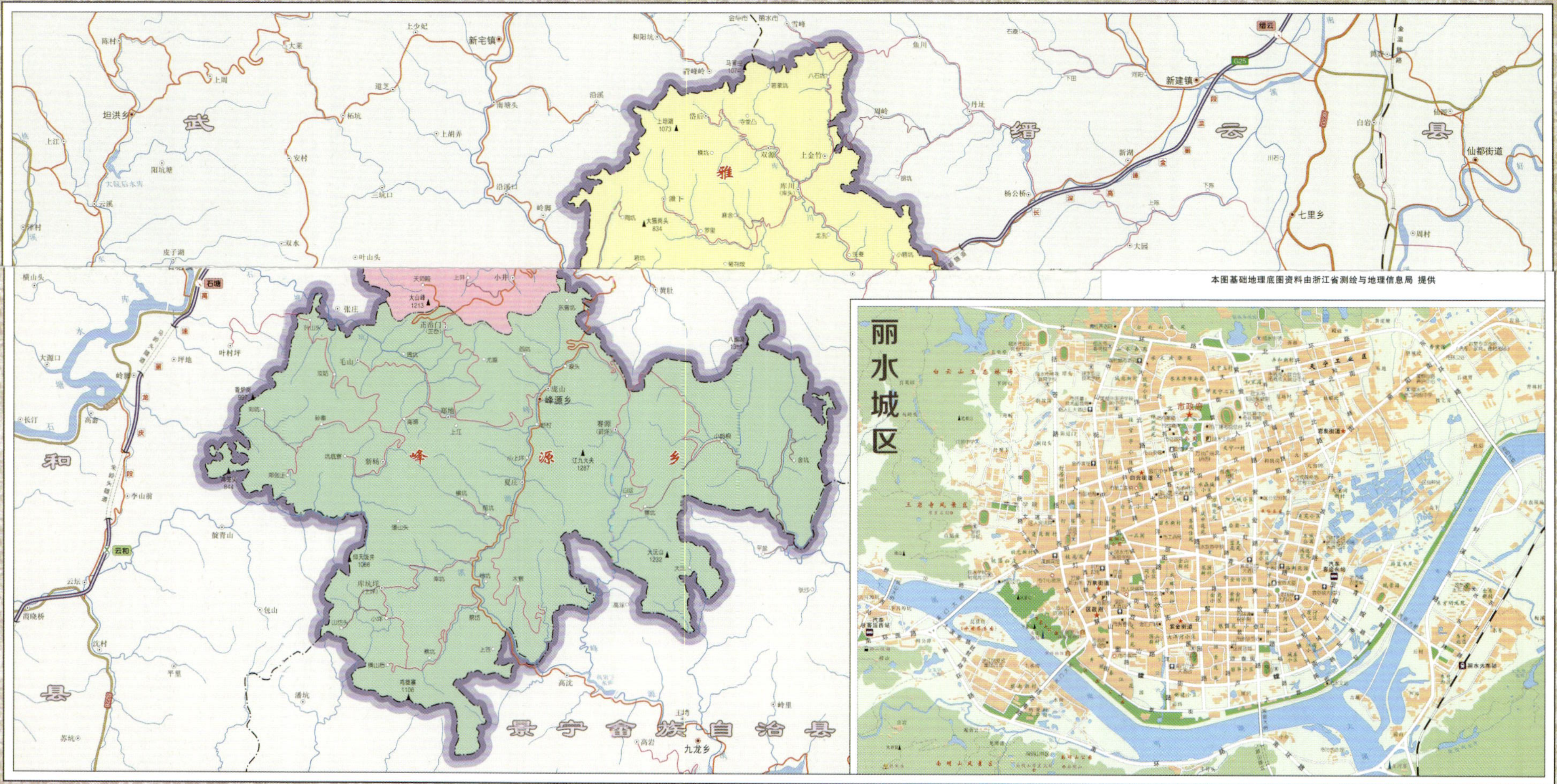

丽水市莲都区民政局、浙江煤炭测绘院 联合编制 审图号：浙S（2015）9号 2015年2月第1版 2015年2月第1次印刷 印数：0001-2 000

3月1日，丽水市莲都区第十六届人民代表大会第五次会议开幕　（区委宣传部 供图）

2月27日，中国人民政治协商会议第十五届丽水市莲都区委员会第五次会议开幕　（区委宣传部 供图）

碧湖平原 （碧湖镇 供图 摄于6月4日）

2021年建设中的碧湖新城　（碧湖镇　供图）

10月15日，2021古堰画乡小镇艺术季暨首届全国风景油画双年展启动仪式　（莲都区旅投公司　供图）

10月15日，2021古堰画乡小镇艺术季夜间活动　（莲都区经济开发区委员会　供图）

1月1日，古堰画乡新年草坪音乐会现场　（莲都区经济开发区管委会　供图）

4月1日，全省文化和旅游资源开发专题培训班走进古堰画乡　（莲都区旅投公司　供图）

新治河绿道(1) (莲都区城投公司 供图 摄于4月22日)

新治河绿道(2) (莲都区城投公司 供图 摄于4月22日)

6月28日，“中国共产党的故事百年党报展”在古堰画乡举办 （莲都区旅投公司 供图）

6月28日，“颂百年风华 传红色基因”音乐快闪活动举行 （莲都区融媒体中心 供图）

6月25日，“永远跟党走 奋进新时代”莲都区举行社区红歌合唱大赛　（区委宣传部　供图）

6月29日，莲都区举行庆祝中国共产党成立100周年“唱响新时代 颂歌献给党”合唱比赛　（叶元君　供图）

10月24日，华智生物技术有限公司总裁田冰川（左二）携首席科学家肖金华（右一）到国家水稻分子育种中心丽水示范基地考察 （莲都区科技局 供图）

5月1日，太平乡长濑村畲族村民代表在节水抗旱稻示范点合影 （莲都区科技局 供图）

万洋众创城 （莲都区经济开发区管委会 供图 摄于5月18日）

鱼跃1919文化产业园 （鱼跃酿造有限公司 供图 摄于6月7日）

1月12日，莲都—义乌山海协作项目莲都大厦开工仪式在义乌市金融商务区举行，这标志着全省投资最大、建筑面积最大的山海协作科创飞地项目正式开工　　（莲都区城投公司 供图）

万洋低碳智造小镇　（莲都区经济开发区管委会 供图　摄于2021年2月）

5月9日，“新城时代杯”2021莲都碧湖田园半程马拉松在九龙国家湿地公园开赛 （区文广旅体局 供图）

6月20日，浙江省第三届“绿道健走大赛”暨“绿道健身月”活动举行 （莲都区住建局 供图）

2021 年国庆节，东西岩风景区三公主迎宾节目 （莲都区旅投公司 供图）

11 月 5 日参加丽水市摄影节的摄影爱好者们在东西岩风景区取景 （莲都区旅投公司 供稿）

美丽城镇样板乡镇——老竹镇　（老竹镇　供图　摄于2021年8月）

美丽城镇样板乡镇——丽新乡　（莲都区住建局 供图　摄于2021年8月）

美丽城镇样板乡镇——太平乡　（莲都区住建局 供图　摄于2021年7月）

美丽城镇样板乡镇——仙渡乡　（莲都区住建局　供图　摄于2021年11月）

7月21日，莲都区首届政务服务技能竞赛举行 （莲都区行政审批中心 供图）

7月23日，处州白莲节“莲”下普法 （莲都区司法局 供图）

7月送法下乡普法活动 （莲都区司法局 供图）

5月14日，碧湖镇争先创优大比武擂台赛暨“我为村民办实事”豆选活动决赛举行 （区委宣传部 供图）

九龙湿地萤火虫 （莲都区经济开发区管委会 供图 摄于2021年4月）

老竹镇莲田 （老竹镇 供图 摄于2021年5月）

目 录

中国共产党丽水市莲都区委员会

丽水市莲都区人民代表大会

丽水市莲都区人民政府

政协丽水市莲都区委员会

中共丽水市莲都区纪委·区监委

民主党派·工商联

群众团体

法　治

外事·侨务·台务

军　事

网络·邮政

农业·农村·水利

林　业

工业化信息化

经济合作交流

商贸业

交　通

金　融

旅　游

财政·税务

经济管理

教　育

科学技术

文化·广电·体育

人力资源和社会保障

城建·城管·环保·征收

卫生健康与医疗保障

社会生活

乡镇·街道

名　录

附　录

特　　载

接续高质量发展建设百万人口大城市
为与全省同步迈向共同富裕奠定坚实基础

——在中国共产党丽水市莲都区第十五次代表大会上

（2021年12月27日）

中共丽水市莲都区委书记　张壮雄

中国共产党丽水市莲都区第十五次代表大会，是在“两个一百年”奋斗目标的历史交汇点上召开的一次十分重要的会议。大会的主题是：以习近平新时代中国特色社会主义思想为指导，深刻把握莲都的历史方位、工作定位和价值地位，统一思想，凝心聚力，奋发有为，接续高质量发展建设百万人口大城市，变不可能为可能，变可能为现实，为与全省同步迈向共同富裕奠定坚实基础。

一、过去五年的主要工作

区第十四次党代会以来，面对错综复杂的外部环境、艰巨繁重的改革发展稳定任务，特别是新冠肺炎疫情的严重冲击，我们在中央、省委、市委的正确领导下，坚持底线思维，保持战略定力，脚踏实地抓落实，较好完成了区第十四次党代会确定的目标任务，与全省同步高水平全面建成小康社会。

我们致力于党建引领，执政能力实现新提升。坚持把政治建设摆在首位，巩固深化“两学一做”学习教育成果，深入开展“不忘初心、牢记使命”主题教育和党史学习教育，大力弘扬践行浙西南革命精神，淬炼了广大党员干部绝对忠诚的政治品格。坚定筑牢主流阵地，精心组织党的十九大、庆祝改革开放40周年、新中国成立70周年、中国共产党成立100周年等重大主题宣传。坚持和加强党的全面领导，人大监督、决定、任免职权和代表作用有效发挥，人民政协政治协商、民主监督、参政议政水平不断提升，爱国统一战线巩固发展，工会、共青团、妇联、民族宗教、工商联、侨务、党校等工作取得实效。顺利完成党政群机构改革。国防动员和后备力量建设持续加强。驰而不息正风肃纪反腐，抓好省委巡视及“回头看”反馈问题整改，推进纪检监察体制改革，十四届区委巡察实现全覆盖。持续深化“双整”工作，创新实践“五大工作制度”，圆满完成乡镇党委和村社换届，基层党组织更加坚强有力。注重在基层一线培养使用干部，干部选任机制不断完善。特别是面对战疫大考，党员先行，党旗飘扬，有力守护了群众生命健康安全。

我们致力于产业带动，经济发展迈上新台阶。加快推进平台“二次创业”，持续开展“精准服务企业、振兴实体经济”专项行动，高溪工业产业园累计开工117万平方米、投产企业89家。深化“亩均论英雄”改革和“标准地”改革，实施“凤凰行动”计划，3家企业在纳斯达克上市，1家企业在“新三板”挂牌。明确并实施“3+2+1”农业农村产业布局，建立全市首个超市产业农合联，“丽水枇杷”“处州白莲”成为国家农产品地理标志登记产品，生猪增产保供获评省争先创优行动“最佳实践”。莲都区先后创成省畜牧业绿色发展示范县、省农业绿色发展先行县、省级现代生态循环农业整建制推进区、省级渔业健康养殖示范区。加快发展全域旅游，古堰画乡小镇被命名为第三批省级特色小镇，莲都区创成全国休闲农业与乡村旅游示范县、省级全域旅游示范区。金融服务提质增效，成立全省首个制造业金融服务站。电子商务快速发展，丽水·莲都电子商务创业创新综合体被列入省电子商务产业基地名录，莲都区与四川剑阁县的电商合作入选国务院扶贫办《携手奔小康行动案例选编》。

我们致力于动能培育，发展后劲得到新增强。坚持改革破题，充分发挥数字化改革的牵引撬动作用，“最多跑一次”改革、生态产品价值实现机制改革、农村集体产权制度改革、国有企业改革等取得实效。推进山海协作、东西部扶贫、接轨上海等一系列开放合作行动，全省投资最大、面积最大的山海协作科创金融飞地（莲都大厦）在义乌开工建设。强化精准招商，累计新引进项目298个，实际利用内资192.89亿元，两次举办世界丽水人大会莲都分会场活动，努力把“莲都人经济”转化为“莲都经济”。深入实施人才科技新政，29名院士签约入驻“画乡莲都·院士之家”，与袁隆平院士团队合作打造国家水稻分子育种中心丽水示范基地。全区新增国家高新技术企业38家、省科技型中小企业96家。积极争资金、抢机遇，成功争取省区域协调财政专项激励资金4.5亿元，碧湖全域土地综合整治与生态修复工程列入全国试点名单。

我们致力于城乡共美，美丽莲都谱写新画卷。主动融入中心城区建设，圆满完成市区城中村改造三年行动，拆除面积超过之前10年总和，有力保障了城市大建设大发展。灵山、灯塔、采桑、水东双创新城4个社区成为全省未来社区试点。持续发力城市创建，助力丽水以全国第八名成绩实现全国文明城市“两连冠”。持续深化“千万工程”，创成省级小城镇环境综合整治样板乡镇3个、美丽乡村示范乡镇6个，碧湖镇入选省首批千年古城复兴试点。莲都区被列入首批部省共建乡村振兴示范省先行创建区，创成省新时代美丽乡村示范县。坚决抓好中央环保督察反馈问题整改，切实打赢污染防治攻坚战，垃圾、污水、厕所“三大革命”均获省级考核优秀，莲都区荣获全省治水最高奖“大禹鼎”，创成省基本无违建区，获评“中国天然氧吧”，清新空气、清澈水质、清洁环境成为“莲都标配”，生态环境质量公众满意度保持全省前列。

我们致力于民生提质，群众生活达到新水平。坚决打好精准脱贫攻坚战，实现“两不愁三保障”突出问题、年总收入10万元且经营性收入5万元以下集体经济薄弱村、年人均收入8000元以下家庭、低收入农户零就业家庭“四个清零”。认真办好省、市、区民生实事。圆满完成农村饮用水达标提标三年行动。在全市率先达到城乡客运一体化5A级评级。着力增加公共产品供给，新增义务教育、学前教育学位1.1万多个，一批标志性文化设施投入使用，省级卫生乡镇实现全覆盖，医疗保障水平持续提升。莲都区先后创成全国健康促进区、全国无障碍环境区、全国双拥模范城、国家义务教育质量监测结果应用实验区。深化平安莲都、法治莲都建设，一批信访问题得到妥善处置，扫黑除恶三年专项斗争圆满收官，政法队伍教育整顿成效明显，“村级事务阳光票决制”经验全省推广。莲都区获评省首批法治浙江（法治政府）建设示范区、省首批禁毒示范区、省首批放心粮油示范县，创成省食品安全区，夺得一星级“平安金鼎”。此外，审计、档案、史志、慈善、老龄、残疾人、社科、移民、红十字、关心下一代等各项事业都取得了新进步。

五年强基兴业，五年成效显著。这些成绩的取得，是上级党委政府正确领导的结果，是历届区委区政府接续奋斗的结果，是全区上下共同努力的结果。在此，我代表中共丽水市莲都区第十四届委员会，向全区广大党员干部群众，向各民主党派、工商联和无党派人士、各人民团体、社会各界人士，向驻莲解放军指战员、武警部队官兵、公安干警和消防救援队伍，向所有关心支持莲都发展的海内外朋友们，表示衷心的感谢和崇高的敬意！

回顾五年来的工作，我们的主要体会是：只有以新发展理念为引领，把上级决策部署与莲都实际紧密结合起来，坚持"发展莲都、服务市区"基本定位，才能一心一意谋发展、聚精会神搞建设。只有以高速度增长为目标，牢固树立"没有实现加快发展也是一种风险，没有追求实现加快跨越式发展的意识、决心和胆略更是极端危险"的理念，努力在高质量发展前提下实现必要适度的高速度增长，才能在激烈的区域竞争中突围而出。只有以改革、开放、创新为动力，善于捕捉和创造机遇，以一往无前的战斗姿态补短板、强弱项、扬优势，才能创造经得起实践、人民、历史检验的实绩。只有以全面从严治党为保证，毫不动摇坚持和加强党的全面领导，不断提升党的凝聚力、影响力和战斗力，才能汇聚起共创美好未来的磅礴伟力。

与此同时，我们也要清醒地看到不足和挑战：生态产品价值实现机制有待深化，新型工业化推进还不够快，高端产业、重大项目不足仍然是我们的最大弱项；中心城区首位度不够高、集聚辐射能力不够强，空间、资金、人才等要素制约亟待破解，科创中心建设需要尽快落地；优质公共服务供给还不充裕，居民持续增收存在短板，与人民群众日益增长的美好生活需要尚有差距；信访历史欠债亟须化解，影响社会和谐稳定的隐忧依然存在，社会治理能力有待提升；一些干部观念视野、专业能力还跟不上形势任务要求，少数干部还存在"庸、懒、散、疲"现象，农村基层党风廉政建设任重道远。对此我们要高度重视，切实加以解决。

二、今后五年的总体要求

习近平总书记强调，"时代是出卷人，我们是答卷人，人民是阅卷人"。今后五年，是莲都区接续高质量发展建设百万人口大城市的破局阶段，也是莲都区与全省同步迈向现代化和共同富裕的关键时期，必须以更加饱满的激情和更加昂扬的斗志，走好赶考路、奋进新征程。

要辩证认清形势，科学把握经济发展的时和势。从国家层面看，党中央统揽"两个大局"，提出"两个确立"，作出加快构建新发展格局的重大战略抉择，"中国人民正走在正确的道路上"，在党的旗帜下团结成"一块坚硬的钢铁"，忠诚核心、万众一心，为我们统一思想、统一行动指明了前进方向。从省域层面看，浙江作为"三地一窗口"，始终牢记习近平总书记的殷殷嘱托，坚决扛起高质量发展建设共同富裕示范区的光荣使命，超常规推动山区26县跨越式高质量发展，为我们"借梯登高"、加快发展创造了有利条件。从市域层面看，丽水作为"绿水青山就是金山银山"理念的重要萌发地和先行实践地，作为"丽水之赞"的光荣赋予地，正在全面建设"高水平建设和高质量发展重要窗口"、共同富裕美好社会山区样板，为我们发挥市区优势、加快跨越发展提供了新的契机。我们更应该牢记，市委始终对莲都高看一眼、厚爱三分。从"莲缙青优先发展"战略到"一带三区"发展规划，从永当全市协同发展"火车头"到勇当全市"发展头雁、创新标兵、实干先锋"，从打造全市政治、经济、文化、科创"四个中心"到"当头雁、作表率""为全市发展提供硬核支撑"，莲都一直重任在肩、使命在身。我们耽误不起，我们犹豫不得，必须以翻篇的姿态、归零的心态、奋发的状态，以干谋变、以干图强、以干得助，切实担当首位责任，创造首位成绩。

基于以上分析，今后五年工作的指导思想是：高举习近平新时代中国特色社会主义思想伟大旗帜，深入贯彻党的十九大和十九届二中、三中、四中、五中、六中全会精神，统筹推进“五位一体”总体布局，协调推进“四个全面”战略布局，准确把握新发展阶段，深入贯彻新发展理念，主动融入新发展格局，坚持党的全面领导，坚持以人民为中心，坚持稳中求进工作总基调，坚持以“八八战略”为总纲，坚持践行“绿水青山就是金山银山”理念，大力弘扬践行浙西南革命精神，高扬“丽水之干”行动奋斗旗帜，接续高质量发展建设百万人口大城市，聚焦聚力城市能级提升、未来产业发展、人口规模增长、民生优质共享，变不可能为可能，变可能为现实，为与全省同步迈向共同富裕奠定坚实基础。

奋斗目标是：百万人口大城市建设取得突破性进展，成为全省共同富裕的先行示范。

——城市首位度更高。发展速度能快则快，到“十四五”末，规上工业实现翻两番，在“一带三区”新格局中区本级经济贡献度显著提升。新型城镇化加快推进，碧湖区域高质量发展建设全面破冰，“一脉三城”发展格局基本确立，中心城区的辐射力、带动力和影响力充分彰显。“城市精明增长”和“人民城市”理念得到更好实践，“丽水山居图”实景呈现，“丽水形象展示主窗口”名副其实。

——综合竞争力更强。生产力布局加快战略聚焦，人口和产业向优势区域集聚，碧湖区域成为全市新发展格局中的硬核支撑。传统产业“腾笼换鸟、凤凰涅槃”取得显著成效。新型工业化取得突破性进展，数字经济聚变效应显著，美丽经济呈现极速增长，平台“二次创业”领先全市。市区一体化发展水平明显提升，乡村振兴全面推进，年轻的人口、年轻的产业、年轻的资本融合聚变，成为“丽水经济建设的主战场”。

——发展新动能更足。高水平对外开放扎实推进，融入长三角向各领域深度拓展，山海协作全面升级，人、地、钱、势等制约得到有效破解。改革向纵深推进突破，系统重塑成果显现。重大项目引进、市场主体培育、中小企业发展、双创经济生长等蝶变升级。浙西南综合交通枢纽初步建成，区位优势更加明显。创新驱动成为发展主动力，人才和研发投入领跑山区26县，基本建成浙西南科创中心。

——群众获得感更实。生态涵养水平持续提升，生态环境质量公众满意度继续保持全省领先。居民收入绝对值保持山区26县前列，城乡居民收入倍差逐步缩小。社会事业蓬勃发展，基本实现人的全生命周期公共服务优质共享。新时代文明实践深入开展，弘扬践行浙西南革命精神走深走实，文化自信进一步增强。党建统领的整体智治体系不断完善，平安莲都、法治莲都、清廉莲都建设迈向更高水平，群众安全感满意度综合排名保持全省前列。

在此基础上，我们再接再厉、接续奋斗，到2035年，“一脉三城”发展格局全面形成，在市区协调发展基础上积累形成更加完备有效的制度体系，建成具有鲜明莲都特色的现代化生态经济体系和区域协同发展体系，经济发展水平、综合竞争力和可持续发展能力显著提升，中心城区常住人口超过100万人，首位度和集聚辐射能力大幅增强，建成浙西南中心城市。

确立这样的目标，是时代发展的要求，是省委、市委的殷切期望，是莲都人民的共同愿景！

全区各级党组织和广大党员干部要把思想和行动统一到这一目标上来，心往一处想、劲往一处使，用我们的智慧和汗水，交出一份高质量发展、竞争力提升、现代化先行和共同富裕示范的成绩单，在丽水跨山统筹、跨越发展的历史丰碑上，注入浓浓的莲都元素，刻下深深的莲都印记！

在具体工作中，要做到“五个必须”：

——必须要有“政治首位、牢记使命”的大忠诚。“天下至德，莫大于忠”。要清醒认识到，“中国特色社会主义最本质的特征是中国共产党领导，中国特色社会主义制度的最大优势是中国共产党领导”，切实把党的政治建设摆在首位，不断增强“四个意识”、坚定“四个自信”，坚决做“两个确立”忠诚拥护者、“两个维护”示范引领者。要自觉把对国家、对民族、对人民的责任扛在肩上，不忘初心、牢记使命，善于从政治上分析问题、解决问题，坚决贯彻上级重大决策部署，切实做到“总书记有号令，中央省市有部署，莲都见行动”。唯有如此，我们的事业才能始终沿着正确方向前进。

——必须要有“我将无我，不负人民”的大境界。民心是最大的政治。我们党来自人民、植根人民、服务人民，一旦脱离群众，就会失去生命力。要始终坚持以人民为中心的发展思想，保持“心里装着人民、时刻想着人民、讲话贴近人民、奋斗为了人民”的“无我”状态，善于把上级要求与群众需求统一起来，自觉与人民风雨同舟、生死与共，同人民想在一起、干在一起。要始终牢记“江山就是人民，人民就是江山”，站稳人民立场，贯彻群众路线，立足现实条件、长久之计，多谋富民之策，多行惠民之举，多办利民之事，不断促进人的全面发展，让莲都人民在自我奋斗中更有获得感、幸福感、安全感和尊荣感。

——必须要有“市区同体、当仁不让”的大格局。“一市一区”，惟其担当，方显勇毅。事实上，市区同住一座城、同饮一江水，在长期互动发展中已经成为生命共同体。要不断铸牢市区共同体意识，深刻理解和把握市委的战略意图，始终保持足够的敏感性、敏锐度，时刻关注市委部署了什么、全市发展亟须什么、兄弟县（市）在干什么、自己正在做的与之结合了什么，以主人翁的心态，以当仁不让、舍我其谁的气概，勇于并善于站在全市域的角度去谋划各项工作，切实在“市区同体”上保持高度一致，在“区级主体”上扛起责任担当，在“市域强体”上展现更大作为。

——必须要有“率先破冰、勇当头雁”的大跨越。在全市域范围内，莲都无论是功能定位、区位条件还是所处发展阶段、发展前景相较其他县（市）都更为特殊。要深刻把握莲都在全市挑大梁走前列的特殊意义、特殊要求和特殊自信，深刻认识和理解“经济增长动能严重不足的瓶颈制约已经成为丽水当前和未来发展所面临矛盾的主要方面”这一重要论断，对标更高更好更优，以数字化改革为牵引，在具有突破性的领域率先破冰，在招引战略级项目、“链主型”企业上奋力突围，加快构筑面向未来的新优势，进一步增强辐射带动能力，勇当头雁、大步跨越，无愧于丽水“首位之区”和“市域发展核心带”的定位。

——必须要有“奋力一搏、惊人一跃”的大干劲。毛泽东同志曾指出：“人是要有一点精神的。”现代化先行和共同富裕示范，对每个地方都是一次机遇性、竞争性、重塑性的变革，我们必须加快入局而不能等待观望，只能换道赶超而不能按部就班。要着力增强干事创业的激情和冲破束缚的胆魄，敢于突破因循守旧的思想观念，克服求稳怕乱的保守心理，革除积弊日深的顽症痼疾，调整不合时宜的体制机制，逢山开路、遇水架桥，以变革重塑的信心、智慧和果敢，牢牢把握“四个中心”定位，把“首位度”肉眼可见地渲染在“丽水山居图”上，以其奋力一搏，实现惊人一跃。

三、今后五年的主要任务

习近平总书记指出，“奋斗创造历史，实干成就未来。”接续高质量发展建设百万人口大城市，与全省同步迈向共同富裕，必须在战略谋划上见深见远、保持定力，在战术实施上时不我待、只争朝夕。我们要咬定目标，一起拼、一起闯、一起跑，努力实现“四个跃升”。

（一）坚持一脉三城、协同共进，推动城市首位度实现整体跃升。用好“跨山统筹”金钥匙，统筹“一脉三城”一体发展、联动发展、同步发展，推动“三城”在时空、功能、产业、美学、生态等方面紧密协同、相得益彰。

一要致力北城有机更新。坚持以塑造城市特色形象为己任，完善城市功能，厚植城市文化，涵养城市气质，有效激发老城新活力。突出精品精致，提高精细化、智能化空间治理水平，完善城市建设管控体系。下足“绣花功夫”，推进公园、绿道、城市阳台等项目建设，建成丽阳街、花园路、丽青路城市迎宾道。优化联城片区、城东片区功能布局，推动未来社区、花园邻里中心建设。联通高铁片区、青田县西北部及缙云县南部区域，合力建设华侨“双创”试验区。全力做好北城项目征收和服务保障，推进老旧小区改造和历史街区保护与利用，营造山水花园意境，留住城市的“生态”“文脉”和“乡愁”，让城市更加“高大上”。

二要助力南城功能提升。要放开心胸、放宽眼界、放大格局，坚持空间一体、“园”“区”一体、规划一体、产业一体，主动加强与丽水经济技术开发区的对接联动，实现重大产业、基础设施、国土空间、人力资源、公共服务等有效统筹。创新实践“一园两区”体制机制，积极探索合作园区“存量不变、增量分成”、合作项目“成本共担、利益共享”、重大项目“统筹招商、协同推进”、惠企政策“‘园’‘区’联动、协调整合”，打造全省高能级战略平台。科学谋划和布局空港经济，完善创新平台体系，协同建设科创中心、跨境电子商务综合试验区、综合保税区，推进产城融合发展与城市功能提升。

三要聚力新城发展。碧湖区域是建成百万人口大城市的主要拼图、破局之地。以中心城区“西进”战略为契机，深化碧湖区域体制机制改革，掀起碧湖区域发展建设高潮，打造高端服务、未来产业、创业创新、现代金融、高能人才、品质教育、优质医疗、城市美学等为一体的新高地。以“多规合一”实施为契机，主动谋划松阳、云和毗邻区域协同发展，建设郎奇白口、高溪区块、九龙湿地、碧湖镇区、古堰画乡“五大聚落”，探索集聚型创新社区和连片型美丽田园相结合的城市开发模式，塑造好新城的叙事结构、叙事策略、叙事方式。以“未来城市”标准去发展，运用充分介入的造城方式，把牢市场化导向，探索“高能窄地”的经济形态，推进碧湖全域土地综合整治与生态修复工程，系统重塑空间、产业与人口，打造可阅读、有温度、高品质的城市影像。

四要着力城乡融合发展。尊重城乡发展的客观规律，始终把进退的辩证统一作为以城带乡、城乡融合的大策略，加快革命老区振兴发展。推动大港头镇、峰源乡打造文旅融合发展区，老竹镇、丽新乡打造畲乡民俗经济区，雅溪镇、太平乡、仙渡乡、黄村乡打造“红绿融合”发展区，实现各区块发展各尽其能、各美其美、美美与共。以东西岩高铁站为依托，谋划发展高铁经济。坚持农业农村优先发展，推进乡村活化和退化并举，提升公共资源配置效率，开展未来乡村建设试点，全面实施数字乡村行动和“古村复兴”“畲寨复兴”计划，推动乡村自然资源、产业结构和社区传统“深层更新”，加快实现高质量的乡村振兴。

（二）坚持面向未来、迭代升级，推动综合竞争力实现蝶变跃升。直面“碳达峰”“碳中和”的机遇和挑战，用好“创新引领”金钥匙，推进产业迭代升级，推动城市经济系统性重塑，加快构筑面向未来的新优势。

一要培育发展前瞻性新兴产业。投资前瞻性新兴产业就是投资未来。要抢抓产业布局先机，坚持高端化、现代化、智能化、生态化导向，坚决拒绝低端产业向莲都转移，勇于引入具有变革性意义甚至颠覆性潜能的未来产业，培育发展半导体集成电路、新能源、美丽经济、数字经济等高新低碳产业，努力在招引“大好高”项目上实现大突破，推动产业向价值链高端跃升。突出打造“桃花源般的创新第二空间”，建设以服务全域孵化为基本特征的浙西南科创中心，持续加大人才科技、研发创新投入强度，构筑集产业链、人才链、资本链、创新链、服务链于一体的创新创业生态，加快高端生态、高端产业和高端人才融合聚变，努力推动城市经济质量变革、效率变革、动力变革。

二要加快推进传统产业提质发展。坚定不移推动制造业发展由粗放型向集约型转变，深化丽水工业园区平台“二次创业”，推进强链补链延链，实施新一轮制造业“腾笼换鸟、凤凰涅槃”攻坚行动，盘活闲置低效用地，坚决淘汰落后产能，加强自动化、数字化、智能化改造，提升生产和管理水平，努力培育更多“专精特新”“隐形冠军”企业。创新生态产品价值实现机制，围绕创建国家农业高新技术产业示范区、国家全域旅游示范区和丽水古堰画乡国家级旅游度假区，实施农业“双强行动”，加快农业、文旅产业转型发展，融入瓯江山水诗路建设，发展户外生活、户外运动、户外休闲新业态，构建“山水陆空”四位一体的户外运动产品体系，打造沉浸式体验经济，切实把生态优势转化为产业优势、竞争优势和发展优势。

三要推动数字经济和实体经济融合发展。坚持把数字经济作为“一号工程”来抓，抢抓数字变革的时间窗口，实施数字经济高能聚合计划，构建“生态+”“文化+”“数字+”相互促进的数字生态产业体系，牢牢掌握新一轮发展的主动权。大力发展数字化实体经济，推动制造业、服务业、农业等产业数字化，推进园区数字化转型和企业“上云用数赋智”，引进5G应用、区块链、人工智能、云计算等新业态，让数字生态产业极速生长。把数字基础设施建设作为数字经济的“催化剂”，打造“双千兆”网络示范城市，推进乡镇、3A级以上景区5G全覆盖，建设数字社会，推广数字生活，为“数字产业化、产业数字化”提供强有力的底层支撑。

（三）坚持开放开源、借势借力，推动发展新动能实现快速跃升。莲都是物理空间上的山区，但山区不是落后封闭的代名词。要敢于站到云端看莲都、站在黄浦江边谋发展，用好“问海借力”金钥匙，实施“双招双引”战略性先导工程，以借力的机动赢得更多发展的主动。

一要畅通人口链接。对城市来说，有人，才有未来。要坚持走以人为核心的新型城镇化道路，加快推动“产城人”向“人产城”转变，解决好“人从哪里来”的问题。在“招才引智”上要舍得大投入，办好人才科技峰会，升级人才服务“政策包”，加快应用型、基础型、技能型人才增量引进，突出高层次人才栖息集聚，支持和鼓励高校毕业生来莲就业创业，让向往的地方集聚有趣的人，营造“近悦远来”的城市人才生态。在“大搬快聚”上要全面加力，建立面向全市的人口集聚政策体系，打好“一户多宅”清理整治、安置小区建设、公共设施配套、转移就业等系列组合拳，努力让莲都成为市域转移人口市民化的核心区域、城乡年轻人的首选集聚地。

二要贯通资本链接。资本是经济发展的血液。莲都经济增长内生动力相对不足，亟须外力输入打通发展血脉，解决好“钱从哪里来”的问题。要扭住招商引资这个“牛鼻子”，坚持“一把手”招商、专业招商、精准招商、以商招商，发挥世界丽水人大会莲都分会平台优势，培育专业精干的招商队伍，始终做到“不是在招商，就是在招商的路上”，努力吸引更多的工商资本、民间资本、外商资本投资莲都、投向创新领域，实现要素汇聚、活力涌动、创客云集的繁荣图景。要抓住深化改革这个“关键一招”，强化“经营城市”理念，加大政银、银企合作力度，深化国资国企市场化改革和投融资体制改革，规范推广政府和社会资本合作模式，切实做大国有资本、激活体制机制、提升经营业绩，最大限度盘活用好现有资源，为又好又快发展注入源头活水。

三要联通空间链接。“穷在山上，困在路上，弱在散上”是山区的积弊所在，跨越发展之“势”先天不足。要主动融入以国内大循环为主体、国内国际双循环相互促进的新发展格局，强化开放开源、互联互通，善于乘势、用势、借势、造势，解决好“势从哪里来”的问题。以“交通先行”推进地理空间的联通，加快谋划和实施一批综合交通项目，推动丽水机场、杭丽高铁、衢丽铁路等重大交通项目早日建成，形成通达上海2小时、省域1小时、市域1小时“211交通圈”。以“亲清关系”推进情感空间的联通，聚焦更优营商环境，秉持“城市合伙人”理念，树牢“客户经理”思维，喊响“企业家是英雄”的口号，以理念、机制、政策、服务创新打造“最佳在地政府”，让企业、资本、项目、人才来了不想走、走了还想来。以“山海协作”推进发展空间的联通，抢抓“一带一路”和长三角一体化发展的机遇，加强与上海黄浦区、宁波江北区、金华义乌市的资源共享，打造北上广深“飞地”，联动推进与四川叙永县的东西部协作，全面深化区域合作，充分释放发展的巨大潜力和强大动能。

（四）坚持人民至上、造福于民，推动群众获得感实现全面跃升。人民对美好生活的向往，就是我们的奋斗目标。要践行以人民为中心的发展思想，在发展中保障和改善民生，让人民群众享有更优越的自然生态、更优质的民生福祉、更优良的社会环境。

一要打造万山滴翠、鱼翔浅

底、繁星闪烁的最美生态。良好生态环境是最普惠的民生福祉。以“人不负青山，青山定不负人”的自觉，融入丽水大花园核心区“1 + 3 + N”工程，打造一批“耀眼明珠”，建设一批“多彩廊道”，创成省大花园示范县。全面落实“三线一单”生态环境分区管控方案，统筹山水林田湖草系统治理，加快水系连通建设，推进瓯江沿岸森林生态保护和修复项目，深化“两非”整治，实施植树造林、“增花添彩”等工程，全面提升自然生态系统稳定性和服务功能。坚决打好生态环境巩固提升持久战，高标准推进“蓝天、碧水、净土、清废”行动，实施二氧化碳排放达峰行动，创成“无废城市”，争创国家级生态文明建设示范区，让莲都进一步“绿起来”“美起来”“清起来”。

二要书写富有温度、富有质感、富有成色的民生答卷。民之所望，政之所向。要让百姓口袋鼓起来，实施中等收入群体和居民收入双倍增计划，开展村级集体经济巩固提升五年行动，打造“八个万元”助农增收升级版，促进低收入农户增收减支，推动实现更加充分更高质量就业，不断拓宽先富带后富、先富帮后富的有效路径。要让社会保障强起来，健全养老保险和医疗保障体系，落实“浙丽保”政策，推进分层分类精准救助，确保老弱病残等特殊群体有基本保障、低保对象应保尽保。要让城市品质优起来，巩固提升全国文明城市、国家卫生城市创建成果，放大“小荷”志愿服务、“96345”便民服务品牌效应，加强城市社区建设，完善15分钟生活圈服务体系。要让公共服务均衡起来，构建育儿友好型社会，推进教育提质发展，实施健康莲都专项行动，深化“文化惠民”工程，争创全国学前教育普及普惠区、全国义务教育优质均衡发展区、国家中医药基层先进区。统筹做好老干部、体育、关心下一代、档案、红十字、慈善、老龄、残疾人等各项工作，推动社会全面进步。

三要建设城市安全、社会安定、人民安宁的平安环境。平安是人民幸福安康的基本要求。要全面贯彻总体国家安全观，坚持除险保安，控新治旧、标本兼治、依法治理，推进法治莲都、平安莲都建设，抓好全国法治政府建设示范区创建，以一域之稳定为全市大局稳定尽责任、作贡献。要坚持和发展新时代“枫桥经验”，做实街道“大工委”、社区“大党委”制，完善“一肩挑”后村社治理体系，推进社会治理共同体建设，落实万村善治工程，全面推动信访积案化解，最大限度把各类风险和矛盾问题防范在源头、化解在基层。要把保护人民生命安全摆在首位，加快构建“大安全、大应急、大减灾”体系，统筹抓好疫情防控、安全生产、交通安全、防汛防台、森林防火、食药品安全等工作，夺取二星级平安金鼎，推动“平安”向“长安”迈进。

四、全面加强新时代党的建设

接续高质量发展建设百万人口大城市，关键在加强党的全面领导。要深入贯彻新时代党的建设总要求，纵深推进全面从严治党，引领保障莲都发展行稳致远。

（一）切实把党的政治建设摆在首位。持续强化讲政治的鲜明导向，严明政治纪律和政治规矩，深入贯彻党内政治生活若干准则，教育引导广大党员干部坚决做“两个确立”忠诚拥护者、“两个维护”示范引领者。着力提升政治判断力，坚决同一切违背、歪曲、否定党的政治路线的言行作斗争，牢牢把握意识形态工作主动权。着力提升政治领悟力，牢记“国之大者”，善于结合实际创造性推动工作。着力提升政治执行力，以“钉钉子”精神抓好上级重大决策部署的贯彻落实，切实做到“总书记有号令，中央省市有部署，莲都见行动”。同时，坚持和加强党的全面领导，完善党领导人大、政府、政协、监察机关、审判机关、检察机关、武装力量、人民团体等制度，坚持统一战线，推动各方面协调行动、增强合力。

（二）切实强化党的创新理论武装。坚持在学懂弄通做实习近平新时代中国特色社会主义思想上持续用力，落实“第一议题”制度，学出信仰信念信心，不断提高马克思主义看家本领。健全党员干部理论学习教育制度体系，开展中心组巡听旁听制度、重大决策前专题学习制度。发挥党校(行政学院)学习的主阵地作用,分层分类分级开展教育培训。健全党员领导干部理论宣讲体系、基层理论宣传宣讲工作体系,建设“线上+线下”理论宣讲阵地,打造8090新时代理论宣讲等品牌,引导全区上下同心同德、同频共振,步调一致向前进。

(三)切实加强变革型组织建设。始终把牢“重塑和变革”这一主题主线,健全完善“一个体系、三个机制”,全方位重塑组织新形态、干部好状态。推进“县乡一体、条抓块统”改革,推动数字化改革“152”体系与基层治理“141”体系衔接贯通,建强社会治理中心,完善全域信用体系建设,建立健全与数字化时代相适应的变革型组织运行方式。树立“以实绩论英雄,凭实绩用干部”的导向,推行干部实绩数字化考评,以数识人搭建精准“智考”体系。围绕优化干部队伍结构和素质,实施“一把手战略储备工程”、年轻干部“火线练兵”计划,在大风大浪中锻炼、赛马和选拔。坚持为担当者担当,用好容错纠错、澄清正名等机制,锻造忠诚干净担当的新时代挺进师。

(四)切实让党旗始终在一线高高飘扬。深入实施“红色根脉强基工程”,统筹推进各领域党建工作,打造区域党建联盟,实施基层党建“亮度”提升攻坚行动,不断增强基层党组织的政治功能和组织力,推动基层党组织全面进步、全面过硬。常态化开展“区乡村(社)三级干部大走访”行动,抓实党员责任区、联系户制度,打通联系服务群众的薄弱环节,提高为民办事的精准度。塑造党员“先锋力量”,促进党员作用发挥供给侧和需求侧融合创新,推动党员在服务中心大局中建功立业。建立健全基层党组织“赛马机制”,持续开展“与莲都同行头雁说”大比拼,推行村社干部实绩“考赛榜”月晾晒制度,展现比学赶超、干事创业的“精气神”,真正做到一名党员一面旗。

(五)切实弘扬优良作风。牢记全心全意为人民服务的根本宗旨,走好新时代群众路线,深入践行“为民办实事长效机制”,打造“三服务”2.0版,始终将着力点钉在区域发展最需处、企业最难处、群众最急处。充分发扬党的光荣传统和优良作风,传承中国共产党人精神谱系,以浙西南革命精神为“丽水之干”铸魂赋能立根,始终保持奋发有为的精神风貌。严格执行中央八项规定精神,驰而不息纠治“四风”。深入开展党员干部家庭家教家风建设,将好作风弘扬在新时代。

(六)切实深化反腐倡廉建设。始终保持严的氛围、惩的力度,系统施治、标本兼治,不断实现不敢腐、不能腐、不想腐一体推进战略目标。坚持抓早抓小、防微杜渐,精准运用“四种形态”,实现政治效果、纪法效果、社会效果有机统一。完善政治生态评价体系,强化政治监督,深化政治巡察,提高审计监督效能,贯通各类监督,提升监督治理效能。坚决整治群众身边腐败和不正之风,用好公权力大数据监督应用平台,切实保障群众合法权益。提高以案为鉴、以案促改、以案促治质量,努力取得更多制度性成果和更大治理成效。

同志们!山再高,往上攀,总能登顶;路再长,向前走,定能到达。让我们更加紧密地团结在以习近平同志为核心的党中央周围,高举中国特色社会主义伟大旗帜,以仁者无敌、行者无敌、勇者无敌的气概,向着“接续高质量发展建设百万人口大城市”阔步前进,为与全省同步迈向共同富裕奠定坚实基础!

名词解释

1. 平台“二次创业”:2020年4月,全市生态工业发展大会专题研究部署平台“二次创业”和生态工业高质量发展工作。相较平台“一次开发”,平台“二次创业”更加注重产业链培育、价值链提升、集群式成长,追求质量、速度、规模、效益的有机统一,重点解决工业经济“从有到好、从好到优、从优到强”的高阶问题。

2. 凤凰行动：省委省政府推动经济转型升级的重大决策，核心是推进企业上市和并购重组。

3. 两个大局：中华民族伟大复兴战略全局和世界百年未有之大变局。“两个大局”是我们谋划工作的基本出发点。

4. 两个确立：党的十九届六中全会强调，党确立习近平同志党中央的核心、全党的核心地位，确立习近平新时代中国特色社会主义思想的指导地位。“两个确立”反映了全党全军全国各族人民共同心愿，对新时代党和国家事业发展、对推进中华民族伟大复兴历史进程具有决定性意义。

5. 三地一窗口：“三地”，是指中国革命红船的启航地、中国改革开放的先行地、习近平新时代中国特色社会主义思想的重要萌发地；“一窗口”，是指努力成为新时代全面展示中国特色社会主义制度优越性的重要窗口。

6. 一带三区：2020年12月，市委、市政府出台《丽水市“一带三区”发展规划》，正式将“一带三区”发展蓝图绘制呈现。“一带”，即市域发展核心带，包括莲都、青田、缙云3个县（区）和丽水经济开发区；“三区”，即龙庆聚落发展区、遂松聚落发展区、云景聚落发展区。

7. 一脉三城：《丽水市“一带三区”发展规划》提出，中心城区要以瓯江为脉，激活北城、提升南城、开发碧湖新城，构筑“一脉三城”发展格局。

8.“城市精明增长”理念：2015年12月，习近平总书记在中央城市工作会议上提出，要坚持集约发展，树立“精明增长”“紧凑城市”理念，科学划定城市开发边界，推动城市发展由外延扩张式向内涵提升式转变。“精明增长”是一种新型城市发展理念，其主要内容是遏制城市无序蔓延和侵占农地、缓解城市交通拥堵、防治大气污染，有效治理“城市病”。

9.“链主型”企业：在产业链条中体量大、技术研发能力强、能带动产业链上下游企业抱团发展的企业。

10.“专精特新”企业：符合国家产业政策、成长性好且具有专业化、精细化、特色化、新颖化等特征的中小企业。

11.“隐形冠军”企业：不为公众所熟知，但在某个细分领域占据领先地位、拥有核心竞争力的企业。

12.“两非”整治：即耕地“非农化”“非粮化”整治。

13. 无废城市：持续推进固体废物源头减量和资源化利用，最大限度减少填埋量，将固体废物环境影响降至最低的城市发展模式，也是一种先进的城市管理理念。

14. 一个体系、三个机制：“一个体系”，是指选人用人高质量发展指标体系；“三个机制”，是指干部成长选育管用全链条机制、全面立体透视察人识人机制、精密智控干部大监督机制。“一个体系、三个机制”是推进干部工作系统化重塑的总牵引。

15. 数字化改革“152”体系：“1”是指一体化智能化公共数据平台，“5”是指党政机关整体智治、数字政府、数字经济、数字社会、数字法治五大综合应用，“2”是指构建理论和制度规范两套体系。

16. 基层治理“141”体系：即“一中心四平台一网格”。“一中心”是指县级社会矛盾纠纷调处化解中心，“四平台”是指乡镇（街道）综治工作、市场监管、综合执法、便民服务基层治理四平台，“一网格”是指村（社）全科网格。

政府工作报告

（2022年2月13日在莲都区第十七届人民代表大会第一次会议上）

莲都区人民政府代理区长　张　妍

一、2021年和过去五年工作回顾

2021年是中国共产党成立100周年，也是“十四五”的开局之年。在中央、省、市和区委的坚强领导下，区政府深入学习贯彻习近平新时代中国特色社会主义思想，全面贯彻党的十九大和十九届历次全会精神，围绕勇当丽水“发展头雁”“创新标兵”“实干先锋”总要求，认真落实区委“大抓落实年”部署要求，全力以赴加快跨越式高质量发展，经济社会发展主要目标任务全面完成并好于预期。全区地区生产总值增长8.9%，区属固定资产投资增长21.3%，农林牧渔业增加值增长0.4%，区本级规上工业增加值增长18.6%，服务业增加值增长8.3%，社会消费品零售总额增长11.3%，一般公共预算收入增长8.6%，城乡居民人均可支配收入分别增长9.1%和11.2%。省、市、区十方面民生实事圆满完成。

一是着力抓招引强动能。大力开展招商引资。成立温台、金义、长三角、珠三角等六个招引部及工、农、商贸等十个专班，开展招商引资大会战。新引进项目49个，实际到位资金26亿元。聚力开展招才引智。新引进高校毕业生5558人，新增博士后工作站1家，获评“浙江工匠”3人，入选“绿谷精英”项目11个。袁隆平院士亲笔题名的“国家水稻分子育种中心丽水示范基地”投入使用，国家科技进步奖一等奖成果转化项目“节水抗旱稻”落户莲都。全力优化营商环境。出台一揽子强企惠企政策，推进“综合查一次”“最多评一次”等改革举措。莲都区入选2022年省财政支持民营和小微企业金融服务综合改革试点。全年新设市场主体11695家，其中新设企业2043家，增量全市第一。

二是着力抓产业促转型。积极推进农业“双强行动”。完成全市首批省级全程机械化农机综合服务中心建设，山地轨道运输机安装规模全市第一。蔬菜产业化联合体被评为省级农业产业化联合体，“莲城雾峰”茶叶被评为第四届中国国际茶叶博览会推荐产品，百兴真菌公司入选全国首批农业国际贸易高质量发展基地。加快推进平台“二次创业”。实施深化“亩均论英雄”改革及促企业提升“三年行动”，开展工业用地高质量利用全周期管理，完成“低散乱”整治20家，规上工业企业突破100家。新增国家高新技术企业15家、省科技型中小企业27家、省级“专精特新”中小企业5家，均创历史新高。深入推进生态服务业。加快国家级旅游度假区创建，实施景区“微改造”省级试点，成功举办古堰画乡首届全国风景油画双年展、九龙湿地第一届赏萤季。松阴溪（莲都古堰）作为全省首批唯一人文水脉入选省大花园耀眼明珠。获评首批长三角高铁旅游小城、全省首批数字生活新服务样板县，轻工时尚产业集群入选省产业集群跨境电子商务发展试点。

三是着力抓改革激活力。加快数字化改革。3个应用场景列入省级“揭榜挂帅”项目，数量位居全市第一。“云森防”应用场景得到省政府主要领导批示肯定、全市推广，放心住宿“一件事”集成改革入选省卫生健康数字化“十佳案例”。推进重点领域改革。积极推进国有企业市

场化、投融资机制、农贸市场运营国有化等改革，开展国有资产（资源）确权发证、划转移交集中攻坚行动，区城投公司主体信用被评为AA级。深化区域交流协作。与金华义乌市、宁波江北区签订“飞地”合作协议，政务服务事项跨地通办得到国家市场监管总局的肯定。与四川泸州叙永县建立东西部协作关系。

四是着力抓环境提品质。加快市区有机更新。以全国第七的好成绩通过国家卫生城市复审。全力保障市、区重点项目建设，完成土地征收2588亩、房屋征收13.5万平方米。全市首个专业装修垃圾处理项目——务岭根垃圾填埋场（三期）投入使用。有力推进城乡建设。完成太平乡自来水管网改造，实现市区供水管网延伸工程建设零的突破。获评全省深化“千万工程”建设新时代美丽乡村（农村人居环境提升）工作优胜区、省农村生活垃圾分类处理工作优胜区，创成新时代美丽城镇建设基本达标乡镇5个。持续优化生态环境。打好污染防治攻坚战，完成丽水工业园区（碧湖区块）、碧湖镇“污水零直排区”创建。全面开展“两高”项目清理。推进分布式光伏规模化开发试点。获评美丽浙江建设工作考核优秀区，入选省幸福河湖建设试点县。

五是着力抓民生增福祉。不断提升群众获得感。全市首创村集体资金竞争性存放机制，提高村级集体经营性收入1000余万元。低收入农户人均可支配收入14664元，同比增长15.6%。新增城镇就业9655人。花都风情苑“大搬快聚”安置房顺利交房，城西三期等征收安置房完成分配16.5万平方米、安置1726户。无房户（住房困难户）解困工作重启。底金弄区级生态公墓开工建设。不断提升群众幸福感。落地落实“双减”政策，实现义务教育阶段学校课后服务全覆盖。碧湖三小、长岗背小学及4所幼儿园投入使用，实现义务教育公办学校师生同菜同质同价。区疾控中心开工建设，丽云中心卫生院投入使用。大病保险报销比例提升至70%，纳入特困、低保、低边范围的困难人员报销比例提升至80%，“浙丽保”惠及7.2万人次。入选省农村文化礼堂建设示范区，区图书馆获评全省首批“满意图书馆”。区残工委荣获“全国残疾人工作先进单位”称号。不断提升群众安全感。构建疫情防控平急一体指挥体系，接种新冠疫苗93.5万剂次，常态化防控网络进一步织密。加强食品安全监管，查处“猪肚案”入选全国“铁拳”专项行动典型案例，得到《人民日报》专题报道。黄村乡黄泥墩村入选全国民主法治示范村、全国乡村治理示范村、全国村级议事协商创新实验试点。碧湖镇司法所入选全国模范司法所。

各位代表，2021年主要目标任务的完成，为本届区政府工作画上了圆满句号。过去五年，是莲都区在应对各种困难和挑战中奋勇前行的五年，更是全面建成小康社会、迈向社会主义现代化建设新征程的五年。五年来，我们坚持以习近平新时代中国特色社会主义思想为指导，认真贯彻落实党中央、国务院、省、市和区委的各项决策部署，大力弘扬践行浙西南革命精神，高扬“丽水之干”行动奋斗旗帜，各项事业取得长足发展。地区生产总值从2016年的304.97亿元增长到453.53亿元，年均增长6.1%；三次产业结构从5.9:35.5:58.6调整到4.7:31.4:63.9；农林牧渔业增加值从18.22亿元增长到21.46亿元；区本级规上工业增加值年均增长9.9%；服务业增加值从178.76亿元增长到289.97亿元，年均增长7.0%；区属固定资产投资年均增长12.8%，增速连续五年排名全市前列；社会消费品零售总额从186.65亿元增长到226.60亿元，年均增长5.3%；一般公共预算收入从13.58亿元增长到19.50亿元，年均增长7.5%；城乡居民人均可支配收入分别从38507元、21260元增长到56371元、33766元，年均分别增长7.9%、9.7%，城乡居民收入比从1.81缩小到1.67、居山区26县首位。莲都区先后荣获全国文明城市、全国休闲农业和乡村旅游示范县、首批国家义务教育质量监测结果应用实验县、全国健康促进区、全国双拥模范城、全国无障碍环境示范区等“国字号”金名片。

五年来，我们聚力生态优先，发展底色更加厚实。大力推进垃圾、污水、厕所“三大革命”，垃圾分类工作连续三年获省级优秀，获得省治水最高奖“大禹鼎”。“养猪上楼”入选农业农村部“五大治污”模式、全国推广。设立峰源省级自然保护区。不折不扣做好生态环保督察整改和“回头看”，全面完成涉林垦造耕地问题清查整改。市区环境空气质量稳居全国前十，生态环境质量公众满意度保持全省前列，获评“中国天然氧吧”。

五年来，我们聚力绿色发展，生态经济持续壮大。万洋低碳智造、杏福康旅、郎奇-白桥康旅、华统畜禽产业链智能化等一批重大产业项目落地建设。规上工业亩均税收从9.91万元提高到2020年的16.48万元，年均增长13.6%。高溪生态工业产业园完成民间投资44.3亿元，累计开工163万平方米、投产企业102家。布局“3+2+1”农业产业，“丽水枇杷”“处州白莲”获国家农产品地理标志认定，生猪增产保供获省争先创优行动“最佳实践”，成立全市首个超市产业农合联，入围全省首批部省共建乡村振兴示范省先行创建区，创成省农业绿色发展先行区。实施古堰画乡小镇品质化提升工程，成功入选省级特色小镇、全省首批未来景区创建试点。欢庭·下南山、百兴菇业魔幻菇林、鱼跃文化产业园等一批精品“旅游+”项目建成运营，创成省级全域旅游示范区。入选省电子商务创新发展试点县，丽水·莲都电子商务创业创新综合体入选省电子商务产业基地名录。

五年来，我们聚力动能培育，发展后劲明显增强。积极开展“最多跑一次”、数字化改革，推进生态产品价值实现机制、农村集体产权制度、国有企业市场化等改革，推动市区财政体制调整，完成党政机构、事业单位改革，碧湖全域土地综合整治与生态修复工程列入全国试点。实施科技赋能工程，研发经费支出(R&D)占GDP的比重从1.02%增长到2020年的2.13%。出台“莲九条”人才新政，入选“绿谷精英”项目33个，“画乡莲都·院士之家”签约入驻院士29人。推进融入长三角、接轨上海、山海协作、东西部协作等一系列开放合作，搭建世界丽水人大会莲都分会等一系列开放合作载体，全省投资和面积最大的科创飞地(莲都大厦)在义乌开工建设。

五年来，我们聚力全域统筹，城乡面貌日益改善。分别以全国第四、第八名成绩实现全国文明城市“两连冠”。集结1300多名干部参与市区城中村三年改造，市、区重点项目征收和城中村改造共拆除房屋293万平方米，腾出发展空间1.7万亩，近4万群众受益。完成80个老旧小区雨污分流改造和115个区块末端截污纳管整治改造，惠及群众5万户。采桑社区等4个项目列入全省未来社区试点。大力推进大棚房和违建别墅整治，创成省“基本无违建区”。创成省新时代美丽乡村示范区、省级小城镇环境综合整治样板乡镇3个、美丽乡村示范乡镇8个，碧湖镇入选省小城市培育试点、全省首批千年古城复兴试点。衢丽铁路莲都段开工建设，丽龙高速南山互通至丽新项目(一期)建成通车，“四好农村路”三年行动计划、建制村农村客运“村村通”工程全面完成。基本实现城乡同质饮水。

五年来，我们聚力民生保障，群众生活不断向好。坚决打好精准脱贫攻坚战，实现“两不愁三保障”突出问题、集体经济薄弱村、年人均收入8000元以下家庭、低收入农户零就业家庭“四个清零”。扎实推进地质灾害“大搬快治”和异地搬迁行动，完成解危2287人，建成农民异地安置小区6个，实现异地搬迁4513户8804人。大力推进教育提质行动，投入资金13亿元完成新(扩)建教育项目19个，新增学位初中3050个、小学6480个、幼儿园3840个，中考综合成绩连续18年领跑全市，创成省教育基本现代化区。全民健康补充医疗保险“浙丽保”全面铺开，省级卫生乡镇实现全覆盖，市区“医联体”建设实现基层医疗机构全覆盖，健康浙江建设考核连续两年获省级优秀。筑牢新冠肺炎疫情坚实防线，有力守护了群众生命健康安全。深化平安莲都建设，完善“社会治理一张图”，“村级事务阳光票决制”经验全省推广，获评全省首批禁毒示范区、省食品安全区，夺得“一星平安金鼎”。

五年来，我们聚力自身建设，行政效能有力提升。坚持把党的政治建设摆在首位，严格落实全面从严治党各项要求。扎实开展“不忘初心、牢记使命”主题教育和党史学习教育。严格执行“三重一大”集体研究决策制度，政府工作规则、重大行政决策制度不断健全，自觉接受人大依法监督和政协民主监督，切实加强审计监督、统计监督、群众监督和舆论监督，五年共办理人大代表议案和建议819件、政协委员提案869件。认真落实中央八项规定及其实施细则精神，自觉接受纪律监督、监察监督、派驻监督和巡视监督。持续加大非重点、非刚性支出压减力度，三公经费支出逐年下降。持续深化“大督查”工作机制，推动改革发展政策落地落实，莲都区连续两年获省政府督查激励。深化法治政府建设，获评全省首批法治浙江（法治政府）建设示范区。

同时，民族宗教、审计、统计、史志档案、侨台、外事等工作取得新成效，工会、慈善、老龄、残疾人、社科、妇女、儿童、红十字、关心下一代等事业取得新进步，国防动员、“双拥”工作和国防后备力量建设得到新加强。

艰难方显勇毅，磨砺始得玉成。五年来，莲都区经济社会发展取得令人瞩目的成就，这是上级党委政府和区委正确领导、科学决策的结果，是全区人民团结拼搏、努力奋斗的结果。在此，我代表区人民政府向全区人民和广大建设者，向人大代表、政协委员，各民主党派、工商联、无党派人士、人民团体和社会各界人士，向驻莲人民解放军指战员、武警部队官兵、公安干警和消防救援队伍，向所有关心支持莲都发展的海内外朋友，致以崇高的敬意和衷心的感谢！

总结五年来的工作，我们也清醒地看到，莲都区经济社会发展还面临许多困难和问题，主要表现在：发展底子薄、产业层次低、创新能力弱，与实现跨越式高质量发展质与速的要求尚有距离；产业、人口、基础设施集聚辐射效应仍不够明显，中心城区发展能级需进一步积蓄提档；财政收支平衡矛盾更加突出，土地、资金、人才等发展要素制约依然明显；城乡居民收入、城乡基础设施、基本公共服务与群众需求期盼仍存在差距，迈向共同富裕任重道远；统筹发展与安全、做好经济社会发展和疫情防控压力不小，基层社会治理还有薄弱环节；政府系统庸政、懒政、怠政现象还不同程度存在，改革攻坚、执行落地有待加大力度，党风廉政建设仍需常抓不懈。对此，我们将高度重视，以更主动有为的态度，采取扎实有效的措施认真加以解决。

二、今后五年的奋斗目标和主要任务

今后五年，是莲都区接续高质量发展建设百万人口大城市的破局阶段，也是莲都区与全省同步迈向现代化和共同富裕的关键时期。展望未来，我们将面临更加复杂多变的外部环境。世纪疫情叠加百年变局，国内经济面临多重下行压力，区域竞争日趋激烈，发展充满各类不确定性。但我们也要看到，当前莲都区依然处于跨越式高质量发展的重要战略机遇期。我国经济长期向好的基本面不变，经济发展具有很强韧劲；浙江被赋予“重要窗口”的新目标新定位，承担高质量发展建设共同富裕示范区的重大使命，正以超常规举措推动山区26县跨越式高质量发展；丽水统筹推进“一带三区”联动发展，构筑市区“一脉三城”发展格局，赋予莲都“当头雁、作表率”“集中力量在具有突破性的领域率先破冰，努力为全市跨越式高质量发展提供硬核支撑”的新使命。这些都为莲都区跨越式高质量发展创造了新条件、提供了新机遇。我们一定要深刻认识新发展阶段的新特征新要求，科学研判“时”与“势”，辩证把握“危”与“机”，勇扛使命、勇闯新路、勇当先锋，以奋力一搏实现惊人一跃，坚定走好新时代赶考路。

根据区第十五次党代会的战略部署，今后五年，莲都区发展的指导思想是：高举习近平新时代中国特色社会主义思想伟大旗帜，深入贯彻党的十九大和十九届历次全会精神，统筹推进“五位一体”总体布局，协调推进“四个全面”战略布局，坚持稳中求进工作总基调，完整准确全面贯彻新发展理念，忠实践行“八八战略”、奋力打造“重要窗口”，全面厉行“丽水之干”，以“接续高质量发展建设百万人口大城市”为奋斗主题，系统、协同推进“人、产、城”布局，着力打好空间优化聚合、产业变革升级、人口增长集聚、平台能级提升、民生优质共享发展组合拳，为实现莲都跨越式高质量发展、与全省同步迈向共同富裕奠定坚实基础。

围绕区第十五次党代会提出的奋斗目标，今后五年，莲都区经济社会发展的主要预期目标是：地区生产总值年均增长8%，人均地区生产总值年均增长6.5%，区属固定资产投资年均增长13%，区本级规上工业增加值年均增长20%，区本级外贸出口总额实现更快增长，一般公共预算收入年均增长10%，人才和研发投入领跑山区26县，研发经费支出(R&D)占GDP比重达到3.2%，城乡居民人均可支配收入年均分别增长8%和10%，居民收入绝对值、城乡居民收入倍差走在山区26县最前列，完成省、市下达的能源和环境指标计划目标。

根据上述指导思想和工作目标，区政府必须创造性抓好落实，科学实施“奋进实干”行动计划，咬定目标、真抓实干、久久为功，在新时代新征程上展现新气象新作为。

(一)坚持城乡统筹，打造“能级凸显、人口集聚”的首位莲都。

一是全力服务中心城区建设。以“城市精明增长”的理念实施“东扩、西进、北展、南拓”发展战略，协同构筑“一脉三城”城市发展格局，增强人口和高端发展要素集聚能力，有效推动市区扩容提质、功能完善。全力做好项目征收和服务保障，推进老旧小区、历史街区改造，协同推进未来社区、邻里中心以及高铁新城、丽水未来城、城东金融中心等项目建设。加快特色商圈、特色街区建设，提高中心城区服务业发展水平。系统推进城市微改造，建成一批景观河道、微型绿地、口袋公园等城市生态系统。主动加强与丽水经济技术开发区的对接联动，“统分结合”一园化推进招商引资、项目审批、基础设施建设、城市管理等工作。着眼常态长效，争创全国文明典范城市。

二是全面升级加力新城建设。深化碧湖区域体制机制改革，完成国土空间总体规划编制和城市设计，通过实施碧湖全域土地综合整治与生态修复、千亩方万亩方农田整治、搬迁拆迁等系列工程，系统推进土地重整、空间重塑、业态重构、文化重兴，实现碧湖区域高质量发展全面破冰。以“未来城市”的标准，加快完善市政基础设施，超前布局品质教育、优质医疗、现代金融等公共服务设施，大力推进“未来社区”建设，延续创新“大搬快聚”工程，引导项目、资金、人口等要素向碧湖区域集聚。以山水为脉建设郎奇白口、高溪区块、九龙湿地、碧湖镇区、古堰画乡“五大聚落”，创建绿色宜居、智慧现代、幸福人文的田园城市和花园社区。

三是深入实施乡村振兴战略。把握城乡发展客观规律，分类推进以美丽城镇为引领的片区化、组团式发展，大港头镇、峰源乡打造文旅融合发展区，老竹镇、丽新乡打造畲乡民俗经济区，雅溪镇、太平乡、仙渡乡、黄村乡打造“红+绿”融合发展区。以深化农村土地制度、集体产权制度、金融体制改革等为着力点，纵深推进新时代乡村集成改革，全面盘活农村资源要素，增强乡村发展内生动力。开展未来乡村建设试点和“数字乡村”行动，推动现代数字技术与城乡生产生活生态全面融合。深化“千万工程”，落实农村人居环境整治提升五年行动和花园乡村建设行动。完善自治、法治、德治、智治“四治融合”治理体系，建立健全现代乡村社会治理体制。

四是加快现代基础设施建设。坚定交通先行战略，协力丽水机场、杭丽高铁、衢丽铁路、机场大道等重大交通项目建设，形成通达上海2小时、省域1小时交通圈。构筑三条市区环线，全力推动“城乡半小时交通圈”建设。加快绿色能源设施网布局，实施天然气进镇工程，建立健全电动汽车充电网络，建成一批综合供能服务站。加快推进城乡供水一体化，优化城乡供排水网络布局。实施数字基础支撑工程，打造“双千兆”网络示范城市，实现乡镇、AAA级以上景区5G全覆盖。推进高弹性电网建设，加快城乡供电服务均等化。

（二）坚持产业为基，打造“面向未来、迭代升级”的兴业莲都。

一是提质生态工业。坚持把生态工业高质量发展作为主攻方向，加快工业生态化、生态工业化。深化丽水工业园区平台“二次创业”，推动工业空间扩容提质，提高平台项目承载力和空间开发集聚效应。提质升级传统产业，培育发展新兴产业，超前布局未来产业。持续推进“亩均论英雄”改革，强化结果运用。构建企业梯度培育体系，积极培育“专精特新”、隐形冠军、单项冠军等高成长型企业。全力推动制造业、技改投资，实现制造业投资增速高于固定资产投资平均增速。到“十四五”末，规上工业产值实现翻两番。

二是提效生态农业。着力培育茶叶、蔬菜、水果、畜牧等主导和特色农业全产业链，实现“一地一品”特色化发展。实施农业“双强行动”，加快推进丘陵山区机械化，推广运用现代农业新技术新成果新模式。深化与省农科院等科研院所合作，共同建立种质资源库、种苗培育实验室。用好设施农用地政策，强化农业发展土地要素保障。加快完善农产品物流骨干网络和冷链物流体系，做优农产品流通业。落实最严格的耕地保护制度，推进高标准农田建设，提升粮食综合生产能力。

三是提级文旅融合。融入美丽中国、瓯江山水诗路文化带建设，挖掘传承宋韵文化，擦亮“千年通济堰”“巴比松油画”品牌，争创国家级旅游度假区，实景呈现“丽水山居图”。推动东西岩风景区品质提升，打造研学实践教育基地。顺应文旅消费新趋势，开发亲子体验、家庭度假、研学培训等项目，发展户外生活、户外运动、户外休闲新业态，构建“山水陆空”四位一体的户外产品体系，打造沉浸式体验经济，加快文旅产业转型发展。

四是提速数字经济。实施数字经济倍增计划，推进数字经济与实体经济深度融合。实施“数字产业化”突破工程，大力发展数字生态产业，加快莲都科创人才大楼、郎奇白口数字生态产业园建设，大力招引5G应用、区块链、人工智能、云计算等新业态，加快软件与信息服务业发展，实现数字经济核心产业增加值占GDP比重翻两番以上。实施“产业数字化”赋能工程，推动园区数字化转型和企业“上云用数赋智”，加快“丽水山耕”数字化平台建设，实现现代农业全产业链数字化服务。支持工业、农业、零售企业开展电商运营，推进传统商贸转型升级和新商业新零售发展。开展数字生活新服务行动，提升数字技术普惠功能。

（三）坚持蓄势聚能，打造“开放包容、创业创新”的活力莲都。

一是聚力“双招双引”。围绕打造年轻的城市，在年轻的人口、年轻的技术、年轻的产业、年轻的资本招引上全面发力。聚焦半导体集成电路、新能源、美丽经济、数字经济等前瞻性新兴产业，大力加强与行业领军企业合作，在招引战略级项目、“链主型”企业上奋力突围。突出专业招商、基金招商、产业链招商、以商招商，吸引优质项目、高端人才向莲都集聚，培育壮大产业集群。强化人才强区、科技兴区战略，并重招引高精尖型人才和基础技能型人才，着重招引新兴产业及重点领域、企业急需紧缺人才，构建优质的“引才、育才、用才、扶才、励才”人才供应链和服务链。积极在北京、上海、深圳、杭州等地建设“人才飞地”“科创飞地”，加快高能级人才科技平台建设。

二是全面深化改革。坚定不移把数字化改革作为全面深化改革的总抓手，引领撬动各领域改革，重塑政府、社会、企业和个人关系。全面推进省、市数字化治理重点应用落地，凝练形成一批具有莲都辨识度的数字化改革应用成果。大力推进国资国企市场化和投融资、编制银行、“县乡一体、条抓块统”县域整体智治等牵一发动全身的重大改革，形成一批具有示范引领作用的标志性改革成果。探索发展碳汇经济，深化“两山银行”运营机制，形成系统有效的生态产品价值实现制度体系。

三是扩大对外开放。深度融入长三角一体化发展，完善全方位高质量接轨上海工作机制。主动加强与宁波、嘉兴、湖州各县（市、区）的协作对接，深化与义乌市、江北区山海协作，建成义乌莲都大厦、莲都-义乌山海协作产业飞地，高标准建设丽水-宁波山海协作生态旅游文化产业园。深化与四川叙永县的东西部协作。落实好出口退税、出口信保等政策，推动跨境电商、海外仓等新业态发展。全面优化外商投资服务，强化高技术外资招引力度。

四是培育市场主体。深化“个转企、小升规、下升上、规改股、股上市”工作，健全高新技术和科技型小微企业梯度培育机制，支持企业进军多层次资本市场，推进市场主体转型升级。落实减税降费、减负强企系列政策，全面升级生态工业、数字经济、金融各领域惠企政策，扶强壮大市场主体，切实增强市场活力。加快培育农业龙头企业、合作社、家庭农场等农业主体，构建现代农业经营体系。加强知识产权保护，完善促进中小微企业和个体工商户发展的政策体系。

五是打造最佳在地政府。开展优化营商环境五年行动，深化驻企服务员、科技特派员、金融顾问“三项制度”，树牢“客户经理”思维，喊响“企业家是英雄”口号，以“绣花功夫”精准服务企业。健全市场准入负面清单制度，支持民营企业做大做强做优。统筹推进商事制度、“一件事”等集成改革，提升准入和退出便利度，构建企业和个人全生命周期服务体系。畅通政企沟通渠道，强化双向监督，构建亲清政商关系。

（四）坚持以人为本，打造“出门见景、生活和美”的共富莲都。

一是健全生态保护机制。开展美丽生态提升行动，融入大花园核心区“1+3+N”工程，打造一批“耀眼明珠”，确保生态环境质量公众满意度保持全省前列，争创国家级生态文明建设示范区。全面落实“三线一单”生态环境分区管控方案，实施瓯江流域山水林田湖草生态保护修复工程，抓好九龙国家湿地公园、峰源省级自然保护区等自然保护地保护，推进“新增百万亩国土绿化行动”，提升生态系统质量和安全性。加大绿色能源开发力度，落实碳达峰碳中和总体方案，助力丽水创建中国碳中和先行区。

二是实施富民增收计划。全面构建“共同富裕”大场景下的致富新模式。扎实开展“扩中提低”行动，实施中等收入群体倍增计划，健全防止返贫致贫长效机制，低收入农户人均可支配收入实现翻一番。实施共同富裕就业专项行动，着力构建高质量就业创业体系。抓好农民增收提速攻坚五年行动和村级集体经济巩固提升五年行动，推进产业强农、就业富农、搬迁促农、改革活农、消费助农、金融支农工程，打造“八个万元”助农增收升级版。发挥“大搬快聚富民安居”工程在推进共同富裕中的牵引性作用，抓好转移就业致富各项工作，确保搬迁群众搬得出、稳得住、能致富。

三是强化社会保障体系。健全养老保险体系和医疗保障体系。加强医保基金监管。推进分层分类精准救助，确保老弱病残等特殊群体有基本保障、低保对象应保尽保。深入开展“双拥”活动，加强困难退役军人帮扶援助。加强社区嵌入式养老护理机构和农村敬老院建设，发展互助养老和普惠养老，构建幸福养老服务体系。持续做好农村低收入群体等重点对象住房安全保障工作。

四是优化公共服务供给。发展普惠托育服务，就近托育服务覆盖城镇小区，婴幼儿照护服务机构基本覆盖乡镇（街道）。加快推进教育现代化，建设高质量教育体系，创成全国学前教育普及普惠区、全国义务教育优质均衡发展区。实施健康莲都专项行动，新建丽水中心医院新城院区，加强公共卫生体系建设，争创国家级慢性病综合防控示范区。优化城乡公共文化资源布局，提档升级基本公共文化服务标准。

五是提升社会治理效能。坚持和发展新时代“枫桥经验”，完善“一中心四平台一网格”体系，推进社会治理共同体建设。实施社区配套服务用房优化提升三年行动，提升城市社区治理能力。适时推动撤村建居工作。深化司法体制综合配套改革，加快构建依法治网体系，共创全国法治政府建设示范市。把保护人民生命安全摆在首位，完善风险“监测、预警、处置、反馈”闭环管控大平安机制，有效防范化解重大风险挑战，建设更高水平的平安莲都。

三、2022年政府工作重点

2022年是新一届区政府全面履职的开局之年，更是接续奋斗“十四五”的关键之年。综合考虑宏观经济形势和当前经济发展基础，建议2022年全区经济社会发展主要预期目标为：地区生产总值增长8%左右，区属固定资产投资增长13%，区本级规上工业增加值增长20%，农业增加值增长3.5%，服务业增加值增长7%，社会消费品零售总额增长8%，区本级外贸出口总额增长8%，一般公共预算收入增长10%，研发经费支出（R&D）占GDP比重达到2.5%，城镇登记失业率控制在3%以内，城乡居民人均可支配收入分别增长8%和10%，收入倍差指标领跑山区26县，完成省、市下达的能源和环境指标计划目标。

做好2022年工作，必须坚持稳中求进工作总基调，完整准确全面贯彻新发展理念，全面开展“奋进实干”行动计划，谋划实施一批具有牵引性的重大项目、重大平台、重大改革、重大政策，集中力量在具有突破性的领域率先破冰，加快经济社会跨越式高质量发展，以优异成绩迎接党的二十大胜利召开。

具体抓好以下十方面工作：

一是千方百计开展“双招双引”。突出高端化、现代化、智能化、生态化导向，集成出台工业经济、数字经济、总部经济、中介招商等产业项目招引政策包，加快引进半导体集成电路、新能源、美丽经济、数字经济等高新低碳产业，争取在招引“大好高”项目上有所突破。紧扣主导产业发展需求，推进专项产业基金组建，打造基金招商平台。加快深圳产业飞地建设，创建科技孵化综合体。全年力争引进并开工工业投资类50亿元以上项目1个、30亿元以上项目1个、10亿元以上项目3个、亿元以上项目10个。按照“高于浙西南、优于大湾区”标准，出台史上最强力度的人才、科技政策，构筑浙西南人才吸引、科技创新的政策洼地。用好引才驿站、引才大使等招引机制，扩大“私企订制”规模，突出高层次人才栖息集聚，加快应用型、基础型、技能型人才增量引进。全年力争入选省级及以上的海外引才计划专家或省领军型创新创业团队实现“零”的突破，确保引进高校毕业生6000人、硕士175人、博士10人、外国专家8人，新增应用型人才3000人、技能人才700人。

二是千方百计扩大有效投资。采取超常规举措推动有效投资较快增长，充分发挥投资在实现经济“稳进提质”中“压舱石”“助推器”作用。狠抓重点项目建设。抓好生态工业、生态文旅、基础设施等领域重大项目建设，加快纳爱斯生态资源研究及产业化、上海格派锂离子正极材料产业园、宝业集团绿色建筑智能生产基地等项目落地开工，推动丽水蚂蚁链产业创新中心、华为（丽水）数字经济创新中心、京东科技区域型中心、百度人工智能标注研发基地等数字经济项目运营，加快杏福康旅项目建设，持续开展整区推进分布式光伏规模化开发试点。进一步优化投资结构，区属民间投资、交通投资、生态环保、城市更新和水利设施投资增长15%以上，制造业投资增长20%以上，高新技术产业投资增长50%以上。强化资源要素保障。科学统筹“三区三线”划定，合理安排生产生活生态空间，实现自然资源最大限度保护与利用。推动土地、资金、能耗等资源要素向重大项目集中、重点区域集聚。借力支持26县跨越式高质量发展政策，全力向上争取资金、土地等要素支持，用足用好债券资金，争取一批项目纳入省土地要素保障清单。有序推进建设用地供应和土地整治，全年力争收储国有建设用地2000亩、出让2000亩，力争立项实施垦造耕地（含旱改水）1000亩、建设用地复垦1000亩。提高项目建设执行率。重塑项目管理体系，完善项目全过程管理机制，探索项目审批提速新路径，扩面“评定分离”试点，深化项目“周计划、月晒比、季展示”、领导领办、分级会商机制，强化重大项目谋划储备，确保项目早落地早开工、早达产早见效。

三是千方百计激活市场主体。减轻企业负担。全面落实国家新的组合式减税降费措施和省减负强企政策。深入实施小微企业信贷“增氧计划”和金融服务“滴灌工程”，推进支持民营和小微企业金融服务综合改革试点，全力保障民营经济和小微企业融资需求。强化创新驱动。更大力度实施科技企业“双倍增”行动计划，落实好研发费用加计扣除、所得税优惠等政策，激励企业加大研发投入，加快创新主体培育，力争新增国家高新技术企业10家、省高新技术企业研发中心2家。加强与浙江大学等国内外高校院所合作交流，加快产业创新链和创新平台建设。全面实施标准化战略，力争新增“浙江制造”标准2项。谋划实施九里科创孵化中心项目。继续推进“国家水稻分子育种中心丽水示范基地”建设，更宽领域发挥科学实验功能。优化营商环境。以市场主体全生命周期管理“一件事”改革为牵引，推进政务服务“一网通办”，深化“证照分离”改革，推进“照后减证”和优化审批，最大程度赋予企业自主权。全面推行“互联网+监管”，深化落实公平竞争审查，及时清理妨碍统一市场和公平竞争政策，依法保护民营企业合法权益。

四是千方百计推动产业升级。迭代升级生态工业和数字经济高质量发展、支持企业股改上市等扶工惠企政策，全力释放政策红利。深入开展新一轮制造业“腾笼换鸟、凤凰涅槃”攻坚行动、深化“亩均论英雄”改革及促企业提升“三年行动”，完成“低散乱”整治20家，盘活低效、闲置工业用地600亩。鼓励企业加大技改投入，加快推动传统制造业数字化转型，提升全区工业数字化制造水平，完成工业机器人推广应用50台、规上企业自动化、数字化、智能化改造20家以上。加强企业梯度培育，推动企业做大做强，规上工业企业突破120家、规上工业产值突破100亿元、规上工业亩均税收增长15%，新增限上批零住餐企业30家以上。强化制造业与现代服务业融合发展，建成科技创新服务综合体、装备制造产业工程师协同创新中心，为企业提供“一站式”科技服务。实施农业“双强行动”，推广农业生产前沿技术，开展农田“宜机化”改造，推进农机共享服务体系建设。开工建设茶产业创新服务综合体。出台加快推进文化、旅游、体育产业发展新政，大力发展文化创意产业，培育低空旅游、水上运动、研学培训、亲子度假等系列文旅新业态。

五是千方百计加速新城建设。以中心城区“西进”战略为契机，推进新城建设管理体制机制改革，全面掀起新城发展建设热潮。擘画新城蓝图。高标准开展碧湖区域控制性详细规划编制和新城城市设计，着力勾勒美丽田园城市新画卷，以高水平规划引领高品质新城建设。重整土地资源。按照山水林田湖草系统治理的理念，实施碧湖全域土地综合整治及生态修复工程，开展“一户多宅”清理整治，逐步构建农田集中连片、建设用地集中集聚、空间形态集约高效的美丽国土格局。全力保障重点项目政策处理，力争新城土地征收2000亩、房屋征收30万平方米左右。加快人口集聚。谋划跨县人口向碧湖区域集聚的“大搬快聚”政策，迭代升级更具吸引力的“大搬快聚”政策2.0版，全区新开工建设安置小区3个，搬迁1万人以上。加大人才政策向新城集聚倾斜，筹建瓯江技师学院，加快吸引高层次人才、青年人才、技能人才在新城就业创业。积极创造更多高质量就业岗位，加强优质教育、医疗、养老、文化等公共服务资源供给，不断增强集聚人气的核心竞争力。高标准推进“五大聚落”建设。加快重大交通基础设施和公共服务设施建设，启动石郎线与桃碧线改造工程和碧湖大桥建设，开工采桑未来社区、碧湖平原水系综合治理工程等重大项目。谋划工业发展新平台，推进高溪区块向周边拓展，启动高溪社区中心建设，完善区块基础设施。推进丽水工业园区整合提升，创成省级经济开发区。加快郎奇白口数字生态产业园落地开工，推进数字经济头部企业、一流科研机构招引。持续推进古堰画乡业态提档升级，实质启动古堰文化产业园项目建设，完成景区微改造工程。实施九龙国家湿地公园生态修复及提升工程，完成水循环系统建设，开工建设萤火虫文旅小镇、门户区项目。

六是千方百计建设美丽城乡。提升城镇建设水平。全力推进市、区重点项目政策处理，力争实现征收项目销号率90%以上，有效保障项目落地。持续推进老旧小区改造，协同推进城市道路修复、市政管网提升、背街小巷改造。统筹推进城乡风貌整治提升和未来社区建设、新时代美丽城镇建设，创成“古堰画乡·诗画田园”县域风貌样板区，紫金街道、白云街道创成山区县县城城镇省级样板。持续推进乡村振兴。深化耕地“非农化”“非粮化”整治，完成抛荒耕地整治7760亩、高标准农田建设4200亩，增加粮食种植面积5000亩，提高稳产保供能力。实施农村生活污水“强基增效提标”行动和农村供水保障工程，开工建设老竹—丽新自来水管网和上林线自来水管网延伸、太平乡污水管网等项目，完成32个单村水厂改造提升。实施交通畅通工程，逐步推动“村村通”班车向较大人口规模自然村延伸，洪渡互通至黄村公路建成通车。深化美丽莲都建设。打好松材线虫病防治“持久战”，加大秸秆禁烧力度，市区PM2.5平均浓度低于每立方米23微克，空气质量优良天数比率高于98%。完成白云街道“污水零直排区”创建。推进生活垃圾分类全面决胜攻坚行动，加快垃圾中转清运及终端处置市场化进程，完成务岭根垃圾填埋场浓缩液处理工程建设，创成“无废城市”。加快推进徐坑源矿地综合开发利用项目，促进矿业绿色发展。

七是千方百计促进改革开放。纵深推进数字化改革。全面对接落实全省数字化改革“1512”体系架构，持续做好平台贯通、应用贯通、体制机制贯通，加强区公共数据平台数据仓、专题数据库建设。推动行政服务中心机构职能、场景布局、服务模式等数字化转型，加快打造“掌上办事之区”。迭代升级“莲宿码”“九云征收”“阳光智治”等一批具有影响力的特色集成应用。大力推进重点领域改革。实施新一轮国有企业市场化改革，升级完善国有企业重大事项管理、人事、业绩考核与薪酬管理等制度，加快国有资本布局优化和结构调整，全面提升国有企业经营水平和竞争能力。推动国有企业与金融机构、央企省企和资本市场紧密合作，建立多元化的资金募集渠道。深化“县乡一体、条抓块统”改革、“大综合一体化”行政执法改革，进一步推动审批、服务、执法力量下沉，提高基层治理效能。升级推进山海协作。充分依托结对地区产业、资金、市场等优势，加大资源要素、产业项目、消费帮扶对接合作。加快义乌莲都大厦建设。谋划新一轮山海协作乡村振兴示范点项目。

八是千方百计保障和改善民生。坚持以人民为中心的发展思想，加快推进人的全生命周期公共服务优质共享。坚决兜牢民生底线。强化就业优先政策，突出抓好高校毕业生、农民工、就业困难人员就业。持续推进全民参保，确保城乡居民基本养老保险参保率达98.5%以上。深化社会救助综合改革，健全多层次社会保障体系，年最低生活保障标准提高到11400元，实现示范型“儿童之家”乡镇全覆盖。坚持教育优先发展。引进优质教育品牌，深化集团化办学和城乡义务教育共同体建设，实现普惠园覆盖率90%以上、公办园覆盖率43%以上，推进义务教育优质均衡、学前教育普及普惠发展。补齐教育基础设施短板，启动4所学校新(扩)建项目建设,1所初中、2所幼儿园建成投入使用。巩固扩大"双减"成果。提升健康莲都建设水平。深化公立医院综合改革和城市医联体建设,持续实施应急医疗救治设施提升工程,启动公共卫生设施建设提升工程,推进偏远山区"医疗卫生服务全覆盖",争创全国基层中医药先进区。逐步完善育儿养老服务体系。落地优生优育配套支持措施,支持幼儿园发展托幼一体化服务,营造育儿友好环境。完善养老服务设施建设,老旧小区配置养老服务用房达标率达100%。持续推进文化惠民。深入开展文化基因解码工程和非物质文化遗产保护工作,推进传统文化活化展示。提炼瓯江文化内核,培育建设"通济堰水韵文化"。持续开展送文化下乡、送书下乡、文化走亲、乡村村晚等活动,提升公共文化服务精准化水平。

九是千方百计确保社会和谐稳定。慎终如始抓好疫情防控。全面落实常态化疫情防控各项措施,加强疫苗接种,筑牢"外防输入、内防反弹"严密防线。强化平战结合,完善疫情防控七大机制,迭代升级村社基层网格建设,做到快检测、快流调、快编组、快转运、快隔离,不断提升疫情防控能力水平,坚决打赢疫情防控总体战遭遇战歼灭战。严守安全生产红线。聚焦道路交通、消防、建设施工、城市运行、工矿、危险化学品、特种设备等重点领域,全面排查整治安全风险隐患。深入开展地质灾害"整体智治"三年行动,落实农村困难家庭危房改造即时救助制度,实现危房动态清零。全链条加强食品药品安全监管,开展省放心农贸市场建设,建成完整的农产品质量安全追溯监管体系和农产品供应链体系。完善风险闭环管控大平安机制。高标准建设社会治理中心,推动"1512"体系与"141"体系衔接贯通,加快构建省市区乡村一体的整体智治工作格局。健全领导干部接访下访制度,强化矛盾纠纷和信访积案化解。迭代金融风险监测防控体系,守住不发生区域性金融风险底线。深入开展电信网络诈骗、跨境赌博等问题专项整治,常态化推进扫黑除恶专项斗争,持续提升人民群众安全感。

十是千方百计锻造过硬政府。坚持整体智治、唯实惟先,抓深抓实"七张问题清单"工作,切实加强政府效能建设,努力建设人民满意的服务型政府。做到政治过硬。全面贯彻习近平新时代中国特色社会主义思想,巩固拓展党史学习教育成果,忠诚拥护"两个确立"、坚决做到"两个维护",以"钉钉子"精神抓好上级重大决策部署的贯彻落实,切实做到"总书记有号令,中央省市有部署,莲都见行动"。做到作风过硬。严格履行全面从严治党主体责任,严格落实中央八项规定及其实施细则精神,坚决反对"四风",营造政府系统风清气正的政治生态。大力推进法治政府建设,严格落实重大行政决策机制,依法接受人大监督,自觉接受政协民主监督和社会舆论监督,提高行政决策科学化、民主化、法治化水平。深入推进审计全覆盖,充分发挥审计经济体检作用。加大行政监察力度,惩治行政不作为、慢作为、乱作为。做到能力过硬。大兴真抓实干之风、攻坚克难之风,用好正向激励和容错免责机制,着力增强干事创业的激情和冲破束缚的胆魄,全面提升敢担当、善担当的能力水平,以踏石留印、抓铁有痕的劲头狠抓落实。更加注重学习,不断掌握新知识、熟悉新领域、开拓新视野,全面提高政府工作人员素质和专业化水平。做到服务过硬。深入践行"为民办实事长效机制",打造"三服务"2.0版,下更大力气解决群众、企业、基层反应强烈的共性问题、深层次问题、老大难问题,以看得见的变化回应群众期盼。严格控制和压减一般性支出,保障民生支出稳定增长,集中财力办大事,以政府的"紧日子"换取百姓的"好日子"。

各位代表!大道至简,实干为要。让我们更加紧密地团结在以习近平同志为核心的党中央周围,高举中国特色社会主义伟大旗帜,在上级党委政府和区委的坚强领导下,知行合一、砥砺奋进,为接续高质量发展建设百万人口大城市、与全省同步迈向共同富裕而努力奋斗!

名 词 解 释

1. 综合查一次："综合查一次"制度是对涉及跨部门、跨领域、跨层级多个执法主体的相关行政检查事项进行"一件事"集成，在同一时间对同一监管对象进行联合执法检查，防止监管缺位，避免重复检查的综合行政执法制度。

2. 最多评一次：各行政部门不能就同一事由或同一行政行为，要求多次重复评估；跨层级的事项，不能每个层级都重复评估鉴定，而要上下协调一致后在一个层级一次性开展；对能合并的就合并，实行"多评合一""一评多用"。

3. 双强行动：实施科技强农、机械强农行动。

4. 平台"二次创业"：2020年4月，全市生态工业发展大会专题研究部署平台"二次创业"和生态工业高质量发展工作。相较平台"一次开发"，平台"二次创业"更加注重产业链培育、价值链提升、集群式成长，追求质量、速度、规模、效益的有机统一，重点解决工业经济"从有到好、从好到优、从优到强"的高阶问题。

5."专精特新"企业：符合国家产业政策、成长性好且具有专业化、精细化、特色化、新颖化等特征的中小企业。

6. 微改造：在维持现状建设格局基本不变的前提下进行"小修小补"，通过建筑局部拆建、建筑物功能置换、保留修缮，以及整治改善、保护、活化，完善基础设施等办法实施的更新方式，注重文明传承、文化延续，让城市留下记忆，让人们记住乡愁，不断为人民群众带来更多的获得感。

7. 云森防：以"无人机+人工智能"的形式深度介入疫情普查、山场清理、验收结算等松材线虫病防治的各个环节，建设具备松材线虫病防控精准普查、分析决策、任务分配、跟踪验收、全程监管、统计核算等全流程管理功能，具有精密智控特色的数字化防控指挥平台。

8. 污水零直排区：城镇建成区、工业园区等重点区域建设成为公共污水管网全覆盖、雨污全分流、污水全收集和处理的区域。

9. 浙丽保：丽水市全民健康补充医疗保险，是一款由政府顶层设计和宣传发动，由商业保险公司具体承办实际运行的全民健康医保产品。

10."3+2+1"农业产业：以发展茶叶、蔬菜、水果三大主导产业，莲鸭共生、畜牧两大特色产业及"莲都山超"特色增收富民产业为抓手调整和优化产业结构布局。

11. 未来社区：围绕社区全生活链服务需求，以人本化、生态化、数字化为价值导向，以未来邻里、教育、健康、创业、建筑、交通、能源、物业和治理九大场景创新为引领，打造新型城市功能单元。

12. 两不愁三保障："两不愁"就是稳定实现农村贫困人口不愁吃、不愁穿；"三保障"就是保障其义务教育、基本医疗和住房安全，是农村贫困人口脱贫的基本要求和核心指标。

13. 市区"医联体"：市、区级医院与区22家基层医疗机构通过创新人才培养、建立双向转诊、落实专家下沉、推进优质资源下沉等举措，实现优质医疗资源的区域共享。

14. 社会治理一张图：依托标准地址库，汇聚城市大脑人口、房屋、事件等社会治理资源，落实数据关联匹配、数据贴源等工作，建成社会治理主题数据库。通过各类社会治理数据与空间地理信息进行关联融合，建成可看、可查、可用的"社会治理一张图"，在社会矛盾纠纷预防预警、社会治安和食品安全防控等方面发挥作用。

15. 村级事务阳光票决制：黄泥墩村首创的农村基层组织议事制度，以党建引领、阳光自治为核心，明确村级重大事项均通过村民代表大会无记名投票表决，被写入省委《关于认真学习贯彻党的十九届四中全会精神高水平推进省域治理现代化的决定》。

16.一带三区：2020年12月，市委、市政府出台《丽水市“一带三区”发展规划》，正式将“一带三区”发展蓝图绘制呈现。“一带”，即市域发展核心带，包括莲都、青田、缙云3个县(区)和丽水经济开发区；“三区”，即龙庆聚落发展区、遂松聚落发展区、云景聚落发展区。

17.一脉三城：《丽水市“一带三区”发展规划》提出，中心城区要以瓯江为脉，激活北城、提升南城、开发碧湖新城，构筑“一脉三城”发展格局。

18.“城市精明增长”理念：2015年12月，习近平总书记在中央城市工作会议上提出，要坚持集约发展，树立“精明增长”“紧凑城市”理念，科学划定城市开发边界，推动城市发展由外延扩张式向内涵提升式转变。“精明增长”是一种新型城市发展理念，其主要内容是遏制城市无序蔓延和侵占农地、缓解城市交通拥堵、防治大气污染，有效治理“城市病”。

19.千亩方万亩方：指开展千亩方、万亩方永久基本农田集中连片整治工作。其中，万亩方项目规模不小于10000亩，集中连片耕地不少于7000亩；千亩方项目区集中连片耕地不少于1000亩。

20.“隐形冠军”企业：是指在某个细分行业或市场占据领先地位、拥有核心竞争力和明确战略、产品、服务，难以被超越和模仿的中小型企业。

21.上云用数赋智：“上云”是指探索推行普惠型的云服务支持政策；“用数”是在更深层次推进大数据的融合运用；“赋智”是要加大对企业智能化改造的支持力度，特别是要推进人工智能和实体经济的深度融合。

22.链主型：在产业链条中体量大、技术研发能力强、能带动产业链上下游企业抱团发展的企业。

23.编制银行：是事业单位编制周转管理的一种办法，是指以机构编制实名制数据平台为支撑，将事业单位深化改革、职能转变、清理规范等过程中核减收回的事业编制集中起来，形成“总量控制、动态调整、周转使用”的编制管理方式。

24.碳汇经济：指低碳经济，也是环保经济、绿色经济，其以降低二氧化碳的排放为发展标准。

25.“1+3+N”工程：全域推进“国家公园”+“美丽城市、美丽城镇、美丽乡村”+“美丽河湖、美丽林相、美丽田园等”工程。

26.三线一单：生态保护红线、环境质量底线、资源利用上线，生态环境准入清单。

27.扩中提低：扩大中等收入群体规模，提高低收入群体收入。

28.八个万元：一亩山万元钱、十箱蜂万元钱、百斤鱼万元钱、千斤粮万元钱、万袋菌万元钱、新三宝万元钱、农合联万元钱、活产权万元钱。

29.三区三线：根据城镇空间、农业空间、生态空间三种类型的空间，分别对应划定的城镇开发边界、永久基本农田保护红线、生态保护红线三条控制线。

30.评定分离：评定分离是指将招标投标活动中的“评标委员会评标”与“招标人定标”作为相对独立的两个环节进行分离，遵循公开、公平、公正和诚实信用的招标投标活动原则，招标人在评标委员会评审和推荐的基础上，根据定标的规则和方法，确定中标人。

31.增氧计划：2018年12月，浙江省发布支持民营经济高质量发展10方面31项新举措，其中1项举措内容为：实施小微企业信贷“增氧”计划，三年全省新增5000亿元用于小微企业贷款，确保小微企业贷款占到所有企业贷款的40%以上。

32.滴灌工程：是指通过数字金融手段，持续增强对广大小微企业的信贷支持，精准扶持小微企业。

33.无废城市：固废产生量最小、资源化利用充分、处置安全的城市发展模式。

34.矿地综合开发利用：露天开采矿山采矿权人对矿区范围内的矿产资源和矿山开采后形成的土地资源进行统一规划、综合开发、高效利用的资源统筹开发利用模式。

35.“1512”体系：“1”即一体

化智能化公共数据平台；“5”即党政机关整体智治、数字政府、数字经济、数字社会和数字法治等五大系统；“1”基层治理作为独立系统加快构建，打通改革落地“最后一公里”；“2”即数字化改革的理论体系和制度规范体系。

36.莲宿码：莲都区健康民宿二维码。应用聚焦游客住宿、业主管理和部门监管需求，通过打造放心食品、安全管理、便民服务、智能监管等功能，形成一码查询、一屏掌控、一站监管的“健康民宿溯源码”，构建多跨协同、高效便捷的山居民宿监督服务新模式。

37.九云征收：“九云征收”多跨场景应用围绕市区征收领域工作推进规范度、安置分配精准度、补偿资金安全度、数据管理共享度等重大需求，建设项目云管理、政策云指导、进度云监督、协议云签约、资金云支付、房源云分配、档案云查询、拆除云验收、数据云展示九大子场景，对征收项目进行全生命周期管理。

38.阳光智治：将“村级事务阳光票决制”实施程序全过程网络化，通过整合阳光票决管理系统、监督系统、云票决系统，运用信息化手段加强村级事务管理，全面形成了以党建为引领、以阳光票决为核心、以数据平台为支撑的基层社会治理新机制，有效提升基层社会治理效能。

39.“大综合一体化”行政执法：构建全覆盖整体政府监管体系、全闭环行政执法体系、全方位协同联动体系、全智治数字执法监管体系、全要素执法能力提升体系，以协同高效的事前事中事后监管为重点，以“一支队伍管执法”为突破，以“综合行政执法+部门专业执法+联合执法”为模式，形成职责更清晰、队伍更精简、协同更高效、机制更健全、行为更规范、监督更有效的“大综合一体化”行政执法新格局。

40.“141”体系：一中心四平台一网格，指社会治理中心、基层治理四平台、全科网格。

41.七张问题清单：基于巡视巡察、审计、督查、生态环保、安全生产和自然灾害、网络舆情、群众信访等方面问题，围绕问题发现、分析、整改、评估、预防全周期，运用数字化改革理念、方式、手段赋能全流程精密智控、全要素综合分析、全方位党建统领的综合应用。

丽水市莲都区人大常委会工作报告

（2022年2月13日在莲都区第十七届人民代表大会第一次会议上）

莲都区人大常委会主任　陈元龙

一、过去一年主要工作

2021年是党的百年华诞，“十四五”开局之年，也是本届区人大常委会任期的最后一年。一年来，区人大常委会高举习近平新时代中国特色社会主义思想伟大旗帜，在中共丽水市莲都区委的坚强领导和上级人大的有力指导下，全面贯彻落实党的十九大和十九届历次全会以及中央人大工作会议精神，强化责任担当、积极奋发有为，顺利完成了区十六届人大五次会议确定的目标任务。

一是扎实开展党史学习教育。按照“学史明理、学史增信、学史崇德、学史力行”的总要求，认真组织学习教育活动，持续加强思想武装，以党组扩大会议、党组理论学习中心组、机关干部专题学习等多种形式，累计开展集体学习55场次102个专题；机关坚持“第一议题”制度，围绕学党史、《习近平在浙江》采访实录、习近平总书记对丽水的重要指示精神等主题研讨8次，通过领导领学、确定重点发言、互相点评交流、撰写学习心得，不断巩固学习成效；组织机关党员干部瞻仰革命遗址、重温入党誓词、开展党史知识竞赛，到一线宣讲党的十九届六中全会精神、“七一”重要讲话精神等19场，进一步凝聚人大系统“学党史、悟思想、办实事、开新局”的浓厚氛围。全面落实区委“五大工作制度”，深入开展“我为群众办实事”实践活动，积极做好重点项目建设、化解信访积案、疫情联防联控、涉林垦造整改、结对帮扶等相关工作的联系服务和督促指导，累计为群众办实事30余件。

二是保障经济高质量绿色发展。紧盯“双招双引”一号工程，督查《政府投资条例》贯彻落实情况，常委会会议听取政府项目建设情况工作报告并开展专题询问，努力补齐在项目谋划、项目推进、项目绩效方面的短板。听取和审议上年度财政预决算、审计报告和2021年上半年社会经济发展计划、财政预算执行情况汇报，审议上年度国有资产管理综合报告和专项工作报告，联合多部门开展审计查出问题整改专项督查。主任会议还听取了全区国资整合提升、国有资产确权划转和国有企业债券融资工作情况汇报，开展国有企业经营情况专题询问整改落实情况调研，保障经济跨越式增长、促进发展质量和发展效益同步提高。

三是推动解决“急难愁盼”的民生问题。持续跟进区级公墓建设，倡导节地生态安葬、督促政府及时出台政策文件、完善公益性墓地管理，桑垵安置公墓三期项目于2022年正式投入使用，“持续监督推进区级公墓建设管理”荣获全市人大系统“示范履职案例”。听取全区“大搬快聚富民安居”工作实施情况汇报，要求政府全面加快安置小区建设、全力做好搬迁“后半篇文章”；审议全区旅游产业情况专项工作报告，提出“优化全域旅游格局、推动产业提档升级、优化产业发展环境”等意见，促进旅游业高质量发展；关注美丽城镇建设进展，组建调研组明察暗访、走访群众、座谈交流，要求部门乡镇加强指导宣传、增强资金保障、明确目标导向、建立长效机制。

主任会议听取了区卫健局、

公安分局、医保局、司法局、经商局、国资办工作汇报，对卫生事业发展、维护社会治安、医保基金监管、全面依法治区、生态产业转型、国企作用发挥等方面提出意见。相关专委和工委还针对人民群众普遍比较关心的民族村经济社会文化发展、最低生活保障、学前教育、华侨创业创新平台建设等工作组织了代表视察，调研了全区农业特色产业、宗教事务管理、竹产业发展、"十四五"科技创新发展部署和新农村建设情况，听取了教育、卫健"十四五"项目谋划及三年行动计划、古堰画乡国家级旅游度假区创建工作汇报，出主意、想办法，有效推动了相关工作进展。

四是助力法治政府示范区创建。常委会听取和审议"七五"普法规划实施及"八五"普法工作安排情况报告，并作出《关于开展第八个五年法治宣传教育的决议》，推进普法宣传与依法治理有机融合。聚焦司法队伍建设，助力政法队伍教育整顿，常委会组建调研组走访碧湖法庭、雅溪派出所、碧湖司法所等基层站所，听取公检法司四部门工作汇报，对5名员额法官开展了履职评议。紧盯法院执行工作，专题听取关于上年度检查反馈问题的整改落实情况汇报。开展民事行政检察工作调研，助力补齐工作短板。常委会还听取了法制工委关于本届备案审查工作情况的汇报。

常委会注重发挥"法律巡视"监督利剑作用，组织开展了《浙江省劳动保障监察条例》《丽水市物业管理条例》等法律法规在莲都区贯彻实施情况的执法检查，省市区三级人大联动开展了固体废物污染环境防治"一法一条例"和《浙江省粮食安全保障条例》《浙江省生活垃圾管理条例》执法检查，配合市人大开展了《丽水市革命遗址保护条例》《丽水市扬尘污染防治规定》立法调研和《丽水市饮用水水源保护条例》立法后评估。

五是依法做好区乡人大代表换届选举。认真贯彻落实中央、省市区委关于县乡两级换届选举的部署要求，把党的全面领导、充分发扬民主、严格依法办事贯穿换届选举全过程和各方面。及时制定下发关于做好区乡人大代表换届选举的文件，依法设立区、乡两级选举委员会主持本级选举工作，配合区委及时召开动员部署会、业务培训会，开展换届纪律"十严禁"学习和反面典型案例警示教育；常委会领导分赴各选区加强指导联系，听取选民意见建议，及时协调解决换届过程中的问题，坚持选举投票和疫情防控"两手抓、两不误"，全区34余万选民"一人一票"直接选举产生新一届区级人大代表227人、乡级人大代表519人，代表素质进一步提高、代表结构进一步优化，换届过程风清气正。乡镇人大、街道民主议政会同步完成换届。

六是进一步发挥代表主体作用。区乡人大联动，多频次开展民生实事项目和代表建议办理的专题调研、代表视察、督促检查，区人代会上票决产生的10件民生实事，交办的147件代表建议全部在限期内答复完毕，代表对办理工作、办理结果的满意率进一步提升。通过各方努力，大坑至浅田联网公路、碧湖三小新建工程等群众关心关切的难题得到了解决。加强履职平台建设，市级规范化代表联络站建设实现全覆盖，大港头被评为市级先进人大代表联络站。

结合党史学习教育，各人大代表联络站还积极组织开展丰富多彩的代表活动，各级人大代表在推进共同富裕、法治宣传教育、美丽乡村建设、景区环境"微改造"、经常化文明城市创建等工作中，展现了新时代人大代表的作为与担当。

七是不断激发常委会内生活力。进一步加强人大系统党的建设，坚持把政治建设摆在首位，落实常委会党组从严治党主体责任和意识形态工作责任，严格执行重大事项向区委请示汇报制度，切实抓好区委巡察反馈意见的整改落实。坚持"三会一课"制度，领导干部讲党课、干部谈心谈话、廉政风险排查、季度分析例会实现经常化、常态化。开展了常委会组成人员履职能力提升专题培训。制定出台《莲都人大数字化改革行动方案》，选民登记信息系统、预算国资监督管理系统、代表钉等逐步投入使用，人大监督、决定、任免和代表工作效能得到提升。强化人大制度理论研究和基层代表风采展示，信息宣传工作考核获全市九县(市、区)第一。

二、过去五年工作回顾与体会

各位代表，区十六届人大常委会任期即将届满。过去的五年，是全区各项事业加快发展、人民生活不断改善、与全省同步高水平全面建成小康社会的五年，也是莲都区综合实力不断增强、治理体系与治理能力现代化水平不断提升、人民代表大会制度不断丰富和发展的五年。五年来，区人大常委会坚持党的领导、人民当家作主、依法治国有机统一，切实担负起宪法法律赋予的各项职责，胸怀大局、担当有为，充分发挥了县级地方国家权力机关的作用。这五年，共召开人代会5次，常委会会议45次，主任会议92次，听取和审议“一府一委两院”专项工作报告87项，组织执法检查14次，作出决定决议63个，选举和任免国家机关工作人员372人次，办理代表议案建议818件，审查规范性文件121个，为莲都区加快跨越式高质量发展，勇当共同富裕丽水领头雁和山区县排头兵作出了积极贡献。回望过去的五年，我们深深体会到，在新时代新征程上做好人大工作：

(一)必须坚持讲政治、强担当，自觉把坚持党的全面领导作为人大工作的最高政治原则

五年来，常委会始终把坚持党的全面领导放在首位，在不断夯实政治建设上有了新提高。突出政治引领。建立健全常态化学习机制，在常委会会议、主任会议、党组会议上把及时传达学习习近平总书记重要讲话、中央和省市区委重要会议、重要文件精神列为“第一议题”；在“不忘初心、牢记使命”主题教育、弘扬践行“浙西南革命精神”、党史学习教育中，坚持领导带头领学、干部集体研学，做到学深悟透、真信笃行，以严的要求、实的作风，持续巩固好教育成果，干部队伍政治判断力、政治领悟力、政治执行力不断提高。加强党的领导。常委会党组严格执行向区委请示报告制度，及时请示报告工作中的重要问题、重要事项，不折不扣贯彻执行好党委决定。设立人大常委会机关党组，支持党支部发挥战斗堡垒作用、支持党员干部发挥先锋模范作用，健全机关党的组织建设。强化政治担当。常委会领导和机关干部认真落实区委重大决策部署，推进“五大工作制度”落地，人大常委会机关积极参与信访积案化解、文明城市创建、“五水共治”、“三改一拆”、市区征迁、“双招双引”以及新冠疫情防控、“大搬快聚富民安居”等工作，31人次抽调有关工作专班，体现了人大担当。

五年来的实践表明，坚持党的全面领导是人大工作的最高政治原则。人大必须旗帜鲜明讲政治，坚定不移做“两个确立”的忠诚拥护者，自觉用习近平新时代中国特色社会主义思想统领人大工作，重大事项、重要工作必须及时向党委请示汇报，自觉维护党总揽全局、协调各方的领导核心作用。

(二)必须坚持围绕中心、服务大局，充分发挥地方国家权力机关作用

五年来，常委会以贯彻中央和省市区委人大工作会议精神为抓手，健全民主制度、丰富民主形式、拓宽民主渠道，依法行使重大事项决定、选举任免等职能，在不断丰富人大制度莲都实践上取得新成效。行使好重大事项决定权。常委会按照中央和省委关于健全人大讨论决定重大事项制度的要求，修订完善讨论决定重大事项办法，进一步规范了讨论决定的范围、程序和时限。推动政府重大决策出台前向人大报告制度的落实，对政府投资重大建设项目、高溪低丘缓坡招商引资、全区生态文明建设规划制定、“十三五”规划纲要中期评估、“十四五”规划和二〇三五年远景目标纲要编制、司法体制改革等提出意见建议、作出决议决定。做好代表票决民生实事项目工作。通过政府设立专项财政补助资金、组织监督小组专班跟进、代表调研督促、部门联合督查、年中(年底)听取进度(成果)汇报、完成情况满意度测评等行之有效的做法，区级民

生实事项目50件、乡镇（街道）民生实事项目516件全部办结，群众“急难愁盼”的问题得到解决。做好人事任免选举工作。坚持党管干部和人大依法行使任免权相统一。落实任前法律知识考试、任职表态发言、颁发任命书、宪法宣誓等规定，制定和完善宪法宣誓具体办法、开展宪法宣誓专项检查，增强任命干部的宪法意识和法治观念。把“宪法法律学习贯彻情况”纳入政府组成部门局长、法院副院长、检察院副检察长述职内容，年度书面审查全覆盖、不定期开展履职情况专项检查。完善听取政府部门工作汇报制度，将上级政府派驻垂直管理部门、政府直属事业单位纳入监督范围，主任会议累计听取29个部门工作汇报，进一步增强常委会对政府部门工作情况、任命干部现实表现（业绩）的了解，提升了相关单位和人员自觉接受人大监督的意识。

五年来的实践表明，围绕中心、服务大局，是人大工作的鲜明主题。人大工作必须紧紧围绕党委确定的重大战略、重大部署、目标任务、重点工作来思考、谋划和推进，要善于使党的主张通过法定程序成为国家意志，善于使党组织推荐的人选通过法定程序成为国家政权机关的领导人员。

（三）必须坚持依法履职、勤勉尽责，确保宪法法律有效施行

五年来，常委会按照“盯住法、管好钱、把牢图”的履职要求，选准监督议题、把牢监督重点，在推进正确监督、有效监督和依法监督上取得新进展。围绕保障宪法法律有效施行开展监督。听取和审议“一府一委两院”贯彻落实行政诉讼法、依法行政、贯彻实施监察法等专项工作报告，上下联动开展全区野生动物保护情况督查，以及《动物防疫法》《固体废物污染环境防治法》等20部法律法规执法检查。政府向同级人代会报告上年度环境状况和环境保护目标完成情况制度得到全面落实。支持大港头、紫金代表联络站更好发挥省、市人大基层立法联系点作用，组织代表参与立法前期调研和论证，在《丽水市饮用水水源保护条例》等8部地方立法活动中，积极反映基层意见建议。围绕加快民主法治建设开展监督。在中期开展“七五”普法情况评估、期末听取“七五”普法完成情况汇报的基础上，常委会依法作出“八五”普法决议，进一步夯实社会治理现代化的法治基础。常委会听取监察改革试点、法院基本解决执行难、公安机关扫黑除恶等专项工作报告，出台关于法院执行工作的意见，作出加强检察院开展公益诉讼的决定，持续开展员额法官、员额检察官履职评议，组织人大代表旁听观摩法院庭审等活动，推动莲都区监察和司法体制改革不断深化。围绕提高财政资金使用绩效开展监督。以贯彻落实《监督法》《预算法》《政府投资条例》为抓手，出台常委会预算审查监督制度，规范政府收支行为。每年听取发展计划、财政预算等专项工作报告，审查预算执行情况、批准调整年度预算，并作出相关决议，履行好法定预算监管人职责。推进预算国资监督管理系统的场景运用，开展重点领域的资金使用绩效评估，不断深化人大全口径预算监督工作，13个政府部门年度预算提交人代会审查。重视发挥审计机关作用，形成了年中听取上年度审计工作报告、年末听取审计查出问题整改落实情况的工作机制，有效推动了审计结果的转化运用。常委会制定全区国有资产管理监督工作五年规划，推动政府出台了向区人大常委会报告国有资产管理情况制度，先后听取和审查了国有资产管理情况专项报告和综合报告8个，并就摸清家底、提升效能、保值增值和建立现代企业制度等提出意见，强化国资监管人作用。围绕推动高质量发展开展监督。专题听取和审议全区数字经济发展、推进民营企业高质量发展、区本级土地储备、新冠肺炎疫情防控和复工复产、“最多跑一次”改革、全区水利设施建设和维护运营、美丽城镇建设等专项工作报告，对国家生态文明建设示范区、科创中心、基层综合文化服务中心标准化均等化、分级诊疗制度、医疗卫生人才队伍的建设和农村土地“三权分置”推进情况进行调研，推动莲都区

持续优化营商环境、激发市场活力、增强发展动力。围绕破解民生难点痛点开展监督。2018年盯紧“安置房建设滞后”民生堵点，开展农民下山脱贫异地安置和地质灾害避让搬迁工作专题询问，推动政府加快安置进度；2019年围绕“国资管理保值增值”工作短板，对全区国有资产管理情况开展专题询问，推动政府提升国资管理能力；2020年盯住区级公墓“一墓难求”社会痛点，专题询问全区公墓建设和管理情况，推动加快完善公墓建设和管理制度机制，有力推进殡葬改革；2021年紧扣市区“双招双引”工作，对项目建设推进情况开展专题询问，推动重大建设项目落地见效。连续四年，从“试水”到常态化，人大专题询问在涉及领域、实现形式上不断丰富和拓展，多次开展整改落实情况跟踪调研和督查，刚性监督成效逐步显现。围绕推动城乡共同富裕开展监督。听取和审议农业产业（茶业）培育和发展、农产品质量安全、全区生活垃圾分类、“大搬快聚富民安居”工程等专项工作报告，对农业农村主导产业、农旅融合发展、村庄环境整治、宗教工作、消除集体经济薄弱村、华侨创业就业、市区征收安置等进行调研，组织市、区人大代表视察危旧房（老小区）改造、少数民族文化发展、民族特色村寨建设、小城镇环境综合整治、森林病虫害防治等工作，市区联动视察“最多跑一地”、“四个平台”等建设情况，深入了解存在的问题和不足、共同寻求解决的路径与对策、推动相关工作取得进步。

五年来的实践表明，依法行使监督权、维护国家法治统一，是人大工作的职责和使命。人大必须聚焦制约经济社会发展的突出矛盾和问题短板，打出监督“组合拳”，提升监督的精准与实效，让人民代表大会制度优势转化为治理体系和治理能力现代化的强大推动力。

（四）必须坚持民有所呼、我有所应，充分发挥人大代表主体作用

五年来，常委会按照“接地气、察民情、聚民智、惠民生”工作要求，支持和保障代表依法履职、积极作为，不断丰富“两个联系”的内容与形式，在践行全过程人民民主重大理念上取得新进展。提升代表履职能力。加强履职管理，常委会完善制度机制，出台代表活动经费管理使用意见和履职管理办法，支持和保障区乡人大代表依法履行代表职务。做好代表培训，届初制定五年培训计划，按年度确定培训重点，把任前培训和届中培训结合起来、把全员培训和分类业务培训结合起来，实现对全区678名区乡两级人大代表培训全覆盖。拓展代表知情知政渠道，每年组织全体区人大代表听取全区半年经济社会运行情况通报，先后开展解读十九大精神、践行浙西南革命精神、展望“十四五”规划纲要、推进共同富裕示范区建设等专题培训；据不完全统计，有4500余人次参加“一府一委两院”的有关活动，1800余人次参加专题调研，700余人次列席常委会会议。提升代表建议办理成效。把办理好代表建议作为尊重人民主体地位的重要体现。本届共确定大会议案2件，代表提出的建议有853件（其中37件事权不在莲都区的通过其他途径办理）。常委会在提升代表建议办理的落实率、解决率上下功夫，推行重点代表建议常委会领导督办、政府领导领办制度，健全建议承办单位与人大代表交办后、承办中、答复前进行“三见面”机制，打好“网上分解、集中交办、部门会办、跟进督办、听取专项工作报告”等办理“组合拳”，确保代表建议在规定时限内答复。五年来，办理工作满意率100%，办理结果满意率99.63%。提升代表联络站建设水平。人大代表联络站规范化建设走在全市前列，设立联络站规范化补助资金，率先建成15个规范化代表联络站、4个示范点，通过设立代表联络点（室）、代表会客厅、代表之家进一步密切代表与群众的联系。葛慧君、史济锡、胡海峰等省市领导率先垂范，每年到联络站听取基层干部群众和代表的意见，促成解决了S328省道沙溪至均溪13公里安装太阳能路灯等许多问题，带动各级人大代表参加联络站活动超过5500人次。通过代表深入

基层深入一线，与群众面对面听取意见，一大批群众关心的民生难题得到有效解决。

五年来的实践表明，人民当家作主是社会主义民主的本质和核心。人大必须充分发挥全过程人民民主重要制度载体作用，保持同人民的密切联系，不断完善民主民意表达平台，支持和保证人民通过人民代表大会行使国家权力。

（五）必须坚持固本强基、求真务实，强化人大及其常委会自身建设

五年来，常委会一以贯之地把加强自身建设摆在突出位置，推进政治、思想、组织、作风、纪律等各项建设，强化对乡镇（街道）人大工作的指导（领导），在全面提高依法履职水平上取得新成就。加强全面从严治党。进一步发挥党组把方向、抓大事、作决策的领导核心作用，以贯彻党组工作条例为抓手，严肃党内政治生活，切实履行全面从严治党主体责任，严格落实党风廉政建设和意识形态工作责任制，出台常委会党组和机关党组运行规则，加强对机关党组的领导，督促人大常委会机关认真全面抓好巡察发现问题的整改，支持派驻纪检监察组更好发挥作用，不断提升人大机关常委会党建水平。加强机关保障能力。以“落实中央八项规定精神，力戒官僚主义、形式主义”为抓手，完善机关财务管理、固定资产管理等相关制度，坚持用制度管人、管钱、管物；进一步完善组织建设，人大新设3个专门委员会，常委会增设社会建设工委，一批具有法律、财经从业经历和丰富基层经验的同志转岗人大工作，人大及其常委会机构更加健全、工作力量明显增强；注重做好对法律法规、人大制度以及莲都区人大工作亮点的宣传，766篇宣传信息稿件在省市区媒体平台上发表；强化信访工作在收集民意、倾听民声、化解民忧、促进和谐上的作用，共办理上级人大交办件及人民群众来电来信来访401件次；深化数字人大建设，推进常委会和大会电子表决系统应用，推进议案建议办理系统、人大机关党政智治平台等场景应用，进一步提升人大常委会机关“三会”服务保障能力和整体工作效能。加强基层人大建设。以落实浙江省乡镇（街道）人大工作条例为抓手，规范和提升乡镇街道人大工作质量和水平；积极开展居民议事组织建设，6个街道全部成立了民主议政会，形成了听取年度环境目标完成情况、票决（票荐）民生实事项目、讨论人大街道工委年度工作等有效做法；人大工作纳入全区党政目标责任制考核体系，乡镇人代会、街道民主议政会一年召开两次的规定得到全面落实，基层人大工作活力进一步增强。

五年来的实践表明，人大及其常委会的自身建设直接关系到人民代表大会制度功效的发挥。人大必须一手抓规范、一手抓创新，全面深化“四个机关”建设，不断提升履职能力和履职主动性，更好地适应新时代人大工作的需要。

各位代表，常委会各项工作取得的成绩，是区委坚强领导，全体代表、常委会组成人员、各专门委员会组成人员和区人大常委会机关工作人员共同努力的结果，是区政府、区政协和区监委、区法院、区检察院积极支持、密切配合的结果，也是全区各级各部门和社会各方面以及全区人民大力支持的结果。在此，我谨代表区十六届人大常委会，表示衷心的感谢！

回顾五年来的工作，在看到进展和成效的同时，我们也清醒地认识到存在的问题和不足，主要是：保障宪法法律有效实施的力度还需进一步加大；一些法定监督手段运用不够充分，监督的刚性、实效性、精准度还有待提升；讨论决定重大事项的工作机制还有待进一步完善；代表闭会期间活动内容和形式还不够丰富，人大机关对代表履职的服务、保障能力还需要进一步提升；人民群众、人大代表对人大工作的参与度还有待进一步提高。这些需要我们在今后的工作中不断努力、切实改进。

三、今后工作建议

各位代表，去年十月，中央召开人大工作会议，对新时代坚持和完善人民代表大会制度、加强和改进人大工作作出部署。区第十五次党代会确定了莲都

"百万人口大城市建设取得突破性进展，成为全省共同富裕的先行示范"的奋斗目标和"城市首位度更高、综合竞争力更强、发展新动能更足、群众获得感更实"的具体目标。美好发展蓝图已经展开。新时代要有新气象，站在"两个一百年"交汇之际，我们要以习近平新时代中国特色社会主义思想为指导，深入贯彻党的十九大和十九届历次全会精神，深入践行习近平法治思想、习近平总书记关于坚持和完善人民代表大会制度的重要思想，始终坚持党的全面领导这一最高政治原则，围绕中心、服务大局、务实工作，自觉把人大工作放在接续高质量发展建设百万人口大城市，与全省同步迈向共同富裕示范区的大场景中去谋划，放在推进碧湖新城加快建设的战略大格局中思考，放在推进依法治区，建设法治政府、法治莲都的大舞台中推进，聚焦中心工作、聚情民生关切，聚力依法履职、聚合代表力量，按照全区工作重心在哪里、人大工作就跟进到哪里、力量就汇聚到哪里、作用就发挥到哪里的要求，推动人大工作的系统重塑、整体提升。

今年是新一届区人大常委会履职的起步之年，我们建议着重抓好以下几个方面的工作：

（一）把牢正确政治方向，强化坚持党的全面领导的政治机关建设

自觉维护党的领导。把贯彻落实党的十九届六中全会和中央人大工作会议精神，作为当前和今后一个时期的重大政治任务。全面落实党组"把方向、管大局、保落实"重要作用，深化机关党的建设，认真落实党风廉政建设责任制，坚守意识形态主阵地，重大事项及时向区委请示报告，确保党的全面领导贯穿人大工作全过程、各方面。

巩固学习教育成果。建立常态化、长效化制度机制，运用好人大系统学习党史的成果，守好"红色根脉"。要加强人大制度理论研究，发挥好人大制度的优势，助力区委奋进实干"九大行动"落地见效，实施好"我为群众办实事""三级干部大走访""代表见行动"等系列实践活动。

全面加强自身建设。切实发挥全过程人民民主重要制度载体作用，修订完善常委会、主任会议议事规则。立足"四个机关"的定位要求，紧扣"盯住法""管好钱""把牢图""议大事"等重点环节，着力建设人大变革型组织、提升塑造变革能力。积极推进人大数字化改革，提升机关服务保障能力，努力打造一支政治坚定、服务人民、尊崇法治、发扬民主、勤勉尽责的人大工作队伍。

（二）坚持人民至上理念，强化保障人民当家作主的国家权力机关建设

行使重大事项决定权。注重提高人大讨论决定重大事项的规范性和实效性，注重加强对关系全局的事项进行深入研究，切实保证党的主张通过法定程序成为国家意志。在广泛听取各方意见建议的基础上，依法审查和批准2021年度区财政决算，批准2022年度预算调整方案，审议《丽水市莲都区国土空间总体规划（草案）》制定情况，并作出决定决议。

规范开展人事任免。依法任命新一届国家机关工作人员，执行好任前法律考试、任后法律监督、年度述职述法等规定。常委会抽选部分员额检察官进行履职评议，主任会议听取区科技局等部门汇报，持续探索加强人大任命干部有效监督的方式。

强化备案审查工作。健全规范化文件备案审查工作流程，进一步抓好公检法司重大事项向人大报告制度的落实，提升和强化"一府两院"等备案机关向人大主动报告、及时报告的意识，做到有件必备、有备必审、有错必纠，维护法治统一。

（三）积极服务中心大局，强化全面担负宪法法律赋予的各项职责、保证宪法法律实施的工作机关建设

助推经济跨越式发展。听取和审议2022年上半年国民经济和社会发展计划执行、预算执行情况、2021年度预算执行和其他财政收支的审计工作汇报，持续跟进审计查出问题整改。制定新一轮国资管理监督计划，进一步深化国有资产管理监督工作。跟踪督查碧湖新区重点项

目推进情况，并开展专题询问。审议自然资源国有资产管理、“大搬快聚富民安居”工作推进情况等专项工作报告，调研全区数字化改革、“三位一体”农合联改革、农业特色产业发展等工作推进情况。

助推创造高品质生活。跟踪监督旅游产业发展、美丽城镇建设等审议意见的落实。审议全区居家养老工作和农村小规模学校发展状况，对民族区域共同富裕前景、农村饮用水保障以及全区残疾人无障碍设施、3岁以下婴幼儿照护服务体系、花园乡村的建设情况进行专题调研。主任会议听取市自然资源和规划局莲都分局关于碧湖全域土地综合整治、“一户多宅”清理等重点工作开展情况汇报。

助推社会治理现代化。听取和审议全区打击电信诈骗犯罪、区法院司法公正感受度提升工程等专项工作报告，对《社区矫正法》贯彻落实情况等进行调研，听取区监委有关专项工作情况汇报。组织《退役军人保障法》《宗教事务条例》执法检查，配合省市人大开展节约能源“一法一办法”和《就业促进法》《物业管理条例》执法检查，扎实做好法治宣传教育，进一步浓厚尊法学法守法用法的氛围。

（四）发挥代表主体作用，强化始终同人民群众保持密切联系的代表机关建设

做好代表履职服务。提升人大代表和常委会组成人员履职意识和能力，开展政治业务培训，全面推广“代表钉”，密切常委会组成人员与代表、代表与选民的联系。加强在代表培训、活动经费、履职平台建设方面的保障力度，落实代表向原选区或原选举单位述职。

深化履职阵地建设。推进乡镇街道代表联络站迭代升级，与“四个平台”进行联通融合，实现数据的互联互通、信息的共享共用，促进代表活动更加精准高效。进一步丰富和发展街道民主议政会制度，鼓励建设更多的代表联系点，推进政府部门负责人进站活动。

增强代表建议和民生实事办理实效。继续坚持好重点建议区政府领导领办、常委会领导督办制度和民生实事监督小组制度，全面督促承办单位落实“一把手责任制”，持续跟进正在解决的代表建议件的过程监督，推动建议办理工作由重满意率向提高解决率转变、民生实事项目由点状建设向全面铺开转变。

各位代表，奋进新征程、建功新时代!让我们高举习近平新时代中国特色社会主义思想伟大旗帜，更加紧密地团结在以习近平同志为核心的党中央周围，在中共莲都区委的坚强领导下，牢记初心使命、奋发担当作为，推动人民代表大会制度在莲都的生动实践，朝着“接续高质量发展建设百万人口大城市，成为全省共同富裕的先行示范”的目标阔步前进，以更加优异的成绩迎接党的二十大胜利召开!

中国人民政治协商会议
第十五届丽水市莲都区委员会常务委员会工作报告

（2022年2月11日在政协第十六届丽水市莲都区委员会第一次会议上）

政协丽水市莲都区委员会主席　陈立新

一、工作回顾

过去的五年，常委会在区委的正确领导下，以习近平新时代中国特色社会主义思想为指导，坚持团结和民主两大主题，创新实践“绿水青山就是金山银山”理念，积极助力疫情防控和经济社会发展，充分发挥社会主义协商民主重要渠道和专门协商机构作用，为莲都与全省同步高水平全面建成小康社会并迈向共同富裕新征程作出了积极贡献。

五年来，我们始终弘扬团结民主主题，凝聚共识富有成效

常委会把加强思想政治引领、广泛凝聚共识作为履职工作的中心环节，持续做好团结各界、凝聚人心各项工作。

旗帜鲜明讲政治。深入学习习近平新时代中国特色社会主义思想和中共的十九届历次全会精神，特别是习近平总书记关于加强和改进人民政协工作的重要思想，巩固深化“两学一做”学习教育成果，深入开展“不忘初心、牢记使命”主题教育和党史学习教育，团结引导各党派团体、各族各界人士切实增强“四个意识”、坚定“四个自信”、做到“两个维护”。发挥党建引领作用，首次召开政协党的建设工作座谈会，建成机关党组和4个界别工作支部，加强党员委员联系党外委员，实现党的组织对党员委员、党的工作对政协委员“两个全覆盖”。

牢记使命绘同心。开展弘扬践行浙西南革命精神活动，落实各界别活动组到浙西南革命根据地纪念馆、南乡革命纪念馆、龙泉住龙红色教育基地等地追寻红色足迹，强化理想信念。开展庆祝中国共产党成立100周年系列活动，收看习近平总书记“七一”讲话，举办区政协成立65周年“我的祖国·我的政协情缘”座谈会，承办丽水市政协系统第十五次书画作品联展，激励广大委员守好红色根脉，奋力创优争先。开展“六讲六做”宣讲活动，全面学习宣讲中共十九届六中全会精神和区第十五次党代会精神，凝聚向心力，绘就同心圆。先后出版《莲都老工业纪实》等7本文史专辑，复刊《莲都文史》杂志，持续深挖和宣传地方文化印记。

团结合作聚共识。深化党派团体合作，安排其大会发言128人次，交办集体提案284件，编报社情民意信息608期，分别占政协单项履职总数的89%、98%、81%。重视发挥女委员联谊会、书画会和摄影之友社的作用，组织各类团结联谊活动36场次。推进上下联动和区域合作，建成省政协反映社情民意信息直报点和市区37人专家智库、15人理论宣讲团，合建丽水摄影之乡委员会客厅1个、经济界委员工作室1个、民主党派委员工作室6个。与省联谊报联合举办的“政协委员看浙江”摄影·微视频大赛，征集到来自全省11个地市248名摄影师的3095幅照片和34个视频，积极展示我省“重要窗口”建设成就。

五年来，我们始终服务莲都

发展大局，专门协商作用凸显

常委会把助力加快跨越式高质量发展作为工作主线，突出主责主业，在全区经济社会发展中发挥作用。

重大决策献良方。聚焦区委工作思路、区政府工作报告等，通过常委会会议或全体会议集思广益，先后提出意见建议1168条，供区委、区政府决策参考。聚焦区“十四五”规划组织调研学习和专题协商，在碧湖新城、农业科技、文旅融合、城市交通等多个方面提出意见建议，形成的《协商纪要》被时任书记和区长批示交办，打造国家水稻分子育种中心丽水示范基地等建议被写入规划文本。聚焦社区的设立与拆分，先后组织委员调研南明山街道沙溪亭社区、岩泉街道佳和社区等地，就社区命名、边界划分、办公用房、人员配备等方面提出意见建议，助力调整和新设社区19个。

重要领域建良言。连续5年调研机构改革工作，先后围绕“最多跑一次”改革及长效机制建设、机构改革后责权分配和权力运行问题、乡镇街道“四个平台”建设、数字化改革赋能政府服务等议题，开展专题协商。持续关注作风环境建设，每年听取区纪委(监委)工作情况通报，把优化营商环境、加强法院执行力等列为常委会或主席会议课题，多形式多渠道协商建言。持续助推基层社会治理，协商民主“协治会”模式被写入市政协常委会工作报告和《丽水市政协协商工作规则》，“民生议事堂”在紫金等7个乡镇（街道）试点推行。

重点工作谋良策。先后围绕“五水共治”、养生养老、生活垃圾分类、教育资源配置、碧湖高质量绿色发展、莲台两地交流合作等20多项工作开展协商，形成调研报告18份、协商纪要6份。其中，就碧湖镇保定圩的保护与开发，阐述资源之宝贵，究其发展之困境，呼吁打造石水共美、林草共茂、农渔共生的创作、体验、度假基地，打造GEP拉升GDP的典范，调研报告获评全市政协系统优秀调研成果。探索跨区域协商模式，“义乌好货”“莲都山超”搭桥会积极助力莲都、义乌两地“山海协作”；“竹柳新桥”畲族乡镇乡村振兴“请你来协商”凝聚武义、松阳、莲都三地共识，被省政协副主席批示肯定。

五年来，我们始终紧扣党政工作部署，民主监督尽责担当

常委会把围绕党委政府中心工作作为重要原则，坦诚建言，较真监督，在助推工作落实中贡献智慧力量。

联动监督强力。常态化参加省、市、区三级政协联动专项集体民主监督。围绕“高水平全面建成小康社会补短板”组织85名委员调研全区13个领域164项补短板举措的落实情况，在低收入农户脱贫等方面提出意见建议。围绕“深入推进大花园建设、加快建设美丽中国先行示范区”组织100多名委员分组到各部门和乡镇街道，梳理出“资金保障能力有限、部门参与度不高、空间布局比较矛盾”等问题，并提出对策建议。围绕“城乡生活垃圾分类处理”组织全体委员分组视察28个社区，提出“加快垃圾分类中端、末端建设”等意见，被时任区长批示交办。

视察监督聚力。通过政协各参加单位、专门委员会，经常性组织委员视察。就基层公共卫生、小区物业管理、华侨新生代培根工程、“康养600”小镇公路建设等民生实事，组织委员视察15批次，助力政府工作更加利民惠民。就古堰画乡、处州府城、万洋低碳智造小镇、灵康杏福小镇等重大项目建设，组织委员视察24批次，积极帮助发现和解决问题。就法院执行、社区矫正、消防安全等工作，组织委员视察7批次，促进补短板扬优势，提升社会治理水平。

日常监督有力。先后围绕“小城镇综合整治”“国家卫生城市创建”和“经常化全国文明城市创建”等工作，发动政协委员结合工作和生活，以手机照片或视频的形式，反映群众身边的大小民生问题，形成良好的监督氛围。持续跟进问题处置工作，积极推动履职成果转化。如，跟进“碧湖镇S222公路章塘村十字路

口交通安全隐患”处置工作，助推区政府及其部门研究解决问题。截至目前，累计推动解决问题1700多个，相关做法被多位党政领导批示肯定，被《丽水政协工作》宣传推介，被《浙江日报》《丽水日报》等媒体宣传报道。

五年来，我们始终坚持履职为民理念，参政议政积极有为

常委会把人民利益作为一切工作的根本出发点和落脚点，倾听群众呼声，反映群众意见，协助解决实际困难。

协同战疫连民心。发挥联系广泛的优势，第一时间发出抗击疫情“心连心、同行动”倡议和“七要七不要”行动指南，引导各党派团体、各族各界人士立足实际，积极参与疫情防控各项工作。特别是通过海外“朋友圈”全球购，助力化解疫情初期的物资紧缺困局；通过全面发动全员参与，持续守护群众生命健康安全；通过带队指挥战疫，驻义乌机场口岸防疫工作被国务院督查组肯定。坚持常态化疫情防控背景下的“一联十”“三服务”等工作，及时助力解决问题，出色完成项目“大督查”和城中村改造等任务。界别月“六送下乡”活动深受群众欢迎；委员党建工作室“爱心共享厨房”服务病患家属，被人民网、人民政协报等媒体广泛宣传。

提案工作解民忧。政协各参加单位、专门委员会、界别活动组和广大政协委员提交民生类提案占提案总数的87.3%，并已全部办复。如，《关于加强老年人保健品市场监管的建议》加快6部门联合印发《莲都区保健品市场乱象专项工作实施方案》；《探索社区养老新路子，让莲都“夕阳事业”绽放“朝阳红”》助力社区、村基本形成步行10至20分钟的居家养老服务圈；《关于完善农村备用水源管理，有效延长农村饮用水“生命线”的建议》助推区政府出台《莲都区“十四五”农村供水保障规划》，助力实现农村饮用水“全兜底”。

反映信息传民情。用好社情民意“直通车”，编报社情民意信息755篇，有335篇信息被全国、省、市政协采用或区委区政府批示交办。其中，呼吁修复通济堰导航墙、深化法治乡村建设等信息，被区直部门采纳落实；呼吁刚性兑现涉企政策打造营商环境最优市等信息，被市委市政府主要领导批示交办，推动出台《丽水市关于进一步优化营商环境促进民营经济高质量发展的若干意见》等惠民惠企政策；《建议顺势抓紧开展“抗疫”系列政协文史资料征集活动》等53篇信息被省政协采用；《呼吁多管齐下把“取环”作为补上关爱妇女的“最重要一环”》等18篇信息被全国政协采用。连续21年获评“全市政协反映社情民意信息工作先进单位”，连续8年蝉联全市政协系统反映社情民意信息工作成绩第一名，获2019—2020年度全省政协反映社情民意信息工作先进单位三等奖。

五年来，我们始终不忘固本强基工作，自身建设再上台阶

常委会把固本强基作为事业发展的基础工程，坚持继承与创新，勇于自我革命，提升履职能力水平。

“书香政协”氛围浓郁。建立以党组理论学习中心组为龙头的学习体系，制订并执行全员培训轮训计划，先后安排政协委员赴浙江省委党校、青岛市委党校、湘潭县委党校和浙大城市学院集中轮训共403人次。建成“委员讲堂”，在区融媒体中心、区图书馆、新华书店、鱼跃书院等地安排授课23场次。建成“委员读书群”，参加省、市政协读书活动600多人次。建成政协机关“书香长廊”。更加重视政协理论研究，基于“随手拍、快捷报”等履职提炼的《优化成本：基层政协民主监督创新的关键》等20多个成果获省、市奖项。

“智慧政协”效能初显。用好提案系统，推动网上办理和答复提案1900多件次。升级“随手拍、快捷报”工作，建成委员微工作室微信群，联络23位部门负责人和130多名政协委员同群办公、同步办事。打造“莲都政协·掌上履职”平台，探索更多数字化履职的方式方法，推动委员履职迭代升级。发挥委员管理服务系统的作用，全面服务委员履职评价。进一步建好政协门户

网站和微信公众号，累计发布履职信息4300余条。

“阳光政协”活力迸发。完善“一办九委”政协机关，改革文史资料编辑部为协商服务保障中心。每年开展主席会议成员走访委员活动，首次组织委员趣味运动会，先后开设诵读班、形体班、书画班，关心关爱委员身心健康。更加重视履职激励，累计表彰委员295人次、参加单位46个次，届末推荐委员留任82人。陈可乐等41人次被评为履职先进个人，程长婴等5人被评为全市政协系统“最美政协人”。

各位委员、同志们，五年来所取得的成绩，是区委正确领导，区人大常委会、区政府大力支持的结果，是各有关部门和乡镇（街道）以及社会各界热情帮助的结果，是各位老领导、老同志关心关爱的结果，是区政协各参加单位、广大委员和机关干部团结协作、共同奋斗的结果。在这里，我代表十五届区政协常委会，向所有关心支持区政协工作的同志们、朋友们，表示衷心的感谢，并致以最崇高的敬意!

二、经验体会

五年来，常委会在继承优良传统、坚持重要原则的基础上，适应新时代、研究新情况、解决新问题，积极作为、锐意进取，探索和积累了一些经验。

（一）必须把准党的领导“定盘星”。中国共产党的领导是人民政协事业发展进步的根本保证。这五年中，区委每年听取区政协党组和常委会工作汇报，落实党政领导参加政协会议活动，首次召开区委政协工作会议，制订出台《关于新时代加强和改进人民政协工作的实施意见》，有力推动政协制度建设、落实政协机构改革、保障委员履职经费，为政协工作创造了良好条件。要始终秉持初心使命，把坚持党的领导贯穿到政协全部工作之中，严格落实党中央和省、市、区委对人民政协工作的各项要求。

（二）必须打好协商议政“组合拳”。人民政协是社会主义协商民主的重要渠道和专门协商机构。这五年中，常委会线上线下组织“请你来协商”活动，多管齐下推动提案办理，全面准确反映社情民意，同时积极指导乡镇街道协商民主实践，以扎扎实实的履职成效赢得了党委政府的信任和支持，换来了人民群众的满意和赞誉，提升了人民政协的社会影响力。要聚焦协商民主，搭好履职平台，完善工作机制，努力“专”出特色、“专”出质量、“专”出水平，更好地释放专门协商机构效能。

（三）必须强化首位担当“精气神”。人是要有一点精神的。这五年中，常委会带领政协各参加单位和广大委员奋勇争先、奋力拼搏，在学习研究政协理论、反映社情民意信息等方面长期保持九县（市、区）政协“头雁”地位，“随手拍、快捷报”、丽水“摄影之乡”委员会客厅等多项工作入选全市政协系统“十佳”。要胸怀“市区同体、当仁不让”大格局，鼓起“奋力一搏、惊人一跃”大干劲，勇当“头雁”和“排头兵”，无愧于丽水“首位之区”的定位。

（四）必须用好创新引领“金钥匙”。创新是引领发展的第一动力。这五年中，常委会新建“请你来协商”“民生议事堂”“委员讲堂”“委员会客厅（工作室）”等履职平台，组建应用型智库、理论宣讲团、委员履职小组，探索线上履职，并出台执行《提案工作实施细则》等12项制度，成就了政协工作良好局面。要抓住数字化改革的契机，进一步塑造变革、率先破冰、创新实践，更好地推动政协事业健康发展。

（五）必须重视委员主体“基本面”。政协委员是政协的生机和活力所在。这五年中，常委会始终重视委员、依靠委员、服务委员，坚持思想政治引领，发挥政协各参加单位、专门委员会、界别活动组的作用，尊重委员主体地位，保障委员民主权利，让每一位委员都有组织依托、有联络渠道、有平台履职，形成“懂政协、会协商、善议政，守纪律、讲规矩、重品行”的整体优势。要持续巩固党史学习教育成果，科学制定任务清单，挂图作战、对标对表开展工作，不断激发广大委员的履职热情。

在肯定成绩的同时，我们也

清醒认识到，当前区政协工作还存在一些问题和不足。比如，委员的履职平台还需不断完善，协商议政的质量还需接续提升，履职成果的转化还需主动抓实，联系群众的方式方法还需优化改进，服务委员工作还需更加精细。要高度重视这些工作短板，并在今后工作中加以补长补齐。

三、今后五年工作的建议

今后五年，是莲都区接续高质量发展建设百万人口大城市的破局阶段，也是莲都区与全省同步迈向现代化和共同富裕的关键时期。区政协工作的总体要求是：高举习近平新时代中国特色社会主义思想伟大旗帜，学习贯彻习近平总书记关于加强和改进人民政协工作的重要思想，认真落实区第十五次党代会决策部署，牢牢把握团结和民主两大主题，坚持建言资政和凝聚共识双向发力，认真履行政治协商、民主监督、参政议政职能，积极践行全过程人民民主，努力干出新样子、展现新作为，助力实现"百万人口大城市建设取得突破性进展，成为全省共同富裕的先行示范"奋斗目标。

（一）进一步加强思想政治建设，打造同心政协。深入学习贯彻中共十九届六中全会精神，坚决落实党对政协工作的全面领导，不断提高政治判断力、政治领悟力、政治执行力，团结引领各党派团体、各族各界人士忠诚拥护"两个确立"、坚决做到"两个维护"。把学习宣传贯彻中共二十大精神和省、市、区党代会精神作为重大政治任务，全力抓好落实。充分发挥党建引领作用，更好统筹安排党风廉政、意识形态和履职工作，推动政协党的建设再上新台阶。大力倡导崇学之风，切实加强文史征编，精心打造"委员讲堂"，认真参加省、市政协读书学习活动，让书香成为政协浓浓的味道。联动女委员联谊会、书画会、摄影之友社和委员会客厅（工作室），扎实推进凝聚共识工作，助力夯实团结奋斗的共同思想政治基础。

（二）进一步服务莲都发展大局，打造有为政协。紧扣百万人口大城市建设大目标，认真履行专门协商机构职能，在助推城市能级提升、未来产业发展、人口规模增长上展现更大作为。围绕"双招双引"工程、"山海协作"升级、数字经济发展、创新生态产品价值实现机制等议题，召开专题议政性常委会会议或专题协商会议。围绕丽水工业园区平台"二次创业"、畲乡民俗经济区、华侨要素回流工程、未来乡村建设试点等开展专题调研。围绕数字化改革推进情况、惠企助企政策落实情况等参加三级政协联动专项集体民主监督。围绕"大搬快聚"、瓯江山水诗路建设和重大交通项目建设等开展委员视察。

（三）进一步助力民生福祉改善，打造亲民政协。聚焦聚力民生优质共享，在共同富裕"大场景"中找准履职"小切口"，助力打造最美生态、书写民生答卷、建设平安环境。要加强民意反映，就创建省大花园示范县、巩固全国文明城市（国家卫生城市）创建成果和深化"两非"整治等工作，广泛收集和反映群众意见建议。要加强为民出招，紧扣教育优质资源共享、育儿友好型社会、村级集体经济巩固提升等积极建言献策，向党委政府建睿智之言、献务实之策。要加强惠民服务，落实"一联十""三服务"工作，开展界别月和"六送下乡"活动，助力常态化疫情防控、低收入农户增收和平安法治建设等工作，努力将服务事项办实办优。

（四）进一步推动改革探索实践，打造创新政协。坚持平台创新，在全区推广"协治会"和"民生议事堂"建设，推动政协协商向基层延伸；进一步探索建设"企业家委员沙龙"等平台，丰富政协履职实践。坚持数字创新，推进"莲都数字政协"五年行动，以数字化理念推进政协工作全方位、系统性重塑，全面构建"掌上履职""掌上办公""掌上议政厅"体系，赋能委员微工作室和"请你来协商"平台，迭代升级提案系统、委员管理服务系统和政协网站，推动发展"指尖上的协商民主"。坚持制度创新，完善党组听取机关及各专门委员会党建工作汇报机制，建立党外委员专题视察、常委提交履职报告和委员履职清单化等制度，扎实政协履职保障。

（五）进一步强化两支队伍建设，打造活力政协。主动适应新形势新任务，全面增强履职本领，着力提高政治把握能力、调查研究能力、联系群众能力、合作共事能力。要尊重和保障委员权利，完善委员联络制度，健全委员联络机构，制订委员培训和走访计划，推行数字化考评机制，引导委员珍惜自身荣誉，恪守宪法法律，锤炼道德品行，提高能力素质，切实发挥在本职工作中的带头作用、界别群众中的代表作用。要重视和加强干部队伍建设，充分发挥机关党组作用，聚焦变革型组织建设要求，以数字化改革为切入点，推动转作风提效率，不断提高服务和保障政协履职的能力和水平。

各位委员、同志们，让我们更加紧密地团结在以习近平同志为核心的党中央周围，在中共莲都区委的坚强领导下，传承初心之志，筑牢同心之基，善履协商之职，恪尽兴莲之责，锐意进取，埋头苦干，为接续高质量发展建设百万人口大城市、与全省同步迈向共同富裕贡献政协力量！

专　辑

莲都“邮说党史”　献礼中国共产党百年华诞

2021年以来，莲都区委宣传部、莲都区社科联紧紧围绕庆祝中国共产党成立100周年主线，启动“邮说党史”——献礼中国共产党百年华诞系列活动，以“邮票”为载体，充分发挥党史以史鉴今、资政育人的作用，将视角从物质载体上升至精神力量，不仅赋予了活动更多文化、情感、传承和奋进的力量，更是对党史学习教育活动的有益创新和尝试。主要特色做法如下：

一是创新“邮”载体讲述“莲”故事。其一是“莲响”青年“邮说党史”。深挖本土丰厚的红色沃土，组建100人“青年党员宣讲团”，以“一枚邮票+一段党史+一次宣讲”模式打造“莲响青年·邮说党史”系列宣讲视频和《百年征程 记忆“邮”存》系列纪录片，并通过“莲都发布”和“莲连看App”等融媒体矩阵集中推送，以此带领观众感悟党的初心使命，弘扬践行红色浙西南的革命精神，助力汇聚起绿色新丽水澎湃发展动能。截至2021年底，“莲响青年 邮说党史”系列微视频已发布26期，阅读量已超18万人次，社会各界反响热烈。其二是老党员“邮忆党史”。充分发挥老同志的政治优势和威望优势，组织10名有集邮爱好的老战士、老党员进机关、进学校、进村社，通过对党的革命、建设和改革开放等时期经典邮票的解读，重温党带领人民披荆斩棘、艰苦创业的峥嵘岁月和光辉业绩，汲取接续奋斗的力量源泉。如邀请100岁高龄、72年党龄，参加过平津战役、抗美援朝等战役的高步连老战士，进

3月26日，人民路小学举办“童心向党·千人绘邮”画作展览（区委宣传部 提供）

机关讲述“开国十大将”邮票背后的红色记忆，以红色精神滋养时代新人。截至2021年底，已开展老党员讲党课忆初心、智叟献良策等党史学习教育100余次。

二是搭建“邮”平台丰富“莲”文化。其一是“邮绘童心”传承红色基因。依托“全国集邮示范基地学校”——莲都区人民路小学这一党史学习教育宣传阵地，组织1000余名少先队员开展“童心向党·千人绘邮”“集邮立童志”“绘邮润童心”等系列，让孩子们挖掘邮票价值、讲好邮票故事、传承红色基因、积淀“邮雅”文化、感悟红色情怀。组织开展“走邮路·观邮票”“每周一邮”、百年鱼跃邮展研学、“红领巾心向党”主题书信大赛等系列主题活动，将邮票话党史与学校党建、德育、家校社区共建等紧密结合，让党史教育“声入人心”。其二是“邮说清廉”感悟时代担当。依托丽水市鱼跃1919文化产业园——“邮说党建”特色展厅，组织全区党员、中小学团员、少先队员品赏党史珍邮、重温红色基因。在“邮说清廉”展区，从“清廉”一词的出处，到清官廉吏故事，再到纪检监察机构的变化，通过一枚枚小小的邮品展现清廉文化和清廉建设的发展历程。“邮说党建”展厅也成为了莲都区党员干部及中小学生忆党史、学清廉的重要阵地，自建成以来先后接待1000多批次近10多万名参观者到此开展主题党日活动和爱国主义教育。

三是融合“邮”媒介扩大“莲”效应。其一是“跟着邮票学党史”系列巡回展进基层。聚焦建党百年，围绕中国共产党“开天辟地、改天换地、翻天覆地、惊天动地”4篇章的邮品和10个红色故事，制作100余个以党的光辉历程为主的邮票巡回展板进市区政府、公园、展馆、各中小学校（高等学院）、社区、企业，激发广大干部群众爱党爱国的热情。其二是“邮说党史”系列视频多元传播。制作《百年峥嵘 记忆“邮”存》视频、《百年征程 记忆“邮”存》微电影，通过以AE动画+实拍的形式，运用三维技术和影视后期技术，让邮票动起来、活起来，生动展现身临其境的邮票画面故事。突出“绿水青山就是金山银山”等地方元素，形成移动端、PC端、电子屏、线下展览传播闭环，构建大小屏互动传播的融媒传播生态圈。在“莲都发布”和“莲连看”App等平台开设专栏，集中推送系列视频及纪录片，推出一批“互联网+融媒体”精品节目，让“邮说党史”红色旋律响彻莲都大地。

邮票素有“国家名片”的美称，邮票方寸间铭记着历史，浓缩了伟大的中国共产党领导全国各族人民争取民族独立、人民解放、国家富强、民族复兴的百年闪光历程。此次活动以“邮票”为特色载体，创新结合线上+线下，将活动触角延伸进机关、进校园、进村社，生动阐释党的百年红色故事，让党的创新理论“飞入寻常百姓家”。

线上联合区融媒体中心、传媒公司制作推出《百年峥嵘

6月24日，人民路小学学生参观“跟着邮票学党史”展览（区委宣传部 提供）

记忆“邮”存》视频、《百年征程记忆“邮”存》微电影和“莲响青年 邮说党史”系列宣讲视频，利用“媒体+”融合莲都元素，以AE动画+实拍、三维技术和影视后期技术等，让百张邮票生动讲述百年党史，完整呈现共产党波澜壮阔的光辉历程与艰辛探索。

线下联动80、90“莲响”青年宣讲团队、全区中小学生、机关各单位干部组织开展“莲响青年·邮说党史”宣讲活动、“童心向党·千人绘邮”主题活动、“跟着邮票学党史”巡回展等，探索党史学习教育新形式，将庆祝中国共产党成立100周年主题活动与党史学习教育有机结合，让广大人民群众深切感悟红色精神，弘扬践行红色浙西南的革命精神，助力汇聚起绿色新丽水澎湃发展动能。

11月3日，陈旭东(中)在鱼跃1919邮票展厅向学生代表介绍中国共产党发展历程

(区委宣传部 提供)

学习党史中央第五指导组组长孙永春高度评价丽水市鱼跃1919文化产业园——“邮说党建”特色展厅。浙江宣传(工作信息)第80期刊登《丽水市莲都区以邮为媒探索党史学习教育新路径》。

“邮说党史”系列活动赢得《人民日报》、新华社、《光明日报》、“学习强国”等30余家主流媒体关注报道，各类网站阅读总量破两百万人次。

(区委宣传部)

莲都迈向共同富裕新征程

2021年是高质量发展建设共同富裕示范区起步之年。这一年，促进共同富裕摆在更加重要位置，莲都坚持靶向发力，多力齐发，全力打造共同富裕山区样板。

一、致力顶层设计，聚焦建章立制构筑共富基础

一是加强组织领导，强化干部队伍配备。成立区委书记任组长，区委副书记、区长任第一副组长的加快跨越式高质量发展建设共同富裕示范区领导小组，领导小组办公室设在区发改局。组建共同富裕工作专班，成立区委社建委，统筹全区共同富裕及社会建设工作。二是强化宣传引导，讲好共同富裕的莲都故事。被新华网、中国网、《中国日报》等中央媒体报道22篇，被《浙江日报》、浙江新闻等省级媒体报道23篇，被“学习强国”、浙江在线、浙江新闻客户端等网络媒体报道51篇。被省级及以上政务信息采用的工作经验、案例等交流信息5篇。引导全社会正确理解共同富裕的实现形式、本质要求、实现途径，凝聚起推动共同富裕的广泛共识。三是编制行动方案。研究制定《莲都加快跨越式高质量发展建设共同富裕示范区行动方案（2021—2025年）》，聚焦物质富裕向更高质量跃升、城乡富美向更高品质跃升、生活富足向更高水平跃升、精神富有向更高层次跃升、社会富安向更高效能跃升五个方面，结合实际细化工作任务。四是科学设置指标。制定莲都区共同富裕指标体系，由物质富裕、城乡富美、生活富足、精神富有、社会富安五个大类、68项指标、70个细分指标构成，目标设置充分体现“自我加压、跳起来摘桃子”工作理念。2021年地区生产总值增长8.9%，人均GDP达到80441元；城乡居民可支配收入达到50417元；城乡居民收入倍差缩小到1.67。获评全省深化“千万工程”建设新时代美丽乡村（农村人居环境提升）工作优胜区。五是加快理论创新。充分发挥党校理论研究阐释优势，深入开展共同富裕理论研究整理案例、申报课题、撰写文章，2021年上报典型案例6个，其中《丽水莲都灵山未来社区：按下山水花园城市建设快进键》课题被列为省委党校“高质量发展建设共同富裕示范区典型案例”重点课题，《抢抓政策机遇 奋力加快跨越式高质量发展》课题被列为省委党校“探索山区26县共同富裕新路径”专项课题。

二、致力就业创业，聚焦富民增收优化就业环境

一是健全统筹城乡的就业公共服务体系，全面落实就业政策。2021年积极促进高校毕业生、就业困难人员、失业人员等重点群体就业，新增城镇就业9655人，新增高质量就业社区（村）28个，开发社区（村）公益性岗位142个，安置低收入农户和就业困难人员155人次，发放失业金2944人次，发放稳岗补贴2659家，惠及参保失业人员48752人次。二是支持和规范发展新就业形态。探索新业态从业人员单险种参加工伤保险制度，为新业态从业人员提供职业伤害保障，将快递从业人员的技能培训纳入“金蓝领”职业技能提升行动。聚力开展招才引智。新引进高校毕业生5558人，新增博士后工作站1家，获评“浙江工匠”3人，入选“绿谷精英”项目11个。

三、致力公共服务，聚焦民生改善强化民生保障

一是推进教育提质发展。探索建立覆盖城乡的学前教育公共服务体系，实施学前教育第四轮三年行动计划，长岗背小学、碧湖三小建成并投入使用，望城岭公寓幼儿园、水东公寓幼儿园、青林公寓幼儿园等完成装修并投入使用，新增小学学位3240个、幼儿学位1260个，公办园覆盖率提高5%，普惠性幼儿园在园比例达到91.5%。二是加快健康莲都建

设。大力推进健康莲都27项专项行动，巩固全国健康促进区建设成果，持续打造健康细胞，创成健康社区（村）97家、健康促进学校29家、健康家庭3411户。三是构建幸福养老体系。实现乡镇街道居家养老服务中心全覆盖，加强社区嵌入式养老护理机构和农村敬老院建设，每万名老年人拥有持证护理员达到20人。全面完成康养联合体建设，建成丽水居养96345平台，实现专业“机构式”养老服务和日常便民服务深度融合的“一站式”居养服务。

四、致力环境提升，聚焦绿色发展彰显生态优势

不折不扣抓好生态环保督察整改工作，不断加强生态治理，打好蓝天、碧水、净土、清废“四场战役”。莲都区市控以上地表水监测断面、县级以上集中式饮用水水源地水质和跨行政区域河流交接断面水质达标率为100%，市区环境空气质量综合指数为2.67，在全国168个重点城市中排名第七，全省排名第二，AQI指数优良率为99.7%，较上年提高0.8个百分点，全省排名第一，PM2.5平均浓度为21微克/立方米，全省排名第二。入选全省幸福河湖建设试点县，大港头镇利山村入选全省首批低（零）碳村。

（区发改局）

碧湖欢庭·下南山度假村（碧湖镇 提供）

大事记

1月

1日，莲都区召开古堰画乡微改造“诸葛亮”会，受到新华网、央视频、《人民日报》三大央媒关注。区委副书记、区长陈豪参加会议。

同日，“堰遇千年、画里跨年”系列主题活动在古堰画乡景区展开。

4日，莲都区荣膺“浙江省渔业健康养殖示范县(第一批)”称号，是丽水全市唯一获此殊荣的县。

5日，市委常委、区委书记徐光文到区疫情防控指挥部督导落实常态化疫情防控工作。

同日，“堰遇千年 画里跨年”拍卖会在古堰画乡力美术馆举办。

6日，省政协主席葛慧君在大港头镇开展“三服务”“人大代表联络站”活动，与部分基层人大代表和群众座谈，实地了解群众诉求，面对面听取意见建议，并与大家一起探讨交流。省人大常委会副主任李卫宁、省政协秘书长金长征参加活动。

同日，总投资7760.54万元、用地面积22411.93平方米、设计日处理规模300吨的丽水市务岭根垃圾填埋场三期工程(暨装修垃圾处理项目)完成正式竣工验收。

8日，区科级领导干部学习贯彻党的十九届五中全会精神集中培训班开班，市委常委、区委书记徐光文作动员讲话，区委副书记、区长陈豪作专题辅导报告。

同日，市委常委、区委书记徐光文主持召开区委常委会扩大会议，传达学习省委常委会第153次会议及市委常委会关于疫情防控工作的会议精神，研究部署相关工作。

11日，中共浙江省委办公厅、浙江省人民政府办公厅发文通报，莲都区创成“基本无违建区”(第五批)。

同日，区委常委会审议《2021年莲都区委村(社)巡察工作方案》，明确依规开展巡察，发现和推动解决侵害群众切身利益问题，保障党中央大政方针和上级党委决策部署在农村基层落实落地。

12日，莲都—义乌山海协作项目“莲都大厦”在义乌市金融商务区举行开工仪式，标志着全省投资最大、建筑面积最大的山海协作科创飞地项目正式开工。

14日，浙江特利隆精密机械有限公司、丽水欧意阀门有限公司入选2020年度浙江省隐形冠军企业和隐形冠军培育企业名单。莲都区东方明珠小区、绿洲花苑小区、东苑小区、江滨小区、上尚广场·克拉公馆、水木清华苑、欣苑小区共7家小区通过省水利厅等7家部门审核，成为浙江省2020年度节水标杆小区。

同日，抗疫先进基层党组织代表——岩泉街道党工委书记，在全市抗击新冠肺炎疫情表彰大会上作交流发言。

15日，区委召开书记专题会，听取十四届区委第八轮巡察及提级(交叉)巡察情况汇报，研究部署下阶段巡察工作。

18日，碧湖镇入选国家级全域土地综合整治试点。

同日，区政府召开党组会暨52次常务会议，审议《莲都区人民政府与丽水市中心医院合作协议》，听取十四届区委第八轮巡察共性问题情况通报、2020年省市区审计工作整改推进工作报告等,区委副书记、区长陈豪主持会议。

20日,区委召开十四届十次全体(扩大)会议,审议通过《中共丽水市莲都区委关于制定莲都区国民经济和社会发展第十四个五年规划和二〇三五年远景目标的建议》,动员全区上下围绕勇当丽水"发展头雁""创新标兵""实干先锋"的总要求,坚定"发展莲都、服务市区"基本定位,担当作为、务实苦干,奋力开启高水平全面建设社会主义现代化国家新征程。

22日,莲都创新建设全国领先、全省首个"云森防"平台,实现防控数字化转型、科技化转场,形成了松材线虫病防控的全流程、全方位闭环管理体系。

26日,莲都区正式发布《数字文化馆建设与服务规范》地方标准,该标准系全国首个数字文化馆建设与服务地方标准,填补了中国在该领域标准制定的空白。

同日,生态环境部通报,丽水市区2020年1月至12月环境空气质量状况在全国168个重点城市之中排名第七。

27日,区委副书记、区长陈豪带队深入社区、高铁站、养护院、酒店、超市、隔离点等地,实地暗访检查冬春季疫情防控措施落实情况。

28日,市委常委、区委书记徐光文给村(社区)主职干部上"任职第一课"。

30日,全国首个水稻分子育种智能示范基地正式开工建设。

2月

2日,莲都区召开县级领导干部会议,宣布省委、市委关于莲都区有关领导职务任免的决定。根据省委、市委干部人事任免决定,提名王忠宝为莲都区区长候选人,提议陈豪不再担任莲都区区长职务。根据市委决定,王忠宝任莲都区委委员、常委、副书记。

3日,区委召开2020年度党委(党组)书记抓基层党建和人才科技工作述职评议会,强调要切实把党建和人才科技工作牢记心上、抓在手上、扛在肩上,抓细抓实抓到位,抓出成效,奋力开创基层党建和人才科技工作新局面。

4日,莲都区在2020年度全省生活垃圾分类工作考核中获优秀等次,成为全市唯一连续三年荣获省级优秀的县。

同日,市委副书记、市长吴晓东到莲都召开市政府工作报告征求意见座谈会,就《政府工作报告(征求意见稿)》征求意见。

5日,区政协召开十五届十八次常委会会议。市委常委、区委书记徐光文到会通报工作。

9日,区政府召开党组会暨53次常务会会议,审议《政府工作报告》《莲都区国民经济和社会发展第十四个五年规划纲要》《莲都区2020年国民经济和社会发展计划执行情况与2021年国民经济和社会发展计划草案的报告》《丽水市莲都区2020年基本建设项目投资计划》以及《莲都区2020年预算执行情况和2020年预算草案的报告》等。

19日,市委副书记、市长吴晓东到纳爱斯集团开展"三服务"活动,强调要为企业做大做强提供更加快捷、优质、高效的服务。

同日,市委常委、区委书记徐光文深入江南丽舍综合服务点、区疾控中心、区图书馆督导疫情防控工作。

20日,莲都区在古堰画乡举行创建省级旅游"微改造"试点动员会。创建省级"微改造、精提升"试点是丽水旅游业高质量绿色发展的重要抓手,莲都区全力推进古堰画乡省级微改造试点工作。

22日,碧湖镇入选全省第一批千年古城复兴试点。

26日,"国际茶日·大使品茶""2021年第一杯春茶"莲都会场活动在大港头镇北埠杨山村茶园举行,受到九国驻华使节现场点赞。

27日至3月3日,区"两会"召开。会议审议通过关于国民经济和社会发展第十四个五年规划和二〇三五年远景目标纲要的决议、关于区人民政府工作报告的决议等内容,票决产生2021年度十件民生实事项目。会上,王忠宝当选为莲都区人民政府区长。

3月

4日，区委召开审计委员会第三次会议。市委常委、区委书记徐光文，区委副书记、区长王忠宝参加。

5日，区委常委会会议传达学习习近平总书记在党史学习教育动员大会、全国脱贫攻坚总结表彰大会、中央党校（国家行政学院）中青年干部培训班开班式上的重要讲话精神，研究贯彻落实意见。

6日，莲都区人民政府与丽水市中心医院举行医疗合作签约揭牌仪式，莲都区人民医院正式成为丽水市中心医院莲都分院。

9日，全区政法队伍教育整顿动员部署会召开。会议学习贯彻习近平法治思想、习近平总书记关于加强政法队伍建设的重要指示和训词精神，深入贯彻落实中央、省、市政法队伍教育整顿动员部署会精神，研究部署全区政法队伍教育整顿工作，推进全面从严管党治警向纵深发展。

10日，莲都区居民2020年度人均期望寿命及死因报告出炉。报告显示，“十三五”期间，莲都区人均预期寿命由79.33岁提高到81.5岁，高于全国平均水平（77.3岁）4.2岁。其中，男性79.62岁，女性83.59岁。

同日，省政协副主席陈铁雄到莲都开展“推进共同富裕”重点课题调研。

12日，莲都区四套班子领导在全民义务植树运动开展40周年暨第43个植树节之际，带头到高溪工业小镇参加义务植树活动。

同日，莲都召开“双招双引”专场推介会暨温州市新生代企业家到莲都考察交流座谈会，市委常委、区委书记徐光文，区委副书记、区长王忠宝等区领导和28位温州新生代企业家及莲都青年企业家出席会议，围绕“双招双引”工作交流互动，共商两地合作发展大计。

15日，市委常委、区委书记徐光文主持召开莲都区委常委会会议暨第一季度党风廉政建设专题例会，传达学习全国两会精神和全市领导干部会议精神，学习省委书记袁家军在全省党史学习教育动员部署会上的讲话精神；审议《中共丽水市莲都区委关于开展党史学习教育的实施方案》。

17日，莲都区全民免费新冠疫苗第一针在白云街道社区卫生服务中心接种。

18日，围绕“大抓落实年”各项目标任务，莲都区召开“双招双引”工作暨“大抓落实年”动员部署会，动员全区上下把功夫下在抓落实上，把抓落实的准星方向聚焦到“双招双引”上。

19日，莲都区召开党史学习教育动员部署会。市委常委、区委书记徐光文在会上强调，要认真学习、深刻领会党中央和省委、市委的部署要求，高质量高标准开展党史学习教育，从党的百年伟大奋斗历程中汲取前进的智慧和力量，奋力开启高水平全面建设社会主义现代化国家新征程。

23日，区委召开第十四届纪律检查委员会第七次全会，学习领会上级纪委全会精神，围绕“大抓落实年”目标任务，坚定不移推进全面从严治党，为奋力开创发展莲都新局面提供坚强保障。

24日，莲都区召开政法队伍教育整顿专题党课暨警示教育大会。会上，市委常委、区委书记、区委政法队伍教育整顿领导小组组长徐光文为广大政法干警上专题党课，区委常委、区纪委书记、区监委主任、区委政法队伍教育整顿领导小组副组长作廉政教育报告。

25日，莲都区新冠疫苗方舱接种点（莲花馆副馆）投入使用。

29日，浙江丽水莲都区九龙国家湿地公园第一届赏萤季启幕。

同日，市委常委、区委书记徐光文主持召开区委常委会会议，传达学习全省乡镇领导班子换届工作部署会精神、十四届省委第十二轮巡视暨巡察指导督导动员部署会主要精神，审议《中共丽水市莲都区委关于落实中央巡视反馈问题整改工作方案》。

30日，区委召开党建工作会议，强调要认真贯彻上级关于党建工作的部署要求，围绕“大抓落实年”目标任务，把心思和精力放在抓落实上，推动全区党建工作再上新台阶。

4月

1日，知名浙商助力丽水跨越式发展大会莲都分会场活动先后举行莲都区产业发展交流座谈会、“招商引资 招才引智”顾问聘书颁发仪式、产业招商推介和现场互动交流，会后，与会人员实地考察白口瓯江庄园区块和高溪工业小镇等地。

2日，在省委组织召开的牢记重要嘱托 建设“重要窗口”专题交流会上，市委常委、区委书记徐光文作题为《忠实践行“八八战略” 积极探索山区县绿色发展之路》的交流发言，受到省委书记袁家军点赞。

7日，副省长卢山到古堰画乡调研特色小镇建设。

8日，浙江《新闻联播》用时长3分35秒的片段点赞莲都践行“两山”理念，不断探索生态价值的转化机制，走出了一条共同富裕的山区县绿色发展之路。

同日，莲都区召开民营企业家座谈会暨“亲清直通车·政企恳谈会”，推进民营经济绿色高质量发展。

9日，莲都区举行“双招双引”专场推介会暨温州市新生代企业家到莲都考察交流座谈会，向企业家们推介工业园区和政策、旅游项目、农业项目，共谋莲都未来发展。

10—12日，莲都区举行2021“古堰画乡杯”瓯江行摄影采风活动暨摄影创作基地采风活动。

16日，市委常委、区委书记徐光文在市委党校为市区中青班学员上党课。

19日，区委数字化改革领导小组第一次会议提出，要提高认识抓改革、承上启下抓改革、盯住节点抓改革、提升能力抓改革、压实责任抓改革，确保省、市数字化改革各项部署在莲都落地。

25日，莲都区获全省首批法治浙江（法治政府）建设示范区称号。

27日，总投资6122.08万元、总长2.25千米的莲都区丽武公路至东西岩公路工程正式开工建设。

29日，市委常委、区委书记徐光文主持召开书记专题会及区委常委会会议，传达学习省委法治浙江建设工作会议精神、全市基层党建工作重点任务推进会暨乡镇换届工作部署会精神，听取 2021年一季度经济运行情况汇报等。

5月

6日，市党史学习教育巡回指导组进驻莲都。

7日，莲都区召开乡镇领导班子换届工作部署会，学习贯彻习近平总书记关于干部队伍建设和换届工作的重要论述精神，落实中央、省委、市委精神，研究部署乡镇换届工作。市委常委、区委书记徐光文出席会议并讲话。

8日，十四届区委召开第九轮巡察工作动员部署会，对区委第九轮巡察工作进行动员部署，推动全面从严治党不断取得新的成效，为莲都加快高质量跨越式发展营造山清水秀的政治生态。

10日，桐庐县党政代表团到莲都区灵山未来社区考察。

12日，第110个国际护士节，四套班子领导到区人民医院、区新冠疫苗方舱接种点、各社区卫生服务中心等地慰问一线护士。

14日，区政协举行优化营商环境“请你来协商”活动，政协委员、专家学者提出依法简化项目落地流程、转变和创新土地供给模式、规范化政府项目财审等建设性意见建议。市委常委、区委书记徐光文出席会议并讲话。

17日，莲都区在古堰画乡举办首笔生态价值为抵押的“GEP”贷整镇授信及首笔贷款发放仪式，大港头镇人民政府从莲都农商银行获得整镇综合授信及“GEP”贷6亿元。

20日，区人民政府与温州科技职业学院签订战略合作协议。温州科技职业学院将支持莲都区乡村振兴事业，重点在人才培训、平台共建、示范推广、品牌建设、资源共享等方面开展合作与服务。

22日，四川省剑阁县党政代表团到莲都区开展东西部扶贫协作回访活动，向莲都区一直以来对剑阁脱贫攻坚的关心帮助表示感谢。

24日，莲都区专题研究数字化改革多跨协同场景应用工作，围绕“大场景、小切口”，聚焦重点环节、关键领域，努力打造多跨场景应用，显著提升工作效率和治理能力。

25日，莲都区新增联城街道清和社区、岩泉街道灵山社区、紫金街道滨苑社区，社区数增至34个。

27日，莲都区党政代表团赴四川省泸州市叙永县，开展东西部协作工作对接。

同日，区政府召开党组会暨第56次常务会议，传达学习全省建设新时代美丽浙江暨中央环保督察整改工作推进会精神、全省建筑业高质量发展大会精神，研究莲都贯彻落实意见；并审议《关于进一步加强丽水工业园区工业用地高质量利用全周期管理的若干意见》等。

28日，区委召开常委会会议暨区委理论学习中心组专题学习会，传达学习习近平总书记在十九届中央政治局第二十九次集体学习时的重要讲话精神、全省“遏重大”攻坚战推进会精神；听取莲都区安全生产工作情况汇报；围绕“学习习近平总书记关于‘共同富裕’重要论述精神和省委专题学习会精神，推动浙西南革命老区共同富裕先行示范”及“学习‘习近平科学的思维方法在浙江的探索与实践’系列成果，深刻把握习近平新时代中国特色社会主义思想在浙江的萌发与实践”作专题研讨。

6月

2日，区委领导班子赴遂昌县王村口镇参观纪念馆，缅怀烈士、聆听党课、寻访遗迹，深刻感悟浙西南革命精神，坚定传承红色基因，将红色精神内化于心、外化于形，推动莲都党史学习教育走深走实。

3日，区人民政府与财通证券股份有限公司签订战略合作协议。财通证券将为莲都集成综合“金融顾问”服务、深化国有企业改革、赋能产业转型升级、支持革命老区振兴发展等提供优质的专业服务。

4日，区政府召开全会暨全区工业经济发展和营商环境优化推进会，学习贯彻全国、全省深化“放管服”改革，着力培育和激发市场主体活力会议精神，传达学习全省制造业高质量发展大会和全市生态工业发展推进会精神。

15日，区四套班子领导参观莲都区“跟着邮票学党史”主题展览。

20日，莲都区在莲城剧场举行以“传承经典 初心永驻”为主题的庆祝中国共产党成立100周年情景朗诵会。

21日，浙江省政府教育督导委员会组织专家组对莲都区人民政府2020年履行教育职责情况开展实地督查。

23日，莲都区在黄景之律师事务所旧址举行“七一”前新党员集中宣誓活动，重温丽水著名律师黄景之（黄希宪）1938年加入中国共产党，以律师的合法身份从事抗日救亡宣传工作，积极投身于党的事业的历史。

24日，莲都区在区文化馆举办庆祝中国共产党成立100周年莲都区廉政书画作品展。

25日，庆祝中国共产党成立100周年“永远跟党走 奋进新时代”莲都区社区红歌大赛在丽水市体育中心莲花馆举行。

同日，区委召开常委会会议，传达学习全省数字化改革工作推进会精神、全省建设平安浙江工作暨扫黑除恶专项斗争总结表彰会议精神、全市建设平安丽水护航建党百年暨扫黑除恶专项斗争总结表彰会议等会议精神，研究贯彻落实意见。

28日，莲都区举行“颂百年风华·传红色基因”庆祝建党百年全民打卡莲都红色地标线下活动，充分挖掘和利用浙西南革命老区的红色资源优势，为中国共产党百年诞辰献礼。

同日，“中国共产党的故事——百年党报展”在古堰画乡正式开馆。

同日，区政府召开党组会暨第57次常务会议，学习《习近平的法治思维方法在浙江的探索与实践》，传达学习省委十四届九次全会精神；听取关于莲都区垃圾中转清运及终端处置设施市场化运营的情况汇报。

29日，莲都区在莲城剧场举办“唱响新时代 颂歌献给党”合唱比赛，19支队伍、千余名党员干部欢聚一堂，讴歌伟大的党和祖国，在嘹亮的歌声中充分表达爱党爱国之情。

7月

1日，庆祝中国共产党成立100周年大会在北京天安门广场隆重举行。全区广大党员领导干部和群众组织收听收看直播盛况，大家认真聆听习近平总书记的重要讲话，共同回顾中国共产党百年奋斗的光辉历程，展望中华民族伟大复兴的光辉前景。

同日，区四套班子领导接见区“两优一先”代表（“两优”：优秀共产党员、优秀党务工作者；“一先”：先进基层党组织），并寄语全区党员干部，做对党忠诚的践行者、人民利益的守护者、加快发展的实干者。

2日，区委常委会会议暨区委理论学习中心组专题学习会召开，传达学习习近平总书记在“七一勋章”颁授仪式上的重要讲话精神、在庆祝中国共产党成立100周年大会上的重要讲话精神以及浙江省庆祝中国共产党成立100周年大会精神。

5日，全区副处级以上领导集中观看学习《生命重于泰山——学习习近平总书记关于安全生产重要论述》电视专题片，树牢安全发展理念，强化安全责任意识。

同日，区政府常务会议审议《关于支持莲都区人民医院发展的九条意见（试行）》。

9日，莲都区委举行学习习近平总书记在庆祝中国共产党成立100周年大会上的重要讲话精神专题读书班。

15日，全区领导干部会议召开，市委换届考察组开展相关工作。

20日，市委常委、区委书记徐光文主持召开区委常委会会议，传达学习山区26个县跨越式高质量发展暨山海协作工程推进会精神；听取巡视反馈问题整改进展情况的汇报；审议《关于支持莲都区人民医院发展的九条意见（试行）》等。

22日，区委召开全面依法治区委员会第三次会议暨创建全国法治政府建设示范区动员会，研究谋划法治莲都建设主要任务，动员部署全国法治政府建设示范区创建工作。

23日，区政协举办“竹柳新桥”畲族乡镇乡村振兴示范区建设“请你来协商”活动，跨区域协商共谋“竹柳新桥”区域发展良策。

27日，莲都召开北乡乡村振兴工作座谈会，两代表一委员、乡贤代表及相关职能部门参加会议，为北乡乡村振兴工作建言献策，提出有针对性的意见建议。区委副书记、区长王忠宝出席会议并讲话。

28日，全市首个5G配电网自愈系统在碧湖镇投用。

29日，副省长王文序在莲都考察，并专题听取国家级旅游度假区创建工作汇报。

30日，区委召开常委会（扩大）会议，传达学习市委四届十次全体（扩大）会议精神，研究部署莲都区疫情防控工作，市委换届考察组作换届考察反馈。

8月

2日，区政府召开党组会暨第59次常务会议，传达学习市委四届十次全体（扩大）会议精神，听取2021年上半年莲都区法治政府建设工作情况汇报等。

3日，莲都“七普”数据分析出炉。根据丽水市2020年第七次全国人口普查主要数据公报显示，莲都全区常住人口为56.21万人，与2010年第六次全国人口普查数据相比，十年共增加11.07万人，增长24.52%。

4日，丽水市莲都区与宁波江北区签订“飞地”协议，两地正式成立宁波江北·丽水莲都高新产业协同发展中心，围绕新材料、装备制造、生命健康产业领域项目和其人才科技项目、配套生产服务业以及总部经济开展合作。

5日，“节水抗旱稻”落户莲都。2021年共推广近3000亩，示范推广旱优3015、旱优73等品种，品种比较试验对比10个。

9日，区四套班子领导开展高温“送清凉”慰问活动，分组看望慰问奋战在高温下的一线工作人员。

12日，区委召开统一战线工作领导小组会议暨民营经济统战工作会议，强调要坚持“两个毫不动摇”，坚持“信任、团结、服务、引导、教育”十字方针，更好促进“两个健康”，奋力开辟新时代民营经济统战工作新局面。

13日，莲都区召开高水平推进美丽莲都建设大会暨全域“无废城市”建设工作会议，贯彻落实习近平总书记关于加强生态文明建设的一系列重要指示精神以及美丽浙江、美丽丽水相关会议精神，动员部署全区上下担当作为、务实苦干，打好生态环境巩固提升攻坚战。

16日，区委召开常委会会议暨区委财经委员会会议，传达学习《中共中央关于加强对“一把手”和领导班子监督的意见》《中共浙江省委印发贯彻落实〈中共中央关于加强对“一把手”和领导班子监督的意见〉的十三项实施意见的通知》等。

19日，第四个“中国医师节”，市委常委、区委书记徐光文等区领导一行到莲都区方舱接种点、王子大酒店隔离点看望慰问奋战一线的在岗医生。

20日，区委十四届十一次全体（扩大）会议审议通过《莲都加快跨越式高质量发展建设共同富裕示范区行动方案（2021—2025年）》《中共丽水市莲都区委关于深化生态产品价值实现机制建设的实施意见》。

24日，区委召开常委会会议，听取关于同意丽新畲族乡召开第十四次党代会情况汇报，审议《莲都区加强提前退出领导岗位干部管理办法（试行）》。

27日，区人民政府与浙江工业大学签订战略合作框架协议，充分发挥浙工大在科学研究、人才培养、社会服务方面的优势，助推莲都跨越式高质量发展。

30日，区委副书记、区长王忠宝向区人大常委会通报上半年国民经济和社会发展计划执行情况。

9月

2日，市委常委、区委书记徐光文主持召开莲都区委常委会会议，传达学习习近平总书记在中央党校（国家行政学院）中青年干部培训班开班式上的重要讲话精神、中共中央政治局会议精神，传达学习省委文化工作会议精神以及全省新一轮制造业“腾笼换鸟、凤凰涅槃”攻坚行动推进大会精神，研究贯彻落实意见。

7日，市委副书记、市长吴晓东调研丽水国际数码影像中心项目，区委副书记、区长王忠宝陪同调研。

9日，国家卫生健康委副主任、党组成员，健康中国行动推进委员会办公室主任于学军率健康中国建设调研组到莲都，深入古堰画乡、丽水市鱼跃酿造食品有限公司和下南山村，实地调研文化礼堂、健康民宿、健康促进企业和健康村落建设等工作，市委常委、区委书记徐光文陪同调研。

同日，区委武装工作会议暨区国防动员委员会第十七次全体会议召开，市委常委、区委书记、区国动委第一主任、区人武部党委第一书记徐光文出席会议并讲话。

14日，莲都区召开环境整治提升工作部署会，市委常委、区委书记徐光文，区委副书记、区长王忠宝参加。

16日，市委常委、区委书记徐光文一行到丽新畲族乡督导乡镇换届试点工作。

同日，莲都区召开2021年扩大有效投资暨重大项目百日攻坚大会战动员部署会，动员全区上下全力以赴做好抓项目促投资工作，力争实现“全年红”。区委副书记、区长王忠宝参加会议并讲话。

17日，莲都区举行新兵入伍欢送暨赠送“从戎之剑”仪式。

同日，莲都区老干部情况通报会召开，区委副书记、区长王忠宝出席会议并通报莲都区上半年经济运行情况。

22日，区政府召开党组会暨第61次常务会议，传达省、市城乡风貌整治提升暨未来社区建设工作会议精神；听取莲都区“大抓落实年”大督查工作情况汇报，听取关于2020年度工业企业亩均效益综合评价结果的情况说明等。

23日，2021年丽水·莲都“中国农民丰收节”在大港头镇河边村（石玄）头嘴自然村举行。

24日，莲都区召开2021年区委党校秋季主体班暨新时代基层干部推动共同富裕主题培训开班式，区委副书记、区长王忠宝参加开班仪式，并开展专题授课。

26日，召开区委常委会会议，传达学习习近平总书记在西藏考察时的重要讲话精神、《中共中央关于加强新时代检察机关法律监督工作的意见》以及省委有关文件精神，省、市关于平安维稳工作相关会议的精神，研究贯彻落实意见。会后，召开区委十四届十二次全体会议，审议通过《中国共产党丽水市莲都区第十四届委员会第十二次全体会议关于召开中国共产党丽水市莲都区第十五次代表大会的决议》。

同日，召开莲都区农业高质量发展大会，强调要以农业“双强”行动，促进农业提质增效；以“三位一体”农合联改革，助力乡村振兴；以耕地“非农化”“非粮化”整治，守住粮食安全。区委副书记、区长王忠宝出席会议并讲话。

30日，2021年烈士纪念日向革命烈士敬献花篮仪式在万象山烈士陵园举行。

10月

9日，区委召开常委会会议，传达学习习近平总书记在中央人才工作会议上的重要讲话精神、海洋强省建设推进会精神，学习《关于市、县（市、区）党委落实巡察工作主体责任的实施意见》等，研究贯彻落实意见。

11日，市委常委、区委书记徐光文到大港头镇督导村庄美化提升工程、镇级实事落实情况、乡镇党委换届等工作，强调大港头要创新发展走前列、美丽建设走前列、和谐平安走前列、队伍建设走前列，在莲都共同富裕示范区建设中争当排头兵。

13日，市委常委、区委书记徐光文实地走访工业企业，会商督办区政协十五届五次会议1号提案（《莲都营商环境亟需“迭代升级”》）。

14日，区四套班子领导分组走访看望百岁老人，给他们送去党和政府的关怀，通过他们向全区老年人致以节日问候和美好祝愿。

15日，2021古堰画乡小镇艺术季暨家园·乡情——首届全国风景油画双年展开幕。

同日，区委召开常委会会议，传达学习习近平总书记在纪念辛亥革命110周年大会上的重要讲话精神、全省基层党建工作会议精神并研究贯彻落实意见，听取莲都区2021年第三季度社会安全稳定形势分析报告。

19日，莲都—叙永东西部协作工作联席会在四川省泸州市叙永县召开。2021年是莲都、叙永建立东西部协作关系的第一年，如何深化两地协作，谋求互助共赢新成效，丽水市委常委、莲都区委书记徐光文带队，跨越将近2000千米，推动两地东西部协作工作行稳致远。

18—21日，市委常委、区委书记徐光文率莲都党政代表团到四川省泸州市叙永县、古蔺县考察对接东西部协作工作。

21日，莲都区召开新一轮制造业“腾笼换鸟、凤凰涅槃”攻坚行动暨传统制造业改造提升工作动员部署会，区委副书记、区长王忠宝参加会议并讲话。

28日，莲都区委召开加强新时代检察机关法律监督工作会议，深入学习习近平法治思想，认真贯彻落实中共中央关于加强新时代检察机关法律监督工作的意见和省委、市委有关要求，全面推进检察事业高质量发展。

同日，区政府召开党组会暨第62次常务会议，传达学习习近平总书记在纪念辛亥革命110周年大会上的重要讲话精神，审议《莲都区城乡农贸市场三年建设提升方案（审议稿）》《莲都区国企改革三年行动实施方案（2020—2022年）》等。

29日，太平乡吴弄、长乐、富山头片区“千亩茶园”工程启动建设。该项目建成以后，将形成一条完整的茶产业链，大大提高当地村民的收入，推进太平乡共同富裕。

31日，中国科学院院士、科技部原部长、浦江创新论坛主席徐冠华到古堰画乡考察。

11月

1日，第三届莲都区人才科技峰会暨“两个中心”合作联盟成立仪式在九龙国家湿地公园启开幕。

4日，浙江省副省长、省公安厅厅长王成国调研山区派出所治安管理工作，市委常委、区委书记徐光文陪同调研。

8日，区委副书记、区长王忠宝率莲都党政代表团赴义乌开展“山海协作”考察交流活动，并召开义乌—莲都山海协作“党政联席”会议，进一步深化交流合作，助力两地携手发展、共同前进。

10日，以“强村富民、共同富裕”为主题的第一届莲都区优秀双增项目大比拼活动举行。

同日，古堰画乡小镇艺术节开幕式举行。

同日，丽水市经常化创建文明城市专题会在莲都会议中心举行，市委常委、宣传部部长，市委常委、区委书记徐光文出席会议并讲话。区委副书记、区长王忠宝主持会议。

11日，区委召开书记专题会及区委常委会会议，传达学习习近平总书记在中央人大工作会议上的重要讲话精神、全省各级人大常委会主任学习会议精神；听取2021年三季度经济运行情况汇报；审议《莲都区“七张问题清单”应用工作总机制（试行）》等。

11—12日，宁波市江北区党政代表团到莲都开展考察交流活动，并召开莲都—江北山海协作“党政联席”会议。

15日，瓯碧园来料加工服务中心正式启用，这是莲都区目前规模最大的“大搬快聚富民安居工程”示范性配套项目之一，地点在碧湖新城。

18日，莲都区委常委会召开扩大会议，传达学习党的十九届六中全会精神和全省、全市领导干部会议精神。

同日，全市首家转登记的非营利性学科类校外培训机构在莲都完成。

同日，区人大召开《关于推进丽新高铁小镇（东西岩畲族镇）建设规划的建议》三见面协商会，区政协召开《关于万洋小镇生态工业高质量发展的建议》三见面协商会，区委副书记、区长王忠宝分别参加。

24日，莲都区召开全区领导干部会议，市委书记胡海峰出席会议并讲话。市委常委、组织部部长戴平辉在会上宣布省委、市委关于莲都区主要领导干部任命的决定。省委、市委决定，张壮雄任中共丽水市莲都区委委员、常委、书记，免去徐光文的中共丽水市莲都区委书记、常委、委员职务；张妍任中共丽水市莲都区委委员、常委、副书记，免去王忠宝的中共丽水市莲都区委副书记、常委、委员职务。

同日，碧湖镇堰头村被农业农村部确定为2021年中国美丽休闲乡村。

25日，区委书记张壮雄到丽水国际数码影像中心项目、莲都科创中心项目、高溪工业产业园，以及碧湖镇西生活区块道路网工程项目、采桑未来社区项目等工作一线，实地调研市区重点项目征收、科创中心和碧湖新城建设工作。

26日，全区人大、政协换届工作动员部署会召开。区委书记张壮雄出席会议并讲话。

同日，区委召开学习贯彻党的十九届六中全会精神“六讲六做”大宣讲活动动员部署会暨区委书记宣讲报告会。

29日，莲都区召开2022年度全民健康补充医疗保险（浙丽保）动员部署会，区委书记张壮雄，区委副书记、代区长张妍参加。

12月

3日，区委召开常委会扩大会议暨区委理论学习中心组专题学习会、区委书记专题会、区委常委会会议，传达学习习近平总书记重要讲话精神，传达学习贯彻省委十四届十次全会精神；听取2021年11月经济运行情况汇报等。

7日，区委副书记、副区长、代区长张妍调研南山新型材料产业园（二期）、高溪低碳产业园（万洋二期）、高溪区块北扩区开发利用项目、九龙萤火虫文旅项目、碧湖第二污水处理厂项目、丽水花街片区莲都安置小区等重点项目工作。

8日，市委副书记、市长吴晓东调研莲都重点项目、产业发展。

10日，市委书记胡海峰专程赴莲都区仙渡乡皂树村和黄村乡黄泥墩村调研并宣讲党的十九届六中全会精神。

同日，区委召开书记专题会及区委常委会会议，传达学习2021年12月6日中共中央政治局会议精神，学习贯彻市委书记胡海峰在全区领导干部会议上的讲话精神等。

12日，金华市委常委、义乌市委书记王健率义乌市党政代表团来莲都区开展山海协作交流，区委书记张壮雄参加活动。

15日，莲都区组织开展新冠肺炎本土疫情现场处置实战演练，进一步提升莲都区新冠肺炎本土疫情现场处置实战能力，为全区新冠肺炎疫情防控打下坚实基础。

17日，中共丽水市莲都区委社会建设委员会举行揭牌仪式。建立区委社会建设委员会，是莲都区发展改革中的一件大事，是市委、区委加强对全区社会建设的全面领导、推进治理体系和治理能力现代化的重要举措，肩负莲都区为勇当共同富裕丽水领头雁和山区县排头兵闯关探路的重任。

20日，区政府召开党组会暨第63次常务会议，审议《莲都区农村村民建房审批暂行管理办法》《莲都区推进"大综合一体化"行政执法改革实施方案》等，听取关于2021年1—11月莲都区法治政府建设工作等汇报。

21日，区委召开常委会会议，传达学习习近平总书记在中国文联第十一次全国代表大会、中国作协第十次全国代表大会开幕式上的重要讲话精神，传达学习全省"七张问题清单"应用贯通推进会精神并听取莲都区应用贯通情况汇报；审议《莲都区加强对"一把手"和领导班子监督"五张责任清单"》等。

同日，区委退役军人事务工作领导小组第三次会议暨区双拥工作领导小组会议召开，强调要推动双拥共建向纵深发展，共同谱写"军爱民，民拥军，军民鱼水一家亲"的崭新篇章。区委书记、区委退役军人事务工作领导小组组长张壮雄主持会议并讲话，区委副书记、代区长张妍出席会议。

27日，中国共产党丽水市莲都区第十五次代表大会在丽水大剧院开幕。大会的主题是：以习近平新时代中国特色社会主义思想为指导，深刻把握莲都的历史方位、工作定位和价值地位，统一思想，凝心聚力，奋发有为，接续高质量发展建设百万人口大城市，变不可能为可能，变可能为现实，为与全省同步迈向共同富裕奠定坚实基础。

29日，中国共产党丽水市莲都区第十五届委员会举行第一次全体会议。全会选举产生中国共产党丽水市莲都区第十五届委员会常务委员会委员和书记、副书记。张壮雄、张妍、王国锋、雷成、曹永跃、王成、陈永超、蔡昱、江山、陶旭峰、骆美祥、王东华当选中共丽水市莲都区委常委。张壮雄当选中共丽水市莲都区委书记，张妍、王国锋当选中共丽水市莲都区委副书记。会议审议通过中国共产党丽水市莲都区第十五届纪律检查委员会第一次全体会议选举结果。

31日，莲都区乡镇自然村通客运班车先行试点工作完成，打通了丽水偏远地区群众出行"最后一公里"。

同日，区委召开书记专题会及区委常委会会议，传达学习中央农村工作会议精神、省委经济工作会议精神、市委四届十二次全体(扩大)会议精神。

莲都概览

自然环境

【地理位置】 莲都区位于浙江省西南部，瓯江中游，区境介于北纬28°06′～28°44′和东经119°32′～120°08′之间。东与青田县毗邻，南与云和县、景宁畲族自治县接壤，西与松阳县相连，西北与武义县交界，东北与缙云县连接。市人民政府驻地。

【地形地貌】 莲都区境处在括苍山脉、洞宫山脉、仙霞山脉3条山脉之间。地形属浙南中山区，以丘陵山地为主，间有小块河谷平原。地势具有盆地格局，四周高山环抱，峰峦连绵高峻，海拔1000米以上山峰有30余座。境内最高处为南部八面湖山峰，海拔1389米，最低处是下风化村河漫滩，海拔40米。地形大势自西南向东北倾斜。

境内地形可分为河谷平原、丘陵、山地3种。其中，河谷平原海拔在100米以下，面积192.2平方千米，占总面积的12.8%，主要有碧湖平原和城郊平原。碧湖平原面积80.3平方千米，地势平坦，海拔60~70米，相对高差小于20米。城郊平原面积44.8平方千米，海拔50~80米，相对高差小于30米。丘陵可分为低丘和高丘，低丘海拔100~250米，面积364平方千米，25度以上陡坡面积占78.3%。高丘海拔250~500米，面积493.1平方千米，相对高差100~200米，25度以上陡坡面积占89.16%。低丘和高丘合计面积857.1平方千米，占全区总面积的57%。山地可分为低山、中山。低山海拔500~800米，面积319.3平方千米，相对高差200~300米，25度以上陡坡面积占67.9%。低山、中山合计面积452.8平方千米，占全区总面积的30.2%。

境内山脉位于大溪以南的属洞宫山北支，位于大溪以北的属仙霞岭支脉，位于好溪以东的属括苍山西端。洞宫山北支主脉，自龙泉市黄茅尖（1929米）向东北延伸，经云和县的鸡头尖（1127.9米），至莲都云和界上有水苋湾（1069米）、李山坟（1062米）、朝头湾（814米），入境经新砀山（1062米）、坳帅（1135米）至莲都、青田界上大路后（1071米）分为两支：一支续向东北，经石步尖、双尖炎、大山尖、大梁山至境内大溪边下端尖；另一支向东南，经莲都、青田界上有葑垟湖（1059米），延伸境内水牛相筑（1325米），折往东北莲都、青田界上有草坳（1276米）、八面湖（1389米）。仙霞岭山脉呈西南—东北走向，西南接武义山脉，东北接大盘山脉、天台山脉。境内仙霞岭支脉有4支，千米以上山峰有千岗顶（1071米）、竹翠横栏尖（1082米）等。境内括苍山脉主要有2支，名山有天堂山（1010米）、连尖山（994米）等。

【水系径流】 莲都境内河流皆属瓯江水系。瓯江发源于庆元、龙泉两县市交界的锅帽尖北麓，上游段称龙泉溪，流经云和县进入莲都区大港头镇，与松阴溪会合后称大溪，再经碧湖、水阁、联城、富岭、万象、紫金等乡镇（街道）后入青田县境，与小溪会合后称瓯江，大溪干流在莲都境内长46千米，河道落差43米，流域面积1373.65平方千米。境内主要支流有好溪、小安溪、宣平溪、松阴溪4条。南部峰源一带溪流（流域面积128.45平方千米）汇入瓯江支流——小溪。

江溪多年平均年径流深850毫米，最大年径流深1585.5毫米，最小年径流深411.5毫米。多年平均年径流量12.76亿立方米，其中从大溪出境水量11.30亿立方米，从峰源乡汇入瓯江支流——小溪的水量1.46亿立方米。外县（市）流入莲都境多年平均年径流量69.37亿立方米，其中龙泉溪入境水量34.5亿立方米，松阴溪入境水量18.41亿立方米。全区年均出境总水量82.13亿立方米。径流在年内分配不均，5—9月汛期径流量约占全年的2/3。大溪河底坡度较小。4条主要支流河床切割深度较大，均属山区性河流，源短流急，水位暴涨暴落，汛期保持一段时间中高水位，每年10月至次年2月，长期保持在低水位状态。

【气候特征】 莲都区气候属亚热带季风气候类型，温暖湿润，雨量充沛，四季分明，具有明显的山地立体气候特征。其中，冬季温和少雨，时有冰冻，偶有降雪；春季回暖早，天气复杂多变，多强对流天气；初夏为降水集中期（俗称梅雨期），多暴雨天气，容易发生洪涝灾害，盛夏为高温少雨天气，多雷阵雨，容易发生干旱，且时有台风影响，有时会发生台涝；秋季少雨干燥，秋高气爽，气候宜人，常出现连晴天气。由于海拔高度的差异和地形、地貌、地势的不同影响，形成独特的山地垂直立体气候和小气候，主要表现为随海拔高度的升高，气温下降、降水增多、日照减少、无霜期趋短。总地来看，莲都区气候大致呈现北部温暖、夏秋半干燥，中部温热、夏秋干燥和南部温凉、夏秋湿润的气候特征。春季暖湿气流活跃，气温明显回升，冷暖空气交汇频繁，气温起伏较大，降水明显增多，容易出现雷暴、大风、冰雹等强对流天气，同时，春季也会出现霜冻、春寒、倒春寒、连阴雨等灾害性天气，给农业生产带来不利影响。夏季来自海洋温暖湿润的东南季风占优势，初夏，北方冷空气尚有一定势力，与南来的暖湿气流相遇，形成“梅雨锋系”，造成降水集中的梅汛期，暴雨次数多，常引起山洪暴发及洪涝灾害。梅雨后即进入盛夏，常受副热带高压控制，造成高温酷热天气。某些年份梅雨量少或出梅较早，易造成严重的伏旱。秋季副热带高压减弱南撤，大陆高压逐渐增强，北方时有冷空气南下，气温逐渐下降。初秋，各地先后出现秋季低温，且冷暖空气再度交汇本地，常出现较明显的秋雨，雷暴也常出现在这一时期。10—11月，由于南下冷空气常在长江中下游地区形成分裂的小高压稳定下来，大气层结下冷上暖，垂直结构稳定，从而形成晴朗少雨、秋高气爽天气，气温日较差大，温湿宜人，阳光和煦。冬季是冷空气最强、活动最频繁的季节，通常气温低、降水少、气候干燥。当冷空气影响时，常出现降温、大风和雨雪天气过程。干冷空气控制时，多晴冷干燥天气，即所谓“旱冬”；有些年份暖空气活跃，会出现多雨雪的“烂冬”天气。

【自然资源】 莲都区自然资源较丰富，生态环境保持较好，为国家级生态示范区。

土地资源 全区土地面积15.02万公顷，合1502.10平方千米。其中，山区占28.52%，丘陵占45.18%，平原占26.3%。人均土地面积0.40公顷，全区耕地11150.8公顷，人均耕地面积0.03公顷（0.45亩）。垦造耕地100.73公顷。

森林资源 1976年全区林木总蓄积量135.01万立方米，1989年201.42万立方米。2002年开始，实施生态公益林、绿色长廊、退耕还林建设。2005年全区林业用地面积12.034万公顷，林木总蓄积量227.79万立方米。森林覆盖率79%，森林资源特点以马尾松、杉木等针叶树最多。樟树、枫香、柏林、苦槠等散生各处，无成片林。1990年前油茶林分布较广，莲都区为全省3个油茶重点基地县（区）之一。1994年消灭宜林荒山，1999年实现绿化达标。

矿产资源 20世纪90年代前，境内发现矿产20多种，分布在170个点，其中金属矿有钛磁铁矿、铅锌矿、银矿等，非金属矿有萤石、花岗岩、泥煤、高岭土等。

水力资源 全区水力资源比较丰富，理论储藏量为28.5万

千瓦，可开发26.5万千瓦，（其中瓯江干流为19.5万千瓦，属市管辖），莲都区实际可开发量为7.4万千瓦。

生物资源　境内动植物资源较为丰富。木本植物有93科278属655种，主要分布在山间，山脚坡地、溪坎路旁多被野草覆盖。列入国家重点保护的植物有11科12种，属二级重点保护植物有伯乐树（钟萼木）、香果树、银杏、鹅掌楸、华东黄杉、长叶榧等6种。属三级重点保护植物有银钟树、凹叶厚朴、黄山木兰、短萼黄连、短穗竹、中华水韭等6种。境内自然散生的古、珍、稀树种有南方红豆杉、樟、枫槠、漆、榕、罗汉松、槐等56个树种。动物种类较多，其中脊椎动物有5纲37目76科400多种。哺乳纲有8目19科36属44种，主要有山兔、松鼠、黄鼬、蝙蝠等。属国家一类保护的有黑麂；属国家二类保护的有穿山甲、大灵猫、水獭、猕猴、九江狸、野山羊等。爬行纲有3目9科25属40种，属国家一类保护动物为鼋。两栖纲有2目7科13属35种，属国家二类保护动物有大鲵。鸟纲有14目22科68属200种，属国家二类保护的鸟类有鸳鸯、勺鸡、白鹇。鱼纲有10目19科61属66种。节肢动物有多足、甲壳、蛛形、昆虫4纲，昆虫纲中天敌昆虫36种。

旅游资源　以“生态·休闲·养生”为主题，以瓯江流域和自然山水为主线，着力打造“绿色莲都”旅游品牌。国家AAAA级旅游景区东西岩距市区28千米，景区属典型的丹霞地貌，东、西两岩对峙，险峰绝壁、穹隆崛起，宏奇壮观，并以民族风情为特色。省级风景名胜区南明山多象形怪石、石梁、飞瀑，寺阁古迹掩映于远眺如螃蟹形的山崖之中，景区有摩崖石刻58处，自然、人文景观独特。古堰画乡包括碧湖镇和大港头镇，核心区块包括大港头镇区、坪地、堰头、保定，有建于南朝梁天监年间的全国重点文物保护单位通济堰、保定青瓷古窑址；有省内外著名的摄影、巴比松画派和专业美术写生创作基地，历史文化底蕴深厚，发展生态休闲度假中心具有独特优势。全区有省级森林公园白云山森林公园、大山峰森林公园2个；省级文物保护单位有南明山摩崖石刻、灵鹫寺石塔、谭宅古民居、沈家邸、花门楼、河桥、西溪村乡土建筑7处；国家级湿地公园有丽水九龙湿地公园1个；省级农家乐特色村有碧湖镇堰头村、老竹镇沙溪村2个。生态自然景观保持完好，正在组织开发或列入开发计划的旅游区有峰源猕猴峡、葑垟湖、西溪古民居、雅一电站库区、天堂山、石牛城市温泉度假中心、瓯江风情旅游度假中心等。全区有重要革命遗址、纪念地40多处，红色旅游点主要有中共浙江省委机关旧址、巨溪三岩寺红军洞、峰源小岭根村红军挺进师驻地、仙渡葛畈村北乡革命纪念馆、雅溪岱后村中共丽水县委旧址等。

历史沿革

【概　况】　置县（市、区）1400余年，莲都区名的由来是因丽水城依山傍溪，在环山之中，形如莲瓣，宋代以后别名莲城，丽水又特产“处州白莲”，定“莲都”为市辖区区名，意欲将美丽的莲都建成繁华的都市。

隋开皇九年（589），分松阳东乡置括苍县，置处州，治设括苍。开皇十二年（592），改处州为括州。大业三年（607），括州改称永嘉郡（隋代括苍县境包括今莲都区、云和县、景宁县、青田县大部，文成县、缙云县及武义县南部）。

唐武德四年（621），复为括州，括苍、丽水二县属括州。武德八年（625）省丽水入括苍。武周万岁登封元年（696）分括苍、永康两县地置缙云县。景云二年（711），析括苍置青田县。天宝元年（742），改括州为缙云郡。乾元元年（758）复改郡为州，括苍属括州。大历十四年（779），避德宗讳，改括州为处州，改括苍县为丽水县。《元和郡县志》：“丽水本名恶溪，以其湍流阻险，九十里间五十六濑，名为大恶，隋开皇中，改为丽水，故皇朝因之，以为县名。”明曹学佺《舆地名胜志》：“以县北七里有丽阳山，故以丽水为名。”《括苍汇纪》：“县北七里有丽阳山，下环清溪，县名丽水以此。”

五代十国，丽水县为吴越国

地，属处州。北宋太平兴国三年（978），吴越归宋，州县沿前代。

元至元十三年（1276），改州为路，丽水县属处州路。

明代改路为府，丽水县属处州府。景泰三年（1452），分丽水浮云乡、元和乡之半置云和县；析宣慈乡、应和乡及懿德乡之半置宣平县。

清代丽水县属处州府，直至宣统三年（1911）七月，除丽水县，划归府兼理。自隋建州设县以来，丽水县历为州、郡、路、府治所。

1911年11月25日，浙江革命军攻克丽水，立处州军政分府，兼理丽水县政事，上隶浙江军政府。

民国3年（1914）行省、道、县三级制，丽水县属瓯海道。民国16年（1927）废道，行省、县二级制，丽水县直属省。民国19年（1930）省分设县政督察区，属第十一区，后改第二特区。民国24年（1935），改设行政督察区，丽水县属第九行政督察区。民国37年（1948）4月，改第六区，7月改第七区。丽水县均为督察专员公署驻地。

1949年5月10日，丽水解放，属浙江省第七专区。

1949年10月1日，中华人民共和国成立，丽水县属丽水专区。1950年4月，县府迁驻碧湖镇。1952年1月，撤丽水专区，丽水县属温州专区。5月13日，县府迁返城关镇。1958年7月、1960年2月，云和、景宁两县先后并入。1961年6月1日，县府迁驻云和镇。1962年4月，县府迁返城关镇。1963年5月，复设丽水专区，丽水县属丽水专区，仍为专署驻地。1968年11月专区改称地区，丽水县属丽水地区。1986年3月1日，国务院批准撤丽水县置丽水市，仍属丽水地区。2000年5月，撤丽水地区设地级丽水市，撤县级丽水市设市辖莲都区。7月18日莲都挂牌授印。

气　象

【概　况】 2021年平均气温19.4℃，极端最高气温38.4℃，极端最低气温-5.6℃；

年高温日数52天，低温日数12天；年日照1604.2小时；年降水量1969.5毫米，雨日173天，暴雨日5天。

2021年平均气温偏高（要素偏高或偏低均为相对常年平均，即1991—2020年均值而言，下同），全年高温日数偏多，低温日数偏少；降水量比常年显著偏多，春、夏、秋季降水量均显著偏多，冬季降水偏少，年暴雨日数偏多；年累计日照时数偏多，四季日照较常年同期秋冬偏多，春夏偏少。在气候变暖的大背景下，天气气候仍较异常，多个时段的多个气象要素接近或突破历史极值。

年内极端天气气候事件有：冬季气温异常偏高、年初少雨干旱天气、1月的月降水量为历年最少、春季出现冰雹等强对流天气、梅汛期多暴雨天气、台风“烟花”外围影响、8月多雨寡照天气、初秋局地强对流天气频发且强度强等。

【气　温】 年平均气温19.4℃，偏高0.5℃。春、秋、冬季平均气温偏高，以冬季为最，夏季平均气温偏低：冬季（2020年12月至2021年2月）10.2℃，偏高1.6℃；春季19.1℃，偏高0.8℃；夏季27.7℃，偏低0.6℃；秋季20.6℃，偏高0.3℃。极端最高气温38.4℃（9月2日、9月6日）；极端最低气温-5.6℃（1月9日）。

日平均滑动恒定气温≥10℃（入春）初日1月28日，终日（入冬）12月25日；恒定气温≥22℃初日（入夏）4月30日，终日（入秋）10月12日。气候学意义各季节的长度：春季92天，夏季165天，秋季74天，冬季45天（2020　2021年度）。

日最高气温≥35℃的高温日数52天，偏多0.6天；日最低气温≤0℃的低温日数12天，偏少1.6天。

【降　水】 年降水量1969.5毫米，偏多34.8%；年雨日173天，偏多16天。冬季降水偏少，春、夏、秋均偏多：冬季雨量122.7毫米，偏少37.0%，雨日34天，偏少0.4天；春季雨量658.6毫米，偏多45.2%，雨日55天，偏多6.6天；夏季雨量824.0毫米，偏多42.1%，雨日50天，偏多5天；秋季雨量348.5毫米，偏多49.9%，雨日39天，偏多9.8天。

年暴雨日数5天。最大日雨量为6月29日16时至30日15时158.4毫米。年最长连续无降水为7月3日至7月17日，持续15天；年最长连续降水为5月16日至5月24日，持续9天，累计雨量281.7毫米。

【日　照】 年累计日照时数1604.2小时，较常年偏多49.8小时。四季日照较常年同期秋冬偏多，春夏偏少：冬季346.7小时，偏多72.3小时；春季322.3小时，偏少33.3小时；夏季428.2小时，偏少102.9小时；秋季432.7小时，偏多39.4小时。

【初、终霜】 根据气温统计，春季终霜2月19日；冬季初霜12月2日；无霜期285天。

【雷　暴】 年地闪（及地雷电）7339次，地闪次数≥5次的雷暴日60天，初雷3月30日，终雷11月5日；年地闪频次较高的有：7月4日651次、5月13日623次、6月18日543次、7月9日540次、9月20日468次。

【重大天气气候事件】 冬季气温异常偏高，冬季（2020年12月至2021年2月）平均气温为历年第三高。

年初持续少雨天气，干旱严重。2021年1月的月降水量为历年最少，月降水日数较常年偏少5.4天。

一次寒潮：12月24日至26日。

2021年1月28日莲都区即进入气象意义的春天，入春时间较常年提早了24天（常年入春时间为2月21日）。冬季时长仅45天，较常年明显偏短（常年平均76天）。

春季（3—5月）强对流天气多发，5月12日傍晚莲都区雨伞岗村出现小冰雹等强对流天气。

梅汛期（5—6月）暴雨过程多，6月30日为强度最强的暴雨过程（全区共有23个站日雨量超过100毫米），丽水国家气象观测站日雨量高达143.7毫米，为历年最大日雨量。

受2106号台风“烟花”外围影响，7月22—26日莲都区出现大雨暴雨局部大暴雨天气。7月22日08时至27日08时，全区平均雨量63.9毫米，东部的黄村水库、严溪村累计雨量超100毫米，最大的严溪村达131.1毫米。

8月出现较明显的多雨寡照天气（全区月降水量较常年偏多45.6%；月降水日数较常年偏多5.1天；全区月日照时数较常年偏少39.9小时）。

初秋气温异常偏高，局地强对流天气频发而且强度强。9月7—9日连续出现较大范围的短时暴雨和雷暴天气；9月20日下午到傍晚出现较大范围的雷暴大风（莲都区共有12个站瞬时极大风速达8～10级）。

2021年逐月气象要素分布情况表

表1

月份	平均气压（百帕）	平均气温（℃）	最高气温（℃）	最低气温（℃）	月雨量（毫米）	月雨日（天）	月蒸发量（毫米）	日照时数（小时）
1	1007.6	7.8	24.4	-5.6	8.4	7	47	175.2
2	1003.4	13.4	27.1	1.8	89.6	14	47.7	117.8
3	1001.1	15.2	31.1	5.2	116.8	19	59	97.6
4	999.5	18.9	32.9	9.6	117.8	15	86	112.8
5	992.8	23.3	37.4	14.1	424	21	86.2	111.9
6	989.2	26.2	36	16.9	466.5	17	80.9	105
7	987.7	29	38.1	23.5	100.5	13	127.6	164.1

续表1

月份	平均气压（百帕）	平均气温（℃）	最高气温（℃）	最低气温（℃）	月雨量（毫米）	月雨日（天）	月蒸发量（毫米）	日照时数（小时）
8	990	27.9	36.5	22.6	257	20	102.1	159.1
9	994.2	27.7	38.4	20.1	131.3	7	131.4	234.7
10	1002.3	20.2	34.9	11.1	123.5	16	75.1	99.6
11	1004.4	13.8	24.9	3.9	93.7	16	51.9	98.4
12	1009.4	9.1	21.5	0.7	40.4	8	47.1	128

行政区划

【概　况】 2000年6月6日，省政府下发《关于撤销丽水地区设立地级丽水市的通知》，决定丽水撤市（县级）设区，莲都区的区划范围与县级丽水市相同。根据《浙江省人民政府关于丽水市莲都区部分乡镇行政区划调整的批复》（浙政函〔2006〕90号）和《丽水市人民政府关于莲都区部分行政区划调整的复函》（丽政函〔2006〕62号）精神，莲都区对部分行政区划做出调整：撤销郑地乡建制，与峰源乡合并；撤销严鸟乡建制，与黄村乡合并；撤销巨溪乡建制，与太平乡合并；撤销西溪乡、泄川乡、双溪镇建制，合并设立雅溪镇；撤销富岭乡建制，设立富岭街道办事处。2011年12月22日撤销联城镇建制，改设联城街道。

2012年12月11日，根据《浙江省人民政府关于丽水市莲都区部分行政区划调整的批复》（浙政函〔2012〕209号）和《丽水市人民政府关于莲都区部分行政区划调整的批复》（丽政函〔2012〕101号）精神，撤销高溪乡建制，其行政区域并入碧湖镇。撤销双黄乡建制，其行政区域改由莲都区政府直辖，并入岩泉街道。

2014年6月20日，根据《丽水市人民政府关于莲都区部分行政区划调整的批复》（丽政函〔2014〕53号）精神，撤销水阁街道、富岭街道，合并设立南明山街道。

2019年，莲都区辖峰源、太平、仙渡、丽新、黄村5个乡；碧湖、大港头、雅溪、老竹4个镇及岩泉、紫金、白云、万象、联城、南明山6个街道（其中南明山街道委托市经济开发区管委会管理）。是年，莲都区共有208个行政村（不包括南明山街道），共有34个社区。

2021年莲都区乡镇（街道）所辖村（社区）一览表

表2

乡镇街道	村	社　　区
岩泉街道	九里村、岩泉村、雨伞岗村、长岗背村、里住源村、余岭村、后甫村、社后村、秋塘村、天宁村、冷水村、关下村、枫树湾村、黄畈村、琯头村、下后弄村、凉塘村、青林村	丽阳社区、朝阳社区、东港社区、北苑路社区、天宁社区、佳和社区、正阳社区、灵山社区
紫金街道	城东村、大众村、风化村、海潮村、河村村、开潭村、瀑泉村、塔下村、新建村、祝庄村、厦河村、水东村、湾岙村、水岭根村、金东村、芦埠村、杨坑村、古城村、黄泥井村	永晖社区、金苑社区、万丰社区、东升社区、东银苑社区、西银苑社区、星湖社区、大洋河社区、滨苑社区

续表2

乡镇街道	村	社　　区
白云街道	灯塔村、城西村、丽光村、城北村	白云社区、后庆社区、三岩寺社区、陈道门社区、北郭桥社区、灯塔社区、接官亭社区
万象街道	丽华村、水南村、城南村、丽南村	厦河门社区、凤凰社区、府前社区、梅山社区、丽阳门社区、大水门社区、左渠门社区
联城街道	苏埠村、花街村、金周村、常宅村、张村街、莲景村、坑口村、敏河村、凤鸣村、苏港村、白前村、官桥村、林宅口村、港口村、武村村、瑶畈村、坛峡村、路湾村、下林村、青岗村、竹道村	娄丰堰社区、清和社区
碧湖镇	河口村、大吴山村、南山村、红圩村、下街村、岩头村、碧一村、大陈村、竹溪村、联济村、白口村、同心村、泉庄村、河东村、里河村、蒲塘村、红南村、中岙村、三峰村、上街村、概头村、郎奇村、沙岸村、堰头村、行口村、松坑口村、保定村、上阁村、中溪村、下叶村、古井村、九龙村、上赵村、下赵村、缸窑村、龙岩村、魏村村、章塘村、石牛村、南坑村、高溪村、周巷村、白桥村	通济社区
大港头镇	大港头村、西坑口村、河边村、西黄村、小井村、利山村、小山村、石侯村、均溪村、北埠村	
峰源乡	夏庄村、赛源村、正岙门村、郑地村、毛山村、庞山村、库坑垟村、新砀村	
太平乡	太平村、戴彰村、横岗村、城头村、大河村、竹舟村、长乐村、吴弄村、富山头村、朱弄村、富源村、玉田村、留龙村、巨溪村、吾古村、下土夭村、大畈村、长濑村、小安村	
雅溪镇	潘百村、西溪村、季岭根村、里东村、岩蒙村、上黄村、双溪村、库川村、上陈村、周村村、上金竹村、金竹村、泄下村、双源村、岱后村、洪渡村、雅里村、雅义村、莲房村	
仙渡乡	滴水岩村、葛畈村、皂树村、南源村、仙里村、何金富村、根竹园村、董弄村、梅田村、芦村村、张山后村	
老竹畲族镇	沙溪村、周坦村、郑丰村、曳岭脚村、新陶村、老竹村、赤坑村、梁村村、丁公村、后坑村、徐庄村、榴溪村	
丽新畲族乡	上塘畈村、畎岸村、山村村、白岸口村、吾赤口村、黄弄村、咸宜村、黄岭上村、马村村	
黄村乡	郑村村、戈剳村、和垟村、金鸟村、池岭村、黄村村、天堂村、黄泥墩村、严鸟村、汇村村、皂坑村	

2021年莲都区各乡镇街道村(居)委会数量一览表

表3　　　　单位:个

序号	乡镇(街道)	村数量	社区数量	合计
1	岩泉街道	18	8	26
2	紫金街道	19	9	28
3	白云街道	4	7	11
4	万象街道	4	7	11
5	联城街道	21	2	23
6	碧湖镇	43	1	44
7	大港头镇	10	0	10
8	峰源乡	8	0	8
9	太平乡	19	0	19
10	雅溪镇	19	0	19
11	仙渡乡	11	0	11
12	老竹镇	12	0	12
13	丽新乡	9	0	9
14	黄村乡	11	0	11

人口与民族

【人　口】 2021年,莲都区年终户籍人口198967户,423924人,比2020年减少30户,增加2893人,人口增长率为6.82‰,全区总人口中,男性211346人,女性212578人。2021年城镇人口198932人,比2020年城镇人口增加2434人。全区出生人数3651人,出生率为平均人口数的8.61‰,出生性别比108.99(女为100),死亡2656人,死亡率为年平均人口数的6.27‰。全区迁入4236人,迁出2313人。全年累计受办理身份证38165张,异地身份证10912张,临时身份证7998张,港澳台居住证19张。

【民　族】 丽水市莲都区是浙江省民族工作重点县(市、区)之一,有汉族和畲族、蒙古族、回族、藏族、维吾尔族、苗族、彝族、壮族、布依族、朝鲜族、满族、侗族、瑶族、白族、土家族、哈尼族、哈萨克族、傣族、黎族、傈僳族、佤族、高山族、拉祜族、水族、东乡族、纳西族、景颇族、土族、达斡尔族、仫佬族、羌族、布朗族、毛南族、仡佬族、普米族、塔吉克族、俄罗斯族、京族共39个民族。2021年底,全区少数民族人口2.40万人,其中畲族人口数居全市第一位,有2.20万人。辖区内有老竹、丽新两个畲族乡镇,少数民族人口在1000人以上的乡镇(街道)10个,分别是岩泉街道、紫金街道、白云街道、万象街道、联城街道、碧湖镇、大港头镇、老竹畲族镇、丽新畲族乡、南明山街道(水阁街道和富岭街道合并,由丽水市经济开发区管辖)。

国民经济与社会发展

【综合经济实力】 2021年莲都区实现地区生产总值453.53亿元,按可比价格计算,同比增长8.9%。其中,第一产业实现增加值21.18亿元,同比增长0.3%;第二产业实现增加值142.38亿元,同比增长

11.6%；第三产业实现增加值289.97亿元，同比增长8.3%，三大产业对经济增长的贡献率分别为-0.3%、45.0%、55.3%，三次产业增加值结构为4.7∶31.4∶63.9。按照中国地区生产总值统一核算和数据发布制度规定，地区生产总值核算包括初步核算和最终核实两个步骤。经最终核实，2020年，全区生产总值现价总量为403.95亿元，按可比价格计算，增长3.3%，三次产业增加值结构为5.3∶29.7∶65.0。

2021年莲都区粮食播种面积8360公顷，同比下降0.9%，粮食产量4.13万吨，同比增长15.0%。油菜籽播种面积426公顷，同比下降3.8%，产量824吨，同比增长1.7%。莲都区水果种植面积5550公顷，同比下降11.5%，产量9.53万吨，同比下降0.4%。水果产业产值4.32亿元，同比增长13.4%。蔬菜播种面积0.84万公顷，同比下降14%，产量24.01万吨，同比下降22.0%，实现产值9.30亿元，同比增长5.1%。年末莲都区生猪存栏14.80万头，同比增长50.7%；出栏10.35万头，同比增长14.0%。家禽存栏126.8万羽，同比下降10.6%；出栏411.3万羽，同比增长6.6%。羊存栏0.66万头，同比增长17.9%；出栏0.55万头，同比增长37.5%。2021年，全年化肥施用量（折纯）0.94万吨，比上年下降4.4%；农村用电量26490万千瓦时，比上年增长364.6%。

2021年，莲都区实现工业增加值109.51亿元，按可比价计算增长17.4%。规模以上工业实现增加值96.44亿元，增长19.6%。规模以上工业企业销售产值增长32.5%，其中出口交货值增长44.2%。分行业看，31个行业大类中，26个行业增加值实现增长。2021年，规模以上工业企业实现利润总额25.59亿元，比上年下降21.2%。人均薪酬7.93万，同比增长18.8%。2021年，全年完成规模以上工业企业投入研发费用14.82亿元，比上年增长30.9%；规模以上工业新产品产值增长21.4%。新产品产值率36.4%。规模以上工业中，高技术、高新技术产业、装备制造业和战略性新兴产业增加值分别增长21.2%、23.7%、22.0%和33.2%，占规上工业增加值的比重分别为8.7%、54.5%、34.6%和17.1%。2021年，区本级规模以上工业增加值增长18.6%，规模以上工业企业销售产值增长53.4%，分行业看，21个行业大类中，19个行业增加值实现增长。规模以上工业企业实现利润总额3.27亿元，比上年同期下降9.7%，人均薪酬7.26万元，同比增长21.2%。2021年，区本级全年完成规模以上工业企业投入研发费用1.89亿元，比上年增长39.1%，规模以上工业新产品产值增长21.8%。新产品产值率29.9%。规模以上工业中，高技术、高新技术产业、装备制造业和战略性新兴产业增加值分别增长60.4%、17.2%、14.0%、28.4%，占规上工业增加值的比重分别为4.2%、41.2%、39.7%、9.1%。

2021年，莲都区实现交通运输、仓储和邮政业增加值10.20亿元，增长7.3%。全年铁路客运量679.83万人，增长15.0%，铁路货运量107.90万吨，增长27.7%。年末公路总里程1330.18千米，其中高速公路68.6千米。公路和水运完成货物周转量197388万吨千米，增长18.38%；公路和水运旅客周转量21869万人，下降8.09%。2021年，莲都区全年邮电业务总量9.14亿元，增长9.1 %。年末固定电话用户（含小灵通）9.05万户。年末移动电话用户75.03万户，互联网宽带接入用户数（固定互联网宽带）31.32万户。2021年，莲都区实现旅游收入46.2亿元，增长0.9%。

【社会消费需求】 2021年，全年社会消费品零售总额226.60亿元，增长11.3%。按经营地统计，城镇消费品零售额193.56亿元，增长9.7%；乡村消费品零售额33.04亿元，增长13.1%。网络零售额124.89亿元，增长19.7%。2021年，全年完成限额以上社会消费品零售总额75.21亿元，增长4.7%。在限额以上企业销售的商品类别中，饮料和粮油食品分别增长26.3%和9.8%；烟酒、文化办公用品和日用品类均分别增长11.8%、30.4%和8.7%；汽车类下降3.6%，其中新能源汽车增长360.1%。

【固定资产投资】 2021年，莲都区固定资产投资增长26.4%。其中，民间项目投资增长23.2%，交通投资增长58.6%,生态环保、城市更新和水利设施项目投资增长17.4%,高新技术产业投资增长2.2%,工业投资、制造业投资分别增长11.6%和13.3%。2021年,莲都区属(剔除开发区)固定投资增长21.3%,高于全市水平6.2个百分点,全年投资总量突破220亿元,新项目开工入统近百个,固定资产投资实现稳步提升,总体形势发展向好。其中,民间投资增长22.3%;交通投资增长17.6%;生态环保类投资增长15.2%;制造业投资下降29.7%;高新技术产业投资下降61.3%。分投资领域看,基础设施投资占比7.6%,下降9.1%;房地产投资占比78.8%,增长28.1%;工业投资占比5.3%,下降37.2%。分产业看,第一产业投资占比0.8%,下降29.0%;第二产业投资占比5.4%,下降37.4%;第三产业投资占比93.8%,增长29.1%。从产业结构上看,第三产业占莲都区属固定资产投资的绝对优势,第三产业上升明显,主要受房地产投资拉动,房地产投资占莲都区属投资总量的78.8%,拉动投资总量增长21.0个百分点。

【进出口总额】 2021年,全年货物进出口总额51.98亿元,下降7.2%,其中,出口46.84亿元,下降5.4%;进口5.14亿元,下降20.7%。区本级全年货物进出口总额14.83亿元,下降16.2%;出口14.61亿元,增长2.9%。

【财政金融】 2021年,莲都区实现财政总收入103.21亿元,增长10.0%。一般公共预算收入63.67亿元,增长12.8%。一般公共预算支出138.77亿元,增长1.2%。分区域看,区本级实现财政总收入32.00亿元,增长5.4%。一般公共预算收入19.50亿元,增长8.6%。一般公共预算支出54.48亿元,下降0.4%。2021年,莲都区年末金融系统本外币存款余额1355.60亿元,比上年末增长12.2%。其中人民币存款余额1341.28亿元,增长12.4%。金融系统本外币贷款余额1385.60亿元,比上年末增长16.5%,其中人民币贷款余额1384.36亿元,增长16.5%。

2021年,莲都区全年保险业实现保费收入26.73亿元,增长9.1%。其中,财产险保费收入9.81亿元,增长6.2%;人身险保费收入16.91亿元,增长10.9%。支付各类赔款及给付11.41亿元,其中,财产险赔付支出6.65亿元,人身险赔付支出4.77亿元。

【文教卫事业】 2021年,莲都区拥有高等学校3所,在校学生44940人;中等职业学校4所,在校学生6156人(含丽水中专);普通高中6所,在校学生9056人;普通初中19所,在校学生18867人;小学20所,在校学生38634人。小学和初中入学率、巩固率均为100%。初中毕业升高中段的比例为98.77%。莲都区拥有幼儿园72所,在园幼儿20491人。

莲都区年末有文化馆2个、公共图书馆2个、文化站15个、美术馆1个、博物馆5个。2021年,莲都区运动员获得国家级赛事体操项目冠军1个;省级赛事冠军24个,其中轮滑项目15个、航海模型项目7个、体操项目2个。为满足莲都区群众的多元化体育健身需求,全年共计开展各类体育活动51场,完成2450人国民体质监测工作任务。举办2021莲都区线上健身系列活动"留莲过年,AI动莲都"、2021休闲东西岩山地登高赛、2021"竹柳新桥"民族运动会、2021"碧湖田园半程马拉松"、2021"清韵杯"全国业余围棋公开赛。在2021年,莲都区体育民生实事完成村级全民健身广场1个,社区多功能场8个,百姓健身房4个。

全区卫生机构1661个(含村卫生室、诊所),其中,医院59个,卫生院186个,社区卫生服务中心(站)44个,诊所(卫生所、门诊部、医务室)583个,村卫生室747个。卫生技术人员21345人,比上年末增长4.3%,其中,执业(助理)医师8569人,注册护士8884人,分别增长3.0%和4.8%。医疗卫生机构床位数14290张,下降0.2%。医疗机构年诊疗2183万人次,下降2.6%。

莲都区新认定高新技术企业56家,累计220家;新培育科技型中小企业215家,累计730家,其中区本级新认定高新技术企业15家,累计54家;新培育科技型中小企业27家,累计147家。区本级财政一般公共预算支出中科技支出12800万元,增长16.4%。

【生态环境建设】 2021年，莲都区生态文明建设和环境质量状况在全省设区（市）的市区排名前列，生态环境状况级别为优，生态环境公众满意度达90.84分，在全省90个县（市、区）中排前列。2021年，莲都区剔除开发区范围“水十条”国家考核断面水质均达标，市控以上地表水监测断面、县级以上集中式饮用水水源地水质和跨行政区域河流交接断面水质均100%达标，出境断面（共1个）水质达到Ⅱ类，考核结果为优秀。2021年，市区环境空气质量综合指数为2.67，在全国168个重点城市排名第七，全省排名第二，AQI优良率为99.7%，同比上升0.8个百分点，全省排名第一，PM2.5平均浓度为21微克/立方米，全省排名第二，PM10平均浓度为40微克/立方米，降尘量为2.9吨/平方公里·月。

【人民生活和社保】 2021年，莲都区居民人均可支配收入50417元，比上年增长10.3%，扣除价格因素增长8.3%。按常住地分，城镇常住居民和农村常住居民人均可支配收入分别为56371元和33766元，分别名义增长9.1%和11.2%，扣除价格因素分别增长7.2%和9.2%。2021年，莲都区居民人均生活消费支出36040元，比上年名义增长16.6%。其中，城镇常住居民人均生活消费支出39521元，增长15.4%；农村常住居民人均生活消费支出26307元，增长17.8%。

2021年末，莲都区参加职工基本医疗保险参保人数19.39万人，比上年同期增加1.02万人，其中生育保险13.73万人，比上年同期增加0.87万人。莲都区参加企业职工基本养老保险人数23.92万人，比上年末增加1.36万人；参加工伤保险人数32.58万人，增加4.65万人。莲都区被征地农民参加基本养老保险备案7243人（其中，选择参加职工养老保险6554人，选择参加城乡居民养老保险662人，选择被征地基本生活保障27人）。城乡居民养老保险基础养老金最低标准225元/月。2021年末莲都区剔除开发区范围，各类收养性社会福利机构13家，拥有床2125张，收养各类人员1162人，完成城乡居家养老服务照料中心建设234个。从2018年7月开始施行城乡特困供养标准一体化，特困标准统一为每人每月1210元。农村和城镇特困对象自愿集中供养，2021年末农村和城镇特困对象集中供养率达到29.56%，有162名农村和城镇特困对象得到了集中供养。年末在册低保对象9839人，其中，城镇524人，农村9315人。年低保资金支出7182.16万元，比上年增长15.49%。城乡低保同标，平均每人每月910元。

经济体制改革

【概　况】 2021年，莲都构建以“生态经济化、经济生态化”为特征的现代化生态经济体系，为推动山区高质量跨越式发展提供经济体制改革保障。全力优化营商环境，入选2022年省财政支持民营和小微企业金融服务综合改革试点，出台一揽子强企惠企政策，推进“综合查一次”“最多评一次”等改革举措。实施深化“亩均论英雄”改革及促企业提升“三年行动”，开展工业用地高质量利用全周期管理。推进国有企业市场化、投融资机制、农贸市场运营国有化等改革，开展国有资产（资源）确权发证、划转移交集中攻坚行动，区城投公司主体信用被评为AA级。全市创立村集体资金竞争性存放机制，提高村级集体经营性收入1000余万元。

个体私营（民营）经济

【商事改革】 全区在行政服务中心设立的企业开办专区实行“一次提交、一窗受理、一网办结”，将企业设立登记、公章刻制、银行开户、发票申领、公积金办理、医保办理六个联办事项组成的“一件事”在一个工作日（8个工作小时）内办结。向新开办企业免费发放公章、提供税控设备服务，实现企业开业“零成本”。2021年，全区新设市场主体11736家，其中新设企业数2029家，主体增量居全市第一。新设企业中公司制企业1775家，占新设企业数的87.48%。截至12月31日，全区有在册市场主体58579家，在全市占比达19.05%，其中企业11870家，市场主体总数和企业数均居全市第一。

【“证照分离”改革】 优化审批流程，食品经营许可(除仅销售预包装食品)实行“最多核一次”。将食品小作坊、小食杂店、小餐饮店“三小”行业的登记事项与市场主体注册登记同步办理，在办理注册登记同时采集“三小”行业“多证合一”所需的相关信息，不再核发食品生产经营登记证，市场主体登记注册后即可开展经营活动，实现“准入即准营”。取消了仅销售预包装食品的许可，市场主体只需要报所在地县级以上地方人民政府食品安全监督管理部门备案，不再核发食品经营许可证。

【服务企业】 推动“山海协作”，与江北、义乌签订“山海通办”协作协议，以“数据跑”替代“群众跑”，实现市场主体登记注册设立等40余项政务服务事项两地通办。建立全市首家由部门企业共建的“共享实验室”——丽水山耕“共享实验室”，为莲都区没有配备食品生产检测人员和设备的企业解决“检测难”问题，降低了企业检测成本。

【经济执法】 2021年共查办案件394件，其中大要案69件，移送司法机关8件，罚没款达777.35万元，案件总数较上年同比增长9.8%，罚没款数额较上年同比增长269%，其中个案罚没款100万以上的案件共有2个。销售过期且未经检疫猪肚案被纳入2021年市场监管总局、省局“铁拳”行动典型案例。联合公安部门对非法生猪屠宰“黑窝点”进行查处，该案被省市场监管局列为典型案例。

【消费保障】 全年受理消费者咨询、投诉、举报6505件，其中投诉2616件，举报2474件，咨询1415件，涉及争议金额371.52万元，挽回消费者损失金额191.13万元，营造安全的消费环境。推进利山村放心消费乡村建设，实现该村放心消费单位全覆盖。推进金融赋能放心消费工作，携手莲都农商行为莲都区放心消费单位授信10亿元，建设银行联城支行为万地广场放心消费商圈单位发放消费券达200万元。

2021年十方面民生实事

2021年3月3日，丽水市莲都区第十六届人民代表大会第五次会议对2021年“十方面民生实事候选项目”进行了票决，按照投票结果确定2021年“十方面民生实事”如下：

一、增加幼小学位供给：新(改扩)建中小学2所；新增小学学位1620个；完成幼儿园装修1所；新增幼儿园学位360个。

二、优化农村交通路网：新(改)建农村公路20千米，200人以上自然村公路通达率达到100%，实施农村公路养护工程(大中修)52千米。

三、开展助老济困行动：全区乡镇(街道)级居家养老服务中心实现全覆盖；困难老年人家庭适老化改造100户；新建乡镇(街道)社会工作站4个；为全区老年痴呆症患者配置防走失手环。

四、加强应急卫生保障：实施传染病院区(病区)改造项目1个；开工建设(改造)疾病预防控制中心标准化项目1个；“流动医院”巡回诊疗服务常住人口100人以上且地处偏远山区无卫生室的村140个。

五、加强水域安全保障：新建改建水文测站25个；完成病险水库加固1座，整治病险山塘2座；中小河流综合治理6.0千米；完成农村美丽池塘整治11个；建设美丽河湖1条、水美乡镇1个。

六、助推老幼疾病预防：孕妇免费一次胎儿系统超声检查300名；莲都区户籍60岁以上老人免费接种1针23价肺炎疫苗3万人次。

七、深化“阳光厨房”建设：建成食品生产企业“阳光工厂”9家，农村家宴“阳光厨房”7家；实现学校食堂“阳光厨房”全覆盖，为全区中小学校及公办幼儿园食堂、养老机构食堂、农批农贸市场、农村家宴放心厨房等统一投保食品安全责任保险。

八、增加“全民健身”场馆：建设村级全民健身广场1个；社区多功能运动场8个；百姓健身房4个。

九、提升扶残助残水平：提升

建设用于智力残疾、精神残疾、其他重度残疾人日间照料和辅助性就业的“残疾人之家”3家；建设无障碍社区1个，实施康复基本服务6000人次，适配辅助器具300件。

十、完善高楼消防设施：为高层住宅安装远程报警监控系统、可视化管理系统和消火栓智慧用水系统的小区20个。

群众性精神文明创建活动

【社会主义核心价值观教育】 开展“文明家庭”“身边好人”“道德模范”等先进典型选树活动，2021年叶美英、陈金英入选中国好人榜，陈金英获浙江省道德模范和全国道德模范提名奖，叶美英、陈金英入选丽水道德模范，章友标获丽水市道德模范提名奖。组织开展“我们的节日”“社区邻居节”“庆祝建党100周年”等主题活动，举办“永远跟党走　奋进新时代”社区红歌大赛活动。

【经常化创建全国文明城市】 2021年，莲都区以项目化为抓手，全年安排创建经费6848.7万元，推进开展民生实事工程类建设项目、环境卫生整治项目、群众性文明创建活动项目、应急迎检项目四大类共计40多项。在民生实事工程项目方面，实施社区（城中村）、背街小巷基础设施改造维护、外墙脱落维护、楼道粉刷、消防设施修补，停车泊位划线等项目20余项，完成万锦花苑等3个小区、梅山中学等2所校园的文明示范小区（校园）建设；开展建筑物外立面、楼道内墙面修补粉刷行动，粉刷楼道946条近17万平方米，外墙脱落整治134处1.9万余平方米；开展充电设施改造提升行动，完成飞线充电线路改造4000余处。在环境卫生整治方面，系统推进全区常态环境卫生秩序整治，上线“文明云监管”平台，落实“日查日交日清日通报”制度，组织开展社区、小区、城中村等点位巡察工作，以现场交办、微信群、通报和交办单等形式交办点位16000余项。联合执法、公安、市场监管等部门开展专项攻坚整治行动30余场。助力丽水市完成浙江省城市文明程度指数测评、全国文明城市复评各项任务。

【新时代文明实践】 完成全区14家新时代文明实践所、221家社区（村）实践站改造提升工程，实现全区新时代文明实践中心、所、站覆盖。在全区134个文化礼堂建设完成门禁与人流监控系统，实现全区文化礼堂数字化管理。结合全民阅读日、社科普及周、重阳敬老等主题开展新时代文明实践大篷车进乡村、进企业等系列活动。全区各新时代文明实践所、站围绕“理论宣讲”“文化服务”“扶贫助残”“平安建设”等主题组织开展形式多样的新时代文明实践活动累计980余场，受益群众19余万人次。

【“小荷”志愿服务】 “小荷”志愿队伍已拥有152支分队，25000余名志愿者，2021年，志愿服务时长达350多万小时，活跃度位居全市第一。2021年，开展“文明劝导、文明排队”“文明交通”等系列志愿服务活动200余场，参与志愿服务活动10万人次，在文明城市创建、新冠疫情防控、服务乡村振兴等工作中发挥作用。“小荷说新语”理论宣讲志愿服务项目获全省志愿服务项目大赛铜奖，“陪伴者计划”“文明小屋”志愿服务项目分获丽水市志愿服务项目大赛金奖、铜奖。陈爱萍入选全国“学雷锋”志愿服务“四个100”，小荷爷爷奶奶志愿服务队获评浙江省最佳志愿服务组织。开展“你的微心愿，我们来点亮”弱势儿童关爱、“学习雷锋好榜样”云拉歌、志愿者关爱行动等活动，推进志愿者礼遇建设。

【未成年人思想道德建设】 部署开展2021年度暑期“春泥计划”和未成年人进社区活动，全区举办未成年人活动200余场，参与8000余人次。承办丽水市第十届未成年人道德文化节，中山小学和刘英小学在丽水市第四届未成年人思想道德建设创新大赛中均获得一等奖。推进未成年人关爱行动，开展心理健康辅导站咨询师进学校、进社区等活动，为未成年人提供心理健康知识讲座和家庭教育，参加人数3500多人。

（张凌　王淇禾）

“平安莲都”建设

【概　况】 2021年，莲都区政法系统围绕“重要窗口”“共同富裕示范区”建设，立足“发展莲都、服务市区”的基本定位，以“平安靠平时、化解在初时、解决要及时”为行动指南，推进平安莲都、法治莲都建设。莲都区连续15年被省委、省政府命名为“平安区”，获授“一星平安金鼎”，群众安全感满意度98.77%，省统计综合排名第三。

【中国共产党成立100周年安保维稳】 聚焦中国共产党成立100周年安保维稳任务，成立安保维稳指挥部，落实每日值班备勤、信息报送、会商研判、六长通报、应急处置等制度，建立区领导值班接访机制；各乡镇街道、重点部门落实安保维稳责任，24小时值班备勤，属地、车站、驻京驻杭三层防护体系稳固，为护航百年庆典提供了保障，做到了“六个严防、三个确保”的既定目标，完成了安保任务。

【矛盾纠纷调处化解】 依托“两办一中心”，发挥信访和矛盾纠纷调处化解、社会治理事件处置和社会风险研判三大平台作用，中心接待来访群众8470人次，办理群众事项9532件，调解各类矛盾纠纷6840件；推出“一村(格)两警长”“莲警驿站”“侠姐工作室”等矛盾调解新模式；推进重复信访事项治理工作，重点攻坚征迁领域信访积案，规范信访业务基础，压实信访工作责任。国家级重复信访事项146件，汇报化解146件，再次信访24件，汇报化解率83.56%，再次信访率16.44%。省级重复信访事项37件，审核化解36件，审核化解率97.30%。

【防范重大风险隐患】 动态摸排全区重大风险隐患，梳理了62项重大风险隐患，多部门、属地联合开展会商研判和后续处置工作，确保平稳可控，已化解48项，化解率达77%，稳控率100%。落实重大决策社会风险评估工作，报备重大决策(项目、活动)68项，完成评估42项，防范了社会风险。

【公共安全综合治理】 区平安办围绕平安护航中国共产党成立100周年任务，牵头全区平安建设单位开展平安大督查“一线巡查、现场办公”行动，完善一张报表和“责任、风险、问题”三张清单化管理机制，牵头组织对汽车东站、宾馆、高层建筑、居住出租房、餐饮等重点点位开展集中检查，整改一批重点场所的安全隐患。同时，紧盯省级平安区“十六连冠”目标，组织开展了“平安夺星级金鼎”攻坚大会战，启动大会战作战机制，建立健全“平安夺星级金鼎”大会战周报、重特大事项“一票否决”隐患即报等系列制度，开展平安建设“七大专项行动”，确保平安建设工作落到实处。全区各重点领域排查隐患总数2089处，完成整改1888处，整改完成率90.38%。

对辖区公路的路域重点开展“百吨王”专项整治和抛洒滴漏整治行动，查处抛洒滴漏污染公路的违法车辆，交警、运管等部门加强联合，建立规范化常态化联合治超机制，清理非公路标牌29块，拆除违章建筑200余平方米，发放责令停止(纠正)违法行为通知书20份，提升公路两侧路域环境。开展消防安全综合治理，检查单位1359家，督促整改火灾隐患742处，下发责令改正通知书506份，临时查封决定书18份，三停23家，罚款52.48万元，拘留5人。开展“护航建党百年”安全生产百日攻坚行动、“隐患排查日”等行动，检查工地360余个次，查处各类隐患500余条，签发隐患整改通知书70余份。加快P2P处置，完成P2P网络借贷风险出清工作：注册在莲都区的4家P2P法人机构已全部立案，2家P2P关联分支机构已全部按照省互金整治办要求出清。P2P网贷非法集资案件追赃挽损率51.57%(全年目标20%)、缉捕追逃率100%(目标80%)、案件侦结率100%(全年目标60%)，完成省政府下达的P2P网络非法集资“三率”工作任务。实施“防范较大·杜绝重大”攻坚行动，系统梳理“防范较大·杜绝重大”生产安全事故攻坚整治行动、“平安护航建党百年”安全隐患大排查大整治等一系列专项整治工作中存在的困难和问题，根据问题清单、任务清单、责任清单和“3+9”工作体系，推进行动开展。抽调应急、消防救援、生态环境、建设、交通运输、市场监管和丽水工业园区管委会等部门共计9人组成工作专班，实行集中办公，协调推动全区专项整治工作，抓好危险化学品、道路交通、交通运输、工矿商贸、消防火灾、建设施工、特种设备等重点行业领域安全生产工作。

【社会治安防控体系建设】 2021年，公安接处警30205起，破获各类案件1797起，依法行政处罚1701人、采取强制措施834人、移送起诉819人，分别同比上升32.13%、29.95%、8.88%、19.91%。其中，侵财类案件打击成效提升明显，已累计侦破各类侵财案件462起，抓获违法犯罪嫌疑人506名，分别同比上升23.86%、40.18%。法院新收各类案件15256件，审结14291件，同比分别上升17.58%和11.21%，同期结案率93.67%。先后推出“菜警官”“民宿空中课堂”“驻群警官+安防CEO”等警务品牌；研发“莲都反诈金钟罩”，全时段为群众提供电诈“防御”服务，平台累计注册用户达21.8万人次，接后台预警6133次，劝阻率达100%。政法一体化办案体系不断完善，刑事案件单轨办案率达到100%，检察监督线上单轨制协同达到100%。完成数字法治PC端、移动端的开发建设工作；正式上线云嘉智慧法庭审判运行新系统，建成“共享法庭”10个，6月10日在老竹镇首次开庭。落实智慧矫正应用建设，建成“四端一体”的“阳光教育”帮扶平台，安装使用率达100%。推进“社会治理一张图”建设任务，推动网格内人、事、物等信息的数字化管理，采集门楼地址95232条，户室地址542307条，并同步完成网格划分和网格地图更新工作。

中国共产党丽水市莲都区委员会

重要会议

【区委常委会会议、区委常委会扩大会议】 1月8日，召开区委常委会扩大会议，传达学习省委常委会第153次会议及市委常委会会议精神；市委常委、区委书记徐光文讲话。

1月11日，召开区委常委会会议，审议《2021年莲都区委村(社)巡察工作方案》，区"两会"有关事项及条管单位征求意见方案；听取区委十四届十次全体(扩大)会议有关情况汇报、2020年度区委常委会民主生活会建议方案的汇报、村(社)组织换届工作总结汇报；学习省委组织部《关于5个县(市、区)党委及其组织部门履行选人用人主体责任不力问题的通报》(浙组电字〔2020〕3号)《关于在第九轮巡视选人用人检查中发现专项整治不彻底相关问题的通报》(浙组电字〔2020〕6号)文件精神。

1月26日，召开区委常委会会议，审议《关于扶持推进莲都区融媒体中心改革发展的若干意见》，"两会"有关建议名单；听取区十六届人大五次会议、区政协十五届五次会议有关事项的汇报、莲都区2020年社会安全稳定形势分析报告、区委常委四季度工作情况汇报；传达学习习近平总书记在中央农村工作会议上的重要讲话精神、《中共中央办公厅关于认真做好市县乡领导班子换届工作的通知》精神、市委经济工作会议精神、全省数字赋能县域社会治理现代化推进会暨县级社会矛盾纠纷调处化解中心建设互学互比第三次交流会精神以及省委政法工作会议精神。

2月3日，召开区委常委会会议，组织学习中央、省委关于领导干部报告个人有关事项工作的重要政策精神；研究干部人事工作。

2月3日，召开区委常委会扩大会议，传达学习区人大常委会主任陈元龙传达省十三届人大五次会议精神，区政协主席陈立新传达省政协十二届四次会议精神，市委常委、区委书记徐光文讲话。

2月9日，召开区委常委会会议，审议《莲都区国民经济和社会发展第十四个五年规划纲要》《莲都区2020年预算执行情况和2021年预算草案的报告》《莲都区2020年国民经济和社会发展计划执行情况与2021年国民经济和社会发展计划草案的报告》《丽水市莲都区2021年基本建设项目投资计划》《莲都区2020年环境状况和环境保护目标完成情况报告》及莲都区2020年度创新项目("五大工作制度"优秀案例等)评估结果；听取区"两会"筹备情况汇报，审议区政府、区法院、区检察院工作报告、关于2020年十方面民生实事完成情况和2021年十方面民生实事初选项目方案的情况汇报、莲都区打击治理电信网络新型违法犯罪工作情况的汇报、莲都区2020年守法普法工作开展情况和2021年工作计划的汇报；传达学习中纪委十九届五次全会、省纪委十四届六次全会精神，全国公安厅局长会议和全省、全市公安局长会议精神，省委农村工作会议精神，研究贯彻落实意见。

2月26日，召开区委常委会会议，研究干部人事工作。

3月5日，召开区委常委会会议，审议《莲都区政法队伍教育整顿实施方案（审议稿）》，增加区政协办和市综合行政执法局莲都分局领导职数及区委办兼职领导职数的事项；传达学习习近平总书记在党史学习教育动员大会上的重要讲话精神，在全国脱贫攻坚总结表彰大会上的重要讲话精神，在中央党校（国家行政学院）中青年干部培训班开班式上的重要讲话精神，市“两会”会议精神，省委组织部《关于十四届省委第八、九轮巡视检查发现选人用人突出问题及查核处理情况的通报》文件精神，省市政法队伍教育整顿动员部署会精神，市委政法工作会议精神，创建法治浙江（法治政府）示范地区工作推进会暨2021年法治丽水建设第一次点评会精神。

3月15日，召开区委常委会会议，审议《中共丽水市莲都区委关于开展党史学习教育的实施方案》，莲都区2020年度工作责任制考评结果，《莲都区“双招双引”工作实施方案》《丽水市莲都兴村集体经济发展有限公司实体化运营方案》《莲都区“大抓落实年”大督查工作方案》，区纪委十四届七次全会方案和工作报告；听取2021年度莲都区政府重大行政决策事项目录情况汇报、《莲都区村级违建防控网格责任落实与责任人年度绩效考核挂钩办法（试行）》情况汇报、听取上一年度区委领导班子履行主体责任和领导班子成员履行“一岗双责”情况汇报；传达学习全市领导干部会议精神（传达全国“两会”精神），省委书记袁家军书记在全省党史学习教育动员部署会上的讲话精神，全国、全省、全市组织部长会议精神，《中共中央纪委机关 中共中央组织部 国家监察委员会关于严肃换届纪律加强换届风气监督的通知》文件精神，全国宣传部长会议及全省、全市宣传思想工作会议精神，全国、全省、全市统战部长会议精神，中央有关巡视巡察工作新部署新要求文件精神、四届市委第十轮巡察工作动员部署会精神，研究贯彻落实意见。

3月29日，召开区委常委会会议，审议《中共丽水市莲都区委关于落实中央巡视反馈问题整改工作方案》《中共丽水市莲都区委常委会2021年工作要点》；传达学习全省乡镇领导班子换届工作部署会精神，十四届省委第十二轮巡视暨巡察指导督导动员部署会精神，研究贯彻落实意见；听取2020年区委巡察工作情况和2021年区委巡察工作要点汇报，莲都区2020年度机关综合绩效目标考核奖、事业年度绩效考核奖、应休未休年休假补贴及行政机关单位月考核奖发放情况的汇报，莲都区抗击新冠肺炎疫情工作行政奖励情况的汇报，莲都区2020年度行政奖励项目计划申报情况的汇报，2021年度莲都区拟开展评比达标表彰和通报表扬项目申报情况的汇报；研究市管领导干部兼职、山海协作干部挂职方案。

4月19日，召开区委常委会会议暨全区数字化改革领导小组第一次会议，研究部署莲都区数字化改革工作；传达学习市委党的群团工作会议精神，研究部署莲都区党的群团工作，《中共中央办公厅关于印发〈党委（党组）网络意识形态工作责任制实施细则〉的通知》文件精神，研究贯彻落实意见，传达学习市委书记胡海峰在丽水市政法队伍教育整顿主题党课上的讲话精神；听取全区政法队伍教育整顿工作开展情况的汇报、莲都区2021年第一季度社会安全稳定形势分析、莲都区2021年第一季度信访形势分析、区委常委一季度工作汇报；审议2020年度区管领导干部考核等次；研究干部退休免职方案。

4月29日，召开区委常委会会议，研究干部人事工作、乡镇换届有关事项；审议《中共丽水市莲都区委常委分工方案》；听取2021年一季度经济运行情况汇报：区发改局围绕一季度经济运行情况进行综合性分析，区统计局围绕一季度指标完成情况进行专业性分析，区经济商务局汇报一季度工业、外贸、社零等指标情况，区农业农村局汇报一季度农业增加值、农民人均可支配收入等指标完成情况，进一步推进全域综合整治深化殡葬改革的实施意见情况汇报，区人大常委会领导班子分工情况汇报，2020年度莲都区文明村镇评选工作情况汇报，2020年度莲都区乡村振兴工作（含东西部扶贫协作、莲都超市区域公共品牌培育）成绩突出集体和个人情况汇报，《莲都区2021年党风廉政建设和反腐败工作组织领导与责任分工》汇报；传达学习省委法治浙江建设工作会议精神，市委"三农"工作会议精神，全市基层党建工作重点任务推进会暨乡镇换届工作部署会议精神，研究贯彻落实意见，听取防范和惩治统计造假有关精神及迎接统计督察工作情况汇报。

5月28日，召开区委常委会会议暨区委理论学习中心组专题学习会，传达学习习近平总书记在十九届中央政治局第二十九次集体学习时的重要讲话精神，《中国共产党机要密码工作条例》和中央、省委领导重要指示精神，全国巡视工作会议暨十九届中央第七轮巡视动员部署会精神，"党建+信访"工作体系暨全省信访重点工作推进会精神，全省"遏重大"攻坚战推进会精神，研究贯彻落实意见；听取莲都区安全生产工作情况汇报；审议《莲都区2021年度工作责任制考评实施意见》。

6月25日，召开区委常委会会议，传达学习全省数字化改革工作推进会精神，全省建设平安浙江工作暨扫黑除恶专项斗争总结表彰会议，全市建设平安丽水、平安护航建党百年暨扫黑除恶专项斗争总结表彰会议，全市政法队伍教育整顿暨建党百年安保维稳和反恐怖工作推进会，全市政治安全和社会稳定形势会商调度会议精神，全省提升党员干部队伍推进现代化建设新能力暨市县乡领导班子换届工作会议和相关文件精神，研究贯彻落实意见；听取省、市、区级"两优一先"推荐工作情况汇报，纪委案件有关情况汇报；研究干部人事工作。

7月2日，召开区委常委会会议，传达学习习近平总书记在"七一勋章"颁授仪式上的重要讲话精神、在庆祝中国共产党成立100周年大会上的重要讲话精神以及浙江省庆祝中国共产党成立100周年大会精神，丽水市县（市、区）领导班子换届工作动员部署会精神，《中国共产党组织工作条例》《中国共产党地方组织选举工作条例》《中国共产党统一战线工作条例》和省委办公厅《关于当前我省意识形态领域形势的通报》、市委办公室《关于2020年度全市各级党委（党组）落实意识形态工作责任制综合情况的通报》，市委全面依法治市委员会第三次（扩大）会议暨创建全国法治政府建设示范市动员会精神；听取2020年度莲都区法治政府建设情况汇报、区政府领导工作分工情况汇报。

7月5日，召开区委常委会扩大会议，观看学习《生命重于泰山——学习习近平总书记关于安全生产重要论述》电视专题片，观看警示教育片《警钟长鸣》；传达中央和省市委有关县级领导班子换届政策，通报换届考察的主要任务和方法步骤，强调中央和省市委严肃换届纪律要求；市管领导干部签订《遵守换届纪律承诺书》。

7月20日，召开区委常委会会议，审议《关于支持莲都区人民医院发展的九条意见（试行）》《潘秀华同志2020年度考核结果补定方案》《条管单位干部任职征求意见》《浙江丽水工业园区管理委员会纪检监察工作委员会职数设置方案》《丽水市莲都区2018—2020年度公务员奖励方案》；听取莲都区2021年上半年社会安全稳定形势分析报告、2021年上半年反邪教工作总结及下半年工作思路、巡视反馈问题整改进展情况的汇报、十四届区委第八轮巡察整改落实情况汇报、区委常委二季度工作汇报；学习山区26县跨越式高质量发展暨山海协作工程推进会精神、中央政法委第五次反邪教工作会议精神、四届市委第十一轮巡察工作动员部署会精神、全省加强干部选拔任用监督暨选人用人巡视检查问题整改推进会精神。

7月21日，召开区委常委会会议，学习山区26县跨越式高质量发展暨山海协作工程推进会精神，中央政法委第五次反邪教工作会议精神，四届市委第十一轮巡察工作动员部署会精神，全省加强干部选拔任用监督暨选人用人巡视检查问题整改推进会精神；听取莲都区2021年上半年社会安全稳定形势分析报告、2021年上半年反邪教工作总结及下半年工作思路、巡视反馈问题整改进展情况的汇报、十四届区委第八轮巡察整改落实情况汇报、区委常委二季度工作汇报；审议《关于支持莲都区人民医院发展的九条意见（试行）》《潘秀华同志2020年度考核结果补定方案》《条管单位干部任职征求意见》《浙江丽水工业园区管理委员会纪检监察工作委员会职数设置方案》《丽水市莲都区2018—2020年度公务员奖励方案》。

7月30日，召开区委常委会扩大会议，考察组组长潘林珠作换届考察反馈，主要反馈换届考察工作基本情况，对区级领导班子的总体评价及建议等；市委常委、区委书记徐光文作表态发言。

8月16日，召开区委常委会会议，学习《中共中央关于加强对"一把手"和领导班子监督的意见》《中共浙江省委印发贯彻落实〈中共中央关于加强对"一把手"和领导班子监督的意见〉的十三项实施意见的通知》，全省组织系统学习习近平总书记"七一"重要讲话精神暨推进干部队伍干部工作系统性重塑建设变革型组织专题培训班精神，《中华人民共和国乡村振兴促进法》，研究贯彻落实意见；听取上半年全区经济运行情况汇报、区委十四届十一次全体（扩大）会议有关情况汇报、2020年度莲都区行政奖励项目实施情况的汇报、关于2020年度莲都区评比达标表彰和通报表扬项目实施情况的汇报、莲都区2021年度拟申报和发行公司债相关情况汇报；审议《中共丽水市莲都区委关于落实市委2020年度意识形态工作检查反馈意见的整改工作方案》《莲都区政法队伍教育整顿工作总结》。

8月24日，召开区委常委会会议，听取关于同意丽新畲族乡召开第十四次党代会情况的汇报；审议《莲都区加强提前退出领导岗位干部管理办法（试行）》；研究干部人事工作。

9月2日，召开区委常委会会议，传达学习习近平总书记在中央党校（国家行政学院）中青年干部培训班开班式上的重要讲话精神，中共中央政治局会议精神，省委文化工作会议精神，全省新一轮制造业"腾笼换鸟、凤凰涅槃"攻坚行动推进大会精神，2021年全省政协主席暑期读书会暨宣传思想工作会议精神，研究贯彻落实意见；听取丽水万洋低碳智造小镇有关企业违法制砂问题的情况汇报。听取民建区委会、民进区委会、九三学社区委会换届情况汇报，纪委案件有关情况汇报；研究干部人事工作。

9月26日，召开区委常委会会议，传达学习习近平总书记在西藏考察时的重要讲话精神，《中共中央关于加强新时代检察机关法律监督工作的意见》和省委有关文件精神，《中国共产党党内法规体系》，中央民族工作会议、省委民族工作会议精神，省、市关于平安维稳工作相关会议的精神；听取莲都区2021年1—8月信访情况汇报，区第十五次党代会和乡镇党委换届有关情况汇报，纪委案件有关情况汇报，区人大常委会党组关于区、乡人大代表换届选举工作的相关情况汇报；研究干部人事工作。

10月9日，召开区委常委会会议，传达学习习近平总书记在中央人才工作会议上的重要讲话精神、海洋强省建设推进会精神、《关于市、县（市、区）党委落实巡察工作主体责任的实施意见》和中央、省委巡视动员部署会精神，研究贯彻落实意见；研究干部人事工作；听取区政府领导工作分工情况汇报。

10月15日，召开区委常委会会议，审议《莲都区乡镇新一届党委组成人员和纪委书记、副书记候选人预备人选名单》《乡镇出席莲都区第十五次党代会代表候选人预备人选名单》《莲都区人大代表初步候选人名单（丽新乡）》《中共丽水市莲都区委关于市委2020年度意识形态工作检查反馈意见的整改落实情况报告》；听取莲都区2021年第三季度社会安全稳定形势分析报告、区委常委三季度工作情况汇报；传达学习习近平总书记在纪念辛亥革命110周年大会上的重要讲话精神、全省基层党建工作会议精神，研究贯彻落实意见。

11月11日，召开区委常委会会议，传达学习习近平总书记在中央人大工作会议上的重要讲话精神、全省各级人大常委会主任学习会精神、全省"县乡一体、条抓块统"改革工作现场推进会精神、《中共浙江省委关于规范领导干部廉洁从政从业行为进一步推动构建亲清政商关系的意见》精神，研究贯彻落实意见；听取第十五次党代会筹备工作情况汇报，2021年三季度经济运行情况汇报：区发改局围绕三季度经济运行情况进行综合性分析，区统计局围绕三季度指标完成情况进行专业性分析，区经济商务局汇报三季度工业、外贸、社零等指标情况，区农业农村局汇报三季度农业增加值、农民人均可支配收入等指标完成情况，区建设局汇报三季度建筑和房地产运行情况，当前莲都区意识形态领域情况的汇报；审议《莲都区"七张问题清单"应用工作总机制(试行)》《2021年度市直单位支持莲都区工作加扣分考核细则》《莲都区全面实行林长制建设实施意见》；研究干部人事工作(四级调研员免职、定级方案)。

11月18日，召开区委常委会扩大会议，学习区委副书记、区长王忠宝传达党的十九届六中全会精神；市委常委、区委书记徐光文讲话。

12月3日，召开区委常委会扩大会议暨区委理论学习中心组专题学习会，围绕学习习近平总书记在党的十九届六中全会上的重要讲话精神和《中共中央关于党的百年奋斗重大成就和历史经验的决议》进行交流发言；张妍传达省委十四届十次全体(扩大)会议精神；区委书记张壮雄讲话。

12月3日，召开区委常委会会议，学习习近平总书记在十九届中央政治局第三十四次集体学习时的重要讲话精神；听取2021年11月经济运行情况汇报，《高水平建设美丽莲都规划纲要(2020—2035年)》汇报，政协第十六届丽水市莲都区委员会人事安排的情况汇报，区第十五次党代会街道、区直机关、丽水工业园区、部队、消防救援大队代表候选人预备人选名单的汇报；审议莲都区第十七届人大代表候选人初步建议人选名单；研究干部人事工作。

12月10日，召开区委常委会会议，学习2021年12月6日中共中央政治局会议精神、贯彻市委书记胡海峰在全区领导干部会议上的讲话精神、贯彻市委副书记、市长吴晓东在调研莲都重点项目、产业发展座谈会上的讲话精神、省委国安办相关工作任务部署会精神，汇报莲都区贯彻落实工作；审议《中共丽水市莲都区委关于2021年落实意识形态工作责任制情况的报告》，出席市第五次党代会代表候选人初步人选名单；研究区级领导班子换届人事安排。

12月15日，召开区委常委会扩大会议，学习中央经济工作会议和全市领导干部会议精神；区委书记张壮雄讲话。

12月21日，召开区委常委会会议暨区委退役军人事务工作领导小组第三次会议和区双拥工作领导小组会议、区委议军会议，学习习近平总书记在中国文联第十一次全国代表大会、中国作协第十次全国代表大会开幕式上的重要讲话精神、全省"七张问题清单"应用贯通推进会精神及莲都区应用贯通情况汇报、市委法院工作会议精神，研究贯彻落实意见；听取区委退役军人事务工作领导小组及区双拥工作领导小组有关情况汇报。

12月31日，召开区委常委会会议，传达学习中央农村工作会议精神、省委经济工作会议精神、市委四届十二次全体(扩大)会议精神；审议《中国共产党浙江省丽水市莲都区历史》第二卷(1949—1978)；听取2021年莲都区史志工作总结和2022年工作思路汇报；研究干部人事工作。

党史学习教育

【概　况】 党史学习教育开展以来，莲都区坚持把党史学习教育作为重要政治任务、摆在突出位置，落实中央、省、市部署要求，推动全区上下学党史、悟思想、办实事、开新局。

【组织领导】 坚持以学深悟透习近平新时代中国特色社会主义思想为主旨主线，3月15日召开区委常委会会议，原原本本学习党史学习教育有关会议精神，全面把握目标任务、基本要求和核心要义，增强"四个意识"、坚定"四个自信"、做到"两个维护"。3月19日，在全市党史学习教育动员部署会召开后的第二天，立即召开全区动员部署会。3月24日，全区各单位党委(党组)完成动员部署、成立领导机构等工作。组建由区委书记任组长，相关常委委员任副组长的领导小组，下设办公室，由区委宣传部部长任主任，并从全区抽调27名干部组建工作专班实体化办公，工作专班设综合协调组、信息简报组、实践活动指导组、宣传报道组、巡回指导联络组等5个专项小组，统筹推进全区党史学习教育。围绕勇当丽水“发展头雁”“创新标兵”“实干先锋”总要求，在规定动作的基础上，结合莲都实际设置“五大工作制度”专题实践活动、“践行‘丽水之干’，抓落实开新局”专题行动等自选动作，挂图作战、挂账销号、务实推进。组建10个巡回指导组，重点对全区14个乡镇（街道）和75家区直单位开展全过程督导，发掘工作亮点，纠正问题偏差，确保党史学习教育导向正确、走深走实。

【专题学习】 区领导率先垂范，通过中心组学习、专题培训、主题党日、理论研讨等形式，引领全区广大党员干部学深学透。党史学习教育开展以来，区委理论学习中心组开展专题学习27次，全区各党委（党组）理论学习中心组开展专题学习1280次，全区各单位开展专题学习2184场次，开展主题党日活动4020次。挖掘、运用莲都红色资源“富矿”，将《丽水市莲都区革命老区发展史》等作为地方特色读物纳入指定学习书目，出版了《中国共产党浙江丽水（莲都）历史》、原创红色连环画《红色的土地·烽火莲都》等书籍，充实红色学习教材。

【宣讲宣传】 针对不同群体，用好用活各类“宣讲师资”，组织退役老兵、党员干部、“8090”新时代理论宣讲团、“莲响”青年等宣讲力量开展专题宣讲1822场，县处级以上领导干部作党史专题宣讲或讲党课87人次，开展党的十九届六中全会精神“六讲六做”大宣讲300余场。将各类宣讲制成短视频，通过微博、抖音、“学习强国”平台、“莲都发布”等新媒体进行传播，让党史宣讲接地气、冒热气、聚人气。精心设计灵活多样的创新载体，开展“邮说党史”——献礼中国共产党百年华诞活动，举办“跟着邮票学党史”主题展览，制作《百年征程 记忆邮存》《寻找八哥》等微电影，制作原创MV《灯火里的中国》，全网播放量破百万人次。先后举办红歌大赛、红歌快闪、全民打卡莲都红色地标、“学习强国”莲都达人党史知识竞赛等文艺文化活动，用广大干部群众喜闻乐见的形式点燃党史学习热情。

【为民办实事】 实践“区乡村三级联动办实事”制度，在2021年4月全省“牢记重要嘱托 建设‘重要窗口’”专题交流会上获省委书记袁家军点赞。全年办理“我为企业解难题”952件，办理“我为群众办实事”5031件，县处级以上领导领衔破解难题99件。开发运用“党建智治平台”，全区党员认领、实现“微心愿”3565个，开展“党员在身边”志愿服务活动6386次。在2021年受到浙江省委表彰的省优秀共产党员、省优秀党务工作者和省先进基层党组织中，“沈姐爱心共享厨房”组织者沈香（女当）、莲都区“96345”市民服务中心党支部榜上有名。在市党史学习教育专题实践活动最佳实践案例评选活动中，莲都区擦亮“区乡村三级联动办实事”金名片、莲都区成立全省首个制造业金融服务站两个案例获评丽水市党史学习教育专题实践活动最佳实践案例。开展党史学习教育“三为”专题实践“寻找群众身边不满意的小事”解忧办实事活动，围绕办事办证、社区生活、交通出行等群众身边小事，采用走访体验、采访调查、延伸指导等方式收集群众意见建议，形成一批问题清单，交办一批重点任务，整改一批不满意事项。截至年底，区级层面共收集、发现问题78件，全部集中交办相关责任单位落实整改。落实省、市党史学习教育领导小组办公室交办问题1件，由区交通运输局办理，已完成办理和反馈工作。

【开创新局面】 学习发扬百年来党艰苦奋斗的精神，坚持“发展莲都、服务市区”基本定位，实施“产业发展”大提速、“双招双引”大比拼、“整体智治”大推进、“红绿融合”大提升等四大行动，全年经济发展稳中向好。截至年底，“双招双引”签约落地项目

49个，开工建设重点项目32个；涌现出了"云森防"精密智控综合管理平台、城市窨井盖数字化管理等"整体智治"案例；探索实践"引才八法"，大力推进"画乡莲都·院士之家"建设，引进高校毕业生5791人，新增高技能人才945人。

（莲都区党史学习教育领导小组办公室）

浙西南革命精神弘扬践行

【传承保护优秀传统文化】 实施文化基因解码工程，建设莲都文化基因库，绘制莲都文化数字地图。推进碧湖镇全省千年古城复兴试点，加强通济堰和保定古窑址等重大文化遗产保护，开展通济堰附属建筑修缮工程和水系联通工程。加强历史文化街区及历史文化村落的保护，实施历史街区和村落复兴计划。开展非遗"四进"活动，开展国家级非物质文化遗产项目"丽水鼓词""鱼跃酱油酿造技艺"等非物质文化遗产的保护、传承和弘扬工作。推动传统文化创新发展，锻造一批文艺精品、擦亮一批文化标识、建设一批文化地标，打造莲文化、通济堰文化等文化品牌。

【弘扬践行浙西南革命精神】 以"浙西南革命精神"，为"丽水之干"铸魂、赋能、立根，让红色基因融入莲都人的血脉，为莲都经济社会发展增添精神动能、提供力量源泉。围绕丽水市打造全国革命精神弘扬践行示范区、全国革命老区内生发展先行区、全国红色旅游发展样板区、长三角红色教育培训集聚区的定位，提升浙西南革命精神引领力，创建革命文物保护利用示范区，构建浙西南革命精神教育体系，提升红色村镇民生福祉，优化基础设施网络体系，加强红色文化区域合作交流。实施浙西南革命文物保护利用规划，挖掘整理红色资源，实施红色教育提升工程，建设中国共产党丽水县委旧址纪念馆、北乡革命纪念馆、南乡革命纪念馆等党性教育、爱国主义教育、党史教育、红色研学实践教育基地，将浙西南革命精神纳入学校教育。实施"红色基因代代传"工程，开展系列主题宣传宣讲和文艺创作。推进红色资源创造性转化，建设红色村镇，创新情景化展现方式，开发沉浸式体验产品，推出红色旅游精品线路，扩大红色资源的富民增收效应，推动红色文化传承、"红绿"融合发展。

【实施提升文化产业跃升工程】 培育壮大文化产业市场主体。实施文化企业梯度培育计划，加快培育"单项冠军""隐形冠军"企业，扶持一批"专、精、特、新"的小微文化企业，到2025年，实现文化产业规上企业数量和文化产业增加值占GDP比重"双倍增"。引进国际和国内知名文化品牌，招引文产企业投资兴业。精心铸造地域文化品牌。实现莲都区传统文化和红色文化元素与旅游深度融合。促进莲都区文化产品向文旅产品转化。立足"印象莲都"演艺品牌，谋划"古堰画乡印象"演艺龙头，梯度推进区域演艺产业，全域化推动"乡村春晚"走向"村村春晚"；立足"文旅活动"品牌，推进古堰画乡小镇艺术节、"寻梦田园"乡村旅游季、"三月三"畲族歌会三大活动，通过加大与中央、省市主流媒体的合作，挖掘文化资源，实现文化和旅游的有机融合，提升莲都知名度，铸造"画乡莲都"文化IP。以摄影名城建设为引擎，推动新兴文化业态发展。建设摄影产业及创作基地，构建全域摄影空间，扶持摄影教育培训产业，推进摄影与文化和旅游融合，营造摄影名城文化氛围，形成以摄影产业为驱动核、以科技创新为引领、具有莲都特色的新兴文化产业集群。

区委办工作

【概　况】 2021年，区委办公室坚持以"五大工作制度"为载体，对标"大抓落实年"各项任务，推进了区委各项工作开展，为莲都区勇当共同富裕丽水领头雁和山区县排头兵作出贡献。

【政研工作】 文稿质量逐年提高。扛起以文辅政的首位责任，2021年完成各类文稿260余篇；协助省委政研室调研组做好对莲都山区村共同富裕的调研，受到调研组肯定；确定区级领导重点课题调研大课题15个、子课题21个，带动全区调研氛围，其中《关于丽水市莲都区下南山村乡村振兴典型案例的调研报告》获推荐参加全省党政系统优秀调研成果评选。

【信息工作】 信息服务水平不断提升。挖掘"莲都经验"，讲好"莲都故事"，在全省"重要窗口"建设中展示莲都形象，2021年在《浙江信息》刊发"每日简报"13篇、"工作交流"1篇。

【宣传报道】 宣传报道效果良好。聚焦建党百年、党史学习教育、共同富裕等主题，唱响主旋律、传播正能量，全年在人民网、新华网、中新网等省级以上网站发表稿件共35余篇（条），在《浙江日报》上刊发稿件10篇（条），在《丽水日报》上刊发稿件312余篇（头版头条10篇），发挥新闻宣传工作对内凝聚力量、对外塑造形象的作用。

【督查工作】 突出机制创新，以双招双引、重大项目、民生事业等十大领域"大督查"为抓手，发挥督查考评"助推器""指挥棒"作用。一方面，督查工作精准有力，重点抓实"七张问题清单"整改工作，出台《莲都区"七张问题清单"运行总机制（试行）》，其中由区委办牵头的事项综合评价指数全市排名第一；建立清单式全闭环链条管理机制，2021年下发督查通知3期、《督查通报》28期、《督查专报》5期、《督查反馈》11期；办理市区两级建议147件、提案166件，区政协大会发言16件，即席发言13件；"三服务"小管家系统收集交办问题239个，办结239个，办结率为100%。另一方面，考评工作精准有效，强化结果运用，深化考评体系，助力疫情防控与经济社会发展"两不误、两获胜"。以共同富裕、高质量发展为主线，突出主要经济指标，以重点指标考核拉动年度考核，倒逼全区干部拼搏实干强担当、争先进位促发展。同时在设计考核奖励上，紧跟市对区考核导向，体现"奖优罚懒、奖惩分明、拉开差距"原则，确保干多干少不一样。

【统筹协调】 发挥委办上传下达职能作用，加强资源力量整合，形成全区一条心、上下一盘棋的良好态势。围绕莲都区第十五次党代会相关工作，履行好综合协调、材料编辑、驻点联络、会务筹备等多项职责，协调、督促、推动问题整改落实，完成区委换届工作。1月13日，举办总投资超120亿元的丽水莲都 破冰启航"重大项目集中签约仪式，得到了市委书记胡海峰的肯定。

【文秘服务】 根据中央八项规定和"区减负三十五条"工作要求，统筹安排会议活动、文件印发等工作，强化公文的规范性、会议安排的合理性，截至12月底，全区重点精简的三类文件发文288件，发文量控制在年度指标内。筹备好各类会议，全年筹备召开各类会议115个，保障了区委工作顺利开展。

【机要保密】 完成紧急重要电报办理、涉密会议保障、安全保密、区委区政府总值班室、国家安全及安可替代等工作职责。截至12月底，传输办理电报1466份，没有发生"错办、误办、漏办"等质量事故；调试涉密高清视频会议111场次，保障涉密高清视频会议102场次；组织参加机要密码应急演练16次，完成金丽渠应急密码通信联合演练、全国应急密码通信测试等任务。

【档案法治】 加强档案执法监督检查，因地制宜制定档案执法检查方式，推进落实部门联合执法模式，释放执法检查信号，让部门真正动起来，促进全年监管事项全覆盖、执法有重点、指导有力量；高度重视党内规范性文件制定和备案审查工作，通过压实责任、规范流程、前置审核，提高党的规范性文件制定工作质量，8月中下旬在全区范围内开展2019年至2021年期间发布的规范性文件检查工作，检查文件近3000件，涉及规范性文件数28件。

【深化改革】 聚焦党委核心业务，迭代升级系统构架，构建了党政机关整体智治新格局，在全市党政机关整体智治系统考核中获第一名。打造特色应用场景，其中2个场景应用被列入省数字化改革"揭榜挂帅"项目,1个场景应用被列入省试点项目,3个项目均已上线运行,数量和完成率排名全市第一。

【干部队伍建设】 树立讲政治的鲜明导向,教育引导全体党员干部做"两个确立"忠诚拥护者、"两个维护"示范引领者,锻造忠诚干净担当的新时代挺进师。巩固"不忘初心、牢记使命"主题教育成果,通过全体干部会议、主题党日活动、理论学习中心组学习会等载体,专题学习习近平总书记系列重要讲话精神,坚持读原著、学原文、悟原理,引领干部学习"四本指定用书"、《习近平在浙江》,不断厚植干部政治素养。开展区委办包村联村工作,指派第一书记常驻丽南村帮扶,为丽南村村民解决实际困难;组织全体党员干部日常结对接官亭社区、长期帮扶丽新乡低收入农户,认领并完成微心愿任务34个;加大招才引智工作力度,全年共引进人才50人,硕士及以上人员认定1人,完成了双招双引工作任务。坚持严管和厚爱相结合,树立正确的选人用人导向,加强领导班子和干部队伍建设,全年推荐提任正科1名、副科2名;考察招录招聘年轻干部4人,平均年龄25周岁,实现干部队伍的年轻化、知识化、专业化。抓党风廉政建设和意识形态工作,运用教育平台等线上形式开展经常性的廉政文化宣传与警示教育,强化干部防腐拒变的定力和能力,开设"莲政廉说"微讲堂,组织各科室及全体干部开展廉政风险点排查,让廉政理念入脑更入心。

【重点工作】 重视区委巡察组反馈问题整改工作,明确责任,制定有针对性、可操作性整改措施105条,巡察反馈问题共29个,完成整改27个。优化"区乡村三级联动办实事"工作制度,谋划利民惠民实事,2021年度完成区民生实事32项、乡镇(街道)实事135件、村(社区)惠民实事735件,"区乡村三级联动办实事"做法获省委书记袁家军点名表扬。

组织工作

【基础阵地建设】 推进村级组织活动场所(党群服务中心)建设提升行动,安排村级组织活动场所建设提升项目72个,其中新建49个、改建23个,所有项目均已开工建设。

【党员干部现代远程教育】 做好莲都区党建工作新闻片、党员教育专题课件的拍摄制作和报道工作,做到了重要会议、重点工作、重大活动的全程记录。结合党史学习教育,整合资源,2021年制作各类视频课件百余部,取得了较好的社会反响。结合庆祝"百年华诞"中心,与区委宣传部共同制作微电影《寻找八哥》,于"七一"全网首映,7月1日单日全网点击量破百万人次,并获全市微电影大赛一等奖;与万象街道党工委合作拍摄制作的沈姐爱心厨房短视频《有间厨房》冲上微博"热搜";与融媒体中心共同谋划制作"莲都青年话党史"系列微党课71部,乡、村两级书记微党课20余部。《共产党员》栏目的"党的十九届六中全会在各地引起热议"发出了"莲都声音",实现了莲都区党建电视在该栏目零的突破。

【助推乡村振兴】 33个农村工作帮扶组完成帮扶任务,于2021年底正式完成派驻任务。为加大对莲都区后进村、集体经济相对薄弱村等"软弱落后"村的整转帮扶力度,落实"七个一"帮扶举措,于2022年1月重新选派了新一批有关区直单位组成的乡村振兴帮扶驻村工作组(至少3人),由1名科级干部带队,2名以上干部参加(其中1人为第一书记),确定工作组31个,涉及区直单位54个。

(舒怡然)

【党内先进评比】 2021年6月,莲都区委开展莲都区先进基层党组织、优秀共产党员和优秀党务工作者评比活动,授予莲都区委宣传部机关党支部等50个基层党组织"莲都区先进基层党组织"称号,授予陈毅等100名同志"莲都区优秀共产党员"称号,授予齐文伟等50名同志"莲都区优秀党务工作者"称号。

【党代表联络】 2021年,莲都区有省党代表2人、市党代表32人、区党代表279人、乡镇党代表

574人。实行“履职平台再延伸、工作机制再融合、工作形式再创新”的方法，因地制宜建立多个特色党代表工作室。全区各级党代表通过“党代表接待日”“周末有约”“代表巡河”等方式，在基层一线倾听群众意见、了解困难、解决问题。2021年组织232名市、区、乡镇三级党代表开展集中调研视察26次，内容涉及“城中村改造”“土地非粮化整治”“大搬快治”“民宿建设”“主题村落建设”“小城镇综合治理”等群众关心的热点难点问题，向党委政府提交意见建议60余条；开展党内民主恳谈会17次，参与党员群众216人次；接待党员群众780名，听取意见建议269条，交办165件；走访群众189人次，听取意见建议142条，交办134件；开展组团惠民60余次，为党员群众解决实际困难143件。

【发展党员和党员管理】 2021年，莲都区发展党员315名，其中女党员156名，占发展党员总数的49.52%；少数民族党员21名。25岁及以下43名，占13.65%；26岁至30岁93名，占29.52%；31岁至35岁87名，占27.62%；36岁至40岁39名，占12.38%；41岁至45岁29名，占9.21%；46岁至60岁24名，占7.62%；61岁及以上0名。大专及以上学历的党员241名，占76.51%。在岗职工发展党员数为176名，比重为55.87%，其中公有制单位职工120名，非公企业50名，社会组织6名。农牧渔民发展党员数132名，比重41.90%，其他7名（包括社区工作者、个体劳动者、自由职业人员等）。

【党内统计】 截至2021年底，莲都区有基层党组织1086个，其中党委73个、总支部109个、支部904个。行政村党委6个、总支部95个、支部338个；城镇社区党委31个、支部117个；机关党委19个、总支部7个、支部190个；事业单位党委3个、总支部6个、支部120个；国有企业党委3个、支部12个；“两新”组织党委2个、总支1个、支部114个；其他党组织22个。党员22148人，其中预备党员378名，少数民族党员1178名，妇女党员7005名，农村党员11243名。

（季扬杰）

【村干部队伍】 2021年，莲都区有村党组织委员867人，其中女性155人，占17.88%；35周岁及以下164人，占18.92%；大专及以上学历323名，占37.25%；有创办企业经历的96人，占11.07%；有外出务工经商经历的299人，占34.49%；农业大户、专业户、专业合作社骨干119人，占13.73%。村党组织书记208人，60岁及以上3人，占1.44%；35岁及以下25人，占12.02%；大专及以上学历122人，占58.65%；初中及以下学历38人，占18.27%；女性19人，占9.13%。

村委会成员792人，其中女性265人，占33.46%；35周岁及以下166人，占20.96%；大专及以上学历273人，占34.47%。村委会主任208人，党员207人，占99.52%；61岁及以上3人，占1.44%；35岁及以下24人，占11.54%；大专及以上学历121人，占58.17%；初中及以下学历39人，占18.75%；女性18人，占8.65%。

【党代表选举】 2021年，莲都区选出市党代表32人、区党代表279人、乡镇党代表546人（省党代表2人），选出的代表均具有较强的先进性和广泛的代表性，各项指标比例均符合要求。

【村两委干部基本报酬发放情况】 2021年度全区村两委主职干部中“一肩挑”人员的基本报酬发放的基数分别为78949元、86843.9元、94738.8元；主职干部中非“一肩挑”人员（包含分设的村党组织书记、村民委员会主任，主持村党组织工作的副书记、委员，主持村民委员会工作的副书记、委员）基本报酬发放的基数分别为60730元、66803、72876元。村“两委”干部中副职人员基本报酬发放基数分别为54657元、60122.7元、65588.4元。2021年度全区其他村两委委员基本报酬的发放基数为2000元/年·人。2021年区财政支出预拨经费3096.63万元。

【离任村干部补助发放情况】 2021年度离任村主职干部补助标准根据上级要求较上年增加

1000元/人，具体补助标准分别为3119元、3514元、3910元、4316元和4711元，2021年享受补助的离任村主要干部有791人，财政支出经费268.12万元。

【村集体经济】 2021年，全区208个村村均集体经济总收入67.31万元、村均经营性收入30.29万元。其中，经营性收入达到50万以上的村19个，村级集体经济总收入20万元以上、经营性收入10万元以上的村有190个。

（王健）

【“两新”组织党建】 2021年，莲都“两新”党建工作从“组织基础、制度执行、试点工作、品牌打造”四个方面切入，推进“两新”党建跃迁升级、整体建强。参与四个百佳评选活动，《宾迪实业丁志忠：平凡车间里的“厂红”》等10个事迹入选全市百佳“两新”党建好故事；中共艾莱依时尚股份有限公司支部委员会等8个“两新”党组织入围丽水市百佳“两新”党组织；8人入选丽水市百佳“两新”党组织书记；8人入选丽水市百佳“两新”党员。推出“111”工程，创建丽水工业园区为示范园区、打造府前红色菜场、提升示范支部10个。建成全省首个新生代企业家“双传承”应用，打造了“数字赋能双传承”品牌。打造“红色物业”品牌，在全市率先推出“红色议事联盟”机制，破解基层治理难题，提升居民群众的生活品质。新兴领域“两新”党建工作成效显现，建设绿谷先锋驿站60个，成立“红色轻骑哨”队伍5支，全区新业态新就业群体党建工作多次被中组部《组工信息》《非公有制企业党建》、新华网、中国网等刊发。截至2021年底，全区有非公有制经济控制的企业法人单位752家，从业人员31571名，党员560名。建有基层党组织87个，其中单独建立支部的74个，建立联合党支部的13个。全区有社会组织210家，从业人员3377名，党员341名，建有基层党组织的20个，其中单独建立支部的9个，建立总支部的1个，建立党委的2个，建立联合党支部的8个。

（林雄辉）

【领导班子和干部队伍建设】 2021年，区委常委会讨论研究干部任免12批307人次，提拔任用和进一步使用103人次（正科16人次，副科54人次，进一步使用33人次，其中优秀年轻干部36人次），轮岗交流121人次，免职45人次，其他38人次。把好政治关，结合乡镇换届考察，通过领导干部撰写个人政治素质自查自评报告、党委（党组）评价鉴定意见、政治素质测评三种形式有机结合，完善全区529名领导干部素质档案。对新提任和进一步使用干部进行任前政治素质考试，2021年新提任和进一步使用103名干部均通过考试。将干部担当作为情况作为识别评价干部的重要内容，在“双招双引”、疫情防控等区委区政府中心工作一线跟踪考察识别干部，落实一线走访、部机关全员联系等制度，考准考实领导班子和干部在关键时刻的表现情况。2021年，共提任或进一步使用31名在中心工作中表现优秀的干部。综合领导干部工作责任制考评结果，实行量化打分，常态化开展公务员职务与职级并行制度，2021年职级晋升103人次。2021年，因身体健康、家庭等原因，有38名不适宜担任现职领导干部被调整岗位。依托乡镇换届考察，建立143名优秀年轻中青年干部数据库，其中“90后”干部19名，实行动态更新、优进拙出。搭建培养成长平台，探索年轻干部项目跟踪学习机制，实行“1+N”学制，选派学员到重点项目一线跟踪学习实践锻炼，提高年轻干部分析问题、解决问题的能力。做好选调生培养管理，制定《选调生培养管理九条意见（试行）》，安排完成“7+3”固定+个性任务，建立融“3+2”导师帮带制、谈心谈话制等多项成长关爱举措为一体的暖心培育机制，压实各类责任主体，培养选调生综合能力。把选拔优秀年轻干部作为战略工程，拓宽来源渠道，既重视用好乡镇（街道）优秀年轻干部，又注重选拔企事业单位、区直部门有发展潜力的年轻干部。加大干部交流力度，形成“年轻干部到一线去，优秀干部从一线来”的机制。2021年，提任副科级领导干部54名，其中35岁以下36名，副股及以下干部6名，区直部门提任到乡镇(街道)30名，乡镇(街道)提任18名。全区35岁左右及以下的区管领导年轻干部占比由8.75%提高到15.02%。把握各乡镇领导班子和干部底数，梳理形成各乡镇“三账五单”。推行乡镇班子职数差异化设置，统筹乡镇班子职数8个，配强碧湖等中心镇和主战场，做到职数向重点乡镇倾斜、优秀干部向重点乡镇重点配备。换届后，乡镇干部年轻化凸显，平均年龄38.08岁，较换届前下降3.65岁，乡镇35岁以下年轻干部比例由换届前的12.50%提高到37.93%；新配备39名熟悉基层党建、农业农村、规划建设、依法治理、数字化等工作的专业干部。全日制本科学历的乡镇领导班子人数由换届前的30人增加到52人，占比44.83%，乡镇领导班子成员中具有2年以上乡镇工作经历达到三分之二以上。9个乡镇均完成党代会和人代会换届选举工作，新一届乡镇班子中，80名党委委员全票当选，占比96.39%，58名人大、政府班子成员全票当选，占比96.66%。研究出台《提高新进乡镇领导班子履职能力的十条意见(试行)》，精准“靶向”赋能，全方位、多维度提高新进乡镇领导班子履职能力和干事创业活力。

（卓柳军）

【干部教育】 2021年，制定《2021年度干部教育培训主体班次办班计划》和《2021年度区直单位举办干部专业化素质提升培训班计划》，确定主体班次和部门班次共105个，其中主体班次46个，培训规模达14000余人次，分级分类举办科级领导干部、中青年干部、基层党组织书记等主体班，举办“双招双引”、乡村振兴、优化营商环境、文广旅体融合等务实管用的专题研讨班。制定出台《莲都区干部教育培训现场教学基地管理办法(试行)》，开展现场教学基地评比，开发了《千年古堰文旅画乡——莲都区“文旅融合”发展的实践探索》《坚持红色引领 实现绿色发展——生态产品价值实现机制的“鱼跃实践”》等精品课程，成为莲都“两山”理念研究、宣传介绍的重要窗口，吸引了来自全国各地培训班、考察团共16期642人次。组织全体科级领导干部开展贯彻党的十九届六中全会精神集中轮训，部署各单位组织科级以下干部轮训。落实区管领导干部在线学习要求，采取“月提醒”“季通报”等办法，做好区管领导干部网上学习督学促学和管理服务工作。创新融合式办班新模式，安排中青年干部培训班学员到义乌对口部门开展为期两周的“一对一”跟岗学习，组织秋季科级班赴义乌、深圳考察学习，注重学习发达地区的经济模式和发展经验。与义乌市委组织部签订《义乌—莲都干部教育培训合作协议》，明确合作内容，搭建起了组织部门干部教育培训“山海协作”新框架。加强“一带三区”县域之间交流，与青田联合举办检察司法政治轮训班，赴缙云、遂昌开展现场教学。在培训形式上注重创新，春季科级领导干部进修班学员分组入企、入村蹲点调研，深入了解社情民意、聚焦问题难点、破解发展难题。开展互动式教学，2021年秋季班互动式教学占比达31.51%。秋季年轻干部班探索实行“1+N”学制，选派学员到重点项目一线，利用5个月时间跟踪项目学习实践锻炼，提高年轻干部分析问题、解决问题的能力。

（王抒）

【干部监督管理】 2021年，完成省委巡视选人用人专项检查反馈问题和中央巡视反馈问题中莲都区“十方面”重点问题清单整改落实工作，实现问题清单“清零”的要求。结合区委巡察，对区委办、区府办、区人大办等10家单位开展选人用人和因私出国(境)专项检查，核查发现39项问题并督促被巡察单位整改。牵头开展换届纪律要求“十严禁”等宣传，印发“十严禁”换届纪律提醒卡2.5万余张、宣传海报300多份、漫画宣传册180多册；组织全区乡镇(街道)和区直单位观看换届纪律警示片《警钟长鸣》，做到“三必看”、全覆盖。开展换届风气专项巡回督查，对14个乡镇(街道)、62个区直部门开展了6轮全覆盖督查指导。建立健全信访举报信息综合分析研判机制，实行涉组涉干问题线索分析研判，制定《涉组涉干易发多发问题清单》，分类列出十六项59条共性问题清单及69种主要表现形式，并提出整改预防建议。建立违反换届纪律问题联查联办快查快结工作机制，联合区纪委区监委加大对违反换届纪律信访举报的查核处理力度，做到快速反应、及时受理、优先办理。建立“四色预警”机制，区分“超前、正常、滞后、严重滞后”四种情形，做好预警提醒，确保换届、发展“两不误、两促进”。落实提醒、函询、诫勉制度，全年提醒175人次，函询5人次。落实干部调整预审机制，修订印发《丽水市莲都区股级干部选拔任用工作实施办法》，优化股级干部选拔任用工作操作流程，明确十种应当在事前向区委组织部报告的特殊情形。共对10名区直单位新任组织人事科室主要负责人进行考察审核。落实数字化改革工作，梳理股级干部选拔任用、因私出国(境)管理等科室核心业务，完成干部大监督系统建设。贯彻落实“两个担当”良性互动机制，加大干部澄清正名工作力度，联合区纪委区监委对3名受到不实信访举报的干部进行澄清正名。

(王伟秋)

【干部人事档案】 2021年，区委组织部做好干部人事档案专项审核“回头看”和全覆盖工作。分年龄层次集中对科级领导干部、优秀年轻干部档案开展“再回头”专项审核600余卷，事业、国企人员档案“全覆盖”专项审核1020余卷，核定和重新核定档案信息180余人，共督促补充档案缺失材料2200余份，完成公务员，事业、国企中层干部档案专项审核工作。利用届末考察、干部提任考察等，针对被列入可提任、优秀年轻干部考察范围的干部，实行所在单位和考察组联合审核的方式，对被考察人员的“三龄两历”的准确性、真实性和档案材料的完整性进行再审核。将干部人事档案纳入区委巡察内容，共抽查8个单位的干部人事档案质量和专项审核完成情况，反馈问题5个，并跟踪督促整改。推进干部人事档案数字化工作，完成公务员档案数字化965卷。履行干部人事档案管理的各项职责，重视干部人事档案工作的日常管理，做好材料分类、整理、目录打印、装订、查(借)阅工作，执行查(借)阅、收集、转递、保管保密、查阅档案审批等制度，整理归档年度考核、工资、学历、奖惩、挂职等材料6800余份，完成60余卷档案目录的打印装订工作。审核整理调入和新录用公务员档案67卷，转出干部人事档案43卷，整理退休、死亡干部档案93卷。做好干部档案查借阅工作，全年接待日常查档和干部任前查档等550余人次，980余卷次。

(蔡君妙)

【公务员管理】 2021年莲都区面向社会公开考录公务员46名，其中区直部门34名、乡镇机关12名(含专职人民武装干部1名)；面向全国“双一流”和省内12所重点建设本科院校择优选调应届毕业生11名。开展公务员选调1次，设置岗位25个，选调16人。2021年安置军转非领导公务员1人。完成2020年度录用试用期满的24名公务员考核和任职定级工作。完成公务员登记43人。完成2021年度非领导公务员年度考核1045人。开展非领导公务员职级晋升2次，晋升96人次。区农业行政执法队夏秀娇同志被评为全省“最美公务员”，表彰2018—2020年度因年度考核优秀的公务员，2018年度共273人，其中，记三等功19人，嘉奖254人；2019年度共303人，其中，记三等功24人，嘉奖279人；2020年度共363人，其中，记二等功21人，嘉奖342人。公务员中受到党纪、政纪处分14人。完成2021年新录用公务员培训46人。做好公务员日常调动调配工作，全年调配非领导公务员10批次33人。办理公务员退休45人，完成公务员提前退休审批2人，办理新录用公务员取消录用1人。

(汤燕)

【人才工作】 出台人才科技新政，聚焦高层次人才、基础应用人才、青年人才三类人才的招引。新引进国家QR特聘专家1名，是近五年莲都区引进的唯一一位QR计划专家，其领衔的“康纳自闭症早期诊疗系统”入选市“绿谷精英·创新引领行动计划”A类项目。全年新引进外国专家8人次；入选市“绿谷精英”人才项目11个；推荐3人申报了省“万人计划”；3人被评为“浙江工匠”；围绕一、二、三产主导产业签约首席专家10名，助推产业转型升级和经济社会发展。组团赴武汉、西安和兰州等地开展人才招聘活动，新引进大学生5591人，是2020年的2.4倍，其中硕博人才246人，数量超过历年总和。推荐5位博士到乡镇和企业挂职，破解基层人才瓶颈，解决企业技术难题。举办第三届莲都区人才科技峰会，两院院士、高层次人才和企业家代表等200余人参会，分享思想、贡献智慧。打造院士之家，全年新签约进家院士13名；与深圳天安云谷达成购置人才科创飞地的初步意愿；投入4605万元在丽水工业园区高溪工业小镇购置面积2万多平方米的厂房，用于建设特色产业工程师协同创新中心，与武汉大学和浙江工业大学等知名高校建立战略合作关系；人才创新创业服务综合体竣工开园，丽水蚂蚁链产业创新中心正式落地，实现了“从0到1”的突破；签约工信部人才交流中心，谋划共建丽水（莲都）浙西南产业人才创新中心和浙西南数字经济产业人才培训学院；由袁隆平院士亲笔题字的国家水稻分子育种中心丽水示范基地建成投用，国家科技一等奖成果“节水抗旱稻”在莲都转化落地。宣传优秀典型人才，在市级以上媒体发表人才相关报道14篇，其中国家级媒体1篇，省级媒体8篇。拍摄“人才在浙丽”系列宣传视频10个，其中“田秀才”厉定伟的视频在之江先锋视频号上进行了宣传。新认定省科技型中小企业27家、新增国家高新技术企业15家；新增省级企业研究院1家（恒大电气研究院）、省级高新技术企业研究开发中心1家（浙江瑞新药业医药产品研究发展高新技术企业研发中心）。

（潘俊宇）

宣传工作

【概　况】 2021年，莲都区宣传思想文化工作战线贯彻《中国共产党宣传工作条例》，围绕“高水平建设和高质量发展重要窗口”，贯彻新发展理念，坚持“发展莲都、服务市区”基本定位，构建整体智治的“大宣传”格局，聚焦中国共产党成立100周年和开启“十四五”、奋进新征程主题主线，以浙西南革命精神为“莲都作为”，落实“丽水之干”铸魂赋能立根，守正创新，稳中求进，为在高质量发展前提下实现必要适度的高速度增长提供强大的思想力量、精神支撑、文化氛围和舆论环境。

【党史学习教育】 2021年，区委宣传部成立党史学习教育领导小组，下设办公室统筹协调，10个巡回指导组开展督导。组织“千场党课下基层”、“8090 ”新时代理论宣讲、“邮说党史”、“六个一”主题教育等系列活动。开展全民“打卡”莲都红色地标、红歌大赛、百年党报展、党史图文展、廉政书画展等文化文艺活动。以“区乡村三级联动办实事”等“五大工作制度”体系建设为总牵引，深化“为民办实事”长效机制，打造“三服务”2.0版，涌现出“沈姐爱心共享厨房”“96345”党员志愿服务等系列典型案例。以“邮票”为载体，组织开展“邮说党史”——献礼中国共产党百年华诞系列活动，获《人民日报》、新华社、《光明日报》、“学习强国”等30余家主流媒体关注，各类网站阅读总量破两百万人次。党史学习教育中央第五指导组组长孙永春高度评价丽水市鱼跃1919文化产业园“邮说党建”特色展厅。

【宣传引导】 2021年，围绕党史学习教育、庆祝中国共产党成立100周年、区十五次党代会等做好重大主题宣传，结合莲都的产业发展、民生福祉、城乡建设等多方面展开报道。全民打卡莲都红色地标融媒行动通过线上+线下的方式，以手绘莲都红色地图、H5线上互动、现场快闪等多种形式结合，形成了8万人次、4000余份高质量照片及短视频参与的红色热潮，全网关注量突破300万人次；区“两会”开设“代表、委员、局长通道”，受到市长点赞；区党代会推出“思维导图”“3分50秒现场原声”，现场原声单条阅读量突破10万人次。确定“莲连看”App首发定位，“热点头条”全天滚动发布权威、及时、鲜活的区域新闻;“即时报”第一时间播发莲都热点动态;“莲都号”汇聚乡镇街道部门新闻,84家单位在App上开号建栏,发出莲都好声音;“莲连看直播”探索新媒体直播品牌化路子,强化网民参与互动感。加强“莲响”通讯员队伍建设,聘请一线资深记者授课、结对,提高通讯员素质。区融媒体中心获2021年度“学习强国”年度优秀供稿单位称号。

【文化事业】 2021年新建30家农村文化礼堂。对全区136家已建成的文化礼堂进行数字化改造,集成联网新时代文明实践指挥中心,打造“智慧文化礼堂”。推行使用省政务地理信息资源采集系统共享平台,建立健全全区范围内所有验收合格的农村文化礼堂数据信息,收集服务活动项目菜单。2021年,莲都区获评省级农村文化礼堂建设工作示范区(县),为丽水市唯一。区文化馆被评定为国家一级馆,区图书馆被浙江省文化和旅游厅评为第一批“满意图书馆”(丽水仅3个),“爱心书屋”入选丽水乡村公共文化服务供给侧创新十大案例。组织举办“古堰画乡杯”瓯江行摄影大赛、中国共产党成立100周年红歌大赛、“百年红船向未来”——献礼中国共产党成立100周年朗诵会、“传承经典 初心永驻”大型情景朗诵会、庆祝“建党百年”莲都区廉政书画展等活动,中国共产党成立100周年主题微电影《寻找八哥》入选全省庆祝建党百年十佳微电影,获全市第八届微电影大赛第一名。挖掘莲都地域特色文化资源,组织编纂文史书籍《刑部尚书薛希琏》。开展“瓯江行”摄影大展及采风创作活动,举办“萤火杯”自然摄影·短视频创作大赛、“岁月留痕”老照片展等系列重要展演展赛,推进莲都省级摄影创作基地建设。创作“斗春晚”节目《田埂情》参加2021年全国乡村春晚“百县万村”区域联动“我要上村晚”启动仪式节目录制。建立莲都区第一个乡镇文联——丽新畲族乡文联。

【精神文明建设】 2021年推进公民思想道德建设,全年上榜市级好人5人,入选浙江好人3人,陈金英和叶美英分别入选中国好人榜;做好丽水市第七届道德模范和省、国家级模范推荐工作,陈金英、叶美英入选丽水道德模范,章友标获丽水市道德模范提名奖,陈金英获浙江省道德模范和全国道德模范提名奖;组织开展先进典型学习宣传活动、公民道德日主题宣传活动、鲜花送模范行动等。持续开展小荷“逢九”志愿服务活动,组织“文明劝导、文明排队”“文明交通”等系列志愿服务活动200余场,参与志愿者10万余人次。推进志愿者礼遇建设,开展“你的微心愿,我们来点亮”弱势儿童关爱活动、“学习雷锋好榜样”云拉歌、志愿者关爱行动等。“小荷说新语”理论宣讲志愿服务项目获全省志愿服务项目大赛铜奖,“陪伴者计划”“文明小屋”志愿服务项目分获丽水市志愿服务项目大赛金奖、铜奖。小荷爷爷奶奶志愿服务队获评浙江省最佳志愿服务组织。在全区29个社区部署开展邻居节系列活动,举办“永远跟党走 奋进新时代”社区红歌大赛。组织开展全区环境卫生、秩序系列整治、提升行动,落实“日查日交日清周通报”制度,开展社区、小区、城中村等点位巡察,全年开展专项攻坚整治行动30余场,整改完成率95.3%。实施社区(城中村)、背街小巷基础设施改造维护、外墙脱落维护、楼道粉刷、消防设施修补,停车泊位划线等建设类民生项目20余项,对东苑小区等6个小区、梅山中学等两所校园进行改造提升,打造美丽、文明示范建设样本;对市区建筑物外立面、楼道内墙面脱落情况进行排查、整治及修复。推出“亮亮你的后厨”系列融媒体监督专栏,优化“背街小巷管理”“餐厨垃圾管理”两大应用场景,依托莲都区新时代文明实践云平台,独立开发“文明云监管”模块。

统战工作

【概　况】 莲都区现有民革、民盟、民建、民进、农工党、九三学社6个民主党派区委会,下属243个支部(支社),成员463人。华侨华人5.9万余人,归侨侨眷3万余人,外出创业人员7.5万人,区工商联(总商会)基层商会8个,异地分会16个,异地商会2

个。2021年，在市对区考核中，区委统战部获得全市第二名，并获“全省统战系统先进集体”称号。

【凝聚思想共识】 2021年，举办“同心跟党走，迈向新征程”莲都区统战系统庆祝中国共产党成立100周年文艺晚会，晚会直播点击量超过25.6万人次。举办第五届统战系统运动会。组织开展党外代表人士、少数民族干部、华侨等多个培训班次以及五期同心大讲堂等各类培训活动。连续第六年开展统战团体人士到党政机关挂职锻炼工作，选派了13名统战团体代表。开设“听音频，学条例”栏目，扩大《中国共产党统一战线工作条例》宣传面。指导各统战团体开展“读党史，念党恩”“侨心向党，同心筑梦”“百年礼赞，同心向党”“山海一家，红色共富”等10多场系列主题活动，营造好统战成员共庆百年华诞的浓厚氛围。

【服务中心大局】 2021年，牵头举办4场“亲清直通车·政企恳谈会”，解决了一批困扰企业的实际问题。参与制定一系列服务民营经济发展的政策，优化营商环境。关注海内外侨务资源，组织多场华侨“双招双引”专场座谈会，对接服务好华侨投资的尊蓝悦居民宿度假村、意境画乡文化艺术中心等项目。完成东西部协作工作任务，组织社会各界向叙永县捐款捐物150万元，促成莲都5家民营企业与叙永5个村建立结对关系，完成就业帮扶任务。农工党莲都区委会被农工党中央评为农工党脱贫攻坚工作先进集体，被农工党浙江省委会评为社会服务工作先进县（市、区）组织，民盟莲都区委会被民盟省委会评为脱贫攻坚先进集体。

【巩固和完善新型政党制度】 2021年，区委统战部出台《莲都区关于加强中国特色社会主义参政党建设的实施方案》《莲都区民主党派代表人士队伍建设规划（2021—2030年）实施方案》。支持各民主党派开展各具特色的社会服务活动和专项民主监督工作。协助民建区委会、民进区委会、九三学社区委会完成换届工作。完成政协第十六届区委会委员人选推荐、联审、考察等工作，形成221名新一届政协委员名单。协助区委召开政党协商、情况通报会等会议，各民主党派、工商联负责人和无党派代表人士开展调研、建言献策，为区委区政府决策提供参考。

【非公领域统战工作】 做好知名浙商助力丽水跨越式发展大会莲都分会场活动对接服务工作。配合召开“双招双引”专场推介暨温州市新生代企业家到莲都考察交流座谈会，组织开展“新生代义商走进莲都”暨新生代企业家研学分享交流活动。完成区总商会4个异地分会换届，并牵头举办“双招双引”专场推介会。

【海外联络联谊工作】 实施“侨缘侨心”系列爱心品牌活动。开展“侨缘侨心 暖侨行动”“侨爱夕阳行”“侨爱童心”等活动，为困难归侨侨眷、高龄侨眷和留守儿童送上关爱。区侨联“侨胞之家”被评为2018—2020年度全国侨联系统“优秀侨胞之家”。开展银侨合作，与莲都农商银行签订深化战略合作协议，为区侨联整体争取授信人民币30亿元。在碧湖镇揭牌运行全市首个“侨爱超市”，建立华侨奉献爱心的新平台。履行为侨服务职能，办理“三侨生”身份认定等审批事项514件。

机关党建工作

【清廉机关建设】 2021年，市直机关党建工作领导小组组织开展了全市“建设清廉机关、创建模范机关”工作先进集体评选活动。丽水市公安局莲都分局、莲都区审计局、莲都区白云街道社区卫生服务中心等3家单位经组织推荐、征求意见等程序，被评选为全市“建设清廉机关、创建模范机关”工作先进集体。

【区直机关党代表选举】 12月12日，中国共产党丽水市莲都区委直属机关工作委员会召开党员代表会议，以无记名投票的方式，选举产生了129名区委直属机关工委出席中国共产党丽水市莲都区第十五次代表大会代表。在129名当选代表中，有各级领导干部85名，占65.9%；生产和一线工作者44名，占34.1%。专业技术人员18名，占13.95%；工人9名，占6.97%。女党员54名，占41.9%；少数民族党员12名，占9.3%；45岁以下的党员69名，占53.5%。代表名单如下：

王　一　王　石　王　宁
王　迅　王东华　王伟平
王刘毅　王晓霞　王韵俊
尤贤福　仇建习　卢　剑
叶　芳　叶伟春　叶向荣
叶庆武　叶玲娣　叶莉芳
冯　远　兰丽琴　吕君勇
吕春耀　刘　华　刘佩娟
刘益民　刘海勇　刘鹤林
江慧霞　汤杨伟　孙　苗
纪梦蝶　杜佳梁　李　芬
李　艳　李小富　李军舫
李莉莎　李桂元　李琪琪
杨圣爱　杨建贞　吴　峰
吴　铭　吴玉贞　吴丽云
吴园园　吴林昊　吴耿王
吴理信　吴蔚国　吴镜晶
何祥权　邹珊炜　沈建祖
张莲芬　张益军　陆朝霞
陈　军　陈　玮　陈　波
陈　虹　陈一娟　陈久远
陈伟贤　陈华君　陈红敏
陈岳波　陈真伟　陈海波
陈雯雯　陈鲁军　陈霞云
林　军　林伟群　林杨勇
林国友　周　垚　周　莹
周慧霞　郑超敏　赵　娜
赵剑彬　胡江波　柳松玲
柳晓云　钟勇军　钟海峰
钟震东　钭羽冲　饶亚丽
夏双凤　倪仕枢　徐伟乐
徐建波　徐屈霞　徐根发
徐惠仁　留红伟　郭晓波
陶旭峰　黄乐群　章旭宇
章军伟　梁永光　梁丽波
梁玮珺　蒋　嫣　程海燕
傅江珊　傅佩珍　舒丽红
曾群英　蓝　青　蓝小华
蓝伟军　蓝海霞　蓝朝军
蓝群芳　楼董杰　赖志平
雷　萍　雷霏霏　阙美连
管青林　廖翊慧　颜冰峰
潘瑞冰　魏　俊　魏佳莹

【人大代表选举】 12月，中国共产党丽水市莲都区委直属机关工作委员会以系统为单位，划分8个选举单位15个选区，以召开选民大会或设定规定投票站的形式进行投票选举，选举产生了23名区直机关区第十七届人大代表。代表名单如下：魏俊、刘华、陈海华、陈芳红、雷学忠、李豪、宋武龙、徐屈霞、叶向荣、张琳、林巧红、李建林、应林翠、周国强、徐建华、陈朝魁、陈旭东、季永灵、李伟杰、王柯凯、吴彬雄、毛伟英、刘斯华。

【调整机关基层党组织设置】 2021年，对机关党的基层组织设置进行调整，区科技局机关党支部升格为党总支，区市场监督管理局机关党支部升格为机关党委，成立区互联网行业党委、金服物业服务集团有限公司党支部和区城乡风貌整治提升(未来社区建设)专班临时党支部。明确区互联网行业党委隶属区委直属机关工委，接受市互联网行业党委、区委“两新”工委指导，由区委宣传部、区委网信办具体管理。金服物业服务集团有限公司党支部隶属区建设局党总支，接受区委“两新”工委指导，同时接受区物业服务行业党委指导。

【机关党建研究】 围绕机关党建发展历程历史经验和特点规律研究，提高政治判断力、政治领悟力、政治执行力研究，提升机关党员干部现代化建设能力研究，以高质量机关党建引领保障高质量发展研究，以数字化改革赋能机关党建研究五个课题，组织50余家单位完成研究课题文章55篇，选出10篇优秀调研文章，上报市直机关工委参评。《依托责任清单提升组织力 为新时代党的基层组织建设赋能增效》《当前形势下完善机关党建质量评估体系构建探究》2篇调研文章获得市级三等奖，《中国共产党纪律建设的光辉历史与宝贵经验》获得优秀奖。

(叶伟芳)

机构编制工作

【概　况】 中共莲都区委机构编制委员会办公室(以下简称区委编办)是区委机构编制委员会的办事机构，为区委工作机关，归口组织部管理。2021年，区委编办坚持围绕中心、服务大局，不断巩固拓展党史学习教育成果，增强做好新时代机构编制工作的政治责任和历史担当，做好各项机构编制工作，为推进莲都区高质量绿色发展提供体制机制保障。

【党史学习教育】 2021年，区委编办开展党史学习教育，把学习党史与机构编制史贯通起来，从学习中领悟解决问题的立场、思维和方法，把握机构编制工作的方向和重点。通过“党史学习教育”专题组织生活会、党史专题学习班、党史知识竞赛、主题演讲比赛、干部轮流诵读党史、学史心得体会交流分享等活动推进党史学习教育走深走实。

【群团机关“准三定”制定印发】 组织开展莲都区群团机关准“三定”制定工作，经单位上报、市县联动审核、会议审议等程序，2021年1月底完成区文联、区侨联、区社科联等8家群团机关“准三定”制定印发，优化群团机构设置和职责配置。

【重点领域体制机制改革】 完成扶贫工作机构和乡村振兴机构设置调整，巩固拓展脱贫攻坚成果、推进实施乡村振兴战略。完成文物管理机构设置，加强文物保护工作。完成丽水工业园区管理委员会更名和丽水工业园区管委会“三定”规定起草、审核工作，推进丽水工业园区管理体制机制改革。组建区委社会建设委员会，推进全区社会发展和社会改革工作。

【完善属地管理事项责任清单】 科学规范乡镇（街道）“属地管理”，助力“区乡一体、条抓块统”改革。完成莲都区乡镇（街道）67项属地管理事项责任清单“五个一”汇编，构建动态管理一清单、县乡协同一流程、边界划分一纪要、响应联动一机制、事项处置一案例的“五个一”工作体系，促进基层明责减负、赋能增效。

【“大综合一体化”行政执法改革】 按照省市“大综合一体化”行政执法改革部署，建立行政执法事项清单，精简整合执法队伍，推进乡镇（街道）综合行政执法工作，推进乡镇“一支队伍管执法”。形成职责更清晰、队伍更精简、协同更高效、机制更健全、行为更规范、监督更有效的“大综合一体化”行政执法新格局。

【事业单位规范化管理】 完成事业单位改革“回头看”，全年开展检查5轮次，督促区属事业单位正确履职；规范参照管理类事业单位管理，推动政事分开、管办分离，配合做好45家参公单位重新认定；落实“丽水市教育提质行动计划”，设立莲都区长岗背小学等5所新办小学、幼儿园（分园）；加强跨区域跨层级统筹调剂中小学教职工编制，争取全市统筹调剂编制100名，完成全区教职工编制情况测算，分批次使用68名调剂编制，破解教职工队伍编制缺口难题；设立莲都区邮政业安全中心，核定事业编制5名，提升市区邮政快递业管理水平；办理区不动产登记中心等26家单位机构、编制、职数调整事项。

【议事协调机构清理规范】 为加强和规范议事协调机构管理，促进议事协调机构的设置更加精简科学，运行更加规范高效，开展全区议事协调机构清理规范工作。通过调查摸底，提出议事协调机构的保留、撤销、合并等整改建议方案，形成保留、撤销、合并目录清单。

【监管事项认领和行政检查覆盖】 构建监管事项清单体系，推动监管事项目录清单落实落地。会同区司法局、区大数据发展中心，组织开展监管事项认领和梳理工作。采取点对点、进度亮晒等方式督促部门，实现监管事项认领率和行政检查覆盖率达100%。

【机构编制管理】 遵守“财政供养人员只减不增”工作要求，守住行政编制和事业编制“两个总量”不突破，保障重点、民生领域机构编制需求。落实空编使用核准制度，根据单位的编制数、实有人数、领导职数设置等情况，2021年审核审批编制使用计划345批次，进编登记806人次，出编登记679人次，审核审批股级干部职数433人次、备案28人次，审批编外用工控制数293名。

【机构编制监督检查】 组织开展违规问题整改和实名制管理专项督查，运用好区委巡察、选人用人检查，经济责任审计三大平台，完善机构编制政策执行与区内巡察、选人用人检查、审计的工作结合，形成机构编制监督合力。召开全区机构编制实名制管理工作业务线上培训会，对机构编制实名制系统操作规范、年报统计、机构编制核查和重要事项报告等工作进行了系统培训和讲解。抓实名制系统数据质量，依托实名制管理“月查”、专项维护以及机构编制实地核查走访等工作机制，提升实名制系统数据质量，提升全区实名制系统数据信息的全面性、规范性、准确性和时效性。

【事业单位章程制定】 2021年完成全区科教文卫领域98家事业单位的章程制定工作，深化事业单位改革，建立健全事业单位现代治理机制，促进事业单位规范高效运行。

【事业单位法人登记管理】 全年受理机关、群团统一社会信用代码证书信息变更25家，新赋码1家，临时机构到期换领2家、撤销1家；办理事业单位法人年度报告249家，核准变更登记76家，设立登记2家，注销登记3家，证书补换领2家，年报公示率100%。

【“双招双引”人员编制保障】 2021年批准人才引进用编计划84名，较上年增长133%，占全年事业用编计划的30.3%。推动机构编制资源向招才引智重点人才、招商引资等重大项目倾斜，为改善民生和社会建设等重点领域引进高层次人才。

（叶春丽）

信访工作

【概　况】 2021年，全区四级走访总量608人次，较近三年平均值下降37%。全区共受理信访件（含信、访、网）共4987件（人次），其中，来访689人次、来信581件、网上信访件3717件，网上信访在信、访、网中占比为74.5%。接到市“12345”平台转交办来电事项16746件（2020年17935件），同比下降6.62%，群众满意率99.35%，平均办理时长2.99天。2021年，莲都区信访工作围绕省市考核目标，推进重复信访事项治理工作，重点攻坚征迁领域信访积案，规范信访业务基础，压实信访工作责任，全区信访重难点工作得到有效破解。

【信访积案化解清零行动】 2021年先后三次召开全区信访积案化解集中攻坚行动部署及推进会。开展信访积案化解攻坚专项行动，以“晾晒比武”机制为抓手，督促各单位加快化解进度。抽调17名有丰富征迁经验的科级干部组成攻坚专班，指导各街道做好积案化解工作。发布专项行动专刊8期，对排名靠后的单位开展实地督查10余次，实体化解各类积案76件。对征迁类疑难信访积案，争取市领导牵头化解，市委副书记、政法委书记郎文荣多次召集市区相关单位听取征迁类积案汇报，研究化解对策。多次前往市征收指导中心、市法院等单位对接征迁政策及依法终结等工作。通过听证终结1件，上报涉法涉诉终结4件。

【重复信访事项治理】 2021年，把开展集中治理重复信访事项作为信访重点工作，多次召开重复信访事项专项整治工作推进会，建立督查工作群每日通报化解进度，要求各单位倒排时间推进重复信访治理工作。全区各单位结合自身特点，按照“五个一”（一名包案领导、一个工作专班、一套化解方案、一套稳控方案、一份工作档案）要求，落实包案领导、责任单位、责任人和化解时限，开展化解工作。截至12月底，国家级重复信访事项146件，汇报化解146件，再次信访24件，汇报化解率83.56%，再次信访率16.44%。省级重复信访事项37件，审核化解36件，审核化解率97.30%。

【省市问题清单销号】 省委、市委交办莲都区“七张清单”“十个方面问题清单”重大信访问题清单有2个。据市信访局数据统计，截至12月底，莲都区征迁安置领域信访事项903件，同比下降12%，已完成销号任务（最终以省市销号为准）。

【社会矛盾纠纷调处化解】 莲都区推动矛调中心迭代升级，真正实现群众接访、矛盾化解“最多跑一地”，平安建设、基层治理、矛盾调处、应急联动“集成在一地”。在运行机制上，针对“一市一区”特殊体制，探索建立市区联动机制，明确各市直部门均为随驻单位，对事权在市直部门、稳控责任在莲都的信访事项，实行同台接访、同步处置化解，2021年化解了57件征迁领域信访事项，处置了中梁亡人火灾事故纠纷、江西籍人员到丽水讨要工程款纠纷、庆元籍患者在丽水发热死亡事件、金龙商厦火灾后续纠纷等各类矛盾纠纷，推动解决了一批群众诉求。

（阙莉敏）

党校工作

【概　况】 2021年，莲都区委党校行政学校内设办公室、教务科、行政科、教研室4个科室，核定编制数19名，实有教职工17人，其中教研人员10人，研究生学历7人。

【干部队伍建设】 2021年，区委党校坚持选贤任能，调整股级干部7人次，现股级干部平均年龄33周岁，在2021年换届中1名公务员被提任为副科级领导干部。2021年引进2名研究生充实科研队伍，调整原在机关科室混岗的事业人员回教研室，任命业务能力强、科研成绩突出的年轻教师担任教研室负责人，扛起教学科研任务。定期组织科研沙龙，邀请市委党校专家、区委改革办、重点部门领导来校讲座点评，通过主题交流、专题分享、点评研讨等方式，提升专业化水平。搭建年轻教师成长平台，选派4名年轻教师到部门挂职、到中青班学习，安排4名年轻教师与市委党校、义乌党校教师拜师结对，鼓励年轻教师进课堂、去宣讲，2021年共有5名年轻教师走上主体班讲台，1名年轻教师在全市党校系统教学观摩与点评活动上进行教学展示。

【干部培训】 2021年，区委党校共举办主体班19班次，培训人数2201人次；承接社会培训班10班次，培训人数452人次。区委常委到党校授课13人次，乡科级及以上领导干部讲课总课时占主体班次总课时21.04%。

精心编排课程，突出主业主课，理论教育和党性教育占比84.85%。专设党史教育课程，开设“学习习总书记‘七一’重要讲话精神”“建党的精神”“真理的味道”等专题课程，党史教育课程占总课时的27.28%。聚焦服务中心，开设共同富裕、数字经济、双招双引等专题课程，尤其在义乌、深圳、上海等异地教学中加强改革发展、创业创新等专题学习。2021年主体班次课程更新率达70.9%，满意率达90%以上。

与义乌市签订干部教育培训合作协议，将干部教育培训事业纳入山海协作工作大局。2021年上半年，与义乌市委党校中青班开展合班教学，并安排学员到义乌市对口部门挂职锻炼半个月，两地学员一起学思践悟，共谋两地发展。该特色工作被《浙江党校通讯》刊发。

完善“4+11+3”的班主任工作责任清单，实行班主任任务交办制度。加大红色学府网等平台资源运用，将课程编排、师资选择、满意度测评等工作从线下移到线上，通过“问卷星”网站开展教学质量评估，提升教务信息化管理水平。

【教学改革】 2021年，区委党校创新教学方式，推行结构化研讨，选取区域发展中的重点难点问题作为研讨主题，通过团队研究，帮助学员解决工作中的实际问题。开展“沉浸式”党性教育，利用莲都红色资源，在岱后村开展“红色之旅”情景教学，在新陶村开展访谈教学等。拓展课前微分享，既有微党课分享，又有工作经验和案例分享，开阔学员思维。

培育教学品牌，开发教学案例，《坚持红色引领 实现绿色发展》等教案入选《丽水“红绿融合”特色教学案例集萃》。古堰画乡现场教学2021年共承接来自全国各地的培训班19期776人次，其中有陕西省厅级干部进修班，浙江省委党校第一、三期中青年干部培训班等。百年鱼跃现场教学推出“邮说党建”，用4000多枚党建主题邮品，分设“邮说百年党史”“邮说初心使命”“邮说清廉文化”三个部分，生动叙说了中国共产党的光辉岁月和奋斗历程，此做法被《中国集邮报》专版报道。

完善培训需求调研和课程满

意度测评机制，提高教学质量，通过发放课程征求意见表、召开座谈会、登门拜访等形式，征集需求建议和课程评价。组织教师收看“网上党校”“浙里好课”等精品课程，开展集体拟题、备课磨课、听课评课、学习分享等教学活动，提升教师教学能力。2021年，新增“党的十九届六中全会精神解读”“《习近平在浙江访谈录》导读”等教学专题6个，10名教师在主体班授课32人次。

【科研咨政】 2021年，完成省市区各类级课题28个，新获批省委党校重点课题1个、专项课题1个，2022年度市社科联常规课题10个。32篇文章在省市级刊物发表，6篇文章在省市党校理论研讨会、决策咨询成果评比中获奖，《数字赋能莲都农业现代化发展》《发展乡村旅游主推共同富裕的调研与思考》等12篇咨政报告获正处级及以上领导批示。有4个课题成果转化为5个教学专题，3个专题在市委党校精品课、微型党课比赛中获奖，形成教研咨一体化的良性循环。印发校刊《知与行》14期。2021年，莲都区委党校获全省党校科研工作进步奖。

【理论宣讲】 2021年，围绕党史学习教育、“七一”重要讲话精神、十九届六中全会精神、党风廉政建设等主题，灵活运用讲故事、看视频等方式，开展党课下乡、理论宣讲。助力党史学习教育宣讲，8名教师入选市、区级宣讲员，到机关、农村、企业等点位开展党史专题宣讲65场，受众达2500人次，宣讲内容包括“《习近平在浙江》导读”“弘扬和践行浙西南革命精神”“从历史中汲取继续前进的智慧和力量”等。拍摄了《从浙西南革命史中汲取前进的智慧和力量》《丽水机场的前世今生》等党史教育网络课、宣讲微视频。

【后勤服务】 2021年，区委党校坚持疫情防控和日常工作“两手抓、两手硬”，完成创优评估“回头看”工作，出台《中共丽水市莲都区委党校“十四五”规划》。配合做好全国文明城市复评工作，安排教职工开展文明创建巡查、文明劝导等志愿活动。组织教职工定期到黄村乡郑村走访慰问结对的低收入农户，开展政策宣传。组织教职工开展利山团建、重阳关怀、红歌合唱等活动，参加丽水市党校系统首届教职工运动会，获得团体总分第一。校园迁建项目顺利推进，截至12月，六栋主体建筑已全部结顶，进入装修装饰阶段。

（李琪琪）

老干部工作

【概　况】 2021年，莲都区归口于区委老干部局服务和管理的离休干部共60人，其中，行政机关37人，事业单位12人，企业11人；80岁至90岁有10人，90岁以上50人。抗日战争后期参加革命的有2人，解放战争时期参加革命的有58人；享受副地（厅、司、局）级待遇的1人，享受副县（处）级待遇的27人，享受正、副乡（科）级待遇的32人；其中生活不能自理的6人，本年度去世8人。易地安置在莲都的离休干部共9人。

【老干部党建】 莲都区通过活动组织、开展培训、座谈交流等方式加强对离退休干部党支部书记的培训和管理，2021年，组织离退休干部党支部书记开展

6月9日，区关工委在区老年大学举行党史专题学习会（周华敏 提供）

清明节祭扫英烈、观看文艺晚会、观看红色电影、离退休党支部书记培训会等活动11次，坚持为离退休干部党支部征订党报、党刊。探索建立离退休干部党支部书记荣退制度，为退出离退休干部党支部书记岗位的党员颁发荣誉证书。4月6日，联合区委组织部、区人力社保局、区财政局印发了《关于开展离退休干部党建融入城市基层党建试点工作的方案》。4月21日，成立了由区委常委、组织部部长任组长的试点工作领导小组，6月30日，莲都区丽阳社区银耀党支部成立，60余名离退休党员干部在社区有了属于自己的“党员之家”，9月30日，在丽阳社区举办离退休干部党建融入城市基层党建工作推进会，市委组织部、老干部局领导到场指导工作。推进会上成立了银耀驿站，设立了6支志愿服务队，为离退休党员在社区搭建了一个就近学习、就近活动、就近得到照顾、就近发挥作用的平台。2021年，莲都区委老干部局开展党史学习教育，组织了革命遗址现场学习、老干部读书会等活动，11月19日，举办了莲都区离退休干部庆祝中国共产党成立100周年暨党史学习教育文艺晚会。2021年，区委老干部局被评为全省老干部工作先进集体。

【老干部服务】 2021年，莲都区委老干部局与市民服务热线“96345”合作，以购买服务的方式为老干部居家养老提供生活帮助，服务费用由老干部局统一支付，每位老干部每年有800元的服务额度。2021年，区委老干部局编撰《峥嵘岁月稠》，反映了莲都区离休干部真实事迹。该书得到了区委领导的高度肯定，时任丽水市委常委、区委书记的徐光文为该书作序。

【发挥老干部队伍作用】 莲都区老干部志愿服务队有志愿者300余人，围绕区委区政府中心工作开展文明城市、卫生城市复评志愿服务活动，2021年，老干部活动中心组织志愿服务活动约50场次，参加志愿者800多人次。由老干部活动中心牵头，整合老干部文艺爱好者协会、老干部书画研究会、老干部志愿者协会资源，对接相关部门，根据区委需要承接中心工作的氛围营造等活动，提升老干部局下属协会的品牌影响力。组织老干部书画协会、老干部诗词协会在莲都区政府会议大厅开展庆祝中国共产党成立100周年书画联展，并到老竹、雅溪、碧湖等乡镇巡回展出，扩大了宣传面。

（叶建伟）

关心下一代工作

【概　况】 2021年，莲都区关工委有22个成员单位。主任1人，专、兼职副主任15人。下设1个办公室，为参公副科级单位，有主任1人，工作人员2人，有科技、教育、法制、社区4个组，由在职和离退休及退二线人员组成。全区共有基层关工委271个，其中乡镇14个，机关2个，村208个，社区19个，学校26个，民营企业2个。参加关工委组织的“五老”人员共有1300余人，其中区本级80人。

【社会主义核心价值观教育】 区关工委联合有关部门，发挥莲都区作为中国革命老根据地的独特优势，以弘扬践行浙西南革命精神教育和庆祝中国共产党成立100周年活动为载体，加强青少年理想信念和爱国主义教育。为适应疫情防控需要，区关工委联合政法各部门，线上线下相结合，多元化开展法治进校园宣传活

10月16日，万象书院国学班经典诵读（万象书院 提供）

5月20日，青少年励志教育优秀影片《歌带你回家》走进校园启动仪式举行

（邓国林 提供）

动，全年累计开展各类讲座87场次，受教育学生达2.2万余人次。

【优秀传统文化教育】 以万象国学书院为阵地开展公民道德教育。通过招收未成年人国学班、家长班和成人国学班，进行公益教学。全年累计组织微信课23次，举办传统文化、家庭教育、健康教育等公益讲堂12场，受教育达1.1万余人次。区关工委与丽水市莲城诗词学会合作，在囿山小学开展诗教进校园试点活动，融入瓯江山水诗路建设。

【“双百”活动】 区关工委科技组对碧湖蒲塘千亩休闲农业观光园无花果基地、莲丰享农庄、大港头毛田村万亩茶叶基地、岱后村高山西红柿基地等联系点开展了技术指导，帮助青年农民投身全面小康建设。协助召开丽水市关工委双百工作会议，宣传了莲都区“双百”活动成果以及“五老”志愿者扎根基层，帮助农民致富奔小康的奉献精神。

【帮困助学】 2021年区关工委共资助贫困大学新生67名，发放助学金35.9万元。

【帮扶特殊群体】 围绕“关爱少年重源头，发现苗头抓挽救，盯住孩子讲维权”的要求，以“法润少年”工作品牌为载体，开展依法维权与法制教育工作。区关工委法制组“五老”志愿者，以合适成年人身份参与未成年人涉嫌刑事犯罪讯问提审197人次。区关工委社区组依托霞光社工公益组织，开展涉罪青少年、矫正青少年、留守儿童、问题困难学生帮扶活动，累计服务帮扶青少年1600多人次。

【开展集中培训】 6月9日，区关工委召开“五老”志愿者学习通报会，就党史和莲都区“十四五”规划等进行了学习。促使“五老”志愿者不断充实自我，提升服务青少年的能力。

【基层关工委专项工作检查】 根据《关于进一步加强关心下一代工作的意见》文件要求，在全区开展学习活动，对照文件精神，查找问题，采取措施，提升各级关工委关心下一代工作的能力和水平。

【开展莲都区关工委成立30周年纪念宣传活动】 2021年是区关工委成立30周年。区关工委编印了纪念画册，制作成果展，激发老同志做好关心下一代工作的热情和信心。

【接待国家、省关工委领导】 5月20日，中国关工委常务副主任胡振民一行到莲都，在刘英小学举行中国校园健康关心下一代爱心行走进丽水暨青少年励志教育优秀影片《歌带你回家》走进校园启动仪式。9月27—28日，省关工委主任徐宏俊、专职副主任朱小龙一行到莲都，实地调研关心下一代工作。区关工委做好资料汇编及参观点布置等方面工作，展现了近年来取得的成绩，得到了上级关工委的肯定。

（周华敏）

党史工作

【服务全区党史学习教育】 举办“我心向党，百年辉煌”主题莲都党史图文展、红色讲解员培训和比赛活动，为全区党员干部学习本地党史知识提供平台，提升莲都红色宣讲水平。开展“党史宣传下基层服务”活动，参加“中国农民丰收节”活动，深入乡镇、社区开展党史宣讲、档案文化服务下乡等活动，向群众普及党史知识，传播红色文化。协助浙江电视台新闻频道等拍摄制作《丽水莲都区西溪千年古村的红色印记》，在浙江电视台新闻频道《乡村振兴浙江行》节目首播，并被“学习强国”浙江平台录用。

【《莲都党史》二卷通过终审】 组织人员对初审会提出的审读意见进行修改，修改意见建议近600条，形成30.4万字的复审送审稿，4月提交市委党史研究室，9月10日《莲都党史》二卷通过复审。以复审会召开为契机，充实编写组专业力量，严把政治关、史实关、文字关，逐一落实复审会专家提出的近750条审读意见，形成终审送审稿。12月30日，市委党史研究室批准同意出版；12月31日，区委常委会审议通过终审；2022年1月12日，区委正式批复同意出版。

档案工作

【档案考核】 2021年，莲都区档案工作被重新列入对区直单位和乡镇（街道）的考核内容。

【档案规划】 2021年出台了《莲都区档案事业发展“十四五”规划》。规划分为发展环境、总体要求、主要任务、重点项目和保障措施五个部分，遵循档案工作的三个走向，涵盖档案治理、资源、利用和安全体系建设，重点聚焦七大任务，探索八个重点项目建设。

【档案执法检查】 对全区机关、乡镇（街道）开展线上和线下同步检查。线下抽查14家单位，通过实地走访，检查立档单位档案收集、整理、保护、利用及对下属单位监督管理情况；线上通过档案系统的“数据监管”功能对全区所有单位电子档案归档情况和系统应用情况进行检查。同时还对档案中介、重点项目等进行双随机抽查。

【服务农村基层治理】 白云街道和岩泉街道通过市级档案工作服务农村基层社会治理试点验收。

【数字档案室创建】 2021年白云街道和岩泉街道创成省“示范数字档案室”。截至2021年底，全区共创成14家省“示范数字档案室”，61家“规范数字档案室”，14家“数字档案室”。

【两类档案接收】 2021年，为全区各乡镇（街道）、机关部门提供前期培训、指导，接收脱贫攻坚目录56687条、数字复制件52747件；疫情防控档案目录10346条，数字复制件6191件；建立脱贫攻坚和疫情防控档案专题数据库，该两类专题数据库包含脱贫攻坚一文一件档案专题库、案卷级档案专题库、音视频档案专题库、网页档案专题库等。

丽水市莲都区人民代表大会

综　述

【概　况】 2021年，区人大常委会贯彻落实党的十九大和十九届历次全会以及中央人大工作会议精神，强化责任担当、奋发有为，为推进加快跨越式高质量发展作出了贡献。

【区十六届人大代表选举工作】 五次会议以来，区人大常委会同意接受4名区人大代表辞职的请求，并选举产生区十六届人大代表2名。

【区、乡人大代表换届选举】 莲都区人大常委会贯彻落实中央、省市区委关于县乡两级换届选举的部署要求，制定下发关于做好区乡人大代表换届选举的文件，依法设立区、乡两级选举委员会主持本级选举工作，配合区委召开动员部署会、业务培训会，开展换届纪律“十严禁”学习和反面典型案例警示教育；常委会领导分赴各选区加强指导联系，听取选民意见建议，协调解决换届过程中的问题，坚持代表换届选举和疫情防控工作“两手抓、两不误”，全区34万余名选民直接选举产生十七届区级人大代表227名、新一届乡级人大代表519名，代表素质提高、结构优化，换届选举过程风清气正。

【党史学习教育】 按照“学史明理、学史增信、学史崇德、学史力行”的总要求，组织学习教育活动。以党组扩大会议、党组理论学习中心组、机关干部专题学习等多种形式，开展集体学习55场次102个专题。坚持“第一议题”制度，围绕学党史、《习近平在浙江》采访实录、习近平总书记对丽水的重要指示精神等主题研讨8次，通过领导领学、确定重点发言、互相点评交流、撰写学习心得等方式，巩固学习成效；组织机关党员干部开展瞻仰革命遗址、重温入党誓词、党史知识竞赛，到一线宣讲党的十九届六中全会精神、“七一”重要讲话精神等活动19场，营造人大系统“学党史、悟思想、办实事、开新局”的浓厚氛围。落实区委“五大工作制度”，开展“我为群众办实事”实践活动，做好重点项目建设、信访积案化解、疫情联防联控、涉林垦造整改、结对帮扶等相关工作的联系服务和督促指导，累计为群众办实事30余件。

【人大制度学习和宣传】 坚持把习近平总书记关于坚持和完善人民代表大会制度的重要思想、人大制度理论、宪法及相关法律知识作为机关理论学习中心组重要学习内容，组织理论中心组学习24次；注重做好对法律法规、人大制度以及区人大工作亮点的宣传，在省、市、区媒体平台上发表近90篇宣传信息稿件，展现了代表履职风采、讲好人大故事；2021年度莲都区人大常委会机关信息宣传工作考核获全市人大系统第一名。

重要会议

【莲都区第十六届人民代表大会第五次会议】 3月1日至3月3日在丽水市大剧院举行。出席会议的代表194名，列席人员92名。会议听取和审议了《政府工作报告》《区人大常委会工作报告》《区人民法院工作报告》《区人民检察院工作报告》。会议表决通过了议案审查委员会的议案审查报告；通过了关于国民经济和社会发展第十四个五年规划和二〇三五年远景目标纲要的决议、关于区人民政府工作报告的决议、关于区2020年国民经济和社会发展计划执行情况与2021年国民经济和社会发展计划的决议、关于区2020年财政预算执行情况及2021年财政预算的决议、关于区人大常委会工作报告的决议、关于区人民法院工作报告的决议、关于区人民检察院工作报告的决议。大会选举王忠宝为丽水市莲都区人民政府区长。选举王品伟、王瑶鸿为丽水市莲都区第十六届人民代表大会常务委员会委员。大会通过莲都区第十六届人民代表大会法制（监察和司法）委员会部分组成人员名单，陈鲁军为主任委员、王品伟为副主任委员。会议采用无记名投票方式产生“增加幼小学位供给”等10件民生实事项目。会议收到147件代表建议、批评、意见，会后交由有关机关、组织研究办理，并负责答复代表。

【莲都区十六届人大常委会会议】 2021年，区十六届人大常委会共举行11次会议，作出决议决定15个。

2月1日召开区十六届人大常委会第三十三次会议。会议传达学习省十三届人大五次会议精神；作出《莲都区人大常委会关于召开区第十六届人民代表大会第五次会议的决定》；听取区政府关于2020年度民生实事项目落实情况的汇报；审议区人大常委会各街道工作委员会工作报告，并作出决议；听取潘金发等8位市人大代表履职情况报告；决定莲都区2020年度区人大代表优秀建议、代表建议承办工作先进单位；开展区政府组成部门局长、法院副院长和检察院副检察长年度书面述职；审议通过部分市区人大代表辞职、区法院人事免职事项。选举王忠宝、何丽明为丽水市第四届人民代表大会代表。

2月3日召开区十六届人大常委会第三十四次会议。会议审议区人民政府任职、辞职事项和主任会议干部任职议案，同意接受陈豪辞去区人民政府区长职务的请求，决定任命王忠宝为区人民政府副区长、代理区长。

2月20日召开区十六届人大常委会第三十五次会议。会议听取和审议《区人大常委会代表资格审查委员会关于莲都区十六届人大五次会议代表资格的审查报告》，确认王忠宝等9人当选为区十六届人大代表。审议通过区十六届人大五次会议建议日程、人员名单、议案截止日期决定等有关事项。会议审议区人大常委会及3个专门委员会的工作报告稿。会议听取2021年度民生实事候选项目的议案、2020年度莲都区环境状况和环境保护目标完成情况的报告、莲都区国民经济和社会发展第十四个五年规划和二〇三五年远景目标纲要文本草案的报告、2020年预算执行情况和2021年预算草案编制情况的报告，以及区人民政府《关于莲都区2020年国民经济和社会发展计划完成情况及2021年国民经济和社会发展计划草案的报告》《关于莲都区2021年基本建设项目投资计划草案的报告》。会议还听取区文化和广电旅游体育局、区住房和城乡建设局、区人民政府紫金街道办事处等政府部门的2021年度部门预算报告。

4月28日召开区十六届人大常委会第三十六次会议。会议集体学习习近平总书记在党史学习教育动员大会上的重要讲话精神、在福建考察期间的重要讲话精神。听取区人民法院关于区人大常委会执行工作检查反馈问题的整改报告；会议决定接受徐明辞去区十六届人大代表职务的请求，其常务委员会委员职务相应终止。

6月30日召开区十六届人大常委会第三十七次会议。会议集体学习人民代表大会制度。会议审议政府、法院、检察院提请的人事任免事项、区人大代表辞职事项。会议决定免去雷成副区长职务，同意接受蓝旭君辞去区十六届人大代表职务的请求，其常务委员会委员职务相应终止。

8月30日召开区十六届人大常委会第三十八次会议。会议集体学习中共中央政治局会议精神（分析研究当前经济形势和经济工作）；审议区政府关于2021年上半年莲都区国民经济和社会发展计划执行情况的报告、关于2020年区财政决算草案及2021年上半年预算执行情况的报告、关于2020年区财政预算执行和其他财政收支的审计工作报告、区政府关于推进2021年度民生实事项目情况汇报、关于区公墓建设管理专题询问整改落实情况的汇报。会议决定批准莲都区2020年财政决算。会议听取区政府关于全区项目建设推进情况的汇报，并开展专题询问。会议对5名区法院员额法官履职情况开展工作评议。审议乡镇人大代表名额事项，决定全区新一届乡镇人大代表名额为528名。会议决定接受夏宁炎辞去区十六届人大代表职务的请求，其常务委员会委员职务相应终止。

9月29日召开区十六届人大常委会第三十九次会议。会议集体学习习近平总书记重要文章《毫不动摇坚持和加强党的全面领导》。会议作出《关于区十七届人民代表大会换届选举有关问题的决定》《关于设立莲都区选举委员会的决定》《关于设立各乡镇选举委员会的决定》《关于授权主任会议决定人大换届选举有关事项的决定》《关于莲都区第十七届人大代表名额分配和结构比例的决定》《关于调整代表资格审查委员会组成人员的决定》。会议听取代表资格审查委员会《关于莲都区第十六届人民代表大会代表资格的审查报告》，确定徐伟群、戴旭伟当选为区十六届人大代表。会议审议区人大常委会、法院相关人事任免事项。会议决定接受麻伟明辞去区十六届人大代表职务的请求，其常务委员会委员职务相应终止。会议还通报丽水市莲都区区、乡两级人民代表大会换届选举试点工作实施方案以及区法院员额法官履职评议结果。

11月10日召开区十六届人大常委会第四十次会议。会议传达学习中央人大工作会议，省人大贯彻中央人大工作会议精神部署会暨全省各级人大常委会主任学习会精神。作出《关于推迟区、乡两级人民代表大会代表选举日的决定》。听取区人民政府关于2021年度预算调整方案的汇报，决定批准进行莲都区2021年预算调整。会议听取和审议了全区"大搬快聚富民安居"工程实施情况专项工作报告、全区旅游产业情况、全区法治宣传教育第七个五年规划实施情况及第八个五年规划等专项工作报告，作出《关于开展第八个五年法治宣传教育的决议》。会议审议区政府、监委、检察院相关人事任免事项，决定免去杨金跃副区长职务。通报主任会议关于接受丽新畲族乡选举委员会部分成员辞职请求的决定。

11月28日召开区十六届人大常委会第四十一次会议。会议集体学习党的十九届六中全会精神；审议区政府、法院、检察院相关人事任免事项，会议同意接受王忠宝辞去区人民政府区长职务，李美顺辞去区人民法院院长职务；决定任命张妍为区人民政府副区长、代理区长，黄玉香为区人民法院副院长、代理院长。会议通报《丽水市莲都区区、乡两级人民代表大会换届选举工作实施方案》。

12月10日召开区十六届人大常委会第四十二次会议。会议集体学习省委十四届十次全体（扩大）会议精神；听取和审议人大常委会法制（监察和司法）工委关于本届备案审查情况的报告；听取区人民政府关于2020年预算执行和其他财政收支的审计查出问题的整改落实情况报告；通报主任会议《关于接受陈元龙等辞去区乡选举委员会成员职务请求的决定》；审议通过相关人事任免事项，决定任命曹永跃为区政府副区长、潜伟峰为丽水市公安局莲都区分局局长，决定免去俞丽威、谢雅珍的副区长职务。

12月16日召开区十六届人大常委会第四十三次会议。会议集体学习中央经济工作会议精神；听取和审议区政府关于区十六届人大五次会议代表建议办理情况、全区美丽城镇建设情况、全区国有资产管理情况综合报告等专项工作报告；书面审议国有企业、行政事业单位、自然资源等国有资产管理专项工作报告；审议通过人事任职事项，决定任命张小平、孙苗为区政府副区长。

专题视察和调研

【经济领域专题调研】 2021年，区人大常委会紧盯“双招双引”一号工程，督查《政府投资条例》贯彻落实情况，常委会会议听取政府项目建设情况工作报告并开展专题询问。听取和审议区政府上年度财政预决算、审计报告和2021年上半年社会经济发展计划、财政预算执行情况汇报，审议上年度国有资产管理综合报告和专项工作报告，联合多部门开展审计查出问题整改专项督查。

【农业农村工作专题调研】 围绕区委中心工作，做好乡村振兴工作，以护土尽责、守土有责的工作理念积极高水平推进实现农业农村现代化建设，努力打造共同富裕美好社会山区样板。坚持农业农村优先发展总方针，开展全区农业特色产业发展情况以及乡村振兴暨新农村建设工作情况等调研。针对调研发现的问题，形成报告，建议区政府及有关部门要正确认识，改正措施，确保工作有序推进。同时，针对莲都区农业特色产业发展情况与其他县市相比，存在整体格局“小、少、弱”的问题开展专题调研。通过走访调研、召开座谈会等形式广泛收集意见，提出进一步推进体制机制创新完善等建议，得到基层干部群众的普遍欢迎和好评。

【民生工作各类调研】 在对人民群众普遍比较关心的民族村经济社会文化发展、最低生活保障、学前教育、华侨创业创新平台建设等工作等方面，相关专委和工委组织了代表视察，调研全区农业特色产业、宗教事务管理、竹产业发展、“十四五”科技创新发展部署和新农村建设情况，听取教育、卫健“十四五”项目谋划及三年行动计划、古堰画乡国家级旅游度假区创建工作汇报，推动了相关工作进展。

讨论决定重大事项

【作出年度预算调整决定】 常委会围绕事关经济社会发展的重大事项，提出讨论决定重大事项的年度工作计划，先后批准2020年度财政决算、批准2021年度财政预算调整方案等。

【开展区、乡两级民生实事项目代表票决工作】 区人代会票决产生2021年度10件民生实事。会后常委会专门设立项目监督小组，紧盯项目办理进度和落实情况。常委会年中和年末听取政府民生实事项目办理进度情况汇报，有力推动了民生实事项目落地见效。区乡人大联动，多频次开展民生实事项目、代表建议办理专题调研、代表视察、督促检查，110件乡镇（街道）级民生实事如期完成。

人大监督

【保障宪法法律实施】 常委会把学习宣传贯彻落实宪法作为工作重点，增强国家根本政治制度自信。听取和审议“七五”普法规划实施及“八五”普法工作安排情况报告，作出《关于开展第八个五年法治宣传教育的决议》，推进普法宣传与依法治理有机融合。把“宪法法律学习贯彻情况”纳入政府组成部门局长、法院副院长、检察院副检察长述职内容，年度书面审查全覆盖、不定期开展履职情况专项检查。完善国家工作人员学习宪法法律的制度，注重宪法法律的宣传，增强宪法意识的学习，组织宪法集体宣誓仪式5次35人。

【监督“一委两院”履职】 听取和审议“一府一委两院”专项工作报告27项，组织执法检查5次，作出决议决定15项，发出审议意见8份。紧盯法院执行工作，专题听取关于上年度检查反馈问题的整改落实情况汇报。开展民事行政检察工作调研，助力补齐工作短板。聚焦司法队伍建设，助力政法队伍教育整顿，组建调研组走访碧湖法庭、雅溪派出所、碧湖司法所等基层站所，听取公检法司四部门工作汇报，对5名员额法官开展履职评议。

【推动政府依法行政】 常委会注重发挥“法律巡视”监督利剑作用，组织开展《浙江省劳动保障监察条例》《丽水市物业管理条例》等法律法规在莲都区贯彻实施情况的执法检查，省、市、区三级人大联动开展固体废物污染环境防治“一法一条例”和《浙江省粮食安全保障条例》《浙江省生活垃圾管理条例》执法检查，配合市人大开展《丽水市革命遗址保护条例》《丽水市扬尘污染防治规定》立法调研和《丽水市饮用水水源保护条例》立法后评估。

【备案审查规范性文件】 依法履行备案审查职责，坚持有件必备、有备必审、有错必纠，推进规范性文件合法性审查。全年共审查区政府规范性文件17个。常委会首次听取了法制(监察和司法)工委关于本届备案审查工作情况的汇报。

【强化计划、预算等执行】 听取和审议2021年上半年社会经济发展计划、财政预算执行情况，以及2020年区财政预算执行和其他财政收支的审计工作报告。强化审计问题整改和成果运用，联合多部门专项督查上年度审计查出问题整改工作，专题听取政府整改情况专项工作报告，督促整改部门落实主体责任、健全完善审计整改长效机制。

【国有资产管理监督】 常委会年中听取全区国资整合提升、国有资产确权划转和国有企业债券融资工作情况汇报，12月听取了全区事业单位国有资产管理情况专项报告，书面审查国有资产年度综合报告，强化人大常委会的国有资产监督职能。

【开展专题询问】 推动专题询问监督常态化，8月常委会在听取和审议了全区国有资产管理情况专项工作报告基础上，开展了专题询问。询问现场播放问题短片，常委会组成人员和列席人员围绕资产保值增值、防止资产流失、完善管理制度等方面，指出工作中存在的23项短板，要求政府切实推进解决；询问会后常委会制作问题清单进行交办，持续督查整改落实情况，推动政府有关部门摸清家底，完善相关管理制度，提高国有资产管理水平。专题督促国有企业经营情况专题询问涉及问题的整改落实，保障全区经济跨越式增长、促进发展质量和发展效益同步提高。

【民生领域监督】 跟进区级公墓建设，倡导节地生态安葬、督促政府及时出台政策文件完善公益性墓地管理，“监督推进区级公墓建设管理”获评全市人大系统“示范履职案例”。听取全区“大搬快聚富民安居”工作实施情况汇报，要求政府加快安置小区建设、做好搬迁“后半篇文章”；审议全区旅游产业情况专项工作报告，提出“优化全域旅游格局、推动产业提档升级、优化产业发展环境”等意见，促进旅游业高质量发展；关注美丽城镇建设进展，通过明察暗访、走访群众、座谈交流等形式，要求部门乡镇加强指导宣传、增强资金保障、明确目标导向、建立长效机制。

人事任免

【概　况】 坚持党管干部和人大依法行使任免权的有机统一，落实干部任前法律知识考试、任前表态、颁发任命书、宪法宣誓等制度，按照法定程序落实区委的人事安排意图。任免区政府部分组成部门主要负责人，为全区国家机关有效运转提供组织保障。2021年任免国家机关干部71人次。

【对任命干部的监督】 坚持主任会议听取部门工作汇报，把对政府部门监督与干部任命后监督有机结合，听取了区卫健局、公安分局、医保局、司法局、经商局、国资办工作汇报，对卫生事业发展、维护社会治安、医保基金监管、全面依法治区、生态产业转型、国企作用发挥等方面提出意见。

服务代表履职及代表中心组活动

【代表建议、批评和意见督办】 区十六届人大五次会议共收到代表议案建议147件，其中12件被列为重点建议件。常委会坚持人大常委会领导督办、区政府领导领办重点建议机制，通过集中交办、部门会办、面商和网上督办、强化承办责任等有效措施，推动了大坑至浅田联网公路建设等一批群众关心关切的问题得到解决。

【联络站建设和活动开展】 加强履职平台建设，市级规范化代表联络站建设实现全覆盖，大港头代表联络站被评为市级先进人大代表联络站。各人大代表联络站发挥民意表达、收集主渠道作用，各级人大代表通过联络站平台参与推进共同富裕、法治宣传教育、美丽乡村建设等重点工作，特别是担任代表职务的省市区领导带头进站活动，促成高溪工业区交通信号灯、碧湖镇域“微公交”等群众烦心事揪心事的有效解决，展现新时代人大代表的作为与担当。

【人民来信来访】 做好信访工作，执行接访、转办和督办等制度，受理群众来信来访84件次，其中来信39件，来访45件次；省市人大交办8件。常委会领导牵头成功化解信访积案7件。

（纪旭泽）

丽水市莲都区人民政府

【概　况】 2021年，莲都区政府学习贯彻习近平新时代中国特色社会主义思想，贯彻党的十九大和十九届历次全会精神，围绕勇当丽水"发展头雁""创新标兵""实干先锋"总要求，落实区委"大抓落实年"部署要求，加快跨越式高质量发展，经济社会发展主要目标任务全面完成并好于预期。全区地区生产总值增长8.9%，区属固定资产投资增长21.3%，农林牧渔业增加值增长0.4%，区本级规上工业增加值增长18.6%，服务业增加值增长8.3%，社会消费品零售总额增长11.3%，一般公共预算收入增长8.6%，城乡居民人均可支配收入分别增长9.1%和11.2%。省、市、区十方面民生实事全部完成。

重要会议

【第十六届政府常务会议】 1月18日，第52次区政府常务会议召开，会议审议了《莲都区人民政府与丽水市中心医院合作协议》《加快蔬菜产业发展实施方案》《加快精品水果产业发展实施方案》《加强新型农业经营主体培育和农产品品牌建设实施方案》《莲都区国有投资限额以下工程建设项目发包管理办法（修订稿）》《莲都区村级违建防控网格责任落实与责任人年度绩效考核挂钩办法（试行）》《关于扶持推进莲都区融媒体中心改革发展的若干意见》，电视剧《春风又绿江南》补充协议；听取十四届区委第八轮巡察共性问题情况通报、省市区三级2019年度审计工作报告反映问题整改情况汇报、莲都区"大搬快聚"安置房建设模式和标准的汇报。

2月9日，第53次区政府常务会议召开，审议了《莲都区国民经济和社会发展第十四个五年规划和二〇三五年远景目标纲要(草案)》《莲都区2020年国民经济和社会发展计划执行情况与2021年国民经济和社会发展计划草案的报告》《丽水市莲都区2021年基本建设项目投资计划》《丽水市莲都区碧湖镇供水价格改革的方案》《莲都区2020年预算执行情况和2021年预算草案》《莲都区2020年环境状况和环境保护目标完成情况报告》；听取了《政府工作报告（审议稿）》起草情况的汇报、2020年十方面民生实事完成情况和2021年十方面民生实事初选项目方案的情况汇报、命名2020年度莲都区建筑业企业荣誉称号、兑现2019年度莲都区建筑业企业专项奖励资金的汇报；学习了《袁家军、郑栅洁同志在省委农村工作会议上的讲话》《浙江省法治宣传教育工作规定》。

3月13日，第54次区政府常务会议召开，传达学习习近平总书记在党史学习教育动员大会上的重要讲话精神、在全国脱贫攻坚总结表彰大会上的重要讲话精神、在中央党校（国家行政学院）中青年干部培训班开班式上的重要讲话精神，学习省委书记袁家军在省委理论学习中心组专题学习会上的讲话精神以及全国"两会"、市"两会"精神；学习《浙江省数字经济促进条例》；审议《莲都区"双招双引"工作实施方案》《关于兑付太平洋产险中支小额贷款保证保险风险补偿的建议方案》《关于进一步加强砂石资源管理的实施办法（试行）》《丽水市莲都兴村集体经济发展有限公司实体化运营方案》《关于灯塔一村西侧C1地块城中村改造项目房屋征收的决定》《2021年度莲都区政府重大行政决策事项目录》《莲都区2021年政府工作报告责任分解工作方案》《莲都区“大抓落实年”大督查工作方案》；听取了关于兑付丽水梦翔教育发展有限公司企业上市奖励资金情况的汇报、金融机构支持地方经济考评结果情况的汇报、莲都区抗击新冠肺炎疫情表彰奖励评选情况的汇报、莲都区2020年度行政奖励项目申报计划情况的汇报、莲都区2021年度拟开展评比达标表彰和通报表扬项目申报计划情况的汇报。

4月26日，第55次区政府常务会议召开，传达学习《中共中央办公厅关于印发〈党委（党组）网络意识形态工作责任制实施细则〉的通知》文件精神、市委“三农”工作会议精神；学习《中华人民共和国国家安全法》；听取了迎接统计督查工作汇报、莲都区社区成立情况的汇报；审议《丽水市莲都区进一步加强塑料污染治理的实施办法》《莲都区生态工业高质量绿色发展倍增行动方案（2021—2025年）》《莲都区支持商贸业做大做强的若干意见》《莲都区2020年十强工业企业和优秀外贸企业评选奖励方案》《进一步推进全域综合整治深化殡葬改革的实施意见》《2020年度莲都区文明村镇评选和复评情况》《2020年度莲都区乡村振兴成绩突出集体和个人建议名单》。

5月27日，第56次区政府常务会议召开，传达全省碳达峰碳中和工作推进会、全省碳达峰工作通气会议暨能源“双控”工作部署电视电话会议精神，研究莲都区贯彻落实意见；传达学习全省新时代美丽浙江暨中央环保督察整改工作推进会精神，研究莲都区贯彻落实意见；传达学习全省建筑业高质量发展大会精神并研究莲都区贯彻落实意见；传达全省“遏重大”攻坚战推进会精神；学习《中华人民共和国民法典》亮点解读；审议《关于进一步加强莲都区工业用地高质量利用全周期管理的若干意见》《莲都区深化“亩均论英雄”改革及促企业提升“三年行动”工作方案》《莲都区支持商贸业做大做强的若干意见》《莲都区医疗救助补充规定》《关于建立健全环境污染问题发现机制的实施意见》；听取了莲都区丽龙高速公路南山互通至丽新公路建设工程（南山至高溪段）PPP项目可用性服务费暂行支付情况的汇报、莲都区安全生产（应急管理）工作情况汇报。

6月28日，第57次区政府常务会议召开，传达学习省委十四届九次全会精神；学习《习近平的法治思维方法在浙江的探索与实践》；审议《莲都区深化“亩均论英雄”改革实施意见2.0版》《莲都区秸秆禁烧和综合利用工作方案》；听取关于莲都区垃圾中转清运及终端处置设施市场化运营的情况汇报。

7月5日，第58次区政府常务会议召开，传达学习习近平总书记在“七一勋章”颁授仪式上的重要讲话精神、在庆祝中国共产党成立100周年大会上的重要讲话精神，学习袁家军书记在浙江省庆祝中国共产党成立100周年大会的重要讲话精神；学习《中国共产党组织工作条例》；审议《丽水市实验学校丽阳校区学区划分方案（草案）》《莲都城区义务教育阶段公办学校学位保障政策》《关于支持莲都区人民医院发展的九条意见（试行）》。

8月2日，第59次区政府常务会议召开，传达学习市委四届十次全会精神；学习《中华人民共和国军人地位和权益保障法》《中华人民共和国军事设施保护法》；审议《莲都区政府投资项目工程总承包管理办法》《莲都区2021年度土地收储和国有建设用地供应计划方案》《郎奇工业园改造提升项目收储工作方案》；听取关于莲都区2021年度拟申报和发行公司债相关情况的汇报、2020年度莲都区行政奖励项目实施情况的汇报、2020年度莲都区评比达标表彰和通报表扬项目实施情况的汇报、2021年上半年莲都区法治政府建设工作情况的汇报。

9月3日，第60次区政府常

务会议召开，传达学习全省新一轮制造业“腾笼换鸟、凤凰涅槃”攻坚行动推进大会精神并研究贯彻落实意见、全省农业高质量发展大会精神并研究贯彻落实意见；学习《习近平在中央全面依法治国工作会议上的讲话》；审议《关于废止部分行政规范性文件的通知（审议稿）》《关于废止部分行政规范性文件的通知（审议稿）》；听取高溪工业区块（丽水万洋低碳智造小镇）有关企业违法制砂问题的情况汇报。

9月22日，第61次区政府常务会议召开，传达省、市城乡风貌整治提升暨未来社区建设工作会议精神；学习《中华人民共和国法律援助法》条文及解读；审议《莲都区2020年度工业企业亩均效益综合评价结果》；听取莲都区“大抓落实年”大督查工作情况汇报。

11月28日，第62次区政府常务会议召开，传达学习习近平总书记在纪念辛亥革命110周年大会上的重要讲话精神；学习《中华人民共和国数据安全法》条文及解读；审议《关于指定区征收指导中心作为丽水市莲都区人民政府房屋征收与补偿领域政府信息公开机构的通知》《莲都区人民政府质量奖管理办法》《莲都区城乡农贸市场三年建设提升方案》《莲都区国企改革三年行动实施方案（2020—2022年）》《莲都区环卫基础设施项目建设三年行动实施方案（2021—2023年）》《高水平建设美丽莲都规划纲要（2020—2035年）》《莲都区促进农家乐民宿经济发展实施意见》《莲都区全面实行林长制建设实施意见》《丽水市莲都区2021—2022年度松材线虫病防治方案》《关于废止〈莲都区工业土地差别化供应管理的实施细则〉（莲政办发〔2020〕31号）通知》《莲都区坚决制止耕地“非农化”防止耕地“非粮化”专项整治行动实施方案》；听取关于浙江丽甬生态旅游发展有限公司纳入区国资办监管、成立二级子公司及员工总额核定的工作方案的汇报、高溪低丘缓坡区块17、18号地块回收处置方案的汇报、提请对万象山区块储备土地前期开发项目作出国有土地上房屋征收决定的汇报。

12月20日，第63次区政府常务会议召开，学习《中华人民共和国监察法实施条例》条文及解读；审议《莲都区贯彻落实第二轮中央生态环境保护督察报告整改方案》《中央生态环境保护督察莲都区整改工作领导小组工作方案》《莲都区人民政府办公室关于推动莲都建筑业改革创新高质量发展的若干意见》《丽水市莲都区人民政府关于批准公布“十四五”期间年森林采伐限额的通知》《莲都区农村村民建房审批暂行管理办法》《关于全面推进碧湖镇千年古城复兴试点工作的若干意见》《莲都区开发区（园区）整合提升实施方案》《关于乡镇（街道）干部待遇倾斜政策的实施方案》《莲都区推进“大综合一体化”行政执法改革实施方案》《2021年度莲都区金融支持地方经济发展业绩考评办法》《莲都区社会救助审批权限下放工作实施方案》；听取关于命名2021年度莲都区建筑业企业荣誉称号的汇报，兑现2020年度莲都区建筑业企业专项奖励资金的汇报，丽水莲都采桑社区地块竞拍方案的汇报，解除碧湖第二污水处理厂PPP项目投资协议及PPP项目合同相关情况的汇报，建议对农村小额保险保费进行财政补助的情况汇报，2022年度莲都区拟开展评比达标表彰、通报表扬和行政奖励项目申报及建议给予何颖超、武晓军两位同志嘉奖的情况说明，2021年莲都区食品药品安全工作落实情况的汇报，2021年1—11月莲都区法治政府建设工作的情况汇报，2021年莲都区五水共治工作汇报。

【森林防灭火工作部署会】 3月8日，莲都区召开森林防灭火工作部署会，贯彻落实省、市主要领导对近期森林防灭火工作指示批示精神，传达市政府防灭火工作约谈会精神。区委副书记、区长王忠宝出席会议并讲话。会议强调，要政治站位再提高，主体责任再压实，防控举措再明晰，推动森林防灭火工作落细落实。

【党组会暨区政府党组党史学习教育动员部署会】 3月23日，莲都区政府召开党组会暨区政府党组党史学习教育动员部署会，传达学习省、市、区党史学习教育动员部署会精神，并对区政府党组党史学习教育作动员部署。区委副书记、区长王忠宝主持会议。会议强调，要提高政治站位，增强开展党史学习教育的政治责任感、历史使命感和现实紧迫感；要聚焦目标要求，完成党史学习教育各项任务；要坚持以身作则，确保党史学习教育取得成效。

【2021年一季度全区经济运行分析会】 3月25日，莲都区政府召开2021年一季度全区经济运行分析会，听取各项经济指标完成情况汇报，分析研判当前形势，安排部署下步重点工作。区委副书记、区长王忠宝出席会议并讲话，强调要抓好指标的阶段性完成，要加强项目的进度督查，要深入做好项目的精准服务，要健全完善统计的工作机制。

【民营企业家座谈会暨“亲清直通车·学党史 办实事”政企恳谈】 4月8日，莲都区召开民营企业家座谈会暨“亲清直通车·学党史 办实事”政企恳谈会。区委副书记、区长王忠宝出席会议并讲话。会议强调，要做优营商环境，鼓励创新，引导社会责任，做好民营企业发展的“店小二”。

【国有资产（资源）确权发证、划转移交集中攻坚行动动员部署会】 4月28日，莲都区召开国有资产（资源）确权发证、划转移交集中攻坚行动动员部署会，会议强调，要提高思想认识，细化推进举措，紧盯关键环节，压实工作责任，打赢这场攻坚战。区委副书记、区长王忠宝参加会议并讲话。

【高水平巩固国家卫生城市点评会】 5月13日，莲都区召开高水平巩固国家卫生城市点评会，区委副书记、区长王忠宝出席会议并讲话，他强调，各级各部门要深化认识，认清形势，细化举措，压实责任，抓好问题整改和复审迎检工作落实，保住并擦亮国家卫生城市这块“金字招牌”。

【莲都区安全风险隐患大排查大整治、“遏重大”暨风险普查工作推进会】 5月20日，莲都区安全风险隐患大排查大整治、“遏重大”暨风险普查工作推进会召开，区委副书记、区长王忠宝参加会议并讲话。会议强调，要提高认识，聚焦重点，严格执法，压实责任，扫清风险隐患，筑牢安全防线，扛起平安护航建党百年使命担当。

【莲都区政府全会暨优化营商环境暨发展生态工业推进会】 6月4日，莲都区政府全会暨优化营商环境 发展生态工业推进会召开，学习贯彻全国、全省深化“放管服”改革着力培育和激发市场主体活力会议，以及全省制造业高质量发展大会和全市生态工业发展推进会精神，优化营商环境，让优良营商环境成为莲都最鲜明标识，推动生态工业高质量跨越式发展。区委副书记、区长王忠宝出席会议并讲话。

【北乡乡村振兴工作座谈会】 7月27日，莲都区召开北乡乡村振兴工作座谈会，区委副书记、区长王忠宝出席会议并讲话，他强调，要编制好北乡区域振兴的引导规划，要关注北乡区域农业产业化发展，要重视北乡基础设施的共建共享，要加强北乡文旅项目的开发建设。

【共同富裕示范区实施方案研讨会】 8月5日，莲都区召开共同富裕示范区实施方案研讨会，研究部署莲都区高质量发展建设共同富裕示范区工作，区委副书记、区长王忠宝主持会议。会议强调，要提升整体指标、找准差距短板、强化指标支撑，要谋实具体项目、做到指标应统尽统，为高质量发展建设共同富裕示范区作出新贡献。

【教育高质量发展座谈会】 8月19日，莲都区召开教育高质量发展座谈会，会议对标教育现代化创建要求，分析教育短板弱项，对标共同富裕示范区建设，推进莲都区教育高质量发展。区委副书记、区长王忠宝出席会议并讲话。

【2021年扩大有效投资暨重大项目百日攻坚大会战动员部署会】 9月16日，莲都区召开

2021年扩大有效投资暨重大项目百日攻坚大会战动员部署会，动员全区上下聚焦聚力，奋勇赶超，做好抓项目促投资工作，实现“全年红”。会议强调，要认清形势、增强攻坚决心，要把握关键、强化攻坚举措，要压实责任，凝聚攻坚合力。区委副书记、区长王忠宝参加会议并讲话。

【推进分布式光伏规模化开发试点工作推进会暨抽水蓄能电站项目战略合作签约仪式】 9月18日，莲都区推进分布式光伏规模化开发试点工作推进会暨抽水蓄能电站项目战略合作签约仪式举行，区委副书记、区长王忠宝出席会议并讲话，他强调，要统一思想认识、把握关键环节、严把安全关口、强化工作保障。

【“无违建”创建创先争优行动暨秸秆禁烧工作推进会】 10月14日，莲都区召开“无违建”创建创先争优行动暨秸秆禁烧工作推进会，贯彻省、市关于“无违建”创建、秸秆禁烧工作的有关意见精神和决策部署，动员落实“无违建”创建创先争优行动和秸秆禁烧工作，区委副书记、区长王忠宝参加会议并讲话。

【新一轮制造业“腾笼换鸟、凤凰涅槃”攻坚行动暨传统制造业改造提升工作动员部署会】 10月21日，莲都区召开新一轮制造业“腾笼换鸟、凤凰涅槃”攻坚行动暨传统制造业改造提升工作动员部署会，会议传达落实全省新一轮制造业“腾笼换鸟、凤凰涅槃”攻坚行动推进大会精神，部署实施为期三年的新一轮制造业“腾笼换鸟、凤凰涅槃”攻坚行动，推动莲都制造业跨越式高质量发展。区委副书记、区长王忠宝参加会议并讲话。

【区长碰头会暨三季度经济运行分析会】 11月1日，莲都区政府召开区长碰头会暨三季度经济运行分析会，会议听取2021年三季度全区经济运行情况、存在的问题和下步工作举措。区委副书记、区长王忠宝出席会议并讲话。会议强调，要聚焦九大综合考核指标、财政运行能力提升、科学有序调控经济、压实各项工作责任，促进莲都经济健康、有序、平稳发展。

【区政府党组(扩大)会议】 11月19日，区政府党组(扩大)会议召开，传达学习贯彻十九届六中全会精神和省、市、区相关会议精神。区委副书记、区长王忠宝主持会议并讲话。会议指出，要深刻领会，准确把握全会精神实质；要学以致用，高质量完成全年任务目标。

【第三次审计整改交办会】 11月19日，为进一步推进省、市、区三级审计工作报告和丽水市党政主要领导经济责任审计及自然资源资产任中审计报告中涉及莲都问题的审计整改工作进度，莲都区召开第三次审计整改工作交办会。会议指出，思想要再统一，以高度的政治自觉抓整改；重点要再聚焦，以强烈的使命担当抓整改；责任要再压实，以更强的工作合力抓整改。区委副书记、区长王忠宝主持会议，各分管副区长出席会议并讲话。

【冬春季和元旦春节期间新冠肺炎疫情防控工作部署会】 12月7日，在全国疫情防控工作电视电话会议和市里续会后，莲都区召开区级部署会，对切实做好冬春季和元旦春节期间新冠肺炎疫情防控工作进行再部署。区委副书记、副区长、代区长张妍出席会议并讲话，强调思想的弦要绷得更紧，防控举措要落得更严，全民防护网要织得更密。

【经常化创建文明城市专题部署会】 12月13日，为深入贯彻落实全市经常化创建全国文明城市工作部署会精神，进一步提升思想、巩固创建成果，莲都区召开经常化创建文明城市专题部署会，区委副书记、代区长张妍参加会议并讲话，强调要以毫不松懈的态度和定力抓好各项问题整治工作，全力打好文明城市巩固提升攻坚战。

重大活动

【检查冬春季疫情防控和安全生产工作】 2月8日，区委副书记、代区长王忠宝带队前往江南丽舍酒店综合服务点、万锦花苑小区、浙西南农贸城、客运东站及加油站等地，实地检查冬春季疫情防控和安全生产工作。强调要持之以恒抓实抓细疫情防控不放松，加大安全隐患排查整治力度，确保广大人民群众度过一个欢乐祥和的节日。

【与丽水市中心医院医疗合作签约揭牌仪式】 3月6日，莲都区人民政府与丽水市中心医院举行医疗合作签约揭牌仪式。签约后莲都区人民医院同时使用“莲都区人民医院”和“丽水市中心医院莲都分院”两块牌子，以医院管理、学科发展、人才共享、技术支持、文化融合为纽带，明确区人民医院5年发展规划，以学科建设促进医疗技术发展，重点托管内科、外科、妇产科、儿科4个学科，重点发展常见病、多发病、危急重症诊疗体系。丽水市中心医院优质医疗资源精准下沉，补齐莲都区人民医院在医疗服务能力上的短板。

【调研检查全区防汛工作】 5月20日，区委副书记、区长王忠宝带队通过实地调研、随机督查等方式专题检查了全区防汛工作。调研组强调要时刻紧绷防汛这根弦，提高安全防范意识，保持临战状态，抓好汛前防汛备汛工作，保障人民群众生命财产安全和社会安定。

【党史学习教育“我为企业解难题”暨“一联十”走访专题实践活动】 5月26日，区委副书记、区长王忠宝带队到丽水工业园区走访“一联十”重点企业，深入生产一线，了解企业面临的困难问题，倾听企业的诉求建议，为企业发展排忧解难。

【与浙江工业大学签订战略合作框架协议】 8月27日，莲都区人民政府与浙江工业大学签订战略合作框架协议，发挥浙工大在科学研究、人才培养、社会服务方面的优势，结合莲都区地方特色支柱产业，双方在多领域开展全方位、多层次的合作，助推莲都区特色产业工程师队伍建设、助力企业转型升级和装备制造产业的发展。

【党政代表团赴义乌开展考察交流活动】 11月8日至9日，区委副书记、区长王忠宝率莲都党政代表团赴义乌开展“山海协作”考察交流活动，并召开义乌—莲都山海协作“党政联席”会议，深化交流合作，助力两地携手发展、共同前进。

合作签约

2021年3月29日，丽水市莲都区人民政府与丽水市中心医院签订浙江省医疗卫生“山海”提升工程合作框架协议及合作办医框架协议。

5月20日，丽水市莲都区人民政府与温州科技职业学院签订战略合作框架协议。

6月3日，丽水市莲都区人民政府与财通证券股份有限公司签订战略合作协议。

9月7日，丽水市莲都区人民政府与华智生物技术有限公司签订战略合作协议。

10月9日，丽水市莲都区人民政府与丽水市政策性融资担保公司签订丽水市政府性融资担保一体化建设增资协议。

11月15日，丽水市莲都区人民政府与中国美术家协会签订古堰画乡全国风景油画双年展战略合作意向书。

12月29日，丽水市莲都区人民政府与纳爱斯集团签订纳爱斯生态资源研究及产业化项目合作框架协议书。

12月30日，丽水市莲都区人民政府与宝业集团股份有限公司签订宝业集团智能建材数字产业园项目投资框架协议书。

区府办工作

【统筹协调】 发挥区政府办公室联系领导、服务基层、协调部门的桥梁枢纽作用，抓好各项工作落实，围绕高质量绿色发展，参与区委区政府中心工作，提高行政质量、效率和政府公信力，按照省委全面对标“重要窗口”的新目标新定位、市委推进高质量绿色发展的战略部署，围绕“勇当共同富裕丽水领头雁和山区县排头兵”目标，坚持“发展莲都、服务市区”工作定位，发挥参谋、协调、服务三大职能作用，保障政府工作的高效有序运转。

【办文办会】 落实中央、省、市、区委减轻基层负担、治理“文山会海”精神，规范发文对象，严控发文数量，推行电子办公，每季度开展三类会议和三类文件统计清理，全年印发三类文件157份，与上年持平；政府及政府部门召开一类会议1个，二类会议77个，三类会议22个，数量控制在指标范围内。完成了政府工作报告、区政府全会等重要文稿。做好公文处理工作，共收到中央、省、市、区各级来文11700余份。做好区政府常务会议、全区性会议、专题会议、各级电视电话会议等会务工作，落实疫情防控工作要求，全年共办会260余次。

【督查督办】 牵头抓好省委“七张问题清单”之“重大督查问题清单”落实，成立“重大督查问题清单”工作专班，召集区直各部门和乡镇（街道）开展业务培训2次，督促问题整改牵头部门和其他责任部门协同推进。截至2021年底，区级“重大督查问题”纳入区级蓄水池问题共10个，上报市级蓄水池3个；发布2个，均已办结销号，办结率100%。推进“大抓落实年”大督查工作，组建“双招双引”“重大项目”“生态产业”等10个督查组，梳理入督查事项351项，落实“一月一督查一通报”机制，推动了重大项目、招商引资、招才引智、美丽城乡、基层党建等一大批工作的落地落实。强化过程管控、闭环管理，创新设置《区长重要事项交办单》，建立了“分解—交办—反馈—核查—销号”的全过程管理机制，确保交办事项件件有反馈、事事有回音。全年共发放区长重要事项交办单124个，涉及788个具体事项。连续两年获省政府督查激励。

【政务信息】 以政府中心工作为指南，关注省、市各级政府工作报告、政府常务会议，梳理工作重点、把握信息要点。通过加强与省府办、市府办的联系和沟通，围绕上级对信息的需求，总结上报莲都特色和亮点工作，传播莲都“好声音”。2021年上报各类信息约800条，被上级录用的约400条。《整顿规范机制砂行业护航高质量绿色发展》《以“电商赋能”实现网络零售额突破百亿》《“三态”融合打造古堰画乡“金名片”》《联城街道上线运行基层数字化管理平台按下数字化转型“快进键”》等信息被省、市级录用，获得省、市领导批示，肯定了莲都区相关特色做法。

【电子政务】 完成浙政钉2.0迁移工作，完善浙政钉组织和人员信息，截至年底，全区浙政钉日活跃度为78%，超过年活跃度目标。优化“浙政钉”功能，指导各单位建好本单位工作台，整合各类办公、管理、学习等移动应用，上架应用13个。提升浙里办用户注册数，2021年，全区（含市本级和开发区）“浙里办”个人用户注册数484223个，全市排名第二；法人账号注册企业数为59915个，占全市登记在册企业数的94.59%，排名第一。指导应用建设部门上架“浙里办”丽水城市频道应用，2021年共上架“莲都区图书馆”等5个应用。坚持实用易用原则，统筹协调完成数字化改革总门户和各五大综合系统门户上线。

【政务公开】 做实政务公开指标体系，研究梳理形成工作责任清单，组织实施基层政务公开标准化规范化提质行动，做好信息权威发布。清理规范性文件，办理申请公开件，多形式进行政策解读。2021年，发布区级行政规范性文件12件，清理历年规范性文件21件；通过信息公开平台以图解、音频、动漫视频等形式解读11件，部门负责人带头解读3次。依托全省政务新媒体平台，实时展示全区政务新媒体勤勉指数、效果指数、内容指数等内容，加强日常监测，晾晒“红黑榜”，形成各单位争先创优浓厚氛围。

【金融工作】 设立由金融顾问领衔、市区金融资源共享、数字化技术集成的莲都金融三服务模式，制造业金融服务站入选全市党史学习教育34个最佳实践案例之一，也是入选“我为企业解难题”板块的唯一县市区案例。推进“凤凰行动”，引进杭州融象数科等帮助莲都企业绘制产业地图，瓯宝安防挂牌新三板，实现莲都区新三板挂牌零的突破。助推国企做大做强，引入财通资本总部资源，全程指导区国资公司整合及区城投公司AA评级，通过《国资公司公司债20亿元和债券PPN15亿元方案》。争取小微民营金融综合服务改革试点落地莲都，获得奖励资金1000万元。打击集资诈骗等涉众型经济犯罪行为，追赃挽损，完成P2P网络借贷风险出清工作，区P2P网贷非法集资案件追赃挽损率51.57%（全年目标20%）、缉捕追逃率100%、案件侦结率100%。

【法治保障】 通过集中学习与自学相结合，在日常工作中加强对《中华人民共和国宪法》《中华人民共和国民法典》等的学习宣传和贯彻实施。通过党组会及全体干部会等传达学习习近平总书记关于全面依法治国的重要论述和讲话精神。组织全体干部职工参加普法学习考试，合格率达到100%。在涉及法治建设领域重大事项决策方面，均坚持民主集中制原则，召开领导班子会议集体讨论决定。

【数字政府】 组建区级数字政府系统建设工作专班和工作交流群，出台《莲都区数字政府系统建设工作方案》，完善重点工作碰头会制度，建立起线上、线下一体化推进的工作机制。推进数字政府综合应用（数字政府门户）界面优化，在门户中下设跑道（重大任务）13条，均已上线，其中常态化疫情防控实现数据贯通。落实全省统一部署，配合推动第一批7个省级重大应用省市县三级贯通，第二批需要贯通的省级10个重大应用也在积极对接中。迭代更新数字化项目管理机制，建立数字化项目联评审机制，杜绝盲目投资和低水平重复建设，全省首创的松线虫防治系统“云森防”在全市推广。

【党史学习教育】 召开党史学习教育动员部署会议，传达中央、省、市、区委党史学习教育动员部署会议精神，成立党史教育领导小组，研究制定了党史学习教育方案，抓好党员干部的学习教育，确保党史学习教育各项部署要求落实到位。将党史学习教育与“三会一课”紧密结合，坚持集中学习与自主学习相结合、规定动作和自选动作相结合，完成党员“四本指定用书”学习征订，覆盖率达100%。结合每月的主题党日活动，开展区府办“学党史，跟党走”微讲堂活动、“追寻红色浙西南足迹学党史”专题活动，举办50年以上党龄老党员讲党课与党史学习教育专题宣讲活动等，推动党史学习教育走深走实。

【党风廉政建设】 贯彻党要管党、从严治党要求，强化作风建设，狠抓关键环节，落实党风廉政主体责任。把转变作风作为引导各级党员干部廉洁从政的重要手段，通过开展观看警示片、党性教育、集中讲党课等多种形式，学习中央、省市区纪委关于党风廉政建设的各项政策要求，警惕警醒新形式主义、官僚主义十种表现。聚焦作风不实、不担当不作为等群众反映强烈的作风问题，开展自查自纠，真正让广大党员干部明法纪、知敬畏、存戒惧，切实筑牢拒腐防变的思想道德防线。

【意识形态建设】 将意识形态建设放在各项工作突出位置，坚持党管意识形态不动摇，履行意识形态第一责任人职责。结合党史学习教育，完善了思想教育、责任落实、阵地管理、舆论引导四大体系建设，掌握工作的领导权、主动权、话语权。以主题党日、三会一课等机制为抓手，通过党员干部上党课、“微讲堂”宣讲等多种形式，要求办公室全体成员以身作则，以上率下，跟随主流舆论导向，确保了行风政风和谐有序，意识形态领域健康向上。

【干部队伍建设】 发挥党支部战斗堡垒作用，以习近平新时代中国特色社会主义思想为引领，贯彻民主生活会等各项制度，打造党员活动阵地，提升阵地功能。坚持每月2次常态化开展办公室集中学习，提升干部理论素养和政策水平。组织党员参加经常化创建文明城市、社区帮扶、国卫巩固等活动。开展党员先锋指数考评，建立优秀党员先锋岗，发挥党员干部的先锋模范、示范带头作用。

地方志工作

【《莲都年鉴(2021年)》出版】 2021年完成全区100多个年鉴承编单位征稿。并按照年鉴编辑的规范要求,完成全区年鉴编辑和多轮统稿,并提交方志出版社审核出版。

【《栝苍史志》刊印2期】 2021年围绕中国共产党成立100周年、党史学习教育等主题,通过向全区退休老干部和党史爱好者征稿、向专家学者约稿等形式,完成《栝苍史志》2021年度第一期、第二期刊印发行,每期印刷800本,发放给相关党史部门和全区各单位、乡镇(街道)等。

机关后勤服务

【概　况】 2021年,接待到莲都访客439批7633人次,其中团体139批。承办各类会议1486场次,参加47961人次。完成中国共产党丽水市莲都区第十五次代表大会后勤保障工作。2021年,共计出车8100余趟,行驶里程80万千米。完成采购135项,共计1478万元。2021年进行实物资产清查,盘点核实金额为29480491.34元,净值为8812453.18元,共计1967台(个、件、张等)。推进机关单位屋顶光伏开发建设,选定符合建设屋顶光伏的机关单位38家,可建光伏屋面面积10586平方米。推进莲都大厦统计分配工作,共统计到62家单位(不包括乡镇街道),现有办公用房面积共计112625.71平方米,未来办公用房需求面积共计166909.11平方米。进行办公用房调剂,调剂面积达7000平方米。开展安全生产大排查3次,排查隐患35处并及时解决,开展培训2次,组织演练2次。开展消防设备检查9次,更换失效灭火器7个,为第三食堂新增灭火器11箱,共22个。清理区政府大院86辆共享单车,引导20359辆汽车文明规范停车。机关第三食堂于7月1日正式营业,建筑面积840平方米,可供280人同时就餐。为保障疫情隔离点资源,签约隔离房间数3132间,实现了疫情防控和机关运转两不误。2021年,共开展扶贫帮困活动12次,300多人次参与。组织开展志愿活动15次,百余人参与,志愿活动覆盖面达100%。

2021年6月,莲都区政府大院开展筑牢安全防线反恐演练(陈林凯　供图)

【数字化建设】 以“营造温馨办公环境,提供多种便民措施”为要求,推进数字化转型,运用新技术提升服务质量。2021年,在区政府大院投放智能书柜1个,共投放书籍50余册。在三大院和区委党校设立“共享雨伞”站点,投入100把短柄雨伞,每个站点25把。依托数字化监管,制定数字化专项整治方案精准治理公车“微腐败”。对全区所有车辆的GPS系统进行检查,共排查车辆GPS定位系统102车次,落实问题整改2车次。在现有公务用车派车平台的基础上,搭建了以网页平台为中心、手机平台为辅助的公务用车监管模式,借助“浙政钉”搭建公务用车数字化审批平台,实现公车用车管理透明化。

【垃圾分类工作】 2021年共召开垃圾分类专题培训会3次。利用工作群、宣传栏,发布垃圾分类小贴士；借助“莲都考垃”小程序，进行线上比拼，提高干部职工对垃圾分类的认识。联合三大院各机关单位的工作人员开展垃圾分类知识和落实情况互查、互考。在三个大院共开展9次垃圾分类自查，完成省、市、区垃圾分类检查4次，配合区分类办考核检查区直单位1次。在2021年市垃圾分类办督查抽查中，区人力资源和社会保障局在各项检验中获得全市唯一的满分。

【机关餐饮服务】 2021年办事中心食堂采用了刷脸支付和二维码支付相结合的方式，机关第三食堂采用智能餐盘系统，实现了快速付款通行。三大食堂在保证日常运营的基础上，根据传统节日，供应相应的传统美食。还将莲都特色美食泡精肉、稀卤鱿鱼等引入食堂，提供精细化服务，打造“暖心”食堂。开展“为干部职工集体过生日”庆祝活动。从11月1日起，每周一至周五中餐在食堂为当日寿星过生日。自活动开展以来，已为20名职工庆祝生日。

【办好民生实事】 2021年开展“我为群众办实事”实践活动。开展“党员在身边，温暖千万家”活动，将百分百完成微心愿工作作为学党史、办实事的重要内容。开展贫困帮扶活动，走访碧湖镇河口村低保户，帮助解决家禽滞销等问题。开展一系列进社区为民服务活动，以“安全生产月”为契机，联合紫金街道办事处在大洋河社区开展“安全生产咨询日”活动；组织干部职工到社区开展垃圾分类、反诈知识等宣传活动，发放和张贴宣传资料近300份，入户入店150余家，面向群众宣传300多人次；组织志愿队伍深入社区开展国卫帮扶、交通站岗文明劝导共计20余次。

（吴俏蓓）

行政审批

【概　况】 2021年，莲都区政务服务办件数411540件，其中政务服务2.0平台办件数377286件，“一网通办”办件率91.68%。公共资源交易中心共受理交易项目465个，预算总价132235.2万元，成交金额119957.57万元，节约资金12291.03万元，增值资金13.4万元。

【建设智慧行政服务大厅】 通过线上线下充分融合、办事流程大幅缩减、材料提交共享调用，实现统一、高效、跨部门、跨区域的政务服务办事体验。优化大厅布局，设置快速办、自助办理、统一出件专区，加大电子设备投入，新增线上办事模块，实现政务服务大厅全面智慧升级。设立企业开办专窗，以“一项流程、一个窗口、一套材料、一次受理”将原来工商、税务、社保、银行开户等串联办理事项变为并联办理，大幅缩减企业开办时间成本，推动商事登记提效增速。依托“7×24小时自助服务区”和“互联网+政务服务”体验区，强化数据应用，推动由“线下办”为主向“线上办”为主转变。

【推进“跨省通办”工作】 依托政务服务网、“浙里办”等线上数字化平台，以在跨省两地服务大厅设立“跨省通办”专窗、在省外商会设立政务服务办理点的形式，“三点成面”构建“跨省就近办”异地办事便利网。已与安徽省铜陵市郊区公共服务中心、贵州省贵阳市白云区人民政府政务服务中心、贵州省三都水族自治县签订“跨省通办”合作协议，两地专窗工作人员账户交互，配置授权合作事项，建立业务沟通群组，实时响应，实现事项异地受理、属地审批。

【拓展政银合作模式】 在全市率先开启政务服务便利化项目试点工作，拓展“政银合作新模式”。全区37个农商行网点及分理处均完成政务服务专窗布设，通过“银行App+掌上办”“网点窗口+就近办”“人工咨询+自助办”“客户经理+上门办”等模式，莲都农商行工作人员成为基层政务服务代办员。迭代“政务服务自助终端”功能，优化升级“长三角服务专区”通办事项，已实现五省一市自助终端服务融合，15个区域实现自助终端办理无缝切换，共计可办10958项事项。

【开展涉企鉴定评估“最多评一次”改革】 6月出台《丽水市莲都区涉企鉴定评估“最多评一

次"改革(涉企强制性重复鉴定评估清理)工作方案》，对全区涉企强制性鉴定评估事项进行清理。8月初正式公布《丽水市莲都区涉企鉴定评估及免评估事项清单》(2021年版)，梳理出15项涉企鉴定评估项目及4项免评估事项，规范了涉企行政行为，为企业建设运营缩减时限、降本减负，实现政企"双赢"。

【推进工程建设领域保证金制度改革】 在全区范围内推行工程履约保证金、投标保证金、工程质量保证金等领域保证金的电子保函(保单)替代工作。2021年，完成建设工程招标项目170个，投标保证金交纳采用银行保函、担保保函形式1731笔，涉及金额43679万元；采用保险保单形式189笔，涉及金额5232万元，降低投标人资金占压数量共计48911万元。

【加大"政采云"网上超市监管力度】 加强莲都区域网上超市管理巡检工作，对违规供应商做出相应处理，净化"政采云"网上超市交易市场。2021年，按照省、市相关规定，就各类违规情况共向77家"政采云"商家发函提醒，37家商家被扣诚信分，14家商家被暂停营业，1家商家被强制退出。

【探索施工类项目"评定分离"招标模式】 与建设、发改等单位探索推出施工类项目"评定分离"相关制度，10月莲都区青少年宫新建项目采用"评定分离"模式完成招投标工作。此次探索压实了招标人主体责任，业主单位招到信用程度高、施工能力强的施工企业，降低了施工单位施工能力不足影响工程质量的风险，为提高莲都区高品质工程建设打下基础。

【用活涉审中介服务平台】 依托丽水市中介服务网上竞价系统(中介超市)，建立全面开放、竞争有序、规范管理的中介服务市场。按照"非禁即入"原则，所有具备资质的中介机构均可进入莲都市场开展业务。2021年，网上中介超市共通过项目2114个，成交项目1747个，其中以金额报价项目645个，成交金额2989.31万元，为政府投资项目降低金额611.68万元，降价率20.05%；以下浮率报价项目1102个，平均下浮率22.22%。

【推行标准化政务服务模式】 推广落实具有丽水特色的《政务服务礼仪规范》《村(社区)便民服务代办点服务规范》等标准，修订形成《乡镇(街道)便民服务工作规范》，为推进丽水市市县乡村四级服务中心(点)标准化建设提供莲都经验与样板。组织开展莲都区首届"立足岗位强素质、勤学实干当先锋"政务服务技能竞赛，在174名工作人员中优选出16名选手进行礼仪规范、业务知识储备比拼，树立窗口服务标杆。

【规范招投标主体进场交易行为】 公共资源交易中心全面实行"值班长"工作制，优化代理机构进场交易管理办法，强化监督代理机构进场交易行为。每月网上晾晒各代理公司上月度加扣分情况，督促代理公司加强自身行为规范建设。创新公共资源交易政策宣传方式，通过以"案"说法的形式，分期推送自编自导自演情景案例，宣传普及公共资源交易相关法律法规及工作流程。

12月12日，莲都区行政服务中心与义乌市行政服务中心签订政务服务"山海通办"战略合作协议(区行政服务审批中心　供图)

政协丽水市莲都区委员会

【概　况】 2021年，区政协学习贯彻中共十九届五中、六中全会精神，领会习近平总书记关于加强和改进人民政协工作的重要思想，召开全体会议1次、常委会会议3次、主席会议12次，组织重点课题7个，确定重点提案16件，开展重要协商监督活动19场次，形成政协建议15件、协商纪要4件。坚持党建引领，建立以党组理论学习中心组为龙头的学习体系，举办党外委员履职能力培训班1期，开展“委员讲堂”学习讲座13场。把党史学习教育作为重点安排，研究部署微党课、微协商、微服务、微民情、微心愿、微工作室举措，丰富庆祝中国共产党成立100周年系列活动，引领政协委员和政协干部弘扬践行浙西南革命精神。开展界别工作支部开大会、上党课、观演红色剧目、追寻红色足迹“四个一”活动，推动77名党员委员联系124名党外委员。组建优化营商环境等7个课题组，分别对全区营商环境、数字化改革、农合联、小区物业、校园文化、畲族乡镇、农村公共文化等开展调研。开展“深入推进大花园建设加快建设美丽中国先行示范区”三级政协联动专项集体民主监督，视察现代农业园区、“大搬快聚富民安居”工程和基层公共卫生等重大项目重点工作，继续用好委员微工作室。推动“请你来协商”平台提档升级，探索跨区域协商模式，与义乌、武义、松阳等地政协联合举办“请你来协商”活动；推动“民生议事堂”建设提速推进，在紫金、联城、碧湖、雅溪、仙渡、老竹、丽新等7个乡镇（街道）试点协商议事。2021年，提案立案166件，推进重点提案领办督办，开展建设局、司法局近年提案办理情况“回头看”，对经商局、文广旅体局、碧湖镇政府提案办理工作进行民主评议。印发《区政协提案工作实施细则》（莲政协〔2021〕2号）等文件。坚持主要领导亲力亲为，突出课题调研、跨界协作、区域合作和信息员队伍建设，蝉联全市政协系统反映社情民意信息工作成绩第一名。出版《文化名人与莲都》和《见证丽水七十年》文史专辑，以及《莲都文史》第7期。丽水摄影之乡委员会客厅主办“政协委员看浙江”摄影·微视频大赛，汇集全省作品4000多件，入选丽水市政协十佳委员会客厅活动案例；陈旭东委员工作室助力碧湖新城道路建设，获评丽水市政协十佳委员工作室活动案例；沈香妈委员工作室建“爱心共享厨房”服务病患家属，被新华网、人民网、《人民政协报》《联谊报》等媒体宣传报道。落实主席、副主席联系乡镇（街道）、重大项目、企业和村（社），协调抗击疫情和帮助解决实际问题。开展走访委员活动和委员界别月活动，关心关爱政协委员，联系帮扶低收入农户。承办丽水市政协系统庆祝中国共产党成立100周年第十五次书画作品联展，组织摄影之友社成员星空采风活动，落实女委员联谊会“同心向党、礼赞百年”等活动，营造团结合作氛围。

（赵军浩）

重要会议

【政协第十六届丽水市莲都区委员会第一次全体会议】 中国人民政治协商会议第十六届丽水市莲都区委员会第一次全体

会议,于2022年2月11日至2月14日在莲都举行。应参加会议政协委员221人,实到217人。十五届区政协主席、区人大常委会党组书记陈立新代表政协第十五届丽水市莲都区委员会常务委员会向大会作工作报告。会议审议批准政协第十五届丽水市莲都区委员会常务委员会工作报告和提案工作情况的报告,选举产生政协第十六届丽水市莲都区委员会主席、副主席、秘书长和常务委员。委员们还列席区十七届人大一次会议,听取区政府工作报告、区人民法院工作报告、区人民检察院工作报告及其他报告,并通过讨论提出意见建议。

会议举行了大会发言,7位委员代表所在界别作台上发言,13位委员作即席发言,另外还有7篇材料书面发言。委员们的发言紧扣莲都中心工作,聚焦民生热点,发出参政议政"好声音",为全区经济社会发展、民生改善提出了建议。

会议审议通过了政协第十六届丽水市莲都区委员会第一次会议决议;选举产生政协第十六届丽水市莲都区委员会主席、副主席、秘书长和常务委员。表彰了政协工作先进集体和先进个人。

【政协丽水市莲都区委员会常务委员会会议】 2021年,召开区政协常委会会议3次。

2月5日,区政协十五届常委会十八次会议召开。会议由区政协主席陈立新主持。市委常委、区委书记徐光文,区委常委、统战部部长、政协党组副书记翁伟标,区人民检察院检察长蔡建彧等应邀参加。徐光文回顾区委2020年工作成绩,通报区委区政府2020年度提案办理情况。会议听取和讨论"一府两院"工作报告(征求意见稿),民主评议区农业农村局、区民政局、区文广旅体局2020年办理提案工作,审议通过人事事项,学习传达省政协全会精神和区委全会精神,审议通过关于召开区政协十五届五次会议的决定、区政协十五届五次会议议程(草案)和日程、区政协常委会工作报告(草案)和提案工作情况的报告(草案)及报告人名单、关于授权主席会议审议区政协十五届十八次常委会会议未尽事宜的决定,书面通报区政协主席会议2020年工作情况和区政协2020年履职评价情况。

5月14日,区政协十五届常委会十九次会议暨优化营商环境"请你来协商"活动举行,市委常委、区委书记徐光文出席并讲话,要求各部门要马上梳理、认真研究、举一反三,将意见建议充分吸纳并体现到今后工作及政策修订当中去。与会专家、政协委员、企业家代表就优化营商环境提出了意见和建议。会上,有关部门就委员所提的意见建议一一作出回应。

8月18日,区政协十五届常委会二十次会议召开。会议传达学习全省政协主席暑期读书会暨宣传思想工作会议精神,听取区政府上半年工作情况通报,审议通过区政协提案工作实施细则。会议指出,上半年全区经济社会发展稳中向好,重点工作成效明显,但同时也存在部分经济指标增速回落、重点项目推进情况不理想、新旧动能转化程度不足等短板和弱项,要采取应对措施,攻坚克难推进疫情防控和经济社会发展。

(庄静)

重要建议和调研活动

【"双招双引"工作】 2021年,区政协针对莲都区"双招双引"工作存在人难招、资难引等问题,展开调研,并召开会议商讨对策,建议:丰富助企举措,做大产业平台;完善企业帮扶特派员机制,实施中小微民营企业成长工程,建立健全企业难题化解"一企一档"机制,开展"小升规"提速行动,掌握企业生产经营状况,加大政策扶持的针对性和有效性;举办工业投资攻坚赛,对重大投资项目和重点工业技改投资实行挂图作战,明确专人负责逐个推进销号的倒逼机制;成立企业扶优维权中心;强化补链意识,落实"以商招商",把准产业链条,建好招引团队,实施"以商招商",制定激励措施,激发莲都企业的招商主动性;浓厚优商氛围,关心关爱企业家,出台企业家座谈会制度,掌握企业发展生产经营动态,听取企业诉求,探索企业家挂职机制，让企业家参与政府部门的管理工作，组织企业人才培训，提高企业的经营和应对局势的能力，落实企业员工子女入学等服务保障，树立标杆，弘扬优秀企业家创业的经验和精神。

【古树名木保护工作】 2021年，区政协组织委员深入全区乡镇街道了解古树名木保护现状，发现莲都区在古树名木保护中存在古树名木基础信息不扎实、保护资金和人员缺乏、群众意识不到位、价值挖掘不充分等问题。为此建议：再次排摸，建设具有莲都特色的古树地图。在现有基础上，进一步组织排摸，特别是对疑似古树进行论证补录，全面系统地查清辖区内古树名木资源分布、生长状况和保护情况。同时，对50年以上未满100年的老树进行登记建档。建设莲都古树“一张图”管理系统，录入古树图片、GPS坐标、生长信息，便于部门管理、保护和群众游览、查阅。加强宣传，提升社会古树名木保护认知度。利用各类媒体和互联网，采取广泛有效的宣传方式，增强社会各界和广大群众保护古树名木的自觉性、主动性，在全社会形成热爱、保护古树名木的良好社会氛围。可以通过“古树认领”和摄影比赛等形式提高影响力，提升全社会对古树的认知度。加大投入，建立古树名木保护常态化机制。建立区级古树名木应急保护专项资金，并纳入财政预算，用于二级、三级古树的保护和移植工作。为全区古树投保，在古树遭受灾害或对群众生命财产造成影响时，由保险公司出资救护或赔付。建好队伍，培育一批古树保护专业技术人才。落实属地管理责任，将古树日常管护列入村干部职责，将护林员队伍纳入古树管理体系。加强古树名木保护管理从业人员的专业技术培训，做好责任单位和责任人的培训教育，培养造就一批高素质的人才队伍。

【手工文创产业发展】 2021年，莲都区弘扬和践行工匠精神，开展“匠心莲都”“莲都工匠”等评选活动。为助推莲都区手工文创产业发展，区妇联课题组赴太平乡、碧湖镇、仙渡乡、黄村乡、峰源乡等地调研，了解新时代工匠情况，发现手工文创产业在文创产品、技能传承、原材料及产业链发展、政府引导和政策扶持等方面存在问题。为此建议：提高思想认识，主动作为，营造“新时代工匠”创新发展的良好氛围。确定主管部门。由区政府统一规划和实施“新时代工匠”手工文创产业项目，建立跨部门、跨行业的联动机制，打通产业保护、文化提炼、旅游融合、农业生产、渠道销售等产业链环节。部门之间协调解决“新时代工匠”培育过程中的实际问题。广泛宣传推进。组织各类手工艺技能及产品的技能大赛、创意大赛、创业大赛等活动，推荐优秀人才参加全国和省、市赛事及活动。宣传具有莲都代表性的技艺能人、创新匠人和传统技能手工艺产品，造就一批具有莲都特色的手工文创产品及新时代匠人。整合匠人资源，加强队伍建设，增强“新时代工匠”创新发展的内生动力。整合匠人资源。建立具有莲都代表性的传统技能匠人及创新工匠名单和人才库，形成具有承上启下、推陈出新的“新时代工匠”复合型人才队伍。开展院校及机构合作，提高人才引入，发挥带动效应。丰富销售渠道，培育龙头产品，打造“新时代工匠”创新发展的莲都样板。借力发展。借助区旅投、区农业农村局的力量，在各大景区、民宿、农家乐、农业休闲综合体建立莲都技艺“新时代工匠”手工文创产品销售点，建立文创产品一条街，扶持前店后厂模式，加快手工文创产品市场化进程。集中力量树立1—2个具有莲都特色手工技能的龙头产品。加强产业化指导，推动“布布生香”等传统手工技能产品的再发展，协助其完善产品产业链，扩大生产规模，打造“新时代工匠”的典型代表和具有“莲都工匠”精神的手工艺从业模范。利用3年时间创新发展3~5项传统手工技能，形成30~50款具有莲都特色的手工文创产品。

【校园文化建设】 2021年，区政协围绕莲都区校园文化建设开展调研，通过实地走访、查阅资料、座谈交流，发现存在谋划不够精、建设不够足、传承不够稳、机制不健全等不足。经协商，形成建议如下：高度重视，精心谋划。

各部门要加大对校园文化的投入力度，建议财政局将校园文化经费列入专项资金或是把校园文化硬件改造列入校舍改造的盘子里，避免校园文化陷入“巧妇难为无米之炊”的境地。要从全局出发，对各校现有的校园文化做充分的论证和指导，做好顶层设计和整体规划。整体推进，传承发展。发挥师生的作用，让师生参与到校园文化建设中，把教师参与校园文化建设的工作纳入绩效考核范畴，由校领导负责考核计分，形成有效激励机制。各学校每5年可组织专题会对校园文化进行研讨，审视原有的校园文化，符合的要继承，不符的要调整。要处理好传承和发展的关系，坚持一校一品，落实校园文化主题，要让核心主干上“枝繁叶茂”。凝聚共识，营造氛围。坚持开放的新发展理念，凝聚社会共识，宣传发动营造良好氛围，发挥社会各界力量。维护更新优化校园内部显性文化，在校园的各个区域能全方位多维度地充分展现校园文化，让学生举目皆是文化，为开展校园文化活动提供必要的场地和条件。创新载体，协同共享。宣传、教育、文广旅体、财政、妇联、团区委、科协等部门通盘协作，在校园文化建设工作上实现无缝对接，并形成制度化。各部门要创新文化建设载体，科学谋划年度文化活动，建议成立校园文化资源库，坚持共享的新发展理念，把图书馆、青少年宫、文化馆等纳入校园文化资源库中，为校园文化提供资源和便利。

【农民工工资专户管理】 区民革对莲都区落实专项农民工工资专用账户进行调研，发现存在农民工工资专用账户覆盖面较窄，部分企业及承包商信用缺失，农民工资卡被违规占用，银行金融服务难以满足实际需求呈现“一人多卡”现象等问题。为此建议：增点扩面，加大农民工工资专户覆盖面。总结在工程建设项目领域农民工工资专户管理所取得的成效及仍需提升改进的问题，增点扩面，逐步覆盖农民工就业行业，同时充分利用多种宣传媒介，宣传农民工工资专户管理制度及相关劳动保障法律法规，增强农民工自身维权意识和用人单位依法用工的法律意识。加强行业管理，优化配套政策支持。行业主管部门、项目建设业主要加大违法分包、层层转包、以包代管、只包不管、出借资质、挂靠资质等违法行为的查处力度，要求项目落实农民工实名制管理，确保每一笔通过农民工工资专用账户发放的工资真实有效。要健全企业诚信“红、黑名单”制度，可出台农民工专户管理实施细则，健全考核评价、定期督查、追责问责等制度，提高监管效率。提升金融服务水平。在保障资金安全的情况下，引导银行精简相关业务流程，同时精减账户，如明确可以采用一个总账户下设多个分账户的做法，既可避免开户申请材料的重复提交，也方便了企业财务管理。同时金融管理机构要加强管理，杜绝银行要求项目农民工办理指定银行卡的行为。只要农民工持有的是合法有效的本人银行卡，就可以在全国各地建筑工地通过实名账户领取工资。

【对接“义乌好货”优化“莲都山超”供应链】 2021年10月27日，莲都区政协会同义乌市政协，在丽水华侨开元名都大酒店丽水厅，以“请你来协商”的方式，组织“义乌好货”“莲都山超”搭桥会。会议介绍了前期调研成果。两地政协委员、部门同志、企业代表就两地合作发展进行了深入交流。与会人员认为，莲都、义乌两地党委政府高度重视，“山海协作”平台广阔，区域经济互补性较强，“义乌好货”与“莲都山超”合作基础较好。会议就政策扶持、资源整合、数字赋能、金融服务等方面交换意见，提出建议：加强政策赋能，提升政府扶持力度。加强对“莲都山超”品牌建设的政策支持和金融服务。稳定超市办干部队伍。争取上级的政策支持，在“山海协作”工程中安排专项经费，支持两地企业开展供应链建设合作。加强中介赋能，提升品牌运营能力。完善公司运营机制，建立运营公司与加盟超市在品牌创建过程中利益共享、风险共担利益机制。强化加盟企业间紧密度，成为统一的市场主体，提升供应链市场话语权。加快专业运营团队建设，培训提升加盟超市运营能力，吸引经营经验丰富、影响力强的超市业主加入，引进经营管理人才。加强营销赋能，增强市场拓展能力。站在深化“山海协作”工程的高度，支持“莲都山超”供应链建设。从示范柜台建设着手，在选货机制、资金结算、售后服务等方面凝聚共识，从开展合作经营向自主经营发展，并建立健全运营机制。加强数字赋能，提升信息整合能力。加快信息网络建设，在供应链管理以及销售渠道、运营策略等方面实现数字化，解决丽水籍超市经营提档、服务升级、资金回流等问题。加强莲都超市资源整合，与市共建共享“超市大脑”，打造集货源供应、线上授信金融服务、政务服务、法律专业服务等数字化服务于一体的大平台，提高供应链核心竞争力和溢价能力。加强金融赋能，提升运维资金保障。扩大政策范围。优化超市产业政策，扩大支持小微企业发展相关政策（特别是金融政策）的覆盖面和适用范围，让区外符合条件的超市商户享受同等待遇。创新金融服务。探索本地金融机构为区外商户提供资金结算、线上贷款融资等金融服务的可行路径，畅通超市资金回流渠道，发挥金融科技赋能乡村振兴的积极作用。加强引导监管。引导和规范商业银行贷款行为，解决利率偏高等问题，营造更利于莲都人参与超市经济的金融环境。

【优化营商环境】 2021年，区政协“优化营商环境”课题组通过联系各级专家、召开座谈会议、走访企业群众、组织社会问卷调查，并借鉴异地经验做法，形成了专题调研报告。经5月14日优化营商环境“请你来协商”活动和市委常委、区委书记徐光文指示要求，梳理出意见建议。要培植本土企业，发展特色产业；扶持农业企业，推动产业融合；发展电商产业，壮大绿色经济；盘活闲置资产，推动产业聚集；整合招商力量，加强资源共享。要加强联系企业，提升服务效能，灵活服务企业，规范财审程序，明确制度要求，树立服务理念，体现人性化执法，探索“首违不罚”制度，增强企业主的法治观念。提升市场活力，规范项目申报，提升科创活力。加快产城融合，提升区域活力；加强服务市场化，提升发展活力。加强政策及金融支持，完善惠企政策、加强政府扶持。足额发放奖补，精简兑现程序，切实帮助解决融资难、融资贵问题。

【提升物业管理水平】 区政协围绕“聚焦小区物业管理 助力经常化文明城市创建”主题，成立课题组，经调研考察，发现存在部分工作权责边界不清晰，部分小区基础设施不完善，部分小区管理内生动力不足，部分居民行为习惯有待养成等问题。为此建议：拉组建群，联席会议，打开莲都区物业管理新局面。加强党建引领，创红色物业品牌。建立健全社区党组织领导下的居委会、业委会、物业企业等共同参与的协调治理工作机制。抓好物业企业党建工作，推动物业管理高质量发展。加强政府服务，建联席会议制度。明确和落实各相关部门在物业监督管理工作中的职责。街道（乡镇）将物业管理活动纳入基层治理工作，保障街道（乡镇）、社区开展物业管理指导监督工作经费。加强业主自治，筑群防群治体系，助力提升小区物业管理水平。整合资源，扩大基础设施供给。推进房产证改革，实现住房和车位车库两证分离。创新举措，提高违法处置水平，加大物业管理中各类违法违规问题的执法处置力度。多方合力，提高物业费上缴比例。扩大居民参与度，形成共建共享家园意识。研究出台《住宅小区物业服务规范》，建立和完善建设局和街道办事处共同参与的物业服务监督考核评价体系。支持小区节能减排、康养服务，实现多元发展。加强高端物业管理服务宣传，引导低端物业管理小区积极拓宽服务内容，向高端物业管理迈进。建好用好“智慧物管、红色物业”管理平台，加快推动小区物管设备智能化。

【中小学标准化食堂建设及做好配送餐企业管理】 为了解学生在校就餐情况，助力改善学生校园生活质量，区台联会课题组深入全区中小学校和配送餐企业调研，并借鉴舟山市海淀区海滨小学、普陀区第二中学、普陀小学、城北小学做法，梳理意见建议如下：推进供应端改革，保障菜品口感。把食堂纳入学校建设整体规划，按照学生人数规划食堂建设空间;支持有闲置用房、闲置用地的学校尽早改造或新建食堂,在“十四五”期间完成全部学校食堂的改造建设工作。通过政府补贴设置奖励工资,强化专业培训引导,提升食堂员工的厨艺和服务水平。对暂不具备用房条件的,完善配送餐制度,丰富菜品套餐选择,缩短配送时间,保障各类饭菜的食用品质。落实消费端引导,减少粮食浪费。各校要制定详细就餐制度,强化陪餐老师的工作职责,倡导文明就餐光盘行动,培养学生文明就餐的行为习惯。加快数字化赋能,提升管理水平。建设“智慧食堂”App,完善视频监督、智能监控设施,畅通市场监督管理局、教育局、学生家长等方面的沟通和联系,加强食品安全、食堂就餐全过程监管和记录,打造“阳光厨房”。以公益服务为导向,防范追逐利润导致的降低质量行为。不定期组织专项审计,加强监管食堂及配送餐企业的经营行为。

【“竹柳新桥”畲族乡镇乡村振兴示范区建设】 2021年,丽水市莲都区政协,会同松阳县政协、武义县政协,对“竹柳新桥”畲族乡镇的社会经济发展状况进行全面深入的调研。调研中发现该区域内整体连片发展依然滞后,离乡村振兴“20字”方针要求差距较大。存在收入差距明显,产业化程度偏低;民生投入不足,均等化服务落后;创新传承不够,文化软实力欠缺等发展短板。为此,提出“建立‘竹柳新桥’畲族乡镇乡村振兴示范区”的建议。制定“竹柳新桥”畲族乡村振兴示范区建设的远期(10年)规划和近期(3—5年)规划,统一规划区域产业、交通、项目等,分区实施。突出畲族元素和特色,探索谋划“竹柳新桥”版国际未来特色畲寨,打造少数民族乡村振兴“先行区”。依托现有特色农业产业,进行挖掘和升级,引入现代农业发展模式,创建“竹柳新桥”畲族乡村农产品区域品牌,支持茶叶、莲子等产业规模化。委托第三方机构摸清该片区生态资源家底,进行GEP资产核算,为绿水青山定价,指导推进GEP价值转化变现,走出一条民族乡村生态产品价值转换的新路。在土地指标、融资政策、人才保障、税费优惠等方面给予特殊政策保障。适度发展生态工业,大力发展文旅产业,提升生态农业,重视大项目落地,优化互联互通。以浙西南革命精神铸魂赋能立根,推动红色文化、绿色生态与畲族特色的有机融合。保护和传承好畲族非物质文化遗产。要做好特色传统节庆活动的常规宣传,利用好互联网,打造网络宣传新阵地。

【碧湖新城国家水稻分子育种中心丽水示范基地建设】 区科协调研发现,华智生物与丽水碧湖虹菊粮食产销专业合作社合作在碧湖镇魏村村建立的国家水稻分子育种中心智能示范基地条件优越,可以为碧湖新城探索集聚型创新社区和连片型美丽田园相结合的城市开发模式提供更大助力。建议围绕“百万人口大城市建设取得突破性进展”奋斗目标,结合“提速碧湖新城建设”任务,更加重视国家水稻分子育种中心丽水示范基地建设。把国家水稻分子育种中心丽水示范基地建设成中国一流的水稻育种中心,以吸引人才。把国家水稻分子育种中心丽水示范基地建设成爱国主义教育基地,以培养和教育人才。把国家水稻分子育种中心丽水示范基地建设成旅游景点,以吸引游客和壮大产业。

【国有企业市场化改革和国有资本运营】 为助力优化莲都区国有企业市场化改革和国有资本运营,区政协成立专项课题组,就完善现代企业制度、推进国有经济布局优化和结构调整、健全市场化经营机制、形成以管资本为主的国有资产监管体制机制等内容,开展调查走访、座谈研讨,发现存在经营效益不高,发展动力不强,人才储备不足等问题。

为此建议,完善现代企业制度,激发企业主体的市场活力。加快转型升级,使国有经济结构更趋合理,加快历史遗留问题清零,规范国有资产管理、防范国有资产流失,开展产权制度改革,完善改制企业法人治理机制。突出企业主体地位,健全市场化经营管理机制,推行经理层成员市场化管理，落实市场化用工机制。完善重大事项管理制度，优化决策流程，加快国有企业市场化转型。强化国有企业成本控制和风险约束，提升国有资产使用效益。数字赋能国资国企化改革，推进国资监管大平台建设，实现国资监管数据与企业内部业务数据互联互通。构建新型考核评价体系，根据企业功能定位，推进“一类一策”“一企一策”考核模式。健全协同高效的监督体系，加强对国有企业改革重点领域、重要环节的监督，健全完善问责机制，推进经营性国有资产集中统一监管。

【紫金街道“山区片红绿融合发展”“民生议事堂”协商活动】 11月4日，莲都区政协在紫金街道大洋河社区举行全区首场“请你来协商 民生议事堂”活动。活动介绍了紫金街道山区片发展现状及调研情况，并组织了对话交流，提出要以守好红色根脉、打造党建高地、推进共同富裕为目标，探索实施组织共建、资源共享、难题共解等“共”富机制，筑起党建联盟共富圈。把握国土、林业、农业、水利、旅游、交通、环保等政策文件，做好调整和审批，谋好绿色产业布局。推进整体谋划，形成各具特色、优势互补、红绿底色突出的整体发展格局。发挥地理位置优势，融入城区高铁新城整体布局。要围绕“红绿”融合优产业。围绕“红绿”融合抓基建。围绕“红绿”融合促发展。

【加强农村公共文化服务体系建设】 区政协围绕“加强农村公共文化服务体系建设”开展专题调研。发现设施建设存在短板，服务效能亟待提升，供需结构不尽匹配，队伍建设有待加强等问题。建议统筹部门、社会、城乡等资源，补齐设施建设短板。完善运营机制，提升农村公共文化服务效能。坚持按需供给，提高农村公共文化服务质量。加快数字化改革赋能农村公共文化服务。加强队伍建设，提高文化人才素养。根据需要，增加农村公共文化服务人员编制，完善人才扶持政策。用好乡村文化能人、社会志愿者、文化艺术家三支队伍。

【推进农业绿色高质量发展】 为了搞好莲都区农业“三位一体”改革，推进农合联服务乡村振兴，推动农业绿色高质量发展，莲都区政协成立专题调研组就“三位一体”改革进行工作调研，发现莲都区“三位一体”农合联改革存在机制不顺，改革工作合力不足；制度不全，组织建设不够健全；基础不实，农合联服务成效不大等问题和困难。为此建议，理顺机制，凝聚合力促改革。提高对“三位一体”农合联改革工作的认识。加强组织领导，凝聚工作合力。建立“三位一体”农合联改革考核机制，加快完善农合联治理结构。完善合作基金使用管理等配套制度，助力构建农民合作经济组织体系。加大对“三位一体”农合联改革支持力度。在涉农政策、财政支持、人才队伍等方面向农合联倾斜。推进基层“六有”农合联建设。在供销社振兴发展、基层社建设、社有企业提升壮大等方面加大改革支持力度。推进农合联生产服务。多方合力，整合资源，建立公开共享的信用信息平台和信用等级评定体系。强化政策倾斜扶持，创新为农服务金融产品，解决农民“融资难”问题。

【数字化改革赋能政府服务】 莲都区政协组织委员对全区数字化改革工作开展课题调研，发现数字化工作体制机制需理顺，数据共享需加快，平台设计需调整，工作保障需加强，服务导向需增强等问题。为此建议：重塑制度流程。抓好多跨场景建设。强化顶层设计，构建整体协同长效机制，加强部门间架构对接和协同，畅通数据上下流动协同。细化年度指标任务，明确重点目标，厘清职责，完善清单化推进机制。通过“双招双引”等渠道，解决人才和人力紧缺的问题。正在落地的项目，要问需于民、问需于企、问需于基层，避免复杂难用，推进数字政府建设赋能政府服务，形成“党政主导、公众参与、社会协同、上下联动”的基层治理新格局。落实“一把手”工程，统筹权责关系和资源配置。通过小场景切入，对技术、流程和组织三者进行融合，带动整个单位及协同单位的持续数字化改革。推动社会多元主体资源和力量整合，组建重大任务梳理专班，着眼于可量化、可执行、可监测、可评估，形成任务梳理规范。

（马腾飞）

提案和协商工作委员会

【升级“请你来协商”平台】 发挥提案和协商工作委员会“牵头抓总”作用，强化推动平台专业化建设，突出政协协商的主责主业，形成“党委重视、政府支持、部门全面参与”的共建氛围。相关做法被《联谊报》头版创新案例展示版面刊登，省政协主席葛慧君到莲都调研工作时给予充分认可。区委书记、区长带头参加“请你来协商”活动；党政分管领导、部门负责人、区政协主席会议成员、各专委会人人参与；政协委员、专家学者、各界群众代表踊跃参加，专家智库和委员专业服务队提供专业支持。开展了跨市协商创新探索，在“义乌好货”“莲都山超”搭桥会协商活动中，与义乌进行了跨域交流对话；在“竹柳新桥”民族乡镇乡村振兴“请你来协商”活动中，与松阳、武义携手共谋未来，在促进区域协同发展、推动共同富裕示范区建设中打破了行政壁垒、凝聚了共识。2021年，累计组织“请你来协商”活动19场，其中政协主要领导主持活动8场次，副主席主持7场次，相关专委会主任主持4场次，区委区政府领导参加8场次。现场参与活动500余人次，提出意见建议335条，被采纳168条，协商民主实践呈现常态化、经常化、日常化态势。重视调查研究和各项协商前的准备，深化互动交流，协商结果由区委区政府督察室交办督办，区政协组织委员监督跟踪部门办理情况，推动协商成果落到实处。做好协商活动的全程录播和案例提炼，“浙江政协同心苑”公众号、《联谊报》等报道宣传莲都区协商活动案例8条。形成《政协建议》11件、《协商纪要》4件报送决策参考，其中8件获区委区政府批示。

【推进“民生议事堂”建设】 根据上级部署、结合莲都区实际，选取紫金、联城、碧湖、雅溪、仙渡、老竹、丽新7个乡镇（街道）作为“民生议事堂”建设试点，成立委员履职小组，由主席、副主席、各专委会分片联系指导，召集各试点乡镇（街道）召开工作推进会，听取基层意见建议，部署建设事项。创新“会”“堂”共建，探索“三个融合”。“民生议事堂”与“协治会”两个平台开展融合共建。以有场所、有队伍、有展示的“三有”标准同步推进“会”“堂”建设，在场所设置、工作程序、协商内容、协商方式和频次等方面进行有机统一，并建立分工负责、民情联络、统筹联动、成果转化等的保障机制。将“协治会”成员中“两代表一委员”、乡贤会人员、老年会人员等作为“民生议事堂”活动的后备智库，在扩大各界人士有序政治参与的同时，解决了基层乡镇（街道）政协委员配比不足的问题。在议题选择上共享渠道，不仅可以通过委员履职小组的调研提出选题，也可以通过委员信箱、热线电话、委员轮值等听取民意，还可以向基层党委政府、群众团体和各界代表人士进行征集，从而更加精准地反映基层治理难点、群众关注焦点。谋划以“山区片红绿融合发展”为主题的首场“民生议事堂”协商活动，区政协主席参加现场协商活动并主持，各试点乡镇（街道）履职小组负责人受邀列席观摩。

【提案工作】 根据新形势、新要求，修订出台《提案工作实施细则》《关于提高提案质量的实施意见》，推动提案工作与时俱进。在前期提案立案过程中开展协商式审查，对内容相近的提案进行并案，对内容空泛的提案进行修改完善或撤案。2021年共“撤、并、改”提案30件，其中并案19件、不立案11件，最终立案提案数166件，提高了提案内容的深度、精度和广度。2021年筛选出16件重点提案由区委、区政府领导领办。针对所有提案建立办理预警通报机制，采取专项督办、联合督办、跟踪督办等方式实时跟进，确保办理落到实处、办出成效。严把时限关、答复关和质量关，推动成果转化深入政策和制度层面。完善预交办、集中会议交办、网上交办制度，办理结果在网上公开，提高提案办理的效率和透明度。开设提案工作纪实特别报道，宣传“双优秀”提案、精品提案、重点提案；坚持开展优秀提案评选，挖掘典型事例和先进经验；开展提案办理单位的民主评议工作，以“评”促“提”，使办理成果惠及面更加广泛、影响力更加持久。落实数字化改革相关工作，完成《建议提案系统》的等保备案工作，开展《建议提案系统》的等保测评工作，完善区政协正版软件相关管理制度，完成软件正版化清查工作，确保推进使用正版软件工作成果，保障区政协数字办公安全。按照省政协要求，在全省政协履职服务平台上整理、上传2019—2021年度“请你来协商”活动详情48项。

（叶春晓）

委员工作委员会

【履职氛围营造】 落实委员管理制度，执行《政协丽水市莲都区委员会关于加强政协委员队伍建设的实施办法》《丽水市莲都区政协委员履职情况评价办法》等，让委员履职有依据，履职有保障，有效促进委员积极履职；创建多种履职载体，丰富委员履职活动，结合书香政协创建活动，引导委员爱读书、善读书、读好书，发动委员参与读书论坛议政建言活动，2021年有2000多人次参与省政协、市政协、区政协组织的读书论坛议政建言活动。

【走访约谈委员活动】 制定政协主席会议成员走访委员的工作方案，由政协主席会议成员带队分别走访委员，合计全年走访委员92名。

【开展界别月活动】 按照市政协《关于开展界别月活动暨“千名政协委员联系帮扶千户低收入农户”行动的通知》（丽政协办〔2021〕24号）具体部署，制定了区政协系统开展界别活动月暨委员联系帮扶“低收入农户”行动具体方案，要求各界别委员做好走访帮扶低收入农户工作，指导低收入农户发展生产、提高经济效益；为村民提供助医、助学、送科技等服务；给特别困难低收入农户送温暖。通过界别月活动，帮助联城街道瑶畈村大吴山自然村修建水渠；为村民提供各项服务；向低收入农户送温暖，捐赠物资和资金约19600元；开展红色教育、党史教育14场，受到当地群众一致好评。

【履职先进委员评选】 根据《关于印发〈莲都区政协委员履职先进个人评选办法〉的通知》精神，2021年5月开展十五届第二次委员履职先进评选，经过对2019年、2020年委员履职情况排名和各界别评比推荐，评出了20名委员为十五届莲都区政协第二次履职先进委员。

【民主监督】 莲都区派出委员1000多人次参加文明城市建设、“五水共治”、乡村振兴、垃圾分类、城中村改造等专项民主监督活动。应党政部门邀请派出委员200多人次参加各项民主监督活动。

【委员学习培训】 2021年7月6日至10日和浙大城市学院联合举办政协党外委员培训班，召集政协党外委员及政协机关工作人员共60人参加培训。主要课程包括“新时代，百年大党开启社会主义现代化国家新征程——‘十四五’规划及建党100周年”“2021年宏观经济形势分析与展望”“新常态下各级政协如何加强民主监督”等，并到嘉兴南湖红色教育基地开展现场教学。

结合委员沙龙活动，在民盟界别委员工作室、民革界别委员工作室邀请市区政协老委员传授政协理论知识和反映社情民意信息写作技巧；结合政协全会，于2月28日邀请市政协原秘书长作政协理论的专题讲座。

【换届工作】 做好届前调研工作，2021年4月开始，梳理委员本届履职情况，学习委员换届相关政策，从委员履职情况、委员年龄、任职届数等方面入手开展调研，将现有190名委员进行排名，提出委员留任建议名单，供政协党组研究决定。配合区委组织部、区委统战部做好委员选任工作。

【“请你来协商”政协参加单位活动】 2021年4月1日，组织13个政协参加单位在莲城宾馆二楼多功能厅举办“请你来协商”活动，各参加单位交流工作经验和工作计划。

【委员工作室工作】 工业经济界别委员工作室依托1919文化

产业园，接待各地政协委员交流指导工作；委员党建工作室依托爱心厨房，为特殊病人群体做好帮扶，展现政协委员的担当精神，更好地服务群众。

【委员会客厅工作】 2021年4月，浙江省联谊报社联合丽水市莲都区政协、丽水摄影之乡政协委员会客厅，向浙江各级政协委员和政协机关干部推出"我眼中的重要窗口"摄影·微视频征集展示活动。截至7月，活动主办方收到来自全省11个地市248名摄影师的3095幅照片和34个视频投稿，内容涵盖浙江大地经济建设、政府服务、生态环境、红色历史、传统文化、城市变迁、乡村振兴等方面。主办方邀请专家经过两轮评选，最终评出本次赛事摄影组获奖作品110件，视频组获奖作品5件。本次活动在全市委员会客厅十佳案例评选活动中获第一名。丽水摄影之乡委员会客厅被省政协评为三星级会客厅。8月19日，在丽水摄影之乡委员会客厅以"我与示范区建设"为主题开展恳谈活动。

农业和农村委员会

【调研课题】 围绕国家设施农业用地新政的出台，深入基层调研，形成了《用好用活设施农业用地政策助推莲都农业高质量发展》的调研报告，并在区政协十五届五次全会上台上发言，被评为大会优秀发言，调研报告转为提案交政府相关部门办理。区政府在研究制定《莲都区设施农用地备案监管办法》过程中，吸纳了调研报告中提出的大部分建议。在区政府制定的《监管办法（初稿）》提交讨论时，提交了《关于对制定〈莲都区实施农业用地备案监管办 法〉的几点建议》，以社情民意形式报区政府供决策参考。

围绕农村新经济组织改革工作，就莲都区农业"三位一体"改革工作开展调研，调研组深入了解莲都区"三位一体"农合联改革工作现状；赴温州瑞安市、平阳县和台州玉环市等地考察学习；组织专题研讨会，分析和研究莲都区"三位一体"农合联改革发展方向；运用"请你来协商"平台，邀请区政府分管领导、市供销社领导、区相关职能单位领导、政协委员及农业产业代表等协商，总结形成《关于深化"三位一体"农合联改革 推进农业绿色高质量发展的建议》政协建议报区委区政府。该调研提出的24条建议全部被区政府在推进莲都区农合联建设的意见中采纳。

针对莲都超市产业的可持续发展，组成"创新供应链赋能莲都超市发展"课题调研组，通过走访了解莲都超市商品供应现状、学习连锁超市的组织供应链的经验、考察义乌商城集团供应链平台，组织会议研讨，形成了《对接义乌好货 优化"莲都山超"供应链》调研报告。10月27日，莲都区政协和义乌市政协联合组织了"对接义乌好货 优化'莲都山超'供应链"请你来协商会议。在协商基础上形成协商纪要报区委区政府决策参考。多条建议在推进"莲都山超"品牌建设中得到具体落实。

【建议献策】 在区政协十五届五次会议召开之前，联系农业界别委员，讨论农业和农村工作中需要关注的问题，向大会提交建议案。共向大会提交了20件提案，其中，《用好用活设施农业用地政策助推莲都农业高质量发展》被列入大会发言，并被评为优秀发言，委员提案中的意见和建议大部分得到了区政府及相关部门的重视并得以落实。

【委员活动】 5月组织农业界别委员开展随手拍监督活动；6月29日，组织农业界别委员参加了区政协"三位一体"农合联改革请你来协商活动；11月9日，组织农业组委员考察龙泉革命教育基地、龙泉现代农业产业基地；12月9日，组织农业组委员开展十九届六中全会精神学习会和提案工作培训会。三次组织委员参加了省市区政协组织的网络读书会活动。

【服务中心工作】 落实农业和农村委牵头的单位工作责任制考核各项任务，配合做好分管领导领办的重点工作。关心关注委员，年度内走访了界别的所有委员，了解委员工作生活情况，为委员的产业发展提供建议，协助解决委员的困难。参加结对社区、结对村、结对贫困户、交通指挥岗亭等志愿活动。助推重点项目建设，协调落实领导重点领办项目。做好意识形态、乡村振兴、五水共治等考核项目工作。

人口资源环境委员会

【自身建设】 把理论学习摆在重要位置，坚持在学中干、干中学，用学习来推动委员会工作，用工作实效来检验学习成绩。学习习近平新时代中国特色社会主义思想，把握新时代人民政协的地位、作用和历史使命。结合专委会特色，开展专委会读书会活动，丰富委员读书生活，提升委员撰写社情民意信息水平。

【课题调研】 2021年，人资环委围绕全区热点、难点问题，发挥人民政协优势和作用，组织开展视察、调研、“请你来协商”、提案督办等履职活动。围绕创建工作，完成物业管理主席会议课题。在新湖天润阁小区物业管理中心举办“请你来协商”活动，课题组以书面和视频形式汇报了调研成果，梳理出4个方面问题，并提出具体建议，形成协商纪要送区委区政府参考，得到区委书记徐光文、区长王忠宝的批示。围绕古树名木工作，完成专委会课题。组织委员开展古树名木课题调研，调研组到全区各乡镇街道了解古树名木的现状和保护工作，梳理出古树资源基础信息普查有遗漏，数字化水平不足、古树保护资金和人员缺乏、群众意识不到位、古树价值未得到充分挖掘四方面问题，有针对性地提出意见和建议，以政协建议形式，报送区委区政府。

【民主监督】 根据省、市政协统一部署，围绕“深入推进大花园建设，加快建设美丽中国先行示范区”开展三级政协联动专项集体民主监督。人资环委牵头组织民主监督工作，组织100多名委员，分为6个民主监督组，分别到相关街道乡镇和部门开展工作。梳理出点绿成金、革绿出新、产业结构调整三方面问题。升级“随手拍、快捷报”，搭建“委员微工作室”微信群，围绕“经常化全国文明城市创建”“小城镇综合整治”“城乡生活垃圾分类”等中心任务，借力“i丽水”城市管理平台，组织政协委员同23名部门负责人同群办公、在线沟通，以照片的形式，累计反映和解决“十乱”问题1600个，实现了民主监督成本最小化和效果最大化。

【基层协商】 完成社区拆分专题协商工作。探索民生议事堂工作，多次到雅溪镇督导指导民生议事堂工作开展。组织专家委员在雅溪镇围绕北乡联盟红绿融合高质量发展主题，开展“请你来协商 民生议事堂”活动，促进政协协商与基层协商有机衔接。为北乡四个乡镇一体化发展、乡村振兴战略实施、共同富裕示范区建设，增添助力，凝聚“北乡联盟”发展共识。

教科卫体委员会

【党建引领】 坚持学习党史与学习新中国史、改革开放史、社会主义发展史相贯通，开展党史教育和“六讲六做”大宣讲活动，赢得好口碑。牵头区委党史学习教育第七巡回指导组，负责区委宣传部、区环卫中心、区移民服务中心、工业区管委会、瓯江度假区管委会、紫金街道、联城街道的督导工作，促使党史学习教育在基层推进。落实全面从严治党政治责任，落实“一岗双责”，深入理解意识形态工作的重要性，发挥人民政协重要阵地、重要平台、重要渠道的作用，抓好意识形态工作，拒绝“低级红”和“高级黑”。

【建言献策】 围绕共同富裕示范区建设的中心议题和民生事业、涉外工作等重点议题，组织委员开展网络议政，掌上履职。利用会议、学习活动等时机，深入基层调研，围绕群众关注的热点、难点问题，动员组织本委委员做好政协提案、反映社情民意信息等工作。围绕丽水市实验学校丽阳校区的科学合理划分，参加听证会，建言献策。9月26日，组织委员开展基层公共卫生视察活动，弘扬伟大抗疫精神，营造尊医重卫的良好风尚，健全分级诊疗制度、全民医保制度等，提升基本医疗卫生服务可及性，增强早期监测预警能力、快速检测能力、应急处置能力、综合救治能力。着眼“双招双引”一号工程，结合“非农化”和“非粮化”的全面整治，10月21日围绕农业科技组织开展委员视察活动，藏粮于地、藏粮于技，重点推进杂交水稻科创中心建设。注重对接和沟通，参与市政协组织的干部教育产业发展、养生产业可持续发展课题调研。

【民主协商】 结合校园文化建设课题，关注青少年心理健康，深入全区中小学校，通过实地走访、座谈交流、查阅资料等形式开展调研，创新请你来协商的组织方式，9月28日上午在区文化馆六楼多功能厅召开“请你来协商——校园文化建设”专题协商会议，下午在城西小学多功能厅举行校园文化发展论坛，上海世外教育集团专家、市区教育专家以及部分城乡中小学校长交流发言。以民生议事堂为契机，增机制不增机构，推动政协工作向基层延伸，12月7日，在丽新乡组织开展“请你来协商　民生议事堂”活动，围绕东西岩高铁站带来的畲乡小镇建设开展民主协商，取得较好成效。

【其他活动】 协助开展主席会议成员走访政协委员活动，密切与委员的联系；协助做好其他政协到莲都区进行调研视察的联系和陪同工作。7月29日，在丽云中心卫生院新院区，把送卫生、送体育、送文化、送教育、送科技、送法治结合起来，开展同心向党共享健康“六送下乡”活动。8月30日，组织区政协摄影之友社赴水牛坪观星营地等地开展摄影采风活动，鼓励摄影之友社成员参加市政协摄影作品比赛。遵守公务接待纪律，按规矩完成广东珠海、江苏邗江、甘肃武威等政协客人的接待工作。践行社会主义核心价值观，组织委员参与文明城市创建活动。

【专委业务】 助力教育事业，关注义务教育“双减”政策的落实，关注家庭教育促进法的实施，关注民办教育促进法、教师法的修订，组织委员通过参与问卷调查、实地调研、座谈研讨等方式，促使义务教育“双减”政策的落地。围绕研究性学习和旅行体验相结合的研学产业化，开展专委会课题调研，通过“教学做合一”的理念、方法和模式，探索学校教育、社会教育、家庭教育相衔接的实践性学习形式。通过委员带动广大群众支持党委、政府的疫情防控工作，加强对公共场所和各类群体的分类管控，听从防疫工作人员的指令，按要求完成新冠肺炎疫苗接种工作，发挥委员引领群众的作用，加强宣传发动，促进“浙丽保”工作取得成效。履行政协党建引领职责，关注全民健身运动和绿道建设，统筹推进群众体育、竞技体育、体育产业发展，突出体育文化，更加注重体育群体的意识形态工作。推动健康关口前移，建立体育和卫生健康等部门协同、全社会共同参与的运动促进健康新模式。

【自身建设】 遵守政治纪律和政治规矩，以区委巡察为契机，对照问题逐项整改，规范管理，加强对“三重一大”事项的决策监督，遵守廉政纪律。加强自我学习，以自我净化革除自身毒瘤、以自我完善提升整体形象、以自我革新培育创造活力、以自我提高增强担当本领。利用委员学习会和委组活动等，组织委员学习习近平总书记关于人民政协工作的重要论述和在庆祝中国共产党成立100周年大会上的讲话精神、学习各层面的“十四五”规划和共同富裕等专题，学习党的十九届五中、六中全会精神，省委十四届九次、十次全会，市委四届九次、十次全会和区委全会精神，将其精神落实到提升委员履职能力上来，落实到专委会的各项工作上来。遵守廉洁从政各项规定，在公务出差、公务用车、公务接待和保密纪律等方面，做到清正廉洁、干净干事。

（叶青春）

社会和法制委员会

【课题调研】 组织开展“数字化改革赋能政府服务”“大综合一体化行政执法改革”课题调研，收集民情，查摆问题，听取委员意见建议，形成了调研报告。组织委员参与省、市、区三级联动“深入推进大花园建设，加快建设美丽中国先行示范区”等专项集体民主监督，提出了意见建议。

【协商活动】 组织“数字化改革赋能政府服务”“请你来协商”活动，提出的意见建议被区领导批示肯定，并转化成推动经济社会发展的有效举措。参与雅溪镇“协治会”建设和“民生议事堂”建设，协助指导仙渡乡开展“乡级联建项目发展及营销渠道拓宽”的民生议事活动，推动政协协商向基层延伸、同社会治理结合。

【推进协商式监督】 就现代农业园区开发、“大搬快聚富民安居”工程、碧湖新城打造、丽水市拘留所建设工作等重大项目重点工作，组织委员调研视察，邀请部门进行可行性通报，凝聚起项目建设和工作推进的共识。

【送法下乡】 组织开展“送法下乡”活动，向农村广大群众宣传法治、弘扬法治，凝聚崇尚宪法、学法守法的共识。

【“随手拍”问题】 通过“随手拍·快捷报”平台，组织委员以照片形式反映污水治理、交通建设、村庄整治、垃圾分类等问题，助力加强和改进基层社会治理。在国家卫生城市和文明城市创建过程中，发动委员参与志愿巡查、文明劝导，助力发现和解决问题。

【“工作支部”助党建】 联合总工会、共青团、妇联、社会福利和社会保障等界别，成立界别工作支部，通过召开党员大会、组织上党课、观演红色剧目、追寻红色足迹等举措，实现了组织和工作“两个全覆盖”。

【“委员讲堂”助学习】 落实“书香政协”建设部署，参与政协理论宣讲团和“委员讲堂”建设，推荐委员进宣传团队伍，邀请法律专家为委员授课，开展党史学习教育。

【监督员队伍助履职】 推荐委员担任各行业监督员或受邀参与个案监督，就行业和个案提出监督意见建议。

港澳台侨民族宗教委员会

【专题考察活动】 组织委员开展“创建国家级旅游度假区”视察活动，通过实地走访、查看资料等方式对莲都区创建国家级旅游度假区工作进行了考察，并向实施单位反馈了存在的问题及一些建议意见。

【“三个走近”主题活动】 开展“走近特色民族村(寨)”活动，组织委员到丽新乡马村、老竹镇沙溪民族村开展走访活动，到松阳县的板桥乡、武义县柳城镇考察，完成《关于建立“竹柳新桥”畲族乡镇乡村振兴示范区的建议》调研课题，于7月23日在老竹东西岩游客中心开展了“请你来协商”活动，邀请两市三县四乡(镇)的政府政协领导、政协委员和四乡(镇)的干部一起协商，为“竹柳新桥”畲族乡镇民族乡村振兴建言献策，形成的调研报告得到省政协副主席陈铁雄和区委书记徐光文的批示。12月7日，在丽新乡咸宜村举办以“加快畲乡小镇建设 推进民族乡镇共同富裕”为主题的“请你来协商 民生议事堂”活动，委员们为民族乡镇发展建言献策。台联会界别开展“加快中小学校食堂建设”课题调研活动，到碧湖中学、水南小学等学校实地走访，到舟山市的定海区、普陀区考察，形成《关于加快中小学校食堂建设的建议》调研报告，并以政协建议案上报区委区政府。侨联界别委员走访莲都外国语学校、华侨国际幼儿园等侨资企业，和青田县、鹿城区的侨联进行交流，凝聚共识。

【委员履职】 组织开展委员微工作室即“随手拍、快捷报”民主监督活动，委员们深入各乡镇(街道)对“垃圾分类”“文明城市创建”等工作进行民主监督，上报有关情况；民宗界别联合区民宗局开展“回民公墓建设”监督活动，组织委员到上海市、嘉兴市调研回民公墓建设情况，到底金弄公墓建设现场查勘，为回民公墓建设建言献策。全会期间，委员撰写大会发言，区台联的《关于破解偏远乡村教育资源配置难问题的建议》和区侨联的《打造电商直播产业增长点 加大“莲产品”网络营销创新点》获优秀大会发言奖，本委委员递交多篇提案，其中区侨联的《关于优化数字化人才队伍 深入推进莲都区数字政府建设的建议》提案被列为重点提案，由区委领导领办。

（周奇星）

文化文史和学习委员会

【《文化名人与莲都》文史专辑征编出版】 2021年3月启动《文化名人与莲都》文史专辑征编出版工作。成立编辑组、制订征编工作方案、编撰大纲，与丽水市莲都区古栝文化传媒工作室签订编纂合同，于年底前完成出版。

【《见证丽水七十年》文史专辑编辑出版】 2021年4月启动《见证丽水七十年》文史专辑编辑工作，整理相关文章和图片资料，重新编排了文章目录，经多次修改完善，于年底前印刷出版。

【《莲都文史》第7期征编出版】 1月召开专委会年度工作会议，部署《莲都文史》杂志的征稿任务，提出经常性开展各类文史资料征集工作的要求。专委会对征集的庆祝改革开放40年、庆祝新中国暨人民政协成立70年等专题文史资料进行进一步梳理，分类编辑形成《莲都文史》第7期初稿，经修改完善后交付印刷。

【庆祝中国共产党成立100周年活动】 开展庆祝中国共产党成立100周年文史征集活动。召开专委会全体人员会议研究部署征集工作任务。经征集梳理，向市政协报送文稿12篇。承办丽水市政协系统庆祝中国共产党成立100周年第十五次书画作品联展。6月27日，联展在区文化馆开幕。在展览首日，受邀请的书画家进行了笔会交流。6月28日，书画家们赴大港头镇利山村和丽水鱼跃酿造食品有限公司，进行创作采风。

【专题调研】 组织开展关于农村公共文化服务体系建设专题调研。成立调研组，赴嵊州、余姚、慈溪三地考察学习。于6月初组织专委会委员、文史征集编审员和调研组人员，赴丽新乡、老竹镇开展专题调研，实地察看了农村公共服务体系建设情况，听取老竹镇文广站和区文广旅体局有关情况介绍，与会人员进行了座谈讨论。在深入调研、充分掌握第一手材料的基础上，撰写完成《关于加强农村公共文化服务体系建设的调研报告》，并作为政协建议报送区委区政府。

【其他工作】 做好机关党建工作，配合政协党组深入开展党史学习教育，将党史学习教育融入机关党建工作之中。两个支部均按要求每月开展“主题党日”活动，落实“三会一课”、党员先锋指数测评、党员志愿服务等经常性工作。完成区政协十五届五次全会大会台上发言筹备工作。共组织台上发言材料16篇，其中上台发言6篇，书面交流10篇。参与网络议政和网络读书活动，发动联系界别委员参与省市政协开展的“推进共同富裕”“做好涉外婚姻工作”“深入推进大花园建设”等掌上履职主题议政活动。发动委员参与市、区政协组织的网络读书活动，交流学习习近平总书记“七一”重要讲话心得体会。做好省、市政协组织开展的“同心向党——学全会强自信 跟党走”“万名委员上线”网上学习会的方案制订、协调联络等工作，发动文体新闻医卫组委员每天上网学习发言。配合书香政协建设，专委会承办的2021年首场“委员讲堂”于1月6日在鱼跃书院开讲，少微书院执行院长、“优秀文化四百万公益行动”发起人卢朝升主讲了《传统文化的密码》。在做好前期调研的基础上，召开专题协商会，完成77号《关于建设碧湖江南水城和文旅新城的建议》和81号《关于进一步打造书香莲都的建议》两个重点提案督办任务。

（黄建兵）

中共丽水市莲都区纪委·区监委

综　述

【概　况】　2021年，莲都区各级纪检监察组织履行党章和宪法赋予的职责，发挥监督保障执行、促进完善发展作用，在深化清廉莲都建设中一体推进不敢腐、不能腐、不想腐，为全区“十四五”开好局、起好步提供了有力保障。全区共处置问题线索294条，党纪政务处分148人，留置11人，移送司法机关7人，运用“四种形态”处理316人，其中第一、二种形态266人，占比达84.17%。

【政治监督】　围绕“三新一高”、常态化疫情防控、中央和省委巡视反馈问题整改、“双招双引”、县乡换届等重大任务强化监督检查，发现并督促整改问题62个。聚焦关键少数，深化“四责协同”机制，一体落实关于加强对“一把手”和领导班子监督“五张责任清单”要求，形成齐抓共管的工作格局和强大合力。基层政治生态不断向上向好，大港头镇、白云街道、黄村乡入选2021年度全市乡镇(街道)政治生态20强。

【改革创新】　主动承担全市唯一的省级基层监督数字化改革试点，完成基层小微权力全流程线上运行平台和“监督一点通”两大平台开发建设并在全市推广。全年共录入基础数据24万余条，碰撞比对预警信息446条，发现并纠正违规问题104条，处理29人，全面规范基层小微权力运行。在全省率先探索简易程序办案机制，组织召开全市现场会。全年共适用简易程序办理案件104件，案件实际办理时间较以往缩短50%以上，得到省、市纪委领导肯定。推进协作片实体化运行，各协作片落实“2+N”专项监督工作要求，全年联合开展专项监督20次，办信40件，交叉审理案件11件，给予党纪政务处分36人。深化派驻机构改革，修订出台派驻机构履职手册、文书模板及工作流程图，强化派驻机构履职效能。加快推进开发区派出机构改革，新设丽水工业园区纪检监察工委。

【队伍建设】　按照“一体化、专业化、规范化”要求，打造与“重要窗口”相匹配的纪检监察铁军。深化“清莲学院”培训体系，提升干部队伍政治素质和业务能力。推出“百名纪检监察干部联百村”活动，通过人员、资源“双下沉”，在一线化解难题，提升干部能力。开展规范执纪执法专项整治行动，严防“灯下黑”。2021年，涌现出全省扫黑除恶先进个人、全市“丽水之干”先锋人物、全市最美纪检人等一批先进典型。在全市审查调查信息研判大比武中获得团体一等奖，4名干部分别获得信息研判“标兵”和“能手”荣誉称号。微党课获全市纪检监察系统一等奖，党史知识竞赛获得全市三等奖。简易程序办案机制获全市纪检监察十佳工作品牌之首。村级小微权力“云”监督项目被评为全区创新项目。

重要会议

【区纪委十五届二次全会】　中国共产党丽水市莲都区第十五届纪律检查委员会第二次全体会议于2022年2月22日在莲都举行。出席会议的区纪委委员17人，列席163人。区委书记张壮雄出席全会并作重要讲话。区委常委和有关区领导出席会议。有关方面负责人员参加了会议。

全会审议通过了区纪委常委会工作报告；传达学习了十九届中央纪委六次全会、省纪委十四届七次全会和市纪委四届七次全会精神。

全会强调全区纪检监察工作总体要求是坚持以习近平新时代中国特色社会主义思想为指导，贯彻党的十九大和十九届二中、三中、四中、五中、六中全会精神，按照上级纪委和区委工作部署，增强“四个意识”、坚定“四个自信”、做到“两个维护”、捍卫“两个确立”，自觉把握和运用党的百年奋斗历史经验，弘扬伟大建党精神，坚持稳中求进工作总基调，坚持实事求是、守正创新，坚持以人民为中心根本立场，立足新发展阶段，贯彻新发展理念，构建新发展格局，强化政治执行力监督，全力护航莲都新发展，在全区接续高质量发展建设百万人口大城市，与全省同步迈向共同富裕中发挥监督保障执行、促进完善发展作用，以优异成绩迎接党的二十大胜利召开。

【党史学习教育动员部署会】 3月24日，莲都区纪委区监委机关召开党史学习教育动员部署会，贯彻落实中央、省委、市委、区委党史学习教育部署要求，对委机关党史学习教育进行动员部署。会议要求，全区纪检监察干部要认真学习、深刻领会党中央和省、市、区部署和上级纪委要求，紧密结合纪检监察工作实际和莲都实际，推动党史学习教育工作高质量完成。

【“百名纪检监察干部联百村”专项活动动员部署会】 4月9日，莲都区纪委区监委深化“一体化、规范化、专业化”建设推进会暨“百名纪检监察干部联百村”专项活动动员部署会召开。会议强调，全体纪检监察干部要以此为契机当好“村社监督工作指导员”，有序推动全区纪检监察系统人员、资源“双下沉”，进一步提高深化“三化”建设的主动性、能动性和创造性，助力村社加快实现“班子清廉、干部清正、村务清爽、民风清朗、村庄清美”的清廉村居建设目标。全体纪检监察干部要思想认识到位，答好“迭代升级”的答卷；要工作举措到位，答好“破题攻坚”的答卷；要责任落实到位，答好“基层满意”的答卷。

巡察工作

【概　况】 按照省、市统一部署同步推进中央巡视浙江反馈问题的整改工作。配合协助市委开展“推磨式”提级（交叉）巡察，做好对区供销社的巡察工作。持续破解巡察整改难题，探索建立区领导领衔督导机制，深化“四方联审”机制。出台全市首个《新任区管干部和优秀年轻干部到区委巡察机构挂职锻炼暂行办法》，有效破解干部抽调难题。全年共开展三轮巡察，完成8家区直部门常规巡察、33个村（社）和2家单位“回头看”以及相关涉粮单位专项巡察，共发现问题590个，问题线索8条，追责问责94人次，挽回直接经济损失195万元，完成十四届区委任期内巡察全覆盖任务。

2022年2月22日，中国共产党丽水市莲都区第十五届纪律检察委员会第二次全体（扩大）会议召开（区纪委区监委 · 提供）

2021年3月，区纪委区监委“清莲传承”师徒结对活动举行（区纪委区监委　提供）

【巡察成果运用】　压实整改监督责任，牵头组织区纪委区监委、区委组织部、区委巡察组开展集中会审，对2021年被巡察单位的整改方案、整改落实情况报告进行逐条逐项审阅，当场提出修改意见400余条。整改期满后，协调区纪委区监委和区委组织部组成联合检查组，对被巡察党组织的整改情况进行检查评估，形成整改闭环。加强共性问题整改，对特定行业、领域内存在的“线”上共性问题，向相关主管部门发放专项整改交办单5份，责令限期整改，抓好源头管理，推动完善《进一步规范专职网格员选聘和管理》制度。针对村（社）巡察发现的有关三资、工程项目建设突出问题，梳理形成信息专报2篇，为领导决策提供参考。为确保本届区委巡察反馈问题整改“见底清零”，组织开展区委前八轮巡察整改情况自查，区纪委区监委、区委组织部、区委巡察机构联合对8家单位党组织开展专项督查，为下一届区委巡察工作开好局起好步奠定基础。结合区纪委区监委“百名纪检监察干部联百村”活动，将巡察整改大督查列入联系项目，通过联村纪检干部每月走访督查，推动村（社）巡察问题真整改、改到位。

【巡察队伍专业化建设】　做好干部培训工作，丰富培训内容，邀请市委第五巡察组组长为区委巡察相关人员进行专题授课，提升巡察干部业务水平和履职能力。把巡察知识纳入区纪委区监委干部培训和区委党校主体班次培训课程，200余人接受培训。理顺干部抽调工作，为破解干部抽调难问题，制定《莲都区新任区管干部和优秀年轻干部到区委巡察机构挂职锻炼暂行办法》，从制度层面推动巡察干部队伍规范化。对抽调人员出具工作鉴定21份。探索“组办融合”一体化工作模式，通过巡察办和巡察组成员岗位联动，角色交流，打破组办边界，实现组办一体，工作协同推进。

党风廉政建设

【概　况】　落实中央八项规定及其实施细则精神，深化正风肃纪“月亮”行动，围绕严防餐饮浪费、违规公款吃喝、会所歪风治理、公车私用等推进专项检查，2021年共查处违反中央八项规定精神问题31个，处理50人，党纪政务处分37人。突出对形式主义、官僚主义问题整治，全区共查处形式主义、官僚主义问题20个，党纪政务处分21人。

【优化政治生态】　把“两个维护”作为根本政治任务，加强对上级重大决策部署贯彻落实情况的监督检查，推动政治监督具体化、常态化。落实中央关于“一把手”监督的意见和省委十三项实施意见，强化对“一把手”和领导班子的监督。深化单位主要负责人“七不直接分管”制度，加强执行民主集中制的监督，督促建立健全集体决策和主要负责人末位表态制度。围绕区委中心工作，聚焦关键领域，将监督融入“十四五”规划、数字化改革、“双招双引”、重点项目推进、党史学习教育等重点任务全过程。2021年，共开展长三角一体化、茶叶领域背后“四风”问题、涉林垦造耕地问题、粮食安全、医疗领域、教育领域、供销领域等专项监督30余次,发现问题62个,发放督查通报3期。

【一体推进“三不腐”】 坚持一体推进不敢腐、不能腐、不想腐战略目标,不断提高治理腐败效能。针对监督检查、审查调查、区委巡察中发现的财务管理不规范等问题,发出监察建议书9份,督促相关职能部门建章立制、堵塞漏洞、防范风险。常态化开展警示教育,做好案件查办的后半篇文章。做好被问责和受处分干部回访教育,2021年为7名受到不实信访举报的干部澄清正名。发挥领导包案、全员接访、带件顶岗等作用,深化巩固信访举报“三清三提升”活动,推进信访“减量退位”。截至年底,全区共受理群众信访举报128件次,检举控告类120件次,同比总量下降44.7%,检举控告类总量下降35.14%。上级转办下降33.64%;初次举报同比下降46.21%。

【抓实作风建设】 依托“一月一主题、一月一亮剑”行动,围绕会所歪风治理、“烟票”专项整治、反对餐饮浪费、公车私用等压茬推进专项检查。深入整治形式主义、官僚主义,坚决整治贯彻上级决策部署只表态不落实、维护群众利益不担当不作为和敷衍塞责等问题。截至2021年底,全区开展违规公款吃喝、餐饮浪费、工作纪律等专项督查11次,发放廉政意见书9份,查处问题79个,处理64人。深化阵地建设,完成清风阁提升改造和廉政教育馆却金馆修缮工程,2021年市级法纪教育基地清风阁接待量达6.28万人次。联合区文广旅体局编排小组唱《一朵清莲》以及音乐快板《“阳光村务”谱新篇》选送全市“清廉村晚”展演。联合区文联、区妇联、区委政法委等单位开展形式多样的清廉活动,通过讲廉、诺廉、倡廉,营造良好清廉文化氛围。

【漠视侵害群众利益问题专项治理】 围绕群众最关心的“急难愁盼”问题和惠民富民、促进共同富裕政策落实情况,牵头开展漠视侵害群众利益问题专项整治,会同14个区直部门开展校外培训、电信反诈、住房、食品药品安全等民生领域问题专项整治,坚决纠治群众身边的腐败问题和不正之风。常态化开展“打伞破网”工作,全区共查处群众身边腐败和不正之风问题31个,党纪政务处分33人,对6起侵害群众利益的典型案例进行全区通报曝光。

【基层治理】 在全省率先探索简易程序审查调查审理机制,该做法得到上级的肯定,受到基层的普遍欢迎,8月市纪委在莲都区召开现场会,予以全市推广。围绕监督力量再融合、职能再强化、效果再提升目标,推进协作片实体化运行。将全区纪检监察机构分为四个协作片,形成区纪委抓工作部署指导、纪检监察室统筹协调、派驻纪检监察组和乡镇(街道)纪(工)委协助配合的三级“联动”工作格局,片区协同发力,开展学习研讨、监督检查、办信办案、协助审理,截至年底,各协作片联动办信11件,协同办案15件,交叉审理案件2件,给予党纪处分19人,立案审查调查38人。

【强化内部监督】 开展“严纪律、守规矩,规范执纪执法权”专项整治活动,高标准谋划“八个一”活动,按要求落实工作督导、工作例会、工作周报制,开展岗位风险排查、办案安全培训等具体整治项目。持续推进“谈心家访”、重大事项请示报告、出国(境)管理等制度,做好干部监督日常工作。2021年,完成问题线索自查504件,发现问题447个,已完成整改10个;完成既往已办案件自查555件,发现问题786个,完成整改5个。

民主党派·工商联

综　述

【概　况】　2021年，莲都区有民革、民盟、民建、民进、农工党、九三学社6个民主党派区级委员会。有民主党派成员466人，支部24个。其中，民革党员84人、民盟盟员79人、民建会员92人、民进会员86人、农工党党员80人、九三学社社员45人。成员分布集中在高等学校科研院所、科技卫生、文化艺术、国有企事业单位及政府部门、社会团体等领域。各党派成员中大学本科以上文化程度的285人，占61.2%。

【多党合作制度效能提升】　市委印发2021年政党协商计划后，区委统战部组织召开情况通报会、意见建议座谈会等5次，梳理和分解落实意见建议，推动建议意见的转化运用。落实参政议政、民主监督、社会服务职责，2021年在区两会上各民主党派提交提案70多个。组织开展“高水平推进区域治理现代化和加快跨越式高质量发展建设共同富裕示范区”专项民主监督工作。举办各民主党派、工商联负责人和无党派代表人士参加的统一战线暑期读书会、同心大讲堂。

【民主党派自身建设】　2021年，区委统战部推动参政党建设“三个文件”的贯彻落实，结合全区实际，制定印发具体实施意见。加强思想政治引领，开展“不忘合作初心，继续携手前进”主题教育，组织各民主党派区委会领导班子开展民主生活会、述职与民主评议会。全年全区发展民主党派新成员18人，发展率3.9%。

【党外干部队伍建设】　2021年，开展党外干部队伍“双走访”工作，共走访党外代表人士322人，建成党外代表人士信息库。举办党外干部培训班，增强民主党派干部的政治定力、政治担当，拓宽视野，提高履职能力。注重从各条战线、各个领域、各个行业、各个层面发现优秀党外干部，重点掌握1986年以后出生的股级党外干部，做好党外干部队伍的梯队建设。

民革莲都区委会

【思想政治建设】　开展“四史+一史”党史学习教育。以党史学习教育为引领，通过区委会、支部会议、“三八”主题活动、重阳节主题活动等形式开展中共党史、新中国史、社会主义发展史、改革开放史和民革发展史及十九届六中全会精神，习近平总书记在庆祝中国共产党成立100周年大会上的重要讲话、习近平总书记在纪念辛亥革命110周年大会上的讲话精神，万鄂湘代表各民主党派在庆祝中国共产党成立100周年大会上的贺词、万鄂湘在纪念辛亥革命110周年大会上的讲话精神，省“两会”精神、区委十五次党代会精神等学习。加强宣传工作和理论研究，鼓励党员积极参加各类征文活动，撰写各类征文3篇；2021年，党员撰写的各类信息被市民革网站采用20余篇，被区政协采用14篇。

【参政履职】　“两会”期间，区委会及民革党员中的政协委员、人大代表围绕教育、乡村振兴、农文旅融合、大花园建设等经济发展和民生保障问题提交市人大建议4件、政协提案17件，政协大会发言2篇，获评优秀大会发言1篇，2篇集体提案被确定为重点提案，1篇集体提案被评为优秀提案，1篇调研报告被民革省委会列为全国政协提案，并在全国政协大会上发言，1篇提案被民革省委会列入省政协大会集体提案，获常务副省长领办。

2021年度20多名党员参与了调研工作，共上报各类社情民意信息27篇，其中24篇被区政协采用，6篇被市政协采用，1篇被省委统战部录用，2篇被民革省委会录用，1篇调研报告作为政协建议获区政协刊发。区委会获2021年度区政协参加单位考核第一名，获反映社情民意信息工作先进集体三等奖。

【社会服务】 一支部与三岩寺社区党支部、城南小学三岩寺校区党支部开展以“大爱微行践党史”为主题的助学结对活动，在学校文化建设、困难生关爱、教师业务提升、少数民族帮扶等方面给予长期定向的结对。与大港头学校中共党支部、三岩寺小学开展联谊活动。二支部先后3次对丽水市食品安全开展检查、监督。三支部参与莲都区市场监管局“你点我检”工作，对辖区内部分食品生产经营单位进行监督抽检，结对帮扶大港头学校贫困学生，给予物质、精神、生活和学习上的帮助。全区党员立足本职，在各自的岗位上作出了不平凡的业绩。2021年度创新推出的全省首个制造业金融服务站被评为全市党史学习教育最佳实践案例，牵头编制的《莲都区2022年支持民营和小微企业金融服务综合改革试点实施方案》被丽水市择优推选上报省财政支持。

【组织队伍建设】 民革莲都区委会坚持质量与数量并重原则，强化组织发展和干部队伍建设，2021年新发展党员4名。完成一支部和三支部班子换届。二支部党员之家获民革中央第二批优秀民革党史之家称号。二支部和三支部均获评全市社情民意信息工作优秀支部。

民盟莲都区委会

【概　况】 2021年，中国民主同盟会丽水市莲都区委员会下辖4个支部，有盟员79人，其中女盟员30人，占37.9%；退休盟员17人，占21.5%；在职盟员60人，占75.9%；研究生学历5人，占6%；大专以上文化程度73人，占92.4%，高级技术职称20人，占25.3%，中级技术职称13人，占16.5%，平均年龄约52.8岁。界别分布：教育30人，占37.9%；科学文化11人，占13.9%；其他38人，占48.1%。盟员中县处级领导1人，区政协常委2人，盟员区政协委员10人；担任副科以上实职3人。

2021年，民盟区委会获民盟浙江省委会脱贫攻坚先进集体、民盟丽水市委会先进集体称号，获政协丽水市莲都区委员会2021年度反映社情民意信息工作集体三等奖。

【思想政治建设】 开展各级“两会”精神专题学习，学习习近平总书记“七一”重要讲话精神、习近平总书记在纪念辛亥革命110周年大会上的重要讲话精神，传达学习十九届六中全会精神，学习省委书记袁家军等省市领导到丽水、莲都考察时的讲话精神。组织开展“学党史、读盟史”专题学习，开展“我与民盟”“我讲盟史”等学习活动，交流学习体会，提升思想素质。开展了“学史增信”红色文化学习考察活动、学习践行十九届六中全会精神活动等，提升了盟员的理论和实践水平。

开展“不忘合作初心，继续携手前进”活动，参观龙泉市宝溪乡、浙大龙泉旧址、雅溪岱后县委旧址等红色教育基地，坚定跟党走的决心和信心。举行“3·19”建盟日、“五一口号”等纪念活动，盟员爱盟、爱党、爱国之心不断提升。

【组织队伍建设】 2021年，民盟区委会新发展了5名盟员，其中教育2人、医卫2人、其他1人，平均年龄40岁；市直支部转入3人，转出1人、逝世1人。

2021年，民盟区委会向上级部门争取扶贫名额，帮助困难盟员，开展“九九”重阳节敬老孝亲活动。组织盟员参加省、市、区各级党委政府组织的各类活动和培训，6名盟员参加了浙江省、丽水市参政议政骨干班培训，5名年轻盟员参加了区委统战部组织的党外干部培训班。组织12名盟员参加区委统战部组织的趣味运动会，获三等奖。重视横向联系，促进盟员交流。2021年接待了民盟中央副主席张平，陪同其参观考察了古堰画乡、油画院、下南山等农旅融合示范村；带领嘉兴盟员考察了鱼跃酿造、下南山等生态产品高质量示范区建设，详细了解了鱼跃酿造、丽水山耕、下南山等乡村振兴、农村电子商务发展情况。

【参政履职】 代表、委员们在市、区“两会”期间建言献策，共提交大会发言1篇、即席发言1次，集体提案6篇、个人提案12篇。大会发言《尊重历史 面向未来 关于农村房产办证遗留问题的建议》被评为优秀大会发言，提案《突出规划引领，制定产业链发展路线图——关于万洋小镇生态工业高质量发展的建议》被列为重点提案。2021年，民盟区委会被民盟省委会、省市政协录用社情民意35篇。《基层反映孤独症康复行业无准入和监管标准》被民盟中央采用，《亟待防范化学实验频繁“走入家庭”所带来的隐患》《基层建议全面推广公物仓建设》被全国政协每日社情采用。

完成政党意识、乡村科技人才队伍课题和民主监督工作，参与竹柳新桥融合发展、优化营商环境等政党协商活动，所提出的意见建议获得区委、区政府主要领导的认可，并转为具体举措。

【社会服务】 在民盟莲都同心服务站开展“春节·墨香迎新春送福送春联”活动，组织5位书法家为东苑社区居民送出300多副春联。与蚂蚁金融“蓝马甲”团队合作，在朝阳、正阳、佳和、东银苑等社区开展“数字助老、金融防诈”专题活动13场次，450人次参加。31位盟员通过送教、购物等形式助力东西部发展、帮助困难盟员，慈善捐款共计36065元。

2021年9月9—10日在助推莲都“共同富裕”研讨活动中，民建浙江省直十支部与太平乡签署助农消费帮扶10万元的“共富”协议（翁阁谞　提供）

民建莲都区委员会

【概　况】 2021年，中国民主建国会丽水市莲都区委员会下设4个基层支部，有会员87人，其中男会员51人，占58.6%，女会员36人，占总人数的41.4%；大专以上学历77人，占89.5%；具有中高级技术职称48人，占59.2%；硕士2人；现任副县级领导1名，正科级领导2人，副科级领导6名；市级政协委员1人，区级政协常委3人，区级政协委员12人。

2021年民建莲都区委会获“民建全省抗击新冠肺炎疫情先进集体”“2019年度市委会参政议政先进集体”“民建丽水市信息工作先进集体”称号，获得“区政协反映社情民意信息工作”三等奖，在区政协13个参加单位综合考评中位列第二。三支部获“浙江省先进基层组织”称号。

【思想政治建设】 以习近平新时代中国特色社会主义思想为引领，组织开展“坚持进步性、实践进步性”系列活动。通过集中学、专题学、全员学等形式，学习贯彻习近平新时代中国特色社会主义思想、习近平总书记重要讲话重要指示精神、《习近平谈治国理政》第三卷等。发挥思想讲堂的教育阵地作用，深入支部经常化开展讲堂活动，夯实会员的思想根基，做到学思贯通，知行合一。结合开展庆祝中国民主建国会成立75周年和浙江民建成立65周年活动，加强会史和优良传统教育，创新会史教育形式，整合会史教育内容。疫情期间线上学习“民建会史微课堂”60课。推荐2支代表队参加市委会会章会史知识竞赛暨经典故事讲述活动。围绕新型政党制度和自身建设经验规律等开展理论研究，注重把研究和解决实际问题作为理论工作的基本出发点。立足自身岗位实际，通过理论研究探索自身建设、参政议政、社会服务工作的新路子新方法。注重经验总结，将行之有效的机制、做法进行总结提升，转化为理论成果。加强横向合作交流，探索更多理论成果应用途径，更好地指导会务实践。

【组织队伍建设】 贯彻民主集中制原则，坚持重要事项会议讨论、集体酝酿，推动会内监督，加强作风建设。建成位于鑫汇物业公司内规模最大和活动区块最多的第三个民建之家，区委会主委参加全省“民建之家”建设交流会，作典型经验交流发言。各支部和专委会开展主题突出、内容丰富、形式多样的活动，增强组织的活力与凝聚力。10月24日，民建莲都区委会代表队参加“莲都区统战系统第四届运动会”获团体二等奖。7月5日，莲都民建妇委会举办莲都“撤市设区”20周年纪念活动。建立领导班子成员同优秀人才“传帮带”机制，了解年轻会员思想动态、学习情况和工作业绩。不定期推荐会员参加培训，帮助会员更快成长。把握会员发展标准条件，遵循会员发展程序，择优发展“有理想、有道德、有爱心、有作为”的“四有”会员，2021年新发展会员6名，全部大专以上学历，其中企业界人士3名。民建丽水市莲都区四支部与民建绍兴上虞区支部结成友好支部。完成四川巴中、杭州、台州等地民建会员到莲都研讨交流活动。

【参政议政】 2021年，民建莲都区委会根据区委政党协商议题和区政协、市委会课题计划，完成课题调研6个，其中2篇转换成政党协商建议，1篇报区政协，2篇报区委统战部，提出可操性建议38条。区委会课题《新冠疫情后扶持普惠性民办幼儿园实际困境的建议》转换成区政协课题上报区政府，课题《关于莲都区巧做“水文章”，高质量打造全域旅游新业态的调研报告》转换为政党协商议题，课题《加快产业集群发展，促进万洋生态工业质效提升》转化成政党协商建议上报。大会发言《加快食品安全追溯体系建设 实现食品全链条快速管控》被丽水市政协第四届第四次会议评为优秀大会发言，大会发言《以“新零售”助力美丽资源华丽变身美丽经济》被区政协十五届四次会议评为优秀大会发言，获区长陈豪的批示。即席发言《美丽城镇建设中不恰当地使用木头后患无穷》获得主要领导的批示。在区政协十五届四次会议上，提交集体提案7件，全部立案，其中《法制化营商环境存在的主要问题及对策建议》被列为重点提案，集体提案《新冠疫情后扶持莲都区民办幼儿园实际困难的建议》被评为优秀提案。成立社情民意沙龙“萤火虫”小分队，2021年向各级部门报送社情民意信息35篇，被全国政协、民建中央、省政协录用1篇，省委统战部录用2篇，民建省委会录用11篇，市政协录用7篇，区政协录用17篇。《亟需关注民办双语（外国语或国际）学校少先队和团组织建设不规范问题》被全国政协、省政协、省委会、市政协采用；《我省三四线城市普惠性民办幼儿园的困境及建议》被省委统战部、省委会、市政协采用，并获得副省长成岳冲的批示；《亟需制定精密智控机制，杜绝健康码互认制度成为中国疫情二次爆发的扩大器》被省委统战部、省委会采用。组织落实4个政党协商议题，相关人员深入实地调研、查询资料、借鉴经验、座谈研讨，提出可操性建议28条。在参加“将万洋低碳智造小镇锻造成莲都生态工业高质量发展平台”的政党协商中，区委会所提建议得到市委常委、区委书记徐光文高度肯定。完成区政府陈豪区长主持的“生态文旅”的政党协商议题；界别委员多次参加政协的“请你来协商”系列议题活动。组织会员参加区委和区政府召开的各种座谈会、协商会、通报会。民建界别市、区两级政协委员到天宁社区开展生活垃圾分类处理专项民主监督，与社区干部座谈，就前期暗访中发现的问题进行反馈并提出意见建议。参加莲都区统一战线“以制度建设现代化推进区域治理现代化”专项民主监督工作，并完成调研报告。

【社会服务】 新冠肺炎疫情期间，民建莲都区委会发挥自身优势，积极参与疫情防控阻击战，协助党委政府做好疫情防控工作。动员募集善款，据统计，会员和会员企业浙江鑫汇物业、丽水队长食品、浙江深海文旅、浙江正达环保、浙江鱼跃酿造公司等向莲都防疫一线捐款捐物20余万元。报送防疫社情民意信息12篇，其中1篇获副省长成岳冲的批示，2篇被省委统战部录用，多篇被省委会、市政协录用转送相关部门。打造莲都民建志愿者服务、民族村精准帮扶等社会服务品牌。妇委会、二支部、三支部、四支部、企业委等开展暑期社区青少年教育活动、雅溪镇岩石蒙村关爱老年朋友送幸福活动、“企”心协力助推复工复学基层行活动、“卿卿反哺意，浓浓敬老情”慰问活动等社会服务活动。区委会和企业委领导通过走访、电话、钉钉、微信等方式，与会员企业保持联系，指导防疫，了解情况，反映诉求，及时汇总、梳理收集到的困难问题，形成清单，组织讨论，分析对策，向省委会、市政协、市委统战部等部门反映困难问题。组织帮助会内困难企业和困难会员，赴会员企业开展留莲省外务工人员新春慰问活动。

（翁阁谞）

民进莲都区委会

【概　况】 2021年，民进莲都区委会设五个支部，有会员87人。

【民进莲都区第九次会员会议】 9月24日，民进莲都区第九次会员会议召开，全体会员参加。会议学习贯彻中共十九大和十九届历次全会精神，学习《中国共产党统一战线工作条例》。第八届委员会主委作题为《不忘初心同奋进 砥砺前行绽芳华 为莲都勇当共同富裕“领头雁”和“排头兵”贡献民进力量》的工作报告。会议选举产生了民进莲都区第九届委员会，叶春晓当选主委，胡迪、梅焕根当选副主委，叶永海、叶小郭、钟毓琴、谢立勇为委员，胡迪被任命为秘书长。

【参政议政】 民进莲都区委会围绕区委区政府中心工作和民生热点问题，通过专委会专题讨论会、参政议政沙龙等形式，提出真知灼见。在2021年的区“两会”上，民进界别的大会发言《探索社区养老新路子，让莲都夕阳事业绽放朝阳红》被评为优秀大会发言。会议期间，民进区委会向政协会议提交提案10件，其中集体提案4件，委员个人提案6件。

【社会服务】 围绕中心、服务大局，就经济、文化、教育、科技等方面的重点难点问题开展调研，建言献策。会员结合区委区政府中心工作和社会热点话题，开展议政日、参政议政沙龙等活动，为政党协商、参政议政提供发言材料。调研课题《让未来教育引领“竹柳新桥”融入乡村振兴的新画卷》《以数字化改革为引领 持续优化营商环境助力莲都“双招双引”》被列为年度政党协商课题，《基层反映“双减”背景下基层教师减负问题亟待引起关注》被市委会立项并采用，多篇课题文章被转化为政协大会发言，或以提案的形式提交市、区两级政协会议。

【信息工作】 区委会建立了以参政议政骨干会员为主体，以会内政协委员和支部负责人为信息员的网络，全员参与，调动会员撰写社情民意信息、调研文章、课题的积极性。全年共编报社情民意信息11篇，其中《基层反映外卖料理包存在三大漏洞 偏离餐饮工业化初衷 亟待加强监管》《建议让“阳光厨房”成为外卖餐饮店标配》《新能源汽车配套保险体系不完善 亟须完善机制促进行业发展》等信息被市、区政协采用。

农工党莲都区委会

【概　况】 2021年，农工党莲都区委会下设5个支部，有党员81

人，平均年龄53.29岁，其中女性42人，占51.85%；离退休人员29人，占32.10%；高级技术职称15人，占18.51%；中级技术职称48人，占59.25%；教育界人士29人，占35.8%；医药卫生界14人，占17.28%；其他38人，占46.91%。

【参政履职】 组织参加党委、政府的参政议政、民主监督活动，参加区委、区政府召开的政党协商会、通报会、民主监督会和座谈会，提出建议。围绕区委、区政府的中心工作，深入基层调研，建言献策。区政协十五届四次会议期间，提交提案15篇，其中2篇团体提案被列为重点提案，提交大会发言2篇。引导社情民意积极分子和信息员举办主题沙龙，提炼社情民意线索，收集意见建议，组织高质量绿色发展、乡村振兴等社情民意沙龙9次，开展微信社情民意沙龙10次。上报的社情民意被全国政协录用2篇，被农工中央录用2篇，其中2篇转报全国政协，被浙江省政协录用4篇，被市、区政协录用19篇。农工党莲都区委会获2020年区政协社情民意第一名。

【组织队伍建设】 坚持会议学习制度，加强农工党党史和理论研究，把思想建党与制度治党结合，把继承与发扬农工党优良传统结合起来，把加强党内政治生活与履行参政党职能结合起来，将学习贯穿到履行职能和自身建设全过程。把研究和解决实际问题作为理论工作的基本出发点，加大社会宣传。5位党员参加市委会联合各党派在浙江大学举办的骨干培训班。办好区委会机关刊物《莲都农工》，传递信息，交流经验。建立信息与调研工作考核制度，加强和完善对基层组织考核工作，出台《农工党丽水市莲都区基层组织考核制度》《农工党区委会各专门工作委员会工作制度》《农工党区委会基层组织工作考核评分标准》《参政议政工作制度》《参政议政沙龙制度》。促进基层组织发展，2021年新发展党员3名，均大专文化程度以上。

【社会服务】 1月，农工党浙江省委会一行带领专家医疗队及农工市、区委会相关党员共15人一起参与太平乡对接帮扶工作，在富山头村进行了座谈并走访慰问低收入农户，并开展了义诊活动。8月，省委会率农业技术专家、党员企业家一行9人赴莲都区太平乡富山头村开展油茶树种植基地建设调研并确定具体帮扶方向和工作举措。10月，在第26个国际家庭日，以“健康家庭、幸福家庭”为主题促进健康知识普及，区医卫支部、区人民医院支部联合开展送健康活动；区文教支部连续12年对城中中学开展送教活动；农工党莲都区委会获“2020年度农工中央脱贫工作先进集体”“2020年度农工党浙江省社会服务工作先进单位”称号。

（王智勇）

九三学社莲都区委员会

【概　况】 2021年，九三学社莲都区委会下设综合、农业、文教卫3个支社，有社员46人，其中在职社员30人，占65.21%；女社员17人，占36.96%；具有高级技术职称19人，占41.30%；中级技术职称17人，占36.96%；大专以

9月26日，九三学社丽水市莲都区第八次社员大会召开（孔振　提供）

上文化程度43人，占93.48%。有副科以上实职7人，市政协委员1人，区政协委员8人(其中常委2人)。区委会设办公室1个，专职干部1人。

【参政履职】 在莲都区政协十五届四次全会期间，提交大会发言1篇，团体提案5篇，委员个人提案10篇，涉及书香莲都、单用途预付式卡券消费纠纷、美丽乡村建设等方面，大会发言《关于发展体育旅游的建议》被评为优秀大会发言。组织社内政协委员及社员就"'最多跑一次'改革""乡镇'四个平台'建设""小城镇环境综合治理""集体经济薄弱村'消薄'""全国文明城市创建成果巩固""省级生态文明示范区和污水零直排区创建""治危拆违""垃圾分类"等工作开展专项民主监督活动，积极监督建言。根据莲都区委统战部关于政党协商工作部署，社区委组织社内力量围绕优化营商环境、民族乡村共富等协商主题开展调研，通过实地考察、开座谈会、个别走访等形式收集资料，掌握实际情况，针对现状、问题，在讨论、修改、提炼的基础上形成了《聚焦人才"引育" 打造民族乡村振兴动力引擎》《莲都区民营企业营商环境调研报告》2篇调研报告，并在相关的专题政党协商会上，根据前期调研情况，提出意见建议。

【社会服务】 联合市中医院、仙渡乡卫生院开展送医卫下乡义诊帮扶活动，每周二到仙渡乡各行政村宣传中医药防病健康知识、中老年保健常识，为行动不便的村民上门义诊，全年累计受益达700余人次。2021年，"浓浓书香味、暖暖九三情"助力书香校园建设活动被区委统战部评为最具影响力活动。九三莲都区委会协助社省委连续16年在莲都区老竹畲族镇民族学校开展助教助学活动。参与莲都"小荷"志愿者活动，组织社员开展捡烟头、文明劝导等活动。

【思想政治建设】 在全社开展"不忘合作初心 继续携手前进"的主题教育，立足思想引领，抓紧抓实抓好，推进学习教育常态化。把学习贯彻中共十九大和九三学社十一大精神作为思想建设的重要内容，组织全社学习习近平新时代中国特色社会主义思想，提升政治素养和思想理论水平，加强理论武装，统一思想行动，树立政治共识，提振精气神，加强五种能力建设，坚定理想信念，不忘合作初心，担负起参政党的职责和使命。

【组织队伍建设】 2021年，由社员主持的《油茶良种引种与高校培育技术推广》成果获得浙江省科技厅成果鉴定；社员申请的专利技术《一种隐形框格梁边坡加固结构》获国家知识产权局认可；1家社员企业被农业农村部评为"农业国际贸易高质量发展基地"；书画作品《一年长占四时春》入选了九三学社浙江省庆祝中国共产党成立100周年书画摄影展。

社区委通过"三八"、重阳节等活动，丰富社员的生活，注重加强与社员的沟通和联系，做好社员的服务工作。

（孔　振）

莲都区工商业联合会（总商会）

【概　况】 2021年，莲都区工商联紧扣"两个健康"主题，围绕"大抓落实年"工作主题，找准工作定位，抓好工作落实，推动工商联工作取得新成效。

【思想政治建设】 2021年，组织召开区工商联十届三次执委会，举办新生代浙商永远跟党走、莲义企业家携手行动等活动，传达学习党的十九届六中全会、中央经济工作会议和省委全会精神。坚持把深入学习贯彻习近平新时代中国特色社会主义思想和习近平总书记系列重要讲话精神作为首要政治任务，引导民营经济人士"听党话、跟党走"，画出"最大同心圆"，增进民营经济人士在党的领导下走中国特色社会主义道路的政治共识。

【干部队伍建设】 加强思想政治建设，提高机关干部政治站位。组织学习党《中国共产党统一战线工作条例》、习近平总书记在省部级主要领导干部学习贯彻党的十九届五中全会精神专题研讨班开班仪式上的重要讲话

4月1日，知名浙商助力丽水跨越式发展大会莲都分会场活动举行（区工商联 提供）

以及习近平总书记在党史学习教育动员大会上的讲话精神。开展"四风"问题中的"高级红""低级黑"问题、公职人员违规从事营利性活动专项检查、2018—2020年形式主义、铺张浪费等问题的自查整改工作。

【经济社会服务】 贯彻落实各级民营经济统战工作会议精神。8月12日，莲都区委召开全区统一战线工作领导小组会议暨民营经济统战工作会议，贯彻习近平总书记对新时代民营经济统战工作的重要指示和全国、省、市民营经济统战工作会议精神，部署下一阶段全区民营经济统战工作重点。牵头完成《关于加强新时代莲都民营经济统战工作的实施意见》起草工作。牵头完成《关于深入推进清廉民营企业建设工作的通知》和《关于成立丽水市莲都区清廉民营企业建设工作领导小组和工作专班的通知》起草工作，于9月26日由区委统一战线工作领导小组正式发文，召开清廉民企工作领导小组会议、清廉民企示范点创建工作座谈会和莲都区清廉民企建设工作推进会，确定6家企业为莲都区首批清廉民企示范点创建单位，推进清廉民企建设工作，形成莲都区民营经济清明、清朗、清新的良好生态，推动民营企业健康发展。牵头完成企业家紧急事态应对等有关制度和《民营企业维权服务平台工作方案》起草工作，分别于5月和6月由区府办和区优化营商环境工作领导小组正式发文，让企业家安心经营、放心投资、专心创业，发挥企业家主体作用。协助区政府举办四场政企恳谈会，共收集与会企业家反映的57个问题、意见和建议交办给相关部门，帮助企业谋发展、解难题、办实事。走访欧意阀门、康骏机械、天润电气等39家企业，了解企业的困难和需求，为企业排忧解难。做好知名浙商助力丽水跨越式发展大会莲都分会场活动筹备对接服务工作。4月1日，知名浙商助力丽水跨越式发展大会莲都分会场活动举行，22名知名浙商参加活动，为莲都高质量跨越式发展增进共识、集聚智慧、汇聚力量、增强动能。发挥工商联优势开展"双招双引"工作。发挥异地商会资源优势，推荐区总商会北京分会、上海分会、广东分会等5名会长为莲都区招商引资顾问。协助召开7场"双招双引"推介会，就最新"双招双引"政策和产业招商项目作了解读和宣传推介。开展新经济新业态民营经济代表人士"双走访"工作，走访浙江瑞新药业股份有限公司、恒大电气有限公司等企业，将一批年轻的民营经济代表人士纳入工商联深交、培养对象。1月，组织70余家企业参加"万家民营企业评银行"活动；8月，组织20余家企业参加"万家民营企业评营商环境"活动，推动营商环境改善；11月，组织70余家企业参加"万家企业评工商联"活动，为优化工商联服务民营企业指明了方向。11月2日，组织莲都区民营企业家参加服务保障民营经济发展检察开放日活动，助推民营经济高质量发展。开展东西部协作工作，2021年，以"万企兴万村"行动为切入点，推进中立建设、中航混凝土等5家企业与叙永5个村建立结对关系，以助业、助残、助医、助老、助学等为重点，开展公益帮扶，实现“产业合作、精准对接、精准帮扶”。完成就业帮扶任务，帮助四川省农村劳动力在当地就近就业2714人，帮助四川省农村劳动力到其他地区就业1210人。

【参政议政】 2021年“两会”期间，区工商联提交集体提案5件，涉及招商引资、城市建设、餐饮服务等领域。大会台上发言《以衢丽铁路建设为契机，加快丽新老竹片区高质量发展》被评为优秀大会发言。工商联界别委员提交个人提案9件。

（叶啸笑）

群众团体

莲都区总工会

【概　况】 莲都区总工会有职工业余学校、工人文化宫2个下属事业单位，有教育工会、财贸工会2个产业工会，系统工委7家，乡镇（街道）工会15家，其中总工会6家，乡镇（街道）工委9家。莲都区共有基层工会376个，工会会员20357人。2021年，区总工会在市总工会对各县（市、区）工会的考核中连续第十年获得优秀等次。

【党史学习教育】 传达上级党史学习教育相关会议精神和要求，将推进党史学习教育走实走深贯穿到全年工作中。开设“我心向党”红色小讲堂，全体干部选取不同主题和切入点，轮流讲党史、说心得、谈感悟，以讲促学。常态化开展“当一周工人、体工会初心”活动，组织动员全体干部职工学党史、勤实践，走企业、进车间，穿上工作服与职工面对面心贴心交流，编纂发行全国工会人首本《打工日记》，分发至各个基层工会学习传阅。

【产业工人队伍改革】 2021年莲都区被列入浙江省第二批非公企业产业工人技能提升全域试点，区总工会紧抓产改试点东风，助推丽水工业园区成为省级改革试点单位，丽水市鱼跃酿造食品有限公司成为浙江省首批思想政治引领试点单位；7月赴缙云县总工会交流学习，实地走访缙云3家产改试点企业；6月及10月牵头组织相关单位召开新时代莲都产业工人队伍建设改革协调推进会，推进产改向纵深发展、向基层延伸。

【工会组建与覆盖】 梳理莲都基层工会组织和会员的“底数”，与市场监管局形成合力，推动成立“饿了么”全国首家地级市网约送餐员工会、莲都区食品行业工会联合会；会同区建设局相关科室负责人走访各小区物业公司，成立莲都区物业工会联合会；与市邮政管理局合作，推进丽水本地唯一的网约车平台企业工会成立。11月19日，莲都

7月20日，莲都劳模到杭州京杭大运河博物馆学习考察（区总工会　提供）

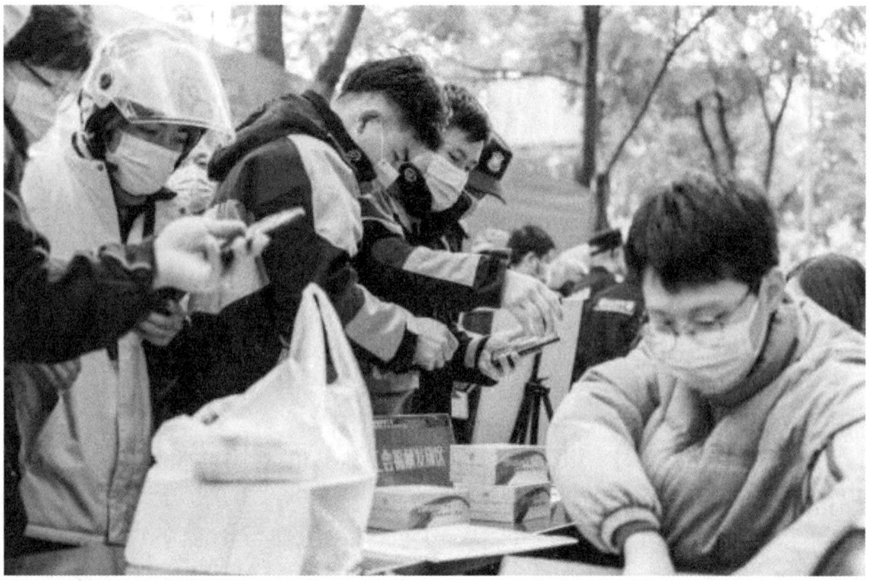

12月1日，工会大楼“累了么”应用上线暨关爱新就业形态劳动者暖冬行动启动仪式现场（区总工会 提供）

青领带新业态联合工会第一次代表大会召开，主要涵盖直播公司、客服、汽车服务、代驾、康养护理等新业态企业。2021年完成45家企业独立建会，组建工会实名制录入会员19901人，入会率97.76%，基层工会总数376家，建会率97.16%。

【职工慰问帮扶】 春节前期，对外市留莲过年职工开展实物慰问，共计慰问1369人，发放慰问品价值14.3万元；“五一”期间开展“工会进万家”调研走访慰问活动，分别走访劳模、困难职工、抗疫一线职工、援藏援疆干部家属共202人，发放慰问金和慰问品价值3.78万元；开展高温慰问送清凉活动，为一线职工和新就业形态劳动者送去清凉物品共计1510份，价值11万元。开展2021年第八期医疗互助参保工作，有278家单位11108名职工参保，收缴保障金155.51万元。1—12月报销累计4424人次，支付保障金127.02万元。

【职工素质提升】 以“莲工·学堂”为主线，开展全区手机摄影、视频剪辑及短视频制作新媒体公益培训课、全区转岗再就业职工就业技能小儿推拿及家政整理收纳培训课、莲都区新就业群体保安员上岗证培训、全区基层工会主席、经审干部培训班、职工健康讲座等；联合女职委开展职工子女书法、文言文赏析“爱心托班”等课程，惠及全区500余名职工群众。开展浙江省“农民工学历与能力提升行动”“求学圆梦行动”一线职工学历学费补助工作，惠及莲都20余名一线职工。

【数字化改革】 正式启用“疗养云”系统，“互联网+疗休养”的新模式为莲都区职工带来了网上疗休养备案服务新功能，职工可在“疗养云”平台中详细了解各条疗休养线路。2021年，有5159名职工开展疗休养，其中省外疗休养职工518人，省内（市外）疗休养职工1413人，市内疗休养3227人。创新“1+1+N”模式，线上+线下全面开展“累了么”应用建设，应用包含“网上入会”“子女教育”等功能，为户外劳动者提供服务站点导航、参与培训、困难救助等18项服务；党工共建绿谷先锋驿站总部负责福利发放、优惠商家征集等事宜；多个党工共建驿站服务点推动服务增量提质、覆盖扩点增面。“累了么”应用上线宣传信息被《人民日报》、新华网等各级媒体转载报道。

【劳模工匠服务管理】 开展2017—2021年莲都区后备模范集体和劳动模范管理库入库初筛工作，共计18个集体及71名个人入选劳模后备库；组织40余名劳模开展为期三天的杭州“红绿”融合学习考察活动，各级劳模参观了杭州市数字经济党群服务中心、运河公园及博物馆、浙江省档案馆、千岛湖等地，做到学用相长、劳逸结合。

【红色主题宣传】 成立莲都劳模志愿者服务队和宣讲团，常态化开展劳模志愿服务和劳模宣讲“进企业、进社区、进乡镇”主题活动。结合庆祝中国共产党成立100周年主题，莲都各级劳

7月2日，“致敬新时代 职工心向党”庆祝中国共产党成立100周年暨莲都区第二届职工十佳歌手决赛举行(区总工会 提供)

模宣讲达110场，覆盖人数达13000余人。创作《新时代劳模》之歌，拍摄《百年档案说传奇》《扶贫路悠悠 劳模亮风采》《“莲响”青年讲党史》等微视频，讲述工会干部、劳模工匠等的奋斗史，被“学习强国”、浙江新闻客户端等媒体转载。

“红五月”期间，举办“我心向党 奋进莲都”全区职工演讲比赛、“致敬新时代·职工心向党”莲都区第二届职工十佳歌手大赛、“我心向党”全区职工线上诵读比赛、“传承红色基因、庆祝建党百年”莲都区首届干部职工气排球比赛等，以不同的比赛和活动载体吸引职工参与。坚持“三贴近”原则，根据不同职工群体的文化需要和求知需求，开展14个品类公益课程、“弘扬中华文化 共庆建党百年”喜迎国庆系列游园活动、财贸工会趣味运动会，丰富职工群众的文体生活，激发爱国爱岗的热情。

【普法工作】 做好“情系女职工·法在你身边”女职工维权宣传服务，到万邦鞋业有限公司，为女职工送去法律宣传资料，解惑答疑；开展“尊法守法·携手筑梦”服务农民工公益法律服务进社区、进企业活动，共发放宣传册1500多册，解答问题、政策咨询400余次。

共青团莲都区委员会

【概　况】 2021年，全区有基层团(工)委33个，基层团(总)支部427个，全区新建非公企业团建20家，累计团组织537个。专职团干662个，团员6483人。获省级成绩突出共青团干部称号1人，共青团莲都区委员会获评2021年度丽水共青团系统评价优秀单位。

【莲都区青少年宫迁建项目】 莲都区青少年宫项目迁建项目位于碧湖镇文二路与人民路交叉口，毗邻碧湖三小和瓯碧园小区，总用地面积14045平方米，总建筑面积22185平方米，总投资1.6亿元。区委区政府高度重视区青少年宫迁建项目，多次专题听取项目建设情况，要求青少年宫把提升青少年素质教育作为根本办宫理念。

为掌握各地青少年宫建设情况，学习借鉴关于场馆建设、功能布局、运营管理等方面先进经验，团区委实地考察了省内外青少年宫及青少年教育基地，开展线上问卷调查。赴厦门、温州、杭州、诸暨等地开展调研，了解项目所需的材料及设备。完成方案设计、初步设计方案及施工图编制、预算编制及审核等工作。在区领导及各部门支持下，完成莲都区工程建设招投标“评定分离”试点任务，作为省集中开工项目，如期开工。

【思想引领】 2021年，莲都青年宣讲工作被新华网报道2次，被“学习强国”以及《中国共青团》杂志分别报道10次，被浙江组工8090宣讲系列栏目录用，获《浙江日报》点赞并共同打造《90talk》栏目6期，“与莲都同行”青年说获莲都区创新项目一等奖。

通过比赛、培训、交流等孵化带动，培养了网红、畲青、归国华侨等各领域优秀青年宣讲员60余名。以草鞋、银圆、车票等身边小物品为切入点，深入高铁、车间等地进行分众化沉浸式宣传。从《习近平总书记牵挂的一抹绿》《科技灌溉结硕果》《创新赛道上的隐形冠军》等极具莲都个性的故事出发，从小切口解读全会精神。借力新兴青年，发动外卖小哥通过小喇叭、宣传册走街串户宣传，组织街舞青年、律师、网红等依托"青年之家"开展宣讲，邀请畲族青年宣讲员采用畲语+现场直播方式开讲。借助数字赋能，在哔哩哔哩等平台同步展播，创新推出宣讲二维码，将传统宣讲拓展为"随时随地"的扫码收听，通过扫码填写问卷，对宣讲效果、受欢迎度等进行量化评分，形成闭环管理格局。

依托主题团日、"五四"活动、"青年大学习"平台和"浙里潮音"网上主题团课等形式，带领青少年真正学懂弄通做实习近平新时代中国特色社会主义思想。提升现有"青春莲都"微信公众号影响力，向外扩充哔哩哔哩、抖音、小红书等青年关注度高的新媒体账号，打造渗透率高、覆盖面广、影响力强的青年媒体矩阵。创作《青春奋斗疫战同行》《云中谁寄锦书来》等有温度、有人气、有影响力的宣传精品。通过把理论转为故事，把文字变为视频，把道理嵌入产品，把有意义的思想引领变为有意思的精神文化产品。全年，莲都共青团工作被国家级媒体报道38次，被省级媒体报道18次。

【农村电商】 聚焦人才培养，开展视频（直播）电商青年人才培养计划。14个乡镇街道电商普及培训全覆盖，培训学员达355人次。

赴义乌开展2021年莲都青年电商人才培训班，促进莲都、义乌两地开展优势互补。发动电商从业青年、创作达人、带货主播等青年分层分类参加普及、初级、中级、高级视频电商培训班，提升电商人才培育转化率。

2021年3月，莲都区青少年宫迁建项目情况汇报会召开（团区委　提供）

聚焦产业发展，组织青年网红参与"山里DOU是好风光·丽水"项目和宝藏乡村系列活动，推进村落数字化保护开发和产业链接，传播莲都乡村民俗文化和莲都好物。承办万粉达人游丽水活动启动仪式，全网短视频、直播创作达人共60余人参加，活动中古堰画乡景区在全市范围内抖音游玩人气榜热度第一（热度102.4万人次），借力"网红流量"助推莲都文旅产业。

【双招双引】 联合区委组织部排摸234名在外就读的本科、硕士、博士丽水籍人才信息。指导各乡镇（街道）团组织共享辖区内青年人才信息，开展"青年人才政策宣传月"活动，宣传莲都引才政策、促进政策、岗位信息对接。邀请全区优秀青年代表及区级有关部门举办"双招双引 与莲同行"青年人才沙龙。浙江省青联十一届四次全委会在丽水举办期间，通过向团市委争取，开展莲都专场推介会及青春集市，宣传莲都一、二、三产政策及项目，多维度展示莲都精品农旅资源、优质农旅产品。实施"乡村振兴·创梦莲都"行动，发布大学生实习岗位210个，聘请莲都籍在校大学生任人才招引联络员。推荐领导班子到浙江清华长三角研究院、宁波市江北区发改局等地挂职。

以创业大赛为载体，联合区

人力社保局举办“创响莲都”创业创新大赛，鼓励社会青年主动投身创业创新。高标准推进“青创农场”建设，发动优秀青年参加省市青年岗位能手、青年创业导师、青年工匠等评优工作。通过系列举措增强青年典型榜样示范作用，激发青年奋力拼搏、干事创业热情。

【社会治理】 2021年，组织青年志愿者1600余人次助力城乡社区（村）防控、助领“健康码”、协助疫苗接种等工作，《以斗争精神投身抗疫 展现团干部担当作为》和《青暖寒冬 “益”起过年》被《中国共青团》专题宣传报道。在全区范围内开展青春社区行动，设立五个试点社区，引导团员青年、社会组织向社区报到。结合“六一”、中秋、寒暑假等节点，开展垃圾分类、关爱特殊群体等活动，打造青春社区10分钟幸福圈，让社区因青年而活跃，让青年因社区而出彩。整合流动少年宫、新兴青年等资源，开展“青春助力双减”专项活动。培育一批有实效、可持续、能复制的优秀青年志愿服务品牌，两个项目获得2021浙江青年志愿服务项目大赛铜奖。组织少先队鼓号队展示活动，被《中国儿童报》报道。开展“新时代好少年”评选、主题队日、辅导员业务培训等活动，增强少先队员光荣感，促进少先队辅导员队伍专业化发展。

【预防青少年违法犯罪】 坚持政策服务与具体服务并举，关注困境青少年群体，提供常态化、接力式服务。常态化组织乡镇街道开展重点青少年走访帮扶，发挥社会组织力量打造工作品牌。万申佳“青年之家”“律暖童心 模拟法庭”项目被评为“2021年浙江省优秀公益法律服务案例”。峰启文化公益社推出“峰启讲师团”“峰启助学梦”等多个公益品牌项目。申报创建浙江省“青少年零犯罪零受害社区”试点。创建省级青联“希望小屋”，弥补农村学校第二课堂不足。组织普法志愿者与青年网红在抖音直播间开展普法活动2次，在全区中小学开展“开学第一课”活动，以青少年喜爱的方式，推动普法取得新成效。

5月18日，在刘英小学开展“小小挺进师”特色活动（团区委　提供）

【爱心助学系列活动】 聚焦“青年发展型城市”建设目标，出台《莲都区贯彻落实〈浙江省中长期青年发展规划（2017—2025年）〉实施意见》，召开莲都区青年工作联席会议，形成青年工作齐抓共管的良好局面。开展扶贫助困活动，与江北团区委联合开展“山海携手 红暖今冬”活动、“习酒·我的大学”助力家庭困难优秀学子“圆梦大学”行动。联合新疆阿克苏新和县团委开展“小小石榴籽 助力中国棉”书信手拉手活动，被央视频、“学习强国”、未来网等媒体报道。

【服务青年需求系列活动】 开展“青年团十结对小哥”问卷调查、跟班体验、深度访谈、结对帮扶、专题服务“五个一”服务活动，了解掌握新兴群体生存现状和思想动态，调研报告被《处州晚报》报道。依托共青团四个“亲青”平台，帮助青年解决职业发展、婚恋交友、社会融入、养老育幼等方面的问题。定期开展共青团与人大代表、政协委员面对面活动，搭建青少年建言献策常态化、广覆盖、深落实平台。

【基层团组织建设】 设立团代表联络站，建立委员联系代表、代表联系青年机制。落实基层团组织述职评议考核制度、发布2021年莲都共青团重点项目，聘任青年观察员，定期召开乡镇（街道）基层团建会，形成制度化、长效性、可复制、可借鉴的举措，把共青团改革向纵深推进。

开展基层团建“进位提升”行动定级暨互观互学活动和“双百双提升”行动，深化基层团组织规范化建设。组织成立“饿了么”团总支、工业园区管委员团工委，不断扩大新兴青年群体团建有效覆盖，加大社会领域团组织密度。依托“青年之家”培育、孵化青年社会组织，以青年社会组织个性化服务和社会化运营提升“青年之家”凝聚青年的黏合度。

2021年，“青年之家”入驻区矛调中心，小童星“青年之家”深化文明礼仪、国学文化、志愿服务和自身建设四大品牌，万申佳“青年之家”入围全国活跃青年之家第48名（全省仅5个县入围全国前50名），得到了团省委及团市委高度肯定。组织团干部热议“七一”讲话精神、全会精神，其中《不负嘱托 强国有我》《走好新时代的赶考之路》被《中国共青团》报道。推进团干部作风建设三年行动，通过“大学习、大调研、大整改”，引导各级团干部走出舒适区、塑造新形象。常态化推进“学社衔接”“对标定级”“团内激励”“推优入党”等工作，激励广大团员强化担当意识，发挥先锋作用。

（贾璐昕）

莲都区妇女联合会

【概　况】 2021年，莲都区有乡镇街道妇联14个，区直机关妇委会50个。

5月28日，莲都区大港头镇花园乡村女子礼学院开班仪式举行（区妇联　提供）

【思想引领】 创新基层宣讲形式，结合来料加工大篷车、来料加工技能比赛进村社，开展“红歌进村社、做纽扣唱山歌”“学史力行 促农增收”等活动，把十九届六中全会精神、习近平“七一”重要讲话精神和党的新思想、新政策送到群众家门口。借力互联网，在微信、直播、抖音新媒体平台推送音视频，让理论宣讲真正“活”起来、“潮”起来、“热”起来，让新时代好声音飞进千家万户。开展“莲姐讲党史话家风”系列活动。成立由三级妇联主席、最美家庭代表、各领域杰出女性为主的“党史”宣讲团，在红色革命教育基地进行视频录制在媒体上宣讲，深入各村社、学校、来料加工点宣讲，引导广大妇女群众坚定理想信念，筑牢初心使命。2021年，共开展宣讲45场，覆盖人数达1万余人。

【妇联组织建设】 举办全市首场新一届村社妇联主席培训班。236名村社妇联主席集中培训，培训以集中授课、现场教学和学员交流方式进行，培训内容包括党史教育、基层妇联工作实务、妇女维权、反诈骗等。举办以“巾帼芳华 感谢有你”为主题的离任妇联主席荣退仪式。邀请离任村（社）妇联主席代表分享妇联工作，新任村妇联主席代表表态发言，并颁发荣退证书和妇联徽章。为2020年度二十佳村社妇联干部代表颁发荣誉证书。举办莲都区2021年女干部培训班。培训内容涉及新时代妇联工作的改革创新、妇联工作维权实务等，并结合当前党史学习教育，重点学习党领导下的妇女运动，重温党领导妇女运动的光辉历程，学党史、知妇运、明担当。

召开学习贯彻习近平总书记“七一”重要讲话精神读书会。基层妇联主席代表和机关妇委会主任代表分享学习习近平总书记“七一”重要讲话精神的体会，以《关于邓小平与当代中国的思想解放》为题上党课。

【来料加工】 落实《莲都区促进来料加工业五年行动计划》，瓯碧园来料加工服务中心正式启用，全区开展巾帼共富来料加工大篷车进村社115场次，实施巾帼创富能手培训工程，举办平车技能培训3期、缩褶绣技能培训1期，全区来料加工产品现场对接活动4场、来料加工数字赋能培训1期，组织30余名经纪人对接义博会，开拓来料加工市场，创新产业发展思路，为有志从事来料加工的妇女群众提供增收平台和渠道，加强经纪人间的团队协作、推动来料加工业发展，促进农民增收。2021年，全区来料加工费发放2.66亿元，加工队伍1.7万人。

【助推经济工作】 突出品牌赋能，推进“妈妈味道”“妈妈手作”“妈妈菜园”等妈妈品牌。实施“巾帼奋斗·创业圆梦”、女性素质提升行动，推进新时代巾帼富联培训工程，搭建创业创新服务平台，助推广大妇女实现创业创新梦想。

实施“助力乡村旅游 巾帼行动”，组织市区各界女性精英代表，开展“画乡有佳人 画乡有佳作”艺术生活研学活动；古堰画乡妇联常态化开展传统二十四节气活动；开展古堰画乡花园庭院微改造活动，古堰画乡区域88户农户完成庭院微改造；开办“花园乡村女子礼学院”，在大港头、碧湖、老竹、丽新等乡镇开班授课，为乡村女性提供礼仪、人际关系、心理、育儿、管理、养生等多方面多层次的培训，鼓励引导广大妇女投身农村新产业新业态发展，助力乡村旅游发展。

6月18日，仙渡乡“学史力行 促农增收”来料加工技能比赛举行(区妇联 提供)

【妇女儿童关爱】 开展为群众办实事“五必访”活动。通过走村入户、清底建档、结对帮扶、儿童之家建设等措施，加强与妇女群众的联系，确保妇情掌握在基层、帮扶落实在基层、问题解决在基层。2021年，莲都区参与“五必访”活动的基层妇联干部、执委1918名，开展实地走访家庭9230户(次)。

开展关爱留守妇女暖秋行动暨来料加工对接活动。为50余名有意愿且有一定接受能力的农村困难留守妇女搭建就业平台，并送上暖秋关爱，发放慰问品。

开展“童心向党 守护成长”系列关爱服务活动。针对留守儿童、困境儿童，突出“团圆”“幸福”“爱”等新年特色，开展“把爱带回家 留莲过大年”活动。“六一”节，邀请93岁高龄的老党员曾绍久给26位儿童讲述抗美援朝上甘岭战役的亲身经历，观看莲都区红色党史专题片，进行垃圾分类小游戏。在端午节，组织50名留守(困境)儿童在鱼跃1919文化产业园参观“邮说”党建厅，聆听百年党史，体验包端午粽，聆听传统文化。开展“学党史颂党恩守护安全伴成长”2021暑期儿童关爱服务活动，组织25名低保家庭儿童及困境儿童共同度过思想有引领、安全有

3月22日，莲都区妇联在丽水市图书馆红色书房开展"书香伴女红——家书中的初心"读书活动(区妇联　提供)

保障、健康有呵护、情感有抚慰、困难有帮助的快乐假期。

开展亲子研学活动3场次，邀请全区文明家庭代表、企业优秀人才家庭代表、新莲都人家庭代表参加了农事体验、竹文化、民族风情等不同主题的亲子活动。

推进儿童之家建设，对照儿童之家创建标准以及儿童的各方面需求，深入各创建点位督导工作落实，掌握各点位"儿童之家"建设进度，对实施过程中存在的问题及时指导、帮助解决。2021年，莲都区建设村(社区)儿童之家6家。

【妇女维权服务】 建立"调解"模式，做强"莲花调解"品牌，在联城街道、碧湖镇"大搬快聚"点建立来料加工服务中心，解决下山安置居民的就业和社会治理问题，2021年，莲花调解室已增加至12个。形成以点带面、多方联动、双效受益的基层社会治理新模式。开展新一届村社妇联主席维权知识培训和莲花调解员业务培训，以典型案例演示分析等创新性方式开展调解员培训，提高基层妇联主席和调解员调解水平及专业素养。2021年，共参与积案化解12次，化解国家级、省级信访积案各1件，调解纠纷450多件，开展宪法、反家暴法等法律宣传30多场，受益群众1.8万余人。

【家庭文明创建】 统筹推进家庭建设综合平台，实施"幸福莲都幸福家"工程，开展家庭文明创建、家庭教育推进、家庭平安保障、家庭发展共促、家庭服务提升"五大行动"。"绿谷希望"父母成长工程全面推进，莲都家长学堂开展家庭教育公益讲座7场，社区家长学校举办家庭教育讲座41场，受益群众6000余人。

开展"最美家庭""绿色家庭""廉洁家庭""文明家庭"等各类特色家庭寻找创建活动。举办"读百年党史，承红色家风，做最美新人"红色集体婚礼并表彰最美家庭。举办两期女性健康形体礼仪公益培训班，从形体、神态、气质、礼仪全方位提升女性健康文明素养。

开展垃圾分类、防电信诈骗音乐快板宣传进城区88个封闭式小区工作，全区各级妇联组织开展垃圾分类宣传活动315次，参与妇女达1.8万人次；开展"巾帼治水　清河行动""美丽庭院·巾帼示范""花园庭院微改造"等巾帼行动，创建花园庭院2400户，花园庭院样板户10户，花园阳台100户，花园阳台示范户10户。

莲都区文联

【概　况】 2021年，莲都区文联有11个文艺家协会，799名会员。莲都区文联围绕"创精品、出人才、强基础、补短板"，打开文联工作新局面，推进文联各项工作稳步发展。全区文艺工作者深入生活，潜心创作，用优秀的文艺作品反映时代呼唤，唱响主旋律，取得了不俗成绩。

全区文学爱好者在各级刊物上刊登作品近千篇。229幅摄影作品在各级摄影比赛或微视频比赛中获奖，7幅摄影作品、专题刊登在《中国摄影报》和《中国摄影家》杂志上，265幅作品、视频、专题发表在“学习强国”、视觉中国、人民网、中国新闻网上。14件美术作品入选国家级展览，26件作品入选省级展览，戏曲作品进礼堂、进养老院20场次，“戏曲动漫进校园”活动走进刘英小学等8所学校。

【文联组织建设】 12月30日，成立丽新畲族乡文联，解决了区文联长期未召开文代会和规范管理的问题，区文联对文艺家群体的团结引导、联络协调、服务管理、自律维权有效加强，将文联组织延伸到了基层。

【庆祝中国共产党成立100周年系列活动】 以庆祝中国共产党成立100周年为主线，于6月20日在莲城剧场举办了“传承经典 初心永驻”大型情景朗诵会。以经典朗诵会形式，展示中国共产党带领全国各族人民在革命、建设、改革中走过的光辉历程。6月18日，在莲都区文化馆举办了“廉政书画展清廉 翰墨丹青扬正气”——庆祝建党100周年莲都区廉政书画展，营造了庆祝中国共产党成立100周年的浓厚氛围，部分优秀作品在“丽水市清廉文化作品创作大赛作品展”中展出。

【莲都省级摄影创作基地建设】 联合省摄协，于8月6日至7日，在古堰画乡“瓯江山水诗路”摄影工作坊开展“2021古堰画乡杯·瓯江行”摄影大展及采风创作活动；3月29日至4月30日，举办“萤火杯”自然摄影·短视频创作大赛；10月15日，举办“岁月留痕”老照片展等一系列重要展演展赛，创建古堰画乡省级摄影小镇，宣传莲都的优美风光、民俗风情，提升莲都的知名度和影响力。创作反映明代处州乡贤、明代刑部尚书薛希琏生平的书籍，为塑造地方文化形象作出重要贡献。

6月20日，“传承经典　初心永驻”情景朗诵会在莲城剧场举行（区文联　提供）

【文艺人才队伍建设】 修改完善《莲都区文艺精品工程扶持奖励办法》，对67件省级以上获奖文艺作品奖励19.76万元。完善文艺人才培养形式。10月30日，组织开展弘扬践行浙西南革命精神采风活动、“走进碧湖”采风活动等，邀请上级文联及文艺专家采用党课、培训、采风交流等措施促进文艺人才成长。

（莲都区文联）

莲都区红十字会

【概　况】 2021年，莲都区红十字会和各理事单位围绕区委、区政府的中心工作和重大决策部署，发挥党和政府在联系群众和人道救助领域的桥梁纽带和助手作用，完成了各项目标任务，推进莲都区红十字事业创新发展，发挥了红十字会在政府人道救助领域中的助手作用，为构建和谐文明莲都发挥了作用。

【队伍建设】 坚持把加强党的领导贯穿到红十字工作全过程，学习贯彻落实习近平新时代中国特色社会主义思想、党的十九大以及历次全会精神，加强党的建设，提高红会党员干部的党性觉悟，筑牢廉政思想防线。坚持把党风廉政建设与业务工作同谋划、同安排、同部署，严格执行中央八项规定和廉洁纪律要求，打造了一支“忠于事业、干净干事、勇于担当”的红会队伍。坚持抓好理论学习和业务培训，查找业务短板，强化责任担当，以严的要求、实的作风，加强对干部职工的培训和教育，形成了干事创业的良好氛围。根据市委、区委关于加强和改进党的群团工作的实施意见和红十字会改革本身的内在要求，莲都区红十字会坚持以“增三性，去四化”为目标，通过深入调研酝酿、多方征求意见，形成了改革实施方案，得到了区委区政府的认可，给予发文实施。

【红十字工作】 疫情防控期间，在中国慈善网发布捐赠项目，依法依规做好捐赠款物的接收和使用工作，累计接收和拨发捐赠款物385万元；组织红十字志愿者在全城居民居家自我隔离期间为困难家庭送药送菜，在西银苑社区卡点执勤68天，为卡口检查点人员，高速各路口的交警、医务人员、社区工作人员送去“爱心餐”500余份。深入开展城乡社区红十字服务工作，结合助老、助残、助学等活动，关注常态下贫困人群的生活状况和健康状况，做好“红十字博爱送温暖”活动，共帮扶困难群众321次，发放救助款物20余万元。推进红十字应急救护培训进社区、进农村、进学校、进机关、进企业活动。完成救护员培训1252人，完成普及培训12516人。推动无偿献血和造血干细胞捐献、遗体器官捐献。2021年实现莲都区造血干细胞留样36份，反悔率和流失率均为零。强化红会会员管理，发展吸收新会员，壮大成人会员队伍，建立村、社区基层红十字会75个，发展成人会员6258人，新建“博爱家园”4家。配合“健康莲都”工作，在东港菜场安装莲都区首台“救命神器”心脏除颤仪。根据卫健、文广旅等五部门关于开展“丽水山居”民宿旅游景区“五分钟社会应急救护圈”工作要求，陆续在AAAA级景区及4钻民宿安装AED，广大群众生命安全得到有力保障。

【宣传工作】 坚持利用“5·8”世界红十字日、世界急救日、世界献血日等，开展红十字主题宣传活动，通过现场咨询、发放资料、展板宣传等形式，推动“人道、博爱、奉献”的红十字精神在处州大地传播。及时公布红十字捐赠信息，做到了捐款全透明、全公开，邀请和配合政府审计部门、媒体和社会公众对红十字会的各项工作进行事前、事中和事后监督，得到了社会的广泛认可。2021年，莲都区有红十字志愿者服务队伍4支，红十字志愿者400余名，把红十字志愿服务工作纳入日常工作整体规划，加强红十字志愿服务队伍的专业化、规范化、制度化建设。精选、扶持操作性强、有实效、有影响力的志愿服务项目，挖掘典型，推广经验，努力打造一批具有红十字特色的志愿者服务品牌。

法 治

政法委与综治

【政法队伍教育整顿】 2021年，莲都区政法系统坚持早开局、稳起步、强举措、抓落实，紧盯学习教育、查纠整改、总结提升“三个环节”，推进铸牢政治忠诚、清除害群之马、整治顽瘴痼疾、弘扬英模精神“四项任务”，推进政法队伍教育整顿工作走深走实。坚持规定动作和自选动作两手抓，同步开展党史学习教育、政治教育、警示教育和英模教育，利用“16个一”“天天读、周周学”等学习形式，开展“红色微讲堂”“每周微课堂”教育，通过制作快问快答小视频、发放“口袋书”学习手册等，延伸学习“触角”，形成“常学、真学、比学”的良好氛围。全体政法干警“绝对忠诚、绝对纯洁、绝对可靠”的政治品格得到了深度锤炼。各单位结合“自查从宽、被查从严”政策，按照“五必谈”要求，开展多轮谈心谈话，全年共计谈心谈话2877人次。2021年，莲都区累计接收省市交办线索51条，通过各单位核查，已全部办结。全区政法干警累计自查排查出顽瘴痼疾方面问题6492个，其中六大顽瘴痼疾问题20个；主动向组织说明问题干警40人，兑现宽严政策处理处分40人。针对教育整顿暴露出的短板弱项，全区政法系统坚持“边整治、边总结、边建制”，对查纠整改环节发现的问题短板，建立完善了48项切合实际、科学可行的制度机制。区委政法委联合区委组织部、区纪委通过开展队伍建设“大调研”，向丽水市提出强化管理职能、科学人员交流、搭建管理平台等意见建议。区法学会深入开展“莲心护蕊”工程，评比优秀教案，提升了法学法律工作者业务水平。

【扫黑除恶专项斗争】 根据中央、省市部署常态化扫黑除恶的工作要求，组织开展重点行业领域整治。查出工程建设方面各类隐患21余条并督促整改到位，发放整改通知书2份，处罚企业1家。接收核查信息网络方面断卡线索300余条，打击灰黑产业链。打击3起涉及非法采矿、非法制砂、强迫交易的案件，抓获犯罪嫌疑人11人。规劝菲律宾涉黑逃犯郑某自行回国投案；在柬埔寨金边抓获涉黑逃犯付某、马某。建立市、区两级反诈中心联动研侦机制，攻克涉网新型案件。截至年底，移诉数已达全年任务的552%，其中电诈破案数、抓获犯罪嫌疑人数，分别同比上升29.7%、87.2%。快速侦破被省公安厅列为“净网2021-1号”行动典型案例、涉案资金达1亿多元的“4·6”系列帮助信息网络犯罪案。

【县域社会治理】 依托“两办（平安办、信访联席办）一中心（社会治理中心）”，建立三级中心信息收集、汇总、研判等基层治理动态分析研判机制，健全事件流转交办、实时调度指挥、数据互通共享、预测预警预防和辅助决策等机制；建立每日一碰头、每周一会商制度，分析研判辖区内社会矛盾风险形势，协调解决重要事项，增强工作的针对性和预见性，先后处置了市区两级的群体案（事）件。2021年，发布社会稳定要情专报38期。建立“信息汇总—分流交办—结果反馈—督导评价”网格化服务管理四步流程，发动网格员每天对网格进行巡查走访，采集各类矛盾纠纷、安全隐患等问题，并通过基层治理综合信息系统（四平台）逐级上报，由乡村两级分别协调职能部门开展处理，实行信息化管理。区综合信息指挥中心统筹抓好全区网格运行、问题处置办理等情况督导考核，倒逼属地乡镇（街道）和部门合理配置管理资源、加强条块协作配合，推动问题高效解决。2021年，采集录入各类事件81390条，其中矛盾纠纷880件，98%以上问题得到妥善解决，实现“人在网中走、事在格中办”“小事不出网格、大事不出镇街、难事不出区”。制定《关于进一步规范农村专职网格员选聘和管理的实施意见》，管理规范网格内人员配备、准入要求、专业能力方面工作，打造一支“讲政治、善治理、管理强、服务好”的基层农村网格队伍。截至年底，已更新替换100余名基层网格员，全区812名基层网格员队伍已全面调整到位。建立专项督查和定期培训机制，每季度联合民政、纪委开展业务专项督查，强化专项任务、日常工作落实情况。2021年网格事件办结率达99.15%，平安日报率达98%，网格化管理效率显著提升。

公　安

【概　述】 2021年，丽水市公安局莲都区分局（以下简称区公安分局）内设机构38个，其中24个部门、14个派出所（含水上所、车站所、天宁所3个专业派出所，黄村所、太平所2个合署派出所）。2021年，区公安分局共有民警、职工436人，其中民警420人、公务员3人、行政职工3人；事业编职工10人；辅助警务人员629人。2021年，区公安分局共有1个集体荣立二等功，5个集体荣立三等功；2位民警荣立个人二等功，18位民警荣立个人三等功，47位民警因工作成绩突出获个人嘉奖。

2021年，区公安分局共立刑事案件1973起，同比下降11%，侦破刑事案件520起，同比上升0.03%，共起诉各类犯罪嫌疑人999人，较2020年打处数增长19.4%，其中立侵财类案件1598起，同比下降17.42%，盗窃案件破案率21.6%，命案、五类案件破案率均为100%；受理治安案件4683起，查处4682起。

【维护稳定】 2021年，区公安分局完成了5批次警卫任务，完成市区“两会”、中高考、莲都小镇音乐节等29项重大活动安保任务。

根据《丽水市公安局莲都区分局关于推进“莲都公安‘五问’”工作的实施方案》精神，由区公安分局治安大队牵头，推进“莲都公安五问”工作，并以“莲都五问”为载体，开展“千警进万家”活动，当好新时代“枫桥经验”答卷人。2021年，全局入户走访群众49016户，收集群众反映意见、建议及线索问题11744余件次，调解纠纷1845余起，接受咨询服务4953余次，其他为民办证、办照等帮助服务2278次。

2021年，区公安分局政保大队共获取上报各类情报信息553条，被市局国保支队采用351期（条），省厅总队采用284期（条），公安部采用61期（条），部分特别重大的情报信息得到各级领导签批，为领导决策提供了依据。针对特殊利益群体，掌握相关动态，提供稳控决策。

【打击犯罪】 打击电信（网络）新型诈骗犯罪。2021年，全区共发电信网络诈骗案件1313起，同比下降10.68%，共打处电信网络诈骗犯罪嫌疑人311人次（包括黑灰产），移送起诉244人次，打处人数同比提高72.77%，移诉人数同比提高52.94%。快速侦破“12·13”电诈案，为受害人挽回损失89.5万元；全链条侦破“4·30”电诈案，捣毁涉嫌贩卡、洗钱犯罪团伙。在开展打击电信网络诈骗的同时区公安分局开展反诈宣传，全年“莲都反诈金钟罩”关注度超20.4万人次，预警劝阻率达100%，劝阻30起，劝阻金额达83万元。群众识骗防诈能力极大提升，人民安全感、满意度显著提高。

打击经济犯罪。2021年，区公安分局经侦大队开展“云端2021”、“猎狐2021”、打击涉众型经济犯罪、打击涉税案件“百城会战”等专项工作；全年受理初查各类经济犯罪案件57起，同比持平，其中立案39起，同比下降20.4%；破案22起，同比下降30%；作出不予立案17起，同比上升142.8%；涉案价值1.16亿元，同比下降50.5%；全局经侦部门总共抓获犯罪嫌疑人90人，同比下降20.3%；已移送起诉各类经济犯罪嫌疑人61人，同比下降30.6%。2021年，分局经侦大队在“砺警2021”全市经侦数据化实战技能大比武中获得第三名。

打击“黄赌毒”违法犯罪。2021年，区公安分局共破获各类黄、赌案件293起，其中刑事案件68起，抓获涉黄、赌人员736人，移送起诉177人，逮捕92人。开展了“一打三防”“净边2021”“云战6号”等系列专项行动，严打毒品犯罪，期间破获了一批新型毒品类案件。2021年，分局禁毒大队在全市“路地融合”毒品查缉实战练兵大比武中，在动车站出站口设立卡点，核验乘客17103人，其中查到前科人员137人，涉毒前科人员21人，发检、尿检21人，抓获外地涉毒逃犯1名，外地法院临控人员1名。查缉实战练兵大比武成绩排名全市第一。

打击“食药环知”犯罪。2021年，区公安分局共移送起诉涉“食药环知”犯罪嫌疑人51人。查处了3起销售有毒、有害物质的性保健品和减肥药案件，侦办了2起私屠滥宰案件，其中，一起私屠滥宰案被省厅食药环知侦查总队列为“省标”案件；查处了2起非法经营药品案件；侦办了4起制售假冒伪劣烟草案；查处了5起动物类案件，2起滥伐林木案。查处了2起非法采矿和2起涉知识产权犯罪案件，其中1起假冒注册商标案得到了副市长、市公安局局长的批示肯定。

【基础管控】 开展“缉枪治爆”专项行动。打击整治枪爆物品违法犯罪，全年共收缴手榴弹1枚，土铳1把，气枪8把，仿真枪4把，改装发令枪1把，各类子弹644发，管制刀具90把，其他物品120余件，销毁雷管900余发，安全处置盲炮事件11起。移送起诉2人。

2021年，全区有宾馆、民宿数量769家，正常经营的511家，停业258家，全年共检查6230余次，处罚296起（其中停业整顿6家，警告2家，处罚270家）。根据疫情防控要求，排查全国各地旅客153万余人，按照指挥部要求将人员送往隔离点进行处置。

开展重点片区治安排查整治。2021年，区公安分局强化发案数据的智能分析和实时研判，开展警情信息等要素的筛查，收集重要线索，对黄赌警情的重点区域、重点时间进行梳理，制作警情作战图，开展针对性治理，实现打即所发、打防衔接。将筛查出重要线索统一进行经营查处，约谈场所负责人6人次，停业整顿2家。每月进行黄赌警情分析，对警情频发地区开展重点区域整治，全年查处黄赌治安案件8起，抓获涉案人员16人。

安全生产、消防监督检查。2021年，区公安分局出动检查人数2879人次，检查单位1424家，发现火灾隐患57处，督促整改57次。下发责令整改通知书32份。侦破了森林失火刑事案件5起，配合行政部门调查森林火灾行政案件及违规用火6起。按照党委政府和分局党委、上级公安机关的要求开展安全检查和日常管控工作。全年参加区安委组织的事故调查8起，办理重大责任事故罪案1起，起诉1人。强化民爆物品管理，全年开展涉爆检查110余次，审核审批各类涉爆作业人员203人次，受理购买证1556份，办理运输证1558份。审批民爆作业项目6个。

出入境管理。2021年，区公安分局办理妨害国边境刑事案件5起，移送起诉犯罪嫌疑人17名。清查治理“三非”外国人17人，其中非法入境外国人8人，非法居留外国人2人，非法就业外国人2人，非正常外籍新娘5人；打击处理非法入境外国人8人，非法居留外国人2人，非法就业外国人2人，遣送出境3人。查处涉外行政案件共52起，其中查处非法居留（包括未成年人）31起，非法入境7起，非法就业2起，非法聘用1起，违反住宿登记10起，其他案件1起，遣送出境外国人4人。法定不准出境人员报备清理、修改报备信息9300余条，法定不准出境人员报备4646人，法定不准出境人员撤控493人，作废出入境证件1855本；国家工作人员登记备案新增568人、撤销212人。全局取保候审犯罪嫌疑人623人，监视居住2人，分局境外人员住宿登记及案件加分情况通报16期。协助40

余家单位、部门核查3800多人持证情况及出入境信息。2021年向市局出入境管理局报送涉外信息54篇，到派出所开展业务指导20余次。继续开展“助企双引”直通车活动，结对高新技术企业和创新型领军企业28家，结对在莲都外籍专家13人，签订涉外警务助理责任书13份，召开政策宣讲会3次。开展涉外新娘的排查走访，辖区共有外籍新娘129人，非正常外籍新娘13人，有16名外籍新娘在境外，均已告知本人或其家属如入境提前告知当地乡镇街道。开展常住外国人签证回访工作，开展签证回访70人次。对全区17家涉外单位30名外籍人员进行排查走访。2021年有留学生177人，在校117人，境外未归60人。根据上级要求，全局民警人人安装外管通App小程序，全局民警备案362人，注册362人，使用362人，注册率达到95.58%，使用率98.37%，核查境外人员1248次。

【基础工作】 2021年，区公安分局以推行“枫桥指数”为主线，开展“枫桥式公安派出所”创建。治安大队牵头制定出台《2021年度莲都公安派出所“枫桥指数”评估细则》和《加强新时代派出所能力建设责任清单》，加强创建工作的指导和考核，对全区派出所实行“枫桥指数”季考评分模式。推进“智慧安防小区建设”，全年完成71个“智慧安防小区”建设。

【流动人口服务管理】 截至2021年12月，莲都登记在册居住出租房屋3.52万间/处，流动人口18.67万人，全年发放新型居住证8409张。派出所模块共录入标准地址8.9万个，虚拟建房8.89万幢，房间总数44.04万间；采集实有人口50.85万人，单位2.41万家，从业人员26.11万人，二维码关联18.2万张。办理流口案件1352起，同比增长67.5%，全市占比42.5%；罚款总金额16.29万元，同比增长45.3%，全市占比48.1%；案件与流口比为7.2‰。

【勘查数据】 2021年，技术室共出具痕迹鉴定文书11份、法医鉴定文书175份、现场勘查818起，其中非正常死亡85起。指纹比中数234起，其中本地指纹71起、协查指纹163起；刑事科学技术室全年共勘查新型网络案件现场1302个，提取涉案App338个，App解析337个。受理电子物证案件委托179起，检材500余件。

【基础工作改革创新】 2021年，区公安分局推进“最多跑一次”改革，推广“政务服务2.0”，打造“网上办为主、自助办为辅、窗口办兜底”服务模式。5月，所有户籍窗口全部实施“一窗通办”；9月，正式启用“2.0公安专线大厅”。上线“一窗通办”事项65项，窗口覆盖达到100%；办理“一窗通办”事项1.48万件。推进“互联网+服务”，构建“一网通办”模式，“浙里办”移动端受理事项5864件，政务网受理3842件。开展部门联办服务，累计联办“出生登记”“婚姻状况变更”等各类事项9491件，实现“数据上高速，部门帮你跑”。实现线上办理“通办”服务，丽水县市区内的户籍业务实现“全城通办”，长三角区域范围内实现“户口网上迁移”和首次申领居民身份证受理，五类户口迁移事项实现全国“网上跨省通办”。创新“24小时服务窗口”，建立身份证办理自助服务区，实现政务服务24小时“不打烊”。

推进户籍管理改革。取消户口性质区分，莲都区实行城乡一体化的户籍管理制度。提升人口管理水平，印发的《莲都区户口迁移规定》。2021年莲都区城镇人口共198932人，其中农业转移人口落户城镇2021人，城镇化率46.93%。

研究推进辅警队伍信息摸底工作，综合考虑思想政治、工作业绩、业务能力、服务年限、考核奖惩等情况，开展辅警层级评定、晋升、降低层级，推进辅警队伍正规化发展。开展辅警人才暨岗位尖子、岗位能手选聘工作，出台具体工作措施，强化管理和保障。2021年4月，党员辅警贾维侠作为唯一的辅警代表参加全省治安管理工作座谈会并作交流发言，其创立的“侠姐调解工作室”是莲都公安新时代“枫桥经验”的金名片，是丽水市首个也是唯一一个专门化解家庭矛盾纠纷的调解工作室。

【执法工作】 2021年度莲都区执法质量考评位列全市第二，获评全省公安机关执法质量优胜单位，并被省厅授予集体二等功，获“最美警队”称号。连续三年承办全市公安法治建设会议。在2月25日举行的全市公安执法审核巡查大比武活动中，分局法制团队获得团体总成绩第一、法制大队民警个人成绩第一、派驻法制员个人成绩第一、局案管辅警个人成绩第一、所案管辅警个人成绩第一的五项第一。2021年3月，成立胡坤工作室。对全局执法管理工作进行细化梳理，分工负责、协同推进、高效管理，通过“四道闭环”的全流程监管运行，成为全市首个运行二级执法管理机制的执法办案管理中心，在全市推广应用。法制大队通过研究出台《分局办理伤害类案件考评工作指引》，从前期处置、调查取证、伤势鉴定、调解和解、结案处理、监督管理六大方面列出实用可操作的执法标准和工作清单，确保伤害类警情执法源头不出纰漏。伤害案件办结率从2019年的47.8%提升至2021年的95.73%。实施重点案件管理，解决应查不查、案件久拖不决的问题。2021年接收外单位移交的案件109起全部纳入管理，已办结89起，办结率81.66%。制定出台《分局中层领导履行主要执法监督职责工作暂行规定》，规范中层领导执法监督，加强中层领导包案履职，从源头上保障初侦初查和案件审核把关质量，防止不作为、慢作为等问题，促进规范养成。创新案件交叉评判机制，案件评查参与人员扩大到办案民警、中层领导，提升团队间发现问题、解决问题、防范问题的能力，规范执法的氛围初步形成。

【落实层级管理工作】 2021年，制定出台《2021年全区公安机关党风廉政建设和反腐败工作意见》《2021年分局落实全面从严管党治警责任制考核》等有关文件，根据层级管理办法，坚持“六层五级”层级管理责任框架运作。落实党委主体责任。修改完善《全面从严治党主体责任履责记录本》，制定各层党风廉政建设主体责任职责任务，通过完善廉政档案和责任清单、排查廉政风险点、常态廉政督察等手段或平台全面推进层级管理工作的落实。根据工作实际，坚持“从规范养成入手、从遵规守纪入手、从抓早抓小入手、从做实做细入手、从严管厚爱入手”的原则，新增完善“信访投诉周通报、警情日评估、黄赌毒案件‘一案三查摆’”“红色六知党建”等六项管控制度和“绝对不允许未经批准查询他人信息及他人办理案件信息、绝对不允许泄露案件信息或通风报信、绝对不允许未经报备与他人发生一万元以上的借贷担保行为、绝对不允许与‘三类重点人群’有异常交往、绝对不允许单人押解或单人看守违法犯罪嫌疑人”的“五个绝对不允许”防控配套制度。推进队伍和执法管理日结日清制度，加强全区公安机关队伍纪律作风和执法规范转变，从源头上预防和减少违纪违法问题发生，推进清廉莲都公安建设。2021年，执行现场督察任务125次，督察警力296人次，检查基层所队335个次，检查警用车辆212台次，检查民警协辅警5600人次，抽查台账或案卷560本，检查重点社会单位、场所412处，发现并查纠各类问题496个，提出督察建议135条。记分违规民警28人次，连带责任领导26人次，辅警6人次，连带责任民警5人次，谈话教育民警25人，印发督察通报8期。民警因违法违纪被党内严重警告1人、记过1人、政务警告1人、诫勉谈话3人、告诫谈话5人、提醒谈话13人。

【信通保障】 2021年，计划投资8000万元的莲都区公共安全视频监控建设联网应用项目（天网工程五期）开工建设。配合做好数字化改革工作，警情云处场景应用、公交安场景应用、安保快达场景应用均已投入使用。科技信息化科组建数据建模战队，在全市公安机关第一届实战化数据建模创新大赛中取得优胜奖。推进国密数字证书替换工作，做好信息与网络安全管理，完善数据中心机房巡检制度，对机房排班巡检300余次，开设“全区公安队伍教育整顿”“电信网络新型违法犯罪打击宣传”“执法曝光台”等专题专栏，对“在线考试系统”改版升级。累计保障会议238场次，未发生图像中断、声音丢失等事故。

【基础设施建设】 2021年，总投资1500余万元，建筑面积2500平方米的水上派出所新建项目完工，11月26日举行了搬迁仪式。碧湖派出所业务用房新建项目完成了前期准备工作，于2021年11月10日举行开工仪式；雅溪派出所新建项目经过前期运作，已完成项目预排方案。全年投入修缮资金150余万元，完成白云派出所白云山联勤警务室、大港头派出所叶军华事迹陈列馆等项目的修缮改造工作。

【财务管理】 2021年，区公安分局收入合计3.2亿元，其中地方财政拨款30000万元，省补经费约750万元。经费管理实行部门经费包干与统筹安排相结合模式，各部门正常经费需求基本全额保障。

【物品管理】 2021年，区公安分局完成服务类采购30余批次，资金量8000余万元；完成被装类、装备类等项目采购90余批次，资金量512余万元；新增打印机53台、汽车7辆、巡特警装备车1辆、空调43套、电脑130台；各类办公用品出库25860件，防疫物资配发出库122094件；累计新增固定资产66528783.32元；新增各类警用装备1236件，报废753件，其中报废枪支119把。完成民警被装申领工作，配发辅警警服2271套，鞋类1200余双。做好涉案物品的出入库工作，台账清楚、程序规范，根据办案部门处置意见，累计通过阿里司法拍卖进行了拍卖25次，成交金额87万元，销毁各类涉案物品41批次。

【人口变迁】 2021年，莲都区户籍人口198967户、423924人，流动人口18.67万人。累计受办理居民身份证38165张，异地身份证10912人，临时身份证7603张。迁入4236人，迁出2313人，出生3651人，死亡2656人。

【队伍建设】 2021年，区公安分局获全市“建设清廉机关、创建模范机关”工作先进集体、丽水市扫黑除恶专项斗争先进集体（集体二等功）称号，被授予“5·10”事件处置集体三等功，大港头派出所获全国公安机关“我为群众办实事”成绩突出集体、丽水市抗击新冠肺炎疫情先进集体、丽水市先进基层党组织、区级党建示范点称号。11月，白云派出所被公安部评为一级派出所。深化党史学习教育，推进基层党支部“四化”建设，打造红色“六知”党建品牌。落实“第一议题”、周一夜学等制度，举办党委理论学习中心组学习会31次、专题研讨6次，组织开展“千场党课下基层”58场次。抓实“三会一课”、主题党日活动、民主评议党员等各项制度，开展党史学习教育主题党日活动和“六个一”主题教育36场次，组织开展党员先锋指数考评、支部堡垒指数星级管理工作，推动党内组织生活质量全面提高。坚持党管干部、党管人才，严格选任程序，完善民主测评、择优上岗等选人用人制度，进一步规范公安机关干部选用的程序和方法，形成科学规范、有效管用、简便易行的选人用人机制。2021年，共提拔中层正职3人，中层副职5人。健全完善轮岗交流制度，落实新警积分制，交流中层干部5人、民警25人，达到

11月26日，水上派出所举行乔迁揭牌仪式（叶志明 提供）

了整合警力资源、优化人员结构、激发队伍活力的目的。强化教官队伍建设，全年新聘任教官13人，常态化开展专业培训，围绕“技战法、信息化应用、现场勘查、心理辅导、法律法规、手枪射击基础、刑事技术、刑事侦查”等课程开展培训，全年累计上课458课时。培养本领域的领军人物，发挥各警种专业人才的示范引领作用，命名包括调解、侦查、软件开发、新闻宣传、法治工作等工作室9个。依托各级新闻媒体宣传主阵地、网上公安官微等新媒体，扩大公安典型人物、案件对外宣传面。2021年，区公安分局在中央、省、市主流媒体刊发对外新闻稿件728篇，其中中央级42篇，省级63篇。组织策划反诈直播活动4次，观看量13万人次，点赞6万人次。“平安莲都”公众号保持一日一原创，发布官微358条，总阅读量25万人次；抖音平台发布视频40条，吸粉6827人，获赞39.7万人次。结合党史学习教育、教育整顿、“三能”主题教育实践活动，通过两微一端和公安内网开展立体宣传，推出35名民警、辅警典型人物事迹，受到全市、全省乃至全国网友一致关注与肯定。坚持“练兵先练长”，强化政治轮训，提升中层干部履职尽责能力，2021年7月和11月分批次组织民警赴南京大学、丽水职业技术学院开展素能提升培训。修订教育训练积分制，建立民警警体训练档案，将考核结果作为评先评优、表彰奖励、晋升晋级的重要依据。坚持“主题月”练兵比武，组织法律知识考试、笔录制作考试、党史知识测试、科技信息化理论科目测试、综合文字大练兵、最小作战单元比武、实弹射击考核、每月一次体能测试，不定期检验学习成果。组建应急处突迅龙小队，提升防暴处突能力。2021年，区公安分局参加全市执法比武获团体第一名、政务服务技能竞赛团体二等奖、全市公安机关110接处警优秀案例（技战法）比武一等奖。2021年，执行慈善救助和慰问两大制度，解决了民警、职工、辅警、离退休人员因公伤亡、重病、突发事故等造成的困难。全年慈善救助85人次，合计金额26万元；慰问困难、生病、因公牺牲、致残民警职工辅警以及老干部147人次。慰问执法执勤受伤民（辅）警17人，发放慰问金1.76万元。“七一”前后，组织开展“光荣在党50年”纪念章颁发仪式和走访慰问活动，颁发纪念奖章27枚，慰问10人；开展“学党史、铸忠诚、强素能”野外拉练、第五届“小警察”夏令营活动。组织开展心理健康咨询、团队心理辅导，邀请心理专家授课，缓解民警身心压力。深化推进“警医协作”，建立医务室并每周固定2天由市人民医院派驻专家坐诊。开办“警营超市”，以最优惠的价格提供最优质的商品，为民警生活带来切身实际的便利。2021年，区公安分局政法队伍教育整顿工作学习教育环节综合评估获全市第三、全区第一；查纠整改环节获市区两级第一。抓好“三个环节”，深入开展四项教育，围绕36

4月9日，莲都区公安分局组织全体民警、职工、辅警开展“学党史 铸忠诚 强素能”野外拉练暨主题党日活动，以积极向上的崭新风貌庆祝中国共产党成立100周年

（叶志明 提供）

7月26日，“小警察”参加莲都区公安“反诈特警”夏令营活动（叶志明 提供）

个“是否”与“159+63”个事项，开展两轮次自查自纠，共收集自查自纠报告表2128份，填报问题1.2万余个；开展两轮次谈心谈话，主动说明问题民警26人，共核查问题33个，兑现宽严政策处理26人。研究出台5项局规局纪，构建民警“三能战力”评价体系，实现队伍管理向数字化、精细化、制度化转变，深化队伍规范养成。推进“清廉机关”“模范机关”建设，开展经常性党规党纪教育和警示教育年活动，筑牢全警政治思想防线和法纪底线，营造风清气正良好政治生态。

（杨蕴）

检　察

【概　况】 2021年，莲都区检察院有政法专项编制62名，实有检察人员89人，其中政法专项编制61人、编外用工（包含司法雇员）28人。在编在职干警中，研究生学历16人，占比26.23%。获评“全国检察宣传先进单位”“全省扫黑除恶专项斗争先进集体”“全省法律监督成绩突出集体”，有30个集体和个人获得市级以上荣誉，17个案例被评为典型精品优秀案例，检察工作获得上级领导书面批示肯定7次。

2021年，区检察院坚持系统观念、法治思维、强基导向，学习贯彻习近平新时代中国特色社会主义思想和中共十九大及十九届历次全会精神，围绕党委中心工作和上级院工作部署，坚持疫情防控和检察工作两手抓、两不误，紧扣“深化法律监督，彰显司法权威，维护公平正义”工作主线，贯彻落实中共中央《关于加强新时代检察机关法律监督工作的意见》，推动区委首次召开检察工作会议，履行法律监督职责，推进自身建设，深入开展党史学习教育与队伍教育整顿，加快检察数字化改革步伐，各项工作取得新进展。

【生态检察】 依托生态检察一体化办案机制，发挥刑事、公益诉讼职能，扛起司法保护生态环境资源的重要责任，办理生态环境和资源保护领域案件13件。开展“守护美丽河湖”、涉林垦造、行道树保护等专项监督，办理的督促保护凉塘原生态樟树群行政公益诉讼案获评最高人民检察院生物多样性保护公益诉讼典型案例，推动各乡镇、街道对垦造耕地项目进行生态修复和退耕还林10.37公顷，下拨整改资金1530.2万元，督促当事人缴纳生态修复赔偿金39万余元，增殖放流鱼苗50.5万尾。

【未成年人权益保护】 依法惩处侵害未成年人犯罪，受理审查起诉未成年人犯罪案件24件37人，作出不起诉24人（其中附条件不起诉7人、相对不起诉17人、绝对不起诉2人）。引入多方社会公益力量参与涉罪未成年人观护帮教，针对酒吧等娱乐场所违规接纳、雇佣未成年人等问题，监督公安机关对酒吧经营者立案侦查，督促人社等部门开展专项排查整治，并建议区委政法委将治理成效纳入全区平安综治年度考核，助推监管长效化。

【优化营商环境】 注重企业持续健康发展，对犯罪情节轻微的企业负责人和关键岗位人员不捕13人、不起诉4人；探索涉企合规工作，引导涉案企业开展合规体系建设，以帮助“带病”企业“司法康复”，促进稳经济保就业；严惩侵害企业利益犯罪，通过立案监督对某公司出纳挪用资金299万元追究刑事责任，针对企业管理漏洞制发检察建议，并为企业挽回损失37万余元，获评全省打击侵害企业利益经济犯罪专项治理行动十大典型案件。

【扫黑除恶】 受理涉黑恶审查起诉案件5件21人，移送他院2件3人，起诉认定涉恶案件3件18人，法院已判决3件18人。立足检察机关法律监督职能，多点切入，多措并举，做好庆祝中国共产党成立100周年期间维稳安保，落实扫黑除恶常态化要求，获评全省扫黑除恶专项斗争先进集体。

【刑事检察】 受理各类提请批捕案件404件594人，依法批准逮捕或决定逮捕299件399人；受理移送审查起诉案件994件1463人，提起公诉685件1022人。加强对刑事诉讼各环节的监督，立案监督、撤案监督、纠正违法、认罪认罚程序适用率等多项指标较去年同期有了较大提升并位居全市前列，侦查监督平台使用率居全市前列。对区司法局刑罚执行活动形成法律监督年度报告，获得区四套班子领导批示肯定。办理的刘某某暂予监外执行和财产刑监督案件，获得省院检察长和市委政法委书记批示肯定，获评全省精品案例，并入选全省检察机关法律监督案例演说会十大案例之一。

【民事检察】 将生效裁判监督作为加大民事检察工作力度的重要着力点，办理生效裁判监督案件13件，发出再审检察建议4件，均获得法院采纳，向丽水市检察院提请抗诉1件，获得上级院支持抗诉。加强外部协作配合，与公安、法院构建虚假信息打击、线索移送、信息共享机制，依托与莲都区人民法院会签《关于民事行政执行法律监督工作的会议纪要（试行）》，推动形成打击拒执案件的联动合力。通过线索移送和信息共享，就被执行人涉嫌拒执犯罪，向莲都区人民法院发出检察建议3件，法院均予以采纳，并移送侦查机关立案。深入开展民事生效裁判监督工作，审判、执行程序违法和审执人员违法监督工作成效较上年均有大幅提升。

3月10日，新时代优秀干警“青年说”故事汇评选活动暨莲都检察院“检色青春”风采展示活动举行（周亦男 提供）

【行政检察】 开展行政非诉执行专项监督，重点排查土地执法领域和社会抚养费征收法律监督案件，办理行政非诉执行监督案件15件，向法院发出检察建议10件，向行政机关发出检察建议5件，检察建议均得到法院及行政机关回函和采纳。开展行政争议实质性化解工作，办理行政争议实质性化解案件4件。与区司法局建立行政非诉执行协作机制，破解工作推进难题。

【公益诉讼】 立案办理公益诉讼案件57件，办案数位于全市前列，在做好法定领域公益保护基础上，探索“等”外领域，开展“守护红色军事文化史迹”、个人信息保护、安全生产等专项监督，推动相关部门加强对新四军驻丽水办事处旧址和辖区内62座烈士墓的管理保护，对60余处建筑物外墙脱落点位进行修缮，对侵犯公民个人隐私和合法权益行为整改纠正。

【矛盾化解】 落实群众信访件件有回复，依托12309检察服务

7月1日，莲都区人民检察院庆祝中国共产党成立100周年暨"光荣在党50年"纪念章颁发仪式举行（周亦男 提供）

中心驻矛调中心窗口等平台，办理来信来访83件，促进当事人息访息诉。依托与开发区司法局建立的检调对接机制，开展矛盾化解，对侦查阶段未能调解成功的6件案件促成和解，调解金额达152万余元。将司法救助与化解矛盾相结合，在市院和区委政法委的大力支持下，为32名困难群众发放司法救助金28万余元。

【法治宣传】 针对电信网络诈骗、贷款诈骗、"两卡"诈骗案多发现象，选取身边真实的典型案例，联合区法院，在丽水学院、丽水职业技术学院等校，通过开展"巡回庭审"活动和系列法治专题课，提升学生法治意识。同时，联合《丽水日报》、丽水电视台等媒体对"巡回庭审"活动进行宣传报道，扩大了庭审的宣传效果。

【数字化改革】 推进"数字检察"建设，研发司法救助智能化筛查系统，加强与民政、残联等部门的协作，实现司法救助智能化筛选、主动化救助、协同化推进，"数字检察"系统入选省委政法委数字法治最佳实践案例培育项目，相关做法在全省司法救助工作推进会上作经验交流。针对市区窨井盖破损脱管问题，在开展专项监督、向市领导呈送信息专报、发送检察建议基础上，做好推动职能部门出台窨井安全监管规范性文件，实现窨井盖数字化动态监管，建设地方窨井盖体系标准等后续监督跟进工作，工作成效和检察影响力不断提升，作为全国唯一的基层检察院，在全国检察机关落实"四号检察建议"经验交流会暨维护公共安全论坛上作交流发言。

【检察队伍建设】 以"革命化、正规化、专业化、职业化"为标准，锻造过硬的检察队伍。开展党史学习教育和庆祝中国共产党成立100周年系列活动，通过党史、检察史专题授课，年轻干警讲党史，赴云和小顺爱国教育基地开展主题党日活动，参加全区政法系统红歌赛等形式，教育引导党员干警传承革命精神，激发践行初心使命的内生动力。开展检察队伍教育整顿，通过"五个一"等系列活动，教育引导干警牢固树立规矩意识，筑牢廉洁底线。

（莲都区人民检察院）

法 院

【概 况】 2021年，莲都法院共收案16147件，结案16160件，同比分别上升18.54%和12.03%，收结案数均居全市首位，一线法官年人均结案327.13件，比全市均值多67.59件。《向光而生》《你好，我是人民法院司法警察》等原创微视频在最高院、省高院等推送，阅读量均破10万人次，获9个国家级、省级奖项，推动全社会树立法治意识。

【服务保障绿色生态环境】 服务保障美丽莲都建设，坚持生态修复性司法理念，探索补植复绿、增殖放流机制，责令被告人缴纳补植复绿修复费，依靠九龙国家湿地公园增殖放流基地和大港头、老竹等8个生态修复司法教育实践基地促进生态修复。

【服务经济转型升级】 抓"精准

服务企业”，上门走访企业，收集意见建议，帮助企业解决实际困难。2021年，共执结涉企业执行案件2238件，到位标的7.45亿元，保障民营企业胜诉权益及时实现。推进银行不良资产化解，执结金融案件1273件，到位标的2.32亿元。

【社会治理】 发挥司法裁判规则引领和价值导向作用，广告牌砸伤清洁工，法院依法判决虽退租的广告牌所有人和房东分别承担侵权责任，维护群众“头顶上安全”，明确安全保障义务、规范商业行为。审结善意提供避雨场所致滑倒引发的提供劳务者受害责任纠纷案，支持善意救急行为、社会善良行为，弘扬助人为乐的传统美德，倡导文明、和谐、友善的社会主义核心价值观。

【基层治理】 参与全市首批“共享法庭”建设，与区委政法委、区信访局、区司法局联合制订《关于建立“共享法庭”助推基层社会治理现代化的实施方案》，形成覆盖全区乡镇(街道)矛调分中心、村社、行业组织等三级“共享法庭”架构。各点位均可提供独立、稳定的线上开庭场所和设备，同时配备专门人员提供使用指导和管理服务，群众可参与网上立案、诉讼咨询、在线调解等，还可直接参与线上庭审。已设共享法庭299个，使用共享法庭开庭调解161件。

【刑事审判】 2021年新收刑事案件700件，审结692件，同比分别上升7.2%和6%，判处罪犯1056人，同比上升2.1%，其中判处五年以上有期徒刑91人。依法严惩危害人民群众生命和财产安全的犯罪，审结故意伤害、强奸、抢劫等暴力犯罪案件40件60人，审结盗窃、抢夺、诈骗等多发性侵财型犯罪案件238件384人。推动扫黑除恶常态化，审结省扫黑办挂牌督办、全市首例黑社会性质保护伞等涉黑恶案件22件165人，涉黑恶财产执行到位率97.47%，全省排名前列。保持惩治腐败犯罪高压态势，审结贪污、贿赂、渎职等职务犯罪案件7件8人。落实宽严相济刑事政策，对401名初犯、偶犯、从犯、未成年犯依法适用非监禁刑。联合高校组织开展“反诈宣传”公众开放日活动，邀请丽水学院电子商务专业学生旁听帮助信息网络犯罪案件，承办法官对发案率比较高的“刷单”、“杀猪盘”、出售银行卡、U盾等多种电信诈骗典型案例进行分析提醒。同时，联合检察院开展反诈宣传“庭审进校园”活动，在丽水市职业技术学院对被告人朱某掩饰、隐瞒犯罪所得罪一案进行巡回审判，丽水职业技术学院400余名师生参与了案件旁听。

【民事审判】 2021年，新收民商事案件6974件，同比上升7.82%；审结6810件，同比下降0.01%。坚持协调化解矛盾纠纷，诉前化解和民事可调撤率75.59%。深化家事审判方式改革，审结婚姻、继承、抚养等家事纠纷案件652件。强化人身安全保护令运用，筑起反家暴坚实盾牌。妥善回应涉农领域群众诉求，审结农村土地承包、宅基地使用权纠纷等案件11件。保护市场交易秩序，审结买卖、承揽、租赁合同纠纷等案件1084件。规范民间借贷行为，审结民间借贷纠纷案件2116件。保障房地产市场健康发展，审结涉房屋买卖、租赁、建设工程纠纷等案件582件。平等保护中外当事人合法权益，审结涉外、涉港澳台民商事案件35件。

【行政审判】 2021年至今新收行政诉讼案件111件，审结102件，同比分别下降24.5%和44.56%。新收行政非诉案件12件，办结12件，同比下降60%。完善行政争议调解中心运行机制，促进行政争议实质性化解。将支持寓于司法监督之中，综合运用为行政机关工作人员培训授课、邀请行政执法人员旁听庭审、确认违法判决等方式监督支持行政机关依法行政。落实莲都、青田、缙云共同签订的《“一带”三地府院行政争议化解协同机制框架协议》，推动依法行政和法治政府建设。

【法院执行】 2021年，执结案件6388件，同比增加874件，人均结案245.69件，居全市第一，执结到位金额8.49亿元。纳入失信名单27462人、限制出入境5016人、罚款2074人，向公安机关移送拒执犯罪28人，判决16人。深化综合治理机制，与市区19家地方金融机构召开执行联席会议；开展“影院映前曝光”、全域曝光等行动，联合市律协召开执行联席会议，持续推进律师全面参与执行工作。

【教育整顿】 出台《丽水市莲都区人民法院队伍教育整顿实施方案》和工作任务作战图，明确59项工作任务。开展“百年党史天天读”“莲法讲坛周周学”“初心故事月月分享”等活动，夯实教育整顿思想基础。落实“我为群众办实事”，开展“法暖童心”“庭审进校园”等活动，出台《信访举报线索处置办法》《干警交流轮岗机制》《诉讼档案归档和查阅管理办法》等制度，实现查纠整改与建章立制同步推进落实成效。

司法行政

【概　述】 2021年，莲都区创成“法治浙江（法治政府）建设示范区”，区司法局获全省“法雨春风进万家”爱民实践活动表现突出集体、2016—2020年浙江省依法治理创建活动成绩突出单位、2021年度全市司法行政系统工作考评优胜单位称号，碧湖司法所获“全国模范司法所”称号。

【政法队伍教育整顿】 根据《中共中央关于开展全国政法队伍教育整顿的意见》和省市区委及市局队伍教育整顿工作部署，区司法局开展政法队伍教育整顿工作。将编外的社区矫正社会工作者和莲心调解工作室社工统一纳入学习教育和查纠整改范围；对2018年以来的449份社区矫正重点案件进行自查自评；开展谈心谈话189人次，征求到社区矫正、法治宣传、法律援助等方面的工作建议和意见14条；建立《莲都区司法局重大（重要）事项监督管理工作流程暂行规定》《2021年度莲都区司法局基层司法所工作绩效考核细则》《莲都区司法局信息工作考评办法》《莲都区司法局值班制度》《莲都区司法局考勤制度》等内部管理制度。

6月29日，全市合法性审查交流会在碧湖司法所召开（区司法局　提供）

【“法雨春风”法律服务月活动】 3月，区司法局开展“法雨春风”法律服务月活动。活动以“烦企扰民”规定清理专项行动、社会矛盾纠纷“清源”专项行动、企业法治体检“清患”专项行动、法治宣传教育专项行动、公共法律服务专项行动五大行动为着力点，为520余家企业进行法治体检，专项排查出企业在劳动用工、融资担保、知识产权保护利用等方面的法律风险147处；清理规范性文件和制度规定135件，废止3件；办理法律援助81件；开展纠纷排摸2885次，受理矛盾纠纷489件，调解成功471件；开展法治宣传活动14场，发放宣传资料2万余份。

【普法与依法治理】 2021年，区普法办根据莲都区实际制订年度普法与依法治理工作要点，细化每月法治宣传教育主题活动并落实责任。加大“谁执法谁普法”在法治建设考核所占的分值比重。优化区直单位法治宣传教育责任清单，梳理出法治宣传教育责任清单236条。建设村级法治宣传橱窗120余个，打造碧湖法治文化公园、天宁社区法治文化长廊等宣传阵地，建设普法农家院2家，新创成市级民主法治村（社区）48个，省级民主法治村（社区）15个。截至2021年底，全区有国家级民主法治示范村2个，省级38个，创建率为15.9%；市级153个，创建率为64.02%。

【法治莲都建设】 围绕创建“全国法治政府建设示范市”目标，落实落细法治政府建设各项工作举措。固化提升“点评、交办、晾晒、通报、督察”五大机制，夯实法治建设责任，创成“法治浙江（法治政府）建设示范区”。2021年，召开区委全面依法治区委员会会议1次，法治莲都（法治政府）建设推进会点评会6次，交办任务、问题清单129份，发布重点指标亮晒16期、问题通报2期。把握全省首批乡镇（街道）法治化综合改革试点工作契机，印发《莲都区碧湖镇法治化综合改革试点方案》，加强牵头协调、凝聚改革合力、突出特色培育。开展法治乡镇（街道）建设示范创建活动，指导碧湖、白云等5个乡镇（街道）创建丽水市首批法治建设示范乡镇（街道）。开展法治督察、巡察联动工作，对11家单位开展法治巡察，对各乡镇（街道）及12家重点执法单位进行习近平法治思想学习贯彻情况专项督察，查出问题69个，制发《反馈意见书》16份。开展法治政府建设全面督察，自查出问题15个，并抓好整改落实。

【政府法律事务服务】 2021年，审核区政府非规范性文件、工作方案、协议等68件，提出意见205条；审核区政府常务会和区长办公会议题19次，涉及议程146项。参加区政府和部门征求意见会等会议56次，提出意见145条；指导乡镇（街道）、各区直单位政府法律事务、合同审查等350余次，反馈征求意见102条。加强规范性文件合法性审查工作。审核出具区政府（办公室）规范性文件合法性审查意见书33份，提出建议意见126条，实现规范性文件合法性审查100%全覆盖。督促各单位及时做好重大行政合同备案登记工作，审查标的金额100万元以上备案合同117件，涉及42家单位，标的金额共计1.323亿余元，提出意见建议467条，并通知整改落实。深化乡镇（街道）合法性审核工作。探索将合法性审查事项向村级延伸，该做法延伸市级法治建设示范乡镇（街道）创建标准，被省委改革办《竞跑者》录用推广。建立全区统一的政府法律顾问制度。对外聘政府法律顾问实行统一招聘、统一管理、统一薪酬、统一考核、统一服务项目“五统一”。

【行政复议、应诉工作】 开展行政复议“以案治本”专项行动，完成行政复议规范化建设工作，建立起相对完善的行政复议配套工作制度体系。坚持调解优先，2021年全区行政复议协调调解率为62.86%，高于省市考核要求的30%。推行“五个零”工作制度，除听证、询问等依法需当事人到场外，实现行政复议各环节“最多跑一次”。建立行政复议责任追究制度、监督反馈机制，对案件审理中发现的违法或其他问题向有关机关发出行政复议意见书、建议书，并对5件败诉案件启动过错责任调查程序。排查一审行政诉讼案件中可能存在败诉风险的案件，要求被诉机关积极协助法院开展调解工作，依法促进案结事了。2021年，收到行政复议申请33件（包括3件不予受理，1件告知，5件受理前调解），上年度结转13件，审结30件，调解撤回22件；收到一审行政诉讼案件74件，上年度结转9件，审结69件，败诉率7.25%，实现一审行政诉讼发案量和败诉率“双下降”，行政机关负责人出庭应诉率达100%。

【重大行政决策和行政执法规范化建设】 落实重大行政决策规范化提升工作，聚焦重大行政决策全周期管理，执行《浙江省重大行政决策档案管理办法》等制度。落实重大行政决策目录化管理，公布区政府2021年度重大行政决策事项目录清单4项；指导乡镇街道、区直部门制定重大行政决策事项目录42项，均已在网上公布。推进行政执法规范化系统化建设。制发《全面推行行政处罚办案系统应用的通知》，要求全区各执法单位积极应用，实现“系统外无案件”。2021年全区各执法单位累计办案数为1996件，系统办案数为

1953件，应用率达97.84%。指导各执法单位做好省权力事项库系统的认领工作。2021年，莲都区认领数为8515项，实现应领事项认领率100%。开展行政执法案卷评查。组织两次全区执法单位全面自查执法案卷，并对22家单位的277份案卷进行集中评查，查处问题560处，评出优秀案卷6卷，不合格案卷1卷，制发《执法监督通知书》24份，并督促整改到位。实施柔性执法。指导全区各执法单位梳理“轻微违法”“首违不罚”清单182项，2021年累计办案量78件。

【人民调解“六化”建设】 制定《莲都区人民调解工作机制》《莲都区人民调解法治指导员制度》《莲都区人民调解专家库成员运行制度》等制度，健全矛盾纠纷定期排查和分级流转制度，完善诉调、警调、访调等衔接机制，优化人民调解员队伍管理制度，规范人民调解工作运行机制。依托区矛调中心，行、专调委会工作力量，构建“5+3”的矛盾纠纷调处流转机制，压实调解员工作职责。2021年，全区各级调解组织共受理矛盾纠纷3003件，调解成功2989件，调解成功率99.53%，涉及金额7831.73万元，其中重大疑难案件280件。

【完善法律援助配套制度】 开展以主办责任制为中心的法律援助受理审查指派流程改革，建立法律援助联络员制度、志愿承办法律援助案件律师动态调整机制、“月抽查、季互查、年评查”机制。依据奖罚机制，对律师违反值班纪律、承办案件不负责等情形进行惩戒，通报批评3人次，暂停法援案件承办资格3人次。2021年，受理法律援助案件487件（刑事案件386件，民事案件101件），受理认罪认罚法律帮助案件1018件，接受法律咨询2652人次。

8月19日，莲都区召开区委依法治区办全体（扩大）会议暨2021年度法治莲都建设第三次点评会（区司法局　提供）

【社区矫正监管】 全年累计监管社区矫正对象678人，接收社区矫正对象248人，解除261人，训诫38人次，警告14人次，收监执行10人次。2021年，全区在册社区矫正对象391人。执行社区矫正法，依法规范社区矫正对象调查评估、日常活动和外出审批等监管措施。为预防社区矫正对象违规外出，对社区矫正对象实行每天两次的浙里矫App刷脸位置上报措施；对接公安机关，每月核对社区矫正对象的宾馆住宿登记和动车票、飞机票等购票记录，一旦发现非请假外出，作出处罚。在重点时段、重要会议期间，落实“一日一见面”、集中教育、集中点验、走访排查、隐患化解等各项维稳措施，确保社区矫正对象不脱管、不漏管、不失控，不发生影响社会稳定的群体性事件和其他安全问题，完成维稳安保任务。完善社区矫正相关制度，印发《莲都区社区矫正动态分析研判工作规范》《莲都区社区矫正对象请假外出管理规范》等制度，制定权利义务清单，构建社区矫正工作格局。

【特殊人员帮扶教育】 对重点刑满释放对象落实“必接必送”，2021年安置刑满释放人员222名，累计安置帮教1163名，疫情期间实现“衔接率100%、建档率100%、安全率100%”。实现监狱探亲“云会见”，建成远程视频会见点位4个，协助公检法、纪检监察部门实现“云提审”犯人80起。对罪犯的未成年子女、刑满释放人员和社区矫正对象中的30多个特困户进行了救助，发放补助款3万多元。对2户生活特别困难的刑事案件受害者家属开展司法救助，发放救助金6万元。与莲都区霞光社会工作服务中心合作开展青少年社区矫正对象志愿帮扶行动，联合区妇联举办“女性矫正对象关爱行动”等活动。启动“社区矫正·520”公益活动，聘任10名公益大使，每位公益大使联系5名矫正对象，每年至少开展2场活动，保障所联系的矫正对象零再犯罪。开展“传家训、立家规、扬家风”“诚实立身、诚信立业”“文明礼仪、行为规范”等主题实践活动，开展普法教育、认罪服法教育、警示教育和专题读书会，开展“周行一善”、心理健康教育、心理健康评估等心理矫治活动，引导社区矫正对象改过自新，融入社会。

【“智慧矫正”建设】 制定莲都区智慧矫正工作方案，组建“智慧矫正中心”创建专班。与莲都移动公司合作，实施数字卷宗源头数据数字化，实现社区矫正对象位置信息手机定位功能。依托浙江省社区矫正综合管理平台，实现社区矫正调查评估、入矫、奖惩和收监提请的政法部门网络推送协同。新配备了1套VR体验教育设备、1套移动执法车设备和11台自助矫正机，打造智慧矫正教育帮扶系统。

仲 裁

【概 况】 2021年，莲都区劳动人事争议仲裁委员会共受理立案369件，上年未结9件，办结案件374件，结案率98.9%，其中调解结案300件，其他方式结案51件，仲裁调解率93.9%，调解成功率达到92.3%；仲裁裁决案件23件，其中一裁终局18件，终局裁决率78.3%，仲裁结案率98.7%。2021年劳动纠纷主要集中在劳动报酬类（149件）、社会保险类（135）、解除终止劳动合同类（37件）等涉及劳动者切身利益和法律权益的案件。

【“智慧仲裁”应用试点项目】 2021年丽水市人力社保局揭榜了第三批省人社系统数字化改革“对标争先”试点项目提升“智慧仲裁”应用项目，莲都区劳动人事争议仲裁院按照整体智治、高效协同、系统集成原则，参与流程再造和业务协同，推动智慧仲裁应用从“碎片化”转变为“一体化”，运用云计算、大数据、人工智能等数字技术，协同推进 部门跨层级的配合联动，加速信息融合和数据共享，推动智慧仲裁业务协同联动、运行高效。参与梳理指标、工作、加快系统集成应用，按照政策协调、业务协同、数据共享要求，建设浙江智慧仲裁应用，促进数据关联应用，提升调解仲裁数字化应用能力。

外事·侨务·台务

外事工作

【概　况】 2021年，莲都区外办学习领会中央、省、市对外工作会议精神，服务国家总体外交、服务长三角一体化发展、服务新冠肺炎疫情防控、服务莲都区经济社会发展，取得了较明显的工作成效。

【外事统筹】 坚持党管外事的工作理念，坚持“外事无小事”的处事原则，专门设立外事科，制定《2021年度外事工作考核细则》，将外资外贸企业服务工作、在莲都外籍人士走访摸底工作、涉外疫情防控工作等列为工作重点。严守涉外纪律以及疫情防控政策，办理因公出国事项2件。

【涉外疫情防控】 强化联防联控应急机制，外防输入，内防反弹，做好境外专班工作任务。做好“浙外防”系统管理工作，鼓励莲都境外企业在“浙外防”系统发布海外浙企动态信息，探讨疫情下的海外浙企的发展模式。

7月15日，全国(部分省市)外事系统调研组到莲都调研领事保护工作

（区委外事办　提供）

谋划推进外事工作最多跑一次改革，整合政务资源，融合线上线下，借助新手段，优化办理程序。做好外籍人士疫苗接种工作，积极争取上级指导帮助，通过交流互动等方式学习借鉴其他县市的经验，拓宽工作思路，突出工作重点，推进莲都区外事事业高质量发展。

【涉外交流】 抓好友城建设。邀请意大利萨尔扎纳市知名摄影家Cesare Salvadeo参与丽水市国际摄影节活动。邀请意大利萨尔扎纳市Marco Marazzi（2019年曾访问莲都），拍摄视频与莲都华人华侨交流欧洲与中国贸易投资关系。聘请王璐为丽水市和萨尔扎纳市的“双招双引”联络员。做好外事接待，2021年外事接待5批135人次。探索“线上”工作模式。在浙江省政府电子印章系统中申请“云签章”，运用浙江省因公出国（境）一件事系统，办理因公出国、邀请外国人来华、APEC（亚太经济合作组织）商务旅行卡因公审批等业务。促进莲都外国语学校与姊妹学校美国威斯康星州北松中学开展跨海线上教学研讨；与友城保持线上交流，不让疫情隔断两地情谊。

【服务经济发展】 提高服务涉外企业工作水平。强化与经商局等单位的联系，以“服务”为主基调，做到“多帮忙、少干预”，为企业排忧解难，增强企业继续发展壮大海外市场的信心。将外事与“双招双引”工作结合，发挥外资外贸企业家及华侨华人的作用，关注消博会、厦洽会、进博会等各类重点展会信息，掌握相关外商投资意向。2021年莲都区共新增4家外商投资备案企业，新增合同外资5.94亿美元。打造柯布院士工作站特色品牌，与柯布院士保持密切联系，学习生态文明建设和绿色发展理念，服务莲都区绿色经济发展。

【其他涉外工作】 2021年设立两个海内领保联络站，新增三个海外领保联络站。7月，全国（部分省市）外事系统领保联络工作现场会在莲都召开。推进涉外婚姻服务管理，摸排在莲外籍新娘情况，对部分外籍新娘进行走访拍摄，在“底数清、情况明”的基础上，做好外籍新娘跟踪管理工作，鼓励其融入莲都生活，传播中国文化。做好外籍新娘疫苗接种工作的宣传和引导。做好在外华侨底数排摸，整合出入境管理处、统战部、经商局等相关单位数据，全面排摸莲都在非洲和其他风险地区的华侨情况。通过风险预警，以及推广领事直通车公众号、“12308”服务热线等方式，提醒在外华侨注意自身安全，减少人员伤亡等恶性事件。

华侨事务

【概　况】 2021年，莲都区侨联获全省侨联系统抗击新冠肺炎疫情成绩突出集体荣誉称号，区侨联侨胞之家、“侨缘侨心 儿童之家”、万象侨胞之家、银侨侨胞之家4家侨胞之家被评为浙江省“五星级侨胞之家”。“莲都区‘侨保姆’助力双招双引促进华侨要素回流”获评全市侨联系统“最具影响力工作”，银侨侨胞之家、万象侨胞之家获全市最美“侨胞”之家称号。

【思想政治引领】 开展党史学习教育主题活动，实现全覆盖学习宣传，全领域贯彻落实。区侨联、仙渡乡侨联联合开展“侨心向党 同心筑梦”庆祝中国共产党成立100周年活动，组织广大侨胞侨眷参观北乡革命纪念馆和皂树村红色记忆馆，聆听以“重温红色记忆 传承革命精神”为主题的党史故事，走访慰问中华人民共和国成立前入党的老党员和10多位困难党员。组织侨界代表到义乌市参观陈望道故居和展览馆，重温“真理的味道”。区留联会举办“漂洋过海出国门　一颗红心归华夏”庆祝中国共产党成立100周年活动。召开学习贯彻党的十九届六中全会精神专题研讨会，向海外华侨宣传全会精神，形成区侨界学习宣传的浓厚氛围。

【双招双引】 发挥好侨的资源优势和平台作用，“以侨搭桥”助力“双招双引”工作，向海内外侨胞侨眷宣传推介莲都的发展优势，介绍更多的海外华侨华人和海外资本到莲都投资兴业。组织华侨代表人士召开5次“双招双引”座谈会，建立侨联招商服务团队，开展“三服务”活动，多次陪同和引荐华侨到古堰画乡、碧湖镇、碧湖工业园区等地实地考察项目。全年共推介招引项目6个，总投资9100万元，其中已有3个侨项目与区侨联签订“双招双引”投资协议书（投资额4600万元）。

【基层组织建设】 完善《莲都区侨联第七届委员会兼职副主席履职评价办法（暂行）》《莲都区侨联委员履职评价办法（暂行）》等工作机制。注重提升基层侨联干部业务水平，举办华侨培训班，开设“基层侨联工作漫谈”“侨务政策”等专题课程，实地学习借鉴义乌市基层侨联先进工作经验。提高侨联基层组织工作科学化水平，指导白云街道侨联、碧湖镇侨联和紫金街道金苑社区侨联完成换届工作，黄村乡成立侨联。完成11家基层侨联组织统一社会赋码工作。扩大侨联组织有形有效覆盖，依托“警侨联络中心”和统战之家等平台，在紫金派出所和莲都农商银行建立实体化运作的“侨胞之家”，在万象街道成立全区首个乡镇（街道）“侨胞之家”，拓展服务阵地。

【华侨参与公益事业】 春节前，岩泉街道侨联、联城街道侨联、碧湖镇侨联、雅溪镇侨联等基层侨联开展“侨缘侨心 暖侨行动”，为全区50多户困难归侨侨眷送上油、米等物资和慰问金。区侨联看望和慰问两名2020年度区级见义勇为三等功获得者，并送上慰问金，弘扬社会正气。2月，区侨界名媛会和紫金街道星湖社区侨联走访慰问了外来环卫工人和物业人员，开展关心关爱“留莲过年”的外来务工人员活动。3月，在碧湖镇揭牌运行全市首个“侨爱超市”，区、镇侨联和西班牙侨界爱心人士为“侨爱超市”现场捐助了价值4万多元的物资。紫金街道星湖社区侨联举办端午节暖侨敬老活动。11月，大港头镇侨联与新联会联合开展“爱心拍卖 助学圆梦”暖冬公益行活动，拍卖所得4.2万元作为家庭困难学生助学圆梦金。

【为侨服务】 建立“3+N”助侨联盟，以已有的健康、法律、金融服务为基石，完善侨联与其他涉侨部门维护侨益、为侨服务的协同机制。与莲都农商银行深化战略合作，莲都农商银行向区侨联整体授信30亿元。与莲城公证处、区委组织部、经合办、教育局等部门加强合作，在公证服务、“双招双引”、华侨子女入学等方面深化为侨服务职能。做好“三侨生”升学政策加分资格审查工作、华侨回国定居证办理和归侨证办理等日常性工作，华侨子女考生认定中考147件，高考124件，华侨身份认定241件，归侨证办理7件。开展华侨子女关爱工程，关心华侨子女的心理健康和家庭教育问题，开展“侨爱童心 智享双减”活动，成立“侨爱童心 关爱基地”。区侨界名媛会组建“媛姐姐”爱心团，与莲都外国语学校的留守华侨子女一起做月饼过中秋节。

【参政议政工作】 有9名区政协委员，1名区人大常委会委员。2021年度共提交4件集体提案，9件个人提案（建议），其中涉侨4件，1件被列为重点提案，1篇区政协大会发言被评为优秀大会发言。侨界政协委员参加区政协组织的“千名委员联系帮扶千名困难户行动”和助力“爱心厨房”活动，9名政协委员共捐款5000元。

（张艳）

12月3日，韩国驻上海领事馆首席领事千成焕一行赴莲都区古堰画乡、下南山考察古村落保护、乡村振兴及旅游情况（区委外事办　提供）

台湾事务

【概　况】 莲都区台办提高政治站位，扛起政治责任和神圣使命，将思想和行动统一到以习近平同志为核心的党中央对台工作决策部署上，围绕区委区政府中心工作，完成了全年各项对台工作目标。

【健全体制机制】 6月25日，莲都区召开区委对台工作领导小组会议暨全区对台工作会议。调整更新了莲都区对台工作领导小组成员，审议明确了各成员单位的工作职责；各成员单位按照职责分工，密切配合，齐抓共管，工作合力得以加强；全区各部门发挥优势，通力合作，为对台工作提供了资源和保障，提升了对台工作水平。落实涉台重大事项请示报告制度，上报台胞到大陆回莲都隔离、涉台婚姻等情况，保证了全区对台工作开展。

【开展青年交流】 参与省内、国内其他地区台湾青年交流工作，2021年接待来自杭州、温州、义乌、厦门、东莞等地台胞台青107人，发掘新的台青资源。10月28—30日，通过湖州市台办邀请到湖州台青一行13人到莲都参访并参加了第四届丽台邻里节活动，团区委作为领导小组成员单位之一参与参访行程，在邻里节活动中向来访台青现场赠书，并共同考察了莲都本地青年创业项目。

【服务台胞】 全年收到来自台胞17人的各项咨询、求助35次，内容涉及社保卡使用、子女入学、新冠疫苗接种、婚姻登记、疫情防控隔离政策等多个方面。为保障在莲台胞接种新冠肺炎疫苗的需求，组织在莲都（含开发区）台胞、台属15人，在定点社区卫生服务中心集中接种新冠疫苗。

参与台企众策广告有限公司新址的租赁工作，并定期上门了解公司搬迁后的装修以及运营情况，联系社区召开协调会处理涉台纠纷；多次组织干部陪同丽水山耕品牌有限公司创意总监前往老竹镇、仙渡乡调研农业开发项目，并联系区环卫局，赴垃圾处理厂实地考察，推进城市餐厨垃圾无害化酵素项目；与区旅投公司紧密联系，推动“翎芳魔境”莲都美学产业集群项目的合作落地。

【队伍建设】 结合党史学习教育的开展，组织干部通过自学、讨论、讲党课等方式交流对中国共产党历史等内容学习的情况。以党史学习教育为契机，提高全区对台工作干部的知识素养与业务能力。区台办全体干部增强保密意识，确保涉台各项工作和人员安全。

军　事

思想政治建设

【概　述】 2021年，丽水市莲都区人武部党委开展党史学习教育，抓好重要学习材料的集中领学和个人自学。结合重大节日组织教育活动，在妇女节、清明节、建军节分别组织“巾帼心向党 聚力强军梦”党日活动、万象山烈士陵园缅怀先烈活动及浙西南革命根据地纪念馆、仙渡乡北乡革命纪念馆参观见学等活动。学习贯彻中共十九届六中全会精神，增强“四个意识”、坚定“四个自信”、做到“两个维护”、拥护“两个确立”，贯彻军委主席负责制，部党委被丽水军分区表彰为“先进人武部党委”。

【常态化战备】 2021年，丽水市莲都区人武部围绕使命任务，突出军地联动，稳步推进战备建设。按照新大纲标准，围绕提高组织指挥和谋略能力，突出首长机关训练，营造练兵备战氛围。制订实战化方案，围绕辖区任务实际，研判形势、理解任务、核实潜力、分析对策、制定措施，制订相关行动方案；滚动修订各类应急处突方案预案，调整完善应急指挥机构，补充购置各类应急装备器材，确保一有情况，能迅即出动。7月中旬，结合军分区比武竞赛活动，组织开展莲都区2021年基干民兵、干部骨干军事体育竞赛活动。9月，抽调民兵干部骨干参加丽水市民防空实战化演习，锤炼民兵应急应战行动能力，增强民兵实战化训练水平。

【安全管理】 2021年，丽水市莲都区人武部开展郭徐房张流毒思想清理工作，坚持把安全、“四反”、保密、法纪、预防犯罪等教育融入日常。开展谈心交心活动，落实全员心理测评，每季度和重要时间节点党委专题召开安全形势分析会，传达学习上级有关文件精神，进行案例通报，开展风险评估，完善营区、兵器室安防设施设备，加强武器装备正规化管理。按照各级保密要求，对各类办公场所进行安全保密巡查，对相关办公电脑、文件资料、办公场所进行清查清理，确保不出安全问题。

国防动员和后备力量建设

【兵员征集】 2021年，丽水市莲都区人武部扎实抓好征兵工作。针对实施“两征两退”的新变化，结合武装工作会议，对兵役登记和征兵宣传工作进行专题部署；结合春节走访慰问、民兵整组等进行走村入户摸底，逐人下发兵役登记通知书；对接市教育局、市人社局，把符合年龄要求的高校入学名单和高校毕业生档案名单，分发到乡镇（街道）进行逐人核对；春节、端午等节假日前，要求结合人员返乡集中的有利时机进行宣传发动；做好兵检工作，以便及早发现问题、及早针对性做好补救措施。

【基层武装工作】 2021年，丽水市莲都区人武部加强“四个秩序”建设，党委班子成员挂钩帮带基层武装部规范化建设，指导部分乡镇（街道）武装部升级改造各类战备库室，为白云街道、联城街道和大港头镇武装部拨付规范化建设经费，其中白云街道、大港头镇武装部成功创建军分区"五星"基层武装部。

【后装保障】 2021年，丽水市莲都区人武部抓住关键节点，守住纪律底线。加强财务管理，进行科学预算管控，紧贴年度工作任务和单位实际编制年度经费预算，确保经费使用可控有据。开展2021年民兵经费管理使用情况综合评价工作，协调区财政严格制定出台民兵事业费使用管理规定，确保有限经费最大限度投入备战打仗能力提升上来。

全民国防教育

【国防教育】 2021年，丽水市莲都区人武部以"迈向强国新征程，军民共铸强军梦"为主题，联合军分区、团市委、市教育局等单位组织开展第21个全民国防教育日活动，发动基干民兵参与党旗传递。7月，拍摄莲都区征兵宣传片，以大港头镇武装部部长作为一名地方普通大学生，投笔从戎实现人生跨越的典型事迹为例进行宣传，在青年人特别是大学生群体中引起了强烈反响。9月初，组织全区正科以上领导过"军事日"，邀请丽水军分区原大校司令员作国防安全形势专题辅导，强化领导干部对武装工作的履职尽职意识。

【双拥工作】 2021年，丽水市莲都区人武部传承拥政爱民良好传统，深化双拥工作大格局。贯彻落实《莲都籍立功受奖现役军人家庭走访慰问实施办法》，区委书记、区人武部党委第一书记带队为立功受奖军人家庭送喜报，并协调区融媒体中心发布"八一光荣榜"，在纳爱斯广场设立军人荣誉墙，走访慰问卫国戍边军人家庭，浓厚崇军拥军氛围。践行"三服务"理念，加大对老竹畲族镇、仙渡乡的工作指导力度，为仙渡乡董弄村拨付扶贫经费5万元用于村道路建设。12月24日刘斯华政委为董弄村"两委"作十九届六中全会精神宣讲；部机关人员跨区帮扶四川省剑阁县，以购代捐消费扶贫；年初与10家地方党政机关签订军民共建协议书，把军民共建活动延伸到社会的各个层面、各个区域，发动民兵参与疫情防控、无偿献血、植树造林、文明城市创建等各类参建共建活动。

12月30日，刘英小学举行"请党放心　强国有我"国防教育活动(刘英小学　提供)

莲都武警

【概　况】 2021年，武警莲都中队以"立过硬窗口品牌、建'四铁'先进中队"目标为指引，推进开展各项工作。作为总队树立的"基层建设先进中队"、全支队唯一的警营开放中队、莲都区反恐维稳的尖刀部队，武警莲都中队多次完成重点时期和重大节日期间城市武装巡逻任务。被武警浙江省总队表彰为"安全工作'六无'先进单位"，被支队表彰为"'四铁'先进中队"。

【思想政治建设】 2021年，武警莲都中队贯彻落实习近平强军思想，推进国防和军队现代化建设，在全部队开展"传承红色基因，担当强军重任"的主题教育和党史学习教育，并制订教育实施计划，召开教育动员会，掀起练兵备战的浓厚氛围。开展新闻宣传报道工作，邀请驻地抗美援朝老兵到队讲述战斗故事，制作的视频新闻获央视7套刊发。

12月30日，区人武部在刘英小学举办国防教育专题讲座（区人武部　提供）

【军事训练】 2021年，武警莲都中队响应习近平主席“军队是要准备打仗的”号召，一切工作坚持围绕战斗力标准，向能打仗、打胜仗聚焦，做好军事斗争准备。根据武警部队军事训练新大纲及支队年度训练计划，科学组训，合理施训，注重培养官兵一不怕苦、二不怕死的战斗作风，年度军事训练质量稳步提升。在丽水支队年度比武竞赛中取得总排名第二名的成绩。

【双拥工作】 2021年，武警莲都中队制订中队双拥工作实施方案。作为支队唯一的军营开放中队，莲都中队以军营开放日为契机，推动驻地国防教育深入发展。通过官兵和市民面对面的交流宣传，使国防意识、爱国情怀深入市民内心。接待区文广旅体局、莲都区外国语学校、丽水市实验学校、团市委等到队参观见学共计500余人次。

【后勤保障】 2021年，武警莲都中队根据《总队保障工作指示》，结合一长五员制度，加强对司务长、军械员、卫生员、给养员、驾驶员、炊事员的专业技能教育培训。在征求官兵对伙食改善的意见建议后，制定多样化食谱表，既满足了广大官兵的口味需求，又满足了高强度训练下的合理营养需要。2021年，协调区委区政府投入80余万元完成营房翻修工作，提升了营区环境质量，让官兵们住得舒心、安心。

退役军人事务

【概　况】 2021年，莲都区退役军人事务局贯彻落实习近平总书记对退役军人工作的重要论述和全国、省、市相关会议精神，对标“莲都作为”落实“丽水之干”担纲“丽水之赞”的使命担当，围绕“发展莲都、服务市区”的工作定位，突出政治标准和政治要求，树立“以服务退役军人为中心、以退役军人需求为导向”的工作宗旨，结合莲都实际，坚持试点先行、示范引领、因地制宜、推进莲都区退役军人事务高质量发展。莲都区纳入丽水市全生命周期系统的退役军人和其他优抚对象11577人。全区有烈士纪念设施58处，其中县级烈士纪念设施2处，零散烈士纪念设施56处，被列入浙江烈士英名录的烈士176名。

【退役军人服务保障体系建设】 以“新时代枫桥式退役军人服务站”为建设标准，制定印发《莲都区退役军人服务站实施细则》。对全区257个服务中心（站）按四个层级对标对表建设。岩泉街道退役军人服务站与基层武装规范化相结合，实行“红绿融合”，获得省市肯定。联合财政、教育等7部门出台《莲都区困难退役军人帮扶援助工作实施细则（试行）》。2021年为全区在册退役军人和其他优抚对象投保小额意外保险。

【安置优抚工作】 完成优抚对象年度确认工作，按时发放各类优抚对象抚恤补助金、医疗门诊补助金、“一站式”住院医疗补助金及病故丧葬费，组织重点优抚对象开展短期疗养，为现役义务兵父母和享受优抚待遇烈士遗属等开展免费体检活动。联合杭州仁爱听力语言康复中心，对64名有听力障碍的退役军人提供听力检测、耳聋基因咨询等上门服务，为8名听力障碍的困难退役军人赠送助听器。每年组织

5月25日，莲都区退役军人服务中心展厅正式对外开放（吴菁 提供）

开展退役士兵专场招聘会和退役军人职业技能提升培训。为退役军人提供就业岗位，开展职业技能培训。授牌退役军人就业示范基地3家，就业创业孵化基地1家，技能培训基地3家。聘请5名退役军人创业代表组成导师团队，帮助退役军人实现高质量就业和精准创业。

【双拥工作】 2021年通过省级双拥模范城届中复评，丽华村军属优先选房政策获省检查组肯定和表扬。春节、“八一”等重大节日，区四套班子主要领导带队走访慰问区人武部、驻莲部队官兵、军休干部和优抚对象，落实军队离退休干部的政治待遇和生活待遇。开展立功送喜报活动，走访慰问立功受奖现役军人家庭23户，发放奖励金6.7万元，走访慰问边海防现役军人家庭。颁送“庆祝中华人民共和国成立70周年”纪念章39枚、“抗美援朝出国作战70周年”纪念章27枚。峰源乡叶美英获“全国爱国拥军模范”“浙江骄傲”、浙江省道德模范等称号，邀请中央、省、市媒体宣传报道叶美英爱国拥军事迹，并举行“拥军路”揭牌仪式。新名优商贸有限公司1名职工被评为2021年度浙江省“最美拥军人物”，丽水市郎奇农家乐农产品专业合作社、国网浙江省电力有限公司丽水市莲都区供电公司被评为2021年度浙江省“社会化拥军成绩突出单位”。退役军人陈海港见义勇为的事迹被《人民日报》报道宣传，丽水市人民政府授予其个人二等功，获评“丽水好人”。

【烈士褒扬工作】 2021年“七一”前夕走访慰问烈士遗属47户，合计发放慰问金23.5万元。争取省厅专项建设资金116万元，完成万象山烈士陵园及配套设施改造。争取省直专项资金80余万元，对全区58座零散英雄烈士纪念设施进行修缮。清明节，开通线上祭扫和线下代祭扫双重服务，13万人参加线上“云祭扫”活动，6000多人参加万象山烈士陵园祭扫活动。做好“9·30”烈士公祭日祭扫活动。

网络·邮政

电子政务建设

【概　况】 2021年莲都区大数据发展中心围绕“整体智治、唯实惟先”现代政府要求，跟着省市区数字化改革部署，推进一体化智能化公共数据平台建设，推动全区数字资源高质量供给、高效率配置、高水平统筹，夯实数字化平台基底，并支持疫情防控工作。

【公共数据平台建设】 依托丽水市公共数据平台建设莲都区数据仓，实现线上数据目录编制、数据归集、数据治理、数据共享、数据开放等功能。承接省市回流和地方归集数据表518张，总字段20386个，数据量超1.38亿条；实现支撑区级业务系统16个，申请接口55个，实现接口调用592.32万次，支撑场景应用建设。开展核心业务梳理工作，指导18个单位完成核心业务梳理，梳理目录1876个，按要求编制数据目录。“雪亮工程”点位在线率96.08%，位居全市第一。

【“两端一门户”迭代升级】 完成浙政钉2.0迁移工作，完善浙政钉组织和人员信息，浙政钉日活跃度为78%，超过年活跃度目标。优化“浙政钉”功能，整合各类办公、管理、学习等移动应用，上架应用13个。提升浙里办用户注册数，莲都区（含市本级和开发区）“浙里办”个人用户注册数484223个，全市排名第二；法人账号注册企业数为59915个，占全市登记在册企业数比例为94.59%，全市排名第一。指导应用建设部门上架“浙里办”丽水城市频道应用，共上架“莲都区图书馆”等5个应用。坚持实用易用原则，统筹协调完成数字化改革总门户和各五大综合系统门户上线。

【基础设施安全水平提升】 完成莲都区协同办公系统改造。推进电子政务外网提升改造工程，完成IPv6改造提升项目。完成区政府办公区域无线网络覆盖项目建设，保障移动办公安全稳定需要。在全省率先采用信创产品建设区政府七楼、八楼会

4月19日，莲都区一体化智能化公共数据平台、数字化改革核心业务梳理等业务培训会召开（区大数据发展中心　提供）

议室无纸化改造项目，确保信息安全。加强数据安全管理，严格落实省、市各项安全管理制度，确保数据泄露等事故“零”发生。开展网络专项检查行动，查出43个IP端口195个漏洞、93个高危端口、38个弱口令，全部整改到位。开展政府网站、政务新媒体网络安全专项行动，对政府网站、政务新媒体开展风险隐患全面排查和安全加固工作，营造良好的政务网络安全环境。抓好视联网系统运行管理，保障主会场会议3次、视联网会议120场。

【信息化项目建设统筹】 加强信息化项目统筹管理，要求各单位按照项目申报、前置审核入库、实施、验收备案、绩效评价的顺序开展工作。结合数字化改革新要求，迭代更新数字化项目管理机制，确保应用场景谋得深、建得精、用得好，杜绝盲目投资和低水平重复建设。完成2022年度莲都区政府投资信息化项目联审，通过11个上级要求部署项目和16个区级自建项目，涉及区级资金2682.25万元。支撑各业务单位开发建设场景应用，区纪委的基层小微权力大数据监督平台和区经济商务局的企业小微园管理平台两个场景应用作为全市重点多跨场景应用上线，全省首创的松线虫防治系统“云森防”在全市推广。

【政务云资源管理】 推进全省一体化数字资源系统（IRS）应用，梳理出莲都区本级应用48个，终审纳入IRS45个，编制应用数据目录912项。建立政务云资源使用审查规范，按照需求统一申请、资源统一分配、经费统一结算的“三统一”原则，通过IRS对云资源进行有效管理，收回下架应用的17个云实例，对莲都区所有云资源的安全防护和堡垒机资源进行统筹整合，节约经费约10%。通过定期对云资源利用率监测，对超配的云资源进行动态调配，提高云资源利用率。

【疫情数据核查和精密智控体系建设】 落实“两表四清单”数据核查机制，完成省疫情防控系统入境人员核查3700余人。建立莲都区精密智控有效性评价体系，并根据上级要求及时动态调整评价体系，细化分解各项指标责任单位。针对体系迭代和薄弱环节，全年召开4次培训分析会，强化整改措施，压实工作职责，发布莲都区精密智控指数工作通报482期。配合莲都区疫情防控指挥部推出入莲申报码和重点场所访客码，提高疫情防控精密智控成效。

【智慧城管问题处置】 以市数字城管平台为依托，第一时间发现、处置、解决城市管理问题案卷。数字城管共处置案卷30234件，结案30175件，及时结案29314件，累计结案率为99.8%，及时结案率为96.96%。丽水市业务协同平台（花园云智慧井盖）分平台共接收井盖案卷211件，结案211件，及时结案率为100%。

【政务公开规范化监管】 做实政务公开指标体系。梳理形成工作责任清单，组织实施基层政务公开标准化规范化提质行动。做好信息权威有效发布。清理规范性文件，办理申请公开件，多形式进行政策解读。发布区级行政规范性文件12件，清理历年规范性文件21件；通过信息公开平台以图解、音频、动漫视频等形式解读11件，部门负责人带头解读3次。做强信息主动公开平台。依托全省政务新媒体平台，实时展示莲都区政务新媒体勤勉指数、效果指数、内容指数等内容，加强日常监测，晾晒“红黑榜”，形成各单位争先创优浓厚氛围。

移　动

【概　况】 2021年，莲都移动分公司全年运营收入为35423.28万元，同比增长17.70%，上缴税收约566.77万元。

【学习教育】 开展“两学一做”学习教育，坚持“每月一次主题党日活动、每季度一次支部研讨”的党员活动制度，坚持做到每月有安排、活动有主题、解决一个生产问题。全年开展主题党日活动12次，其中学习研讨8次。发动党员使用中移网大、“学习强国”参加线上学习，网大必修课程完成率100%，考试通过率100%。组织党员赴清廉四室、北乡革命根据地纪念馆开展主题党日活动。观看廉政教育爱国主义教育电影，提升党员党性修养。围绕习近平总书记重要讲话精神，结合党史学习教育开展学党史相关主题党日2次，“我为群众办实事”主题党日1次，“央企百年跟党走”主题党日1次，开展助力“智慧社区”“平安乡村”建设主题活动1次，开展“共筑防线 共同防诈”进小区入户宣传工作，组织党员到白云街道做疫情防控提醒和文明交通指引等志愿者活动。聚焦作用发挥，强化质量达标。通过融合拓市场、融通增价值、融智提效率，巩固发展基础，提升发展效益。质量达标三项短板业务提升均完成目标。

加强网格党建工作指导，深化网格运营体系建设，推进党建亲情网格和生产网格深入融合，党建指导员送培训进网格，组织党员带头入网格，进社区，开展为民办实事志愿者活动。通过市政协同集团进驻、宽带义诊进小区、异业合作场景以及方舱、征兵等热点场景营销，促进融合发展。与联城街道联动共同解决弱覆盖问题；党员带头入微格营销；助银龄跨“数字鸿沟”，提升老年客户群体满意度。

践行“我为群众办实事”工作，落实“办实事”重点任务，要求所有党员参加反诈骗宣传进社区活动，发挥党员的先锋模范作用。带领信息化工作人员，主动与政府各部门沟通对接，为防疫提供坚强的信息化产品保障，与政府乡村振兴工作对接，到各个古村落进行无线信号和驻地网情况摸底，就现状确立班子成员认领责任，督促网络部拟定整改方案和完善时限。在疫情防控工作中，为各隔离点和居家隔离用户做好宽带、网络通信保障，组织综合条线和党员群众做好办公区及营业店面、渠道店面等地方的防控工作，做好服务保障。

9月14日，莲都移动分公司助力林业松材线虫病防治（中国移动莲都分公司　提供）

【5G新基建设施建设】 截至2021年底，莲都分公司开通宏站343个、室分242个，合计新建5G基站585个，主要覆盖莲都主城区、重要乡镇、景区等。

2021年完成欧斯特答谢会、东西岩“三月三”、灵康小镇开幕式、莲都华东药用植物园开业、联城镇防汛通信演练、银铃跨越数字鸿沟科普支援、丽水市丽水学院和技术学院开学保障、全国皮划艇秋季冠军赛、疫苗接种无通知应急演练等10多次通信保障工作，得到相关单位及用户的一致好评。

【信息化服务】 依托网络领先优势，推进信息技术与社会治理、企业转型、绿色发展相融合，助力智慧丽水建设。智能抄表、智慧停车、智慧医疗、智慧政务、智慧工地、智慧旅游等信息项目均有应用。

2021年，莲都分公司服务各大行业，与区府办、区公安分局、区委宣传部、丽职院、区党校、区水利局、区环卫中心、各乡镇街道等单位开展信息化业务合作，合同总金额达1.31亿元，其中莲都区政府七、八楼会议室改造项目为全市第一个信创无纸化会议室落地项目，莲都区公共安全视频监控建设联网应用项目（天网工程五期）和丽水市交警智慧交管建设项目为治安防控重点项目，莲都区2021年民生实事5G智慧消防项目为民生实施重点项目，仙渡乡红加绿基层自治平台和丽新乡丽码通基层自治平台为特色的基层治理应用。莲都分公司参与数字化改革成果创新，选送的《丽水青年人才大数据平台》获丽水市数据开放创新应用大赛二等奖。

邮　政

【概　况】 莲都区辖区内有邮政、顺丰、申通、圆通等12个邮政快递品牌，有法人及分支机构74家，主要集中在紫金街道、岩泉街道、白云街道、万象街道等地，快递服务覆盖莲都区全境。有快递从业人员1210余人，快递运行车辆536辆。

【机构设立】 2021年，设立莲都邮政管理局，为丽水市邮政管理局派出机构，机构规格为正科级。3月，莲都区人民政府和丽水市邮政管理局向省邮政管理局提出《关于设立莲都邮政管理局的请示》的报告。5月，省邮政管理局下达《浙江省邮政管理局关于成立莲都邮政管理局的批复》。7月，莲都区设立莲都区邮政业安全中心，核定全额拨款事业编制5名，为公益一类事业单位，隶属莲都邮政管理局管理。莲都邮政管理局主要职责为贯彻执行国家邮政法律法规、方针政策和邮政服务标准，研究拟订辖区邮政发展规划，监督管理莲都区邮政市场及邮政普遍服务和机要通信等特殊服务的实施，负责行业安全生产监管、统计等工作，保障邮政通信与信息安全，承办上级邮政管理部门和地方人民政府交办的其他事项，具体比照国家邮政局《关于下放和明确邮政管理部门层级职权的通知》（国邮发〔2013〕195号）“省级以下邮政监管专有职责权限”相关内容。

农业·农村·水利

综　述

【概　况】 2021年，全区实现农林牧渔业现价总产值30.22亿元，同比增长0.55%。实现可比价增加值21.46亿元，按可比价格计算增长0.4%。莲都区创成省级渔业健康养殖示范县；碧湖镇堰头村获中国美丽休闲乡村称号。

【农民增收】 围绕富民产业，培育农村新产业、新业态，推进“红绿”融合、农旅融合、城乡融合，挖掘促农增收“金钥匙”。推进农旅融合发展，探索生态产品价值实现机制，以美丽乡村示范区创建为抓手，发展集“吃、住、行、游、购、娱、育、养、孕”于一体的乡村旅游体系，带动一、二、三产融合发展。打造区域农产品品牌，念好“山字经”，发展山居、山耕、山货、山景，做强做优农旅融合支柱产业，催生新业态、激发新活力，促进业新民富。岩泉街道枫树湾村创成省级农家乐集聚村。2021年，全区培育农家乐民宿经营户（点）492家，农家乐民宿接待游客数311.45万人次，同比增长9.82%，农家乐民宿营业收入2.71亿元，同比增长10.1%。全区有省级农家乐特色村（点）10个，市级农家乐特色村（点）28个，累计评定“丽水山居”农家乐综合体示范项目14家，“丽水山居”精品民宿示范项目37家。完善农村电子商务基础设施建设和支撑服务体系，搭建电商平台对接农产品供求市场，开辟高效廉价的营销入口。2021年，实现农产品网络销售额3.67亿元，同比增长31.9%，位列全市第四。重点培育农村“两创”实用人才，加大对民宿农家乐业主、生态精品农业业主、超市经营人才、农村电商、农村文艺人才、职业农民的培训力度。围绕农民素质和技能提升，实行“菜单式”培训，2021年度新增乡村振兴培训基地2家，市级乡村振兴示范基地3家，举办高素质农民培训班2期，农村实用人才培训班7期，完成7744人次的培训，其中高素质农民培训100人次，农村实用人才培训794人次，普及性培训6850人次。多元运作助力“消薄”攻坚战。新增“消薄”项目33个，其中区级统筹项目1个，总投资5310万元；乡镇联建项目68个，村级自建项目38个。2021年度全区208个村年总收入达到1.41亿元，年经营性收入达到6315万元，其中年总收入达到100万元以上的村26个；年经营性收入超50万元的村有19个，年总收入达到20万元以上且经营性收入达到10万元以上的村190个。打好“产业富农、金融支农、改革强农、政策惠农、帮扶助农”富民增收组合拳，农村常住居民人均可支配收入33766元，同比增长11.2%。

【乡村振兴】 开展低收入农户“菜单式”产业帮扶，全年3797户低收入农户申报产业扶持资金660.23万元；开展教育扶贫，落实雨露计划160名学生，涉及补助资金48万元；落实低收入农户医疗补充政策性保险补助资金316.54万元，将全区所有低收入农户纳入保险；安排综合扶贫试点项目资金1500万元；开展小额扶贫贴息贷款，为低收入农户在种植养殖业、农家乐民宿等可行性项目上提供低收入农户小额贷款44人，贴息3.26万元；衔接推进乡村振兴相关政策落地，全年共安排衔接推进乡村振兴项目36个，补助资金3609余万元；深入开展结对帮扶，全区88个重点帮促村实现结对帮扶全覆盖，其中，以省人防办为组长单位的12家省级单位，与全区11个重点帮促村建立结对关系；市、区35位领导与莲都区35个重点帮促村建立结对关系；以市自然资源和规划局为组长单位的18家市级单位，与莲都区18个重点帮促村建立结对关系；67家区级单位结对帮扶余下的重点帮促村。2021年，莲都区低收入农户人均可支配收入14664元，同比增长15.6%。

5月14日，"莲都论坛"——《垃圾分类实践和制度建设》专题辅导报告会召开

（区农业农村局 提供）

【农村人居环境】 综合评定2021年省级新时代美丽乡村达标村52个（含16个精品村）、对标创建市级花园乡村23个。创成太平乡省级美丽乡村示范乡镇和岩泉街道枫树湾村等3个省级美丽乡村特色精品村。实施8个美丽乡村重点村项目，总投资2100万元，提升全区村居质量。开展新一轮历史文化村落保护利用调查摸排工作，全面梳理乡村文物古迹、历史建筑、人文典故、文化遗产等情况。完成第六批3个保护利用项目审结工作；完成第七批4个保护利用项目验收工作；启动第八批保护利用项目。申报大港头镇大港头村为莲都未来乡村试点，积极谋划试点方案，打造莲都农村现代化示范村。

推进农村生活垃圾分类工作，累计实施农村生活垃圾分类村189个，4个村实现智能化垃圾分类监管，创成省级高标准农村生活垃圾分类示范村10个，基本实现农村垃圾分类全覆盖。开设农村生活垃圾分类超市46个，新增分类清运车31辆，更新户内外垃圾桶2万余个。完成农村公厕信息更新入库，摸排全区农村公厕386座，完成80多个问题整改。培育申报2021年省级星级公厕24座，其中省级示范性公厕2座。组织开展农村全域洁净"五清四推 喜迎新春"和"迎中秋 庆国庆"等大型农村人居环境整治行动，累计开展各类农村人居环境培训340余场，宣传活动740余场，组织区级督查100余次，完成交办整改问题近3000个，发布通报8则，红黑榜5期。

【"大搬快聚富民安居"工程】 按照省、市、区相关文件精神，推进"大搬快聚富民安居"工程，清余留、出新政、下计划、谋项目、搬迁与安置同步推进。2021年度下达搬迁计划共涉及10个乡镇街道3555人，实施搬迁1896户3806人，其中整村搬迁36个村1588户3211人。完成大港头金港小区、联城花街风情苑、坑口、碧湖文一楼、瓯碧园剩余房源3批次1164户的安置工作，建设安置项目4个（丽水花街片区莲都安置小区项目、莲都区碧湖镇文一路和人民街交叉口地块项目、莲都区碧湖镇魏村区块项目、莲都区紫金街道水岭根安置点），完成年度投资7.1亿元。

【高标准农田建设】 2021年高标准农田建设项目总投资662.2万元，建设面积280公顷，分3个乡镇3个项目实施，其中碧湖镇建设高标田100公顷；雅溪镇建设高标田26.67公顷；峰源乡建设高标田153.33公顷，主要包括机耕路新建、硬化。2021年，高标准农田改造提升项目总投资73.44万元，改造提升高标田

133.33公顷。农田灾毁修复项目总投资300万元，主要建设内容为机耕路修复4千米，水渠修复22千米，拦水坝修复6座，灾毁修复涉及高标田面积226.67公顷。区域协调财政专项激励资金项目总投资2430万元，其中一期（2021年）投资1430万元，二期（2022年）投资1000万元，分别由联城街道、碧湖镇、大港头镇、雅溪镇、老竹镇、太平乡、仙渡乡、峰源乡、丽新乡9个乡镇（街道）实施，主要包括新建、修复提升机耕路、水渠。

【农业绿色生产】 推进农业水环境治理、农药化肥减量行动、农业废弃物资源化利用和无害化处理，全区推广应用配方肥4200吨，采购冬季绿肥种子8000公斤，推广绿肥种植面积2万亩，推广有机肥1500吨，选址规划建设氮磷拦截生态沟渠1条，夏季作物秸秆综合利用率95.16%。2021年发放性诱剂1.05万套，安装太阳能杀虫灯100台，发放黄板47万张，完成农作物统防统治3266.67公顷。回收处置农药废弃包装物42.54吨，废旧农膜30吨。改善养殖场周边环境，推进养殖治污新技术、新工艺，降低养殖对生态环境的污染，完成浙江绿园禽业有限公司兽用抗菌药减量和环保型饲料推广省级示范场建设。对标创建标准，打造具有文化特色的美丽牧场，完成丽水市太平大毛头白枇杷专业合作社和浙江牧歌生态农业有限公司2家美丽牧场创建工作，实现“一场一景”。

【农业示范园区建设】 莲都区省级现代农业园区项目规划总面积96平方千米，其中核心区面积1333.33公顷。园区总投资65364万元，其中财政投入21937万元（省级以上财政投入12650万元），形成“一带、三廊”的空间布局和“五园”的功能分区（“一带”指休闲农业产业带，“三廊”指古堰文化长廊、碧湖田园长廊、瓯江生态长廊，“五园”指可持续发展示范园、精品花卉游览园、绿色蔬菜产业园、生态果品采摘园和农业加工物流园）。园区于2021年12月2日通过省级验收，2022年1月28日，浙江省粮食安全和推进农业现代化领导小区农业“两区”办公室正式发文，莲都区省级现代农业园区创建成功。

莲都区省级农业科技园区计划总投资550万元，其中省财政补助200万元，涉及补助类项目5个，分别为香菇工厂化生产园区建设项目、蛋酥自动油炸搅拌机研制项目、生态农业技术服务和科技研发项目、二代家用碾米机项目、热带水果新品种引进及实验示范项目。

农业科技服务

【农业机械化建设】 实施农机购置补贴政策，开展实施科技强农、机械强农“双强”行动，围绕深化农业“机器换人”，以提高主要农作物和主导产业机械化水平为重点，以推广应用丘陵山区和设施种植业适用的轻小型农机装备为突破口，加快推动农艺农机融合、机械化与数字化融合，机械化生产与适度规模经营相适应，推进农业机械化向全程全面高质高效转型升级，助力农业高质量发展，为全区农业农村现代化建设提供有力支撑。主要农业机械中，大中型拖拉机18台，农用小型拖拉机88台、配套农具575台、微耕机3827台、联合收割机27台、水稻插秧机36台、谷物烘干机18台、茶叶机械4728台、食用菌机械2008台，设施农业设备温室181.18万平方米，全区农业机械总动力达9.57万千瓦。制定出台《丽水市莲都区2021—2023年度农机购置补贴实施意见》《莲都区关于加快蔬菜产业发展实施方案（试行）》《莲都区关于加快精品水果产业发展的实施方案（试行）》《莲都区关于加强新型农业经营主体培育和农产品品牌建设实施方案（试行）》和《莲都区加快茶产业发展的实施方案》，对新购置的茶叶机械和水果加工设备按中央或省级购置补贴资金给予1:1等额累加补贴。全年办理农机购置补贴申请719份，补贴资金255.684万元，增加各种农业机械947台（套），其中大中型拖拉机5台、联合收割机2台、水稻插秧机2台、粮食烘干机1台、植保无人机2台、茶叶机械365台。创成水稻产业全程机械化农机综合服务中心1个，建设高水平农艺农机融合示范基地2个，完成山地轨道运输机59条，总长29634米。

【农机服务体系建设】 全区有农村维修网点13个，农机专业合作社7个，农机专业户653户，农机户6941户，乡村农机从业人员6910人。农机专业合作社开展了机耕、机插、机收和统防统治等“五统一”的农机社会化服务，实施水稻机插6400亩，全区农机经营总收入达0.76亿元。

【千万农民素质提升工程】 2021年举办培训班14期，拨付中央资金29.98万元，省级资金110.23万元，区级资金5万元。培训内容涵盖农产品营销与包装设计、农产品直播带货、水果实用技术、茶叶生产技术、丽水山味（药膳）、民宿管家、农村生活垃圾分类、“莲都山超”、乡村振兴带头人等项目。先后在贵阳、上海、苏州、莲都举办四期“莲都山超”店长培训班，共培训313人次，根据莲都超市不同阶段产业发展需要，统一制定“莲都山超”店长课程，促进莲都超市产业发展和“莲都山超”品牌创建。以“莲都管家”子品牌建设为抓手，提升莲都区农家乐（民宿）业主经营管理水平，打造具有“丽水山味”的特色农家菜肴。开展民宿管家培训班一期、“丽水山味”（药膳）研修班一期，培训100人次。举办五期乡村振兴带头人培训班、水果实用技术培训班、茶叶生产技术培训班和农村生活垃圾分类人才培训班，培训347人次。为发展农村电子商务产业，培育农村电商实用型人才，举办莲都区农产品直播带货培训班和农产品营销与包装设计培训班，培训97人次。加强农村文艺队伍建设，丰富农村文化生活，打造莲都区“莲都春晚”文化特色品牌，举办乡村民乐（丽水吹打）培训班培训37人次。通过农民培训，培养了一批观念新、懂科技、技能强、善经营的农村致富带头人，促进农业科技成果转化和实用技术的推广，推动农业结构调整，加快乡村振兴的步伐。

农旅融合产业发展

【农家乐民宿产业】 2021年，全区共培育农家乐民宿经营户（点）492家，餐位29953个，床位6601个，省级农家乐特色村（点）10个，市级农家乐特色村（点）28个，评定“丽水山居”农家乐综合体示范项目14家，“丽水山居”精品民宿示范项目37家，培育“丽水山居”四钻级及以上标准农家乐民宿8家，创建省级农家乐集聚村2个，省级休闲乡村2个。全年农家乐民宿接待游客数311.45万人次，同比增长9.82%，农家乐民宿营业收入2.71亿元，同比增长10.1%。举办应急救护知识、民宿管家、“丽水山味”等业主培训班，培训400余人次，提升业主对现代民宿的管理理念、增强优质服务意识，实现培训促创业、创业促就业。组织农家乐业主参加浙江省首届乡村美食大会，莲都区参赛菜品“皇菊石蛙”获得省级优质奖。组织民宿业主参加2021年丽水市农家乐民宿协会“春华”轮值活动暨农家乐民宿业主茶艺比赛，全区有4家民宿参加比赛，均获得优胜奖。组织参加“丽水味道·粽暨遂昌县大过端午”活动，代表莲都区参赛的九龙人家农家乐在比赛中获银奖。莲都特色美食“皇菊石蛙”入选由农业农村部乡村产业发展司主办的2021乡村特色美食推荐活动，并受邀参加现场展示推介。

【农旅融合实践】 推进开发莲丰享、鱼跃酿造、魔幻菇林、雨伞岗、处州蜂业园等农业基地亲子体验游项目，石牛草莓精品园、美美农场、慧丰热带水果基地的果蔬自摘自食项目，新屋、岱后为代表的红色乡村旅游，港口、碧水湾为代表的亲水乡村旅游，黄村、沙溪、利山为代表的乡村民宿体验游已经初步形成莲都区农旅融合发展格局。发挥碧湖镇、大港头镇农业产业发展基础，穿点成线着力打造农旅融合乡村振兴示范带，推进农旅深度融合发展助力乡村振兴。莲都区碧湖镇堰头村被评为2021年中国美丽休闲乡村，太平乡被评为2021年度浙江省美丽乡村示范乡镇。岩泉街道枫树湾村、大港头镇大港头村、峰源乡庞山村被评为2021年度浙江省美丽乡村特色精品村。

【农优产品品牌化建设】 创建

2021年“微改造”后的古堰画乡樱花绿道（区农业农村局 提供）

“丽水枇杷”“莲城雾峰”“莲都仙桃”“处州莲鸭”“处州莲蛋”等区域公共品牌，实现农业品牌化发展。推荐优质农产品参加“丽水山耕”品牌认证，2021年新通过“丽水山耕”品字标认证产品26个，续展17个，新通过食品生产许可（SC）6个。举办农产品包装设计、新媒体直播营销培训班2期；举办“国际茶日 大使品茶”“首届杨坑杨梅节”等农事节庆2场次；举办农产品产销对接会2场次；组织农业企业参加各类展销会4场次。莲都区选送的轩德皇菊·康玥获2021年浙江省网上农博会新产品金奖，东西岩·处州白莲获优质产品金奖，鱼跃·米醋、处州蜂业·蜂蜜、丽旭·鸭舌、珍多爱·果蔬脆、古堰画乡·金盆露获优质产品奖。轩德皇菊的康玥·帝之菊礼盒获2021年丽水市十大网红农产品第一名。

农业产业化经营

【农业龙头企业】 培育现代农业生产经营主体，提高农业产业化水平。2021年新培育6家市级重点农业龙头企业，3家区级重点农业龙头企业。截至2021年底，全区有农业龙头企业43家，其中省级7家，市级25家，区级11家。

根据农业农村部办公厅《关于认定2021年农业国际贸易高质量发展基地的通知》（农办外〔2021〕2号）文件，丽水市百兴真菌生物科技有限公司创成全国首批农业国际贸易高质量发展基地，成为全市首家入选农业国际贸易高质量发展基地的企业。

根据浙江省农业农村厅、浙江省粮食和物资储备局、浙江省供销合作社联合社、浙江省林业局《关于公布第二批省级农业产业化联合体名单的通知》，莲都区“菜篮子”蔬菜产业联合体成功入选第二批省级农业产业化联合体，深化莲都区新型农业经营主体提升发展，实现基地经济效益和生态效益双赢的战略目标。

【农民合作经济】 2021年全区培育、提升家庭农场211家，其中新培育家庭农场134家，提升区级家庭农场3家，市级新型示范性家庭农场15家，申报省级家庭农场3家，组织培训家庭农场56家。

2021年，根据《丽水市示范性社会化服务组织评选实施细则（试行）》（丽农发〔2021〕107号）文件精神，推荐丽水市大福园生态家庭农场、丽水市莲都区陈丽云家庭农场、丽水市莲都区鸸鹋湾家庭农场、丽水市梁国云家庭农场4家家庭农场为丽水市引领性家庭农场（示范性青创农场）。根据《丽水市新型示范性家庭农场（青创农场）认定管理办法（试行）》（丽农发〔2020〕26号）文件精神，评定丽水市莲都区百果家庭农场、丽水梅田友鲜家庭农场、丽水市兰蓝家庭农场等15家家庭农场为丽水市新型示范性家庭农场，分别给予每家1万元以奖代补奖励。

2021年，根据丽农发〔2021〕107号文件精神，择优选取丽水市莲都区心连心农机专业合作社、丽水碧湖虹菊粮食产销专业合作社、丽水市炜奕粮食专业合作社3家合作社申报丽水市示范性社会化服务组织。截至2021年底，全区共培育、提升各类社会化服务组织203家。

【农村经营体制机制创新】 2021年，莲都区贯彻落实党中央、省、市决策部署，探索农村土地集体所有制的有效实现形式，落实集体所有权，稳定农户承包权，放活土地经营权，发挥“三权”的各自功能和整体效用，引导土地经营权向新型农业经营主体集中有序流转，促进农业适度规模经营。在碧湖镇下南山村、老竹镇新陶村两个试点村47幢农房盘活示范带动作用下，通过自营、出租、合作经营等多种形式盘活闲置农房774宗，面积67105平方米，产生经济收益851.5万。

全区208个行政村总收入1.4亿元，同比增长20.11%，经营性收入0.63亿元，同比增长36.5%。19个村经营性收入超50万元，190个村双达标（总收入20万元，经营性收入10万元）。总投资900万元完成购买古堰画乡商用住房并出租，年收益90万元；区强村公司规格提升至比照副科级，进一步发挥引领作用，完成花街农贸综合市场、南山人才公寓、企业服务中心大厦、高溪工业小镇厂房等项目投资，总投资8970万元，年收益500万元，惠及200个村。

完善出台《莲都区农村集体资金资产资源管理办法》《莲都区关于加强村级非生产性开支监督管理的意见》等6份规范性文件，在简易自建工程、报账员管理、债务管理等方面进一步规范。村级财务全部纳入浙江省农村集体经济数字管理系统，实现“无纸化”闭环管理，累计线上审批7322笔，涉及资金2.83亿元。丽水市农村产权交易平台共上架21宗网络竞价标的物，涉及资金891.88万元。

开展漠视群众利益问题专项整治行动，全面排摸并完成侵占集体资产资源问题整改188个，退赔村集体资金52.21万元，新调整村级报账员80余人，有效提高村级财务管理水平。

农业安全生产管理

【农产品质量安全监管】 贯彻落实习近平总书记关于食品安全“四个最严”指示要求，围绕农业高质量绿色发展需求，加强农产品质量安全监管，压实责任，守好底线，促进农产品稳产保供，全面推动农产品质量安全工作，提升农产品质量安全水平，保障人民群众“舌尖上的安全”。加强产品监测，强化风险防范。重点抽检区级以上规模主体、“丽水山耕”主体产品，提高监测时效性、准确性、真实性和覆盖面。开展定量检测484批次，合格率97.52%；定性检测4207批次；围绕产业实际，开展重点品种风险隐患分析，掌握风险关键控制点，及时提出预警。对不合格农产品开展原因调查分析，要求强化质量安全意识，保障农产品安全；组织召开莲都区农产品质量安全风险隐患分析会商会2次，重点分析桑葚、长豇豆等高风险隐患点。推广食用农产品合格证制度。各乡镇农技站主动为辖区生产主体提供免费打印并送证上门做好服务工作，鼓励有条件的主体自行打印并粘贴在上市农产品上。主体自行开具和委托开具合格证共144133张，附证上市产品22917.4吨。推进农业标准化生产。莲都枇杷全产业链标准综合体成功立项，创建莲都区枇杷标准化生产示范基地5个，指导各基地做好项目验收准备工作，组织完成对5家主体的农产品标准化生产绩效评价；《莲鸭共生种养规程》《鸸鹋饲养技术规程》纳入2021年第二批丽水市地方标准制定计划项目清单。全区共有区级农业地方标准4个，莲都区为主或参与的市级地方标准7个，莲都区为主或参与的省级地方标准4个。开展“三品一标”认证。“丽水枇杷”和“处州白莲”获得地理标志登记农产品。2021年新获证绿色食品9个，绿色食品续展2个，绿色优质农产品比率60.02%，下发有机产品、绿色食品等认证奖励经费25万元。全区有效期内无公害农产品64个，绿色食品15个，累计认证有机产品、绿色食品、无公害农产品189个，良好农业规范(GAP)认证生产经营主体建设2家。加强质量安全培训、宣传。全年开展农产品质量安全现场培训3次，开展宣传10余次，发放宣传资料400余份。组织各乡镇农产品质量安全监管员和检测员开展线上农产品质量安全培训4期。

【农机安全监理】 开展全区变型拖拉机“清零”行动，制定印发《丽水市莲都区变型拖拉机限行禁入和提前报废淘汰专项治理行动方案》，实施变型拖拉机提前报废补偿政策，对提前报废并符合补偿条件的本地籍变型拖拉机，在享受浙江省高耗能农业机械报废补偿政策基础上，给予追加提前报废补偿。全区拖拉机122台，手扶拖拉机2台，外省籍27台已全部完成清零。莲都区农业农村局多次组织开展农机安全生产检查，开展警农协作，与交警部门配合开展变型拖拉机道路交通安全联合执法10次，查获各类违法拖拉机3台，有效保障变型拖拉机提早清零期间的农机安全生产。

依规办理新购置纯农田作业拖拉机、联合收割机注册登记、核发牌证，注册登记拖拉机6台，联合收割机2台。全年受理承办农机监理行政许可20件，其中拖拉机和联合收割机牌证业务6件、驾驶证业务14件。加强农田拖拉机和联合收割机安全使用规范，开展农田拖拉机和联合收割机免费实地年度检验工作，完成检验83台，检验率达到100%。

【农业执法】 查办农业行政处罚案件46起，罚没款总额17.915万元。多起案件获得上级表彰，其中丽农莲（屠宰）罚〔2021〕13号案、丽农莲（饲料）罚〔2021〕25号案被浙江省农业农村厅评为2021年全省农业行政执法优秀案卷，莲农（农产品）罚决字〔2020〕第15号案被浙江省海洋与渔业执法总队评为2021年省级集中评查优秀案卷，莲农（农产品）罚〔2021〕5号案、丽农莲（饲料）罚〔2021〕25号案被丽水市农业农村局评为2021年度全市农业行政执法优秀案卷；丽水市莲都区农业综合行政执法队获评“全省农业农村系统农业和渔业执法工作先进集体”；创建省级“肥药两制”改革示范农资店7家；入选省农业综合行政执法办案人才库4人；农资信息化建设成效显著，平台综合评分位居全省前列。

【专项整治行动】 开展春、夏、秋、冬四季“绿剑”集中执法行动，对全区农资经营单位进行巡查检查，完善农资购销台账登记制度，规范农资经营行为，打击销售假劣农资、无证经营等违法行为。重点针对种子、农药、肥料、饲料、兽药等农业投入品市场开展检查整顿，严厉打击毒鱼电鱼等违法行为，加强动物检疫、私屠滥宰等案件查办，累计出动执法人员942人次，检查农资经营店、农民专业合作社、生产基地、畜禽养殖场等经营单位486家次，查获假劣农资7247.96公斤，货值金额31.343万元，印发宣传资料2000余份。全年抽检农业投入品93批次，其中农药39批次、种子15批次、肥料9批次、兽药15批次，饲料15批次，抽检结果合格率92.47%。办结农业行政处罚案件43起，其中农药5起、肥料2起、种子8起、兽药2起、饲料3起、农产品3起、动检9起、渔业8起、生猪屠宰1起、植物检疫1起、农机1起，罚没款总额达17.915万元。依法查处各类农业违法案件，有效促进农资市场规范、有序、合法经营，打响“绿剑”执法品牌，提升农业执法权威。

种植业

【粮食作物】 2021年，全区粮食播种面积0.84万公顷，产量4.13万吨，比前三年平均数增加3%。水稻播种面积2240公顷，比上年增加103.8公顷，蚕（豌）豆播种面积1600公顷，比上年增加449.2公顷，甜玉米种植面积1235.7公顷，比上年减少236.3公顷，大豆种植面积为2255.73公顷，比上年减少438.81公顷，薯类种植面积995.53公顷，比上年增加94.73公顷。粮食作物“机器换人”步伐加快，2021年引进山地轨道运输机59台，水稻插秧机2台，农田拖拉机5台，粮食烘干机1台，联合收割机2台，植保无人机2台，提高了粮食生产机械化水平。

【蔬　菜】 莲都区是全国蔬菜产业重点县和省特色蔬菜重点产区。2021年，莲都蔬菜是莲都区最大农业支柱产业，播种面积12.6万亩，产量24.01万吨，产值9.3亿元。蔬菜生产品种结构调整步伐加快，瓜菜类、茄果类蔬菜种植面积明显扩大，传统蔬菜长豇豆种植面积减少。莲都区已形成规模化、集约化、特色化的蔬菜重点产区，种植蔬菜已成为全区从事种植业农民的最大收入来源。

【水 果】 莲都水果依据“3+2”产业政策，立足区域优势，加快“精品果业”发展，推进产业转型提升。重点开展精品果园建设、老果园改造、配套设施提升、栽培技术更新、果品加工业发展、地方资源保护等工作，实施精品果业工程，优质特色果品得到快速发展，全年水果总产量15.29万吨，总产值4.69亿元，适当缩减大宗果树的种植面积，增加优新产品产出。通过实施农业“双强”行动，引进山地轨道运输车、智能化喷药、补光系统等先进设施设备，提升水果生产机械化、智能化水平，建立莲都第一个设施杨梅大棚，开展杨梅促成栽培技术的试验示范，并推广大棚杨梅设施栽培2.6万平方米。

【茶 叶】 2021年全区茶叶种植面积5.9万亩，总产量2471吨，同比增长4.4%，总产值26797万元，同比增长5.8%。新建茶叶加工厂房4家，新增茶叶加工流水线6条，新引进、推广茶叶机械385台，提高茶叶生产、加工效率。举办“国际茶日·大使品茶”“莲城雾峰·2021年第一杯春茶”活动，组织业主参加第四届中国国际茶叶博览会，召开“莲城雾峰”品牌推介会，提升品牌美誉度。“莲城雾峰”在连续21年获得有机茶认证、国家森标茶基础上，作为莲都区区域品牌申报国家农产品地理标准产品。

【食用菌】 2021年，全区食用菌产业总产值1.08亿元，香菇、杏鲍菇、平菇等食用菌生产规模保持稳定，香菇工厂化栽培基地技术提升明显，单价相较上年降低明显。香菇生产基地集中在峰源、老竹、雅溪等乡镇，有食用菌生产、加工企业4家，食用菌专业合作社5家，香菇工厂化生产基地1个，打造以百兴菇业“魔幻菇林”为代表，集种植、采摘、旅游观光及亲子活动等项目于一体的农旅融合菌菇文化体验景区。

【中药材】 2021年全区草本中药材共1236.47公顷，较2019年增加84.2公顷，实现总产量约1587.8吨，总产值约12117.3万元。其中，处州白莲419.33公顷，覆盆子350公顷，皇菊25.67公顷，铁皮石斛22.13公顷，三叶青80公顷，益母草34.67公顷、黄芩36.67公顷、金银花25.33公顷、前胡13.33公顷、浙贝母、元胡等其他草本中药材229.33公顷。

畜牧业

【概 况】 2021年，莲都区畜牧生产稳步提升。年末统计生猪存栏数14.8万头，母猪存栏2.32万头，生猪年饲养量达25.15万头，家禽年饲养量538万羽。

【生态畜牧业】 以全省生猪产业“六化”为引领，抓好生猪增产保供，推动全区生猪全产业链发展，累计完成新(扩)建万头以上规模生猪养殖场6家，年底生猪存栏同比增长50.7%，牧业增加值后劲十足。推动湖羊产业发展，实现万头湖羊养殖场一期项目建成投产。建成省级美丽牧场2个，数字牧场2家，完成6家养殖场浙江省“两化”(兽用抗菌药减量化和饲料环保化)试点评估验收。

【动物疫病防控】 落实四季重大动物疫病强制集中免疫，实现“应免尽免、不留空当”，全年累计免疫家畜32.32万头次，家禽777.95万羽次，规模养殖场免疫率达100%，散养畜禽总体免疫率达99%以上。全区病死动物实行统一收集、集中处理、死猪冷链暂存、生猪保险联动制度，确保病死动物无害化处理及时到位，全年收集并无害化处理病死猪3.7981万头，其他死亡动物161.413吨。开展非洲猪瘟防控，坚持疫情隐患排查、落实主体责任、监管责任、消毒杀菌灭源等各项防控措施，打好非洲猪瘟防控战役。完成5000头以上猪场兽医检测室建设并常态化开展非洲猪瘟自检。莲都区获2021年丽水市动物防检疫职业技能竞赛团体第一名。

【畜禽屠宰管理】 贯彻落实《中华人民共和国动物防疫法》《动物检疫管理办法》《生猪屠宰管理条例》等相关法律法规，依法实施定点屠宰场监督管理工作。安排专业检疫监管人员派驻屠宰场，实行24小时轮班监管制度。督促屠宰企业健全质量安全控制体系，落实屠宰环节非洲猪瘟检测，做到“头头采、批批检、全覆盖”。开展屠宰企业官方兽医派驻，根据企业生产需要派驻丽水三农食品有限公司和丽水市华统食品有限公司共7名官方兽医和10名检疫协检员实行24小时值班。全年累计屠宰检疫生猪13.2万头、牛羊0.29万头、家禽103.99万羽。加大畜产品检测力度，推进畜产品质量检测管理制度化。屠宰环节监督抽检猪尿样7911个批次，养殖环节抽检720个批次，配合上级部门抽检畜产品样品143份，区级畜产品监督抽检样品88份，畜产品检测结果全部合格。

渔业

【概　况】 莲都区渔业产业在区委、区政府的坚强领导和上级业务主管部门的正确指导下稳步发展。2021年全区养鱼面积10850亩，渔业总产量4725吨，渔业总产值10512万元。生产“唇鱼骨”苗种2000万尾，瓯江彩鲤及其他苗种500万尾，繁育马口鱼苗种550万尾，棘胸蛙60多万只，光唇鱼苗种20多万尾。

【渔业行业管理】 开展初级水产品质量安全专项行动，全年组织抽检了52个批次的初级水产品，合格率达100%。开展健康养殖示范场创建，全年创成省级渔业健康养殖示范场4家，全区共创成省部级示范场8家，莲都区创成省级渔业健康养殖示范县。

【渔业发展】 全区发展稻田养鱼10200亩，增殖放流530万尾。发展河道景观渔业，委托村庄管理河道82个村，产值达1500多万元。在溪流投放瓯江彩鲤、马口鱼等丽水特色的鱼类，形成高低错落、层层有鱼的河道景观。推广生态、节能的大鲵养殖新技术，降低养殖成本。溪鱼发展以莲都区金满水产苗种场、丽泉家庭渔场养殖、“晓锋金鱼”3家为龙头，带动全区“观赏鱼”及溪鱼发展。在玉溪水库、高溪水库、黄村水库、港口水库、开潭水库等13座水库发展水库“洁水渔业”，控制水库水质。小龙虾产业发展较快，全区小龙虾养殖户11家，面积达750亩。发展休闲渔业，发展大港头镇为香鱼小镇，港口村为渔业“香鱼一条街”，取得较好效益。

水　利

【项目建设】 2021年度完成水利固定资产投资任务为1.1亿元。面上小流域治理工程(泄川港、老竹溪、中溪)、太平乡自来水管网改造项目、新治河生态治理及修复工程、河口村水毁工程修复工程、雅溪镇自来水厂项目全面完工，水文防汛“5+1”工程、保定山塘水库除险加固工程、宣平溪流域综合治理工程完成年度建设目标。编制完成莲都区碧湖平原水系综合治理工程(一期)初步设计报告；开展莲都区碧湖平原水系综合治理工程(二期、三期)可行性研究报告编制；谋划推进莲都区雅溪水库综合

2021年莲都区美丽河湖建设——大顺坑(桑梅 提供)

利用提升工程、莲都区好溪(好溪堰至上冷水段)绿道工程。

【民生实事】 推进省级、区级民生实事和市级重点任务,组织完成金银洞水库等2座水库除险加固任务,西岩弄山塘等6座山塘整治工程,15个池塘整治工程和13个千人以上供水工程数字化建设任务;推进完成莲都区中小河流治理6千米;组织完成峰源乡省级美丽河湖创建13.3千米及其生态健康评估工作,联城街道等2个水美乡镇的创建工作,凤鸣村等12个村的水美乡村建设;完成水情遥测系统新建改建水位站20处,完成雨情遥测系统新建改建雨量站19处,改造小白岩标准雨量场自动蒸发站点。

【行业管理】 2021年,新受理了6个水利水电工程项目的质量监督工作,加上续建的3个项目共9个项目,涉及水库、堤防、堰坝、电站等工程,受监工程总投资1.33亿元。开展现场质量监督活动51次,下发书面质量监督意见书31份,书面整改意见76条。完工验收水利项目2个,工程验收合格率100%,无重大质量安全事故发生。发出责令停止(改正)违法行为通知书10份,受理举报、取证、移交执法局行政处罚案件10起。2021年,莲都区通过县域节水型社会达标建设验收,入选浙江省2022年度幸福河湖建设试点县名单。

水 文

【概 况】 2021年,全区面雨量1829.7毫米,乡镇面雨量前3名分别为白云街道1823.3毫米、峰源乡1574.9毫米、仙渡乡1543.1毫米。单站雨量最大为雅溪镇陶坑2285.5毫米。

【防汛减灾】 莲都区组织开展水旱灾害防御业务培训,举办水旱灾害防御暨水工程抢险演练,培训人员300余人;开展水旱灾害综合风险普查,完成莲都区境内42座水库、12处堤防、10个山丘区重点集镇以及3条山丘区中小河流洪水淹没图绘制,完成干旱灾害致灾调查、水利工程洪水隐患调查、重点集镇山洪灾害风险调查。全年共遭遇5月19日、6月21日、6月29日、9月7日四次短时强降雨及第6号台风"烟花"。处置岩泉街道琯头村朱章山塘坝体漏水、老竹镇后坑村大塘山塘副坝漏水、雅溪镇周村桃溪坳山塘坝基漏水、雅溪镇莲房村后陶头一级山塘外坝坡塌陷等四处山塘突发险情,山塘水库巡查工作获省水利厅通报表扬。全年未发生因防汛措施不到位导致的人员伤亡事故。

(陈晓虹)

"五水共治"工作

【概 况】 以党员、后备干部、机关干部、村两委干部、劳模、村民志愿者、退休人员等为主体,建立462支莲都治水铁军队伍,覆盖人数11575余人,进农村、社区、学校、企业等开展"激浊扬清 碧水莲都"全民治水活动。以迎接省级"五水共治"(河长制)满意度调查工作为契机,提高广大群众对"五水共治"(河长制)的知晓率、参与率、满意率,为全市夺取"大禹鼎" 提供有力的舆论支持。

【"污水零直排"创建工作】 2021年,在碧湖镇开展"污水零直排"创建工作。项目整体投资2200万元,包含镇区范围内的路面管网改造、生活小区管网改造和六小行业提升整治等内容,于2021年9月完成招投标并进场施工,12月9日组织技术专家和相关部门完成了验收。

【"找寻查挖"专项行动】 3月19日,区治水办组织召开了五水共治"找寻查挖"动员部署会,各乡镇(街道)及有关部门围绕"十查"内容进行拉网式、地毯式排查。在各部门联合督查及市治水办帮扶指导下,莲都区完成乡级自查及互查、县级自查及互查和市级互查三级专项行动,期间发现问题281个,其中包括一般问题274个,重点问题7个,主要涉及污水直排、河道乱倾倒垃圾、河湖长履职不到位、黑臭水体反弹、饮用水水源安全隐患、畜禽散养等。截至年底,所有问题均已完成整改,并建立了问题数据库和"四张清单"上报市治水办。

【强化“河长制”巡查工作】 根据2021年度丽水市“五水共治”（河长制）工作考核评价指标及评分细则，制定莲都区“五水共治”（河长制）工作考核标准；优化河（湖）长巡查制度，按照流域统一管理与分级分段（片）管理相结合的原则，完善河（湖）长制组织体系；建立健全河（湖）长制考核机制，实行在线考核，推进河（湖）长制管理信息化，做到多通融合；根据河长工作岗位的调整，及时更换新河长信息，更新平台河（湖）长制公示牌信息及现场公示牌内容；完成乡镇街道空间数据标识；更新10条区级河道2021—2023年一河一策。创建相关区直部门和乡镇街道的联络员工作群，及时通报工作信息，督促河（湖）长履职到位。

【河湖健康评价】 根据区治水办和属地的前期对接选址，确定在仙渡溪（芦村—太平港汇合口）开展河湖健康评价工作。已完成了评价报告的论证并报批。

【推广“绿水币”制度】 截至2021年底，绿水币注册总数17371人，占常住人口比例为3.98%，完成市治水办的考核要求。

林　业

综　述

【概　况】 2021年，莲都区林地面积116902.2公顷，占土地面积的78.27%；全区林地面积同比增长281.27公顷；森林覆盖率76.92%，同比增长0.03%；森林蓄积量567.13万立方米，增长25.77万立方米。森林资源以针叶树最多，阔叶林及针阔混交林占森林面积比重为28.65%。

2021年，“云森防”防治松材线虫工作被评为2020年莲都区创新项目一等奖。“云森防”智控松材线虫获时任省长郑栅洁批示肯定，并在全市推广；区林业发展中心获评森林浙江建设目标责任制考核优秀单位，获全省松材线虫病防治工作和全面禁止非法交易、滥食野生动物工作突出贡献集体称号。下属峰源林业工作中心站获“森林浙江”建设工作突出贡献集体称号。

【林业经济】 2021年莲都区林业总产值457690万元，比2020年增加33977万元，增长8.02%，其中，第一产业129319万元，比2020年减少2734万元，下降2.07%，包括林木种苗、木材采伐、经济林产品的种植与采集等；第二产业25178万元，比2020年增加10166万元，增长67.72%，包括木材加工和竹木制品制造及木、竹、藤家具制造等产业；第三产业为303193万元，比2020年增加26545万元，增长9.6%，主要为森林旅游与休闲服务业。2021年一、二、三产产值比重为28.3∶5.5∶66.2。

森林生态体系建设

【公益林建设管理】 全区公益林69525.06公顷，其中国家级7736.53公顷，省级61788.53公顷。拨付2021年度生态效益补偿资金和租赁资金4190.92万元（莲都区4052.38万元、市本级138.54万元），其中损失性补偿性资金3693.41万元（含国有221.29万元），发放率99.6%；发放护林管护费350.6万元，发放率100%；公共管护费97.94万元，发放率100%；管理费48.97万元，发放率100%。严禁天然林商业性采伐，禁止对天然林实施皆伐改造，全区共有天然林面积60436公顷，其中国有3903公顷，集体37055公顷，个人19478公顷。拨付2021年度中央财政“国有天然林停伐补助资金”193.23万元，拨付率100%；拨付天然商品林停伐管护补助资金120.84万元，拨付率99%。投保公益林火灾保险，覆盖面100%。

【重建护林员队伍】 根据公益林管理相关规定，2021年2月，按照“公开、公正、公平、择优”的原则，经本人申请、村民委员会推荐、林业工作中心站审核、乡镇人民政府（街道办事处）公示批准，最后报区林业主管部门备案，重新组建一支270人的护林员队伍。制定并印发《莲都区公益林（天然林）护林员管理细则》，规范护林员管理。2月26日，对护林员开展岗前培训，主要培训内容包括森林法律法规、公益林巡查管护、森林资源保护知识等，同时对森林防火的前期预防、扑救等作了详细解说。开发莲都区护林员智治App系统，于2021年10月投入使用。

【林业行政审批】 开展森林资源年度监测暨全省森林资源“一张图”建设，及时准确掌握林地及林木资源变化的空间分布、管理属性现状及消长动态变化情况。完成国土三调数据融合，着手启动新一轮县级林地保护利用规划编制工作。严格执行森林采伐限额管理和凭证采伐制度，印发“十四五”期间年森林采伐限额的通知。2021年，发放林木采伐许可证232份，其中占限额81份，共计2746.15立方米。执行林地定额管理制度，依法审批建设项目使用林地，全年完成林地征占用审批事项60起，面积166.57公顷，其中建设工程项目28起，面积143.08公顷，征收森林植被恢复费4525.78万元；林业生产服务设施32起，面积23.49公顷。完成森林督查工作，2021年共下发312个疑似变化图斑，经调查，发现24个涉嫌违法图斑并顺利完成相关工作，于9月形成森林督查检查报告上报省林业局。

【自然保护地管理建设】 指导各自然保护地健全管理制度、落实安全生产责任，开展自然保护地“双随机、一公开”抽查和“绿盾”行动，及时发现问题并依法整改到位。完成莲都峰源省级自然保护区遗留的集体林地租赁资金及2021年度峰源省级自然保护区集体林租赁资金、赛源行政村（保护区外）森林生态效益资金发放工作。其中，发放2019年度峰源省级自然保护区第二批集体林租赁资金、公益林补偿资金68.63万元；2020年度峰源省级自然保护区第二批集体林租赁资金、公益林补偿资金共68.89万元；2021年度莲都峰源省级自然保护区集体林租赁资金、赛源行政村（保护区外）森林生态效益资金512.2万元。对峰源省级自然区总范围4938.93公顷及核心区2287.66公顷进行勘界定标，并完成勘界报告编制，进行成果检查、论证和公示。完成保护区通信设施项目建设，通信基站已投入使用。完成保护区疫源疫病监测项目，开展疫源疫情监测工作，未发现禽流感、非洲猪瘟等疫病。开展保护区生物多样性保护（野生兽类监测）项目，放置红外相机10多台。完成保护区生物多样性保护监测—葑垟湖特别功能区湿地保护修复工程设计。开展丽水九龙国家湿地公园生态保护工作，完成重要湿地年度生态保护成效评估工作，九龙国家湿地公园总面积稳定，地面水水质情况维持在Ⅱ类水范围内，湿地动植物种类和数量保持稳定。

【绿化造林工作】 完成美丽林相建设5240公顷，完成率100%；实施国土绿化331.87公顷，完成率103.71%，其中新造或改造补植133.33公顷；实施森林抚育489.93公顷，完成率102%。实施千万亩森林质量精准提升工程，建设健康林6681.93公顷，完成率102.29%，涉及峰源乡、丽新乡、大港头镇、黄村乡及莲都林场；完成战略储备林和美丽生态廊道建设822.73公顷，完成率102.84%。积极开展林木种苗质量抽检工作，培育乡土树种281.3万株，统筹分配下发珍贵彩色树种省调控容器苗6.4万株。

实施碧湖中溪工矿用地植被恢复项目，主要通过对中溪村约2.67公顷工矿用地进行绿化造林，恢复植被，链接红枫古道形成景观。全面完成基础设施工程和绿化栽植工作，完成投资255.66万元。建设“一村万树”示范村4个，分别为莲都区碧湖镇中溪村、竹溪村，大港头镇河边村，联城街道花街村。完成1个省级森林城镇创建方案并通过专家评审。

谋划并实施瓯江沿岸森林生态保护和修复项目，主要对大港头镇至碧湖镇瓯江流域沿岸松材线虫病高发区块进行生态修复和保护。计划2021年10月至2023年9月，实施1000公顷森林的生态保护和修复工程，项目主要针对瓯江沿岸松材线虫病重灾区进行绿化美化。至2021年底，已通过项目可研性报告，正进一步修改完善项目（一期）初步设计方案。

林业产业体系建设

【林业产业发展】 实施日本甜柿示范推广项目，项目建设任务10公顷，计划总投资67.5万元，第一批2.8公顷、第二批2.33公顷、第三批4.87公顷，均已完成种植。计划建设林下套种黄精基地13.33公顷，项目已完成验收并补助资金80万元。完成“一亩山万元钱”推广任务，新建培育“一亩山万元钱”示范基地150公顷，辐射推广409公顷，巩固深化723.67公顷。完成2个“千村万元”林下经济增收帮扶工程，分别为联城街道苏港村林下养鸡20公顷，老竹镇丁公村林下养蜂20公顷；完成油茶保供任务，全年新增油茶面积62.73公顷，油茶产籽量0.861吨。完成115个批次的食用林产品质量抽检工作，其中春笋32个批次、鞭笋10个批次、板栗23个批次、铁皮石斛2个批次、土壤7个批次、化肥3个批次、冬笋15个批次，抽检合格率达99%，不合格产品处置率100%。创建浙江省现代林业经济示范区（森林人家）2个。林区道路建设验收18.996千米，补助资金94.98万元。

【栝苍古道修复项目】 实施栝苍古道（二期）却金馆观景平台至界碑段古道修复项目，全长8050米，计划总投资650万元，完成古道原有路面改造修复；新建游步道1.3公里；建设沿线休息平台2个；完成机耕路修复610米；新修建公厕1个，沿途补植乔木110株，籽播草花0.75公顷，人文景观小品（古诗词碑刻）10个。开展栝苍古道（三期）坑口至余岭段修复项目方案编制，主要建设内容为新建古道主体、沿线绿化补植、基础配套设施建设等。

林业安全管理

【野生动物保护】 谋划全区野生动物本底调查工作，莲都区被列入浙江省开展县域野生动植物本底调查试点县，为丽水市唯一。组织乡镇林业站和林场加强日常巡查，对本地区的5个自然保护地进行重点巡护和看守，严防乱捕滥猎野生动物行为，全年查处涉野生动物案件3起，累计罚没金额10500元，收缴野生动物活体1只，死体4只，收缴野生动物制品2.64公斤。全年核发陆生野生动物人工繁育许可1份，陆生野生动物及其制品出售、购买、利用许可7份，陆生野生动物旅游观赏景点设立及展览、表演许可1份。通过“爱鸟周”等活动，加强野生动物保护宣传工作。成立莲都区陆生野生动物救助中心，全年收容救助野生动物110只，较2020年的64只，增长71.8%。开展珍稀濒危植物景宁木兰原生境调查，摸清全区景宁木兰野外生长现状。

【林长制工作】 2021年8月完成《莲都区全面实行林长制建设实施意见（征求意见稿）》。9月初，通过公文平台征求各部门及乡镇街道意见，进一步修改完善，形成送审稿。12月15日，中共丽水市莲都区委办公室、丽水市莲都区人民政府办公室印发《关于莲都区全面实行林长制建设实施意见》的通知，12月16日完成浙江省林长制应用场景区级林长、护林员信息名单录入。

【投保野生动物肇事公众责任险】 2020年10月22日，莲都区投保野生动物肇事公众责任保险，在一年的保险期内，出动车辆83次，人员145人次，涉及9个乡镇街道和33个村，受惠农户148户，理赔金额达15.78万元。其中理赔金额达5000元以上的有8户，最高金额为16470元。2021年11月，续保野生动物肇事公众责任保险，保费19.2万元，至2021年底，已完成理赔39起，理赔金额11.3万元。

【森林防火工作】 落实森林防火行政首长负责制，在春节、清明、“五一”、国庆等重大节假日和重点时段，专题部署森林防火工作。全年未发生重大森林火灾和人员伤亡事故。建立集无人机巡航、视频探测、高山瞭望和地面巡护共同组成的立体森林火灾预警监测体系，配备无人机10台，检修保养森林防火远程监测预警系统，确保性能完好。在高火险期间，利用无人机升空随时“俯瞰”巡查重点林区。利用广播、网络、短信、移动视频彩铃、小喇叭、移动宣传车、横幅标语等各种形式进行防火宣传。在各村、重点林区、重要路段张贴禁火令5000张、市防火通告2000张，发放森林防火宣传品和宣传资料5.5万余份，出动宣传车155辆，设置固定广告牌62块，悬挂横幅标语2300余条，发送短信300余万条。加强重点人群教育，对特殊人群落实一对一监管教育。国庆期间在全区607辆城乡公交车上每天滚动播放森林防火宣传视频。峰源自然保护区和莲都林场各组建防灭火队伍1支，37人。根据防火需要，将禁火期提前20天，禁火期内，各乡镇（街道）共设立卡口点位295个，出动护林员2.6万余人次，出动检查组126个、694人次对各乡镇（街道）违规野外用火进行巡督查，排除隐患252处，制止违规用火357起，行政处罚12人。各乡镇（街道）、莲都林场、自然保护地组织18次共474人次进行森林防灭火实战演练。开展风险普查及隐患排查，成立森林火灾风险普查工作领导小组，制订莲都区森林火灾风险普查实施方案。10月开展全区森林火灾风险普查外业样地调查工作，采集野外火源点调查数据及历史森林火灾调查数据。开展林区输配电设施森林火灾隐患排查，制订《莲都区开展林区输配电设施森林火灾隐患排查实施方案》，督促供电部门及时开展排查与整改，共排查隐患线路13条共95.12千米，完成整改7.98千米。

【松材线虫病防控】 与各乡镇街道签订责任书，落实属地乡镇（街道）的主体责任、职能部门的牵头责任和监管责任，落实责任追究机制。至2021年4月，完成2020—2021年度防治工作任务，共清理病死松树71.71万株，清理面积61522.8公顷，抽查山场伐桩合格率均达80%以上，枝丫遗留率小于20%。“云森防”平台采集疫木过磅照片3.1万张。全年打孔注药保护松树11.7万株，药物防治5.08万亩次。2021年5月，迭代升级“云森防”平台，8月，“云森防”2.0版本正式上线运行。2021年10月，完成松材线虫病秋季普查，松材线虫病发生面积87.5万亩，下降5.2%；病死松树30.6万株，下降57.3%。《丽水市莲都区2021—2022年度松材线虫病防治方案》通过区政府常务会议审定。11月，全面启动枯死木清理工作，并与全区范围内木材加工厂签订《企业生产经营责任书》。12月，分片区开展全区松材线虫病防治督查工作，黄牌警告砍伐队2支。严格疫木监管，全年查处检疫案件共7起，罚没款6.87万元，没收疫木及制品130.19吨。

【林区治安】 对发现的违法案件实行台账管理、“一案一销”。定期召开案情分析会，邀请法律顾问参加，突出集中“攻关”，对遇到的疑难案件实施综合“会诊”，精准“把脉”，针对涉林案件中涉嫌刑事犯罪的行为，提前与公安、检察院、法院等部门沟通对接，确保案件后续进展顺利。2021年，查处林业案件31起，其中行政案件30起，涉嫌刑事移送公安1起，累计罚没金额26.9954万元。推进2021年度林业“双随机”抽查和行政检查事项全覆盖。开展“双随机”抽查事项共56个，其中，食林产品质量安全4个、林木种子生产经营许可事项10个、建设项目林地使用许可6个、陆生野生动物许可事项1个、林木采伐许可31个、松材线虫病疫木造纸制作人造板2个、在自然保护地开展相关活动许可2个。实施行政检查事项，抽查28家企事业单位和个人，覆盖171个检查事项。履行野生动物保护工作职责，以农贸市场、花鸟市场为重点区域，以餐饮服务单位、销售单位和养殖场所为重点对象，排查可能从事野生动植物非法交易的经营户。出动执法人员448人次，检查各类场所153个。未发现破坏森林野生动植物的违法行为。

工业化信息化

【概　况】 2021年,全区完成规上工业总产值79.2亿元,同比增长32.3%;完成规上工业增加值15.59亿元,同比增长18.6%,全市排名第三;实现工业投资12.2亿元,其中,制造业投资11.55亿元,技改投资3.27亿元。全年完成工业用地出让130.84亩。

全年完成实际利用外资600万美元,完成年度目标任务的150%;实现外贸出口14.61亿元,同比增长2.85%,全市排名第四;市区实现社会消费品零售总额226.59亿元,增幅11.3%,较上年提高18.1个百分点,实现逆势增长;全年实现网络零售额124.9亿元,同比增长19.7%,总量排名全市第二。

工业行业

【整治低效企业】 牵头草拟《莲都区贯彻落实全省新一轮制造业"腾笼换鸟、凤凰涅槃"攻坚行动实施方案(2021—2023)》,腾换发展空间。全年联合部门对全区100余家企业开展集中执法检查;会同部门梳理形成第一批"高耗低效"风险企业监管名单17家、第一批"高耗低效"企业重点整治清单24家、第二批低效企业重点整治清单42家,通过"一企一策",实现对标提升。

【"亩均论英雄"的改革】 出台《莲都区深化"亩均论英雄"改革实施意见2.0版》(莲政办发〔2021〕27号),评价指标与省、市接轨,借鉴温州、宁波、金华、杭州等地评价体系,实地考察学习温州乐清、台州椒江两地工作经验,新增加分项和特殊情况修正(升档、限档、降档)模块,采用分行业评价模式。全年完成2020年度204家(规上55家、规下149家)工业企业综合评价工作。

【智能化转型】 邀请省智能专家对重点企业开展智能化技术改造指导,全年完成企业智能化诊断24家;累计实现市级企业技术中心15家,瓯宝安防获评省级企业技术中心。

【落实城市"禁现""禁粘"】 开展建筑工地禁现禁粘检查5次,检查在建工程20余个,情况良好;积极引导申华水泥推进新建年产30万吨预拌干混砂浆项目,指导帮助企业做好产品试验室验收、生产资质验收等系列工作。

【出台企业上规上限方案】 出台《莲都区企业上规上限工作实施方案》,成立莲都区上规上限工作专班,建立联席会议制度,明确"培育一批、储备一批"工作思路,全年新增规上企业32家,规上企业总数首破100家,培育上规企业数达历年之最;实现商贸企业(个体户)纳统26家,商贸市场主体进一步壮大。

【构建"组团联企"服务体系】 出台《莲都区学党史办实事深化精准服务企业专项行动方案》,创新实施"组团联企"服务机制,建立"1+8"网格服务员体系,通过涉工部门专班化"组团式"走访,减少多头重复"扎堆式"服务,组建7个服务团,助力企业聚焦主业、加快发展。

8月28日，“融入新格局 助力双循环”政企恳谈会召开（区经济商务局 提供）

【2021年新上规工业企业名单】
丽水市斯通混凝土有限公司
丽水市华统食品有限公司
浙江慧和健康科技有限公司
浙江亮鸣箱包有限公司
浙江三正箱包科技有限公司
浙江力泰布业有限公司
浙江立琪机械有限公司
浙江千千圈文化用品有限公司
浙江固立紧固件有限公司
浙江国成流体科技有限公司
浙江臻凯活塞制造有限公司
浙江天涯同行科技有限公司
浙江中瓯电气有限公司
浙江天豪阀门有限公司
丽水队长食品有限公司
浙江奥邦迪克旅游用品有限公司
替科斯科技集团丽水流体设备有限公司
立波装饰工程有限公司
浙江奥工科技有限公司
丽水市华泰特种玻璃有限公司
阿司米阀门有限公司
丽水市博而达新材料科技有限公司
浙江华创重工有限公司
浙江银象机电股份有限公司
浙江皓邦通讯科技有限公司
浙江嘉艺五金制造有限公司
浙江沃沃阀门有限公司
浙江匠新阀门科技有限公司
丽水市联威机电元件有限公司
丽水斯帕克阀门有限公司
丽水市新三和动物保健品有限公司
丽水博远科技有限公司

【树立企业争先创优标杆】构建雁阵经济发展模式，培育一批“领头雁”企业。入选省级“专精特新”中小企业5家；2021年完成信息化项目建设14个；实现省级节水型企业1家、省级节水型企业标杆1家；新三板挂牌企业1家。

十七大重点传统制造业有59家企业，2021年实现规上产业增加值10.39亿元，同比增长28.46%，全市排名第一。

高新技术产业有企业32家，2021年实现规上产业增加值6.43亿元，同比增长17.24%，全市排名第五。

装备制造业有42家企业，2021年实现规上产业增加值6.19亿元，同比增长13.99%，全市排名第六。

高端装备制造业有33家企业，2021年实现规上产业增加值5.12亿元，同比增长14.96%，全市排名第五。

战略性新兴产业有5家企业，2021年实现规上产业增加值1.42亿元，同比增长28.37%，全市排名第二。

电力工业

【概　况】 2021年，国网浙江省电力有限公司丽水市莲都区供电公司完成固定资产投资1.102亿元；供电可靠率99.985%，城网综合电压合格率99.999%，农网综合电压合格率99.884%。最高用电负荷401兆瓦；全年完成售电量15.95亿千瓦时，同比增长15.03%；到2021年底连续安全生产日5876天。

【电网建设】 聚焦“双碳”目标，推动出台《加快实现电力能源领域“双碳”目标行动纲领》《推动莲都区源储协调发展促进清洁能源消纳的指导意见》，有效助推“碳达峰碳中和”。完成配网投资9756万元，进一步优化10千伏线路主干网架布局，10千伏及以下配电线路开工287.95千米，投产200.57千米；变电开工2.39万千伏安，投产1.75万千伏安。完成莲都区农村饮用水电力工程、建党百年亮化工程、安居房住宅小区电力安装工程等政府重点项目配电工程20项。

【电网运维】 推进“空、天、地”通信一体化的智能配电网，自动化有效覆盖率达85.6%，投入全自动FA线路93条，全自动FA投运率从8.3%提升到55.7%，户均停电时长从4.86小时降至2.23小时。创立“标准化+智能化+系统数据监测”巡视与消缺机制，提升日常运维数字化、智能化水平。建立防汛应急抢修跨地区受援协调机制，提高灾后抢修的工作效率，提升应急处置能力。

【电力供应】 推进“三零三省”服务，减少全域小微企业用电报装投资成本，不断提升“获得电力”水平。打好“能耗双控”和有序用电组合拳，推进“需求响应为主、有序用电为辅、可中断负荷保底”的电力供应体系实效运作。坚守“保民生、保重点”，完成重要用户“一户一策”修编，完成国际摄影节、全国人居环境整治提升现场会等重大活动保供电57次。

（范博文）

中小企业

【开展省级小微园创建】 2021年，莲都文旅科技小微园、十号轻工园2个园区通过省级小微园认定。高溪低碳智造产业园完成省级数字化小微园材料申报工作。

【专项资金使用】 莲都区企业小微园综合服务数字化管理平台通过10个月的试运行，各项功能基本完成，已上线浙政钉和企业码。莲都文旅科技小微园、十号轻工园两个新园区智能化提升工程即将进入招标阶段。

【安全生产】 7月，开展“平安护航建党百年”安全隐患大排查活动，重点督查小微园运营方和园区内企业安全生产情况，对发现问题要求企业限期整改、跟踪落实，抓好重大安全风险防控，营造良好稳定的社会环境。

【小微企业规上产业增加值】 有72家企业，2021年实现规上产业增加值13.36亿元，同比增长20.33%，全市排名第四。

信息化推进与管理

【推进市区一体化发展战略】 2021年莲都区信息化发展指数水平值为102.3。2021年数字经济发展总指数得分为75.4，位居全市首位。2021年，莲都区两化融合发展水平总指数71.11，全市排名第五。2021年莲都区数字经济核心产业增加值19.2亿元，占GDP的比重为4.72%，排名全市首位。

【数字经济系统建设】 完成区数字经济应用门户3.0版本开发建设；完成重大任务梳理118项、核心业务梳理23项；点亮“浙企贸易”“浙企创新”“浙企成长”“浙企要素”“浙企畅链”五个重大任务；“莲都企业（小微园）综合服务数字化管理平台”三张清单梳理、核心业务梳理、浙政钉

9月21日，丽水工业园区开展企业日常安全检查（丽水工业园区管委会　提供）

和浙里办上线、理论成果4项工作完成率均为100%。

【数字经济改革】 上线“莲都区产业云地图”“莲都区经济运行监测数字化平台”和“亩均多维分析”三个应用；“科技企业倍增提质”入选《全省多跨场景重大应用“一本账”S0》，通过项目评审并进入正式建设。推进5G基站建设，1—12月完成新建基站233个，完成率达102.6%，新建节点机房4个，新建传输管道11个、管道长度10.76千米。

丽水工业园区建设

【概　况】 2021年，丽水工业园区实现工业总产值57.47亿元，同比增长41.19%；培育新上规和小升规企业30 家，新增亿元企业4家，规上企业总家数达到86 家，亿元企业达到16 家。

【招商引资与人才招引】 2021年，丽水工业园区完成招商引资项目准入89个，其中通过莲都区工业投资项目入园决策领导小组会议项目42个(万洋项目37个)，新增租赁项目47个(其中7家制造业企业、1家商贸企业、39家总部经济企业)；全年完成亿元以上大项目5个，绿谷精英项目3个；对标全年考核目标，依次完成万洋第21—23 批新企业准入37家(其中，租赁企业5家)，累计完成万洋项目准入217家。开展万洋第24批拟入园企业考察，拟提交上会9家。助企招工1600余人，引进高校毕业生400人。深化政校企合作，成立丽水学院“校外实践教学基地”，与20余家企业达成意向合作；万控、瓯宝等5家企业与丽职院“中德班”签订培养协议，推动产业人才的培育；组织企业前往甘肃兰州、酒泉等地招聘，推出岗位300个，洽谈学生1000多人，到莲都实习大学生96人，与酒泉职技院签订校企实习合作协议。

【项目开发与建设】 形成空间拓展方案，谋划高溪区块6.68平方千米(集中建设区2.89平方千米和弹性发展区3.97平方千米)；全年政府投资项目实际完成1.83亿，完成计划投资的111%；万洋低碳智造小镇基础设施PPP项目，全年完成投资1.6亿元。累计完成园区新建道路101800平方米，新建雨污水管网7280米，修复雨污水管网13700米，边坡整治24.2万平方米；园区基础设施项目有序推进，谋划新增垃圾中转站、公交首末站；高溪工业小镇1号物流园因高压线问题进行方案调整；5号地块人才公寓已开工建设；产业创新服务综合体暨工程师协同创新中心初步实施方案和空间选址已完成；工业路两侧区块、黄塘窑周边地块和精密智造产业园区块均已发布征收启动公告。

【安全生产】 2021年，园区开展全面细化排查，突出重点行业、重点领域、重点企业。全年完成74家次安全生产重点企业指导服务，排查发现安全隐患474条，发放限期整改通知书65份，基本完成整改。开展高溪区块企业安全生产指导服务，检查企业69家，复查企业65家；开展迎检前、节假日前专项安全生产检查35家；开展碧湖、南山、郎奇区块企业日常指导服务126家。发放限期整改通知书228份，排查安全隐患1244条，安全隐患基本完成整改。落实常态化巡查与专项整治相结合，实施园区企业违建处置行动，收集企业违章建筑“一企一档”115家，排查违章建筑点位528处，共计14.13万平方米。联合区生态环境分局完成了“污水零直排区”创建方案，开展碧湖区块污水零直排区创建，企业内部排查66处，市政管网排查38处，雨污分流管网新建、整改长度14735.98米。

【企业服务与队伍建设】 2021年，丽水工业园区聚焦企业难点和痛点，突出服务实效和时效，建立企业问题交办制度，园区网格员累计走访企业2000多次，收集企业反馈的困难或建议38条；线上收到企业诉求68条，全部解决或在线流转；建立服务联盟体系，服务内容涵盖科技、金融、法律、信息化、知识产权等多领域。建立联盟成员的准入、退出和考核机制。联盟成员43家，专家资源23名，联盟成员完成服务产值2000余万元。辅导园区39家企业获科技资质，52家企业获228项专利，37家企业获各类经费补助878万元；建立“莲都区制造业金融服务站”，开展咨询服务活

10月14日，丽水工业园区管委会主办的"莲都智造·匠心百讲"决赛举行，图为获奖人员合影（莲都经开区管委会 提供）

动21次，走访企业110家次，解答和解决企业难题93个，落实企业融资37笔，共计34264万元，落实保险项目数26个。做好选人用人，2021年通过公务员公开招考3人、事业单位人才引进2人，国企招聘2人，招引录用7人，均为大学及以上学历，其中全日制研究生学历3人，30周岁以下6人。

【党建引领与党史学习】 2021年丽水工业园区党工委探索学习新路子，自编自导学党史《三字经》，提高学习教育的质量和效果，推动党史学习教育深入人心；组织干部职工前往三岩寺，重走红军路，感受革命力量，激励干部发扬革命传统，展现担当作为；加大宣传力度，传播"好声音"，网格服务、助企纾困等行动在浙江在线、浙江新闻客户端等媒体刊登；两新特色支部将主题党日活动开展在车间、工厂，融入万洋小镇建设；开展献计献策、党员领办攻坚项目、"小技改、小发明、小革新"等实践活动，开展"党员在身边"志愿服务活动20次。

经济合作交流

招商引资

【概　况】 2021年度新引进项目49个，其中大项目13个，完成实际利用内资26亿元，完成实际利用外资600万美元。制定出台《莲都区“双招双引”工作实施方案》（莲委办发〔2021〕14号）、《莲都区“双招双引”驻外招引部实施方案》（莲政办发明电〔2021〕1号）、《莲都区支持商贸业做大做强的若干意见》（莲政办抄〔2021〕12号）、《古堰画乡业态扶持政策》（瓯管中心〔2021〕7号）等优惠扶持政策。根据《莲都区“双招双引”工作实施方案》（莲委办发〔2021〕14号），建立“双招双引”组织体系，成立由区委、区政府主要领导任组长的区“双招双引”工作领导小组，下设“一办六部十专班”。

【“一把手”招商】 区委区政府主要领导陪同客商考察洽谈项目26批次。区委主要领导率莲都代表团赴温州、绍兴、杭州、上海等地考察，对接京东集团、华为杭州研究所等企业洽谈项目合作。区政府主要领导率莲都代表团赴江北、海宁等地考察，接待温州新生代企业家、浙江清华长三角研究院浙江浙华投资有限公司等单位，外出考察23批次，在本地接待客商108批次，全区组织招引相关座谈会、部署会59次。

【2021年莲都区古村落招商引资推介】 2021年10月27日，由莲都区人民政府主办，莲都区“双招双引”工作领导小组办公室承办，莲都区农业农村局、莲都区文化和广电旅游体育局等12家单位协办的“我在莲都有个村”2021莲都区古村落招商引资推介会在下南山村举办。会议集中推介了莲都区31个古村落的优质资源，介绍了莲都古村招商引资项目及政策，并举行了招商项目签约仪式，4家投资公司分别与相关乡镇签订了项目投资意向协议。

【驻外招商工作】 长三角招引部2021年走访企业199家，组织客商回丽考察、推介签约等活动15次，走访中介19家，对接总部经济平台和企业11家，考察飞地14处，签约项目19个，有初步合作意向在谈企业20家。

金义招引部2021年走访对接产业项目72家，意向购买企业54家，意向租赁企业18家；对接国内外酒店管理公司20余家、酒店品牌40余个；对接戴德梁行、宝龙广场、博衍商业、绿城星链、保利商业、阳光城商业、盈石商业等17家商业管理团队。

温台招引部2021年走访行业协会7家、企业90余次，接待到莲都考察30批次。建立招商引资重点项目库和项目储备库，其中列入重点招引库项目25个。

山海协作工程

【概　况】 2021年莲都区山海协作贯彻实施省、市工作要求和下达的工作任务，各项指标实现历史新高。莲都—义乌山海协作产业园实现提质增效，莲都大厦完成年度投资1.35亿元；产业合作项目到位资金35.29亿元；干部和劳动力培训3483人次；消费帮扶销售额4607.72万元；签订社会事业领域协议15个。《打造山海协作升级版，迈向共同富裕新征程》《推进飞地平台建设，打造共同富裕样版》等4篇工作专报获市级领导的肯定与批示，相关工作信息在“学习强国”、《光明日报》等省级以上主流媒体录用30多篇，获市对区山海协作考核第一名。

【平台建设】 产业园建设有序推进。莲都—义乌山海协作产业园提质增效，2021年完成项目准入38家；完成政府性投资1.94亿元、社会性投资15.78亿元；规上工业总产值21.25亿元、总量增速41.57%；规上企业工业亩均增加值119.97万元/亩、亩均增加值增速46.87%；规上企业税收总额1.19亿元、税收总额增速108.65%；规上企业亩均税收30万元、亩均税收增速108.65%。莲都大厦完成地下室负二层结构施工，进行负一层施工，累计完成投资约2.65亿元，其中2021年完成投资1.35亿元，完成年度投资计划。与义乌市合作共建产业飞地，签订框架合作协议；与江北区签订科创飞地《宁波江北·丽水莲都高新产业协同发展中心合作协议》，并招引4家企业入驻；“消薄飞地”2021年度实现返利300万元，为全区36个村解决“消薄”问题，带动208个村的集体增收。

【乡村振兴】 推进莲都区华统股份畜禽产业链一体化项目建设，完成年度投资1.44亿元；2021年实现产业合作项目到位资金35.29亿元，完成市里下达任务的168.05%。落实丽新畲族乡马村村、松坑口村上县头、仙渡乡葛畈村、黄村乡黄泥墩村等4个乡村振兴示范点建设项目和太平乡吴弄村生态茶园配套设施建设项目，合计总投资1730万元，争取到援建资金共801万元。通过月报制度、定期督查、问题协调及与年度考核挂钩等措施，解决了2018年以来的12个援建项目滞后问题。依托“莲都山超”、义乌“百县万品馆”（莲都馆）等展销平台开展农产品销售。2021年度，完成消费帮扶资金4607.72万元，完成市里下达任务的354.44%。

【社会事业合作】 新达成科技合作协议2个，与义乌市共建的科技创新研究院已走访莲都企业14家，收集企业技术难题8项，组织企业参与“5·12”防震减灾疏散演练、丽水市“科技活动周”、“山海协作—科技赋能—助企腾飞”人才科技对接等活动。新达成教育合作协议2个，与义乌市教育研修院合作举办民办幼儿园课程原本化实施研究班，助推莲都区民办教育发展；莲都、江北两地10所中小学学校（幼儿园）互相结对、中小学校长（幼儿园园长）师徒结对。新达成文旅合作协议4个，与义乌合作的文化旅游节系列活动；与江北区搭建了两地文化旅游战略合作平台，推出两地精品旅游线路，开展工会疗养合作。新达成医卫合作协议3个，与义乌开展“三体系三工程一合作”工作，通过项目形式将协作成果固化可视化，进而实现两地医疗卫生领域工作互鉴、信息互通、资源共享。与义乌、江北等合作地开展科级班、中青班等干部合作培训，合作开展劳动力培训，2021年度，完成干部和劳动力培训3483 人次，完成市里下达任务

10月27日，2021莲都区古村落招商引资推介会召开（区经合中心 提供）

9月7日，区委领导走访招商引资项目，倾听企业诉求（区经合中心　提供）

的696.60%，创历史新高。

区域合作交流

【“三园三馆”建设】 莲都—义乌山海协作产业园形成以高端装备制造业、绿色食品加工业和健康休闲养生为主导的产业集群；电商共建产业园入驻电商企业53家；古堰画乡生态旅游文化创意产业园，一号艺术区块引进各类画廊和文创工作室120余家；莲都生态农产品精品馆、古堰画乡艺术馆、捷克外贸馆莲都专区等“三馆”2021年累计实现销售额1000余万元。

【“飞楼”“飞地”推进】 义乌“莲都大厦”项目于2021年1月12日开工，是目前全省投资额、建筑面积最大的科创飞地项目；建成山海协作消薄园（义乌大陈镇）；宁波江北·丽水莲都高新产业协同发展中心进展顺利；义乌—莲都“产业飞地”加速推进，签订框架合作协议。

【开展合作交流活动】 2021年组织与结对区开展教育、卫生等专题干部培训班和人才专场招聘；推进教育合作，实现天宁中学、长岗背小学两所学校由上海世外教育集团托管，创新莲都区的教育办学模式；开展上海优保医联体专家工作站和健康扶贫公益补贴项目的试点工作，初步建立市级专家工作站；推进“莲都山超”进驻上海，助推莲都优质农产品走进上海寻常百姓家，让上海市民享受莲都的绿色生态产品。

【对口支援工作】 2021年，根据上级统一部署安排，莲都区与四川省泸州市叙永县结对，莲叙两地按照“资源共享、优势互补、友好协商、协作共赢”的原则，签订了东西部协作框架协议，促成村企结对5家、镇镇结对1家、学校结对3家、医院结对2家、社会组织结对1家，谋深谋实了多领域、多层次、多形式的深度互动合作，以打造“产业协作、数字化转型、消费帮扶、文化交流、援派铁军”五张金名片为目标，推动东西部协作各项工作开展，形成观念互鉴、思路互通、技术互学、优势互补的美好态势。

商贸业

商　业

【商贸项目】 指导百货大楼做好原晶都步行街改造提升项目，项目面积约5800平方米，投资约500万元，打造丽水年轻女性打卡地标；集大型超市、电影院、餐饮于一体的碧湖商贸综合体项目稳步推进。

【电商直播】 莲都区轻工时尚产业集群被列入浙江省第三批产业集群跨境电商发展试点名单。组织开展“淘工厂直营暨淘特招商选品会”丽水站、2021丽水新零售供应链创新峰会、“全城莲动，云上优购”第一届莲都好物节等一系列电商活动，培育直播电商新优势。丽水市优赛网络科技有限公司根据市级直播电商基地建设规范，打造新媒体主播孵化基地。2021年，莲都区在重点监测第三方电子商务平台上共有各类活跃零售网店约1270家，活跃总数排名全市第二。

合作供销商业

【概　况】 2021年，莲都区供销社牢记为农服务根本宗旨，以“三位一体”农合联改革为抓手，完成了蔬菜产业农合联“八个一”规范化建设，开展农作物放心工程和“莲都山超”店长培训，建立了枇杷专科医院试点，搭建了农合联数字化平台。试点启动莲都区东北部“一镇三乡”流动供销致富车项目，共有流动供销致富车5辆，服务范围覆盖莲都区60个行政村近7000人。向农合联农业主体会员和产业农合联会员发放“丰收农合通”贷款共计5151万元。化肥应急储备超1000吨。开展集体资产清产核资工作和确权发证、划转移交集中攻坚行动，8处被占资产问题得到解决，对闲置资产进行盘活。莲都农产品进驻“莲都山超”长三角区域门店13家，农产品年销售额超260万元。

【农合联数字化建设】 2021年9月，莲都区农合联与浙江农合数字科技股份有限公司签订《丽水市莲都区数字农合联基础平台SaaS服务合同》。截至2021年11月，完成农合联会员、对应区域生产供销信用服务主体、示范生产主体框架构建基础性工作。

【农合联信用服务】 莲都区供销社全面完成农合联农业主体会员、产业农合联会员“丰收农合通”贷款分类评定和授信工作。推广“丰收农合通”贷款，2021年发放贷款146笔，共计5151万元。联合莲都区农商行推出“丰收惠民——茶农贷”和“丰收惠民——民宿贷”。

【产业农合联】 2021年，莲都区蔬菜产业农民合作经济组织联合会完成了“八个一”规范化建设。粮食产业农合联针对会员开展了粮食种植高效高产技术、粮食种植农药的安全使用技术培训。枇杷产业农合联开展了枇杷优质优产技术、枇杷科学施肥技术培训；在枇杷产业农合联建立枇杷专科医院试点，通过线上线下相结合的模式实现资源共享，为枇杷种植农户提供“实体+在线”便捷服务。超市产业农合联分别在贵阳、江苏、浙江、上海举办四期“莲都山超”店长培训，累计培训学员313人次；截至12月，加盟“莲都山超”门店约

130家；已通过“莲都山超”门店验收100家（含示范店21家），累计拨付奖励资金136.7万元。

【农资应急储备】 2021年化肥应急储备1059吨，其中复合肥655吨，氮肥264吨，有机肥65吨，磷肥75吨。与丽水市八方农资连锁有限公司签订“莲都区化肥淡季及应急储备协议”，落实7.42万元财政补助资金。

【流动供销致富车】 2021年11月，莲都区供销社试点启动莲都区东北部“一镇三乡”流动供销致富车项目，通过实施“一保两促、三车并驱”，促进“农产品进城、消费品下乡”，建立健全莲都偏远乡村产、供、销“一体化”服务体系，提高偏远乡村群众的收入，推进乡村共同富裕。

【山海协作】 莲都区供销社与义乌市供销社签订“义乌—莲都‘山海协作’战略合作框架协议”，在义乌新建一个销售平台。2021年，参股企业丽水市绿盒电子商务有限公司全年农产品销售额超1000万元（营业收入1248.4万元）。完成年度东西部扶贫、山海协作等消费扶贫工作任务。

【为农服务平台建设】 莲都区水果仓储集散中心（太平乡）、石牛商贸服务中心（碧湖石牛）、莲都区现代农业服务中心（碧湖镇区）为莲都区供销社“十四五”建设项目。完成莲都区水果仓储集散中心项目设计编制；完成石牛商贸服务中心项目方案编制；莲都区现代农业服务中心项目对接规划道路等待空间规划批复。

【社属企业管理】 根据《浙江省人民政府办公厅关于加强供销合作社集体资产监督管理的若干意见》（浙委办发〔2020〕82号）文件精神，2021年将下属的10家社属企业整合到合力资产经营有限公司平台，成立合力资产经营有限公司资产经营管理班子，设置人事管理部、财务核算部、资产管理部、项目投资部、产业服务部五个工作部室。印发《莲都区供销社关于规范区社机关及下属企业公款存放管理的通知》，指导社属企业对约5000万元资金实施公款存放招投标，年利息收入同比增加约90万元。开展集体资产清产核资工作和确权发证、划转移交集中攻坚行动，指导社属企业有序推进清产核资中基本情况清查、账务清理和资产清查、专项审计、清产核资报表编制等各项主体工作任务，摸清家底，积极破解难题。

粮食业

【政府储备粮油监督检查】 召开政策性粮油库存检查部署会议，传达省粮食和物资储备局政策性粮油库存检查工作会议精神，要求企业高度重视政策性粮油库存检查工作，并安排部署企业自查工作，对检查出的问题制定整改清单，落实责任人和整改时限。各项整改工作均已完成，确保了政府储备粮油数量真实，质量完好。

【“五优联动”试点工作】 根据浙江省“五优联动”试点工作指导意见和“粮食五优联动示范县”创建办法，莲都区实施以“优粮优产、优粮优购、优粮优储、优粮优加、优粮优销”为内涵的“五优联动”，贯穿到粮食产业发展全过程、各环节，推进优质粮食工程。2021年12月通过省粮食和物资局《关于2021年度“五优联动”复评工作》的初审。

对外经济贸易

【对外贸易】 2021年，累计新增对外贸易经营者备案企业41家，新增有出口实绩企业15家，新增外商投资企业2家。引进1家外贸综合服务企业到莲都注册，3家总部经济企业完成工商登记。

做好广交会、进博会等8个大型重点展会的参展及采购组织工作，通过山海协作展贸合作机制为4家企业争取到义博会6个免费展位，对接市商务局争取到广交会4个品牌展位。支持莲都现有两家外综服企业发展并带动小微外贸企业释放出口潜能，其中丽水外综服供应链管理有限公司通过2021年省外综服试点企业评选。引导企业申报出口名牌，瓯宝安防成功通过复评成为全市9家“ 2021—2023

年丽水出口名牌”之一。

协调解决航运、融资等企业反应较大的问题，对接区金融发展中心帮助阀毕威阀门获得信贷支持，在宁波北仑疫情期间快速出台集卡车驾驶员防疫管理通知。落实“订单+清单”系统全覆盖，第一时间完成“五色”清单响应。发挥省商务运行调查监测系统作用，为全区外贸形势运行分析提供支撑。组织区属重点外贸企业参加2021年丽水市外经贸法律服务活动，增强企业应对国际摩擦的信心。

【利用外资】 全年完成实际利用外资600万美元，完成年度目标任务的150%；实现外贸出口14.61亿元，同比增长2.85%，全市排名第四。

【对外经济技术合作】 设立中国国际贸易促进委员会浙江省丽水市莲都区委员会。联合市贸促会开展RCEP培训活动，指导企业把握RCEP第一年落地带来的市场红利，农米良品对日出口产品成为莲都RCEP协定项下享惠出口的“首单”货物。加大外资招引力度，全年实际利用外资600万美元，同比增长150%。

交　通

公　路

【概　况】 2021年，全区区管公路里程达911.326千米。其中，专用道3条，里程30.247千米；村道193条，里程668.263千米；乡道8条，里程48.406千米；县道13条，里程164.41千米。

【综合交通建设情况】 2021年，推进两个续建项目。其中北埠至堰后农村道路改造提升工程实施里程4.9千米，参照三级公路标准建设，项目总投资7172.5万元。于6月30日实现了全线贯通，11月26日完成交工验收；洪渡互通至黄村农村道路改造提升工程实施总里程18.95千米，参照三级公路标准建设，分仙渡至滴水岩、黄畈至杉树坑、上冷水至黄村三段实施，项目总投资1.63亿元。截至年底，滴水岩至仙渡段、黄畈至杉树坑段已完工，上冷水至黄村段正开展控制性工程黄村隧道的施工。实施七个新建项目。其中，丽武公路至东西岩公路工程于4月底开工建设，截至12月底完成年度投资3604万元；双双线改造提升工程已10月底开工建设，完成年度投资2000万元。2021年，莲都区交通运输局重点谋划了临安至苍南公路莲都太平至联城段改建工程，该项目起点位于太平乡，向南经枫柴村、平阳岗至绕城公路，全长约7千米，拟采用一级公路技术标准，批复概算总投资11.09亿元。项目已于12月完成初步设计批复，已移交给市交投公司负责建设。周坦至郑坑农村公路新建工程完成可研批复；石郎线改造提升工程完成可研审查工作；丽武公路至东西岩公路工程（老竹中学段连接线）和峰源郑地至云和张庄公路工程完成可研编制工作。编制综合交通“十四五”发展规划，经过专家论证、网上公示等环节，于11月17日由区交通局和区发改局联合正式发布实施。

【打造“四好农村路”】 2021年，莲都区“四好农村路”建设任务首次同时被列为省、市、区3个层级的十方面民生实事，莲都涉及的具体任务量包含“新改建农村公路20千米，实施公路养护工程52

2021年，莲都区港湾式停靠站精美亮相（区交通局　提供）

千米，实施农村公路安防工程3千米”。其中，新改建农村公路方面涉及项目7个，实施总里程21.84千米，总投资约2000万元；农村公路大中修工程方面涉及项目10个，实施总里程52.49千米，总投资约3183万元；农村公路安防工程方面实施里程3.63千米，总投资约233万元。所有项目均已在11月中旬前完成建设，并通过了省市督查组的督导检查。实施临水临崖及4米以上高落差路段安防设施全覆盖、桥梁安全防护隐患整治工作，增设钢质护栏约25038米，设置护栏桥梁118座，长度2663米。2021年莲都区实施危桥改造工程2座，分别为县道港前线赤圩桥、外靖线畎岸大桥，外靖线畎岸大桥已完成建设，赤圩桥拟拆除重建，2021年底已完成钢便桥建设。6月7日，浙江省交通运输厅发布《农村公路管理养护改革省级试点任务名单》，莲都区被列为“农村公路长寿命周期养护”全省首批改革“试点县”，围绕试点工作具体目标及要求，区交通局探索“农村公路长寿命周期养护”新理念，完成长寿命周期养护工程方案设计审查。

【平安交通建设】 推进农村地区道路交通安全综合治理。根据《丽水市人民政府办公室关于印发丽水市农村地区道路交通安全综合治理三年（2021—2023年）行动方案》要求，区政府牵头成立莲都区道路交通安全综合治理工作专班，办公室设在区交通运输局，统筹推进治理工作。将重点项目（事项）分为6个大项24个子项33个具体内容，依据职责确定责任单位，并限定完成时限。至2021年底，全区农村地区道路安全隐患清单共交办4批次。第一批15个点位，第三批30个点位已全部完成整改。第二批46个点位、第四批2个点位基本完成整改。推进铁路沿线外部环境安全隐患综合治理。2021年，全区共有整治任务数11处，涉及紫金街道、岩泉街道、黄村乡，其中专项安全隐患点位（公铁并行）1处，普铁沿线整治点位8处，高铁沿线新增整治点位1处，高铁沿线反弹点位1处，已全部完成整改。

7月16日，区交通执法队开展加强车辆超限超载治理工作（区交通局　提供）

【农村客运“村村通”】 莲都区交通运输局在现有行政村全部通等级公路的基础上，构建完善城乡公交三级网络，推进乡镇至各基层村（含较大自然村）的公交网络（班车）。2021年选取老竹镇、仙渡乡进行试点，按照村村通班车全线路进行布局细化。12月31日，老竹镇、仙渡乡及沿线太平乡共计13个自然村正式开通了客运班车，先行试点工作完成，莲都区在全省率先、全市首先启动的自然村通客运班车工作取得阶段性成效。

铁　路

【明确任务目标】 完善五年规划，了解丽水高铁新城和全市高铁建设规划。把丽水站打造成为浙西南枢纽的重要一环、展示城市形象的重要窗口。确定重点工作，围绕经常化创建文明城市要求，对标抓好日常整治；以保障中国共产党成立100周年庆典为重点，统筹抓好全年重点时段综合保障；以“守土有责”的态度，常态化疫情防控。发挥“丽水高铁站重要窗口形象”在莲都社会经济建设中的特殊定位，结合疫情防控、交通秩序、安全生产、国卫巩固、文明城市创建的工作要求，推进各项目标细化，并提高区域整体治理。

【基础设施建设】 2021年向市政府争取专项资金，用于推进高铁站区周边综合整治和站内外设施修缮维护。强化出租车通道路面平整改造提升；对高铁站贵宾室陈旧设施进行了更换；批量更换维护广场区域坏损落地灯；候车厅母婴室和无障碍设施升级提质；增设20余处公益宣传；投资19余万元对高架桥周边区域进行公益广告宣传改造。

【交通治安综合整治】 优化交通秩序，2021年累计劝导违停1200人次，现场拍照处罚违章停车887起，查获饮酒后驾驶机动车10起，处罚其他违法700余起。在公交车、出租车停车场进出口位置安装了调控门，由专人负责调控，严格禁止社会车辆进入客运车辆停车场，打击非法营运车辆和出租车违规载客行为。2021年，累计出动交通运政执法人员2272人次，查扣处罚城际非法营运车5辆；检查网约车56辆次，查扣处罚7辆；检查巡游出租车2134辆次，扣巡游出租车驾驶员从业资格证分数2辆，纠正驾驶员不文明行为393辆次，保证合法车辆的正当权益，确保站区正常营运秩序。强化违法案件查处，全年抓获网上逃犯25人；办理刑事案件20起，抓获嫌疑人22名，取保候审4名；办理行政案件32起，其中拘留14人，罚款13人，警告5人；查获“法轮功”邪教人员9名，查获非法宣传资料35份；协助地方政府劝返进省入京上访人员49人次。

金　　融

金融工作

【概　况】 2021年，市区范围内银行金融机构共20家，其中大型商业银行6家，政策性银行1家，地方法人银行2家，股份制商业银行4家，城市商业银行7家。小额贷款公司2家，分别为浙兴小额贷款公司和万兴小额贷款公司；民间融资公司1家；担保公司2家，其中政策性融资担保公司1家；保险公司24家、证券机构11家。村级担保互助组织10家。

【融资畅通工程】 截至2021年四季度，全区金融业增加值51.13亿元，同比增长8.2%。截至2021年12月末，全区金融机构本外币存贷款余额2725.63亿元，同比增长14.46%。莲都区保费收入26.73亿元，同比增长9.1%，增幅高出全市2.4个百分点，排名全市第一。截至12月末，制造业贷款余额109.25亿元，同比增长11.57%。普惠型小微企业贷款余额222.14亿元。出台金融支持地方经济发展考核奖励办法，建立金融助力实体经济"一班一员一单"工作机制。

【服务支持实体经济】 申报评选小微民营金融综合服务改革试点。2021年9月正式启动试点方案编制工作，12月获拨试点奖励资金1000万元，助力莲都区探索可推广的小微、民营金融服务模式。设立由金融顾问领衔、市区金融资源共享、数字化技术集成的莲都金融三服务模式，践行金融服务长效机制。其中，区制造业金融服务站入选全市党史学习教育34个最佳实践案例之一、"我为企业解难题"板块的唯一县市区案例。开展建筑业、制造业和金融业"三业融通"活动，助力产业上下链整合，实现产业互通发展共赢。

【实施凤凰行动计划】 立足山区实际，把培育市场主体、推动企业上市作为重要抓手，实施"凤凰行动"计划。多层次走向资本市场，近三年累计3家企业实现境外上市，2021年8月，瓯宝安防顺利挂牌基础层，实现莲都区新三板挂牌零的突破。引导区属优质企业积极对接多层次资本市场，排摸出市区范围内60家重点培育企业，后备力量不断增强。借用融象、财通等专业力量，举办"拥抱北交所　对接资本市场沙龙"活动、北交所制度解读专题培训。引进财通资本为国企平台整合提升、债券发行提供专业化服务。莲都区城投公司信用等级于12月29日获评AA，区国资公司20亿元公司债和15亿元PPN债券启动中；上市公司直接融资5笔12807万美元。

【金融改革创新】 推进金融支持生态产品价值实现机制创新，普惠金融服务乡村振兴改革。截至2021年12月末，全区涉农贷款余额338.44亿元，同比增长33.33%，"生态贷""两山贷"合计余额达10.26亿元，绿色贷款新增22.58万元，三权抵押贷款新增额1.11亿元。发放首笔以生态价值为抵押的"GEP贷"，莲都农商行白云支行成为金融助力生态产品价值实现机制示范参观点。区商务与金融发展中心与人民银行市中心支行合力打造基于区块链技术的域外"两小"创业通金融综合服务平台。

【金融风险防范】 截至12月末，

不良贷款余额6.05亿元，比年初下降0.67亿元；不良率0.44%，低于全市0.10个百分点，排名全市第二。加强地方金融组织的风险排查，定期到小贷公司、民融中心和担保公司走访，掌握经营状况；组织专班实施扫楼式、地毯式非法集资风险排查，摸排城区名称或经营范围含“投资”“资产管理”“网络技术”等字眼的企业1000余家；对7家转贷机构、14家涉区块链企业、263家涉私募基金企业以及905家涉第三方财富管理公司开展摸底排查；2021年组织非法集资风险集中排查活动5次，摸排企业2000余家次，化解风险隐患5个；举办防范非法集资宣传活动6场，发放宣传资料1.5万余份。完成P2P网络借贷风险出清工作，P2P网贷非法集资案件追赃挽损率51.57%、缉捕追逃率100%、案件侦结率100%。组织开展防范非法集资、防电信网络诈骗、“套路贷”、扫黑除恶等宣传活动；坚决打击集资诈骗等涉众型经济犯罪行为，追赃挽损，维护人民群众利益。

银行机构

中国农业银行丽水市莲都支行

【概　况】　2021年，中国农业银行丽水莲都支行（以下简称农行莲都支行）彻落实上级行决策部署，围绕争创金融“示范窗口”目标，贯彻“城区赶超发展”理念，统筹推进经营管理工作，强化政治担当、先行担当、示范担当，全行干部员工凝心聚力、奋勇争先，坚定服务实体经济，助力乡村振兴，推进各项业务全面发展。

【从严治党和党风廉政建设】　2021年，农行莲都支行贯彻党中央和上级行的决策部署，落实重大战略、重大任务和重大工作，定期研究部署全面从严治党、党风廉政建设和反腐败工作，落实中央八项规定精神，严肃执纪问责，强化责任追究力度，发挥责任追究教育和警示作用。坚持党建与业务深度融合，做好服务“六稳”“六保”，贯彻党的十九大和十九届历次全会精神，推动党史学习教育各项工作，增强“四个意识”、坚定“四个自信”、坚决做到“两个维护”，推动党员干部坚定政治信仰、强化使命担当，弘扬浙西南革命精神，自觉践行“重要窗口”建设要求。

【普惠金融】　2021年，农行莲都支行加大普惠“三农”投入力度，推进乡村振兴，围绕深化供给侧结构性改革抓好重点领域金融服务，支持乡村振兴和脱贫攻坚，服务好民营和小微企业，拓展消费和民生领域金融服务，为丽水经济社会发展提供更高质量的金融服务。2021年5月，农行莲都支行获评浙江省“小微企业三年成长计划”服务小微企业优秀机构，是唯一一家县区级国有银行。在普惠金融领域持续全市农行领先，其中普惠型小微企业户数新增244户，完成增量计划232%；普惠贷款增量2.26亿元，完成增量计划121%；惠农e贷余额1.62亿，较年初新增7052万元，年增长率77.09%，普惠“三农”重点指标全市综合考评持续排名第一。在服务深耕乡村工作中，莲都支行13个行政村完成四项基础指标达标，达标率100%，排名全市第一，其中边村村成为全市农行唯一一个九项指标全部达标的行政村。

【综合营销】　2021年，完成上级行下达的重点扩户指标任务计划；债市宝激活231户，全年完成率105%；第三方存管净增客户2197户，全年完成率110%；“天天向上”夏季攻势竞赛考核农行全市第一；新增聚合码折效完成数1708户，全年完成率113.87%，全市第二；新增机构类客户15户，其中村集体账户2户；落地智慧校园等场景12户；国际结算量5059万美元，完成率101%；结售汇量3589万美元，完成率120%；跨境人民币结算量9987万美元，完成率111%。不良贷款余额227.85万元，不良率0.09%，实现不良贷款余额和不良率双下降；支行反洗钱工作连续四年获全市农行反洗钱工作质量考评第一名。

【风险防控】　强化合规管理，做好基础管理工作；做实反洗钱及制裁合规工作，抓好存量全量排查和涉案账户、风险客户管控，落实准入标准和防控要求，提升专项治理水平；强化开户尽职调查和到场客户风险提示，开展防诈宣传，提升堵截电信网络诈骗的意识和能力；做好信贷风险防控，关注关注类贷款，控制不良贷款发生；守好运营防线，做好"三化三铁"创建；抓好安保各项工作的落实，防范诈骗、暴力侵害等非法行为；抓好疫情防控常态化工作；做好审计和省、市分行巡视巡察发现问题的整改工作。抓细抓实"三线一网格"管理与业务的深度融合，开展典型案例警示教育，加强员工教育管理，防范员工行为风险。

（廖海英）

中国银行丽水市莲都支行

【概　况】 2021年，中国银行丽水莲都支行本外币时点存款余额114.64亿元，较年初新增16.12亿元，四大行余额占比17.82%。本外币时点贷款余额183.81亿元，较年初新增22.93亿元，四大行市场份额26.56%。

【银政合作】 莲都区政府与中国银行浙江省分行签订战略合作协议。与丽水市委组织部、市金融办联合举办浙江省中行首场"慧政学堂"党政国企领导干部培训班，获时任丽水市市长吴晓东批示肯定。支持莲都重点基础设施和民生项目，作为银团牵头行批复衢丽铁路项目授信30亿元，牵头农发行为莲都义乌山海协作项目——莲都大厦项目授信9亿元，成为四大行唯一一家获批的金融机构，为区重点招引项目——丽水旅游学校项目独家授信4亿元。为未来社区、浙西南科创产业园等重点基础设施和民生项目提供授信支持。为采桑社区、白口双创中心、全域土地整治等区内其他重点项目提供金融服务方案。

【民营企业、制造业、小微支持】 截至2021年末，民营企业授信余额27.31亿元；制造业贷款余额19.84亿元；中长期制造业贷款余额2.99亿元；普惠贷款余额18.97亿元，四大行余额占比排名第二，较年初提升5.72%。

【绿色金融】 落地全省系统内首笔"GEP贷"1000万元。助力丽水"山"字品牌发展，实现中国银行与"丽水山泉"品牌双向赋能，为"丽水山泉"授信1000万元，为"丽水山耕"授信1亿元，为"丽水山景"授信2.6亿元，为"丽水山居"授信1200万元。支持地方山海协作项目发展，为莲都大厦、深圳飞楼等项目提供金融服务。拓宽乡村振兴融资渠道，专门审批区域特色产品"乡村振兴共富贷""两小贷"，给予辖内强村公司、合作社、两小经营主体提供便捷融资支持。

【党史学习教育和庆祝中国共产党成立100周年活动】 组织开展"青年说"党史宣讲大赛、"中行杯"党团知识竞赛、红色经典系列诵读、"追寻红色足迹学党史"等活动，在全行掀起党史学习热潮，推动全行干部员工深刻感悟党的百年奋斗历程，做到学史明理、学史增信、学史崇德、学史力行。

（蔡妙霞）

中国建设银行丽水市莲城支行

【概　况】 2021年，中国建设银行丽水市莲城支行（以下简称建行莲城支行）在职员工71人。内设综合管理部、公司业务部、个人金融部3个职能部门，直属营业部1个，下辖中山支行、白云支行、万丰支行、莲都支行、纳爱斯支行5个营业网点，其中莲都支行主要服务莲都区财政核算中心、纳爱斯支行主要服务纳爱斯集团。年末各项存款余额62.41亿元，比年初新增12.56亿元，各项贷款余额56.63亿元，比年初新增1.14亿元，不良贷款余额0.12亿元，不良率为0.23%，实现中间业务收入0.25亿元。

【党建引领】 2021年，建行莲城支行学习贯彻习近平新时代中国特色社会主义思想、党的十九大和十九届历次全会精神，落实全面从严治党要求，强化责任担当意识。提升"三个能力"建设、推进"三大战略"实施，以党建引领重大任务和中心工作，加强"党建+银政""党建+银企""党建+裕农通""党建+公益""党建+银校"等模式的融合发展。2021年6月获省分行2019—2020年度先进基层党组织和2020年度先进集体荣誉称号。

发挥党员先锋模范作用，推进乡村振兴战略落地，与莲都区老竹镇签订党建共建、整镇合作协议，以“党群服务中心+裕农通”模式，推进金融助力乡村振兴，截至2021年末，裕农通卡发卡3154户；裕农通渠道签约农户新增4174户；累计发放涉农、支农类贷款余额4539万元，较年初新增3021万元；实现销售裕农通好货（沙溪年糕、处州白莲、雅溪番薯面、概头红糖）10万余元。推进普惠金融和绿色信贷业务开展，优化信贷结构，2021年普惠金融8项贷款余额5.52亿元，占比25.75%；绿色信贷余额15.37亿元，占比71.62%。全年着重抓楼盘项目住房贷款投放，投放金额共计13多亿元。截至年末，个人住房贷款较年初新增10.15亿元，在全市系统内新增占比50%。

【我为群众办实事】 2021年，建行莲城支行党总支围绕“学党史、悟思想、办实事、开新局”中心思想，履行主体责任，落实“三会一课”制度、张富清先进事迹重要指示精神，推进党史学习教育工作开展。推进党建工作与业务发展深度融合，将“我为群众办实事”精神贯穿全年。落实员工关心关爱制度，培育和谐的企业文化氛围，组织开展工会活动，举办新员工家属见面会；落实营业网点和员工的疫情防控，确保员工自身安全以及抗疫工作的有序进行；参与“积分建爱，筑梦前行”“慈善一日捐”“善建浙行共富基金”爱心捐款3次；到碧湖镇竹溪村“儿童之家”捐献物资合计1万元，联合分行办公室党支部到万地福利院进行慰问，并赠予慰问物资；组织全体党员进区入户，对140余户家庭开展反诈宣传，进入丽水市人民医院开展反诈宣讲共3场次；扶持老竹畲族镇“莲鸭共生”产业和特色民宿产业。推进服务型、创新型组织建设，探索解决问题的新思路、新方法、新渠道，推进理念创新、思路创新和载体机制创新，促进党总支作用融入经营管理的全过程。

浙江丽水莲都农村商业银行股份有限公司

【概　况】 2021年，莲都农商银行在职员工459人，共辖38个营业网点，其中1家营业部、17家一级支行，20家二级支行及分理处，是丽水市辖区网点人员最多、服务范围最广、财税贡献最大的金融机构。连续两年获“丽水市级银行业金融机构支持地方经济发展业绩考评第一名”“莲都区金融机构支持地方经济发展特别贡献奖”，连续三年获“丽水银行业服务最优银行”称号。

2021年底，获全国创新“金融卫士”品牌，被省委省政府评为“浙江省文明单位”，获全省农信劳动竞赛二等奖、浙江省农户小额普惠贷款推广工作组织工作奖，获2021年度全省农信系统业务成长十佳银行、2021年度浙江农信宣传工作先进集体称号，被省公安厅评为“浙江省第七轮银行业金融机构安全评估工作先进集体”，被省财贸工会评为“模范职工之家”，被省侨联评为“2021年度浙江省‘星级侨胞之家’（五星）”。被市委市政府授予“丽水市经常化创建全国文明城市工作表现突出奖”，连续两年获“市级银行业金融支持地方经济发展业绩考评第一名”，被人民银行丽水市中心支行评为“丽水市2021年度市分行（总行）级‘两山’银行”“2021年度乡村振兴金融服务示范点”；连续三年被丽水银保监分局评为“丽水银行业服务最优银行机构”，获“丽水银行业保险业支持碳达峰碳中和‘先进单位’”和“支持乡村振兴‘先进单位’”称号。被丽水市慈善总会授予“慈善贡献奖”，被市侨联评为“2021年度全市侨联系统最美‘侨胞之家’”。参与丽水市金融系统党史知识竞赛获二等奖，参与丽水市银行业职工篮球赛获第二名，代表财贸系统参加丽水市第五届运动会羽毛球比赛混合团体系统组获第二名；获全市农信系统业务技能比赛团体第一名。获区委区政府行政奖励集体嘉奖一次，连续两年获“莲都区金融机构支持地方经济发展特别贡献奖”，参加莲都区庆祝建党百年大合唱比赛获团体一等奖，被区政府环境卫生服务中心评为“关爱环卫工人爱心企业”。营业部、灵山支行分别被省农信联社评为“优秀基层党支部”和“红色金融示范点”，南城支行被授予“人才科技银行”称号。

【业务发展】 截至2021年末，各项存款余额234.88亿元，比年初新增28.65亿元，增幅13.89%，当年存款增量占市辖区20家银行的19.46%，存款增量在全市农商银行和市辖区银行业中均位列第一名。存款市场份额17.33%，比年初上升0.26个百分点，排名市辖区银行业第二名。贷款增量、增速均排名市辖区银行业第一。到2021年底，各项贷款164.52亿元，比年初新增33.27亿元，增幅25.35%，当年增量占市辖区20家银行的16.93%，贷款增量、增速均位列市辖区银行业第一名。贷款市场份额11.87%，比年初上升0.83个百分点，排名市辖区银行业第四。截至2021年底，全行五级不良贷款余额为1.26亿元，比年初减少57万元，五级不良率0.77%，比年初减少0.2个百分点。四级不良贷款余额5890万元，比年初增加了3734万元，四级不良率0.36%。全年核销贷款3126万元，收回核销贷款4807万元，当年核销回收额与当年核销金额比例为153.76%。截至2021年末，全行资产总额261.48亿元，营业收入11.72亿元，同比增加2.26亿元，增幅23.92%；同业净收入3.47亿元，同比增加1.17亿元，增幅50.94%；利润总额2.22亿元，同比增加2023万元，增幅10.01%。全年人均创收120万元，同比增加10万元，增幅8.33%。全年共计上缴税收1.09亿元，连续两年纳税额突破亿元。

【日常经营管理】 围绕“扩总量、增效益、控风险、调结构、促转型、上台阶”的经营理念，坚守支农支小定位，确保投向“三农”和小微企业的贷款在贷款总量中占主要份额。到2021年末，涉农贷款余额126.12亿元，比年初新增23.56亿元，增幅22.97%；小微企业贷款58.6亿元，比年初新增12.46亿元，增幅27.01%。开展劳动竞赛考核、资产业务百日攻坚考核、全年经营责任制考核等，每季度制定相应的考核办法，明确奖惩措施，加强对网点二次分配考核方案的管理，激发员工的营销积极性。实行战区管理模式。全行划分为“六大战区”，由董事长任“总指挥”、各班子成员任“指挥长”，为每位班子成员配备了一名办公室主任，督促战区管理工作。加强网点管理，优化网点扁平化管理，通过采取对基层减少管理层次，增加管理幅度，直接下放费用，权限等措施，按A、B、C、D、E五类网点分类别进行考核，根据网点间的争先进位，动态调整网点类别，助力网点业务开展更灵活、更高效。聚焦短板提升，对部分议价能力高的客户实行适时退出策略，尽量降低付息成本。年末收息率、付息率有所改善，成本收入比39.68%，营业净收入增幅12.98%，主要财务指标向好向优。严把贷款投向，按照“支农支小、控大扶小、增户提质、普惠深化”的经营理念，控制大额贷款投向和投放比例，控制500万元以上贷款，推广小额信用贷款，2021年末企业贷款户均余额为332万元，比上年下降了48万元。大额贷款占比2.73%，比年初下降0.28个百分点。出台“调结构”政策，引导客户经理针对不同客户进行贷款产品利率议价，助力提升贷款收息率。提升资产负债管理，加强管理会计运用，加大存款贷款结构调整力度，精打细算做好财务规划。全行各网点基础费用较上年节约87万元。加强库存现金管理，全行日均库存现金占比下降至0.30%，在全市农商银行中排名第一位。组织架构持续优化，根据巡察组要求，单设董办、纪检办、监事办等，新设财富管理中心。启动中心撤并计划，新设运营中心，由原来7个中心减至4个，低于系统同类别平均5.45个。开展机关岗位序列改革，新设管理序列、专业序列、技术序列、操作序列“四大序列”。推行总部“大部室制”管理模式，提升机关办事效率。

【支农支小】 发展普惠金融，推广“无感授信、有感反馈”农户小额普惠贷款，对全区11.8万户农户完成授信9.13万户，实现可授信农户全覆盖，用信户数2.77万户，用信余额112亿元。优化业务流程，推广普惠快车、小微专车、企业直通车办贷模式，整合申请、授信、审批等多个环节，简化办贷手续，提高办贷效率。总行上调各网点民营小微企业贷款审批权限，企业保证贷款审批权限由原来200万元提高至400万元，提高放贷效率。成立“放贷中心”，规范全行放款流程，减少客户办贷等候时间。强化政银互动合作，莲都农商行成为“丽水域外‘两小’金融综合服务平台”主要试点行、省大数据局“政务服务便利化”试点行、市中院“共享法庭”服务点、区税务局“微税厅”试点单位。与区市场监管局联合举办“莲都区金融赋能放心消费”活动，合作推出“放心贷”，启用商户个性化“放心消费二维码”，联合开展“莲都区金融赋能放心消费——放心消费单位授信授牌活动仪式”活动，向“放心消费单位”整体授信10亿元。落实走访对接工作，全年走访农业龙头企业、家庭农场、专业合作社、农创客等1713户，新型农业主体走访全覆盖。推动“百行进万企”扩面升级，完成银保监下发清单的1233户企业的对接工作，向清单内企业发放贷款118户，金额3.81亿。落实“两项政策工具”，用好延期还本政策，莲都农商行已申报符合激励条件的延期本金5.48亿元，申请激励金548万元；申报普惠小微信用贷款支持计划台账1.32亿元，申请普惠小微信用贷款支持计划资金5267万。全年投放低利率支小再贷款投放1.29亿元，惠及152户企业和个体工商户。加强金融产品创新，与太平洋保险公司推广“太易贷”，发放160户，贷款余额3196万元。发放“安贷保”产品1467笔、保费122万元。推出“科创贷”助力政府“双招双引”，为科创型企业发放贷款1500万元。

【风险管理】 采用“纪审联动”模式，坚持从严治党，层层签订案防、廉洁从业承诺书。开展学习贯彻党的十九届六中全会“六讲六做”大宣讲活动。通过纪委、审计介入，职代会民主表决等途径，做好员工思想引导，保障总部组织架构改革、岗位序列调整等工作顺利进行。纪检联合法院、公安、市场监管、人行征信等协查员工不良信息，防控道德风险。审计每季度开展突击飞行检查，作为员工行为管控常态化手段。强化上下班等劳动纪律，引导员工养成良好习惯，工作日清日结、自动自发。开展全面风险排查，组织各条线开展了三个阶段的“全面风险自查自纠”工作，自查出56个问题，169人次，对相关责任人已进行扣减薪酬处罚，处罚金额达9.93万元。接受人行综合执法检查、银保监现场检查、省联社党委巡察，落实问题整改。开展全行作风转变，开展第三轮全行作风转变行动，解决基层文明规范服务、劳动纪律、执行力等方面存在的问题。健全完善制度，修订、制定了《客户授信管理办法》《违约客户信息管理办法》《资产管理事业部管理办法》等制度。加强全面风险管控，开展新增贷款及新增不良贷款合规性检查，日常风险管理合规性检查，通过运用尽职免责认定、员工行为管理、违规积分管理等措施，强化提升日常风险管理能力。全年累计对433户金额总计1.55亿元不良贷款进行尽职免责认定，其中400户1.49亿元新增不良认定为尽职免责，对33户582万元不良进行追责，累计追责130人次，收缴贷款赔偿准备金35.9万元。全年共诉讼收回282笔、金额2229.2万元；核销不良贷款3126万元，累计收回核销贷款4807万元。加大违规问责力度，全年因违规行为累计处罚802人次，其中经济处罚548人次，经济处罚金额41.74万元；纪律处分警告3人，诫勉谈话4人；通报批评241人次。全年累计扣减违规积分401人次。

【政银合作】 推出“生态贷”“两山贷”“GEP贷”“科创贷”等绿色金融产品，助力碳达峰、碳中和，为大港头镇、丽新乡共11个行政村“GEP贷”授信1.05亿元。2021年5月成为全国生态产品价值实现试点机制全市唯一金融考察单位。10月，总行向莲都区及开发区科技型企业授信21亿元。开展社保卡专项营销活动，在18家支行网点布放社保制卡机，新增社保卡2.18万张，有效提升了社保卡占有率。做好乡村振兴金融服务站建设工作，根据人行要求，从158个助农取款点中择优选点，进行升级改造，完成了90个乡村振兴金融服务站的建设。融入社会治理，拿下丽水3家“未来社区”的金融优先合作单位，推进“未来e家”平台建设工作，作为全省率先统一启用的市级未来社区智慧服务平台，“未来e家”1.0版本已入驻“浙里办”，并在莲都区未来社区先试先用。对接莲都区“兴村治社”工作，与紫金街道3个社区、银泰丽水分公司、强村公司建立了“幸福生活联盟”党建联盟，助力打造“兴村治社”党建联盟升级版。推进溯源项目，食品安全溯源项目累计交易量798.93万笔，交易金额6.98亿元。与丽水市农投合作推进“水美篮轻”线上购菜项目。推进网点转型，围绕“机器换人、减负赋能”，探索差异化分步走策略，西溪、泄川分理处先行试点“一人一智柜”模式，“智柜”网点覆盖率达42%。推进柜面无纸化应用，无纸化推进速度排名全市农信系统第一。率先试点集中处理业务，成为丽水地区唯一一家来账挂账集中处理试点行。

【大业务发展】　莲都农商行拓展华侨经济、域外商会经济、新丽水人经济，成立工作专班。与区委统战部共建“莲都统战之家”，成立侨联会，被省侨联评为“星级侨胞之家（五星）”。与23个域外丽水商会建立长期战略合作关系，支持域外“两小”商户3265户，提供贷款13.78亿元，获资金回流5.05亿元，累计走访商户5728户。推广“三资”系统，中标莲都区农村“三资”村级大额闲置资金招投标，是全市首家通过招标获得村集体资金竞争性存放项目的唯一合作银行。与农业农村局联合推广“三资”系统，辖区内235个村均完成系统上线，其中碧湖镇郎奇村为全市首个完成在线审批上线的试点村。以三资上线为契机，从他行争取到24个村集体经济基本账户，吸收存款3亿多元。成为全省唯一一家市级、区级财政国库集中支付代理行。带领大客户部参与市、区、开发区财政招投标，全年中标18家单位，中标金额达9.81亿元。研究政府竞争性存放管理办法，抓住关键要点，逐个突击，坚守存量市场。全年新增3家国有企业进行战略合作，市级国有企业战略合作实现零的突破，为后续引入存贷款业务夯实了工作基础。

（富来）

浙江泰隆商业银行丽水分行

【概　况】　2021年浙江泰隆商业银行丽水分行秉持稳健经营和创新发展理念，扎根小微金融与普惠金融领域，锚定“四个一”战略，保持定力，发挥合力，维持资产收益率和资本收益率稳定，推动合格率管理、月报考核、存量资源盘活、综合经营、网点变革、风险内控等重点工作。存贷规模达19亿元，其中日均存款9.78亿元，较年初增长1.1亿元，日均资产9.28亿元，较年初增长1.2亿元，全年实现利润4821万元。

【资产结构调整】　优化结构，促进资产负债协同发展。挖掘社区内“两个存量”，强化经营性贷款、小额贷款、小额户数与规模管理。推进多元负债业务，力推1年期以内定期存款，2021年基础性存款较年初增长1.58亿。抓好综合经营，促进经营质效稳步提升。借助分行14周年行庆，细分目标客群，推出“行庆好礼1+1”系列活动，提升获客能力。联动市场监督管理局、商务局、担保公司，围绕知识产权质押、风险共担机制等，探索新产品，推动合作项目落地。优化客户结构，向上延伸服务优质客群，优化收入结构，强化无产效客户管理，优化业务结构，从单一产品转向多元业务。瞄准业务方向，促进中收业务提升。建立制度明确方向，建立财富业务专班，做好精细化管理，落实表单制管理，推进国际业务发展。推动社区化升级，落实“智慧社区”建设。固“形”提“型”，优化社区布局，科技赋能，落地全流程管理，深推“人人可贷”，提升社区产效。

【风控管理】　开展合规教育，筑牢思想防线；统筹检查管理，严肃落实问责；配合监管，强化资产质量管控。以人为本，从源头上做好管理；强化管理，从机制上提升能力；科学考核，从激励上提高效果。

【管理体系建设】　优化月报考核机制，利用好月报考核“四支队伍”；把握“三个100分”考核，合理制定支行、业务团队、客户经理三个层级绩效管理办法，将考核传导到一线，看数据背后的各项关键要素，形成经营合力；强化重点机构帮辅。根据业绩发展、综合经营、人员流失等指标综合分析明确7家重点机构，由班子带头，制订帮辅计划，现场驻点辅导；做好量化指标跟进，以每月2次的频率对月报管理关键量化指标数据进行跟进与通报，强化关键管理要素在支行落地情况的分析与评估。落实“巡检回头看”工作。成立整改和帮扶小组；加强重点机构帮扶。常态化开展行风行纪检查；建立值周机制；营造良好氛围。整治文山会海，取消职能常规周管理例会，建立职能联席会议；对区域经管会进行改革，改成区域帮扶会；对支行事务性工作进行梳理整合。

【组织队伍建设】 拓宽招聘渠道，做好人才储备；优化队伍结构，提升组织效能。抓好企业教育，提升“三个能力”。分层分类，“立体式”培养全员覆盖；打造支行自主培养能力；薪火相传，强化帮带文化建设；文化指引，强化辅导员队伍建设。强化“合格率”建设，提升队伍产效。

（李静）

浙江稠州商业银行丽水分行

【概 况】 2021年，浙江稠州商业银行丽水分行资产总额113.93亿元，较年初增加17.64亿元，增长18.32%；负债总额110.11亿元，较年初增加17.21亿元，增长18.53%，所有者权益合计3.82亿元。全行各项存款余额108.1亿元，较年初增长16.64亿元，增幅18.19%；各项贷款余额68.08亿元，较年初增长5.72亿元，增幅9.17%。不良贷款余额4883.82万元，比年初增加1574.91万元，不良贷款率0.72%，比年初增长0.19个百分点。实现账面利润1.82亿元，较上年同期增加0.42亿元。

2021年，获评人民银行丽水市中心支行综合评价A类行，获丽水银保监分局颁发的丽水银行业小微金融服务先进单位、丽水银行业消费者权益保护先进单位、丽水银行保险业新闻宣传先进单位等称号。

【小微金融】 推进“乡村振兴贷”“政保贷”“双保贷”等拳头产品，将农村市场作为服务“主战场”，结合总行乡村振兴战略，夯实客户基础。“乡村振兴贷”签约1.7万户，余额8.5亿元。组织“新春保卫战”“日日新增，周周争先”“春夏攻坚战”“新春热身赛”等营销竞赛，通过竞赛拉动营销一线的积极性，形成你追我赶的营销氛围，小微贷款全年新增11.11亿元。运用国开行等政策，加快普惠型小微贷款投放，其中国开行资金投放6批，惠及普惠型小微企业374户，金额3.86亿元。

【助推乡村振兴】 浙江稠州商业银行丽水分行常态化开展送知识、送服务、送温暖等活动，借助传统节日契机开展包粽子、包饺子、吃卷饼等邻里活动，建立和谐邻里关系，通过丰富的营销方式和长期互动提升客户黏性，存款内生机制建设成效显现。储蓄存款73.20亿元，较基数增长16.40亿元，任务完成率146%；个人价值户49912户，较基数增长10615户，任务完成率174%。推进乡村振兴金融服务站建设，在前期“抢占地盘”式全面铺开服务站建设的基础上，以打造特色主题站点、赋能“反诈”宣传阵地、加强后进提升帮扶等方式强化站点提能增效工作，截至2021年底，开业站点121家。以特色“地缘信贷”模式为基础，推出“整村营销、批量筛选”的“乡村振兴贷”，实现“一次核定、随用随贷、动态调整”，缓解农户“融资难”的问题。依托乡村振兴金融服务站，浙江稠州商业银行丽水分行构建金融知识宣传阵地，发挥村级“消保驿站”毛细血管作用，延伸宣传触角。开展爱心理发、送电影下乡等公益活动，2021年累计开展各项农村服务站宣传活动近千场。

【制造业信贷】 紧跟政策拓展公司业务，落实各级部门关于加强制造业信贷投放的要求，制定新增制造业贷款投放计划，着力提高制造业信贷获批率。2021年制造业贷款（含个人经营性贷款）投放款余额13.19亿元。紧跟地方政策，拓宽营销存款和负债渠道。全年浙江稠州商业银行丽水分行公司日均存款24.63亿元，公司存款余额26.59亿元。

【打造特色服务品牌】 浙江稠州商业银行丽水分行加大产品创新力度，制定区域特色政策。针对丽水人在异地开超市、宾馆等情况，探索客户异地经营集群业务拓展模式，鼓励各支行从熟悉的群体入手，拓展服务客户渠道，将金融活水引流至“两小”客群，异地“两小”贷款授信407笔，贷款余额8483万元。紧跟总行战略部署，试点推广“共富贷”产品，截至12月末，“共富贷”产品发放31笔，余额1255万元。

上海浦东发展银行丽水分行

【概　况】 2021年，上海浦东发展银行丽水分行（以下简称浦发银行丽水分行）各项存款余额46.07亿元，较年初新增4.81亿元，增幅11.66%，人民币日均存款44.37亿元，新增4.87亿元；对公人民币日均存款23.74亿元，新增2.69亿元，完成率67.27%；零售人民币日均存款20.63亿元，较年初新增2.18亿元，任务完成率87%；各项贷款余额34.24亿元，较年初新增5.97亿元，增幅21.12%；对公贷款余额11.89亿元，较年初新增1.15亿元，增幅10.7%，增量完成率20.9%；个人贷款余额23.35亿元，较年初新增4.82亿元，增幅26%，其中三非贷款增量3.42亿，完成率83%。三季度末累计实现营收1.2亿元（未考虑信用卡营收人为调整下降因素），EVA（经济增加值）4418万元。

【优化结构】 中标某事业单位存款3000万元，实现了事业单位存款招投标零的突破。落地首笔推荐总行资管投债业务1.5亿元，联动结算性存款3亿元。作为全辖首家开展中央预算补助资金云监管业务的机构，9月落地第二单业务，累计带来结算性存款3000万元。重视专项债资金营销，累计引入结算性存款2.48亿元。通过重点产品增加稳定存款，累计销售公司大额存单6.2亿元，结构性存款销售6.93亿元，带动新增公司一般存款日均0.51亿元。坚持存款立行，制订“存款+N”营销考核方案，挂钩年终考评。加强公私联动，紧抓分行省债销售配套人民币日均储蓄存款考核政策，销售绝对额在杭州分行A1组排第一，金额2778万元，为全年储蓄存款日均完成贡献1.12亿元。

【资产投放】 合意资产投放4.56亿元，余额较年初净增1.15亿元，计划完成率20.9%。

绿色贷款新突破，落地全辖首笔央企光伏发电项目贷款，授信金额合计2.65亿元，累计投放2亿元，该项目是央企走进“山区26县”建设共同富裕示范区的典型案例。开展优质上市公司和事业单位合作，新增投放维康药业股份5000万元、丽水公积金中心6000万元。完成普惠贷款任务，普惠小微余额2.36亿元，较年初净增0.4亿元，完成全年任务。资产结构持续优化，新增投放中，支持、维持类占比79.93%，较年初提升7.72个百分点。

以经营贷为突破点多元发展，紧抓杭州分行三季度中秋点贷优惠政策，截至12月末，消费贷款余额达1.89亿元，较年初净增1.6亿元，9月单月点贷增加量达1.2亿，排名杭州分行第一、总行二级分行第一。

【拓展客户经营】 有价值客户达到998户，较年初增加193户，计划完成率137.85%；高价值客户230户，较年初增加33户，计划完成率137.5%；对公支付结算活跃客户599户，完成率102%。深化凤凰计划客户合作关系，维康药业新增贷款投放5000万元，结算性存款日均5000万元，科创板上市公司东方生物跨地区营销开户并引入结构性存款2亿元。清科投资类客户新开两户，完成分行任务。政府类客户新增投放6000万元。无贷户客户1735户，日均存款余额14.83亿元，占总存款的63.5%。

私行客户通过每周零售分管行长客户分层分类有效拜访，采取名单制管理，一户一策，12月当月净增5户，全年净增8户。信用卡活跃账户持续提升，通过全员营销方式，加强公司联动，推进代发单位、场景批量获客、行员合伙人等方式，完成冲卡任务；联动获客批核5700户，团队自拓活跃账户1万户，累计全年新增活跃账户15700户，在分行绝对额排第二。

【经营效益】 截至11月末，公司营业净收入4369万元，计划完成率62.41%；中间业务净收入169万元，计划完成率15.36%。通过集团协同实现中间业务收入23万元。通过撮合业务实现中间业务收入100万元。

截至12月末，三方中间业务收入累计实现691万元，理财队伍从以往传统单一的常规趸交保险配置调整为以期交终身寿险，重点基金销售、定制雪球创设产品等，提升了资产配置能力，2021年基金销售占整体中间业务收入的80%，销量3.74亿元，较2020年增加1.76亿元。

【管理服务】 增强“二线服务一线、一线服务客户”意识，加强执行力考核，落实服务时效承诺和首问负责制，实行季度满意度打分制，加强干部担当和引导。提升党建促经营作用，突出党员干部模范表率意识，号召优秀员工向党组织靠拢，递交入党申请书3人，增强党组织的战斗堡垒作用，推动分行转型升级。

【干部人才队伍建设】 完善干部考核评价体系，做好考核结果运用。2021年累计晋升9人，量化考核的职级晋升10人，降级降职1人，新引进2人，离职解除8人（派遣4人），其中考核B^-及以下员工占比62.5%。将各阶段营销活动成果和“存款+N”活动结果运用到干部考核评价中；对考评相对落后的人员指出不足、明确改进和督导措施；推进干部轮岗交流，制订全年轮岗强休计划，按季有序实施；对全体人员均进行了谈心谈话，了解员工心声与动态。

【强化风控】 资产和贷款不良实现双降。1—12月，累计清收处置后三类不良资产4111.57万元。截至12月末，不良贷款合计554.58万元，较年初减少77.04万元；不良率0.16%，较年初减少0.05个百分点，低于同业平均水平0.44个百分点。成立风险处置工作小组，每日通报动态进展，定期召开会议推进化解工作，按周向分行汇报推进情况。

【合规经营】 主动对接、深入落实，强化监管关系管理，明确行领导对接监管部门。强化员工行为日常管理，深入排查、督促纠偏，多管齐下，提高管理成效。重视宣培，促进合规文化建设，2021年上合规专题课3次，非专题性向全员讲授、宣导19次；通过邮件向全员转达案例警示、合规提示、反洗钱等宣导性内容共75次。落实监管部门工作要求，紧紧围绕整治乱象“回头看”与“内控合规管理建设年”活动主题，对标监管部门与上级行导向、要求，领会与贯彻落实相关工作。

【党建引领】 2021年，丽水分行党总支召开36次党总支会，24次行办会，28次西湖夜学，将党风廉洁建设、合规案防教育、党性教育、传达落实监管政策与会议有机结合。开展党史专题学习4次，学习习近平总书记在党史学习教育动员大会上的重要讲话精神、《论中国共产党历史》有关篇目、习近平总书记在庆祝中国共产党成立100周年大会上的重要讲话精神；6月26日，党总支书记以《党史学习的伟大意义探究》为题为全体党员、干部职工上党课。

2021年11月5日，丽水分行根据总分行的战略部署，召开“十四五”规划宣贯会议，党总支书记带领全员学习“十四五”规划核心内容、贯彻工作计划、部署丽水分行各项工作。

落实党政领导安全生产责任制相关工作。制定《丽水分行党政领导干部安全生产责任制实施细则》，成立安全保卫部，定期开展安保自查，明确安保责任，强化安保意识，召开季度安全生产领导小组会议5次，召开全行安全生产落实会议1次；做好第七轮银行业安全评估迎检及整改相关工作。

与丽水安邦直属守押大队党支部开展党建共建活动，到结对村雅溪镇金竹村开展金融知识宣讲。组织党员干部观看廉政警示教育片和爱国主义题材电影，引导党员干部知敬畏、存戒惧、守底线。2021年6月，丽水分行本级联合党支部获评总行2020年度五星支部。

制订丽水分行2021年党风廉政建设工作计划、宣传教育计划，修订纪律检查委员会2021年度工作计划，明确工作重点和目标，为全年工作指明方向。开展紧盯“四风”专项监督检查工作，干部轮岗完成情况检查；签订党风廉洁建设责任书与廉洁自律承诺书。纪检委员开展“第一种形态”谈话13人次。

（胡玉婷）

旅　游

综　述

【概　况】 2021年，莲都区文化和广电旅游体育局有下属单位12个，其中局直属部门6个，乡镇（街道）文广旅体中心站6个。有在职人员127人，其中局机关9人，下属事业单位118人，具有高级职称9人，中级职称51人，初级职称42人。

【文旅市场】 兑现《2021莲都区旅游团队招徕奖励办法》政策扶持，2021年度共发放补助60余万元；开展文旅营销推广活动30余场、推出短视频宣传100余条、组织策划“五个百”系列活动，其中“百位达人播莲都”活动全网综合关注度达到1.7亿次；莲都入选长三角高铁旅游小城，莲都“牧云西海”入选浙江省十佳露营基地，新戴记餐厅、新兴餐馆入选第三批诗画浙江·百县千碗美食体验（示范）店名单，国庆期间，水牛坪、白云山、天堂山等露营地共吸引自驾游客约6.5万人次，其中，水牛坪接待自驾游客3.5万人次。

【文旅产业】 坚持项目“谋划、招商、建设”三位一体，推出重点谋划项目3个（东西岩山地运动小镇、“莲都100”越野赛道、宣平溪—东西岩健身步道）、重点招商项目10个，推进郎奇—白桥康养旅游小镇、石牛温泉、梦里水乡·欢乐谷等重点项目建设，全年完成投资7.01亿元；以创建促进产业发展，通过省级全域旅游示范县（市、区）复核评估，入选第二批浙江省全域旅游示范县（市、区），创建提升A级景区村庄17个，A级旅游景区乡镇4个，创成市级巾帼示范民宿16家和最美民宿女主人18家，申报2021年文化和旅游领域新锐型企业3家。

（姚慧　郑悦）

【全域旅游】 完善全域旅游工作考核机制，常态化推进创建。根据创建指南及相关标准，以周为单位编制全域旅游信息专刊，建立信息通报机制，全年编制全域旅游（暨旅游专班）简报44期。构建层次丰富、针对性强、扩散力好的宣传体系，在城市LED屏幕、出租车LED屏幕、公交车身、网约车身及通景公路两侧设置多处全域旅游公益广告。根据省、市旅游专班工作要求，2月成立

4月26日，“五个百”系列活动之百位旅游达人“播”莲都活动合影

（区文广旅体局　提供）

莲都区旅游专班并印发《莲都区旅游专班工作方案》，从方向、政策、举措和合力等方面推进全域旅游创建工作；全年组织召开专班工作会议7次，专题研究全区旅游工作。5月17日，举办全区全域旅游培训大会，邀请文化和旅游部原副部长项兆伦为参会者作了专题讲座，提升创建单位和创建干部及群众的素养能力。2021年9月，莲都区通过省级全域旅游示范县（市、区）复核评估，12月被省政府正式命名为浙江省全域旅游示范县（市、区）。

（王憭）

旅游市场管理

【概　况】 2021年莲都区接待游客394.1万人次，实现旅游总收入46.2亿元。丽水叁拾伍艺舍酒店创成浙江省金鼎级特色文化主题饭店。

【安全生产】 落实安全责任，与各文旅企业签订《安全生产工作目标责任书》，明确安全生产任务、工作要求，层层落实安全生产责任。做好安全生产宣传培训工作，结合全国安全生产月系列活动，组织全体干部职工、下属单位负责人以及A级景区、网吧、KTV、体育健身等场所业主集中学习习近平总书记关于安全生产工作重要论述，提高思想认识和业务素质。通过开展安全警示教育、典型事故案例剖析、举办防火知识培训等形式，提高全体干部职工的安全防范意识，树立先进的安全文化理念，做到工作与安全同步进行。委托社会第三方对莲都区的A级景区进行安全风险评估，解决当前基层安全生产监管能力不足问题。组织开展防汛排查、A级旅游景区风险排查、旅游市场专项整治行动，按照双随机抽查的方式进行抽查，联合消防、应急管理局、公安、文化执法等部门开展综合检查和闭环式检查，出动54人次，检查A级旅游景区18家次，发现问题61项，要求立即整改43项，限期整改18项。

【市场管理】 健全联合监督执法，引导企业规范经营。重大活动和节假日期间联合区公安分局、区市场监督管理局、区卫健局等部门开展文化和旅游市场专项整治工作。在各A级景区、星级饭店广泛宣传“文明餐桌”“公勺公筷”及“光盘”行动，推广文明旅游；倡导不主动提供一次性消费用品，不采用一次性餐具，积极举行志愿活动，规范垃圾分类标识；开展塑料污染治理、垃圾分类、文明旅游、制止餐饮浪费等检查行动，切实为游客营造了良好的旅游市场氛围。

（叶宜多）

旅游资源开发与产品建设

【概　况】 2021年资源开发与产品建设工作以莲都区旅游业高质量发展（浙江省26个县旅游业高质量发展）为主线，依托旅游业“微改造、精提升”、旅游项目招引建设等工作，推进郎奇—白桥康养旅游小镇项目等文旅重点项目，全年完成投资7.01亿元。推进大景区建设、发展民宿经济、发展乡村旅游，深入推进文化、体育广电等融合发展，支持古堰画乡国家级旅游度假区创建工作。

【创建工作】 响应浙江省“百城千镇万村景区化”建设行动计划，创成A级景区乡镇4个，其中AAAA级景区乡镇1个；创建提升A级景区村庄17个，其中AAA级景区村庄2个。开展等级民宿评定，创建“银宿”8家，文化主题民宿1家。完成创建浙江省中医药文化养生旅游示范基地1家。

【招商引资】 项目招引工作以“山、水、陆、空”“瓯江山水诗之路”“浙江大花园”“碧湖新城”的产业发展布局思路为指导，引进投资强度大、经济效益好、产业关联强的项目，主动出击、强化招商服务，谋划“十四五”时期重大文旅项目50余个，推出古堰画乡、九龙湿地、东西岩区域以及宣平溪流域等招商项目10个，总投资约130亿元，其中意向投资项目有2个。

【旅游业“微改造、精提升”工作】 根据省市相关要求，编制《莲都区旅游业“微改造、精提升”工作方案》。莲都区在全省率先探索创建省级“微改造、精提升”试点，召开创建省级旅游“微改造”试点动员会，经验做法被全省文化和旅游资源开发工作培训班列为旅游业“微改造、精提升”典型案例并被《浙江日报》刊登，在省旅游专班第三次会议暨全省旅游业“微改造、精提升”工作动员会上做交流发言。2021年共整合市区微改造项目81个，年度计划投资1.72亿元，完成投资1.72亿元，投资完成率100%。累计发现问题数1403个，解决问题数1403个。市级以上录用宣传报道8篇，领导批示1份，领导专题调研16次。

【项目建设】 郎奇—白桥康养旅游小镇项目总投资36亿元，已完成投资20.5亿元，一号地块13万立方米商业体配套主体已完成，地块总工程量完成85%，部分养生住宅拟投入使用，附属配套工程开始施工；二号地块学校项目主体建设已完成，进入硬装阶段；三号地块的配套幼儿园主体工程正在施工中。石牛温泉项目完成温泉酒店二次装修的方案设计、62亩配套产业用地方案设计。梦里水乡·欢乐谷项目完成挂牌区设计方案的网上公示，并与各职能部门对接水、电、交通管网的铺设。

（李一豪　徐彬）

旅游宣传

【概　况】 2021年，围绕“莲都有艺思”旅游品牌形象，创新营销方式，开展节事活动，拓展旅游客源市场，全年主办或参与营销推广活动100余场，推出宣传短视频100余条，全网关注度达2亿人次。全年接待总394.1万人次，位列全市第一，莲都区入选首批长三角高铁旅游小城。

【营销宣传】 加强同新媒体平台的线上合作，开通“莲都文旅”官方视频号、抖音号，全年推出短视频宣传100余条，其中转发量超过5000次的10条；加大主流媒体的宣传力度，依托节庆活动，举办九龙湿地赏萤季、萤火相传（研学）等十余项活动，邀请中国新闻社、人民网、新华网、浙江电视台等主流媒体进行直播、宣传和报道。利用“莲都山超”的品牌影响力，在江苏、上海山超内投放莲都文旅资源广告，扩大莲都旅游的知名度，叫响“莲都有艺思”营销口号。

7月22日，“山里DOU是好风光·万粉达人游丽水”启动仪式（项鹏　提供）

【促进消费】 发挥《2021莲都区旅游团队招徕奖励办法》对企业的吸引力，2021年度共发放补助60余万元，带动企业招徕游客的积极性。组织企业开展温州、黄浦、常州、南京、杭州推介会等推广活动十余场，鼓励企业创业创新，开发精品路线，拓展客源地市场。组织企业参加“唐风宋韵·百县千碗”美食夜市一条街、2021瓯江山水诗路“非遗购物节·文旅消费季”、“处州忆夜”沉浸式体验秀、文化和自然遗产日等系列活动，扩大了莲都旅游的品牌知名度。

【百县千碗】 2021年入驻省级“诗画浙江 百县千碗”数字平台，举办“莲都味道”美食大赛，评选出莲都十热菜、十冷盘、十点心，开展百县千碗“六进”活动。

【山海协作】 与义乌共同举办义乌·莲都“山海协作”首届文化旅游节活动暨文旅推介活动，推进赛事共办、政策共享、产品共推、节庆共续、人员共培等“五个共”合作。赴上海、义乌、宁波、厦门开展宣传推介活动十余场。开展“五个百”文旅营销推广活动，举办了百幅作品“画”莲都、百名亚运小记者“话”莲都、百位旅游达人“播”莲都、百名莲都人“说”莲都、百名优秀青年“约”莲都活动。其中百位达人“播”莲都活动通过知名旅游博主、环球旅行家等旅游达人线下打卡撰写游记攻略，线上VLOG视频传播、直播等方式，全网综合关注度达到1.7亿人次；百名亚运小记者“话”莲都，吸引来自全省30多个县(市、区)的小记者参加，共“话”山海协作成果，引起《光明日报》与亚组委官微的关注与报道。

【智慧文旅】 深化智慧旅游营销，推进了文化旅游数字化改革，A级景区(封闭式)入驻“浙里好玩”平台，掌上智慧文旅服务平台迭代升级，常态化使用“一机游丽水”“丽水旅游公共信息查询机”等平台，推出全国第一个自驾旅游电子路书服务平台——“丽水山路”，发布丽水全域自驾越野电子平台 1.0版本——蚂蚁探路平台。用人工智能、互联网等新技术新模式取代旅行社固有的产品模式、传统OTA简单的产品搬运及产品装配方式，全民“云”旅游，“秀”出了莲都假日旅游供给端的活态时尚样本。

（徐艺娴）

东西岩风景区

【市场营销】 依托区域文化，开拓青年市场。2021年，东西岩管理中心利用手机摄影大赛在摄影爱好者中打下的基础，依托丽水国际摄影节，举办首届“风情东西岩主题摄影展”，邀请摄影大咖为景区拍摄优质宣传美照，吸引游客和摄影爱好者前往景区游览、采风。针对年轻客群，组织策划“东西岩秘境之凤凰秘盒”剧本杀活动，推动景区山水观光与互动体验的集合，打开年轻客群市场，两个月时间吸引200多名游客参与，单项活动实现营收6万元，人均消费300元，成为景区消费力最强的活动。为创新品牌宣传的理念，促进文旅融合发展，东西岩管理中心将中国青瓷学院博士沈其旺为东西岩景区创作的《鼓楼远眺》《西明湖渔歌》《听松东西岩》《云起七女峰》等15幅国画作品捐赠给莲都区图书馆，将《风情东西岩》一书送丽水市图书馆，释放东西岩品牌文化的影响力。

【文化活动】 融合发展理念，激发旅游活力。东西岩管理中心坚持“创品牌、创特色”的工作理念，将品牌塑造作为核心工作开展，推出特色IP人物“小东小西”“三公主”宣传视频48期，利用新媒体平台的“一分钟展示”来吸引大众目光，提升景区吸引力和市场竞争力。2021年举办多场文化旅游活动，其中4月举办的“三月三”畲族歌会，创新采用“分会场、云参会”形式，在处州公园、古堰画乡景区开设分会场，同步直播主会场活动，并通过发布活动资讯、图文视频、直播网址等方式，实现“畲族三月三”活动“一网通达”，让广大群众通过网络云端也能感受到欢度传统民族节日的浓厚氛围。活动还借助网络直播“带货”方式，为游客推荐了多款当地特色农旅产品。活动当日吸引游客3500人，直接带动老竹、丽新的乡村旅游4500人次，线上直播带货销售115件商品。配合区文广旅体局实施“百名旅游达人播莲都”活动，东西岩直播游观看流量突破300万人次。9月举办“解密宝藏东西岩”中秋直播活动，邀请拥有百万粉丝的网红以走播的形式打卡景区的风光和美食，在120分钟的直播时间里，网友最高实时在线51.1万人次、单场最高回放3110.4万人次，总回放3460万人次，获得同时段浙江直播榜第一、热门榜第一、主播榜第二，获得1.5万份互动。

【特色研学】 优化研学品质，扩大品牌效益。东西岩管理中心开发了探索自然小记者、X侦探社古村探秘、摩尔斯密码、行走探秘东西岩等新课程，接待1500名中小学生，丽水九县市除庆元外均有学校报名参加，成为丽水市首个具有系统性主题课程的研学旅游活动，得到了教育界、旅游界以及社会大众的广泛关注与认可，打响了东西岩研学品牌。2021年9月，首届东西岩摄影研学兴趣班在上海世外教育附属丽水市实验学校开班，兴趣班以创新课程、共拓市场、固化成果、赋能东西岩景区摄影研学品牌的塑造和发展，以打造丽水摄影研学第一品牌为目标，带动景区新消费，提升景区新形象，推进景区新发展，谋求景区新跨越。

【招商引资】 2021年，东西岩管理中心梳理景区闲置空间，承办莲都区文旅资源项目对接会，邀请华强资本、浙旅投酒店集团、远征探索等10家运营商及投资方参与。会议创新采取“线上交流推荐+线下实地考察”的新模式，2月通过视频连线的方式开展了线上交流推荐会，向客商介绍莲都区的招商项目，了解客商的投资意向。5月，针对投资方的投资意向，组织投资方到莲都实地考察具体项目，促成莲都旅游招商项目落地。

（叶丹妮）

瓯江风情旅游度假区（古堰画乡）

【概　况】 2021年，古堰画乡入选浙江省千万级核心大景区培育名单和旅游业“微改造、精提升”行动单项试点，莲都古堰入选浙江省首批八大类16个耀眼明珠名单，堰头村获2021年中国美丽休闲乡村称号。全年接待游客112.78万人，总收入1382.27万元，其中门票收入1269.82万元。

【规划建设】 根据《度假区三年实施、五年计划项目清单》，度假区2021—2025年建设项目共有54个，计划总投资52.7126亿元，其中，政府投资3.8226亿元，国企投资24.65亿元，其他社会企业投资24.24亿元。古堰画乡艺术中心新建工程已完成约70%的土方开挖工程量；完成基坑围护桩施工、桩基础钢筋笼现场制作、基坑降排水施工、强电迁改施工。

【招商引资】 累计引进优质文化企业和特色业态项目43家，8月凤颐酒店正式签约入驻，计划打造超五星客房体验。2021年下半年，第二批业态引进15家已签约入驻，其中国家级美协会员6家，省级4家，市级2家，其他文创类3家。通过成立古堰画乡艺术赋能研究院、与中国美术家协会签订古堰画乡全国风景油画双年展战略合作协议、与支付宝合作打造古堰画乡首个艺术品网上交易平台——“艺术盈”等途径提质艺术产业。已有3300多个知名艺术家、艺术机构等与“艺术盈”达成合作，上架交易的艺术品13万余件。

【市场营销】 建立了覆盖江浙沪、闽赣皖的团队渠道销售网络。创新散客直通车的合作模式，实现精准营销，古堰画乡入境丽水团队游产品市场占有率达85%以上。培育自有的新媒体力量，新建运营了古堰画乡景区及古堰画乡Local女团的抖音号、视频号、天目新闻号、小红书官方号、“学习强国”号等平台，保持常态化作品更新。举办2021丽水古堰画乡双11民宿“囤货节”活动，11名古堰画乡本土主播、草根网红与元宇宙主播小晴、柳夜熙携手助阵，点赞超10万人次，累计5万余人次围观。

【文化活动】 举办2021古堰画乡小镇艺术季暨家园·乡情——首届全国风景油画双年展（古堰画乡全国风景油画双年展由中国美术家协会主办，按两年一届将持续举办五届）。其间，景区周边民宿住宿率接近100%，微博话题阅读量破亿。

【行业管理】 2021年，做好景区安全巡查工作，组织人员加强商铺规范经营巡查，开展常态化创建整治和行业监管，做好日常巡查整治工作及疫情防控宣传工作，确保景区旅游市场秩序的安全、稳定、有序，全年未发生重大旅游安全事故。

【“微改造”工作】 以打造省级“微改造”试点为切入点，推进“最美系列”创建活动。2021年，完成镇区电力表计扩容、消防设施综合提升、景区亮化、樱花栈道、堰坝景观广场等18个“微改造”基础设施与节点改造工程，治理跨店经营5868余户次，流动摊贩3392余户次，劝导放养宠物畜禽1235余次，引导机动车非机动车规范停车22827余辆次，拆除违章8512平方米，清理脏乱差点位800余个，更换各类标志标牌844块，绿植改造面积37500余平方米。

（李鹏飞）

财政·税务

财　政

【概　况】 2021年，莲都区实现财政总收入32亿元，增长5.4%。其中，一般公共预算收入19.5亿元，增长8.6%；一般公共预算收入中，税收收入16.51亿元，增长12.9%。实现一般公共预算支出54.48亿元，下降0.4%。全区地方财政收支平衡。

【组织财政收入】 贯彻“全区一盘棋”方略，搞好财税协作和条块联动，加强收入形势分析研判，科学制定收入组织方案，开源挖潜、量质并举，推动财政收入运行与经济发展保持同步。2021年，一般公共预算收入占财政总收入的60.9%，占GDP的4.3%；税收收入占一般公共预算收入的84.7%。加强非税收入征管，全年组织非税收入10.98亿元，下降26.6%，其中纳入一般公共预算管理的非税收入2.99亿元，下降10.4%。加大结余结转资金清理及存量资金盘活力度，盘活存量资金9343万元。

【助力经济发展】 服务双招双引，保障招引平台、队伍建设资金需求，加快人才集聚与产业转型融合发展。健全财政与金融、产业政策协同联动机制，安排1.14亿元支持传统制造业转型升级，安排7024万元支持发展现代服务业。分配直达资金项目31个，累计5.89亿元，拨付各类企业疫情专项补助1069万元，完成政采贷融资规模1194万元。持续推进减税降费，加大普惠性税收优惠政策对小微企业、农村金融发展的支持力度，实现“放水养鱼”。

【服务民生事业】 全年民生支出44.6亿元，占一般公共预算支出的81.9%。安排“大搬快聚富民安居”住房保障工程1.65亿元，专项扶贫资金3609万元。安排教育支出7.81亿元，支持教育教学装备更新、民办学校发展，助力创建全国学前教育普及普惠区、全国义务教育优质均衡区。安排社保资金9.16亿元，优化调整民生保障待遇政策，累计拨付最低生活保障、特困人员救助供养资金8808万元，补发城乡居民基本养老保险基础养老金等2106万元。安排卫生健康支出7.36亿元，落实全民免费接种政策，保障新型冠状肺炎疫情防控。

【推进乡村振兴】 谋划乡村振兴战略，投入6.16亿元用于推进城镇老旧小区提升、城镇管网改造等新型城镇建设项目，落实5.45亿元重点推进碧湖田园新城建设，投入6.15亿元重点支持土地整治、涉林改造和小流域治理工程。统筹分配区域协调资金1.5亿元，支持发展“3+2+1”农业主导产业、产业融合、美丽乡村。落实3609万元专项扶贫资金，守好“米袋子”“菜篮子”。开展“三跑三降”活动，定期会商解决融资难题，加大惠农支农扶农力度。推广“乡镇公共财政服务平台+一卡通”，全年涉农惠农补助项目106个，发放补助资金3.27亿元，惠及50.68万人次。

【赋能财政改革】 在全市范围内率先上线公款竞争性存放网上招标，入选全省第一批试点区。加快推进数字化改革，上线“资产云”2.0平台，“一站式”完成全区230余家行政事业单位国有资产购入登记、使用、处置、核销。完成国库集中支付制度授权支付改革，实现财务报销“最多跑一次”乃至“零次跑”。开展国有资产确权划转集中攻坚行动，牵头开展行政事业单位的国有资产确权发证、划转移交工作，摸清全区不动产1674处，已确权494处，划转移交191处；未办理竣工决算在建工程745个，清理409个；被违规占用24处，收回18处。

【强化财政监管】 压减一般性支出，严控“三公”经费支出，全年“三公”经费支出下降6.4%。构建债务预警机制，运用综合债务率动态监测债务风险，健全债务风险应急处置机制。修订《莲都区财政局内部控制基本制度》，制定《关于开展财政内部控制制度执行情况自查自纠和重点核查工作的通知》，加强内控闭环管理。强化财政投资评审监管手段，全年累计办理政府投资项目概算、预算、结算、竣工财务决算相关业务239件，累计造价14.96亿元。其中直接评审97件，累计送审造价13.4亿元，审定造价12.8亿元，净审减0.6亿元，净审减率4.5%；备案及登记业务142件，累计备案登记金额1.56亿元。开展结算备案抽查项目56件。

【加强队伍建设】 加快变革型财政建设，通过定期轮岗、业务培训、研学交流，提升干部业务能力。组织全区行政事业单位共300余名财务人员参加财务报销“一件事改革”业务培训。响应中央关于东西部协作和对口帮扶的部署，选派精锐骨干前往四川省泸州市叙永县开展协作帮扶。开展廉政党课和党员廉政知识测试，举办“我心向党 不负‘财’华”主题朗诵活动、庆祝中国共产党成立100周年主题征文活动，组织报送的《红心向党映彩虹 财政初心哪曾移》获财政部庆祝中国共产党成立100周年主题征文活动一等奖。组织全体干部开展“党史固初心 行路永向前 意志更坚定”“奋发作为 争当跨越式高质量发展尖兵”等主题教育和“凝心聚力 务实笃行”趣味运动会，丰富干部职工文化生活。

（吕串）

税　务

【概　述】 2021年，丽水市莲都区地区生产总值453.53亿元，比上年增长8.9%。其中，第一产业实现增加值21.18亿元，增长0.3%；第二产业实现增加值142.38亿元，增长11.6%；第三产业实现增加值289.97亿元，增长8.3%，三大产业对经济增长的贡献率分别为-0.3%、45.0%、55.3%，三次产业增加值结构为4.7∶31.4∶63.9。莲都区工业增加值109.51亿元，按可比价计算增长17.4%，规模以上工业增加值增长19.6%。社会消费品零售总额226.60亿元，增长11.3%。财政总收入103.21亿元，增长10.0%。一般公共预算收入63.67亿元，增长12.8%。莲都区一般公共预算税收收入16.51亿元，增长12.9%，一般公共预算支出54.48亿元，下降0.4%。

莲都区委、区政府高度重视税收工作，2021年共批示表扬税收工作4次。尤其对丽水市莲都区税务局推出的“税务中台”项目给予肯定。2021年，丽水市莲都区税务局组织税收收入26.82

4月29日，区财政局举行“我心向党 不负‘财’华”主题朗诵活动 （吕串 提供）

亿元。其中，办理出口退税1.23亿元，比上年增加2951万元，增长31.56%。莲都区税务局在丽水市税务系统组织的绩效考评和莲都工作责任制考评中，连续三年分别获评“第1段”和“综合优胜”单位。

【支持疫情防控和经济社会发展】 2021年，丽水市莲都区税务局发挥疫情防控领导小组作用，配合莲都区政府制定助力疫情防控和复工复产的实施意见。提供发票领购等简事快办服务，减少大厅流量。通过发票配送和数据处理中心向丽水市配送1.41万户，发票202.25万份，缓解各县（市）办税服务厅疫情防控压力。

【社会保险费和非税收入】 2021年，丽水市莲都区税务局推进城乡两费征缴工作，承接新划转非税收入征收职责。社会保险费入库13.43亿元（含职业年金），其中养老保险费入库7.04亿元，医疗保险费入库4.15亿元。非税收入入库30245.83万元，其中教育费附加入库4277.57万元，地方教育附加入库2851.58万元，残疾人就业保障金入库1717.97万元。

【税务法治】 2021年，丽水市莲都区税务局加强司法协作，针对破产企业流拍房产，税款无法变现入库的情况，抽调骨干联合法院等多部门组建抵债资产变现团队，做好房产评估拍卖抵债工作，入库税款240余万元，解决破产企业税费清算问题。开展现金税费征缴专项整治“百日攻坚”行动，完成8个代征单位9022份作废税票、9036份作废发票、3836份冲红发票的核查工作，总量占丽水市的近1/4。停止零散税收委托代征，推进委托代征点自然人租房等工作的机制改革，力排风险。

【税费政策落实】 2021年，丽水市莲都区税务局积极推进落实减税降费工作。精准辅导，简化流程，压缩时限，确保税惠政策

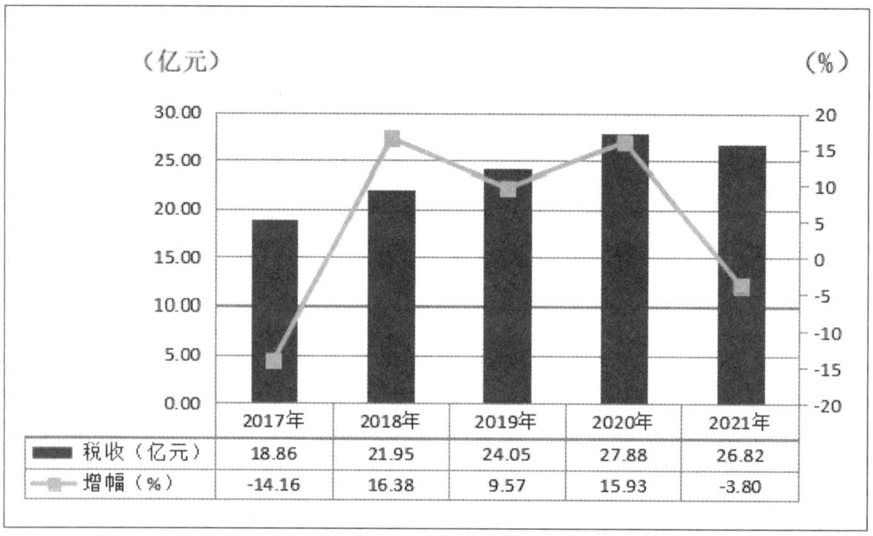

图1　丽水市莲都区税收收入情况柱状图（2017—2021年）

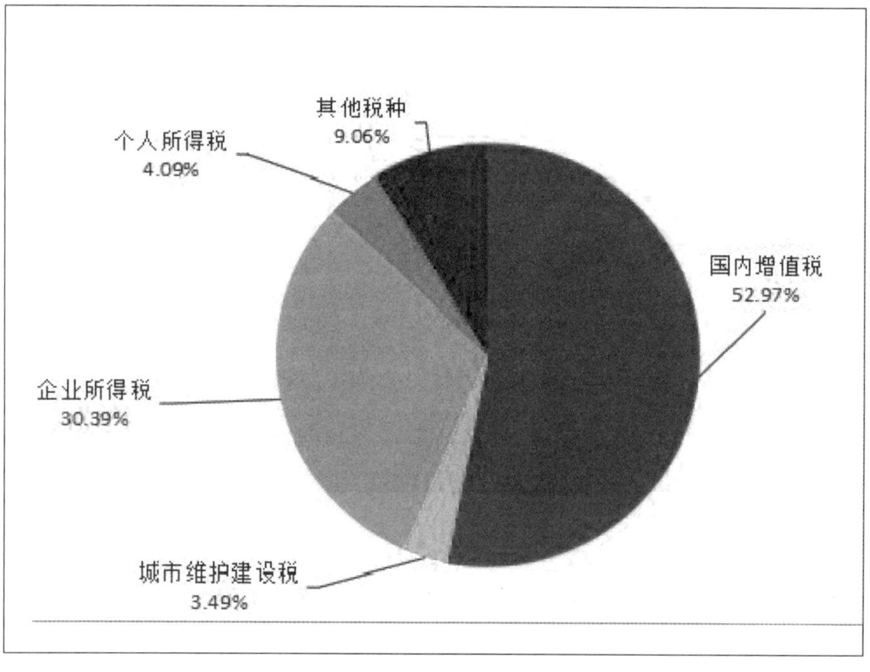

图2　丽水市莲都区税收收入分税种结构图（2021年）

应知尽知，应享尽享。阶段性减免企业社会保险费4360户，共计4407.97万元。办理增值税增量留抵退税7164.34万元。全年为411户制造业中小微企业办理第4季度缓缴税费4131.43万元。

【税种管理】 2021年，丽水市莲都区税务局完成个人所得税综合所得年度汇算工作，咨询按时回复率100%，实际办理完成率100%，申报退税21790万人，退税金额814万元。通过后续审核工作补缴企业所得税37万元；完成以往年度汇算多缴退税181万元。规范企业所得税核定征收，49户企业重新认定为查账征收方式。做好资源税法实施工作。强化土地增值税清算审核，完成14个项目的清算审核。

【办税缴费服务】 2021年，丽水市莲都区税务局创新推出浙江省首个“税务中台”试点工作，通过建立“云执法中心”“云服务中心”“云监管中心”“社会化办税网格体系”四大平台，构建高效联动的执法、服务、监管、共治的“四位一体”税收征管体系。打造“税小莲”纳税服务品牌，利用“掌上窗”H5办税助手、电子月刊和便民办税服务卡等宣传载体，满足个性化办税服务需求，网上综合办税率达到99.01%，位列丽水市税务系统第一。在办税服务厅开设“银发窗口”，提供“方言讲解”“纸条便签”，开辟老年缴费慢行道。开展“春雨润苗”专项行动，为小微企业专设纳税人学堂。公开招募企业法人、办税人员及财税专家等36名办税体验师，分批次定期开展体验活动。推出直播、录播“云”税课，提供点餐式宣传服务，通过浙江税务征纳沟通平台与丽水市企业服务综合平台同发力，扩大直播影响面，2021年累计开播8场，访问5000余人次。

【征收管理】 2021年，丽水市莲都区税务局主动对接国库及市、区两级财政部门，实现“一局两库”缴库模式，使市、区两级国有土地使用权出让收入准确分级划缴，自动实时入库，划转以来累计入库区级国有土地使用权出让收入2.07亿元。率先在丽水市实现与国库退库数据无纸化交互，提高退库效率。

【电子税务】 2021年，丽水市莲都区税务局积极推广电子发票应用，通用电子发票开具63.57万份，电子发票开票量占通用发票开票量15.99%。电子普通发票开具459.11万份，占普通发票的99.19%。落实“1+1+5”（一套业务流程及岗责体系、一套工作规范、五个专项方案）专票电子化闭环工作机制，电子专票推行比例达100%。

【税收经济分析】 2021年，丽水市莲都区税务局发挥“税收分析专班”作用，从税收角度分析区域经济发展的影响因素，利用第三方交互信息，提高税收预测的前瞻性和准确性，对接地方政府协调收入预期，向区政府领导汇报税收工作情况，累计上报专报17篇。推进双招双引工作，实时跟踪土地出让项目、外地建筑企业、万洋小镇等重点项目税收情况，培植地方税源。通过梳理70个建筑项目，联系17家责任单位跟进项目公司落实情况，紧盯建筑业税源管理，为地方经济发展当好地方参谋助手。

【大数据和风险管理】 2021年，丽水市莲都区税务局加强内控建设，精准划分17个网格，涉及1975个风险点，形成联防联控，高效协同的全局性内控格局。开展疑点核查9批次27条，自查1批次2条，接受浙江省税务局经济责任审计1次，外部审计1次，丽水市税务局执法督察与内部审计1次。

【党建工作】 2021年，丽水市莲都区税务局贯彻落实党中央和上级党委意识形态工作的决策部署及指示精神，常态化开展谈心谈话和“政治家访”，落实“纵合横通强党建”工作机制，深化与党工委沟通汇报机制、“纪税”协作机制。严抓党风廉政建设，根据税务系统整治违反中央八项规定精神负面清单16类135项和“酒驾、醉驾”警示教育相关内容制作《漫画说纪》连环画手册，先后在“学习强国”、浙江省纪委监委清廉浙江官方网站等平台宣传。组织开展“话初心”准点音频录播、“刻税月”主题篆刻、“微长征”主题党日等学党史系列活动，拍摄“建党百年 税月芳华”老干部口述税史视频，促使干部在学党史中汲取奋进力量。打造有特色的模范机关品牌“蓝天莲心”品牌建设，锤炼“善学、实干、清廉、高效”的党员干部队伍。

【税务纪检】 2021年，丽水市莲都区税务局推进从严治党工作任务落细落地，深化违规经商办企业、酒驾醉驾等问题专项整治工作，做到自查承诺全员覆盖。紧盯节庆假日重要时间节点，发送节假日提醒660人次。综合运用监督执纪“四种形态”，开展廉政谈话92人次，出具党风廉政意见回复26人次，学习警示教育案例7期共21起，廉政档案建档106人，向莲都区纪委监委汇报工作2次。

【助力脱贫攻坚】 2021年，丽水市莲都区税务局开展“党建+”对口帮扶工作，发挥扶贫专班作用。33名党员干部主动结对帮扶，坚持对4个村33户低收入农户进行“一月一走访”。开展助力叙永县消费帮扶工作，累计帮助销售乡村振兴地区农产品15.15万元，购买乡村振兴地区农产品2.21万元。

【政务管理】 2021年，丽水市莲都区税务局落实24小时值班制，实时关注信访动态和风险点，处理信访案件，实现信访办结率、回访率均为100%。密切关注涉税热点话题，加强涉税舆情监控。定期开展保密培训，提升干部保密意识。落实网络安全机制，确保信息安全“无死角”。

【绩效管理】 2021年，丽水市莲都区税务局通过“日常监控、节点管理、月度分析、定期通报”，强化绩效过程管理。推进绩效管理和数字人事深度融合，探索建立符合实际的组织绩效与个人绩效合理挂钩机制，增强绩效管理指挥棒作用。推进地方党政考核与组织绩效的有效结合，建立激励机制，实现两项考核同频共振，相互促进。

【人事管理】 2021年，丽水市莲都区税务局推进职务与职级并行工作，完成职级晋升17人次。加强干部队伍管理，做好人员调入、录用、退休工作，民主择优选拔副股级干部8人，正股级干部3人，37名干部进行内部交流，充实中层力量，建立中层干部退出机制。

【财务管理】 2021年，丽水市莲都区税务局建立健全财务监督管理办法，完善监督管理体制，增强经费预算和执行的精准度，提高日常经费报销的效率，完善固定资产管理工作及对党团工青妇经费管理等事项进行明确，推进预算执行工作。

【教育培训】 2021年，丽水市莲都区税务局共开展18次培训，全体干部合计培训1199人次。建立“一周一考评”练兵比武常态机制，组织干部参加“岗位大练兵、业务大比武”，在“社会保险费和非税收入”条线练兵比武中，丽水市莲都区税务局位列全市第四。其中，1名干部代表丽水市税务局参加了浙江省税务系统“业务大比武”。

（吴瑶）

经济管理

规划管理

【“十四五”规划纲要编制】 编制“十四五”规划纲要，遵循“谋准、谋深、谋实”的原则，立足莲都区发展实际，于2020年9月启动莲都区“十四五”规划纲要编制工作，编制完成《莲都区“十四五”规划纲要和二〇三五年远景目标》，并经区十六届人大五次会议审议通过。

【专项规划编制】 2021年全面梳理“十四五”专项规划编制需求，安排专项规划11个，包括《莲都区妇女发展“十四五”规划》《莲都区儿童发展“十四五”规划》《莲都区残疾人事业发展“十四五”规划》《莲都区教育事业发展“十四五”规划》《莲都区老龄事业“十四五”发展规划》《莲都区数字政府建设“十四五”规划》《莲都区退役军人“十四五”规划》《莲都区档案事业发展“十四五”规划》《莲都区森林防火“十四五”规划》《莲都区山区跨越式高质量发展五年行动计划》《莲都区中心镇区给排水专项规划》，总金额194.8万元。

应急管理、安全生产监督管理

【概　况】 2021年，莲都区应急管理局锚定完善“大安全、大应急、大减灾”体系的目标，坚持“防风险、除隐患、遏事故、减伤亡”主线，着力扫盲区、除死角、提本质、保安全，强化落实属地责任、防范化解重大风险、狠抓应急基础建设，构建顺畅高效的统筹运行机制，推进基层应急管理体系和应急能力新发展，构建区域应急管理体系和治理能力现代化新格局。全区发生各类生产安全事故1起，死亡1人，未发生较大及以上生产安全事故。全区共发生森林火情15起，未发生重大森林火灾和人员伤亡事故。

【应急管理责任体系建设】 2021年，根据省、市的部署要求，制定印发《关于加强基层应急管理体系建设的实施意见》（莲委办发〔2021〕31号），建立任务清单，应急指挥架构进一步完善。深化安委会“1+9”责任体系，调整莲都区安全生产委员会组织机构设置，实现区、乡两级党委政府，区直各行业主管部门领导干部责任制全覆盖。制定印发安委会、安委办、专委会和专委办的工作规则，规范安委会工作运行。

【安全生产监管】 2021年，围绕“第二轮安全生产综合治理三年行动”的主线，开展农村地区道路交通、消防安全、建设施工、城市运行安全、工矿领域、危险化学品、特种设备、旅游新业态等8个易发生群死群伤的领域“防范较大·杜绝重大”攻坚行动。明确重点攻坚任务164个，统筹运用现场执法检查、专家指导服务、“开小灶”整顿提升等多种方式，进行隐患排查治理。组织开展危化品、工矿等领域“平安护航建党百年”安全隐患大排查大整治，燃气及相关领域安全专项整治等专项整治，工矿领域开展“一厂多租”安全专项整治行动。各重点领域共排查隐患2591处，其中重大隐患4处，一般隐患2587处，全部完成整改。行政处罚118家次，责令停产整顿20家次，关闭取缔1家，约谈警示28家次，罚款143.02万元。“防范较大·杜绝重大”行动2021年度133项任务全部完成，完成率100%。安全生产行刑衔接实现零的突破，完成全市首例非法储存危险化学品涉嫌危险作业罪案办理，并移送司法部门追究当事人刑事责任。

【森林防灭火工作】 2021年，在重点时段开展风险研判，多次召开会议部署森林防灭火工作。分时分别成立督察组，对全区14个乡镇（街道）的森林防灭火工作进行明察暗访，全区31名副处以上领导干部均带队到各联系乡镇（街道）进行督查暗访，层层传导工作压力，层层压实森林防灭火责任。开展冬春森林防灭火隐患排查整治专项行动，野外火源专项治理行动，打击野外违规用火和秸秆焚烧行为。发现隐患156个，落实整改154个，护林员巡查4036人次，制止违章用火256次。落实森林火灾“智防”，推广使用“防火码”系统，全区设立景区及林区出入口森林“防火码”34块。制作森林防火倡议书、宣传标语、致学生家长的森林防火公开信、森林防火三句半、森林防火快板、莲都区森林火灾肇事追究失火罪十大案件等宣传资料，进村入户宣传森林防灭火知识。发送森林防火短信88万条，发放宣传资料7000余份。

【防汛防台工作】 印发《关于开展2021年度防汛防台汛前准备暨隐患排查工作的通知》，部署汛前准备和隐患排查工作。各乡镇（街道）、防指各成员单位按照职责分工，开展本辖区、本部门的汛前准备和防汛安全检查工作。发动检查人员1901人次，检查1416处，发现隐患222处，完成整改178处，落实度汛措施44处。召开会商研判23次，启动应急响应7次，发出工作提示函12份、做好防御工作通知8份。开展特殊群体摸排，制定“一户一策”避险方案，落实人盯人、一对一人员转移制度。摸排出安全码内三类特殊群体253人，其中孤寡老人193人，留守儿童5人，残障人员55人。汛期21支专业救援队、社会应急救援队和各乡镇（街道）应急救援队等队伍631人在岗待命，随时准备投入抢险救援。累计出动救援队伍38支次，车辆54辆次，出动救援人员510人次。

【夯实应急基础】 制订2021年全区应急预案体系建设和预案修订演练方案，组织开展防汛、森林防灭火、地震、危化等应急演练5场，全区共举办应急演练活动526次。制定《2021年莲都区区级防汛防台应急物资储备计划表》，统筹做好区、乡、村三级防汛物资的补充储备工作。全区共落实编织袋8万个，应急手电230个，棉被400条，救生衣1055件，雨衣1748件，安全帽453顶，安全警示服300件等防汛应急物资。实现全区所有乡镇（街道）、村（社区）防汛“三大件”（发电机、抽水泵、卫星电话）和乡村两级基层防汛责任人“四小件”（雨衣雨具、救生衣、手电筒、安全帽）100%配备。依托浙江省减灾救灾信息系统，推进避灾安置场所地理位置、建设状态、管理情况、物资存储、启用状态等基础情况的数字化管理，开展避灾场所可视化建设，实现避灾安置场所可视化全覆盖。

（金凌翔）

9月16日，森林扑火业务技能比武演练举行（周全 提供）

土地管理

【国土空间规划】 编制国土空间规划，按照永久基本农田、生态保护红线、城镇开发边界的优先次序，统筹布局农业、生态、城镇等功能空间，上报三区三线第二轮试划第二次成果。完成生态保护红线调整优化成果，划定生态保护红线269.58平方千米，占莲都区面积的18%。推进永久基本农田核实整改补划，莲都区现状稳定耕地1.33万公顷，试划永久基本农田保护1.02万公顷，稳定耕地划入永久基本农田的比例为76.63%。开展城镇开发边界调整优化，划定城镇开发边界141.73平方千米，其中城镇集中建设区126.46平方千米，城镇弹性发展区13平方千米，特别用途区2.26平方千米。完善区级规划方案，重点加强厘清三城关系、细化板块功能、构建交通网络、搭建布局框架等相关内容。完成乡镇规划初步方案编制，摸清农村人口规模、产业发展、发展用地需求、整治潜力等内容。开展碧湖镇大陈村“多规合一”实用性村庄规划编制试点工作，规划方案通过专家评审。做好建设项目规划管理，全年完成控制性详细规划修编4个、村庄建设局部调整70个，村庄规划编制1个；核发项目用地预审与选址意见书27份，办理用地规划许可证36件、工程规划许可证32件、乡村建设规划许可证16件、建设竣工规划核实31件，出具地块规划设计条件11个，完成项目建筑设计方案确认48个。

【资源保护修复】 开展耕地“非农化”问题调查摸底，全区耕地“非农化”问题2025个，面积202.49公顷，下一步将开展集中攻坚整治工作。开展永久基本农田核实整改补足工作，完成第二稿试划成果。开展即可恢复土地分析调查工作，核查确认莲都区即可恢复土地有2267个图斑，面积1.9万公顷，完成整治133.33公顷。立项开展碧湖镇章塘村等7个村“千亩方”永久基本农田集中连片建设工程，面积256.13公顷。推进瓯江源区域山水林田湖草沙一体化保护和修复工程，涉及子项目7个，总投资26111万元。完成土地征收成片开发方案编制，通过市级专家组论证并实施。开展农村回迁安置农户排查，5年以上未安置农户4户15人，均落实联城街道常白迁建点安置。完成全区涉林垦造耕地问题整改工作，做到退垦还林“应还尽还”，生态复绿“应复必复”，管护质量“应提尽提”，所有项目通过乡级、区级、市级验收。

【土地开发整理】 推进全域土地综合整治，碧湖全域土地综合整治与生态修复工程列入省级、部级试点，现完成省级试点实施方案通过审查，正按部级相关要求完善修改方案后报自然资源部备案，已开工建设项目20个，完成投资9965万元；碧湖镇中溪村全域土地综合整治与生态修复工程通过区级验收，莲都区联城街道官桥村等2个村全域土地综合整治与生态修复工程有序推进。推进土地整治，全年报备入库垦造耕地项目10个，可新增耕地指标32.4公顷，新增水田指标43.4公顷；完成垦造耕地项目验收2个，预计新增水田指标3.47公顷；完成建设用地复垦项目验收4个，预计新增增减挂钩指标5.46公顷。对未复垦的65个拆旧区进行全面摸排测量，挖掘复垦资源，计划实施复垦项目5个5.33公顷。加强耕地后备资源调查，编制土地整治“十四五”规划。修订完善《莲都区建设用地复垦实施办法》《莲都区建设项目占用耕地耕作土剥离再利用实施办法》，规范土地整治工作。

【土地要素保障】 推进用地报批工作，办理农转用组件报批总用地面积106.52公顷，新增建设用地面积101.87公顷。其中，单独选址项目1个（衢丽铁路），总用地面积82.1公顷，新增建设用地面积77.49公顷；城市批次项目16个，总用地面积22.95公顷，新增建设用地面积22.92公顷；农村宅基地审批总用地面积1.47公顷，新增建设用地面积1.47公顷。推进建设用地供应，全区完成土地出让5宗，总出让面积22.37公顷，达成出让金45091万元，其中商住类项目1个，面积11.37公顷，商服类项目2个，面积7.71公顷，工业类项目

2个，面积3.29公顷；完成划拨土地23宗，总用地面积31.78公顷，收取土地划拨款20277.5万元。集体使用土地审批34宗，面积6.57公顷，收取款项66.1万元。办理划拨转出让16宗，补缴出让金362.1万元，契税11.8万元。完成临时用地审批5宗，审批总面积15.46公顷。加强土地节约集约管理，全区盘活存量建设用地17.295公顷，完成城镇低效用地再开发7.47公顷，批而未供消化利用13公顷；完成闲置土地处置4宗，面积32公顷；清查莲都区1999—2021年经批准农转用和土地征收土地“批而未供”情况，面积155.71公顷（不含低丘缓坡）。

【土地监察信访】 开展农村乱占耕地建房问题摸排整治，确认农村乱占耕地建房263宗（开发区11宗），其中住宅类198宗、公共管理服务类36宗、产业类29宗，待进一步明确处理政策。遏制2020年7月3日后的增量2宗，涉及占用耕地面积130平方米，现已实施拆除。开展违建别墅清查整治再排查、“回头看”，经多轮全面排查，未发现新增违建别墅问题点位，也不存在类似云南滇池沿岸数处建设项目影响生态环境的情况。开展“大棚房”问题专项清查整治回头看，排查设施农业项目5000个200公顷，发现“大棚房”问题的设施农业项目8个，占地0.22公顷，通过部分拆除、整改合规的方式，全部整改到位。开展卫片核查，省厅下放土地卫片执法图斑3135个，经核查确认上报违法用地图斑22个，完成整改6宗，属于乱占耕地建房问题8宗，正在整改8宗。处理群众来信来访，接待来访29批48人次，收到信访件165件，其中重点件21件，均已处理完毕。

【民生保障服务】 推进不动产统一登记，全年受理各类不动产登记业务6214件，档案信息查询6639份；开展国有资产确权登记工作，完成全区（规划区范围外）国有资产摸底调查660处，办理不动产权证252宗；开展莲都区自然资源确权登记工作，完成14个水流登记单元、4个林场森林资源的边界确认和底图制作；理顺农林部门与不动产登记机构之间的业务联动机制，完成农村土地承包经营权档案移交和林权数据整合。优化不动产登记服务，实现与公证、纳税、水电煤气过户等一窗通办，94项登记业务实现即时办结，占不动产登记业务的90.4%；构建多层次、多维度不动产登记网上办事大厅，提供网上预约、网上查询、网上支付和网上开具电子证明等服务；拓展“不动产+”业务，实现申请贷款和不动产抵押登记一并办理；开设企业办证专窗，开展二次抵押业务，免收小微企业登记费，助力解决企业融资难问题。保障农业农村用地需求，完成农民建房用地审批472户，总用地面积4.008公顷；完成设施农用地项目备案14个，其中养殖业8个，种植业6个，总面积98.066公顷；制定莲都区设施农用地备案监管指导意见，完善和规范设施农用地使用和管理。处理群众诉求，解决“三服务”问题19个，答复网络问政问题21件，办理“两会”建议提案36件，其中主办件14件、会办件22件。

矿产资源管理

【矿产资源开发管理】 承接莲都区矿产管理职能，开展莲都区矿产资源“十四五”规划编制工作，完成成果报告评审和民意调查；排摸全区矿山基本情况，规划布局采矿点和机制砂石加工点；梳理点位审批情况，明确探矿权转采矿权审批程序，完成探矿权变更延续核实意见2个、探矿权转采矿权划定矿区范围核实意见1个；推进徐坑源矿地综合开发利用项目、碧湖镇岑口新村项目和新陶村玄武岩等三个项目；推进绿色矿山建设，完成老竹镇西子山废弃矿山生态修复治理工作，矿区治理面积0.7公顷。

【地质灾害防治】 开展地质灾害防御，落实“五查30问”、值班值守和“即查即治”制度，开展汛前地质灾害隐患大排查，处置突发地质灾害29起，转移安置村民21人，完成即查即治应急排险项目9处。开展全区地质灾害风险普查，全区确认新增地质灾害风险防范区42处，调整范围5处，拟核减19处。加强地质灾害防治宣传培训，开展地质灾害防治巡查员、网格员地灾防治知识培训400余人次，开展地灾防治知识进农村文化礼堂"五个一"宣传月活动，开展山洪灾害防御暨水利工程安全演练活动，增强干部群众的防灾减灾意识。加强地质灾害整体智治，完成地质灾害防治"十四五"规划编制工作；完成全区24处普适性专业监测点建设，实现地质灾害风险一张图和自动化监测系统数据上墙可视化管理；完成峰源乡地质灾害风险调查项目和全区地质灾害1:5万风险普查工作，启动碧湖镇、岩泉街道两个乡镇地质灾害风险调查，加强地质灾害风险空间数据库建设，夯实地质灾害风险防范基础。

物价管理

【政府定价成本调查】 开展政府定价项目成本调查、监审和调价工作。完成莲都区5所民办学校、莲都区碧湖供水价格成本监审和调价工作；完成莲都区15家非营利校外培训机构学科类收费标准的成本调查工作；完成制定莲都区桑垵公墓三期、莲都区乡村公益性墓地销售价格收费标准。

【行政事业性收费】 完成全区行政事业性收费年度材料的征集、汇总和上报工作。贯彻落实国家和省取消、免征行政事业性收费政策。规范行政事业性收费，动态调整全区《行政事业性收费目录清单》和《涉企行政事业性收费目录清单》。在全面清理规范涉企收费的基础上，在门户网站向社会公布《莲都区政府定价的涉企经营服务性收费目录清单》。

审计管理

【概　况】 2021年，组织完成审计项目21个，查出管理不规范金额16.30亿元，移送案件线索5起，报送审计专报（要情）14篇，完成审计结果公告11个，审计建议被采纳，推动区政府及相关部门出台制度26项。获评2021年度全省优秀审计项目1个、全市优秀审计项目1个；莲都区审计局获2021年度全省审计系统考核优秀单位、全市审计系统综合考核优秀单位、丽水市"建设清廉机关、创建模范机关"先进集体、丽水市先进基层党组织、莲都区三八红旗集体称号，被莲都区政府授予"城中村改造工作"集体嘉奖。

【财政审计】 2021年，区审计局在2020年度预算执行情况和决算（草案）审计中，探索采用"数据分析先行、现场核实跟进"的审计模式，以财政预算为源头、资金流向为导向，形成全过程完整数据链，集中关联对比分析、剖析疑点，逐级下沉延伸重点单位，全区摸排普遍性的问题，重点关注预算编制和执行情况、支出总量与结构变化、存量资金的统筹盘活、政府债务限额管理等方面存在的问题，查出管理不规范金额1.6亿元。撰写的《政府债券资金提质增效刻不容缓》等6篇专报获区领导批示，并完成对乡镇财政决算的真实性、合法性和效益性20%年度覆盖面抽查，提升乡镇财政资金使用绩效。

【民生审计】 2021年，区审计局做好署、厅同步实施的2020年度社会保险基金审计、医疗保险基金审计、2020年度税收和非税收入征管及税务部门预算执行审计、保障性安居工程资金投入及使用绩效情况审计、瓯江流域水资源保护整治管理开发利用专项审计调查等上级审计机关立项的审计项目。组织实施丽水市莲都区小城镇环境综合整治项目建设和资金管理使用专项审计调查，撰写专报《审计发现莲都区小城镇综合整治项目存在肢解发包的问题》，助推规范项目建设资金使用，推动重大项目建设提质增效。

【经济责任审计】 2021年，区审计局组织完成领导干部经济责任审计及自然资源资产离任（任中）审计项目10个，涉及4个区直单位、3个乡镇（街道）10名区管领导干部，挽回损失103.74万元。出台《莲都区领导干部经济责任审计分类管理办法（试行）》，对全区72家单位经济责任审计实行分类管理，推动领导干部经济责任审计规范化。制定《莲都区领导干部经济责任审计结果反馈实施办法（试行）》，推进经济责任审计问题整改；完成全区20家单位30位区管领导干部离任经济事项交接工作，为莲都换届之年提供审计保障。

【内部审计】 2021年，全区开展内部审计项目61个，并同步开展社会审计机构审计报告核查，指导区发改局、区供销社出台内部审计工作制度与整改落实管理制度，与区教育局、区农业农村局开展协同机制建设，加强国家审计与内部审计协作。新增区国资公司、区建投公司、区旅投公司、浙江丽水工业园区建设发展有限公司、莲城宾馆有限责任公司等5家国企为内审协会会员，全年共组织内审培训会4次，提升内审工作整体效能。选送3名内审干部获“浙江省内部审计实务能手”称号，获评市内审表彰项目2个、省内审协会优秀论文1篇、市内审协会优秀论文2篇、优秀案例4篇。

【审计整改】 2021年，区审计局发挥“重大审计问题清单”推动整改引领作用，融入全省“七张问题清单建设”，成立“重大审计问题清单”工作专班，推进“重大审计问题清单”应用贯通。编印《审计发现共性问题清单》《领导干部履行经济责任风险防范清单》和《审计提醒您》，加大对审计发现问题风险点的研究分析力度，发挥审计预警作用。常态开展审计整改主审接待日，全年开展主审接待日36次，推动完成问题整改94项，创新制度案例《促进“经济体检”标本兼治——浙江省丽水市莲都区实行审计整改主审接待日制度》获市局批示全市推广，并入选《中国审计》杂志关注案例。

统计管理

【概　况】 2021年，莲都区统计局针对市对区综合考核、26县发展实绩考核重点指标开展分析研究，创新制作“一本三表”，实现分析监测更及时。改版《莲都统计年鉴》，实现历史数据可追溯、县域之间可比较、区域经济见发展。编办好《统计月刊》《统计公报》《统计年鉴》等统计产品，编撰《数说莲都发展史》，在“数据浙江”“政务公开”等平台累计发布数据367条，满足各级党委政府、社会公众对统计数据的需求。针对经济社会发展热点、难点问题，编撰统计专报19篇、统计分析26篇、统计信息59篇、专题调研报告8篇，为推进社会经济高质量发展发挥参谋作用。

【统计基层建设】 年度走访企业100余家，走访住户200余户，做好业务培训指导，促进基层统计规范化提升。针对准规模企业、重大建设项目，进行上门指导，年内共指导企业升规入库30家，5000万元以上投资项目纳统11个。通过机审、走访、电话核查等方式核查统计基本单位名录库在库企业3500余家单位，提升库中单位信息的真实性和准确性。

【统计法治建设】 在第8次区委常委会会议、第55次区政府常务会议、区委党校中青年干部培训班上传达学习防范和惩治统计造假有关精神，推进领导干部学用统计法。开展了以“赓续红色血脉 奋进统计未来”为主题的第十二届中国统计开放日系列活动，通过统计进园区、进乡镇、进社区等活动扩大宣传覆盖面，提高企业和社会对统计工作的知晓度、关注度、参与度。联合区纪委派驻第三纪检组，对12个乡镇（街道）、区直部门进行统计监督检查，组织力量对39家企业进行了统计执法检查，查处统计违法企业2家，罚款1600元。督促各乡镇（街道）和相关部门建立防惩统计造假责任制。

【第七次人口普查】 2021年莲都区人普办在国家、省、市人普办的统一部署下，做好第七次人口普查数据分析和开发工作，及时向社会各界发布普查数据及成果。5月18日、7月30日，发布《莲都区2020年第七次全国人口普查主要数据公报》（第一号、第二号），反映了莲都区人口数量、结构、分布、迁移流动以及居住状况等，反映了人口规模变化趋势、人口结构和布局演变情况、人口社会变迁特征以及生活质量等社会大众重点关注的问题。为社会各界和政府各部门提供人口普查相关数据咨询服务，为推进基层治理，科学制订经济社会发展规划，推动经济高质量发展发挥作用，为疫情防控指挥部等多部门提供人口数据咨询服务。

（魏湘豫）

市场监督管理

【食品监管】 2021年开展食品抽检1360批次，合格率达98.24%。推行餐饮业“红黑榜”监管机制，发布红榜6期、黑榜9期，“红黑榜”系列微文通过新闻媒体及官微转发累计阅读量超30万次，形成舆论倒逼机制，督促经营者落实食品安全责任。该项工作先后获得时任市长吴晓东、时任区长王忠宝批示肯定。

【药械监管】 开展打假治劣“药剑”行动、美容美发行业“美丽有‘法’”等专项整治，在辖区内零售药店推行“浙里药店”和“浙丽通行码”，实现全覆盖。强化中药饮片专项监督检查工作，监督抽样6批次，立案7起。开展疫苗、贴敷、化妆品专项监督检查，立案3起。检查化妆品经营企业，共抽样20批次，立案14起。

【产品质量监管】 全年开展产品质量抽检214批次，全区生产企业产品质量状况总体稳定，没有明显的区域性、行业性产品质量问题。开展老年人产品、民用防护口罩、电动自行车、危险化学品、“限塑”等系列专项检查。对重要工业产品、阀门产业开展分级分类监管，9家重要工业产品生产企业A级1家，B级2家，C级6家。

【特种设备监管】 出台《特种设备领域“防范较大，杜绝重大”生产安全事故攻坚整治行动实施方案》，检查设备504台（套），发现一般隐患204项，整改200项，整改率98%，发出安全监察指令书15份。结合三年行动、专项以及日常监督检查计划，聚焦高风险锅炉、压力容器（气瓶）、压力管道和汛期、台风等极端天气下户外运行的起重机械及大型游乐设施、观光车等易造成群死群伤的特种设备，进行特种设备安全风险排查整治行动，履行特种设备专委办职责、联合应急、旅游等相关部门开展联合检查，出动执法人员24人次，检查9家单位，发现隐患12条，下发安全监察整改指令书2份，责令限期整改。推广浙江特种设备在线应用，5702台在用设备已全部赋码，赋码率100%。

【标准化工作】 指导企业参与制定《燃料用竹炭》8项国际标准、2项行业标准，实现莲都区参与制定国际标准“零突破”。鱼跃传统酿造文化产业园、莲丰享田园研学综合体等标准化试点项目验收获优秀，优秀项目数量占全市的二分之一。指导制定了全国首个红色乡村市级地方标准《红色乡村建设指南》，为全市乃至全省开展红色乡村建设提供了莲都样板。

【电动自行车集成治理】 贯彻浙市监〔2021〕16号文件工作部署，按照《电动自行车领域专项执法行动执法依据指引》执法履

8月20日，区市场监管局开展冷链食品检查工作（区市场监管局　提供）

职，通过市场监管所对辖区内生产、销售、维修电动自行车经营点进行了“拉网式”摸底排查，对摸底排查发现问题的电动自行车经营点开展集中专项整治行动。10月20日，“浙江e行在线”系统上线暨省电动自行车综合治理集成改革工作部署视频会后，全员出动，全面指导电动自行车和配套电池的生产和销售，指导维修企业开展产品赋码。全区通过“浙江e行在线”系统实现电动自行车赋码1646辆、电池1382个，实现生产、销售经营者车、池码的“应赋尽赋”。公安交警部门完成了“浙江省非机动车登记管理系统”升级改造和办理点的新系统测试，11月1日开始对所有赋码电动车和电池开展“码牌合一”系统登记上牌，实现增量电动自行车、蓄电池赋码后的上牌。

国有资产监督管理

【概　况】 区国资办有行政编制5名，主任1名，副主任2名，股级职数2名（到岗1名）。下属股级公益一类事业单位莲都区国有资产运营服务中心有编制2名，其中股级职数1名。2021年，全办共有干部7人，党员5人。

2021年，全区共有国有企业（包括总公司及下属子公司）41家（比照正科级管理3家，比照副科级管理3家），其中区国投公司9家、区城投公司13家、区旅投公司9家。另有10家分别由区发改局（2家粮食公司）、丽水工业园区管委会（4家工业园区公司）、区机关事务保障中心（莲城宾馆有限公司及其子公司物业公司）、区农业农村局（兴村公司）和区征收指导中心（区经服公司）与区国资办共同履行监管职能。全区各国有企业员工（员工总额内）347人，共有党委3个，下属党支部14个，在职党员128人。8月27日，成立丽水市兴博人力资源服务有限公司；2021年12月17日，成立浙江丽水莲都紫光环保科技有限公司；4月6日，丽水市莲都兴村集体经济发展有限公司（主要负责人比照副科管理）发文实体化运作；6月10日，发文组建莲都区土地和房屋经营服务有限公司。

2021年，区国投公司下辖企业6家，共有职工125名，党支部3个，党员50名。资产406处，包含自有资产311处，代管资产95处。在租资产292处，借用资产31处，原职工占用资产21处，危房12处。2021年，公司规范拍租、处置程序，提升国有资产效益，积极推动到期、闲置资产公开拍租，结合实际情况，采取线上、线下相结合的资产公开租售方式，确保资产拍租稳步开展。截至2021年底，通过阿里拍卖平台，线上共组织5批次10个标的资产公开拍租（卖），成交标的8个，年拍租总价25余万元。线下共组织4批次167个标的房产公开拍租，撤拍3个，成交97个，成交年拍租总价约470万元；协议出租12处（包含西银苑菜场、纳爱斯健身大楼2处较大资产的协议出租），年租金总价约290万元；依法依规处置纠纷资产，根据区确权办证的工作要求，开展侵占国有资产整改工作，对括苍路493号47幢102室、105室、

1月13日，莲碧疫木处理有限公司正式投产（雷增星　提供）

522室和48幢203室以及继光街15号2幢102室、新合村外阳矿山经营场地、天和苑住宅等8处违规占用进行整改。

2021年,区城投公司下辖子公司12家,共有职工132名,党支部11个,党员65名。2021年末,区城投公司营业收入总计4247.89万元,利润总额总计394.35万元,较上年增长192.3万元,较上年利润增长率142%(管理口径,非股权口径)。

2021年,区旅投公司及下属子公司员工共计195人,其中员额内员工52人,劳务派遣人员143人。

2021年通过区国资办及区确权办统筹协调处置未办理产权证的历史遗留问题,区旅投公司共完成15处资产确权办证,及11处资产调拨。其中,区旅投公司资产主要包括大港头原镇政府用房等调拨资产共9处,面积共计9147.95平方米。为加大公司国有资产经营力度,根据"建设一批、谋划一批、招引一批、出租一批"思路,拓展业务,盘活资产。通过谋划建设古堰画乡艺术中心、邻里中心、古堰文化产业园等项目,扩大公司资产规模。通过农文广旅体、环卫一体化等业务类型匹配,申请国资办注资调拨一批资产,扩大公司资产规模。谋划项目,自主经营杏记甜品、堰头茶室、28文创孵化中心、梦幻巴比松星空体验馆等业态,丰富游客体验的同时也增加了景区的二销收入。通过招商引资,引进丽水味道餐厅、畲凤,同时维护好已入驻的隐居画乡、画乡问瓷、木言木语等优质业态的合作关系,加强资产长期收益。2021年,区旅投公司归并了文旅板块的四家公司,获得浙江丽水古堰画乡旅游投资有限公司60%股权,扩大整体资产规模7.2亿元。

2021年,全区国有企业资产总额104.88亿元,负债总额68.32亿元,净资产36.56亿元,资产负债率65.14%。其中,区国投公司资产总额96.15亿元,负债总额62.98亿元,净资产33.17亿元,资产负债率65.50%。区城投公司资产总额68.58亿元,负债总额46.26亿元,净资产22.31亿元,资产负债率67.45%;区旅投公司资产总额18.14亿元,负债总额12.18亿元,净资产5.96亿元,资产负债率67.17%(以上数据为合并报表口径)。

2021年全区国有企业实现营业收入2.77亿元,利润总额-4718.67万元,收入利润率为-17.03%。其中,区国投公司营业收入2.45亿元,利润总额-4313.82万元;区城投公司营业收入1.25亿元,利润总额303.62万元;区旅投公司营业收入0.71亿元,利润总额-5626.56万元(财务数据为合并报表数据,股权口径)。

【监管体系建设】 推进"清廉国企"建设。坚持"一企一策",从思想、制度、纪律、文化等方面着手,将"清廉"融入企业生产经营和改革发展各方面。通过筛选和挖掘,打造了区国投公司的大数据资产"云图"——在线监管平台、区城投公司"清廉项目"建设、区旅投公司"莲画清瘟"清廉文化建设三个"清廉国企示范项目"。完善联动监管机制,针对区委第九轮巡察反馈意见,区国资办就国企相关问题对区国投公司、区城投公司、区旅投公司企业负责人开展专项约谈,并探索开展年度亏损企业负责人向区国资办述职等工作机制,实现联动监督监管,联合审计机构开展国企领导干部任期经济责任审计和工资福利专项审计。2021年3月30日,牵头制定《区属企业违规经营投资责任追究暂行办法》,建立健全国有企业重大决策失误和失职、渎职责任追究倒查机制,构建业务监督、综合监督、责任追究"三位一体"监督工作闭环,推进出资人监督和人大监督、纪检监察监督、巡察监督、审计监督、监事会监督、社会监督等各类监督的有机贯通,形成协同联动的立体监督工作机制。优化公司治理结构,指导区属企业推进董事会、监事会人员的清理与配备,厘清企业党委会与董事会、经营班子会权责边界,规范议事程序,督促企业出台党委会、董事会、监事会议事制度,推进党委前置研究讨论重大事项规程,落实企业主要负责人"四不直接分管"、重大事项决策末位表态等制度,推动党的领导更好地嵌入公司治理全过程，实现企业财务管理、资产管理和生产经营等方面的制度化、规范化。全年共审核各区属企业上报重大事项136件，纠正人才引进、人事任免、固定资产采购等三重一大违规事项12件，涉及资金资产1500多万元。引导区属企业紧盯廉洁风险多发易发领域，动态健全和完善内控制度243项。提升企业内部审计监督能力。牵头企业对财务及内审人员进行业务培训，组织业务骨干开展企业间的“交叉审计”，强化财务管理活动的源头监管，并通过“以审代训”等方式，提升国企审计人员的实战能力和业务水平，锻炼培养一批懂市场、懂经济、懂管理的国资管理专业人才和审计人才，推动国资监管向更加专业化、精细化发展，提升整体监管水平。

【政府投融资】 区国投公司2021年共获得建行、温州银行、杭州银行等银行流动资金贷款授信5.1亿元；为整合进平台的公司提供贷款担保13笔，担保金额授信35.35亿元。其中为莲都区“大搬快聚富民安居”项目融资担保15亿元，为“莲都大厦山海协作产业园”项目融资担保9亿元；全力做好“20莲专债”发行后续工作，2021年4月29日完成企业债发行（含44家母子公司）的2020年度合并审计报告、2021年上半年合并报表及对外披露工作、完成企业债债项跟踪评级报告及信息披露、完成5亿元发债资金支付监管工作、完成53处抵押资产跟踪评估报告。

2021年，城投公司完成银行授信27.75亿元，融资提款5.2亿元，保障了义乌莲都大厦、魏村安置房、金湖佳苑等自营性项目资金缺口。12月29日，区城投公司获AA主体信用评级，系莲都区第二家获评AA信用评级的国有企业，为后续融资发债打下坚实基础。

2021年，旅投公司获得银行贷款授信额度4.7亿元，包括项目贷款3.5亿元，流动资金贷款0.7亿元，银行国内信用证业务专项授信0.5亿元，剩余可用授信额度0.5亿元。通过母公司募集旅游产业专项债券5亿元。

【项目建设和自营业务】 区国投公司于2021年4月完成莲都区纳爱斯体育馆及室外球场基础设施提升改造工程初步设计方案，概算投资994万元，已基本完成施工图设计。完成中山街527号房屋修缮项目，完成后经安全鉴定为B级，9月17日通过竣工验收，质量评定合格。完成城西小学工程收尾工作，2021年7月取得该项目不动产权证，完成城西小学全部设备采购工作及城西小学（配电工程）和教工路沿线绿化审计工作。

区城投公司谋划丽水电大（原区委党校）、区青少年宫、桃碧线改造提升等碧湖区域标志性项目。全年建设项目55个，新开工13个，完工12个，完成年度投资13.484亿元。花街安置小区、碧湖三小、长岗背小学、天宁中学扩建工程、北埠至堰后农村道路改造提升工程、碧湖镇平原卫生院等项目落地。采桑未来社区项目入选浙江省第二批未来社区试点创建项目，丽水电大莲都学院新建工程获评丽水市2020—2021年度“建设大花园”重点工程立功竞赛优秀项目。2021年，区城投公司被丽水市委市政府授予“丽水之干模范集体”“丽水市先进基层党组织”称号。魏村（一期）安置小区4月7日开工建设，年度累计投资2.73亿元。谋划常宅、秋塘、凤鸣、魏村（二期）四个项目，规划总用地面积约25.2万平方米，总建筑面积约77.8万平方米，总投资约40亿元，总安置户数约5300户（约1.3万人）。截至12月底，常宅安置小区完成初设评审，秋塘、魏村（二期）安置房完成建筑方案文本，凤鸣安置通过区块控制性详细规划。义乌莲都大厦1月12日开工建设，年度累计投资1.7亿元，同步推进大厦展厅布置、宣传片制作等前期宣传工作；金湖佳苑年度累计投资1.356亿元，同步推进城市展厅、营销中心、样板房、宣传拓客、物业招标等预售工作，于12月9日取得预售证；12月20日，以0.68亿元竞得古井新村西侧地块；12月17日，成立了丽水市采桑建设发展有限公司，于2022年1月14日以6.5亿元竞得采桑未来社区地块。窑弄口砂石加工基地完成初设方案评审，坑口村隧道口堆场完成清场和用地补偿垫付。

全年竞得砂石料约20万立方米，接收区砂管办出让砂石料约1.53万立方米，搭建渠道商平台入库16家，业务涵盖砂石料和钢筋、水管、防水材料、砂浆、开关、瓷砖等大宗建材。2021年，砂石建材贸易额约4905.396万元。

区旅投公司2021年度谋划建设项目共计28个，年度投资9.09亿元，已完成投资3.48亿元。在建项目6个，前期项目19个。

【国企改革】 强化规划引领，建立清晰完善的制度体系。牵头编制《莲都区国资国企"十四五"规划(2021—2025年)》和《莲都区进一步深化国有企业市场化改革方案》，明确区属国资国企"十四五"期间发展的指导思想、发展原则、发展导向、发展目标，重点谋划现代企业制度建设、国有经济布局、市场化经营机制、国资监管体制、国企党建等板块改革内容。带队组团赴其他县市学习，在出台配套改革制度20余项的基础上，组织修订和完善《人事制度改革工作方案》《莲都区国资办监管企业负责人经营业绩考核与薪酬核定办法》和《莲都区国有企业重大事项管理制度》等，谋划一整套思路清晰的国企改革方案。

强化问题整改，促进国有资产的规范管理。做好国有资产管理的基础性工作，摸清全区国有家底，全面优化国有资产(资源)配置，为盘活存量资产、实现国有资产的保值增值和有效利用夯实基础。通过牵头开展莲都区国有资产(资源)确权发证、划转移交集中攻坚行动，对全区行政事业单位及区属国有企业国有资产(资源)实行统一管理、分类经营、优化整合，清查整顿违规出租出借、被违规占用、闲置低效、在建工程长期未转固定资产等问题，理顺产权关系，确保国有资产(资源)安全完整。截至2021年底、现行政策条件下共完成确权发证440处、划转移交189处、在建工程清理369个、回收违规占用资产18处。

强化资产整合，构建形成新国资管理体系。精心谋划国资整合提升工作，拟通过整合同质化企业和相关联产业链资产，将区属企业组建成"区国投公司—三大业务板块、丽水工业园区建设发展有限公司"的新型国资管理体系，形成股权结构清晰、市场化运营能力强、专业化水平高、融资渠道通畅的国资体系，推动国有资本向重点领域集中，完成12家区属国有企业的股权划转。

(李宏娜)

消防救援

【概　况】 2021年，莲都区消防救援大队有95人(其中干部10人，消防员19人，政府专职消防员35人，文职及外聘人员31人)，有消防车9辆。下辖岩泉、碧湖、白云3个消防救援站。

2021年大队承担了总队"一库一室一间"试点、全市"微型消防站调度指挥"试点、"一短三快"接出警机制改革试点等各类项目7个，承接总队示范基层党组织验收、正规化达标创建活动交叉互评、作战训练安全工作检查等各项迎检工作共计13次，所有项目和验收迎检工作均得到上级的肯定。在支队体技能比武竞赛取得团体总分第二名，大队倪韩鑫获"丽水之干"青春榜样荣誉称号，大队党委被支队评为先进基层党组织，岩泉党支部通过总队"示范基层党组织"复评，5人被评为优秀共产党员，1人被总队评为优秀党务工作者，1人被消防救援局授予个人三等功。

2021年大队共接出警747起，出动车辆1004辆次，出动警力6728人次，抢救被困人员91人，疏散被困人员206人，其中火警355起。

【思想政治建设】 结合党史学习教育，组织党委集体学习和讨论42次，党委正、副书记带头宣讲4次，班子成员轮番授课4次，撰写心得体会和调研文章26篇。2021年，共召开党委会40次，研究重大议题236项，均以党委会议的形式集体讨论形成决议。大队党委明确党风廉政建设责任分工，推进落实"一岗双责"，逐级签订《党风廉政建设责任书》。运用监督执纪"四种形态"提醒谈话2人次，教育4人次。投入70余万元，新建会商研讨室、保密室、医务室等库室设备；投入60余万元对营区健身房、红门影院等进行升级改造。班子成员走访行业部门，送政策、送服务、解难题、谋发展。

【队伍文化建设】 开展“夯实基础当先锋、提速发展立潮头”、党史学习教育等一系列主题教育活动，开展集中教育67次，集体讨论31次，组织参观见学7次；强化典型引路，挖掘“丽水之干”倪韩鑫、“剿患先锋”郭鹏等身边模范典型。推进大队正规化达标创建工作，采取“软硬兼施”同步发力，狠抓四个秩序执行、电子产品管控、饮酒报备制度、八小时外管理等制度落实。围绕“一队一特色、一队多精品”目标，翻新大队走廊文化墙，建成以火焰蓝文化、战斗精神为主题的文化走廊。

【作战能力提升】 在开展全员岗位练兵上用劲发力，大队4名消防救援人员被推荐参加全省第二届“火焰蓝”岗位练兵大比武，协助支队取得三类支队第一，1名干部被推荐参加了“之江政先锋”政工岗位练兵比武，助力支队取得全省第三。大队在支队组织的冬训比武和夏训比武中，分别获团体总分第二、第三。在锤炼实战打赢本领上用劲发力，2021年以来，共参与总、支队组织的各类专业培训12次，培训37人次。在提升多种形式队伍建设上用劲发力，探索性将3个辖区微型消防站纳入统一指挥调度平台，加快推进“5分钟”应急消防救援圈建设。提升辖区多种形式队伍打赢能力，在全市率先实现多种形式消防队伍维护经费、参与火情扑救的多种形式消防队员和微型消防站队员出警补助在综合应急救援队伍补助经费预算中统筹预支。在守牢队伍安全稳定底线上用劲发力，开展安全“九无一创”活动和灭火救援作战训练安全管控专项活动，共计排查整改各类安全隐患50余个。开展安全教育58次，组织紧急避险训练200余次。

【防控治理】 政府主导，构建立体化防控治理体系。7次区常务会议涉及消防议题，区政府召开消防工作部署会7次，区委区政府主要领导、分管领导听取消防工作汇报8次，多次带队检查并作出重要指示批示。将消防工作纳入文明城市创建、“我为民生办实事”专项行动等考核内容。排查高层建筑830幢，完成对789家的高层建筑的整治工作，高层建筑设施结构基本完好率从2019年的58.1%上升至2021年的90.3%。营造良好消防营商环境。争取资金424余万元，在77个小区高层住宅安装远程报警监控系统、可视化管理系统、消火栓智慧用水系统；为全区7251余户60岁以上独居老人住宅增设联网式火灾探测器；以岩泉街道丽东二村区块为试点，为整村321户家庭完成电动车充电设施提升改造建设。夯实社会化消防基础工作。全年检查单位1359家，督促整改火灾隐患742处，下发责令改正通知书502份，临时查封决定书18份，“三停”23家，罚款52.48万元，拘留5人。规范施划消防车道黄线42814米，纠正不规范消防车划线车道26条，设立“消防车道禁止占用”提示牌158块，改造、清退违规侵占消防车道花坛、景观区481平方米，拖拽、清理违停车、报废车、“僵尸车”164辆，处罚人员31人。完善全民化服务宣传格局。6篇消防工作简报在《浙江法制报》刊发，向社会传递消防“正向声音”。发展消防志愿者4879名，发送各类消防安全提醒短信5万余条，滚动播放消防安全广告3万余次，走进企业、单位开展培训200余次，全民消防知识普及知晓率从上年的96.73%上升至98.41%。

【后勤保障】 经费保障持续增长。2021年共争取财政经费1586.36万元，同比增长26.7%。预算100余万元的一体化俱乐部已完成前期设计准备工作。装备配置稳步提升，依托“一库、一室、一间”总队试点项目，完成1327项装备清点标码，为消防救援人员“量身定制”符合消防救援人员个性化需求的个人防护装备；花费10万元采购消防防护装备除湿灭菌柜，解决消防救援人员战斗服汗臭、水渍、潮湿、多菌等常见性保养问题。

教 育

【概　况】 2021年，根据市区事权划分，莲都区主要承担学前教育、义务教育和成人教育任务。全区有幼儿园58所；初中13所，小学17所；成人教育培训中心1个，区域成技校6所。

2021年，莲都区教育局以习近平新时代中国特色社会主义思想为指导，贯彻落实党的十九大和十九届历次全会精神，对标“共同富裕示范区”建设，锚定“与全省同步实现教育现代化”目标，以“办人民满意教育”的决心和“创优质教育品牌”工作定位，夯实立德树人根本任务，推进教育现代化进程，助推莲都区教育事业跨越式高质量发展。

2021年，莲都区中考综合成绩连续18年全市领先，中小学生田径运动会连续19年获得全市团体冠军，37个教育故事登上“学习强国”，1个教育经验被浙江省纪委省监委网站刊出，“履职考评”成绩名列当年参与考评的三县（区）之首，3篇“评价改革”案例在权威媒体刊登，1个案例入选省教育评价改革典型，1项课题获省政府教学成果二等奖。莲都区教育局获全国依法治理创建活动先进单位称号。

学前教育

【概　况】 莲都区共有幼儿园58所，教学点6个，其中公办园16所，民办园42所。省一级幼儿园5所，省二级幼儿园33所，省三级幼儿园20所。全区在园幼儿13798人，专任教师（含园长）1042人，专任教师持证率为100%，其中事业编制的幼儿教师212人，编外教师810人，其中公办园待聘教师247人。全区建立培红幼儿园教育集团等七大幼教集团，实施课程改革，聘任14名兼职教研员，建立9个片区15个小组管理网络。全区普惠园覆盖率达到91.5%，公办园覆盖率达到39.7%。

【推进普及普惠】 扩大学位供给。推进“三年攻坚”学前教育项目建设，落实住宅小区配套幼儿园建设“五同步”，实现每个乡镇公办幼儿园全覆盖（9个乡镇11所公办园）。2021年，青林公寓幼儿园等4所小区配套幼儿园投入使用，新增幼儿学位1260个，应对入园高峰。实施扩容薄改。近年来，莲都实施学前教育“扩容薄改”工程，2021年共投入6200万元，其中青林公寓等4所幼儿园装饰装修工程投入5600万元，太平等9所幼儿园改造工程投入600万元。提升普惠园比例。2021年，新增二级园6所，关停薄弱园6所，分流幼儿410人。全区普惠园、等级园占比分别为88.6%、100%；学前三年幼儿入园率99.1%。扶持民办普惠园健康发展。按照《莲都区财政扶持民办教育发展实施办法》（以下简称《办法》），2021年共拨付2020学年民办幼儿园奖补资金2464.11万元。

【提升师资队伍】 实施《莲都区中小学幼儿园待聘教师管理办法》，配足配齐公办幼儿园教师。2021年招聘待聘教师64名，现共有幼儿园待聘教师247名，待聘教师工资按上一年度社平工资的130%发放（不含五险一金），由区财政予以保障。规范教职员工配备。莲都区配足配齐幼儿园专任教师、保育员、保健员、保安员等工作人员，把“从教人员持有教师资格证比例达到100%”作为政府对民办幼儿园奖补的前置条件，提高幼儿园教职工职业素养。加大师资培养力度。实施分层分类全员培训，选派多名园长和骨干教师异地挂职培训，提升管理能力和教学水平；开展新教师入职培训和教师继续教育，加强民办园持证教师360学分培训（民办园教师90学分实行免费培训），并通过山海协作等多种形式对全区幼儿园教师进行培训，提高幼儿教师素质。充分发挥兼职教研员作用，引领幼儿园课程改革，开展调研教研，提高教师保教水平。保障教师工资待遇。为保障幼儿园教师待遇，《办法》将“依法按规定缴纳社会保险（不包括职业年金）和住房公积金，教职工年均收入（应发数）达到所在地上一年度全社会单位在岗职工平均工资”作为幼儿园申请“莲都区扶持政策资金”的前置条件，确保《浙江省学前教育条例》规定得到落实，2021年，莲都区幼儿园教职工五险一金缴纳率为100%。将普惠性民办幼儿园收费标准从原来的不超公办1.5倍提高到2倍，要求幼儿园新增收入优先用于保障非编教师待遇。

【提升保教质量】 创新办园模式，全区建立9个小组15个片区的网络管理模式，拓展名园资源，提升薄弱园的办园品质，初步形成“以强带弱、层层带动、共同发展”的格局。按照“品牌嫁接、文化融合、管理同步、师资互派、资源共享”的总体思路，推进“名园＋新园”的集团化办园，组建了培红、机关、东方明珠、灯塔、联城中心、碧湖镇中心、蓓蕾幼儿园7个学前教育集团，实行集团园长负责制，在人、财、物等方面实行同一法人，同步管理，扩大优质幼儿园覆盖面。推进课程改革，开发园本课程，省二级以上幼儿园“一园一品”特色课程全覆盖。构建县域农村学前教育教研网络体系，成立兼职教研员队伍，建立7个学前教育教研责任区，聘任14名兼职教研员，分层分片指导幼儿园开展课程改革；实现责任督学全覆盖，全方位督查幼儿园办园行为。

9月，莲都区长岗背小学投入使用（章媚　提供）

义务教育

【概　况】 2021年，全区中小学30所（初中13所，小学17所），在校学生数41950人。其中，公办26所（初中9所，小学17所），民办4所（初中4所：花园中学、莲都外国语学校、东港学校、城中中学教育共同体）。其中，城区中小学22所（公办18所，民办4所），在校生数34322人，占全区学生总数的81.82%。

【德育工作】 承办以“致敬百年伟业，争做新时代好少年”为主题的“丽水市暨莲都区第十届未成年人道德文化节”启动仪式。通过弘扬践行浙西南革命精神、新时代“小园丁”志愿服务、“文明健康，有你有我”系列主题教育、中华优秀传统文化传承教育、“新时代好少年”身边榜样宣传学习活动、文明校园创建等系列活动的开展达到育人的目的。组织开展“致敬百年伟业——红领巾爱学习、红领巾乐实践、红领巾学榜样”系列活动、“百个金句赞颂百年伟业”书签设计评比活动、“百个案例献礼百年伟业”少先队“三色”教育活动案例设计评比、“新时代好少年”学习宣传活动、少先队“三优秀”评选表彰、红领巾会客厅等活动，用少先队特有的方式，庆祝中国共产党成立100周年。开展“红领巾话‘双减’”大讨论。少先队组织以中队为单位举办“红领巾话‘双减’”主题队会，少先队员就“双减”下的自主学习和健康生活展开大讨论，交流、探讨和发掘“双减”后课余时间的无限可能。运用绘画、手抄报、作文或展板(墙)等方式来丰富大讨论的形式，加深少先队员对“双减”的认识和感悟。开展“红领巾话‘双减’”大实践。少先队员在“大讨论”基础上自主制定“双减”实践清单，如《“双减”学习生活作息表》《“双减”每周学习小目标》《我最想养成的好习惯》等，利用周末和寒假时间自主自律按照清单内容开展实践。开展“红领巾话‘双减’”大评选。通过对大讨论、大实践活动中的特色观点和优秀做法、周末学习生活菜单、主题手抄报、主题征文、主题绘画等开展形式多样的交流展示，引导少先队员参与自主学习和自主管理。开展区级“阅读伴我成长”学生读书征文比赛、全区中小学生“‘童心向党’之百年潮涌·红星闪闪放光彩”演讲比赛、“请党放心强国有我”少先队鼓号队展示等活动。鼓号队展示活动在“学习强国”、《中国儿童报》、未来网、国少工委微信公众号等国家级媒体转发。刘英小学的“小小挺进师”和中山小学教育集团“行知巴士站童年梦想园”两个创新项目获得丽水市未成年人思想道德建设创新大赛一等奖；老竹民族学校获2021年教育部第三批全国中小学生中华优秀传统文化传承学校称号。

【教育教学】 以“双减双提升”工作为重点，创新教研载体，推动教研转型，推动莲都教育高质量发展。组建“农村小班教育联盟”“非紧密型学校联盟”“小学重点提质校联盟”“初中七校联盟”，开展针对联盟学校“定主题、找策略、想方法”的教研活动，助力提升薄弱学校教师水平。实施薄弱校提升工程，落实“一校一策”提升计划，破解教师队伍素质偏低、教学管理水平偏差、教育教学质量不高等突出问题，促进薄弱校转型升级，提高教育质量。依托“教共体”结对共建，资源共享，推进农村薄弱初中提质；实施“一校一策、一班一策、一生一策”提质措施；完善教研员联系薄弱学校、学科制度，提高薄弱学科质量。抓《莲都区中小学教师教学新常规》落实工作，推进精细管理，以常规管理问题为导向，深入调研问诊，推行巡课制度，督查整改提升。出台《莲都区作业管理十条建议》，组织以作业设计为主题的全区中小学暑期集体备课、优秀作业评选，谋划作业分层题库建设。聚焦教育质量管理，推行教育质量监测结果应用与教学质量分析会诊改进，继续实行“一月一调研、一月一分析、一月一反馈”工作制度，引导学校基于数据实证改进教学管理。强化全员抓质量意识，继续实行局领导联片、科室联校、教研员联系学科制度，做好“巡查、指导、反馈、改进、提升”五项工作，为教育提质提供优质服务。启动

2021年秋季，莲都区开展“课后托管服务”(章媚　提供)

浙江省改进学校教学管理试点项目研究工作，召开试点学校研究方案论证会。组织“改进教学常规管理，提高教学质量”主题论坛，在全区开展“改进教学常规的实践研究”，召开“区域教研项目工作研讨会”，以点带面引导学校向着办学规范化和教师专业化健康发展。共有4个教研组被评为2021年浙江省先进教研组，12个教研组被评为2021年丽水市先进教研组（占全市获奖数的20%）。借力智慧校园平台，实施“互联网+教育”，引导教师用足用好大数据资源，实现线上、线下教学资源共享。2021年，有18所学校实现了同步课堂。城乡结对的所有学校已经按要求完成同步课堂600余节，网络研修300余次的任务。融入长三角发展战略，借力山海协作，开展校校结对、名师结对，打开思路，拓宽渠道。发挥区内名校名师资源，通过名师工作室入驻、名师支教、紧密型共建等途径，农村及薄弱学校教育质量明显提升。借力高校优质资源和各级专家资源，对接教育部基础教育质量监测中心专家和浙江省教研室专家，推进国家义务教育质量监测结果应用试点县和浙江省学校教学管理试点区改革工作，以监测结果运用为教育提质的重要支点，开展基于监测结果数据的诊断改进实践，培育和打造梯级评价员专业队伍，积极构建“二维五步”监测结果运用模型，打通监测结果运用“最后一公里”。2021年，《莲都：评价生态好了，学校生长力更强》专题报道在《浙江教育》刊发。莲都改革经验在全省教研室主任会议上作推介，1个案例入选浙江省教育厅教育评价改革典型案例，2篇专业文章在国家级刊物发表。

【“双减”工作】 2021年，莲都区贯彻落实中共中央、省、市关于“双减”工作文件精神，印发《莲都区关于进一步减轻义务教育阶段学生作业负担和校外培训负担的工作方案》和《中共莲都区委教育工作领导小组关于成立莲都区“双减”工作领导小组的通知》，成立“双减”工作专班，各项工作都得到推进。莲都区实施课后服务的学校达100%，实现“课后服务学校”“有课后服务需求的学生”两个全覆盖；同时加强校外培训机构治理，实现全区营利性学科类培训机构压减率100%，办结率100%。

【卫、艺、科技工作】 碧湖中学、碧湖第二小学创成丽水市级青少年近视防控特色学校，城北小学、人民路小学、莲都小学、天宁小学、天宁中学、括苍中学、碧湖中学7所学校被列入丽水市首批“生命与健康教育”创新实践学校。推进健康促进学校建设，梅山中学、花园中学、老竹民族学校、莲都小学、刘英小学、城北小学6所学校成功申报浙江省健康促进（金牌）学校，人民路小学、天宁小学、碧湖小学、碧湖中学4所学校创成浙江省健康促进（银牌）学校，东港学校、丽新民族小学、城东中学3所学校创成浙江省健康促进（铜牌）学校。2021年莲都区（含市直学校）学生近视率为54.53%，相较上一年度下降了2.08%。举办莲都区新时代学校美育工作成果展示活动。大港头学校的艺术实践工作坊《木工坊》获市一等奖，括苍中学的舞蹈《雨花石的等待》参加省艺术节现场展演。举办莲都区第五届“莲都之光”科技大赛。在丽水市第八届中小学“绿谷之光”科技大赛中，莲都区中小学分获团体一等奖。

【特殊教育】 重视特殊教育，依法保障“三残”儿童少年受教育权利。2021年莲都区义务教育阶段有持证特殊儿童292名，其中在校生282名，入学率达96.6%，缓学10人，安置率达100%，全区资源教室共计15所，资源教室已经覆盖全区所有乡镇街道，2021年评定2所市级示范性资源教室。成立莲都区特殊教育专家委员会，统筹指导和科学管理特殊教育工作。组织并推荐4名教师参加丽水市第二届资源教师基本功大赛，一位教师获得市一等奖，两位教师获二等奖，一位教师获三等奖。其中高溪幼儿园教师张艳丹获得省级资源教师基本功大赛三等奖。

【关爱留守儿童】 全区留守儿童档案943名，完善“结对帮扶”

制度和德育导师制，开展一对一帮扶教育。推进“留守儿童之家”建设工作，2021年与民政局共同评定了4所莲都区示范型儿童之家，申报了两所市级示范型儿童之家，一所省级示范型儿童之家。

【学生扶困助学】 2021年，莲都区发放中小学各类困难学生补助款379.85497万元，其中义务教育学生营养改善提升工程补助款292.82997万元，义务教育学生生活补助款87.025万元，受惠困难学生达4905人次；发放民族教育券补助款32.09万元，惠及少数民族学生2444人。

民办教育

【概　况】 2021学年，全区中小学民办学校4所，花园中学、莲都外国语学校、东港学校、城中中学教育共同体（城中中学、丽阳小学、育英小学、三胞树人小学、成龙小学、城南小学）。民办在校生10362人（小学6568人，初中3794人）。2021学年全区义务教育阶段在校生41950人，民办在校生占比为24.7%（初中占比29.65%，小学占比22.53%）。民办中小学专任教师792人（小学525人、初中267人）。

【民办中小学招生】 2021年莲都区完善义务教育阶段学校招生工作实施方案，城区公办学校降低进城务工人员随迁子女摇号入学条件，通过公证机构摇号入学，保证公民同招政策平稳有序。完善“最多跑一次”工作措施，优化浙里办App公民上学一件事“掌上联办”系统，进行适老化改造，方便学生家长入学报名。2021年丽水实验学校丽阳校区新学区划分与招生新政策同时推出，丽水市实验学校丽阳校区、长岗背小学学区划分平稳有序。出台《莲都城区义务教育阶段公办学校学位保障政策》，实行“六年一个学位”政策，学区房一定程度上有降温。出台《莲都城区义务教育阶段公办学校招生录取批次调整》政策，从2022年秋季开始实行，对招生录取批次调整提前一年公告。以居住证为主要依据的进城务工人员随迁子女入学政策得到全面落实，随迁子女录取率100%。制订《莲都区中小学均衡编班工作实施方案》，规范全区中小学办学行为，推进教育资源的均衡配置，依法、依规杜绝编班过程中的不良现象，维护广大学生公平接受教育的权益。

成人教育

【概　况】 2021年，全区有成人教育培训中心1所，区域中心成技校6所，开展了职业技能、实用技术、家政服务、高中“双证制”学历教育等20多个类别的教育培训活动，参加培训及活动14.36万人次。城西成技校和碧湖成技校获2021年丽水市老年教育优质（示范）学校称号。

【老年教育】 2021年，推进老年教育，参加社区教育各类培训学习的老年居民达4.5万人次，占莲都区60岁以上人口的54%以上。组建“银龄跨越数字鸿沟”科普专项行动讲师团和志愿者团队，以需求为导向，设置以老年人智能技术日常应用普及为目标的专项培训，帮助老年人融入智慧社会、享受智慧生活，解决老年人在运用智能技术方面遇到的困难，消除老年人面临的“数字鸿沟”。

招生工作

【初中毕业生学业考试】 莲都区2021年初中毕业生学业考试考生人数5717人，分布在11个考点，194个考场。疫情防控形势严峻，招考中心在原有考务方案的基础上，制定《2021年莲都区初中毕业生学业考试新冠疫情防控工作方案》，把牢疫情防控关，合理落实防控措施，完成初中毕业生学业考试工作。重点高中录取人数704人，录取率为11.98%，普高以上录取人数3152人，录取率为53.63%。

办学条件

【概　况】 2021年，莲都区全年教育经费投入151272万元，其中国家财政性教育经费111437万元、事业收入34583万元、其他收入5252万元。安排中小学（幼儿园）设备费1400万元，支付免费教科书1928.12万元，支付学生安全放心车405万元。拨付教育教学质量奖790万元，名师名校长科研经费89.26万元，民办中小学、幼儿园政策扶持资金2664.98万元，民办中小学、幼儿园保安经费165.14万元，民办中小学公用经费905.16万元。2021年，安排培训经费264.1万元。2021年，农村生均公用经费标准为小学892元、初中1226元，高于省定标准。对农村小规模学校，学生数低于300人的，按300人计算公用经费，保障小规模学校的正常运转。寄宿制学校每生每年增加200元公用经费。公办幼儿园生均公用经费标准为500元，小规模幼儿园，幼儿人数低于300人的，按300人计算公用经费。

【教育项目建设】 2021年，实施教育建设项目投资40个，其中新建2个、续建3个、幼儿园装修工程4个、维修改造项目28个、“空调进教室”配电工程3个，全年完成政府项目建设投资约2.8亿元。开工建设新青林小学、城西学校（初中部），完成长岗背小学和碧湖三小新建工程，并于2021年秋季投入使用，新增小学学位3240个，碧湖三小新建工程作为碧湖小学整体搬迁投入使用；完成东方明珠幼儿园教育集团迎曦分园、灯塔幼儿园教育集团望城岭公寓分园、机关幼儿园教育集团青林公寓分园、培红幼儿园教育集团水南公寓分园4所幼儿园装修工程，并于2021年秋季投入使用，新增幼儿园学位1260个。完成天宁中学体艺馆工程、天宁小学运动场、碧湖中学雨污分流管网等改造工程。启动宇雷小学、丽阳小学、城东学校、灵山未来社区学校等工程的前期工作。根据《莲都区国有资产（资源）确权发证、划转移交集中攻坚行动实施方案》（莲政办发〔2021〕10号）精神，启动全区中小学、幼儿园产权证办理工作。

8月13日，“阳光”招生义务教育学校电脑派位现场（章娟　提供）

【教育装备】 2021年莲都区共投入资金2000余万元用于改善学校的教育技术装备。其中教室灯光改造320万元，改造教室754间，多媒体、计算机510万元，更新多媒体22套，计算机房4个，用于中小学幼儿园常规教学设备更新900余万元。为“智慧厨房”民生实事项目争取资金95万元，建设智慧厨房104个。争取到中央资金625万元建设新型教学空间21个，报告厅改造1个，教室灯光改造72个。完成创建智慧校园示范校7所，优质校15所，达标校3所。

师资队伍

【概　况】 2021年，莲都区有中小学专任教师2866人（含民办学校），幼儿园专任教师1042人。有正高级教师2人，省特级教师3人，省教坛新秀11人，市级名师27人，市级学科带头人109人，区级学科带头人164人，市区级教学能手、德育能手126人，市区级教坛新秀、德育新秀385人。

【师德师风建设】 2021年，根据《中共莲都区教育局党组莲都区教育局关于加强和改进师德师风建设的若干意见》，实施师德承诺制、师德评估制和师德帮教制，引导广大教师坚定理想信念，以“四有”好老师为标准，增强立德树人的责任感和使命感。落实教师师德负面清单考核制度，推动师德建设常态化长效化。

【人事制度改革】　加强校长队伍建设，培育一批有思想、懂管理、善创新的校长，建立校长“流动能进能出，职务能上能下，待遇能高能低”的管理机制。2021年，通过公开招聘，对待聘教师储备库进行更新补充。择优聘用充实待聘库教师至390人，其中初中25人，小学118人，幼儿园247人。组织对公开招聘任教满两年的中小学待聘教师进行考核，通过资格审查、社会公众测评、师德师风考核、教师年度考核、教学质量考核、个人综合素质测试、体检、考察等程序，考核择优录用待聘教师为编制教师8名，每个环节公开、公正，整体工作平稳、有序。为吸引更多的优秀的高中毕业生就读师范专业，培养一批“下得去、留得住、教得好”的本土化农村教师，促进义务教育均衡发展，2021年，与杭州师范大学、丽水学院合作，定向培养小学全科教师6名。

【校长教师交流】　整合教师校长交流和“区管校聘”工作，2021年全区教师校长交流174人，其中，校园长、校区负责人等组织调动51人，竞聘型交流（进城考试）43人，新教师留城锻炼期满三年下乡3人。

【教师聘任工作】　2021年招聘录用中小学教师76人，其中研究生学历20人，本科学历56人，公开选调小学教师4人。2021年新聘正高级教师1人，高级教师50人，一级教师72人，二级教师162人。2021年全区在聘正高级教师2人，高级教师553人，中级教师1379人，初级教师994人。

科学技术

科技管理

【概　况】　2021年，区科技局内设机构“一室两科”（办公室、综合科和计划科），行政编制6名（区科技信息中心），有在编人员8名。下属1个全额拨款事业单位（区科技信息中心），核定事业编制10名，实有人员9名。

【指标完成情况】　2021年度全市科技进步目标责任制工作考核优秀，高新技术产业增加值、企业研发经费投入全市第一，高新技术产业增加值占规模以上工业增加值全市第二。新增国家高新技术企业15家、省科技型中小企业27家；新认定省级企业研究院1家、省级高新技术企业研发中心1家。完成非柔性引进高校毕业生30名，引进博士7名，硕士6名。推荐申报市“绿谷精英”项目11个。完成发明专利产业化项目5项，实现新增产值759.77万元。完成技术合同交易额2.75亿元。

【加强科技投入】　兑现2020年莲都区科技创新活动事后扶持项目54项，扶持金额905万元。兑现2020年度企业研发投入事后扶持项目46项，扶持金额655.14万元。受理2021年度莲都区科技项目15项，补助金额153.5万元。共发放科技创新券266.54万元，分四批向40家企业的44个项目兑现科技创新券共计57.17万元。

【优化科技政策】　贯彻执行市委科技新政26条、人才新政15条、莲九条。以“对标大湾区、引领浙西南”为标准，制定《莲都区加快推进科技创新引领跨越式高质量发展的实施意见（审议稿）》。

【科技特派员】　2021年，实现14个乡镇（街道）科技特派员全覆盖，其中省派科技特派员7名，市派科技特派员7名，1个团队科技特派员（浙江省农林大学团队科技特派员），1个法人科技特派员（浙江绿园禽业有限公司）。有工业科技特派员28名，较上年增加4名，指导培育国家高新技术企业9家，高新技术企业研发中心2家和省级企业研究院1家。

【创新平台建设】　加强招引浙江大学、浙江清华长三角研究院、浙江省农业科学院等高端研发机构到莲都设立分支机构，推动莲都区人民政府与丽水学院二轮合作，强化莲都创新平台、科技成果转化、团队及各类科研项目建设。

科技成果

【浙西南科创中心建设】　完成《浙西南科创中心发展规划莲都区子规划》的编制工作，并通过区政府常务会审议。明确了浙西南科创中心核心区围绕“一圈”（丽水北城科创圈）、“一城”（丽水南城科技城）、“一轴”（碧湖新城科创轴）建设的总体布局。

【国家水稻分子育种中心丽水示范基地建设】　“国家水稻分子育种中心丽水示范基地”项目除科学实验楼外，全部建设完毕。引进中信农业、华智生物、百度、极飞科技、武汉大学、湖南农业大学、芙蓉云等合作团队，引进博士、硕士10多名。

【国家科技进步奖一等奖成果在莲都转化落地】　建立5个“节水

抗旱稻”核心示范点位，推广种植面积近200公顷。10月15日，举办了国家科技进步奖一等奖成果转化、国家技术发明奖二等奖成果转化暨浙西南节水抗旱稻研究成果发布会，为破解“涉林垦造”土地的种植难题提供实践经验。

【莲都—义乌科技创新研究院】 为企业提供成果展示、资源共享、科技研发、成果转化等专业科技服务，举办了“山海协作、科技赋能、助企腾飞”人才科技对接活动。

【防震减灾】 开展全国风险灾害普查。按计划完成中期普查任务并通过专家评估。对莲都区域内2021年新建建设工程和丽水工业园区地震安全性评价抗震设防要求落实情况开展了全面的检查，31项工程均依规完成了抗震设防要求。在“5·12”防灾减灾日、“7·28”唐山地震纪念日等重要时段开展防震减灾专题科普宣传活动。“5·12”防灾减灾日当天，联合区教育局、应急管理局、减灾委员会等部门，在东港学校开展以“防范化解灾害风险，筑牢安全发展基础”为主题的防灾减灾疏散演练，增强师生避险逃生能力。

（蓝李俏）

科技团体

【“院士之家”建设】 在古堰画乡游客接待中心“院士之家”展示厅添置全息柜等高科技展示仪器，用三维立体的形式全方位展示院士成果；在院士疗休养基地“蓝庭民宿”布置院士元素，为院士提供一个温馨、舒适的疗休养中心；制作“画乡莲都·院士之家”宣传视频和《院士风采录》视频，院士之家宣传片在第三届莲都区人才科技峰会上播放，为嘉宾全方位展示了“画乡莲都·院士之家”的区位、生态、资源等优势，取得了良好的效果。2021年签约进家院士15人，累计签约进家院士29人，涉及生物工程、口腔颌面外科学、超导电子、纺织材料、半导体等多个领域，签约院士数量居全市第一。

5月23日，科技活动周期间举办科普讲座（区科协　提供）

【合力凝聚人才】 与义乌市、宁波江北区科协全方位协作，在院士专家共享、学会资源交流、科普基地共建等方面开展紧密合作。邀请院士9人次到莲都服务莲都区高质量发展，邀请6位院士参加11月1日“广汇英才·才聚莲都”第三届莲都区人才科技峰会。2021年，区科协被区委人才科技工作领导小组表彰为“莲都区重才爱才先进单位”。

【激发创新活力】 组团走访区科协常委和委员企业单位，宣传“招商引资、招才引智”政策；通过多种渠道宣传科技工作者创新创业先进事迹，推荐优秀科技工作者参加市广播电视总台开办的《科技工作者风采》专题栏目；积极举荐科技工作者，赵乾麟入选2021年“科创中国”浙江省企业“创新达人”，陈旭东被中宣部表彰为全国基层理论宣讲先进个人。

【开展“百名专家连百村 科技服务乡村振兴”活动】 组织开展第二轮“百名专家连百村、科技服务乡村振兴”活动，打造好农村科技示范户、农民技师、农函大三大服务品牌，组织52名学员参加省农函大举办的4期乡村振兴科普带头人培训班的培训。新增10名专家结对10个村、基地，动态调整后共涉及7个街道乡镇，23名专家结对18个村、基地。

【基层科协组织建设】 延伸组织链条，推进“乡村社校企”基层组织覆盖面，推进新经济领域、高科技企业等科协组织建设，2021年新建浙江乾麟缝制设备有限公司和阀毕威阀门有限公司2家企业科协，为企业技术进步和科技创新提供新鲜活力。2021年，全区14个乡镇（街道）科协组织全覆盖，建有学校科协2家、企业科协6家；全年举办了3期基层科协业务骨干培训班，乡镇（街道）科协、企业（学校）科协、学（协）会负责人和青少年科技辅导员120人参加了培训，提高了基层科协工作人员的能力水平。

【智汇山区赋能行动】 以省科协山区26个县“一县一业一学会”智汇山区赋能行动为契机，做好主导产业和省学会对接。省自动化学会组织浙江大学教授毛维杰一行前往浙江乾麟缝制设备有限公司开展专企对接活动，为微电机企业在科研中遇到的技术难题研究解决途径；省生物工程学会理事长、中国工程院院士郑裕国教授走进百兴真菌生物科技有限公司，共同探讨振兴莲都生物工程产业；10月27日，省科协“一县一业一学会”智汇山区赋能行动启动仪式在杭州隆重举行，省畜牧兽医学会结对帮扶莲都区，助力莲都区畜牧产业地方猪种资源保护和开发利用，指导数字化牧场建设。

【科技工作者建言献策】 围绕区委区政府中心工作，组织科技界政协委员参政议政，督促委员认真履职，献良策施良计，发挥了科技工作者参与民主政治建设和社会事务管理的作用。2021年共提交提案22篇，其中集体提案4篇、重点提案3篇。重视老科协工作，引导老科技工作者围绕全区重点工作、中心工作印发建言献策14期，其中《莲都区小安村一株800岁古障树亟待抢救保护》《丽水松材线虫病已成生态灾难防治刻不容缓》等3篇建言获市、区领导批示；编辑了《莲都科技史料》第五辑；开展到边远山区送医送药活动，为百姓办实事。

9月17日，莲都区“全国科普日”鱼跃酿造科普馆科普活动举行（区科协 提供）

【专题科普活动】 9月17日，在鱼跃酿造科普教育基地举办2021年丽水市莲都区“全国科普日”活动启动仪式；9月29日，在莲都区大港头镇协同区卫健局举办“建党百年 健康护航”高质量推进健康莲都建设专项行动；10月9日，在纳爱斯广场举办了2021年“全国科普日”晚会暨“加油！科学+”大型科普情景剧巡演活动。围绕“百年再出发，迈向高水平自立自强”的主题，融合舞蹈、情景剧表演、科普知识宣讲、小品等文艺形式，运用精彩的表演和鲜活的语言向观众普及健康生活、食品安全、电信反诈等与人民生活息息相关的科学知识。推动“银龄跨越数字鸿沟”科普行动。以中老年人“数智共享，跨越鸿沟”为目标，各方协同，开展智能手机操作技能普及培训，提升中老年群体智慧生活水平。依托建行莲城支行、移动公司、成技校、老年大学、老年活动中心、农村文化礼堂、社区服务中心等单位的场所建立教学点，通过广播、报纸、微信、户外大屏等开展宣传活动，建立教学网点32个，举办活动78场，培训5000余人次。

社会科学

【概　况】 2021年社科研究扎实推进。以“邮票”为载体，开展“邮说党史”——献礼中国共产党百年华诞系列活动，获《人民日报》、新华社、《光明日报》、“学习强国”等30余家媒体关注，各类网站阅读总量破两百万人次。党史学习教育中央第五指导组组长孙永春高度评价丽水市鱼跃1919文化产业园——“邮说党建”特色展厅。组织全区13家社科基地开展民生政策宣讲500余场。鱼跃1919文化创业园成功申报省级科普基地，负责人陈旭东获评全国基层理论宣讲先进个人，获中宣部通报表彰。与区文明办联合在丽水鱼跃1919文化产业园开展“传承精神血脉 赓续红色基因”——2021年莲都区社科普及周启动仪式暨新时代文明实践大篷车进基层活动。借助全区2.3万余名小荷志愿者力量，紧贴群众需求开展理论宣讲，通过新时代文明实践志愿服务大篷车，把义诊义剪、扶贫关爱、应急救护等民生所需，精准供给广大基层百姓。配合浙江省工信院、湖州师范学院社科赋能莲都跨越式高质量发展，调研4家莲都当地优质企业并召开座谈会。组织全区申报《“红绿融合”和“双减”双重背景下的丽水“大研学”基地建设研究》等课题 17个。2021年共有17篇论文、5个优秀成果被评为市社会科学优秀成果，数量居全市第一。

【社科研究】 不断挖掘红色资源，充分发挥中共丽水县委旧址、南乡革命纪念馆、三岩寺胡公洞等红色阵地作用，守好“红色根脉”。组织开展“宋韵文化”课题研究，通过挖掘通济堰、保定窑、处州进士村等文物古迹、非物质文化遗产背后的历史故事、精神情怀、乡土风情等宋韵文化，形成一批课题研究成果。组织专家学者、省级智库(省工信院、湖州师范学院)围绕经济发展、地方文化、社会治理、党的建设、理论创新等多个领域，开展社科课题研究工程，为莲都建设共同富裕示范区样本建言献策。深化“邮说党史”文化品牌打造，擦亮莲都文化名片。

【科普宣传】以社科联“基地科普”“科普五进”活动及“社科普及宣传周”“邮说党史”为抓手，组织所属协会、基地、“莲响青年”与“小荷志愿宣讲员”将学习贯彻落实习近平总书记系列重要讲话精神和本领域学术研究相结合，推动党的创新理论飞入寻常百姓家。

文化·广电·体育

综　述

【概　况】 2021年，莲都区文广旅体局有下属单位12个，其中局直属部门6个；乡镇（街道）文广旅体中心站6个。有在职人员127人，其中局机关9人，下属事业单位118人，具有高级职称9人，中级职称51人，初级职称42人。

2021年，区文化和广电旅游体育局获得“2017—2020年度全国群众体育先进单位”荣誉称号。

【基础设施建设】 完成13个体育民生实事，1个莲城书房，4个图书馆分馆建设。莲都区文化馆再次被评定为国家一级馆，莲都区图书馆被浙江省文化和旅游厅评为第一批“满意图书馆”，“爱心书屋”入选丽水乡村公共文化服务供给侧创新十大案例。3个文化强镇（街道）、11个文化示范村通过省级复评，莲都区图书馆单读主题分馆获评丽水“最美阅读空间”，莲图下南山特色分馆、莲图驻·85民宿书吧获评丽水“最具特色阅读空间”。堰头村文化礼堂获评省公共文化场馆服务功能拓展先行先试单位。

【文旅综合治理】 2021年出动执法检查2566人次，检查经营场所1195家次，收缴非法出版物89册，行政处罚案件11件，办结11件，罚没款37500元；办理行政审批132件，清理僵尸企业18家；定期开展非法卫星电视接收设施整治，组织检查18次，累计发出整改通知书147份，拆除非法卫星接收设施266座；对全区体育产业、艺术类校外培训机构开展摸排，分别完成217家、287家摸底建档；对疫情防控落实不到位或措施不力的行业企业采取责令整改、通报警告、暂时关停等措施，全年约谈2家，警告1家，责令整改8家、暂停营业11家。

【文化活态传承】 围绕中国共产党成立100周年，创作各类文艺作品46件，获得国家级奖项3件，省级奖项22件，市级奖项13件，区级奖项21件，其中音乐作品《村支书的日记》《荷韵江南》及油画作品《红色人家》反响热烈；举办“堰遇千年　画里跨年”双龙庙会、“非遗小景、传统文化”民俗踩街、“非遗赋彩　献礼百年”2021年莲都区优秀传统文化节目展演等活动；实施文化基因解码工程，完成20条重点文化元素梳理、150条文化元素普查，《莲都区文化基因解码工程报告》通过省级评审；省保浙江铁工厂旧址、区保中共丽水县委旧址被公布为浙江省第一批不可移动革命文物名录，浙江铁工厂旧址入选丽水市浙西南革命文物金名片，三岩寺红军洞遗址、太平特约战时经济建设实验区旧址入选浙西南革命文物金名片提名名单。

（姚慧　郑悦）

公共文化服务

【概　况】 贯彻省委关于全面实施新时代文化浙江工程要求，加快打造社会主义先进文化高地，应对新冠疫情大考，抓牢复工复产工作，各项工作有效开展。2021年，举办大型系列建党百年主题活动5次，开展系列文艺品牌公益培训线下活动170次，开设品牌阅读活动130场；2021年，线上文化服务活动总数（送戏、讲座、展播展览等）217场，送书下乡13388册，送文化下乡151场。

【基础设施建设】 完善数字文化馆建设，加快了“公共文化超市”建设步伐，推进数字非遗馆建设，提高场馆设施利用率。“莲都区图书馆”应用在浙里办上架，第三代智能型爱心书屋落地65台，在文化站等公共场所引入数字图书借阅机17台，发布全国首个地方标准《数字文化馆建设与服务规范》，提升数字化服务质量。整合社会资源，新建成1个莲城书房（区总工会），4个图书分馆；截至2021年底，共有2个城市书房，17个图书馆分馆，28个图书流通点，26个民宿书吧，130个爱心书屋。新建区文化馆“鱼跃1919”馆。

【文化活动】 文化活动与旅游发展融合，举办丽水·莲都古堰画乡小镇艺术节暨“家园·乡情”首届全国风景油画双年展活动、景区民俗活动常态化演出、书香研学活动和第一届赏萤季“自然·论坛”等文旅融合活动。开展莲都“文化基因解码工程”，“通济堰水韵文化”成为首批“浙江文化标识”培育项目。围绕“迎建党百年 享美好生活”举办庆祝中国共产党成立100周年“红歌大家唱 永远跟党走”合唱比赛、第二届群众舞蹈大赛、“非遗赋彩 献礼百年”2021年莲都区优秀传统文化节目展演暨中秋派月活动、处州乱弹音乐会、“勤耕四季”等系列活动130余场，受益12万余人次。2021“金牛闹新春 迈向新征程”历年优秀乡村春晚和品牌特色活动展播（活动），观看近1560418人次。“春天·元宵·憧憬”礼献中国共产党成立100周年诵读活动（线下诵读拍摄，线上播放），观看达82万人次（线上线下）。

【文艺队伍建设】 莲都区有文化志愿者队伍213支，总人数6533人，文艺社团323个，总人数7236人，其中三团三社2022人。2021年，莲都区文艺工作者结合历年来的培训体系和莲都区文艺人才队伍结构，举办了2021浙江省歌词创作骨干培训班、2021莲都区庆祝中国共产党成立100周年主题采风创作培训、2021“勤耕四季”乡村民乐（丽水吹打）、戏曲表演、乡村春晚导演培训等公益培训14期252课时。组织区文化馆干部到乡村社区、学校企业开展文艺辅导，实现人均60次，开展基层文艺队伍培训170班次，11000多人次参加辅导培训。1户家庭获评省级文化示范户称号，9名文艺骨干获省级文化能人称号。

【数字莲都】 莲都区文化馆拓展数字文化服务的多样性，策划建设了“莲都区数字非遗馆”线上展馆。在完成线下体验馆的日常运维、平台数字服务的同时，开展平台的运营推广。全年数字服务访问量达到了180万人次，资源信息发布总量超300条。11月，“数字文化馆”入围丽水乡村公共文化服务供给侧创新案例。推进数字图书馆建设，通过官方微信公众号、网站线上传播及加强数字图书馆应用，打造阅读便捷服务体系。2021年，进馆526894人次，图书借还396961册次，办证5036张。数字资源访问量1136761次，下载量392418次，官网访问量52764次。官方微信公众号发布信息915篇，阅读量达216123人次。争取到“2022年中央支持地方公共数字文化建设（智慧图书馆）专项资金”24万元，是丽水市唯一争取到该项资金的县级图书馆，也是丽水市争取到最多资金的图书馆，2021年新增“虚拟排架”上线，图书上架位置一目了然，更加方便读者借还书。新增《红色故事绘——连环画里的中国共产党100年》资源、莲都区图书馆喜马拉雅有声图书馆上线。到丽新畎岸村、碧湖镇鱼跃文化产业园等地开展移动图书馆、莲图数字资源平台等数字阅读推广。对接省智慧文化云2.0平台，完成辖区各文化场馆和文艺团队的数据采集与建档工作，建立文艺活动开展填报机制，构建莲都区智慧文化云驾驶舱。对接浙艺云平台，推荐6名区文化馆干部在“名人名家”建档，并上传介绍视频，填报“艺术新闻”共

12月3日，莲都区第二届群众舞蹈大赛决赛举行(赵献伟 提供)

144条。

【文化下乡】 围绕建党百年、疫情防控、党委政府中心工作、重大会议，开展文化惠民活动，组织举办“文化艺术下乡”“文化走亲活动”等惠民活动，完成送书下乡13388册，送戏下乡151场，举办讲座展览265场(线上讲座展览80场)，文化走亲29场，举办乡村村(春)晚10场。

（金佳玲　李东一）

文化市场管理

【行政审批】 2021年共办理行政审批132件，其中行政许可114件，其他18件。催报、指导、初审文化市场企业上报文化市场年报；通知并指导游艺娱乐场所业主做好游戏游艺设备电子标识工作；完成广播电视节目制作经营单位延续换证工作；在浙江政务服务网部门用户统一工作平台上对126项事项的申请材料是否含有“证明”二字开展逐一检查，并进行修改；排摸辖区内幼儿园与娱乐场所、互联网上网服务营业场所；走访互联网上网服务营业场所、娱乐场所，核对改造信息，排查僵尸企业，对18家僵尸企业进行了公告注销处置；编写有关审批内容的应知应会题库报送审批中心；对拟设互联网上网服务营业场所、娱乐场所的企业进行现场行政指导。

【文化市场监管】 专项整治、依法治理、源头治理有机结合，促进行业规范管理、社会秩序井然，确保各项工作有效推进。2021年开展“双随机”监管模式抽查28次，其中联合公安、市场监管等部门开展随机抽查9次，随机抽取执法检查人员248人次，检查文化市场124家次；联合公安、消防、市场监管等部门开展护航建党百年网吧、娱乐场所专项整治“净场一号”和“净场二号”行动；开展扫黑除恶、反恐、禁毒工作线索排查、市场巡查、宣传发动；强化互联网上网服务营业场所、歌舞娱乐场所、演出市场、电影市场的巡查；开展出版物印刷市场、网络文化市场、非法卫星电视接收设施、社会艺术考级监管、净化校园周边文化市场环境等专项整治行动；开展扫黄打非“护苗”“净网”等五项行动，加强网络出版物信息核查，开展打击夜市无证游商销售非法出版物专项行动；做好疫情防控常态化工作；做好经常化创建卫生、文明城市巩固工作；2021年，出动巡查2566人次，检查场所1195家次，办理行政处罚案件11件，罚款37500元，没收非法出版物89册。

（叶宜多）

文艺精品创作

【概　况】 2021年，在繁荣发展群众性文化活动基础上，完善文艺精品创作奖励和扶持机制，调动文化干部的创作积极性，催生一批既有“奖杯”又有“口碑”的文艺作品，为精品创作奠定基础，提升莲都的文化知名度。

【作品获奖】 2021年，有获奖作品68件，其中，国家级3件，省级22件，市级14件，区级 29件。油画作品《火车站》获全国风景油画双年展入会资格一次(最高奖)；吴镜晶获“中华颂”全国小戏邀请赛最佳编剧；丽水鼓词

《斗春晚》获浙江省第十一届群众曲艺大赛入围奖;《一把鲁班尺》获浙江省“庆建党百年·享美好生活”歌词大赛金奖;油画作品《红色人家》入选浙江省第七届群星视觉艺术综合大展优秀美术作品展;《青春的力量》获浙江省群文系统微宣讲大赛二等奖。《村支书的日记》《荷韵江南》《你还有多少故事我没听过》《别有事没事就发火》《追寻》等音乐作品在丽水市第十六届原创歌曲大赛中分别获得创作奖1金1银5铜、表演奖2金2银3铜,莲都区文化馆连续6年被授予大赛组织奖。小品《我们》获浙江省第32届群众戏剧小品大赛银奖,获莲都区庆祝中国共产党成立100周年文艺作品评比金奖;城区文广中心站的情景剧《疫木益木》获丽水市第二届优秀消薄项目大比拼三等奖;小品《像你一样》《心病》获莲都区庆祝中国共产党成立100周年文艺作品评比银奖;三句半《七月赞歌》获莲都区庆祝中国共产党成立100周年文艺作品评比铜奖;小品《圆满》、诗歌《拜年征程》获莲都区庆祝中国共产党成立100周年文艺作品评比优秀奖。歌词曲《向往莲都》获莲都区庆祝中国共产党成立100周年文艺作品评比金奖;歌词《我的阿姥》、歌曲《放排》获莲都区庆祝中国共产党成立100周年文艺作品评比铜奖。舞蹈《春来了》《红珊瑚》获“礼赞百年 舞动莲城”莲都区第二届群众舞蹈大赛中老年组评比银奖;舞蹈《共和国向未来》获“礼赞百年 舞动莲城”莲都区第二届群众舞蹈大赛中老年组评比铜奖。

【作品创作】 莲都区文化馆专业干部投入庆祝中国共产党成立100周年文艺作品创作,创作各类文艺作品46件,歌曲8件,歌词、诗歌等19件,曲艺小品类17件,党建小故事2件。文化干部还为清廉文化进礼堂、送戏下乡等活动创作文艺作品,展现时代精神、莲都风貌和宣传党的思想方针政策。其中,原创小品《我们的星星》、原创歌曲《不变的信念》、原创小品《老娘》获2021莲都区文化馆(站)庆祝中国共产党成立100周年文艺作品评比金奖;歌词《荷韵江南》《剪纸艺人》在省级刊物发表。老竹文广中心站新编了现代处州乱弹剧《状元桥》,编排了体现浓浓军民鱼水深情的舞蹈《军民心向共产党》。城区文广中心站创作廉政题材处州乱弹《丽阳梦》。

【理论研究】 文化干部结合自身专业,开展理论研究,在国家级、省级刊物上发表论文9篇,其中,论文《群众文化音乐活动的模式创新和提升》获全国优秀论文一等奖,并在国家级刊物刊登;丽水文史《亲历国家级非遗“丽水鼓词”的兴衰》在2021年12月13日的《丽水日报》发表。

(张雪旭)

非物质文化遗产保护

【概　况】 莲都区现有国家级非遗项目1项(丽水鼓词),省级非遗项目7项(处州乱弹、太平庙会、丽水吹打、陈十四信俗、丽水鼓词、翻龙泉、通济堰营造技艺),市级非遗项目35项(含2021年新增9项),区级非遗项目115项。有省级非遗代表性传承人5人(含2021年新增2人),市级非遗代表性传承人22人,区级代表性传承人60人。

【非遗“三个融入”】 莲都区非遗中心充分挖掘整合辖区非遗资源,探索非遗传承发展的新途径、新举措、新方法,让非遗传承保护更具活力,文旅产业更为蓬勃发展。利用元旦、“五一”、中秋、国庆、重阳等节日,让非遗融入百姓生活,通过非遗进公园、进社区、进景区等,使百姓、游客进一步感受莲都非遗魅力。元旦期间,举办“堰遇千年 画里跨年”2021古堰画乡“这才是跨年”大型活动——双龙庙会;举办“鼓风莲韵 非遗薪传”2021处风莲韵2021处州乱弹新年音乐会。举办“非遗赋彩 献礼百年”2021年莲都区优秀传统文化节目展演暨中秋派月活动。举办“鼓乐声声庆国庆　多彩非遗展风采”丽水鼓词、丽水吹打、处州乱弹、木偶戏专场演出,共15场。举办“树敬老之风 促和谐之美”处州乱弹、丽水吹打进敬老院、社区活动。将非遗文化元素融入当地旅游发展,作为提升景区文化品位的突破口。在古堰画乡景区，举办“微改赋能”非遗展、农民丰收节非遗展示展演、小镇艺术节非遗小景、传统文化民俗踩街活动。在景区全年开放丽水鼓词场常态化演出。打造非遗旅游线路，让非遗成为吸引旅游“打卡地”。打造非遗文化产业品牌，畲族彩带、畲族刺绣、竹制品制作、金盆露酒酿造技艺、帆船制作技艺等非遗项目引入景区，鼓励更多的传承人在景区开设展示体验点。

【非遗“三以抓手”】 加强非遗传承人队伍建设，提高传承人的保护传承意识，提升传承能力和水平，举办2021年莲都区非遗工作暨非物质文化遗产代表性传承人培训。注重培养新生代传承人队伍，在丽水市职业技术学院举办了“非遗进校园 薪火永传承”——省级非遗项目翻龙泉培训班；暑期举办了“守护非遗传承文化”省级非遗项目——丽水吹打、丽水鼓词少儿公益培训班。在刘英小学建立国家级非遗项目——丽水鼓词传承基地，举办揭牌仪式暨展演活动，每周三下午开设鼓词课程。推荐丽水鼓词传承人叶鹏云、太平庙会传承人樊寿康入围第六批省级非遗代表性传承人；推荐13项非遗项目申报第七批丽水市非遗代表性项目名录，9项入围（保定布龙、魏村采茶灯、畲族祭祖、佛像彩塑、雅溪竹编、碧湖传统武术、传统帆船建造技艺、厦河门十番、金盆露酿造技艺）；完成6项省级项目2位省级代表性传承人评估工作。举办2021年“画乡莲都”非遗图片巡展文化走亲活动，走进庆元、遂昌、青田、缙云。组织莲都鱼跃食品酿造技艺、剪贴画、金盆露酒酿造技艺、眉毛酥制作技艺参加2021丽水市“多彩非遗乡村行”春季缙云行、夏季庆元行、秋季松阳行（非遗夜市）活动；国家级非遗项目——丽水鼓词参加莲都旅游推荐会；鱼跃酿造技艺参加第16届中国义乌文化和旅游品交易博览会。创作国家级非遗项目——丽水鼓词《斗春晚》参加浙江省第十一届曲艺大赛。推荐实验小学陈思沂入选浙江省文化和旅游厅举办的第四届“少年非遗说”浙江传说故事讲述大赛总决赛，获一等奖。复排处州乱弹《三请梨花》参加讴歌百年·处州戏苑群英汇。新编处州乱弹剧《丽阳梦》《状元桥》精彩上演。

（周雅慧　陈　婧）

文物保护

【概　述】 2021年7月莲都区文物局挂牌成立。启动《丽水通济堰保护总体规划》修编。签订莲都区三级文物安全责任书，启动文物建筑消防提升工程、文保单位维修项目，开展白蚁虫害调查并成功申报2021年度浙江省白蚁防治示范项目。

【法规建设】 遵照丽水“一脉三城”城市发展战略，碧湖镇作为丽水中心城市组团的新定位，为加强通济堰古代水利工程的保护利用，对现行《丽水通济堰保护总体规划》实施过程进行评估，编制完成了评估报告。

【文物安全】 为莲都区19处文保单位共103个点位设立文物安全责任公示牌，明确保护区划、保护要求、各级责任人等内容。加强文保单位安全巡查，全年出动检查180人次，开展多部门联

1月1日，通济堰民俗文化表演（莲都区文广旅体局 提供）

合检查12次，发现问题6处，及时反馈至文物所在乡镇，要求落实整改。制定并印发《莲都区民居类文物消防安全三年行动计划》，加强民居类文物的安全工作；开展省保碧湖建筑群、西溪村乡土建筑消防提升工程项目前期工作。

【不可移动文物的保护和管理】开展文保单位修缮项目3个、项目前期3个，争取到省级及以上文物专项资金679万元。参与涉及文保单位两划（保护范围和建设控制地带）范围内建设项目的方案审批、论证、指导等工作100余次。

实施国保通济堰堰头村玉叶流芳古民居修缮工程。完成国保通济堰堰头村景星庆瑞、10号民居修缮工程方案设计、施工图编制。

完成省保碧湖建筑群沈家邸、亲仁巷18—19号、三平巷12号民居修缮工程；启动省保碧湖建筑群人民街112号、114号、140号、亲仁巷5—6号民居修缮项目；完成省保碧湖建筑群沈宅修缮项目，省保西溪村乡土建筑37号、139号民居修缮项目，省保梁村河桥修缮项目前期；完成市保陈村石塔、概头经幢保养修缮项目设计方案编制。

【革命文物保护与利用】走访摸排莲都区不可移动革命文物，了解保存现状及革命事迹。省保浙江铁工厂旧址、区保中共丽水县委旧址被公布为浙江省第一批不可移动革命文物名录；新筛选9处申报浙江省第二批不可移动革命文物名录。同时浙江铁工厂旧址入选丽水市浙西南革命文物金名片（革命遗址类）名单，三岩寺红军洞遗址、太平特约战时经济建设实验区旧址入选浙西南革命文物金名片（革命遗址类）提名名单。

【文博宣传】制作文物保护宣传展板，在莲都区碧湖镇行政服务中心、莲都区图书馆等地巡回展出，介绍莲都区各级文保单位情况、消防安全知识、文物行政执法十大优秀案例等，普及文物法律法规知识。联合复旦大学研究团队进行考古调查并编辑出版《丽水保定窑址》书籍，揭示保定窑产品的历史价值。

（郑菁）

广电事业

【概　况】抓好广电基础设施网络建设，加强广电安全播出管理，开展广电业务培训和应急演练，做好广电惠民工程。确保广电安全播出全年零事故，完成广电安全播出、网络安全、设施保护工作任务。

【基础设施网络建设】完成广电中心机房和14个乡镇机房接入网设备的升级优化工作；完成13个新建小区（村）的接入网建设，覆盖用户4043户；完成8个小区（村）网络改造，网改用户4014户，新建城域网光缆干线73.9千米。

【安全播出管理】调整莲都区广电安全播出协调领导小组和相关专项工作领导小组，完善广电安全生产和安全播出工作措施，修订《丽水市莲都区文化和广电旅游体育局广电安全播出和网络安全应急预案》。召开广电安全播出工作部署会，与局下属涉及安全播出的各单位签订《安全生产责任状》。明确广电安全播出隐患排查重点，对区、乡、村三级广电设施进行全面检查，排查出13个隐患点，已全部整改完毕，拆除废旧广播线5.9千米，保障广电设施安全。疫情防控期间，全区814只农村应急广播通响率保持在95%以上，在疫情动员、防控、宣传上发挥重大作用。开展非法卫星电视地面接收设施专项整治工作。联合各相关单位部门开展非法卫星电视地面接收设施生产、销售、安装及使用环节的集中整治工作。全年共发出整改通知书172份，通过广播、电视、墙报、公告等宣传相关政策法规30次。联合相关部门执法28次，出动执法人员81人次，对辖区内街道社区、企事业单位、宾馆饭店、家电市场、电器销售门店等共组织检查23次，共拆除非法卫星接收设施288座。有力打击了非法销售、安装和使用卫星电视地面接收设施的行为，规范了莲都区境外卫星电视节目传播秩序。完成各重大节假日和重要保障期的广电安全播出保障等工作，确保广电网络正常、平稳地运行。

【业务培训和应急演练】 组织召开全区广播电视安全播出暨网络信息安全业务培训会。邀请各行政村应急广播管理员、广电运维人员近200人参加。通过培训，增强了全体培训人员的政治敏锐感和工作责任感，提高自身安全防范意识，取得了预期的效果。组织开展了莲都区农村应急广播防插播的联合演练。通过演练，检验了安全播出应急预案的可操作性以及各单位之间处理故障的快速反应和相互协作能力。

【惠民工程】 做好“广电低保”惠民工程，农村低保户有线电视或直播卫星电视免费收视覆盖率95%以上，为全区3200余户的低保户提供免费服务保障；建立广电低保工程动态管理数据库，每月及时更新，确保信息数据的准确性。

（叶武　杨骏）

群众体育

【概　况】 2021年，莲都区体育设施不断完善，体育组织活力显现。完成国民体质监测，引导群众科学健身，提升科学健身指导水平，营造良好的全民健身氛围。在2021年全国体育系统先进单位先进个人表彰大会上，区文化和广电旅游体育局获得“2017—2020年度全国群众体育先进单位”称号。

【基础设施建设】 以“健康浙江”“全域旅游”等考核为抓手，将多功能运动场、百姓健身房等体育基础设施建设纳入乡镇、部门考核，强化基础设施配套，打通服务群众的“最后一公里”。2021年莲都区体育民生实事完成村级全民健身广场1个，社区多功能场8个，百姓健身房4个。投资280万元对“莲都100”越野赛赛道进行品质化提升，将赛道线路、绿道、古道、古村落、景点等串点成线，打造群众参与度高、体验感强的运动休闲步道系统，推进体旅深度融合发展。

【全民健身】 2021年共计开展各类体育活动51场，完成2450人国民体质监测工作任务。年初为应对疫情新形势，组织了“留莲过年，AI动莲都”2021莲都区线上健身系列活动，通过直播、短视频大赛、抖音、线上打卡等形式扩大宣传，观看、参与量超100万人次；结合三月三及其他节庆定期开展休闲东西岩山地登高赛、“竹柳新桥”民族运动会等特色运动赛事。

【参加市运会】 组队参加第五届市运会，莲都区代表团在大众体育部（县级组）获金牌64.5块、奖牌124.5块，团体总分775分，竞技体育部获得金牌151块、奖牌239块、团体总分1561分，连续第五届在市运会上包揽大众体育部（县级组）和竞技体育部团体总分、金牌总数、奖牌总数第一，并获“体育道德风尚奖”。

【社体指导员建设】 为推动科学健身，壮大科学健身队伍，将社会体育指导员培训与“体医融合”交叉业务培训、工间操培训等工作相结合，完成三级社会体育指导员培训。

（潘瑛）

体育产业

【概　况】 2021年，莲都区高度重视体育产业发展，重新设计和改造体育指导员协会的组织架构，体育产业市场整体平稳。

【打造体育品牌赛事】 体育赛事上绿道进景区，依托九龙湿地、碧湖平原，开展独具乡村田园特色的“碧湖田园半程马拉松”，利用体育元素为田园游增添新的内容、新的乐趣、新的魅力，助推发展农村体旅产业。举办“清韵杯”全国业余围棋公开赛，运用柯洁的名人效应和围棋资源，打造莲都的围棋IP赛事，打响“围棋之乡”品牌。

【体育协会组织建设】 推动体育社团规范化、社会化、实体化建设进程，指导和带领各单项体育协会、各健身活动站点，组织各界群众开展健身活动。2021年，全区共有体育协会24家，青少年体育俱乐部10家，AAA级以上体育协会12家。发挥各体育社团及民间组织的力量，举办羽毛球公开赛、瑜伽公开赛、健身健美锦标赛等51场群众体育赛事。

【体育产业】 莲都区有体育竞赛表演类、体育健身休闲服务类、体育场馆服务类、体育培训教育类等各类体育产业相关法人单位217家，其中，入库非企业类体育组织机构（协会、俱乐部等）66家，入库企业类体育组织机构151家（其中体育用品零售48家、体育培训25家、运动休闲6家、电子竞技2家）；入库个体经营类体育组织机构278家。

【体育行业管理】 为应对新冠疫情，对全区体育产业开展常态化疫情防控督导，分组分片深入各体育场所，网格化、清单化、责任化落实管控措施，2021年出动2000余人次，压实行业管理责任。全年化解100余起体育类信访投诉，守住莲都体育平安底线。

（潘瑛）

新闻出版

【"扫黄打非"工作】 管控重点领域，开展歌舞娱乐场所违禁歌曲专项检查、邮政快递业"扫黄打非"联合检查等行动，破获"含羞草研究所"传播淫秽物品牟利案等网络"扫黄打非"案件2起，维护清朗文化环境。拓展宣传阵地，举办2021年"绿书签行动"进校园系列宣传教育活动，开展"扫黄打非"进乡村、进企业志愿宣传活动，筑牢"扫黄打非"基层防线。

【电影公益放映】 完成全年2800场次农村电影公益放映工作，惠及观众26万余人次。开展"光影重温历史 电影伴我成长"送电影进校园活动，为东港小学、花园中学等学校送上《建党伟业》《金刚川》等爱国影片，碧湖中学、处州中学获赠电影放映设备，受惠学生达5000余人。

【新闻出版政务服务】 开展2021年印刷、发行行业年度核验工作，共核验通过印刷企业62家、出版物发行单位80家。抓好"证照分离"改革全覆盖试点工作，实行新闻出版、电影领域行政审批告知承诺事项5项，受理办结各类审批服务事项37件。

媒体工作

【概　况】 2021年，莲都区融媒体中心贯彻落实中央《关于加快推进媒体深度融合发展的意见》，在中国共产党成立100周年的时代关口上，发挥舆论宣传主阵地作用，强化"7+N"矩阵式宣传，推进媒体深度融合、一体发展，增强了莲都新闻舆论传播力、引导力、影响力、公信力。

【重大主题报道】 2021年"两会"期间，莲都区融媒体中心创新形式，在全市率先开设"两会通道"，引领全市两会宣传新风向，得到市长点赞和区委区政府高度肯定。在区党代会宣传中，推出作品131篇，以优质短视频在全省脱颖而出，得到丽水市委宣传部肯定，全省多家融媒体中心到莲都学习。

2021年5月1日，推出全民打卡莲都红色地标活动，上线全市首个互动"红色地图"，活动制作新媒体产品872条，累计阅读量1.2亿人次；8万名网友在莲都红色地标线上打卡行动，受到新华网、央视新闻、《浙江日报》、浙江卫视等中央和省级主流媒体关注。拍摄制作原创MV《灯火里的中国》，被"学习强国"等中央、省、市媒体转载，当天全网阅读量突破200万人次，传播莲都好声音。《莲都新闻》在全省开设首个《AI主播说党史》，从倒计时100天开始推送，成为莲都党史学习的一大特色。

【融媒外宣】 打造外宣品牌活动，助力推介莲都的生态产品。2月26日元宵节，在"莲都第一杯春茶"活动中，莲都区融媒体中心以数字连线视频联动模式串联起北京和莲都两个会场，组成了一场春茶"云品会"，《人民日报》（海外版）、人民网、中国新闻网、新华网等近20家中央、省、市主流媒体点赞莲都茶叶，提高了莲都茶产业的知名度和美誉度。

2021年，全媒体矩阵宣传平台共推出78个专栏，4273条融媒体作品；阅读量超10万人次的作品有99条，其中超10万人次的85条、超百万人次的10条、超千万人次的4条。莲都发布两次上榜《人民日报》党媒公共平台新闻热榜。获"学习强国"浙江平台年度优秀供稿单位称号；省委宣传部“美丽浙江”融媒矩阵新闻协作排名全省前三，全市第一；浙江日报“天目新闻”融媒新闻协作排名全省前十，上榜天目十佳融媒榜单；浙江卫视新媒体协作全省排名前十五名，获二等奖，全市第一；莲都新闻网连续四年被评为浙江省先进支站。

【宣传主阵地建设】 提升“莲都号”影响力，实现统一发声。建强莲都区委区政府唯一新闻客户端“莲连看”。“莲都号”实现全区所有乡镇街道、区直部门入驻，全年共发布稿件12963篇，阅读量突破6000万人次；打响“热点头条”“莲连看直播”“莲都号”和“即时报”四大品牌，凝心聚力发出莲都好声音，传播莲都好故事；实现“新闻+政务+服务”，打造指尖办事，一站服务平台，成为“互联网时代莲都人掌上综合服务平台”。推出全市首个网络慢直播，多场直播被《人民日报》、央视新闻、新华网、浙江新闻客户端、蓝媒号等中央、省级主流媒体同步推送。2021年共完成近50场直播，其中“听90岁诚信奶奶陈金英讲述她的十年还账路程”的网络直播全网观看突破1000万人次，微博话题阅读量突破2亿人次。推出新闻监督栏目《莲都聚焦》，2021年5月21日开播，每周一期，全年推出25期节目。推动政府职能部门转变工作作风、提升工作效能、提高服务水平、优化发展环境，彰显媒体责任担当，用新闻推动社会的进步。

【人才队伍建设】 建设“全媒体”宣传铁军。实施“莲蝶变”三年培训行动，通过“请进来”“走出去”方式提升队伍业务水平。开展每周一次部室选题和点评例会，每月一次“全媒体技能比拼”，每季度一次“全媒体讲堂”，邀请省内媒体专家进行授课。2021年共输送15人次到浙江广电集团、浙江传媒学院进行培训。运营的莲都发布引领全市政务新媒体潮流，微莲都年度增粉破5万人，莲连看矩阵粉丝突破35万人；2021年，由团队创作的新闻作品获得市新闻奖一等奖2个，二等奖1个，三等奖4个；中心1名采编人员获评2021年度丽水市优秀编辑，1名记者获全省防台宣传报道先进个人。由于历史原因，区融媒体中心没有申请记者证、主持证的资格，2021年，与浙江省新闻出版局对接，争取获得了申领和审批资格，并完成申领工作。

人力资源和社会保障

人　事

【事业单位工作人员队伍建设】 2021年，对部分人员岗位作了调整，共有8人从区外调入莲都区事业单位工作，办理2020年下半年教育和其他事业人员选聘入职手续3人，区内事业单位人员交流265人，其中同系统内交流252人，有6人调离莲都区。2021年上半年完成35名人才引进计划。下半年集中开展人才引进工作，全年引进硕士研究生58名。6月，莲都区发布教师招聘公告和卫生专业技术人员招聘公告，经过笔试、面试、体检、考察等程序，59名新教师入职。开展待聘库教师考核工作，2021年有7名中小学教师经过考核入编。民办教育事业单位招聘2名报备员额制教师。2021年，组织开展两次卫生专业技术人员招聘工作，招聘卫生专业人员25名。参加下半年公共类事业单位全省统一招聘，新聘事业人员32名。

【机关事业单位编外人员队伍建设】 2021年3月，发布招聘社工公告，共招聘社工47名。5月，根据省、市文件精神，在全区开展就业和社会保障协理员招聘工作，推出25名招聘计划，经过系统报名，完成笔试、面试、体检、政审等程序，统一办理了入职手续。根据招聘计划和工作需要，2021年上半年组织开展辅警招聘，共招聘辅警27名。推荐2020年底入围面试人员到编外驾驶员岗位缺人单位就职。5月，向社会发布集中招聘编外用工公告，推出岗位59个，有110名考生进入面试环节。

【完善人事管理体系】 2021年，为79家单位进行编制数和领导职数重新设置，完成部分单位人员岗位变动审核。对接2020年“3+1”计划的表扬表彰事项，要求相关单位及时启动工作。根据区委区政府重点工作完成情况，经相关部门申报，对工作完成突出的9个部门进行集中行政奖励，全部行文表彰。完成2020年度事业人员年度考核获优秀等次的858名人员的奖励工作。

【人事档案管理】 接收大专毕业生档案1561份、中专毕业生档案50份、企事业人员档案132份，转出大专毕业生档案538份、中专毕业生档案39份、村官档案3份、企事业人员档案51份，截至12月30日，档案在册13699份（其中高校毕业生档案8007份，企事业单位人员档案1944份），集体户在册182人。

【工资、福利和退管】 2021年，办理机关事业单位工作人员工资调动转移手续871人次。审核审批机关事业单位人员工资正常晋升、职务和岗位变动、职级晋升等6831人次。审核发文机关事业单位工作人员工龄认定322人，办理退休审批143人，一次性抚恤费审批93人，遗属生活困难补助费审批8人，调整遗属、精减、计划外长期临时工生活困难补助费300多人，调整高龄补贴审批40余人。审核审批机关单位年终一次性奖金1563余人次，审核审批机关及事业工作人员应休未休年休假报酬5862余人。

人　才

【职业技能提升】 鼓励企业职工利用生产空闲时间开展自主培

训，2021年第一季度共组织504名留丽过年农民工参加线上线下职业技能培训，做好常态化疫情防控中的稳就业工作，帮助企业渡过难关。开展职业技能提升行动，实施职业技能培训目录清单式管理，通过项目制培训、职业技能等级认定、职业资格证书考核等途径，组织开展各类技能提升培训班130余个，完成补贴性培训8852人次，发放技能培训补贴737万元。开展高层次人才培养，共有2600人通过考核、评比等途径获得职业技能等级证书，培养新增高技能人才1049人，获得副高以上职称251人，获评绿谷企业英才7人、绿谷企业新秀21人、"浙江工匠"2人、"浙江青年工匠"7人。组织参加职业技能竞赛，新增丽水市首席技师2人、绿谷技能大师5人、丽水市技术能手5人、丽水金蓝领7人、丽水市青年岗位能手11人。

【人才政策兑现】 落实高层次人才各类优惠政策，申报人才公寓8人并获得批准，有65家单位790人申报丽水市高层次人才体检，发放各项人才资金共846万元；开展高层次困难人员慰问2次，惠及19人次。

【招才引智】 组织莲都区企业参加市本级人才交流会1次，组织线上引才活动81场次，线下引才活动13场次，发布岗位28594个；参加市人社局线上引才活动13场次、线下引才活动14场次，发布岗位2689个，前往西安、成都、武汉、哈尔滨等地招揽人才，全年为莲都区引进各类人才5558人，其中博士研究生19人，硕士研究生229人。根据组织部门统一部署指挥，配合组织部举办2021丽水"人才科技"峰会莲都分会场1次，对接兰州理工大学温州泵阀研究院、浙江农林大学、金华职业技术学院、人力资源机构，谋划莲都区招才引智工作。

【职称评聘】 2021年，围绕"云上职评"业务核心开展专业技术人员职称申报和评审工作。全年审核（推荐）通过专技申报人员761人，其中，初定257人（初级247人、中级10人）。评审（推荐）747人（正高级10人、高级148人、中级257人、初级332人），通过丽水人力社保公共服务平台"云上职评"系统发放电子证书31本（初级11本、中级20本）。做好各系列新取得职称人员的发文公布工作，收发专业技术相关文件58份。开展事业单位专业技术人员岗位聘用、岗位等级变动工作，办理专业技术人员岗位变动1222人次，其中高级570人次，中级479人次，初级173人次。落实中小学校教师职称改革工作，拓宽新型农业生产经营主体人员的评审渠道。结合莲都区人才需求，新建省级博士后工作站1家，招引博士后研究人员1人。组织申报省级专业技术人员高级研修班3个、省级现代服务业高级研修班2个，鼓励支持各行业领域高层次人才积极参与。

劳　动

【劳动监察】 2021年，莲都区劳动监察大队接待来访、来电群众2400余人次；联合多部门约谈5起在建工程项目；巡查用人单位338余家次，涉及劳动者1.73万余人；办理行政处罚案件12起，行政罚款15.85万元，办理涉及工程建设领域的行政处理案件1起，涉案金额48.6508万元。开展护航建党百年"浙江安薪"，漠视侵害群众利益问题，根治欠薪夏季，冬季行动，劳动力市场秩序整顿，用人单位遵守劳动用工和社会保险法律法规，校外培训机构"双减"等各类专项活动，杜绝拖欠、克扣农民工工资问题，保障农民工合法权益。以数字化改革为引领，构建"浙江安薪"平台，在平台服务端集成开发"浙江安薪码"，实现所有案件线上流转和规范办理。

【劳动争议调处】 2021年，莲都区仲裁院从办案流程全面规范、制度体系系统完善、办案质量显著提升三个方面不断提升仲裁院各项工作；实施丽水市劳动关系"和谐同行"三年行动计划，打造和谐劳动关系示范区，维护和谐的劳动关系。全年受理案件369件，涉案金额665万元，审结案件374件（上年未结9件），仲裁结案率98.9%；其中调解结案300件，其他方式结案51件，仲裁调解率93.9%；裁决结案23件，其中一裁终局18件，一裁终局率78.3%，网络办案率67.7%，四项主要指标均高于省考核指标。参与推进省厅2021年人社数字化改革“对标争先”试点提升“智慧仲裁”应用联动县项目，推行“互联网+调解仲裁”模式，网上立案、线上开庭、远程调解，让数据“多跑路”，群众“少跑腿”，为当事人提供方便快捷的调解仲裁服务，畅通多渠道的维权途径，让维权简便易行，完成“智慧仲裁”应用场景集成任务。莲都区劳动人事争议仲裁院连续23年被评为全省先进集体。

就　业

【促进就业创业】 2021年开展创业培训867人，完成率102%，拨付补贴资金98.4万元；企业岗位技能培训1402人。市区城镇新增就业7692人，完成率124.1%；发放创业担保贷款2118万元，完成率100.86%；组织创业活动10场，完成率100%；累计开发公益性岗位143个，完成率114.4%；累计公益性岗位在岗数107人，完成率118.89%；创建高质量就业社区（村）28个，完成率100%；失业人员再就业608人，其中，莲都区困难人员再就业433人；城镇登记失业率为1.82%；累计发放就业困难人员社保补贴1283人次，798.75万元；保障失业人员基本生活，全年发放失业金2936人次，发放金额404.97万元，发放失业补助金2089人次，发放失业补助金106.23万元；开展东西部扶贫协作，22个省到莲都就业6818人，其中4个省到莲都就业2291人；掌握企业就业失业动态监测情况，保持城镇“零就业家庭”基数归零、动态归零。

【就业服务】 2021年，认定114家见习基地，累计推荐147人参加见习；鼓励高校毕业生到企业就业，发放高校毕业生就业补贴200人，共计57.6万元；引导企业吸纳高校毕业生就业，发放中小微企业招用高校毕业生社保补贴168家，71.76万元；累计开发公益性岗位143个，公益性岗位在岗107人，发放岗位补贴和商业保险补贴132.4724万元；28个村被认定为区级高质量就业社区（村），共拨付创建补贴资金28万元；累计为市区2803家符合条件的企业发放稳岗补贴750.44万元，惠及参保劳动者49391人；5家企业已开展17期企业岗位技能培训班，457名企业职工参训，并发放企业岗位技能培训补贴22.85万元；开展网红孵化、直播带货、民宿创业经营等创业培训班近30期。2021年新增创业担保贷款61人，贷款金额2118万元；发放创业担保贷款贴息51人，贴息金额101.03万元；发放一次性创业补贴17人，补贴金额8.5万元；发放场地租金补贴5人，补贴金额1万元；帮助对口四川省贫困劳动力到莲都就业279人。帮助贫困人口（中西部22个省份）到莲都区稳定就业数4879人，帮助对口帮扶四省（四川、湖北、贵州、吉林）到莲都区稳定就业数2291人；开展技能扶贫专班15期，培训建档立卡人员623人。

社会保障

【机关事业单位养老保险】 2021年，莲都区有机关事业单位养老保险参保职工6711人，机关事业退休人员共计3847人。2021年末，实收机关事业基本养老保险基金36106万元，基金支出34102万元，基金滚存结余5462万元。

【城乡居民社会养老保险】 2021年，莲都区有城乡居民基本养老保险参保人数106160人，享受城乡养老待遇共有37968人。2021年实收城乡居民养老基金25563万元，支出13990万元，养老基金滚存结余26050万元。

【被征地农民基本生活保障】 2021年新增参保人数851人，被征地农民基本生活保障资金收入2653万元，支出336万元。截至2021年底，莲都区被征地农民参加基本养老保险备案5631人，其中选择参加城乡居民养老保险542人，选择领取被征地生活保障待遇12人。2021年生活补贴支出556万元。

【企业退休人员社会化管理】 实行企业退休人员社区化管理，强化退休人员档案管理，实施企业退休人员网上生存认证。2021年，市区有5323名企业退休人员进入了社区管理，新增档案管理678份。

城建·城管·环保·征收

城镇建设

【概　况】 2021年，莲都区住房和城乡建设局围绕目标任务，针对省、市、区大督查、百日攻坚大会战各项指标任务，聚焦城乡富美、保障民生发展、推进行业创新、抓好住房建设领域各项工作任务的落地落实。推进电梯加装工作，围绕推进项目进度，做好纠纷调解，2021年，市区共有81台电梯正式开工，其中53台电梯完工，发放政府专项补助182万元。推进城镇D级危旧房治理工作，市区73幢城镇D级危房，其中58幢已明确治理方式。农村困难家庭的住房保障问题实现动态清零，完成农房信息排查录入48025户，疑似危房鉴定2257户，鉴定出危房380户。做好D级危房零星搬迁，组织开展D级危房零星搬迁参与“大搬快聚富民安居工程”申报摸底，全区申报农户526户，初步核定符合搬迁资格的288户583人，符合安置资格约663人。助推物业管理水平提升，强化党建引领，成立莲都区物业行业党委和12个物业企业支部，实现住宅物业服务企业党组织全覆盖。落实“三金一房”管理，2021年全区住宅项目归集物业专项维修资金4.89亿元，累计拨付使用资金3371.77万元；归集保修金2.31亿元，累计使用资金572.04万元，退还资金1076.12万元；归集首次业主大会筹备金497.86万元，累计使用资金78.45万元。开展“减、放、并、转、调”，实行并联审批，实现行政审批事项缩减15%；实现了一般企业投资项目从赋码到竣工验收“最多80 天”改革目标；2021年受理各类审批事项211件，审批件按期办结率为100%。“互联网+”助推监管水平提升，开展掌上执法160余次，覆盖各领域480项事项，执法事项覆盖率为100%；落实“双随机”任务，通过单部门执法、多跨部门联合执法、“综合查一次”等形式开展执法15次，督促各行业规范发展。强化建筑工地安全生产巡查监管，2021年检查工地360余个次，签发安全隐患整改通知书70份，排查出各类安全隐患500余处并已全部整改到位。强化室内装饰装修动态监管，落实坐班接待工作模式，新增瑞景园、嘉慧园、花街风情苑3个执勤室，注重源头管理，2021年开展巡查86次，巡查小区218个次，制止违法违章装饰装修行为103件，接受并处理投诉举报案件337件。落实工程消防设计审查和验收工作，2021年办理消防设计审查和验收56件，开展现场抽查2件，全部检查合格。

【美丽城镇建设】 推进美丽城镇建设，2021年，老竹镇完成美丽城镇样板乡镇创建，太平乡、仙渡乡、丽新乡、峰源乡完成美丽城镇达标乡镇创建，5个创建乡镇131个项目开工建设，完成投资17.3亿元。推进美丽宜居示范村，2021年美丽宜居示范村创建任务中的仙渡乡梅田村和碧湖镇九龙村已完工，丽新乡马村村开工建设，联城街道汝河村完成规划编制工作。推进传统村落保护利用，坚持保护传承与乡村建设有机结合，碧湖镇堰头村、峰源乡库坑垟村、雅溪镇库川村、雅溪镇龚山村、峰源乡夏庄村5个项目已完工，完成投资1500万元。谋划城乡风貌整治提升和未来社区，结合已经开展的美丽城镇建设、美丽乡村、美丽村庄建设，莲都区县域风貌样板区创建计划分两批建设，第一批为碧湖镇—大港头镇县域创建重点实施采桑未来社区和古堰画乡未来社区建设，第二批围绕丽水畲乡小镇建设老竹镇—丽新乡县域创建。2021年，行动方案已上报省城乡风貌工作专班等待评审。碧湖镇—大港头镇县域风貌样板区已于2021年11月完成申报工作。

【建筑业】 激发建筑业产业新活力，修订建筑业扶持政策，为助推建筑业高质量发展打好政策基础。做好“双招双引”工作，引进建筑业总部企业1家，完成实际利用内资0.8亿元，招引高校毕业生上报174人，核定110人，研究生2人，有效缓解企业用人压力。引导万洋、祥生、灵康杏福小镇等重点项目在莲都区设立建筑分公司或施工发包给莲都企业，税收纳入莲都。强化招投标管理和创新，开展施工评定分离试点，指导完成全市首个施工定分离项目招标，处理招投标异议、投诉项目5个，保障招投标市场秩序平稳。

【房地产业】 加强房地产业监管，区住房和城乡建设局落实“限房价、限地价、定品质、竞配建”土地出让竞价方式，已确定限房价区间项目6个、开展限房价评估项目3个。在市级部门统筹下做好市场监管，落实房价指数控制相关措施，加强房产交易、房屋网签等工作监测管理，开展预售资金管理等专项检查行动，促进房地产市场健康发展。

【公用事业】 坚持项目先行，持续推进老旧小区改造，截至2021年底，公安经济适用房、南明新区改造项目已开工建设，文昌弄周边、怡景花苑改造项目处于前期阶段。完善镇区给排水功能，太平乡自来水管网改造项目已完工并具备供水能力，实现了城乡供水一体化零的突破；雅溪镇自来水厂项目基本完工；郎奇—石牛区块配套供水工程开工建设；老竹丽新线正在开展用地选址，下林线正在编制初步设计文本。老竹—丽新污水处理厂项目完工，补齐老竹—丽新片区污水治理能力不足、处理工艺落后的短板。提升农村生活污水运维水平，2020年底开工建设的农村生活污水新建和改造项目，总投资3485万元，2021年，完成总工程量的76.1%，完成投资2630万元。对照省里工作要求，完成了214个农村生活污水运维标准化点位创建。对标中央环保督察，对闲置农村生活污水设施进行整改，已完成整改点位214个，完成率100%。谋划基础设施建设项目，对2022年及“十四五”期间的城乡市政项目进行了汇总和梳理，形成了“十四五”建设口政府投资建设项目库，共谋划项目99个，涉及总投资63.16亿元，其中，亿元以上项目18个，加快补齐莲都乡镇基础设施短板，助力莲都大发展、大跨越。

（王萌）

10月19日，莲都区2021年度建筑施工安全暨装配式建筑现场观摩会召开（区住建局提供）

“三改一拆”工作

【概　况】 围绕“三改一拆”“无违建”创建工作，以“控新”“治旧”“固本”为抓手，上下一心，拆除违法建筑29.24万平方米，任务完成率127.1%；旧住宅改造3.49万平方米，完成率100%；城中村改造4.56万平方米，完成率101.1%。

【违建摸底】 在前期已掌握的违法建筑“一户（楼）一档”“一企一档”基础上，对莲都区范围内的违法建筑再次进行全面排查，按照统一标准精准采集违建基础信息、经纬度位置信息、现场照片等，建设莲都区违法建筑数据库，实现莲都区“一本账”管理，排摸出违建130.47万平方米。实行数据质量管控，完善违建数据报送、审查、倒查机制，通过报表分析、存疑数据现场核查、问题数据督办整改等方式，对8179条上报数据进行排查，发现问题数据1323条，合计面积22.35万平方米，全部修正到位。11月，丽水市“三改一拆”办对丽水市违建数据质量进行核实，莲都区数据真实性达90%~95%，位丽水市前列。

【治违除患专项行动】 成立由莲都区政府领导挂帅、各相关职能部门参与的工作专班，建立部门联合、定期通报、督查问责机制，结合莲都区安全隐患工作实际，制定《莲都区治违除患促安全违法建筑专项整治行动方案》，明确各单位职责分工、整治流程、整治方式、实施步骤和完成时限等。莲都区领导2次带队到经济开发区等地交流学习，多次召开整治行动意见征集会、部署会、推进会、攻坚会等部署落实专项行动。工业园区、各乡镇（街道）拆除违法建筑74处，面积7.89万平方米，完成年度整治工作。

【新增管控】 出台并实行《莲都区村级违建防控网格责任落实与责任人年度绩效考核挂钩办法》，把控违工作成效与村级责任人绩效考核挂钩，围绕挂钩办法，对莲都区各乡镇（街道）村级违建防控责任落实情况开展专项督查，发现并交办问题点位3处、具体问题17项。加强农房智慧监管，在碧湖镇违建高发区安装360度旋转高空摄像视频监控设备，准确收集农房建设数据，实现建房过程可追溯；优化防违控违综合管理系统，通过“批后监管”功能模块全年跟踪新建农房435户，发现违建房屋37处，全部在第一时间处置到位。

综合行政执法

【市容管理】 在古堰画乡景区、万洋小镇、碧湖和老竹等重点区域针对占道经营、跨门店经营、乱贴乱画等违法行为开展市容整治，处置跨店经营2990余起，处置流动摊贩2490余起，劝导家禽散养420余次。在大港头、碧湖镇持续开展人行道违停整治行动，劝导违停非机动车9300余辆次、机动车5700余辆次，处罚机动车辆人行道违停16起，开出《违法停车告知单》19张。全年无休保障古堰画乡景区秩序，共参与保障重要团队考察80余次，护航衢丽铁路开工仪式、东西岩“三月三”畲乡风情节、首届“赏萤季”等活动50余次。

【依法行政】 落实综合执法三项制度，召开案件集体讨论会12次，审理重大疑难案件23件，组织召开2起案件听证会。定期开展法制培训和派驻指导，举办新增行政执法事项业务培训和菜单式法制审核业务专项培训，对《浙江省河道管理条例》等新出台法律法规进行学习，增强执法业务能力。6次参加行政执法案卷评查，共报送案卷23个，评查全部合格，其中2个案卷被评为优秀。牵头编制《莲都区秸秆禁烧和综合利用工作方案》。承接砂管办职责，开展砂石资源综合集中整治，对莲都区63个涉砂场点实施“拉网式”排查，关停37个、停工整顿26个。

【执法改革】 2021年，综合执法莲都分局发挥牵头抓总作用，推进“大综合一体化”行政执法改革。牵头成立莲都区“大综合一体化”行政执法改革专班，进行实体化运作。牵头起草《莲都区“大综合一体化”行政执法改革行动计划(2021—2022年)》《莲都区推进“大综合一体化”行政执法改革实施方案》，梳理莲都区拟赋权乡镇（街道）的行政执法事项目录清单。挂牌成立莲都区综合行政执法指导办公室，办公室设在综合执法莲都分局。

根据实际情况，研究对碧湖、大港头两个镇采取赋权方式，对老竹镇、雅溪镇、太平乡、黄村乡采取派驻方式，仙渡乡、峰源乡、丽新乡采取辐射方式，推进基层“一支队伍管执法”。

【信访工作】 2021年，综合执法莲都分局完善举报接待、信访回复等工作处理机制，对投诉举报案件快速予以调查核实，全年共受理、转办各类信访件464件，反馈率达到100%，未发生因“两违”问题造成的越级上访和重大上访事件。

【队伍建设】 以党史学习教育凝聚队伍精气神，开展党史专题学习26次、党课6次、主题宣讲3次，与乡镇中队分队长竞聘、退休干部欢送等紧密结合，在学史增信中增强队伍凝聚力。修订出台《编外人员管理办法》，招录编外人员4人，竞聘乡镇中队分队长9人，商调干部3名、选调干部1名，完成干部职级晋升4人，队伍配备更趋合理。组织全体执法人员赴龙泉市公安局警务技能训练基地开展全封闭式集中培训，队伍形象和整体能力得到有效提升。继续推进规范化中队建设，指导太平中队完成营房装修、装备采购等工作。

生态环境保护

【概　况】 2021年，莲都区生态环境状况级别为优，市控以上地表水监测断面、县级以上集中式饮用水水源地水质达标率为100%，跨行政区域河流交接断面水质达标率为100%，考核结果为优秀，15个地表水监测断面中，处于Ⅰ~Ⅲ类水质的有14个，县控断面环城河口为Ⅴ类，出境断面1个即风化断面水质达到Ⅱ类，国控“水十条”考核断面均达到功能要求和考核目标要求。市区环境空气质量综合指数为2.67，在全国168个重点城市排名第七，连续七年全国前十，在全省排名第二，空气环境优良率（AQI）为99.7%，较2020年上升0.8个百分点，全省排名第一，PM2.5平均浓度为21微克每立方米，全省排名第二，PM10平均浓度为40微克每立方米，降尘量为2.9吨每平方公里每月。莲都区生态环境公众满意度总分达到90.84分，较2020年提高1.19分，在全省90个县（市、区）中排名第五。2021年度莲都区化学需氧量、氨氮、氮氧化物、挥发性有机物减排量分别为85吨、7吨、0.3吨、3吨，完成气减排项目1个，即瓯宝安防科技股份有限公司VOCs源头替代项目，完成水减排项目1个，即腊口污水处理厂项目。

【碧水保卫行动】 2021年，建立健全河（湖）长制巡查和考核制度，出台公众护水“绿水币”制度并推广，开展“找寻查挖”专项行动，完成问题整改281个。加快治水基础设施建设，完成蓝天花苑、南阳小区、莲花新村等3个生活小区，碧湖镇以及丽水工业园区碧湖区块“污水零直排区”建设，建设改造城镇污水管网33.5千米，214座日处理能力20吨以上农村污水治理设施实现标准化运维全覆盖。强化饮用水水源保护，完成县级以上集中式饮用水水源地“一源一策”方案编制，推进黄村水库饮用水水源地河湖生态缓冲带项目建设，完成国控水质断面走航排查和“一点一策”方案发布实施。强化美丽河湖创建，创成省级美丽河道1条，河道综合治理6千米。

【蓝天保卫行动】 2021年，莲都区开展工业企业大气污染综合治理，淘汰3家落后产能企业，整治20家“低散乱”企业；抓好能源结构升级，引导用能企业实施清洁能源替代，完成丽水万控电气有限公司生物质锅炉替换天然气项目，开展涉VOCs企业排查整治行动，排查涂装企业28家。强化移动源污染控制，完成非道机械上牌数量161台，非道机械尾气抽测202台，处罚全市首例非道路柴油移动机械尾气超标案件，完成加油站油气回收检测30家次，开展重型柴油车OBD安装监管100台。狠抓扬尘污染防控，完成市区15个道路扬尘自动监控点位、20个噪声监测点位建设。开展秸秆焚烧管控，出台实施《莲都区秸秆禁烧和综合利用工作方案》，加大秸秆焚烧行为处罚力度，立案调查60起，结案15起，罚款金额8300元，利用莲都区“蓝天卫士”秸秆焚烧智能预警探测系统累计劝导并处置秸秆焚烧行为13558起，处置率达72.08%，秸秆综合利用率达到95.6%以上。

【清废净土行动】 2021年，莲都区强化土壤污染源头管控，完成10个变更地块的污染调查报告评审和2家土壤重点监管企业用地自行监测，完成莲都区受污染耕地“源解析”工作。强化农村畜禽粪污资源化利用，全年存栏200以上规模养殖场粪污处理设施装备配套率达到100%，畜禽粪污资源化利用和无害化处理率98.16%。推进化肥农药减量，废旧农膜回收利用率达90.5%。推进“无废城市”建设，完成“无废城市”创建的四项清单指标29项，完成率为88%；依托工厂、学校、医院、工地、景区、乡村等载体，完成“无废城市细胞”创建点位验收12个。启动莲都区危险废物环保规范化管理服务项目，加强小微企业固废监管，完成全省固废管理信息系统填报注册企业286家。加强塑料污染治理，制定出台《丽水市莲都区塑料污染治理三年攻坚行动计划（2021—2023年）》。推进城乡生活垃圾分类处理，创成省级高标准小区7个、农村生活垃圾分类示范村3个，2021年城乡生活垃圾分类覆盖率达98.09%、资源化利用率均达100%、无害化处理率均达100%、城乡生活垃圾回收利用率达56.52%。完成丽水市生活垃圾焚烧发电厂二期项目、丽水市务岭根垃圾填埋场三期工程（即装修垃圾处理项目）、市区再生资源回收市场等一批基础设施建设。

【生态环保督察整改】 2021年，省委生态环境保护专项督察期间交办莲都区4件信访件均已办结。制定实施《中央生态环境保护督察莲都区整改工作领导小组工作方案》《莲都区贯彻落实第二轮中央生态环境保护督察报告反馈问题整改方案》，第二轮中央生态环保督察交办莲都区39个信访件均已完成销号，7项共性反馈问题已基本完成整改。推动解决砂石行业突出环境问题，出台《莲都区砂石资源管理实施办法（试行）》，推进砂石资源专项整治及规范经营管理；推进涉林垦造耕地问题整改，5个违规项目整改均已完成并通过验收。

【环境监察】 2021年，陆续开展“百日攻坚”“风雷”“绿剑”等各类生态环境执法专项行动，打击环境违法行为，全年共立案处罚15起，处罚金额176.35万元。全年受理环境信访投诉件97件，较2020年下降4%。出台《莲都区辐射事故应急预案》并开展莲都区辐射安全事故应急演练。落实环境污染问题发现机制，出台莲都区《关于建立健全环境污染问题发现机制的实施意见》，实现全市首个群众环境违法行为有奖举报案例，兑现奖励金5000元。推行辖区企业正面清单管理制度和轻微违法行为不予处罚清单，完成6家正面清单企业公示，3家企业轻微违法不予处罚。开展入企“环保体检”服务，引入第三方“环保管家”服务等，解决57个环境隐患问题，为辖区内58家重点企业制定“一企一策”。实施生态环境损害赔偿制度，办结生态环境损害赔偿案件2例。

【环评审批】 2021年，市生态环境局莲都分局持续推进“区域环评+环境标准”改革和畜禽养殖审批承诺制改革，共完成36家企业降级登记表备案和8家养殖场承诺制审批。完善以排污许可证为核心的固定污染源环境管理制度，排污许可证新申请企业6家，变更29家，完成网上登记113家，完成排污权全指标竞价企业23家。

【环境资源配置】 2021年，莲都区四项基本污染物排污权指标氨氮余量68.315吨、化学需氧量余量929.21吨、二氧化硫余量2082.424吨、氮氧化物余量185.802吨。全年共使用VOCs总量16.751吨，均控制在现有VOCs总量控制指标量范围内。开展排污权有偿使用和交易工作，全年共完成23家企业网上电子竞价交易，交易额达176.9422万元。

【环境宣教】 2021年，市生态环境局莲都分局开展环保宣传教育，组织开展“6·5”世界环境日、“6·30”浙江生态日、“7·29”丽水生态文明日等系列环保主题宣教活动，制作《莲都生态课堂》

《莲都生态十二时辰》等6个微视频，以线上线下相结合的方式进行宣传。开展绿色家庭创建行动，推荐省级绿色家庭1户，市级绿色家庭24户。

【环境监管信息化建设】 2021年，市生态环境局莲都分局完成丽新乡和大港头镇清新空气监测站点建设共4个，沪昆物流大通道空气自动监测站点建设完成并投入运行，推动丽水工业园区涉危企业安装智能监控设施，推进莲都区“蓝天卫士”监控点位增设项目以及“空中哨兵”无人机服务等项目建设工作。

（张嘉雯）

环境卫生管理

【概　况】 2021年，丽水市莲都区环境卫生服务中心（简称区环卫中心）坚持“发展莲都、服务市区”的基本定位，以垃圾革命、厕所革命、设施保障、无废城市创建为工作重点，坚持把推动改善环境卫生质量作为环卫工作的重要落脚点，为莲都创造更美好的宜居环境。

生活垃圾日产日清、平稳有序，做好灭蝇除臭、渗滤液及反渗透系统各级化验工作，为水质监控和加药提供依据。垃圾中转清运实行“五定”制度，定人员、定车辆、定区域、定质量、定安全，确保车走地净，严防“跑冒地漏”。2021年，丽水市务岭根垃圾填埋场实现生活垃圾零填埋，垃圾焚烧后的渣土进入垃圾填埋场，做好覆土填埋、灭蝇除臭，并做好渗滤液及反渗透系统各级化验工作。餐厨废弃物处置中心处理垃圾2.89万吨（莲都区）；粪便生化处理厂处理粪便6610吨；渗滤液处理97115立方米，渗滤液处理率达77%；处理装修垃圾4.5万吨。

【提升末端处置能力】 建成丽水市首个装修处置项目，补齐处置能力缺口；加快提升餐厨垃圾、装修垃圾等资源化利用水平，探索环卫网络与再生资源网络“两网融合”。2021年，丽水市务岭根垃圾填埋场新增其他垃圾处理能力600吨/天、易腐垃圾处理能力150吨/天，装修垃圾处理能力250吨/天，实现了生活垃圾全品类资源化。

【垃圾分类】 2021年，垃圾分类办与环卫中心合署办公，聚焦“无废城市”创建目标，推进城乡生活垃圾“源头减量、无害处置、资源利用”全链条管理。连续4年获评省级生活垃圾分类工作优秀区，获得省补专项资金2400余万元。紧盯“一年见成效，三年大变样，五年全面决胜”攻坚目标，在全市率先基本建成垃圾分类投放、分类收集、分类清运、分类处置体系。截至2021年底，城区生活垃圾分类覆盖率达98.09%、回收利用率达56.52%、资源化利用率达100%、无害化处理率达100%。创成省级高标准小区53个、示范片区3个，居全市第一。完成两个“60%”目标：全区51条商业街实行“定时定点”投放清运，采用专用车辆沿街分类收集店铺生活垃圾；推进居住小区定时定点和撤桶并点工作，完成50多个小区的收集房（亭）建设，为落实“四分两定”工作奠定了基础。开展“垃圾分

1月6日，丽水市首个装修垃圾处理项目正式运行（区环境卫生服务中心　提供）

类从娃娃抓起”系列宣传活动，全区各中小学、幼儿园生活垃圾分类教育覆盖率达到100%，分类知识知晓率达到100%；结合“小荷志愿者”“我爱我家·垃圾分家”“垃圾去哪了？”“图书馆之夜”“党建和创”“分类达人赛”等活动，2021年开展宣传培训、会议530余场次，近24万人次参与垃圾分类宣传活动，发放宣传册、宣传折页、告知书等51万余份，群众意识逐步提高，工作效果不断凸显。

【项目建设】 谋划“十四五”项目库、环卫设施三年行动方案、城镇开发边界划订方案、城市更新五年行动方案等，以“任务上墙、挂图作战、责任到人”的管理方式，做到重点项目如期推进。推进市区垃圾中转站提升改造项目，已完成北苑路垃圾中转站整体改造、更换压缩设备，清水湾垃圾中转站增加渗滤液收集池，水东垃圾中转站局部修缮等，除臭设备陆续安装到位；分批次对城区40多座公厕进行提升改造，2021年完成第一批共5座公厕施工改造，重点解决公厕设施陈旧老化、无障碍设施及男女厕位比例配备不足问题；抓丽青路垃圾中转站拆扩建项目、岩泉垃圾站中转站新建项目、务岭根垃圾填埋场浓缩液处理项目、排山环卫停车场项目前期工作，提升工作效率，完善环卫基础设施建设。

【精细保洁】 以人居环境“三大整治提升”专项行动为抓手，在全市首创公厕保洁“五彩工作法”，完善环卫干部网格“15分钟反应圈”、道路保洁“三色预警机制”。落实由基层环卫所、城区管理科、街道组成的三级考核监督机制，完善环卫干部结对路段、公厕巡查包干责任制。针对餐厨垃圾桶外放的问题，联合市区各相关部门、街道开展餐厨垃圾专项整治行动，2021年共开展联合执法255次，劝导3278件，发放限期整改通知书63件，发放《告知书》13401份；对垃圾容器集中修复、更换清洗，更换垃圾桶1236个，果壳箱内胆975个，集中整治 4648人次，高水平巩固经常化文明城市创建成果。被省住建厅、省总工会评为2021年浙江省城市市容环境卫生工作成绩突出集体，系丽水唯一；被丽水市人民政府授予丽水市全国文明城市创建“两连冠”工作集体三等功。

6月21日，莲都区灯塔幼儿园教育集团举行“垃圾分类是谁的责任”辩论赛

（区环境卫生服务中心　提供）

【党史学习教育】 紧抓志愿服务、垃圾分类、公厕服务等“关键小事”，为群众办实事，用市民“幸福指数”检验党史学习教育成果。2021年，完善环卫免费早中餐智能管理系统，环卫工人免费早中餐补贴增加至20元/天；为122名环卫工人争取到公共租赁住房补贴，改善环卫工人吃、住条件。“七一”前夕，联合市区金融办、各大银行、联通、移动等单位，引导、整合沿街商业服务窗口，向环卫工人免费开放，在全区建立百个环卫工人爱心休息驿站。开展“马路天使站C

精细化保洁(区环境卫生服务中心　提供)

位”“百朵鲜花送巾帼”“留莲过年小年夜”“爱心义剪”等志愿服务活动。全体干部结对碧湖镇大吴山村、龙岩村、上阁村74户96名低收入农户,走访慰问878人次。

(陈婷)

征收工作

【概　况】 2021年,莲都区上地和房屋征收工作指导中心按照“大抓精细化征收年”的要求,推进各类政策处理项目,经过梳理,市区有政策处理任务共190个(其中市级80个,区级110个),其中有19个项目未提交项目红线或发布征收公告。在条件完善的171个项目中,完成政策处理项目88个(其中市级38个,区级50个),房屋征收13.52万平方米,完成土地清场172.53公顷。

【安置工作】 2021年,组织抽签分配安置38场次,进行青林公寓、东升公寓、古城公寓、城中公寓、春和云筑配建房、翡翠雅园、后甫村无房户安置城中公寓北区块、城东公寓(九里花苑)、城西四期(云景园)的安置工作,完成安置房分配1986套,安置面积达17.88万平方米。安置特殊群体65套,安置面积达7293.68平方米,完成2021年度中心城区非征收引起的无房户、住房困难户解困房安置127套,安置面积达10878.6平方米。召开安置审查会33场次,审查650户;出具安置审查会议纪要103期;开具各配建房安置小区不动产发票结算168套;配合市征收指导中心等相关部门召开安置房分房讨论会53场次;无房户及住房困难户、大搬快聚等协查4887户。

【数字化改革】 对再造“九云征收”工作体系进行探讨,将传统的征收业务流程进行数字化赋能,依托“九云征收”系统(项目云管理、政策云指导、进度云监督、协议云签约、资金云拨付、房源云分配、档案云查询、拆除云验收、数据云展示),形成即时感知、科学决策、主动服务、高效运行、智能监管的新型征收形态。作为全市首个综合征收系统,2021年完成项目云管理、协议云签订、房源云分配、档案云管理、政策云指导、进度云监督、拆除云验收、数据云展示八个子场景的功能开发建设,并依托“九云”正式签约201户,签约建筑面积3.2万平方米,自动计算补偿资金超4.2亿元。

卫生健康与医疗保障

综　述

【概　况】2021年，莲都区有医疗卫生机构153家，其中县级公立综合医院1家（莲都区人民医院，二级乙等）、乡镇卫生院17家、社区卫生服务中心5家、社区卫生服务站1家、村卫生室98家、卫生所7家、民营医院2家、个体诊所20家、检验所1家、护理院1家。全区执业（助理）医师472人，注册护士371人，注册乡村医生96人。全区常住人口56.54万人，每千人床位数10.45张、每千人卫技人员数15.3个、每千人执业（助理）医师数5.66个、每千人注册护士数7.36个，核定住院床位562张，其中莲都区人民医院200张、丽水南山法朝骨伤医院99张、莲都南山法敏骨伤医院99张、乡镇卫生院134张、社区卫生服务中心30张。“莲宿码”场景应用入选全省放心住宿“一件事”集成改革工作试点。《将健康融入所有政策，谱写健康的“两山”转化文章》获“长三角卫生健康治理最佳实践案例”优秀奖，并在全国作典型工作经验推广。新创成联城街道港口村、坑口村等2个市级“无蚊示范村”。

【卫生人才】　2021年，莲都区共有正高级人才16人，副高级人才92人，4项科研项目获得市科技局立项。组织职业技能提升行动，培训公共营养师34人、托幼（育）机构保育员173人。开展初岗培训、中医全科转岗培训、社区护士岗位培训、基层医生临床能力提升培训、病原微生物实验室生物安全技术和管理培训以及核酸检测和院内感染防控网络培训等800余人次。继续医学教育覆盖率100%，获批5项市级继续医学教育项目，项目执行率达100%，培训393人次；制定区级素质提升工程，安排32期培训2691人次。

【卫生监督】　抽取国家和省级双随机任务166家，完成数157家，总完成率94.58%，移动执法终端录入率100%，网上公示率100%，行政处罚81家（一般程序25家、简易程序56家），行政处罚率48.80%，罚款总金额76450元，网上公示率100%。全年卫生监督件行政处罚案件立案148起，结案146起，罚没款金额862442.52元，其中一般程序案件65起、结案63起，简易案件83起、结案83起，无复议，无诉讼。卫生计生监督协管机构覆盖率、协管信息报告率100%。

医政管理

【医疗服务领域“最多跑一次”改革】　完善莲都区人民医院智慧结算、互联网医院、预约诊疗、数字影像等项目，相关数据全部接入丽水掌上健康平台。启用“云影像”“云胶片”，实现检验检查互认共享，检查检验项目电子化推送，患者可通过“丽水掌上健康”微信公众号查询超声、内镜、放射的原始图像和诊断结果；实现分时段检查预约，提供门诊和病房智慧结算；完成双向转诊系统改造。通过中医“云药房”开具处方7045张，总金额达156.7万元。在14家偏远基层医疗机构开设数字化即时检验（POCT）工作站，50多项检验项目可在30分钟内快速完成。

【行政审批】　搞好“互联网+政务服务”改革，政务服务实现“一网

6月26日，莲都区开展医保业务大比武活动（区医保局　提供）

通办"、民生实事实现"一证通办"。健全完善部门权力清单，推进行政审批服务标准化，规范行政审批行为，更新维护办事指南，梳理统一权力平台事项库，国家评估指标（43个许可事项）100%实现网上办、掌上办、即时办。优化办件系统与办事流程，97个政务服务事项办理均上线入驻政务服务2.0平台。

【公立医院改革】 改进提升医疗服务质量水平，提高医疗技术，严控医疗费用不合理增长。2021年，莲都区人民医院医疗总收入约5220.57万元，同比增长17.95%；门急诊均次费用为183.00元，同比增幅为4.52%；住院均次费用为5685.00元，同比增幅-1.52%；医疗服务收入占比为24.48%，同比增幅为1.8 %；百元医疗收入的医疗支出为148.19元。支持区人民医院发展，开展第三轮公立医院补偿机制改革工作，出台《关于支持莲都区人民医院发展的九条意见（试行）》，推动莲都区人民医院健康快速发展。

【卫生健康领域"山海"提升工程】 2021年3月，莲都区人民政府与丽水市中心医院启动浙江省医疗卫生"山海"提升工程合作，按照"33428"项目和公立医院改革指标开展各项工作，市中心医院13位专家集体入驻莲都区人民医院，全年专家共计下沉1831天，开展培训带教380余次，开展新技术、新项目21项，下沉专家开展各类手术73台，填补区人民医院多个技术空白，提升医院整体诊疗服务能力。

【城市医联体建设】 22家基层公立医疗机构与市、区级医院实现市、县、乡医联体建设全覆盖。5家牵头医院累计下派专家下沉2003人次，开展义诊149场，医联体内部开展业务培训及指导298期，接收基层进修人员127人。

【"智慧流动医院"建设】 "流动医院"配置加装车载定位及视频监控改造设备、车载医疗升级系统及MTD多学科远程会诊系统，实现"流动医院"智慧升级。通过数字化改革，构建集精密智控、精准施策、精细服务的"智慧流动医院"工作新机制。2021年，4辆巡回诊疗车对全区12个乡镇（街道）、141个偏远无卫生室的村（含自然村）开展每月一次的巡回诊疗服务，共下派医务人员3723人次，副高级以上职称下乡777人次，服务群众8.8万人次。

【基建项目及招商引资】 由灵康集团投资50亿元建设的"灵康·杏福康旅"项目有力推进，完成一期3号地块度假酒店并投入使用，完成投资5亿元。持续建设总投资3.76亿元的莲都区应急医疗救治设施提升工程，其中碧湖平原卫生院等拆改建子项目完工，疾控中心新建项目开工，完成投资5000万元。总投资2.83亿元的莲都区人民医院改（扩）建和丽云中心卫生院迁建PPP项目，莲都区人民医院项目医疗综合楼内部装修、二期宿舍楼和感染楼结顶，丽云中心卫生院项目完工交付使用，完成投资3000万元。

中医药工作

【概　况】 2021年，基层医疗机构总门诊48.7万人次，其中中医药门诊30.7万人次，占比63%；处方总数52.7万张，中医处方数

27.6万张，占比52.4%。

【中医药事业发展】 谋划启动全国基层中医药工作示范县创建工作，健全基层中医药服务网络，实现全区基层医疗机构中医馆全覆盖。通过开展名中医师带徒、中医转岗培训、适宜技术推广等培训，加强基层中医人才队伍建设，基层中医医疗服务能力逐步提升。

【中医药服务】 积极开展中医参与预防保健服务。全区现有常住65岁以上老年人44736人，中医药管理率为77%。0~36个月儿童中医药健康管理服务9498人，0~36个月儿童中医药健康管理人数6565人，管理率69%。

基层卫生

【基层卫生服务】 全区基本公共卫生服务项目得分率达95.04%，建立居民电子健康档案37.65万份，建档率89.85%，动态使用率达81.74%。老年人健康管理36683人，健康管理率76.8%，现场评价健康体检表完整率95%。服务管理高血压人数共32267人，其中规范管理27353人，规范管理率达84.77%，血压控制率为84.93%；糖尿病管理人数共10203人，其中规范管理8565人，规范管理率达83.95%，血糖控制率为52.64%，巩固省级慢性病综合防控示范区成果，通过全省慢性病综合防控示范区复审。麻疹脊灰疫苗接种率均达到95%以上。幼托机构和小学入托入学新生查验率达100%。

【家庭医生签约】 组建家庭医生签约团队110个，在签居民15.7万人，签约率37.5%，重点人群签约覆盖率85.6%。

疾病控制

【概　述】 2021年报告突发公共卫生事件0起；报告突发公共卫生事件相关事件5起，分别为莲都区外国语学校水痘疫情1起，莲都区外国语学校、丽水市高级中学诺如病毒疫情各1起，莲都区七色花幼儿园、丽水市职业高级中学胃肠炎疫情各1起，均得到及时处置。培训健康生活指导师1305名，覆盖全区14个乡镇（街道）31个社区和208个行政村。

【新冠肺炎疫情防控】 选派38名驻村防疫指导员，开展驻村指导12370人次，为元旦春节期间疫情防控提供有力保障。2021年，全区无新型冠状病毒肺炎本土确诊病例，无境外输入性病例，无无症状感染者。全年接种新冠疫苗911964剂次，其中18岁以上人群764576剂次，12~17岁人群59932剂次，3~11岁人群87456剂次。

【民生实事】 完成60岁以上老人免费接种23价肺炎疫苗3万人次；完成重点人群结直肠癌筛查项目，风险评估问卷20442人，筛查20292人，结肠镜检查948人；完成60周岁以上男性常住人口免费前列腺癌筛查15093人；完成70周岁以上老年人免费接种流感疫苗项目，自愿免费接种12000人次；完成全区60周岁及以上老年痴呆症患者配置防走失手环项目，共发放手环244个；为全区371名有意愿孕妇完成一次系统性超声检查。

9月27日，莲都区省级慢性病综合防控示范区评估复审评估汇报会召开（金晶　提供）

【卫生应急】 建立卫生应急指挥平台，接入丽水市卫生应急指挥系统。在莲都区疾控预防控制中心和14个建制乡镇卫生院安装视联网视频会议系统，构建卫生应急预案体系，组织全区46名卫生应急队员开展学校传染病防控等应急培训及登革热应急处置演练。

妇幼保健

【概　况】 2021年新增备案3岁以下婴幼儿照护服务机构4家。2021年，千人托位数达2.56个。国家免费孕前优生健康检查人群覆盖率达120.9%。宫颈癌筛查7783人，完成任务数的110.5%；乳腺癌筛查7709人，完成任务数的109.5%。孕产妇死亡0人，5岁以下儿童死亡率1.98‰，婴儿死亡率1.59‰。孕产妇系统管理率95.06%，0~2岁儿童系统管理率95.54%，0~6岁儿童保健覆盖率97.86%。

爱国卫生

【爱国卫生运动】 实现省级卫生乡镇全覆盖，5个国家卫生乡镇创建通过省级复评，省级卫生乡镇复评2个。持续做好16个省监测点在枯水期、丰水期的水质监测工作，合格率100%。全年共监测水样838份，合格率为91.17%。农村卫生厕所普及率达到99.25%。推进病媒生物防治动态管理，创新病媒生物防治监管方式，实现病媒生物防治新突破，“四害”得到有效控制，密度达到国家C级水平。推进健康细胞建设，截至2021年底，创成29家健康促进学校、29家健康促进医疗单位、97个健康社区（村）、72家健康促进机关、3431个健康家庭，创建无烟党政机关73家。112个农村文化礼堂开展健康素养进文化礼堂活动，覆盖率达100%。全区健康素养水平得到有效提升，达到41.55%。

【无偿献血工作】 开通用血荣誉证门诊诊查费直免服务，全区共计无偿捐献全血4838人次，总量达1396.5升；血小板949人次，总量达1265.5治疗单位，完成全年任务目标的108%，并有力促进了无偿献血工作的可持续发展，荣获2021年无偿献血工作先进县(市、区)三等奖。

计划生育

【概　况】 2021年，全区计生报表出生上报2917人(其中计划内2813人)，计划生育率96.43%，同比减少326人，减幅10.05%。一孩1364人、二孩1390人、三孩104人，多孩59人，2021年出生率7.55‰。全员人口信息覆盖率/准确率达90%以上。办理生育登记2068件。发放计划生育公益金35.83万，惠及539人；发放特扶金310.8万，惠及363人（含并发症对象），特殊家庭“三项制度”落实率100%。

【计生关爱行动】 推进“生育关怀—爱心助学”行动，资助初升高的计划生育家庭贫困学生20人，每个学生每学年发放1000元，直至高中毕业。开展“康乃馨”暖心行动，依托市老年活动中心，主要面向城区五个街道的计生特殊家庭(失独家庭)成员开展一系列形式多样的关爱帮扶活动。出资80600元，为403名计划生育特殊家庭成员参保莲都区计生协关爱计生特殊家庭人员保险。开展计划生育特殊家庭“2021冬季温暖行”活动，为240户计生特殊家庭送上大米、食用油等慰问品。生育登记、出具出生医学证明等事项实现“全域一证通办”，生育登记实现“零次跑”。公共场所母婴设施配置率达100%、二级以上医疗机构母婴设施配置率达100%、全区三星级以上母婴设施配置率达100%。

医疗保障

【概　况】 2021年莲都区城乡居民基本医疗保险筹集标准为每人每年1560元，其中，个人缴纳480元，政府补助1080元。2021年，莲都区户籍人口基本医疗保险参保率99.66%，全民健康补充医疗保险(浙丽保)参保率90.19%，困难群众资助参保和医疗救助政策实现两个100%，医保电子凭证激活率69.74%，全区医保电子凭证医药机构接入率100%。

【基本医疗保险】 2021年，莲都区户籍人口基本医疗保险参保人数42.38万人，城乡医保收入50073.59万元，支出49091.89万元，年底累计结存30056.22万元。

【全民健康补充医疗保险（浙丽保）】 2021年，全民健康补充医疗保险（浙丽保）被列入2021年度浙江省改革突破奖，入选“中国改革2021年度案例”。2021年11月24日，根据《关于“浙丽保”增设待遇和2022年度保费标准的通知》（丽健保办发〔2021〕3号），对保障范围中“浙丽保”起付标准1.8万元（不含大病保险起付标准以下费用）以下部分增设三档报销待遇，第一档1.5万~1.8万元报销50%；第二档1万~1.5万元报销30%；第三档0.5万~1万元报销20%。2021年度，莲都区“浙丽保”参保人数33.97万人。

【医疗救助扶贫工作】 2021年1月1日起，莲都区执行《丽水市医疗救助管理办法》，明确因病致贫救助对象为特困供养人员、最低生活保障家庭成员、最低生活保障边缘家庭成员。救助困难人员180622人次，救助金额1530万元；城乡居民医疗保险费实行困难群众免征缴，在册医疗救助对象12484人，其中低保9581人，低边2360人，特困543人，资助599.23万元，实现困难群众资助参保100%；落实困难群众结对帮扶工作，结对季岭根村低收入农户14户，“百、千、万”医保帮扶，干部结对困难人员38人。

【医保基金监管】 2021年，莲都区定点医药机构46家，其中公立医疗机构19家，民营医院3家，诊所3家，卫生室2家，定点零售药店19家。全年查处违法违规定点医药机构2家次，投诉案件1件，对违规医保医生扣分处罚1人，下达稽核整改处理意见书2份，追回医保基金3.6万元；智能网审扣回医保基金122.97万元。

4月16日，莲都区新冠疫苗方舱接种点规范有序地服务市民接种疫苗（金晶　提供）

【控费降本】 完成2020年度医疗费用清算工作，奖励医药机构2925万元，降低医保基金支出3530万元。

【大病保障待遇提高】 2021年7月1日起，根据丽水市医疗保障局和丽水市财政局联合发文的《丽水市卫生健康委员会关于调整大病保险起付标准的通知》（丽医保发〔2021〕49号），降低大病起付标准为1.8万元，大病保险起付线以上报销比例提高至70%，年度最高支付限额调整为45万元，困难群众大病起付标准降低50%，不设最高支付限额。提高医疗救助报销比例，门诊医疗费用纳入医疗救助范围，其中低保报销比例80%，低边报销比例80%，特困供养自负和自理费用100%报销，支付限额15万元。

【推进支付方式改革】 配合市医保局做好全市医保基金的总额预算管理及住院按DRGs（疾病诊断相关分组）点数法付费，督促各医疗机构提供真实数据，为总点值提供支付依据，同时，参加市局组织的DRGs培训，开展2020年度考核及DRGs、门诊按人头付费清算。完成对定点医药机构的2020年度考核工作，城居医保基金留用（奖励）2788.7万元，城居医保基金分担（扣款）106.95万元。

社会生活

民政工作

【概　况】 2021年，莲都区民政局贯彻十九届六中全会精神，锚定全省“九大先行计划”，拓展“三服务”活动，破解改革难题，做好基层服务，建设数字民政。加强干部队伍建设，为各乡镇配备民政经办服务人员，解决基层民政没有专职民政干部的困难。推进意识形态、党建、党风廉政建设等各项工作，营造良好的政治生态环境。开展党史学习教育，通过百岁党员讲党课、征文比赛、国旗下的宣讲等系列活动，激励党员干部守初心，担使命，不懈奋斗。

【节日走访慰问困难群众】 2021年春节期间，莲都区民政局以特困、低保、优抚、重残、重病等困难对象为重点，与慈善慰问和部门、乡镇（街道）开展的救助行动相结合，开展困难群众慰问和救助工作，保障困难群众祥和过年，安全过冬。慰问儿童福利院、敬老院等单位3家，发放慰问物资3.50万元。慰问困难群众489户，发放慰问金27.17万元，发放米、油、棉被等价值5.12万元慰问品。

【低保救助】 对全区低保对象开展自查自纠专项治理。全年新审批低保对象547户768人，低保边缘对象56户109人，取消低保对象798户1016人，低保边缘对象506户702人。2021年，全区共有在册最低生活保障对象6893户9839人，最低生活保障边缘对象1913户2696人，发放低保金7574万元，人均低保补差从2020年12月的565元/人提高到687元/人。

【特困供养】 全年新审批特困供养对象37人，因死亡等原因注销特困供养对象40人。2021年，全区有在册特困供养对象548人（其中集中供养对象158人，分散供养对象390人），全年发放特困供养金和护理补贴568万元。

【“救急难”临时救助】 2021年，根据《丽水市临时救助实施办法》（丽民〔2019〕77号）文件要求，实行救助关口前移，救助额度在1万元以下的委托乡镇（街道）审批，全区救助各类困难群众496户，发放救助金288.4075万元，切实发挥了托底线、保基本、救急难的重要作用。

【落实支宁人员政策】 根据《关于提高全市支宁返丽人员固定生活补助的通知》（丽民〔2022〕12号），支宁返丽人员固定生活补助从2021年8月1日起，由每人每月323元提高到346元。2021年，对56名支宁返丽人员发放困难生活定期补助，全年发放补助金23.0945万元。

【精减、二老人员定期补助】 根据《关于调整精减退职职工和麻风病人生活困难补助费标准的通知》（浙民助〔2021〕176号），从2021年11月1日起，享受定期生活补助的精减退职老职工生活困难补助每人每月从1605元提高到1675元，40%精减退职老职工生活困难补助每人每月从1800元提高到1880元；遗属生活困难生活补助费标准由每人每月1335元调整为1395元；全年对50名精减退职人员和遗属发放补助金109.912万元；根据

《关于调整部分优抚对象等人员抚恤和生活补助标准的通知》(浙退役军人厅〔2021〕34号)，从2020年8月1日起，对农村老游击队员和老交通队员生活困难补助月标准调整为710元，全年对17名农村老游击队员和老交通队员发放生活困难补助金32.816万元。

【基层治理】 推行村级事务阳光票决制，开发云票决模块并完成试运行，完成阳光票决管理系统升级工作，2021年完成票决事项918项。完成黄村乡省级实验区中期评估和黄泥墩村村级议事协商国家试点村申报工作。指导紫金街道、岩泉街道、联城街道三地对现有社区进行优化调整，新成立滨苑社区、灵山社区、清和社区。完成社区服务用房调剂规划工作。

【婚姻及收养管理】 2021年婚姻登记工作办理婚姻登记5536件，同比增加3%。其中，结婚登记 3346对，同比增加16.91%(补办520对，同比增加49%)；离婚登记1237对，同比减少37.96%；补发结婚登记证809件，同比增加118.65%，补发离婚登记证144件，同比增加45.45%。出具(无)婚姻登记记录证明3份，同比增加50%。2021年开展婚姻家庭辅导213件，其中婚姻关系辅导83件，家庭关系辅导5件，离婚调适63件，辅导调解成功率65%，满意率100%。婚前个案辅导57件，婚前小组辅导4场受益113人次。开展法律咨询服务18人次；通过专业社工及时介入和专业辅导，提升辅导工作的专业性、针对性和有效性，促进更多和谐家庭的建立。为增强新人领证仪式感，提升新人幸福指数，通过招募特邀颁证师、完善颁证流程，营造温馨浪漫的颁证氛围。2021年，为2305对新人颁证。

办理收养登记4件，其中社会福利机构抚养的弃婴(儿童)4件，三代以内血亲0件。解除收养登记1件。

【儿童福利】 区本级福利院1家，养育孤弃儿童32名，其中由市万地儿童福利院代养24名，莲都区在册留守儿童1432名，孤困儿童249名，2021年发放生活费326.34万元。利用现有各类设施资源，因地制宜建好、管好、用好儿童之家，为留守、困境儿童及其家庭解决实际困难，提供多元帮助。2021年，全区建成儿童之家30个。

【社会组织管理】 2021年社会团体新增8家，民办非企业单位新增15家，注销19家。2021年，全区注册登记的全区性社会团体190家，其中行业性社团19家，专业性社团86家，学术性社团19家，联合性社团66家；区本级民办非企业单位204家，其中教育类92家，卫生类6家，科研类9家，劳动类22家，民政类73家，体育事业类2家。200家社会组织参加年度检查。开展2021年度社会组织等级评估工作，评定社会组织等级6家，其中AAAA级1家，AAA级5家。组织2021年莲都区社会组织公益项目大赛。支持慈善公益类社会组织参与社会服务活动，7家社会组织公益项目获得20万元的省级福彩公益金扶持。

移民工作

【概　况】 2021年，莲都区有紧水滩、石塘、玉溪、黄村、雅义、高溪、滩坑等大中型水库移民11143人，其中直补到人9911人，扶持到村1232人，涉及14个乡镇、街道182个行政村(居委)。莲都区另有小型水库43座，移民688人。主要分布在大港头、碧湖、老竹、丽新、黄村、联城、白云、紫金等10个乡镇(街道)的33个行政村。莲都区移民人均可支配收入30340元，同比增长7%，基本与全区农村居民人均可支配收入持平。

【直补人口年度复核】 通过村(社区)、乡镇(街道)核查，全市殡葬、社保等数据比对后，2021年度莲都区大中型水库移民后扶直补人口核减178人，其中死亡68人，行政事业单位人员16人，犯罪服刑人员10人，晋升为三级及以上士官1人，失联75人，“一卡通”信息待更新8人。新增项目转直补3人，其中2017年初复核时村、镇错误上报为死亡人员1人，刑满释放2人。年度复核后，莲都区有大中型水库后期扶持移民11143人，其中直补到人9911人，扶持到村1232人。

【移民后期扶持】 2021年，莲都区累计下达水库移民项目资金1046.42万元，其中产业转型升级资金安排712.65万元，占总资金的68.1%。全年完成后扶项目建设17个，建成新时代美丽移民村3个、精品村1个。开展竞争性省水库移民共同富裕示范项目申报，争取到省专项资金850万元。通过乡镇财政信息管理系统，对大中型水库移民年度复核后的正常人员9984人，发放年度直补资金602.7万元。2021年发放移民创业贷款贴息112.22万元，受益移民295户次。2021年春节前夕，区移民工作中心争取到慈善慰问金1.2万元，与莲都区慈善总会共同对部分生活特别困难的移民进行走访慰问，每户送上慰问金500元，慰问特困移民户24户。

（吴奕欣）

残疾人事业

【概　况】 2021年，全区有各类持证残疾人12626人，莲都区残联履行“代表、服务、管理”残疾人的职能，围绕“实现残疾人共同富裕为目标”的总目标，做好残疾人惠残政策和保障工作，推进全国无障碍环境区创建、“残疾人之家”“数字化改革”等重点任务，完成了各项工作任务指标。7月22日，区残疾人工作委员会获“全国残疾人工作先进单位”称号，成为全省7个获此荣誉的单位之一。

【社会保障】 实施四项补贴制度，为符合条件的残疾人发放生活补贴4821人，发放护理补贴5551人，年度补贴额超过2725万元，应补尽补；实现残疾人养老保险补贴、城乡居民医疗保险补贴、农房保险、重大疾病团体保险“四项保险”补贴“全覆盖”，解决莲都区保险补贴覆盖率（残疾人全面小康实现程度的重要指标）的短板问题。对参保城乡居民医疗保险对象实施“浙丽保”政府全额补贴制度。全年残疾人重大疾病保险获赔13人，赔付金额20.8万元；农村小额保险获赔393人，赔付金额83.12万元。

7月，残疾人电商直播短视频人才技能提升班培训现场（区残联 提供）

【残疾人康复工程】 2021年残疾人康复服务6608人次。为符合条件的残疾儿童在省级定点机构进行康复训练，按月支付康复补贴，全年补贴789人次共计200.2万元，发放困难家庭残疾儿童康复生活补贴11.94万元。为符合条件的残疾人配发轮椅、助听器、假肢等基本型辅助器具444件，帮助400余名残疾人补偿功能，提高社会参与能力。开展“馨爱助残·家庭康护”市级试点，由责任医生和康复协调员上门为重度残疾人提供精准康复服务，配置社区爱心轮椅为居民提供就近免费借用服务；全额保障1291名精神残疾人门诊服用基本抗精神病药物费用。

【扶持救助】 鼓励残疾人从事种养业或加工业，给予创业初期有困难的残疾人资金扶持。2021年发放578名残疾人自谋职业职工养老保险补贴146.8万元；发放残疾人种养业、基地、个体工商补贴31.6万元；帮助残疾人贷款贴息34.9万元。开展临时生活困难救助，全年慰问残疾人600余人次，慰问金额共42.51万元。

【教育就业】 贯彻执行新的《残疾人就业保障金征收使用管理办法》，审核用人单位残疾人就业情况，配合地税部门做好残疾人就业保障金减免工作，2021年税务共征收残保金1751.04万元。2021年，召开残疾人专场招聘会，78人与企业达成就业意向，其中35人当场录用；通过其他形式帮扶就业实现上半年新增就业65人。建成15家“残疾人之家”（2021年新建2家，搬迁提升改造1家），为307名智力、精神和其他重度残疾人提供辅助性就业。开展残疾人职业技能培训。全年职业技能培训224人，开展电子商务，农业种植、养殖培训，来料加工等培训5期。助学政策全面覆盖，实现从学前到高中教育15年及大中专助学政策全覆盖，帮助残疾学生完成学业，有效阻断贫困代际传递。发放公办学前教育学费补助、义务教育阶段教育补助、普通高中学费补助三项补贴641人97.3万元，发放残疾大学生学费和住宿费减免12.7万元；发放残疾学生和残疾人子女职高、大中专院校助学补助320人73.4万元。

【残疾人组织建设和权益维护】 配齐各个乡镇（街道）、村（社区）残协，区级五大协会组织开展各类活动。出台《关于调整莲都区残疾人工作专职委员薪酬待遇的通知》，规范残疾人专职委员的待遇。举办残联干部综合能力提升班。建立残疾人法律救助工作站，落实1+AB岗信访专员机制，全年妥善处理信访事件9件，信访办结率达到100%。在各个残疾人活动场所和厚德讲堂邀请专业律师开展《中华人民共和国民法典》的专题讲座。树立先锋典型，入选省级优秀残疾人共同富裕好故事和助推残疾人工作共同富裕好案例各1个。开展“千个支部万名党员”助残志愿服务，“残疾人之家”结对党支部60余个，开展志愿服务200余人次。

【文体宣传】 完成浙江省第九届残疾人艺术汇演选送节目筛选及录制，轮椅舞《光》和婺剧《三请梨花》获得浙江省第九届残疾人艺术汇演三等奖。和市残联联合举办丽水市第三届残疾人艺术会演。听障儿童雷政骆参加第三届全国听障朗诵大赛获得第二名。在全国第十一届残疾人运动会暨第八届特殊奥林匹克运动会上，蔡余庆燕获得女子200米单人皮艇KL3级和女子500米单人皮艇KL3级两个项目的冠军，梅兴宙获象棋比赛第二名，潘鹏伊获得羽毛球男子单打E组第二名，周俊男获得第三名，并且两人获得男双B组银牌。组织轮椅队参加碧湖田园马拉松。结合党史学习教育，开展“全国助残日”六大助残系列活动、“献礼百年•自强不息”残疾人书画摄影比赛及“庆百年华诞•传承红色精神”特奥日、国际残疾人日等活动十余场。开展无障碍观影活动，建立无障碍观影志愿服务队伍，举办无障碍观影15场次，1500余名视障人士免费观看红色系列电影。

【重点工作】 推进无障碍设施建设工作，基础设施逐步完善。示范改造企事业单位、公共场所100余处，标准化改造紫金路、花园路、中山街等主要道路6条，市区道路口、人行横道等地的缘石坡道及坡化改造达99%，完成市区无障碍点位改造1.31万个，创成省级无障碍示范社区6个，市级无障碍示范村4个，无障碍景区3个，完成无障碍困难家庭改造564户。6月，全国信息无障碍服务平台开通残疾人证“跨省通办”“省内通办”应用，打破残疾人证办理户籍地限制，有效解决了在异地生活的残疾人办证难的问题，实现了残疾人证跨省通办。11月，依托“浙里办”App，上线“云评定”应用，推进残疾人证办理无纸化，打破与医院的信息壁垒，通过掌上办，随到随评，实现信息共享，“一站”办结。2021年度“跨省通办”“省内通办”办结41人次，“云评定”系统办结350人次。争取到省残联激励性资金两年共1000万元，用于区示范型残疾人之家建设和希望之家康训中心项目建设。推进无障碍环境建设“四进工程”，建设“浙江省无障碍社区”2家（西银苑社区和厦河门社区）、市级无障碍示范村1

家(利山村)、无障碍景区1家(九龙湿地公园)、无障碍进家庭30户(市级任务数20户)等项目,9月底完成施工改造并于10月完成验收工作。

【民生实事】 提升建设黄村、宁和、非王3家用于智力残疾、精神残疾和其他重度残疾人日间照料和辅助性就业的"残疾人之家",8月建成投入使用。11月完成西银苑社区无障碍社区改造工作,12月通过省级验收。开展实施残疾人家庭医生签约、护理、辅具配发等康复基本服务,实施康复基本服务6608人次,配发辅具389件。

(谭洁平)

宗教工作

【概　况】 莲都区内有佛教、道教、伊斯兰教、天主教、基督教五大宗教,经合法登记的宗教活动场所54处,认定备案的教职人员25人,有信教群众1万余人,有经备案的民间信仰场所58处。

【宗教领域工作】 常态化抓好疫情防控,做好宗教场所开放工作,确保莲都区宗教领域疫情零发生,不定期开展"双线"巡查。组织宗教界人士开展"庆国庆、升国旗"仪式等爱国主义教育活动。抓好"美丽宗教活动场所"创建工作,清真寺创成省级平安宗教活动场所,白云寺创成省级普法教育示范基地。

民族工作

【概　况】 莲都区是浙江省民族工作重点县(市、区)之一,有汉族和畲族、回族、苗族、土家族、壮族、布依族、满族、彝族、侗族等35个民族。2021年底全区少数民族人口2.40万人,其中畲族人口2.20万人,居全市第一位,人口绝对数列全省第二位。辖区内有老竹、丽新两个畲族乡镇,少数民族人口在1000人以上的乡镇(街道)9个,分别是岩泉街道、紫金街道、白云街道、万象街道、联城街道、碧湖镇、大港头镇、老竹畲族镇、丽新畲族乡。

【少数民族乡村振兴】 将民族乡村振兴纳入全区经济社会发展规划及投资计划总盘子,谋划"十四五"期间少数民族发展项目库,部署民族乡村振兴工作。2021年,全区少数民族农村居民人均可支配收入达到31994元,同比增长11.31%。争取并下达各级民族发展资金534万元,其中中央资金214万元,省级资金110万元,市级资金110万元,区级资金100万元。2021年,全区投入少数民族城乡居民合作医疗补助金额134.2万元;落实少数民族学生"民族教育券"补助金额32.09万元。指导丽新乡借力"山海协作"平台,推广本地黄金茶、棠梨等特色生态农产品,打造开发"畲乡茶礼""三公主迎宾"等文化活动品牌,促进丽新特色文化产业发展。帮助老竹镇构建"一亩田、百斤莲、千斤蛋、万元钱"的莲鸭共生农业特色产业体系,依托南乡革命纪念馆和红色营地,推进红绿融合发展,助力民族乡村产业升级。

【铸牢中华民族共同体意识】 在全区范围内开展以"铸牢中华民族共同体意识 汇聚共同团结进步力量"为主题的民族团结进步宣传月活动,学习宣传贯彻中央、省委民族工作会议精神。创建万象派出所、静舞堂"石榴红"民族舞蹈工作室为民族团结进步"七进"示范单位,并入选第四批省级民族团结进步创建重点培育单位。6月9日,在丽新畲族乡马村,举办以"畲汉同心跟党走　红动中国百年路"为主题的首届"竹柳新桥"少数民族运动会,精心设计了畲族舞蹈演出,挖掘整理了一套较为完整的畲族传统体育项目教材资料、畲族美食,传承了民族文化,为开展畲乡旅游体验活动项目打下基础,让传统民族民俗文化绽放新的活力。12月9日,指导区畲研会举办"民族团结一家亲　畲族人民感恩党"畲族感恩歌会活动,以此歌颂伟大祖国,感谢党的恩情,抒发畲民同心向党,听党话、跟党走的情怀。

【弘扬民族优秀传统文化】 重视少数民族优秀传统文化的挖掘、保护、传承和弘扬,"畲族祭祖"入选丽水市第七批实际非

6月，“畲汉同心跟党走　红动中国百年路”首届“竹柳新桥”民族运动会举行（区委统战部 提供）

物质文化遗产代表性项目名录。引导老竹民族学校设置彩带编制、畲族语言、畲族体育等畲族文化校本课程，弘扬畲族优秀传统文化，传承畲族非物质文化遗产。2021年，教育部公布老竹民族学校入选第三批全国中小学中华优秀传统文化传承学校。

老龄工作

【概　况】 2021年，全区60周岁以上老年人口87910人，占总人口20.88%。其中，90岁以上长寿老人2217人、百岁老人48人。

【老年人服务】 落实高龄补贴制度，实现全区80周岁及以上老年人高龄补贴全覆盖。开展“智慧助老”行动，帮助老年人跨越数字鸿沟。创成6家老年友善医疗机构，岩泉街道丽阳社区成为首批全国示范性老年友好型社区。完成紫金街道永晖社区老年人心理关爱项目。

社区工作

【社区治理】 2021年社区工作指导中心加强对城市社区工作指导，出台《民政经办服务人员管理办法》《莲都区灵山未来社区创新治理实施方案（试行）》和《城市社区工作考核办法》；修订《莲都区社区财务管理办法》。制定选举指导手册，完成清和、滨苑社区居委会选举工作，修订社区公约和自治章程。完成招聘城市社区社工45人、乡镇社工（民政经办服务人员）10人。3月份深化社工服务主题宣传活动，参与活动2800多人次。

乡镇·街道

岩泉街道

【概　况】 岩泉街道辖区面积92.19平方千米(非建城区面积75.94平方千米，建城区面积16.25平方千米)，耕地面积578.33公顷，山林面积5373.33公顷。户籍人口48398人，常住人口102352人。有18个行政村(山区9个村、城中9个村)，8个社区。下属72个党支部，党员2057名；31个团支部，团员967名。街道共有干部职工78人，其中在编公务员32人，事业16人。2021年实现工业总产值18.11亿元，工业销售产值15.62亿元，共有工业企业203家，其中规上7家，规模以上工业主营业务收入7.41亿元，相比2021年同期增长5.8%，规上工业增加值增长72.3%。坚持“绿水青山就是金山银山”战略思想不动摇，坚定“发展莲都服务市区”基本定位，以“岩泉作为”落实“丽水之干”、担纲“丽水之赞”。

【疫情防控】 做好小门管理，制定“流动红黄旗”优化管控办法，对辖区内49个封闭小区实施统一标准、统一督查、统一排名、统一奖罚，“加油鼓劲”和“红脸出汗”两手齐抓。做到“亮牌督战”压实责任，完成区疫情指挥部的交办单53件、市区暗访整改42件，整改落实率100%。加强疫情防控应急处突能力，做实做细村社六级网格体系，落实应急物资供应，完成6个社区的核酸筛查演练，以实战健全防控快速响应机制。

【党建引领】 落实区委“五大工作制度”，常态化开展软弱涣散(后进)党组织排查和整顿提升，健全党工委会定期研究党建工作和党员领导干部联系基层党支部制度，推行“一肩挑”干部能力提升培训和每月考赛计划，把党组织建设成为岩泉的坚强堡垒。开展好党史学习教育，学深悟透党的十九大和十九届历次全会精神，把握“两个确立”，做到“两个维护”，把党建统领与“五大工作制度”实践紧密结合，完善“不忘初心、牢记使命”长效机制，激励党员干部坚守初心使命。全年讲党课167次，累计培训党员3861人次。

【稳企兴企】 以天宁工业区为核心，推动建立绿谷信息产业园、丽水·莲都电子商务创业创新综合体、丽水摄影文化产业园等专业创业创新综合体，形成规模效应，以电子商务带动二、三产业全面发展，其中浙江瑞新药业股份有限公司连续三年获评莲都区十强工业企业。

【重点项目政策处理】 推进市区重点项目政策处理工作，完成“城东花园邻里中心”等31个市、区级攻坚项目，征地46.67公顷，为中心城区腾出了发展空间。做好花园路酒店、湖羊生态养殖园、灵山未来社区等重点项目建设工作，签订陈寮光伏发电项目投资框架协议。

【“亩均论英雄”企业效能评定】 全年排查整治“低、小、散”企业200余户，整改限电8家。辖内现有规上7家，全年规模以上工业主营业务收入7.41亿元，相较2021年同比增长72.3%。

【产业融合】 聚焦生态优势，实施绿色发展战略，创成里佳源皇菊、“湖羊养殖园”、雨伞岗“雾耕小镇”等基地品牌。打造枫树湾杨梅、黄畈村桃子、雨伞岗村葡萄等一村一品“金名片”，各类特色农作物种植总面积达333.33公顷，产业收入达2000余万元。以获评“浙江十大经典古道”“浙江最美森林古道”的括苍古道为文化底色，建成省A级以上景区村6个、省AA级景区村3个。推动民宿行业发展，建成精品民宿6个（民宿床位总数达500个、餐位总数达3500个），街道42家民宿（农家乐）全年接待游客5万余人次，直接营业收入590万元，同比增长266.5%。枫树湾村被浙江省农业农村厅评为浙江省美丽乡村特色精品村。

【集体共富】 强村公司“丽水市新岩集体经济发展有限公司”正式开展实体化运作，拓展增收渠道，参与南山人才公寓、企业服务中心大厦、高溪工业小镇厂房等项目联建，全年收入45.61万元。截至12月底，街道18个行政村集体经济总收入2161万元，经营性收入1214.47万元，分别同比增长33.95%，26.96%。总收入20万元以上且经营性收入10万元以上的村数17个，经营性收入50万元以上村数7个，其中4个村（九里、岩泉、青林、后甫）经营性收入位列全区前10名。

【“三改一拆”】 建成“无违建街道”，针对应拆未拆、乱搭乱建等情况，做到应拆尽拆，不留死角，全年拆除违章占地面积3.1万平方米，建筑面积6.5万平方米，完成年度拟任务总量的108.43%，位列全区第一。对辖区内危房共巡查59次，累计714户，开展针对普通群众的危房修缮工作，完成33户的治理工作，获莲都区危旧房治理工作集体嘉奖。完成市区城中村改造三年行动，获丽水市区城中村改造工作嘉奖。

【创建工作】 推进经常化文明城市创建工作，全年已完工重点项目7个，累计完成投资额度710余万元，推进54个小区垃圾分类工作，举办各类活动100余场，制作发放宣传资料1万余份。推进城中村环境治理，其中丽东二村“飞线整治”成果得到区委区政府领导肯定，相关经验在全区老旧小区推广，提高莲都的“安全系数”和“美丽指数”。对街道辖内25个村（社）开展全面排摸、整改，全体驻村街道干部统一下沉，相关工作成效获丽水市全国文明城市创建“两连冠”行政奖励集体三等功。

【社会事业】 完成低收入农户在浙江省低收入农户帮促数字化应用系统的全部录入，并进行建档立卡，实现一户一卡。188名区级干部、乡镇在编干部结对低收入农户357户422人，做到“一户一策一干部”。实施“大搬快聚富民安居”工程，全年启动搬迁231户393人。服务残疾人群体，实现精神类疾病治疗实施全额报销，安置残疾人总数全区第一。创成3家残疾人服务中心（四星标准1家、三星标准1家），残疾人服务中心数量位列全区第一。

【民生保障】 把稳定就业大局放在突出位置抓，申报省级数字化就业试点，创新“线上+线下”就业帮扶模式，采用“云发布”就业招聘信息，建立村社服务队伍，设立“家门口”就业服务站，相关工作得到省社保领导的好评。扩大社会保险覆盖面，发动街道、村社有生力量，对重点人群做到人人知晓、个个动员，全年新增城居养老保险1262人，参保率达99.2%，同比增长11.2%；完成2160人失地农保转保工作，完成量全区第一；“浙丽保”参保率已达95%以上。

【数字化建设】 推动“最多跑一次”改革，完成街道便民服务大厅规范化建设，创成四星级便民服务服务大厅。推广“浙里办”App，实现“零次跑”、深化“就近办”。运用数字化思维和手段，全省首个未来社区落户岩泉，以灵山未来社区为试点，探索“党建引领、公约护航、数字赋能、信用激励”的未来社区治理模式，展现数字化下的社会治理新水平。

【法治政府建设】 将建设法治政府摆在工作全局的重要位置，编制并公布重大行政决策年度目录清单或事项标准，建立重大行政决策程序制度，委托浙江汇时律师事务所为重大行政决策提供法律咨询服务，实现重大合同、重大决策合法性审查全覆盖。以创建各级“民主法治村(社区)”、“三治融合”善治村为抓手,提高基层民主法治建设质量和水平,岩泉街道辖区25个村社中,建成省级民主法治村社2个,市级民主法治村社15个,区级以上民主法治村社占比达88%。推进信访积案化解“百日攻坚”专项行动,全年化解信访积案21件(国家级重复信访事项2件,省级重复信访事项1件)。建设乡、村两级矛调中心,排查化解全街道各类矛盾纠纷,调解矛盾纠纷617余件,实现矛盾纠纷化解“只进一扇门”“最多跑一地”。

【廉政建设】 创新“五式联动”工作载体,推动廉政建设落地生根。全年组织开展各类专项督查22次,纪律提醒48人,立案查处违纪案件12件,党纪政务处分12人。开展清廉村居建设,在18个村、7个社区建立了村居监察工作联络站,开展培训教育200余人次。健全村居小微权力运行监督管理机制,建立完善《村级财务管理办法》,审核运行村级阳光票决管理系统,规范村级三务公开,实现对村居小微权力运行的强化监督。

【生态建设】 开展省级督查件销号工作,实现省级环保督察件全面销号清零。打好“治水”围剿战,有序开展“找巡查挖”、河湖“清四乱”等水污染专项防治活动,摸排整改点位46个,定期开展“回头看”,确保点位“零反弹”。强化“五水共治”责任落实,深化河长制,采用数字化手段做到巡河留痕、整改有迹,全年两级河长巡查1200余次,发现问题98处,处理率100%。继续打响“蓝天保卫战”,推动秸秆禁烧和综合利用工作,加强责任落实,构建“驻村干部及村干部包村、网格员包片”的巡察体系,做到重点区域内多方位、无死角巡查。

【人武双拥】 完成征兵工作任务。服务退役军人,完善退役军人档案信息数据,建设退役军人服务站,完成“八个一”专题活动。

紫金街道

【概　述】 紫金街道面积60.04平方千米,辖19个行政村和9个社区。常住人口11.15万人,其中流动人口6.39万人,户籍人口52751人(其中农村户籍7010户,14193人)。

社区总面积3.72平方千米,社区工作者53人;居民代表439人,居民小组长176人,文明单位18个(其中国家级1个,省级3个,市级9个,区级1个);企业交托管理人员11749人;社区共建单位43个(其中国家级2个,省级2个,市级17个,区级21个);义工队伍10支,71人,志愿者队伍53支,1177人。19个行政村中有10个为城区村,分别为海潮、厦河、大众、新建、城东、古城、水东、金东、芦埠、塔下;5个郊区村,分别为开潭、湾岙、风化、黄泥墩、河村;4个山区村,分别为瀑泉、杨坑、祝庄、水岭根。

街道下设党组织9个,其中党总支5个,党支部88个,共有党员2140名。街道有行政编制20名,实际在编在岗24名(区委巡察组1人,编制在街道)。有事业编制13名(其中1名退役军人服务专职事业编制不在街道使用),实际在岗人数12名(其中正股7名,副股1名)。有编外人员24名。

【疫情防控】 按照疫情指挥部要求,全年完成重点人员管控累计1002人次,排查境外人员1024人,培训各村社工作人员230多人,对37个采样点安排落实了工作人员,完成了采样点覆盖图、布局图、引导图的绘制,将27个村社区划分为132个最小网格,建立了约11.15万人的实有人员台账。组织每个社区和村进行核酸检测演练,确保随时能战,战之必胜。

【反诈工作】 成立反诈工作领导小组,全体班子成员共同参与、村社积极联动。建立宣传队伍,健全“层格”体系,开展“敲门行动”,推广“金钟罩”和“国家反诈中心”App,深入开展“百人千场讲反诈”活动,对案件高发村社召开专题形势分析会。创新宣传形式,拍摄典型诈骗案例视频集中推送,覆盖50多万人次;协调快递驿站为快递贴上反诈宣传贴,在辖区发送反诈短信10万条,利用新媒体宣传反诈常识、推送警情通报,营造全方位浓厚反诈氛围。

【双招双引】 坚持把“双招双引”作为全年重点工作来抓，把“双招双引”的项目谋划与农村“消薄”工作、乡村产业发展和美丽乡村建设等主攻方向结合起来。街道全年上报招才引智信息253人，其中柔性引进博士研究生1人、硕士研究生3人。签订了水岭根运动休闲基地项目投资意向协议和分布式光伏发电项目，引进资金共计3.08亿元。

【重点项目政策处理】 全年有政策处理攻坚项目11个，涉及征收面积约60万平方米，其中涉及征地项目6个，房屋项目5个。街道分组进行“百日攻坚”大会战，制定工作方案和时间表，倒排工作进度，全年完成7个攻坚任务，并加快芦埠村城中村改造项目进度，组建二、三产业工作专班，全年完成签约总户数157户（其中住宅类154户已全部签约），腾空155户，拆除房屋105户，46300平方米。二、三产业完成签约29户。

【国卫巩固和全国文明城市经常化创建】 按照国卫巩固和文明城市复审迎检要求，紫金街道全年累计出动整治人员近23000人次，清运垃圾近4500车次，完成各类交办点位整改近2万处，完成外墙脱落修补工程点位67处，修缮面积10500平方米，楼道墙体破损修缮点位177处，修缮面积19169平方米。累计排摸飞线问题点位13820处，完成近3000间房屋飞线改造工作。组织人员开展各类宣传活动，累计发动超过8万人次，发放各类宣传告知书超过5万余份。

【党建引领】 紫金街道推动非公企业党建工作与企业发展同频共振，丽水西奥电梯党支部通过打造“融合式”党建、“聚能式”党建，实现了“党员是骨干，骨干是党员”的目标，党支部的5名党员全部是各部门的技术骨干，在全市加装电梯工作中做出了突出贡献。新增1个两新支部——丽水银泰商业股份有限公司党支部，新发展党员4名。把“组团下访”作为查验村社新班子战斗力的主抓手，全年累计组团下访13个村社，帮助解决问题57个、办好事实事36件。在全区首创成立的兴村治社名师工作站，全年吸收20名学历高、能力强、年纪轻的人才进入党员队伍，实现了“三年以上未发展党员村社”的“清零”工作。成立七大类党建联盟，打造城乡统筹、产业融合、多方联动的区域党建共同体。

【党风廉政】 2021年开展监督检查工作21次，发放督查通报8份，约谈提醒121人次，制定量化监督清单20条，办结信访件9件，办结案件10件，党纪处分10人，诫勉1人。保障村级平台运行通畅，开展报账员培训5次，转岗报账员3名，累计完成各项网上流程830条。收集汇编在基层小微权力平台运行过程中的问题57条，处理红色预警27条，退回不合理务工费1020元，提醒谈话9人次。建立一套解决机制，成立由街道党委书记为组长的小微权利平台推进工作专班，建立纪工委书记负责，三资分管领导、纪工委副书记及相关工作人员组成的会商协调组，针对系统运行和财务报账中遇到的问题和困难进行会商，累计召开协调会议5次，协商解决问题20余件。

【消薄增收】 打好“消薄”持久战，全年完成村广告位提升集体联建项目2个，村土地和房产出租自建项目5个，村企结对项目4个，增加村集体经营性收入300余万元，19个行政村全部达到经营性收入10万元，总收入20万元以上。金东、水岭根、祝庄、湾岙村与义乌高新区新型建材有限公司签订山海协作消薄产业园项目合作协议。加强强村公司实体化运作，招聘职业经理人，全年经营性收入达到62万元。打好脱贫攻坚战，街道低收入农户共220户，286人，2021年人均收入全部达10200元。完成菜单式低收入农户产业扶持、雨露计划等帮扶项目86户，支付帮扶资金25.11万元。打好增收攻坚战，设立以每亩500元的奖励资金助推茶产业发展。在杨坑村净水、叶西边自然村新发展生态茶园700亩，为杨坑等重点帮扶村提供就业岗位150个，人均收入增加0.5万元，村集体增收20万元。

（周怡瑶）

白云街道

【概　况】 白云街道总面积37.7平方千米。下辖7个社区、4个行政村。全街道总人口82611人，其中社区人口68733人，行政村人口13878人；户籍人口33258人，其中农业户籍6946人，社区户籍26312人。耕地面积7.1公顷。

全年实现工业总产值6100万元，增加值1200万元，来料加工1900万元。强化街道、村两级书记抓"消薄"，四个村的村集体收入共达175.65万元，比上年增长16.33%，经营性收入均达到15万以上。全年招商引资完成7.5亿元，实现税收559万元。2021年，白云街道被评为第二批浙江省职工疗休养基地。

【党史学习】 围绕"回望来时路，我在革命老区学党史""追寻真理路，我与党员群众话传承""走好脚下路，我为基层群众办实事""坚定未来路，我当大抓落实排头兵"主题争创活动，从党的百年奋斗历程中汲取继续前进的智慧和力量。街道班子带头学习，专题研讨交流9次，党员读原著、悟原理覆盖率达100%。通过参观革命纪念馆、挖掘白云党员好故事、颁发"光荣在党50年"纪念章等形式不断丰富学习载体。4月17日，开展"党旗下盛开民族花"联欢活动，被《丽水日报》、丽水电视台等媒体报道，当天线上直播观看达2.47万人次。组织"头雁领航"微党课比赛、党史知识竞赛、"红色百年"文艺晚会献礼三场活动，在全区反响热烈。围绕2021年组团下访暨"三服务"活动展开的新闻报道《学史力行，组团下访，做好"学""做"结合文章》被《丽水日报》刊载。

【组织党建】 打响"学史力行，创先争优"品牌，通过多举措为民服务、擂台比拼等形式，制定相应的任务书，将工作要求分解落实，并进行量化评比，引导街道全体党员干部争当大抓落实排头兵，激发党员干部的干事热情。抓好支部建设，建立莲都区第一个物业实体党支部，建成6个A级绿谷先锋驿站，织密建强党的组织体系。抓好党员管理，全年共推选入党积极分子32人，发展预备党员6名。培育白云社区、陈道门社区两个党建示范点，探索创新"红色轻骑哨"积分管理方式，提升治理和志愿服务水平。

【从严治党】 履行管党治党主体责任，落实中央八项规定精神和省委实施细则，纠正"四风"绝不止步，领导班子以上率下，构建良好政治生态，形成风清气正的干事氛围。开展廉政教育和宣传，筑牢思想防线。常态化推进正风肃纪，针对疫情防控、党史学习教育、双招双引、城中村改造、经常化文明城市创建等工作，全年督查100余次，无涉纪信访件。坚持抓早抓小，不定期对党员干部进行约谈，运用监督执纪第一种形态提醒教育11人次。完善街道机关干部、编外干部、社区工作者等管理考核办法，用制度管人。顺应数字化改革大趋势，保障村居事务及时上线基层小微权力运行平台，通过"监督一点通"服务平台，推动基层公权力运行全面纳入大数据监督，开启村级监察智治模式。

【城中村改造】 2021年，征收政策处理攻坚项目共20个，根据区域和任务分组推进，实行"一个项目、一名责任领导、一个行动小组、一抓到底"的工作机制，特别是对尾留问题展开全方位逐个突破，打好"政策、亲情、法律、社会关系"四张牌。完成项目销号11个，完成土地征收销号10.8公顷，完成253户房屋签约。

【双招双引】 成立双招双引工作专班，分析形势，利用丽水学院和丽水职业技术学院两所高校的人才优势和绿谷信息产业园、数字经济双创园等资源优势，推动高质量发展高速度增长齐头并进。完成西城广场扩建、旅游学校迁建两个招商项目共计7.5亿元。新增2000万元以上批发企业3家、500万元以上零售企业1家、200万元以上住宿餐饮3家。

【城市管理】 坚持高品质服务中心城市，打好"政府主导+志愿者带头+群众参与"组合拳，发动党员干部、志愿者参加两城创建，完成白云小区、嘉慧园小区美丽小区建设和公益小景观建设。坚持“和谐拆违”，完成拆违41653平方米，拆违率104.13%，巩固市级“无违建”街道创建成果。推进白云街道省级生活垃圾分类示范片区创建工作，完成清远街生活垃圾分类示范街创建，完成3个高标准小区和6个定时定点示范小区建设，新建和改建13个垃圾房（亭）及洗手池等相关设施。

【环境整治】 以“人不负青山，青山定不负人”的自觉，打好污染防治攻坚战，秸秆焚烧治理成效明显，辖区空气质量优良。处理中国铁塔蓝天卫士秸秆焚烧预警平台20起。落实以“河长制”为切入口，从突击治水向制度化治水推进，更新丽阳坑河长公示牌信息，修复丽阳坑水系灯塔拆迁区块污水损毁管道，完成两级河长巡河423余次，实现河道治理工作的常态化和长效性。完成松材线虫病疫木清理工作。

【深化改革】 推进常规事项“网上办”“掌上办”，全面深化“互联+政务办事”，推进“浙里办”进村社，梳理街道公共办事事项110项、村级89项。窗口前移、服务下沉，推行一窗受理、事项直办，打造村级便民服务乡村升级版。街道便民服务中心完成办理事项898件，社区及村级代办点累计完成办理事项1034项。围绕全面推进依法行政主线，推进“六有”规范化标准化建设，打造合法性审查工作“白云样板”。全年实现行政案件“零败诉”。

【民生服务】 抓好“三级联动”办实事，推进街道、村社民生实事全面完成。优化升级社区民生服务品牌，后庆社区创新启用“后庆云视频”开展垃圾分类、防范电信网络诈骗等宣传，传递党和政府的好声音。陈道门社区创建“嘉·人服务”党建品牌，完成嘉人运动中心、嘉人儿童中心等党建阵地的建设，为辖区群众提供更多的活动场所。白云社区针对小区老年人多，通过“数治党建云”，实现老有所医、所乐、所学、所为。三岩寺社区坚持了15年的“七彩系列”工作，服务受益人群达3000人次。灯塔和后庆社区探索开设“阳光事务我参与”社务公开专栏，对社区民生实事、重点项目的开展落实进行线上直播，让辖区居民进行全方位的监督。

【平安建设】 以“信访积案化解百日攻坚专项行动”为抓手，以街道、村（社）两级矛调中心为载体，发挥37个网格52个网格员的作用，加强重点时期的排查稳控，维护辖区稳定。落实安全生产主体责任，落实森林防灭火工作，加大禁止野外用火的宣传和巡查力度，近五年未发生过森林火灾。组织开展消防安全、食品安全检查56次，检查企业994家，发现问题均落实跟踪整改到位。开展防范电信网络诈骗宣传，上门反诈宣传服务率达100%，每月抽查率达98%，发案率和案损率明显下降。

【社会保障】 基本医疗保险、养老保险参保率均为99.71%。发展公益性岗位6个，发展丽光村为区级高质量就业村。对46户64人低收入农户实行“一户一策一干部”机制，均实现人均可支配收入10200元以上。按要求落实好对低保、残疾人、农村“三留守”特殊群体的帮困扶助。发放低保金1337221元，临时救助24人共104235元，发放201名优抚对象慰问金共146300元。困难残疾人和重度残疾人补助335人次，北郭桥残疾人之家提升为3星级。建成居家养老服务中心4个（其中街道级1个、社区级3个）、君红社会工作站和陈道门社区儿童之家均完成建设并投入运营。常态化推进疫情防控工作，按要求做好人员排查和疫苗接种工作。

【政治建设】 抓好党的政治建设，坚持以习近平新时代中国特色社会主义思想武装头脑，学习贯彻党的十九大及十九届历次全会精神，贯彻执行中央和省市区各项决策，确保“区委有部署，白云见行动”。增强“四个意识”、坚定“四个自信”，做“两个确立”忠诚拥护者、“两个维护”示范引领者。严明政治纪律和政治规矩，擦亮“清风白云”品牌。重视统一战线工作，做好政协、民族、宗教、侨务、台务、工商联、工会、共青团、妇联等工作。重视人大工作，发挥代表作用，召开街道第二届民主议政会。

（金育键）

万象街道

【概　况】 万象街道辖区总面积7.26平方千米，下辖7个社区（丽阳门、左渠门、凤凰、大水门、厦河门、府前、梅山）和4个城中村（丽华村、丽南村、水南村、城南村），200个居民组、28个村民小组。全街道总户数22051户，其中，农业户2874户；户籍人口51225人，其中，农业人口5883人。辖区内有耕地面积约17公顷，山林面积约169公顷。2021年，财政总收入3979.52万元；4个村的集体经济总收入1048.62万元。

【招商引资】 坚持把招商引资作为引领发展的"一号工程"，推进花园邻里中心、大溪治理提升改造工程、瓯陆风情园二期等重点项目建设。2021年，引进曼卡兰酒店项目、万象智慧酒店项目、怡通物流项目。

【疫情防控】 坚持"人物同防"和社会经济发展"两手抓"，落实"一码一库一平台一指数"防境外输入精密智控机制；执行重点人员的闭环健康管理政策，按人员类别的不同实施不同的管控措施，筑牢筑实疫情防控的"铜墙铁壁"；紧扣"应接尽接"目标导向，开展"艺"起打疫苗·欢乐健康行等系列活动，调动群众接种疫苗积极性；迭代升级基层网格建设，精细划分网格共424个，下沉党员347人到"红色网格"；以实战促提升，组织核酸检测应急演练7次，参与人数2000余人。

【征收工作】 推进海潮河老旧小区暨历史街区改造项目，街道统筹4个收购组，围绕"应收尽收"目标导向，"快、准、稳、实"地推动4个区块590户6.4万平方米的收购任务。四个收购区块全部完成了签约达标生效。推动丽水国际数码影像中心及D级危房收购项目，按照"支部建在连上"的要求，成立以街道党工委书记为书记的临时工作党总支，下设4个党支部，激励全体党员干部锤炼在一线、比拼在一线、成长在一线，打造党建引领、区域统筹、齐抓共管的征收模式。2021年，万象山区块储备土地前期开发项目涉及被征收户204户，建筑面积1.58万平方米，完成签约202户，签约率达99%。市区国有土地上D级危房及附着物收购项目被收购房屋涉及户数73户，完成签约40户。

【"两城创建"】 以常态化开展"两城创建"为抓手，实现街道、部门、社区（村）三级联动，开展"地毯式"六乱整治，推进辖区面貌大整治、大提升行动。2021年，对社区、城中村、背街小巷周边环境卫生开展六乱整治行动约800余次，整治点位约7000余个；劝阻秸秆焚烧行为16起，对拒不配合街道工作态度恶劣的立案处罚2起；对辖区农贸市场、沿街商铺"飞线充电"问题开展集中整治，整治点位324处；推进酱园弄15幢、太保庙弄80号外墙脱落整治工作，完成26处点位修缮。

【"治危拆违"】 完善部门、街道、村（社区）、网格四级巡查链条，与建设、执法等部门协同配合、整体推进，加大汛期、台风等重点时段巡查，鼓励户主对C级危房进行加固，对危房腾空的居民及时发放补助资金，防止居民回搬。辖区共有D级危房73幢，列入回购40幢，已回购20幢；C级危房283幢，已回购52幢。完善"一违一档"台账资料，摸清底细，打击辖区内违章建筑，遏制辖区违法建设现象蔓延。2021年，街道共完成拆违点位83处，共计8285平方米，其中涉及消防安全隐患点位10处全部整改完毕。

【垃圾分类】 推进金汇广场、龙门岭小区、金马单身公寓3个小区垃圾分类示范小区的创建工作，探索实践垃圾分类积分兑换奖励制度，推广线上"分类达人赛"和"莲都考垃"宣传兑换日活动，实现寓教于乐。开展垃圾分类进小区入户宣传，2021年，发放垃圾分类宣传资料和倡议书8000余份，入户宣传2800多户。

【社会治理】 推进"最多跑一次"改革，完善综合治理网络体系，发挥"基层治理四平台"作用，在原有的全科网格员队伍基础上，按照80~120户建立一个网格的要求，配强全科网格员，确保居民全在“网”中。完善社会矛盾纠纷动态排查、定期报告制度，开展不稳定因素大排查行动，以一人一档、一事一策建好档案，逐件落实责任人员，剖析厘清工作思路，将不稳定隐患和苗头及时化解。2021年，受理来电来信来访440件，调解矛盾纠纷案件191件，成功化解信访积案6件。

【社会保障】 街道领导干部带头宣传社保政策，推广“浙丽保”，引导督促村（社）群众积极参保，多渠道确保养老医疗全覆盖。2021年，实现基本养老保险全民参保率99.65%，基本医疗保险全民参保率99.91%，浙丽保完成参保率95.77%。

【民生实事】 坚持将“我为群众办实事”专题活动贯穿于学习教育始终，推进民生实事落地落细。2021年初确定街道级民生实事10件、村（社）级民生实事33件，拨付80万元专项资金保障民生实事项目落地。按照“一人一重点、领办解难题”原则，街道班子成员立足本职领域，明确时间节点交办任务，实行“周汇报、月督查、季总结”的跟踪问效机制。截至2021年底，民生实事项目已全部落地完成。

【依法行政】 把法治政府建设作为重点工作抓紧抓实，强化组织领导，坚持“三凡是三必须”，加强规范性文件管理和备案，实现合法性审查全覆盖。及时发布街道文件和工作动态，推动法治政府建设再上新台阶。2021年，完成行政合同合法性审查23件。

【党史学习教育】 谋划党史学习教育，通过红色故事会、“年轻干部话党史”、党史知识竞赛等形式，实现全街道党员参加专题学习、阅读党史读本“全覆盖”。2021年，以“党史学习万象在行动”为主题举办各类党史学习170余场，开展专题宣讲80余场。基于辖区内小巷资源丰富的特点，成立“小巷”宣讲团，将十九届六中全会精神“送讲入户”。

【基层组织建设】 推进组织同步、党建同抓、活动同办、难题同解、文明同创、服务同献的大工委“六同”工作法，发挥街道“大工委”、社区“大党委”平台作用，搞好区域化党建品牌创建。立足万象街道区域特点，做大做强党建联盟，街道7个社区党委分别与沈姐志愿服务党支部、幸民健身中心党支部建立“社新党建联盟”；厦河门社区党委与丽南村党支部建立“社村党建联盟”，织密建强组织体系。以党建引领新业态发展，联合下辖社区成立9个“绿谷先锋驿站”党群服务阵地联盟，并组建了100余名小哥参与的“红色轻骑哨志愿服务队”。结合街道侨情实际，创新探索“侨联组织 侨联党支部 侨胞之家”三位一体的基层组织建设，挂牌成立了莲都区首个社区侨联——大水门社区侨联、全市首个楼宇侨联——绿城楼宇侨联，完善“街道、社区、楼宇”三级网络体系；打造莲都区首个乡镇（街道）级侨胞之家——万象侨胞之家，成立万象街道侨联工作党支部，推动侨联工作与党建网格有机融合，提高爱侨、护侨、助侨能力。

联城街道

【概　况】 2021年，联城街道总面积110.23平方千米，下辖21个行政村、2个社区。全街道常住人口20830人，流动人口约9909人。耕地面积1466.21公顷，山林面积6685.54公顷。

全年财政总收入5225.92万元，同比增长27.71%，其中，农村经济总收入1617.33万元，同比增长3.02%，农民人均纯收入23142.85元，增长10%，年末银行存款余额0.5亿元，同比下降2.62%。

【康养产业】 2021年推进康养产业发展，怡福家园养老服务中心影响力进一步提升，总投资20亿元的树兰国际丽水医学中心项目落户联城，该项目是集医疗、健康、颐养于一体的大型医疗健康综合体，其建成并投入使用将提升联城影响力。

【农业提质增效】 加大农业基础设施建设投入力度，争取农业基础设施建设项目2个，资金近180万元。加大农业产业转型力度，联城葡萄等精品水果知名度进一步提升，完成了“非粮化”整治任务。2021年，农民收入增幅超全区平均水平，达到16.8%。“港口花海”“竹道草坪”等“农旅融合”“红旅结合”产品，成为城郊休闲经济典型代表。港口村获评新一轮浙江省示范文明村，瑶畈村被评为省级森林人家。

【项目推进】 完成建设用地报批类项目12个、清场交地类项目16个，大搬快聚常宅安置小区、联城邻里中心及地下停车场等项目开工建设，带动全域高质量发展。

【安全监管】 抓好中小学生防溺水和校园安全工作，组织人员到企业、超市、烟花爆竹店铺等200余家场所开展安全生产大排查12余次，完成低收入人员家庭“四老化”改造任务，保障群众生命财产安全。

【环保监管】 做好环保督察反馈问题整改，办结群众投诉环境问题12件。打好大气污染防治攻坚战，开展秸秆禁烧巡查累计1900余人次，立案查处44起。抓好“散乱污”整治，消除“散乱污”企业带来的环境污染和安全隐患。

【“双违”整治】 2021年摸排违建点位844处，完成坐标定位、现场照片、业主情况等信息采集录入。处置违建点位144处，面积4.43万平方米，拆除涉及安全隐患的违章建筑2处，面积4000余平方米。联合区级相关职能部门拆除违规建设生产用房2起，叫停在建大棚房1家。

【乡村风貌】 推进基层宣传思想文化工作和精神文明建设工作，建成新时代文明实践站所17个。深入开展“每周一全民保洁日”环境整治，完成了上级交办的221个点位问题整改，乡村环境不断提升。

【村集体经济】 加大消薄工作力度，21个行政村经营性收入均超过10万元，村集体总收入超过20万，5个村集体总收入超过100万元。加大对各村社往来资金检查工作，规范财务管理，督促收回垫付资金近百万元。

【脱贫攻坚】 全年核销低保低边户73户。完成低收入农户“菜单式”产业帮扶项目，发放扶贫资金19余万元。一户一策一干部走访全覆盖，全年累计走访5361次。

【三级联动办实事】 发挥村级组织“领头雁”作用，完成了一批群众可感可知的扶贫项目、民生实事。

【疫情防控】 发动辖区村居民做好新冠疫苗接种，全民动员，全员发力，完成大规模核酸检测人员底数排摸、采样点布置等一系列工作，为打赢疫情防控战做好充分准备。

【社会保障】 养老保险参保率98.89%，医疗保险参保率99.15%，“浙丽保”参保率95.6%，位居全区乡镇街道前列。

【基层治理】 “阳光智治平台”为基层治理现代化提供了鲜活的联城样本，受到市委副书记、常务副市长的高度关注与肯定。

【反诈工作】 举办“万名干部进社区”“百人千场讲反诈”反电诈宣传活动，电信诈骗发案数和案损金额为五个街道最少。

【法治建设】 全年合法性审查事项20项，未出现合同违规引发纠纷等情况，市级民主法治村建成率达100%。

南明山街道

【概　况】 南明山街道辖区总面积108.86平方千米，其中城市规划面积58平方千米，下辖27个行政村、8个社区，农村户籍人口3.35万人。共有27个农村党支部，1481名农村党员。街道办公驻地位于开发区绿谷大道50号，距市区6千米。2021年开发区全年实现GDP增长19.8%；完成规上工业产值329.4亿元，增长39.5%；完成固定资产投资70.9亿元，增长46.5%；实现财政总收入25.7亿元，增长27.3%；“百万元村”达到10个，农村居民人均可支配收入达到3.4万元，高于全市平均27.9%。厉行“丽水之干”，以“不干则已、干则必成”的信心决心和举措，推进经济社会高质量发展，增进民生福祉。

【党建引领】 把牢党员发展“入口关”，开展干部脱产培训班、村社书记大赶考、驻村联心交流论坛等干部素质提升工程，全年发展党员17名，村社党员组织生活参与率超过85%，新发展对象学历、年龄实现“一升一降”。推进“十百千”工程，2个软弱涣散村党支部完成整转，10个行政村达到过硬标准。出台印章使用管理办法、村社议事规则、发展党员培养考察积分等30余项制度，党工委抓村社“如身使臂、如臂使指”工作机制全面形成。

【疫情防控】 抓好疫情防控工作，配齐建强社区（村）、小区（自然村）、楼栋（村民小组）三级防控队伍，强化隔离排摸，遏制疫情扩散蔓延，守住了市本级“防疫南大门”，得到市委主要领导的肯定。

【民生工程】 2021年度发放低保、低边、困难儿童等救助资金560余万元。浙丽保参保率达到97.23%，参保人数突破2.5万人。完成省市民生实事任务，排名全市第一。街道、大坑口村、秀山社区退役军人服务站获评“浙江省新时代枫桥式退役军人服务站”。

【农村经济】 发展莲、果、蔬等传统优势产业，实现农业产值6130万元；联合金融机构深化农村普惠金融，授信总额12.6亿元；拓展富岭菜市场、事务合伙人等成功经验，全年村级集体经济总收入2961.15万元，其中经营性收入1571.38万元。27个村均完成“20+10”目标，“百万元村”达到10个，富岭菜市场项目获评“丽水市消薄好项目”。村级集体经济巩固提升工作考评结果全市第一，强村公司营收利润排名稳居全市前列。

【乡村建设】 完成文明城市、卫生城市“双复评”，完成交办单1400余份，较短时间实现整体提升，秸秆焚烧起数同比下降约45%，助力丽水市以全国第7名的成绩通过国家卫生城市复审。以超往年3倍以上的投资力度快速改善开发区农村形象，全年实施基础设施项目45个，总投资1.29亿元，涵盖市政供水、污水处理、农饮水等各公共服务领域，覆盖全区18个村社，已完工25个。城乡同质化供水覆盖率达到99.9%，全市第一，村村通实现“两个100%”，得到群众一致好评。

【农村管理】 省委巡视、市委巡察涉及的225项整改任务均已整改到位，得到巡察组的肯定。“七张问题清单”7项问题100%整改完毕；平稳化解七百秧水库土地补偿款分配、部分村二三产货币返还等123个历史遗留问题，历史性实现16个村遗留问题清零，提升政府公信力和群众满意度；全面清零中央、省市重复信访事项21件，集中化解了一批积累数年甚至数十年的“老上访户”问题。

【政策处理】 完成全球商品产业园、胡村水厂等重点项目共计413公顷的土地征收任务，惠及14个村2.14万人。与征安办协同完成垟店村、上桥村、张村村房屋征收213大户431小户，总面积约9.02万平方米，为城市集聚辐射和能级提升打下坚实基础。

【平安建设】 2021年受理信访件1067件，办结率100%。“平安护航建党百年”行动总成绩列全市第一；电信网络诈骗案件发案率、损失金额分别下降34.9%和34.5%；强化农村道路交通安全整治，死亡人数降幅超过20%；开展安全生产、防台防火、地质灾害隐患点治理等工作，实现全域安全稳定。

碧湖镇

【概　况】 2021年，碧湖镇总面积220.2平方千米，辖43个行政村、1个社区、610个村民小组。户籍人口数62636人，总户数31113户，其中农业人口53011人，城镇人口9625人；外来人口24524人。农业用地19286.67公顷，占全镇总面积的88.0%，其中耕地4533.33公顷，园地1346.67公顷，林地12726.67公顷，其他农业用地686.67公顷；建设用地1886.67公顷，占全镇总面积的8.6%。

全年实现农业总产值11亿元，工业总产值57.47亿元，实现旅游增加值2亿元。农村集体经济总收入2086.8万元，增长

5.23%，其中经营性收入914.6万元，增长21.25%，经营性收入超过15万元的村22个，超过50万元的村2个，强村公司实现利润100.5万元。年末，金融机构各项存款余额34.73亿元，各项贷款余额23.69亿元，存贷比68.2%。

【农业种植养殖】 碧湖镇粮食作物种植面积3266.67公顷，全年产量3.46万吨，蔬菜种植面积1953.33公顷，复种面积1666.67公顷，果园面积866.67公顷；年底生猪存栏4.87万头，占全区总存栏的50%；家禽存栏71.52万羽。国家水稻分子育种中心丽水示范基地建设初现雏形，基础建设、硬件设备安装调试、软件平台开发等全部完成。

【工业生产】 2021年全年工业总产值同比增长41.19%，总量及增幅均创历史新高；培育新上规和小升规企业共计30家，新增亿元企业4家，规上企业总家数达到86家，亿元企业达到16家。全镇现有各类市场主体5208户，其中企业1314户，增长21.78%；个体工商户3711户，增长29.21%；农民专业合作社183户，增长2.23%。

【党建引领】 绘制镇村两级“党建地图”，使党建工作目标化、可视化；组织各村社进行争先创优大比武擂台赛，并将每期“头雁奖”和“蜗牛奖”名单在党建地图上公示。制定落实《2021年度碧湖镇党政领导班子党风廉政建设责任清单、责任制分工》，形成逐级负责、层层落实的工作格局。开展争先创优大比武擂台赛暨“我为村民办实事”豆选比赛，举办“学百年党史、悟思想伟力、铸铁军精神”村社党史知识竞赛，形成争先创优的良好氛围。拍摄红色电影《老党员叶德进的故事》并获得第八届丽水微电影大赛微电影类优秀奖。

【要素保障】 2021年完成3个地块的国有土地出让，合计146683平方米，成交价24891万元；完成3个项目的农转用组件报批前期工作，分别为石郎线东南侧地块、三峰地块二期、新城邻里中心，丽水工业园区企业服务中心大厦建设项目，合计约12.78万平方米。市、区级重点项目政策处理任务37个，其中碧湖镇高溪卫生院迁建项目、区青少年宫迁建项目等17个项目的政策处理顺利完成，清场土地26.67公顷，征收房屋29000余平方米；完成丽龙高速公路南山互通至丽新公路连接线工程项目、碧湖新城邻里中心项目、石郎线与黄碧线路口东南侧地块等8个项目的组件报批，报批土地37.33公顷；工业路两侧出让地块、黄塘窑区块等12个项目有序推进中。开展项目征迁“百日攻坚”，测量土地66.67公顷、完成土地使用权协议签署400余份，处理失地保险历史遗留指标188个。

【新城建设】 2021年碧湖镇域范围内在建项目103个，年度固定资产投资75.9亿元，占全区投资62.1%。其中由碧湖镇作为业主单位的政府投资类项目共28个，年度投资7.16亿元。碧湖镇区基础设施提升和改造工程(人民街改造工程)、碧湖西生活区块道路网工程等一批重点项目完工。推进碧湖镇全域综合整治及生态修复工程(第一批)、莲都区碧湖镇给排水提升改造工程等一批重点项目。莲都区青少年宫迁建项目、丽水电大莲都学院、碧湖西生活区块道路网工程(二期)等重点项目开工建设。

【综合整治】 全年拆除各类违法建筑面积达6.02万平方米；调整优化和完成整治“非农化”即可恢复面积44.67公顷，完成现场核查“非农化”建设点位680个，抛荒地完成整改25.71公顷，“非粮化”点位58.79公顷全部整改优化完成；完成彩色健康造林共计133.33公顷、森林抚育补助项目66.67公顷；新治河生态治理及修复工程(区建投公司代建)等项目开工建设。

【“最多跑一次”】 “放管服”改革成效明显，实现35项事权集中审批，“一窗受理”率达100%，镇级便民服务中心办理事项1.4万件，村级便民服务中心办理事项4066件，新城数据指挥中心(碧湖镇生态治理智慧平台)开工建设。上线浙江省农村集体经济数字管理系统，实现报账零跑腿，完成网上审批业务4369笔，支付成功2989笔，涉及金额1.44亿元，全面实现三资管理“无纸化办公”和在线监管，规范和制约了村级“小微权力”。

【民生保障】 2021年发放低保金1611.5万元，临时救助金348.72万元；急难型临时救助55人，总金额93650元；“菜单式”产业扶持增收项目资金拨付209.63万元；雨露计划补助低收入家庭子女49名14.7万元，为162户残疾学生及残疾人家庭子女完成助学补助申报。完成医疗保险参保62470人、参保率99.79%，养老保险参保48136人、参保率99.68%，其中为残疾人办理自谋职业养老保险补助116例；浙丽保参保46737人、参保率94.61%。堰头村被确定为市级扶贫示范村，瓯碧园安置小区被确定为市级幸福社区，全市首家“侨爱超市”正式开张，“萤火虫”爱心社团成立，新创办一家残疾人之家。

【社会事业】 年度财政教育经费1.29亿元，莲都区碧湖三小建成并投入使用，现有幼儿园14所，小学3所，初中1所；新增7家农村文化礼堂，新时代文明实践站实现44个村社全覆盖，堰头村文化礼堂入选浙江省公共文化场馆服务功能拓展先行先试单位，获评浙江省五星级文化礼堂。莲都区人民医院与丽水市中心医院正式签约合作。2021年6月，碧湖方舱正式投入使用，累计接种90292剂次。

【平安法治】 推进“平安碧湖”建设，健全基层社会治理机制，全年办理浙江省民呼我为统一平台信访件1505件；来访25件，同比下降18.4%，“12345”来电1326件，同比上升63.2%。新增省级民主法治村2个，截至2021年底，共有省级民主法治村5个，市级民主法治村28个，古井村、南山村被评为省级善治村，入选省级法治化综合改革试点乡镇。

【全域旅游】 2021年创成景区村7个，其中九龙村为AAA级景区村；堰头村入选2021年中国美丽休闲乡村名单，南山村、堰头村成功创建市级花园乡村精品村；高溪村创成市级红色示范村；碧一村创成市级清廉村居；申报省级示范性农村公厕1座，省级星级农村公厕5座；2021莲都碧湖田园半程马拉松圆满落幕，启动九龙国家湿地公园第一届赏萤季活动。全镇农家乐（民宿）达71家，客房553个、床位685个，接待餐位数4166个，从业人员191人，全年民宿农家乐直接经营收入3860.24万元，接待游客46.12万余人次，仅在“十一”国庆假期，接待游客就达1.4万余人，经营收入105.9万元。

【争优创先】 碧湖镇被评为2021年度工作责任制考评乡镇街道综合优胜单位，入选自然资源部办公厅全域土地综合整治试点名单、全省第一批千年古城复兴试点、全省首批“浙江省魅力名镇”；获浙江省生态文化建设突出贡献集体、“乡村振兴、法治同行”丽水市示范乡镇（街道）称号，被授予丽水市全国文明城市创建“两连冠”工作集体嘉奖。

大港头镇

【概　况】 2021年，大港头镇总面积90.3041平方千米，辖10个行政村、1个居委、140个村民小组。全镇总户数6284户，其中，农业户5920户；总人口12565人，有外来人口736人。人口自然增长率−3.37‰。山林面积6271.14公顷；耕地面积1212.25公顷，其中，水田1141.48公顷。全年实现工业总产值0.4019亿元；2021年财政总收入617.4万元，地方财政收入320.6万元。村级集体经济总收入635.87万元；农民人均收入31090元，增长5.2%。2021年末银行存款余额0.2112亿元。

【生态农业】 立足资源禀赋，发挥本地优势，将茶产业打造成为全镇农业主导产业，形成了“种植+加工+展销”一体化产业链。落地画乡千亩未来茶园项目，全镇完成茶叶提质扩面126.07公顷。大港头镇共有茶农4000余户，茶叶种植面积1866.67公顷，茶叶产量达930吨，实现产值1.95亿元，亩均效益达到8000元以上。推进小井村与丽水山耕“订单农业”合作，以产定销，实现丽水农产品“私人定制”。在北埠杨山成功承办由农业农村部国际合作司为支持单位，农业农村部农业贸易促进中心、浙江省农业农村厅主办的“国际茶日·大使品茶”2021年第一杯春茶活动，赢得九国驻华使节现场点赞。承办丽水·莲都“中国农民丰收节”，利用好生态，做好农产品，念好“绿色发展经”。

【全域旅游】 以古堰画乡景区为核心，从业态、环境、人文等多方面提升旅游品质，年接待量达200万人次，2021年在疫情的影响下景区接待游客110.35万人次，接待量在全市景区中排名前列。全镇有民宿、农家乐175家，房间数1561个，床位数3140张，餐位8990个，节假日民宿平均入住率超90%。诗画利山、茶乡北埠、印象西坑、官岭古道等景点持续吸引游客，被评为省级乡村旅游产业集聚区。文旅产业深度融合，全国有近300家高等院校在小镇建立艺术教育实践基地，年接待写生创作15万人次以上，油画年产值达1.2亿元。深圳九九、博览当代等118家艺术企业和机构入驻园区；画乡首个艺术品交易平台——“艺术盈”艺术品交易平台在手机应用商店上线，已与3500余个艺术机构、知名艺术家达成合作，上架交易的艺术品达32000余件。

【项目建设】 加快项目落地，总投资1.6亿元的小镇客厅投入运营；风情画乡度假村、画乡壹号风情度假酒店综合体、画乡玉荷苑等一批重点项目顺利建设；完成金港小区、金港公寓、栋村安置小区等一批农民安置小区建设，高地安置小区项目场地平整及便道工程目前完成70%。艺境巴比松、猫空书店、九九文创、坤润石雕馆等一批高品质项目签约落地。加大人才招引，以“百博入乡镇”和“浙江大花园建设研究院花园乡村实践基地”平台，吸引一批文旅、匠心人才到大港头镇创业、发展。吸引29位院士入驻“画乡莲都·院士之家”。连续五年举办古堰画乡小镇艺术节，召开丽水巴比松国际研讨会。

【生态价值转化】 大港头镇入选全市首批生态产品价值实现试点乡镇，完成2017—2020年的生态产品总值(GEP)核算，2020年GEP总值达36.5亿元，注册成立由村集体控股的丽水市丽云生态发展有限公司，开展生态产品政府购买试水工作。推进镇区一批生态重点项目的建设；提升油画等特色产业的生态价值；创成大港头村、河边村、利山村三个生态信用村；联合莲都区农商行创新金融新产品“GEP贷”，授信1亿元并发放全区首笔“GEP贷”；提炼一批生态产品价值实现案例，其中，“大港头大力推进文旅深度融合，促进生态产品价值实现”被市发改委作为典型案例上报省发改委。

【脱贫攻坚】 围绕“两不愁三保障”，强化精准扶贫，建立动态管理机制，深入群众开展摸排和入户核查，低保低边领域兜底精准度明显提升。低收入农户从2016年的857户减少至443户，年度支出低保金达353.43万元。发挥临时救助“补短板”作用，实施困难户临时救助264人次，发放救助资金208万元。推进“大搬快聚”工作，谋划下山脱贫安置项目，完成安置搬迁6个自然村321户674人。通过自建、联建模式，探索实施古堰画乡游船联建、大港头镇饭店改造出租和义乌—莲都山海协作消薄产业园等一批消薄项目。不断壮大集体经济，镇强村公司经营性收益达118万元，全镇10个村集体经济总收入达668.9万元，较上年增幅达20.5%，其中8个村实现村集体总收入超20万元，经营性收入超10万元。

【民生实事】 坚持“为民、利民、便民”基本原则，不断厚植人民情怀，持续有力推进民生实事，努力把实事办好，把好事办实。完成S328省道南山高速路口至古堰画乡景区入口路灯亮化工程、农村饮用水提升工程，北埠村、河边村、西坑口村文体设施改善、西黄村村委会大楼建设等一批重大民生实事。完成镇级民生实事10件、村级民生实事30件。

【社会事业】 加强文化阵地建设，率先实现全区文化礼堂行政村全覆盖，利山村文化大礼堂被评为五星级大礼堂。浙江省青联在莲都区大港头学校挂牌省级青联“希望小屋”，开展“第二课堂进校园”志愿服务活动，被《人民日报》报道。开展人口普查工作，落实好城乡医保，“浙丽保”应保尽保。新建丽云卫生院投入使用，群众就医条件显著改善。坚持景镇合力“一盘棋”，全镇“一张网”，做好常态化疫情防控。补齐养老服务短板，新建一家三星级居家养老服务照料中心，实现老有所养、老有所依、老有所乐。

【深化改革】 贯彻落实市、区两级政府“最多跑一次”改革，注重窗口办事员业务能力水平的培训，提高办事效率及能力，落实大厅异地通办、一卡通办。全面推广“浙里办”“政务服务网”等网上、掌上办事途径，让“一次办”成为新常态。大港头镇最多跑一次窗口年度办件量582件，镇村两级代办7643件，政务服务平台2.0接件205件，在承诺时限内办结率100%，好评率100%。做好浙江省政务服务网线上事项清单的公布，对公布的事项内容、清单、指南，进行调整、补充、完善。

【平安画乡建设】 实现小镇市容管理“线上+线下”同步，在全区乡镇中首个引入电子抓拍系统，镇行政执法中队落实每日巡查机制，全天候、常态化对“道乱占、摊乱摆、车乱停”等现象依法依规处置，解决了镇区集日拥挤、交通瘫痪等“老大难”问题。2021年，大港头镇化解国家级信访积案3件，省市级信访积案2件；收到信访平台反映问题135件，均已答复完成，后期回访满意率100%。推进线上线下反诈宣传工作，创新式设置“反诈咨询窗口”20余处，开通咨询热线，增强辖区群众的安全感和满意度。强化文化市场管理，获评第三批“浙江省扫黄打非进基层示范点”。

（大港头镇党政办）

峰源乡

【概　况】 2021年，峰源乡总面积189平方千米，辖8个行政村，107个村民小组。全乡总户数4414户，其中，农业户4310户；总人口8656人，其中，农业人口8553人，有外来人口103人。人口自然增长率-17.3‰。山林面积15481.56公顷；耕地面积1305.57公顷，其中，水田1104.03公顷。全年财政总收入8017.46万元，增长5.99%。村级集体经济总收入532.43万元，增长16.7%；农村经济净收入129.44万元，增长99.78%。

【党建统领】 举办乡第十五次党代会，提出“云上峰源·康养高地”的发展定位，打造“三个地”品牌。“三个地”即以“峰源1000”为品牌，打造生态有机农产品供应地、高山森林康养聚集地、户外野奢度假首选地。成立由党员、第一书记、村干部、青年志愿者组成的“红色峰小跑”志愿服务团队，打通山上山下线上线下通道，帮助村民落实物资代购、助农代送、业务代办等跑腿服务，发挥好党组织战斗堡垒和党员先锋模范作用。

【产业发展】 主导产业高山食用菌（香菇）年产约400万棒，年产值约2000万元；高山蔬菜种植面积133.33公顷，年产值约1500万元；高山黄牛养殖约有300头，年产值超过300万元。林下经济有黄精、黄芪中药材基地33.33公顷。初步形成以高山蔬菜、高山食用菌、高山茶叶、高山牧业等为主导的“峰源1000”特色农业品牌。以“公司+种植户”的形式构建产供销体系，与蓝城农业、上海丽水商会超市协会签订供货协议，与丽水骆氏酒坊签订3万公斤高山糯谷订单协议，实现供需双方的精准对接、互利共赢，带动农户增收近万元。2021年，全乡共垦造荒田86.67公顷，超额完成上级下达的任务。完成年度消薄任务，2021年4个村经营性收入达到15万元以上，占比50%，强村公司实体化运作顺利启动，产生利润53.36万元。以纳凉为特色打造了水牛坪、猕猴峡、大山峰等户外露营网红打卡点，峰源乡创成省AAA级景区乡，庞山村、库坑垟村被评为省AA级景区村。

【社会事业】 推进“浙丽保”参保工作，全乡参保率达到95.42%，较2020年提升了7个百分点。围绕香菇文化、竹文化的建设主题，融合农耕文化、养生文化等元素打造景观节点、休闲公园、美丽墙绘，促使乡村面貌发生“蝶变”，群众幸福感得到提升。推进旧村改造、下山脱贫、大搬快聚等工作，完成夏庄新村居民点建设，农村危房全部整治到位，大搬快聚累计搬迁262户478人。推动实施峰源乡卫生院迁建项目和峰源乡养老服务中心项目，提升全乡医疗养老服务能力和水平，构建医养结合养老新格局。

【平安稳定】 构建了“指挥中心+四个平台+全科网格”的基层治理体系，掌握村情民意，跟进问题处置。落实应急管理“党政同责、一岗双责”，修订峰源乡总体应急预案，完善应急救援管理体系，加强应急救援队伍建设，建成乡村避灾场所，坚决守住治危防患、防台防汛、森林防火、食品安全等底线。

（钟徐艺）

太平乡

【概　况】 2021年，太平乡总面积105平方千米，辖19个行政村，全乡总户数11202户，总人口23135人。有常住人口1.02万人，外来人口500人左右（包括灵康项目及程翔矿业员工）。人口自然增长率-0.99.2‰。山林面积8724公顷，耕地面积1050公顷。

全乡农村集体经济收入1244万元，增长17%。太平乡固定资产投资82529万元，所属规模工业企业1家，全年实现规模工业企业销售产值23278万元，比上年增长26%。有农民专业合作社8家，家庭农场11家，2021年涉及一次性种粮补贴面积80.80公顷，补贴金额约2.45万元，2021年耕地地力保护补贴面积11695亩，补贴金额约77万元。2021年出栏生猪0.12万头、家禽0.8万羽。全年动物防疫0.2万头次、家禽免疫1.4万羽，免疫率100%。2021年，完成农民普及性培训248人次。

2021年，太平乡被评为浙江省美丽乡村示范乡镇、新时代美丽城镇建设基本达标乡镇，浙江省AAA级景区镇，获莲都区“基本无违建区”创建工作集体嘉奖。

【思想政治建设】 开设太平乡“干部讲堂”，推出“班长课堂”“班子课堂”“老同志课堂”“年轻讲堂”等系列课堂，90%以上乡干部通过讲学，交流工作经验，分享工作心得。执行《太平乡村级干部考核管理办法》，对村干部实施考，将重点工作纳入年底对各村干部考核内容，拉出待遇差距，奖优惩劣。在每季度的村支书擂台赛上进行排名通报，发挥村两委主观能动性，激发基层干事创业的自主权和内动力。

【队伍建设】 2021年，换届选举产生出59名乡人大代表，其中党政干部代表6名，占10%；生产和工作一线代表46名，占78%；妇女代表17名，占29%；少数民族代表1名，占2%；年龄45周岁以下的代表25名，占42%；大专以上学历代表18名，占31%。此次选举产生的人大代表队伍，呈现出结构优、年轻化、素质高的特点，相信在未来的五年，也一定能以高度的责任心和使命感，发挥议政、议事和监督党内事务的重要作用。

【党风廉政】 注重在党风廉政建设和反腐败工作中惩治与教育相结合，教育在先的原则，提高广大党员干部责任意识、纪律意识和廉洁从政意识。2021年，收到区纪委转办信访件3件，信访量减少。立案11件，其中自办案件2件，简易程序案件9件。19个监察工作联络站共开展监督检查70余次，开展交叉检查4次，向乡监察办报送问题40余个，向村两委提出建议29条，遏制了“微腐败”问题的发生。

【项目建设】 灵康蓝城合福康旅小镇项目总投资50亿元，已完成5亿元，3#地块已完成展示厅、生活馆和部分中式合院建设，法式风情街、市政桥梁等子项目也在启动中。2021年完成涉林垦造整改1531亩，种植水稻、玉米、高粱等粮食，收成约75万公斤。国家科技进步奖一等奖成果转化地——长濑村，被评为浙西南节水抗旱稻首批推广基地。

【生态农业】 推进莲都区水果仓储集散中心项目落地太平，推进精品果业、数字果业发展，积极对接“莲都山超”，在太平乡下土夭村枇杷基地开展全国首个枇杷4D“智能补光”增产提质技术研究；探索优质水果进超市，建立农产品云端销售机制，打造“实体+电商+直播”多线发展模式。推进吴弄、长乐、富山头片区千亩茶园建设，完成土地流转，引入工商资本，完善配套基建设施，为吸纳农村富余劳动力、实现农民就地就近就业增收提供重要途径。

【民生实事】 2021年莲都区“四好农村路”项目（太平至木后路段）工程持续推进，（大坑）至老竹镇（浅田）公路路基工程打通多年断头路。投资11.17亿元的省一级公路临安至苍南莲都太平至联城段改建工程可行性方案已获丽水市发改委批复。太平乡小安村古樟树抢救工程、下天村家宴中心改造提升项目等10件乡级实事，下天村停车场建设项目、大畈村通村道路安装路灯等57件村级民生实事，均已全部完成。

【富民增收】 2021年全乡各村经营性收入合计为288.1万元，总收入合计1244.2万元。推进大搬快聚安置工作。完成2014—2017年富源等3个自然村遗留共计108户、248人的安置工作，于2021年底全部取得安置小区安置资格。2021年，涉及大畈（十八窟）等7个自然村366户686人，已完成乡镇资料审查工作。

【民生保障】 落实“一户一策一干部”制度，解决“两不愁三保障”突出问题。全乡现有低保对象727户1115人、低保边缘户164户242人，每月发放低保资金77.15万元；供养五保对象117人，每月发放五保供养资金14.37万元。

（太平乡党政办）

雅溪镇

【概　况】 2021年，雅溪镇总面积156.65平方千米，辖19个行政村、198个村民小组。全镇总户数10220户，总人口21288人，其中，农业人口13371人，有外来人口2371人。山林面积12731公顷；耕地面积545公顷，其中，水田541.87公顷。村级集体经济总收入708.34万元。

【生态农业】 水稻产业提档升级，以金竹村从事水稻种植的农事植保种植管理专业合作社为代表，将上陈村、库川村、上金竹村的部分农田纳入合作社的统防统治区域，入社规模已扩大到198户，稻田面积扩大到46.67公顷。茶产业扩面提质，2021年，积极扩大茶园基地面积，在泄下翁山头基地新增茶叶种植面积23.33公顷；积极发展生态新茶园，加快提升岱后等村老茶园，焕发茶产业活力；积极发展茶文化，重点打造“北乡贡茶”品牌，推进茶叶生产规模化、标准化、专业化发展。其他产业稳步发展，金竹村带头推广香菇产业，全镇有近150万段香菇段；潘百村持续发展覆盆子产业，目前覆盆子种植面积近66.67公顷，涉及400余户农户，2021年成功注册“丽水覆盆子”国家地理标志证明商标。

【红色旅游】 挖掘雅溪红色文化底蕴，推进岱后红色研学基地项目，2021年，岱后村共接待各级部门、团体党史学习教育50批次3956人次，为村集体增收11.9万元，“红”色文化优势不断显现。休闲旅游再创佳绩，接待游客人次和旅游收入持续增长，利用好“国家级历史文化名村”西溪村、“中国传统古村落”库川村、“莲都的井冈山”岱后村、“天然氧吧”雅一水库四张金名片，发展以雅溪漂流为核心，千年西溪、山水雅义、农耕金竹、人文库川等为依托的文旅线路，2021年，接待游客17833余人，旅游经营收入166万余元，雅溪“绿”色生态优势不断显现。推进景区村庄创建工作，全镇拥有AA级景区村庄3个，A级景区村3个。

【项目建设】 投资约7千万元的百日攻坚重点项目“双双线”道路提升工程落地，完成沿线涉及的6个村全部574户，73093平方米面积的土地征收，发放补偿金额689万元；雅溪镇自来水厂项目基本完工，完成项目初验；完成西溪村历史文化保护利用项目的竣工验收工作。

【疫情防控】 雅溪镇发动党员干部400余人次，发放防疫提示单600余份，解答群众疫情防控问题100余次，确保守好镇域和村域“小门”。以全员宣传、团体预约、集中接送相结合的方式，形成从动员、预约到布点、接种全链条联动机制，提高疫苗接种效率。截至2021年底，镇机关工作人员接种率100%；雅溪籍人员加强针接种447人。

【民生保障】 里东、金竹村引入分布式光伏发电项目，2021年实现村集体经营性收入15.1万元。做好小箬坑大搬快治后续安置工作，完成小箬坑157户，299人的集中安置。研究确定2021年拟搬迁村，4个自然村共计303户590人，完成村、镇两级资格审查并完成镇级资格审查结果公示。完成粮食生产功能区“非粮化”整治优化面积26.13公顷，完成耕地抛荒整治面积63.27公顷，占全区整治总面积的40.32%，19个村中有7个村完成耕地抛荒整治任务。

【脱贫攻坚】 实行低收入群体动态管理机制，新增低保63户79人，低保边缘户4户8人，五保户8人。落实低收入农户“一户一策一干部”结对帮扶制度，做到精准识别、精准扶贫、精准脱贫。开展危房排查，排查5493户农房，存在风险的有144户；排查C、D级危险房屋96户，其中困难群众28户。开展镇村两级民生实事项目建设，完成镇级民生实事10件、村级民生实事57件，完成率均为100%。

【法治建设】 围绕“班子清廉、干部清正、村务清爽、民风清朗、村庄清美”的“五清”建设目标，对辖区19个村开展“阳光指数”评价工作，规范基层小微权力运行，助力清廉村居建设。加大基层小微权力“监督一点通”服务平台推广使用，发放宣传折页1000余份，强化群众法治意识，满足群众快速咨询政策、投诉举报等需求，并对反映的涉法涉纪问题，严肃执纪问责。加大政务公开力度，落实民法典宣传、司法调解等各项工作，推动依法治理蔚然成风。

【干部作风】 保持雅溪铁军顽强的战斗作风，在苦干实干中增强群众的安全感、获得感。雅溪镇以各责任田“田长”带领兴村团队开展组团下访活动，解决群众急难愁盼问题，组团走访120余次，解决村级问题160余件，防范化解重点矛盾2起，实现“小事不出村、大事不出盟、要事不出镇”。坚持把纪律和规矩挺在前面，落实中央八项规定精神，开展“四风”正风肃纪督查，推进反腐败斗争，举办警示教育105场次，涉及镇、村干部5000余人次，筑牢党员干部拒腐防变的思想防线。

【思想建设】 注重运用红色北乡、革命老区的生动教材，围绕雅溪丰富的红色资源，先后开展“支部书记季度擂台赛”“镇村书记微党课”“说故事、学党史”等活动，确保党史学习教育高标准、高质量、高水平地开展，增强全体干部的政治自觉和思想自觉。选送岱后村支部书记参加莲都区“与莲都同行——头雁说”村社书记擂台赛，选送上黄村支部书记参加“与莲都同行——青年说”宣讲大赛，分别获一等奖与二等奖，展现出雅溪铁军风采。坚持办好雅溪“会前10分钟”，开展党史学习教育15次，以学促廉，以廉见效。

【社会治理】 发挥雅溪镇协商治理联合会“协商议事、协商监督、协商调解”三大职能，打造“请你来协商、为你来监督、帮你来调解”三大平台。2021年，通过“请你来协商”平台，围绕雅溪镇的红色文化、乡村旅游、生态保护、产业发展、基础设施建设等方面，组织召开专题协商会4次；通过“为你来监督”平台，围绕党委政府、所属部门执行上级文件规定情况、“三务”公开、集体“三资”、农村公益事业项目建设等方面，参与党委政府决策讨论85人次、投入重点工作监督318人次；通过“帮你来调解”平台，针对化解群众的矛盾纠纷和信访诉求，设置需求清单、资源清单，整理“项目包”，受理邻里纠纷、赡养纠纷、房屋纠纷等矛盾纠纷案件35件，全部成功调解。

【安全生产】 落实“党政同责、一岗双责、齐抓共管、失职追责”的工作要求，加强安全生产工作的组织领导，定期召开安全工作专题会，分析研判安全生产出现的新情况新问题。定期对辖区内企业、个体户等经营主体开展安全生产和消防检查，对涉及危险化学品、建筑施工、易燃易爆场所和人员密集场所等高风险行业领域，进行隐患排查，建立隐患整治问题清单。2021年，全镇自查发现安全生产隐患20处，已全部清除，2家违规企业被处以罚款14.5万元。加强安全生产及消防宣传教育，定期开展综合应急演练，提升广大群众的安全意识和应灾自救能力。

（雅溪镇党政办）

5月14日，碧湖镇争先创优大比武擂台赛暨"我为村民办实事"豆选决赛举行（碧湖镇 提供）

仙渡乡

【概　况】 仙渡乡辖区总面积65.8平方千米，其中耕地面积457.13公顷，林地面积4298.13公顷，森林覆盖率达81.6%，是一个典型的山区乡。全乡生态环境良好，风景优美，是生态之乡、水果之乡、红色之乡。农业以种植、养殖为主，其中水果种植面积802.53公顷，年产量达1万多吨。下辖11个村，36个自然村，130个村民小组，总人口5374户、11532人。

【产业发展】 围绕科技强农战略，编制完成《浙南山区桃绿色高效生态栽培计划》，促进特色农业提升。组建莲都区仙渡桃缘果业专业合作社联合社，落地"桃树肥药减量控害增效技术集成示范与推广"、"老桃园更新改造新桃园"、省"十三五"新品种选育重大科技专项猕猴桃新品种推广示范基地、省水果产业技术团队项目示范基地、仙渡仙曙农业番薯示范基地等项目，打造"莲都仙桃""莲都仙薯"等区域农产品品牌，举办挖笋节、桃花节、采桃节等系列活动，带动蜜橘、猕猴桃、蓝莓、甘薯等特色农业发展。全乡有桃园453.33公顷，年产桃子8500吨，产值3400万元，发展蜜橘、猕猴桃、蓝莓等水果产业45.64公顷，生态茶园33.77公顷，规模养猪场3座，存栏稳定在4000头左右。围绕"红韵遗风·桃源仙渡"总目标，统筹推进"红色桃花小镇"建设，成功列入市级《浙西南革命精神传承和红色资源价值转换规划》和市级红色旅游发展精品项目库，北乡革命纪念馆、和合古道（红军路）落地运营，红色体验中心、红色古街、红色驿站正稳步推进。建党百年系列活动推出"学在仙渡"红色党史研学路线，串联北乡革命纪念馆、和合古道等景点，累计接待各级党员干部、青年学生等6500余人次。

【脱贫攻坚】 落实低收入农户"两不愁三保障"，产业扶持惠及360人，发放帮扶资金约52.4万元，完成144户危旧房治理"解危"工作。扎实推进"大搬快聚"，累计搬迁182户、331人。完善社会救助、社会福利、优抚安置等制度，做好低保、五保、救灾、救济等保障兜底工作，全乡基本医疗保险参保率达99.7%，养老保险参保率达99.24%，"浙丽保"参保率达85.02%。建成皂树甘薯种植及淀粉加工厂和芦村光伏电站两个乡级联建项目，利用闲置土地招引社会资本发

5月建成石牛村玫瑰花园，是以月季、绣球、草花为主的旅游打卡点

（碧湖镇 提供）

展茶产业33.33公顷。2021年，全乡11个行政村全部完成“消薄”任务，村均经营性收入达8.14万元。

【城乡建设】 按照城乡公共服务均等化需求，加大公共基础设施和配套服务投入，提升乡村群众生活品质。完成葛畈至梅田、葛畈至张山后、根竹园至太山等道路建设项目，“村村通”实现自然村全覆盖。全域完成饮用水达标提标工程，饮用水水质100%达标，日常水源保护到位、水质监测到位，饮用水水源安全问题得到有效解决。完善医疗卫生、教育、养老服务体系，构建学有所成、老有所养、病有所医的民生保障体系。全乡有1所小学和1所幼儿园，师资力量足额配备；居家养老服务中心设施齐全；1所卫生院设有预防保健科、全科医疗科、妇产科等6个科室，配备B超机、心电图机、智慧化验室等医疗设备，市中医医院专家每周二上门问诊。

【乡风文明】 深入践行“绿水青山就是金山银山”发展理念，抓好经常化创建全国文明城市、小城镇环境综合整治、“六边三化三美”、美丽城镇创建等工作，推进污染农田治理、松材线虫病疫木砍伐等，打造宜居宜游的美丽仙渡。2021年，仙渡乡美丽城镇建设已获省级验收达标。获评“五好”服务型乡镇、浙江省AAA级景区乡镇，何金富村、滴水岩村创成区A级景区村。开展农村“污水、垃圾、厕所”三大革命，完成全乡24座公厕的改造任务，新建2座乡级垃圾中转站，11个行政村实现污水零直排，新建3座蓄水1米多深的拦水坝、500余米防洪堤，实施2千米的小流域治理工程，村庄居住区的防洪、排涝能力均达到国家标准。累计新建9座文化礼堂，以新时代文明实践所（站）和文化礼堂为载体，强化乡村精神文明建设，被评为浙江省农村文化礼堂建设示范乡镇（街道），葛畈村五星级文化礼堂通过验收，仙里村被评为省级象棋村，开展“我们的节日”“星期日活动”等主题文化活动2000余场，丰富群众文化生活。举办“党史故事我来讲”和“红色华诞 党旗飘扬”中国共产党成立100周年党史知识竞赛，“五美家庭”“道德模范”“最美乡贤”等评选活动，增强群众对红色历史和优秀传统文化的认识。

【基层治理】 履行属地稳定责任，强化社会治安综合治理。新冠疫情发生以来，坚持上下联动，24个基层党组织280名党员带头，乡村干部全部上岗，构筑起疫情防控的第一道防线，推进疫苗接种，保障群众的生命财产安全。完成村社换届选举，村级班子结构更加优化、素质明显提升。建立基层社会治理“一张网”，探索信访工作新机制，形成党组织加“四个平台”“综治系统”的基层维稳生态治理新格局。全乡受理各类咨询投诉合计680件，其中来电543件次，网上投诉33件次，来访76件次，来信28件次。成立仙渡乡乡贤联谊会，引导乡贤通过结对帮扶、技术指导、公益活动等多种形式参与乡村治理，发挥重要补充作用。坚持以党的政治建设为统领，全面加强政府自身建设，开展“两学一做”学习教育、“不忘初心、牢记使命”主题教育、党史学习教育，激励干部担当作为，坚持一线考核、正向激励，提振干部队伍精气神。

【民生保障】 本着依据实情，遵从民意，力做实事，务求实效的原则，全年筹集资金1000余万元，用于完成乡、村民生实事项目44个。开展危房排查工作，排查低收入农户危房980户，对144户低收入农户进行上报并开展危房修缮。落实低收入农户“一户一策一干部”结对帮扶制度，合计发放产业扶持资金43万余元，发放教育助学金共计2.7万元，全力确保低收入农户“两不愁三保障”，脱贫攻坚成效显著。

【文化产业】 围绕现有文化资源，开展“我们的节日”活动，何金富村重阳节由乡贤筹资办晚会、开办百家宴，仙里村结合省级非遗文化跳马灯开展特色乡村春晚。开展“星期日活动”，常态化举办“送戏下乡”、全民健身日、趣味运动会等文化主题活动。组织送戏下乡进农村文化礼堂6场，参与群众3500人次；文化走亲3场，科普知识、文化舞蹈“三团三社”培训讲座25次，参与群众1367人次；举办品牌节庆活动9场，参与群众2460人次。

老竹畲族镇

【概　况】 2021年，老竹畲族镇总面积81.63平方公里，辖12个行政村、68个居民组、139个村民小组。全镇总户数7860户，其中，农业户7687户；总人口16237人，其中，农业人口16025人，有外来人口1283人。人口自然增长率-5‰。山林面积5575公顷；耕地面积1104.18公顷，其中，水田733.7公顷。

全年财政总收入8971.83万元，其中，地方财政收入4886.7万元。村级集体经济总收入862.46万元，增长16.6%。年末银行存款余额2513.12万元，增长88.6%。

【农业经济】 2021年，老竹畲族镇农业种植面积达733.33公顷，年均粮食蔬菜产量5780吨。推广莲鸭共生种植养殖模式，共种植白莲66.67公顷，莲鸭共生基地20公顷，带动1300余户农户增收600余万元。规模化发展主导茶产业，全镇茶叶种植达146.67公顷，年均产量100余吨。推进农业产业化升级，丁公村处州蜂业实现年均销售额超360万元，成为省级美丽生态牧场和全国成熟蜜示范基地；曳岭脚村申屠丽尧特色农场实现年均产值200余万元，成为市级生态精品农产品基地；郑丰村苔藓种植基地为村集体增收12万元以上，成为“消薄”样板。强化品牌宣传和营销，借力强镇项目“处州白莲、处州莲鸭、处州莲蛋”品牌宣传和营销，2021年与区农业农村局联合举办第十届”处州白莲节”。新华网、中国新闻网、《丽水日报》、莲都发布等15家媒体进行了全方位报道。其中，《丽水莲都：莲为媒 田生金 共富裕》在新华网客户端发布，阅读量破百万人次。莲视频首发的《荷花朵朵开》MV，在莲视频的转发量和点赞数均创历史纪录。

【休闲旅游】 2021年，东西岩景区、十里荷花观赏、红色研学体验、党史学习教育、畲乡风情品味等旅游项目为老竹畲族镇旅游业共吸引游客30多万人次。东西岩景区开展“云游东西岩、畲乡过大年”“书香东西岩、状元童学堂”“东西岩山地运动休闲节暨三月三畲歌会”“红动东西岩”等一系列活动；沙溪民族村的省级休闲乡村项目通过验收，以畲族文化为主题，开展民族风情表演和品山哈大席活动，民族文化氛围逐渐浓厚。

【土地整治】 老竹畲族镇高度重视非粮化整治工作，建立工作专班，实行联村领导包村制度，建立周通报、约谈制度。2021年，粮功区非粮化整治目标任务95.42公顷，已完成清理腾退45.91公顷；周坦村粮功区非粮化整治任务42.11公顷，已清理腾退27.57公顷，申请指标调整14.55公顷（镇内优化调整）；地抛荒整治任务18.67公顷，已完成整治15.13公顷，完成年度目标任务。

【项目建设】 拉开城镇路网建设框架，推进丽武公路至东西岩通景公路建设、榴溪至赤坑、徐庄至丁公等"四好"农村公路建设，行政村实现"村村通"全覆盖。榴溪至黄桂道路修缮项目、沙溪至大片段和仁宅桥修缮项目及溪村至赤坑村乡村道路提升改造路基工程均已顺利完工。2021年，完成3个行政村5.232千米"四好农村路"建设，建设资金200多万元。抓住美丽城镇和AAAA级景区镇创建工作契机，加快推进畲乡一号项目、老竹—丽新污水处理厂、丽武公路至东西岩通景公路、美丽城镇建设项目、农业产业强镇项目等一批重点项目。2021年，镇区环虎迹溪绿道建设工程、畲镇入口景观改造工程、畲族文化博物馆改造提升工程、畲族小镇客厅改建项目、畲镇休闲健身广场项目等多个项目完工。

【民生实事】 2021年，老竹畲族镇10件镇级实事、36件村级实事均已完成。其中唐过自然村村口水坝挡墙修复、木岭头桥墩修建和后坑村大塘山公墓修建等群众关心的民生实事在任务时限内提前完工。社会保障扩面提升，全镇发放最低生活保障救助金3.40万元，临时救助48户81人次，发放临时救助金22.45万元。

【脱贫攻坚】 2021年，老竹畲族镇低收入农户583户753人，低保户497户636人，其他经济困难户86户117人，人均可支配收入12256元，帮扶干部383人，实现结对帮扶全覆盖。老竹村样本户10户实现正增长。产业扶持农户236户、补助资金43.721万元，雨露计划11人、补助金3.3万元。丁公村、曳岭脚村已完成生态茶园项目建设，扶贫项目已全部完成验收和工程结算，完成项目报账4个，档案整理完成3个，新陶村大搬快聚迁建点挡土墙项目已完成结算。浙江省杭州市桐庐县与老竹镇周坦村达成结对帮扶关系，每年为周坦村带来结对帮扶资金30万元，用于帮助周坦村集体经济发展及困难群众帮扶。

【消薄增收】 推进赤坑电站、荷香园、苔藓基地、周坦光伏、集贸市场等一批联建项目提质增效，强化实体化运作。2021年老竹镇强村公司经营性收入47.24万元，12个行政村的总收入为862.46万元，其中经营性收入为158.73万元，老竹、新陶二个村达年收入60万元以上且经营性收入20万元以上，11个村达年收入20万元以上且经营性收入10万元以上。

【综合整治】 2021年，老竹畲族镇更新户外公共垃圾桶565只，设置垃圾分类宣传牌80余处，开展宣传活动20多次，发放宣传单15000多份，活动效果显著。通过更新完善垃圾分类设施，建立垃圾兑换超市，打造垃圾分类景观节点，建设沙溪村为省级垃圾分类示范村。全力巩固"五水共治"成果，落实开展"找寻查挖"专项行动，排查隐患问题29个，完成整治29个，整治完成率100%；积极推广"绿水币"巡河，新增推广注册571人，完成年度任务数；开展"五水共治"群众满意度测评宣传，提升群众知晓率、参与率、满意度，全年开展宣传活动28次，宣传7500余人次，发放宣传资料6200余份。深化"无违建"镇创建工作，构建了镇村执法干部三级联动的布控网络，在辖区开展全方位巡查，全年开展违建巡查122次，出动执法队员140余人次，现场劝阻违建户8户，拆除违建27处（含新发违建4处），拆除面积1535平方米。

【平安综治】 发挥协治会和法律顾问作用，受理矛盾纠纷4件，调解成功4件，成功率100%。"阳光票决制"实现全覆盖，前10个月共开展35次，全部实现线上同步公布。全年，老竹畲族镇共收到各类信访件207件，办结205件；来信7件，来访7件，来电201件，网上投诉46件，其中一次农民工集体讨薪上访事件在24小时内快速解决。

（雷李娜）

丽新畲族乡

【概　况】 2021年，丽新畲族乡总面积83.22平方千米，辖9个行政村、68个自然村，106个村民小组。全乡总户数4901户，总人口10760人，有外出人口4863人，畲族人口占全乡总人数的21%左右。全乡耕地面积1122.97公顷，山林面积6668.93公顷，是个粮林并举的重点乡。

2021年，有上塘畈、山村、咸宜三个民族村，畲族人口主要分布在上塘畈、山村、咸宜、黄弄、白岸口等5个行政村的18个自然村，其中上塘畈村共有畲族人口占全村总人口的95%，被称为“浙江畲族第一村”。

【垃圾分类】 新建两个垃圾减量化资源化站房并投入使用，日资源化处理能力达1200公斤。全乡9个行政村实现垃圾分类全覆盖，分类制度健全、分类设施到位，统一按照“户分类、村收集、乡清运”的模式运行处理。

【两违拆除】 2021年，完成了拆除危旧房、违章建筑5087.91平方米。在防违控违系统建立一户一档1803户，强化日常防违控违巡查，全年巡查158人次，接信访举报出动17人次，发放停工、整改通知28次，现场阻止违法建设行为15次。落实农村建房“四到场”制度，与国土、建设共同进行新建农房现场勘探放样、危旧房修复现场勘探，共计117次。配合上级部门开展“基本无违建区”创建工作。

【环境优化】 对全乡秸秆焚烧进行宣传巡查，大气环境明显提升。开展全民护水活动，整改小微水体、排污（水）口及其他问题24个，丽新—老竹污水处理厂项目建设完成，全乡农村生活污水治理委托第三方专业运维，水环境质量持续改善。全年共开展生态环保宣传活动2场次，发放传单1000余份，开展禁止秸秆焚烧巡查4120余人次，阻止秸秆焚烧137次，教育54人次。开展“激浊扬清 碧水莲都”全民护水活动，共组织开展活动21次，出动人员1200多人次，清理垃圾7吨，整改小微水体3个，其他问题5个，全乡全域水环境质量得到改善。启动节后枯死木清理工作，督促采伐队加快清理进度，确保清理质量。

【农业产业】 流转土地126.67公顷，种植绿色果蔬20余公顷，近50个品种，年增加农民收入520万元。新发展茶园80多公顷，茶产量50多吨，产值1000多万元，水稻种植面积达66.67公顷，水果、中药材等产业种植面积133.33公顷，实现产值500多万元。积极培育新型农业经营主体。新发展农业主体5家。国家级农民专业合作社1家，省级农民专业合作社2家，省级家庭农场2家。开展农民科技培训7次，共计244人次。

【工业产业】 借助民族政策，引进“凤凰”企业，通过对外投资生产，创造经济收益，各村向东港小学等项目投资村级发展资金780万元，年均收益率达8%。2021年，乡政府财政收税达到3511万元，实现“十三五”时期“五年翻近五番”的目标。全乡各村提前完成全省“欠发达地区2022年村集体经营性收入达到8万元”的“消薄”任务，所有村完成2021年村集体经营性收入15万元的整体布局。

【第三产业】 引进文旅运营公司2家；新培育“丽水山耕”合作主体2家。农家乐总投资规模达到1900万元，全年累计接待游客8.92万人次，直接营业收入825万元。完成畎岸村、马村村绕村绿道2700米，是全国环境优美乡镇、全国卫生乡镇、AAA级景区乡，全域创成A级景区村（其中AA级景区村4个）；创成四星、五星级文化礼堂各2个。

【民生实事】 2021年丽新畲族乡完成乡级实事10件、村级实事27件。完成宁波—丽水市“山海协作”乡村振兴示范点（马村村）项目三期建设，完成衢丽铁路征收工作，完成生态产品价值实现机制试点工作。机耕路硬化，农田灌溉体系完善，饮用水达标提标。

【矛盾纠纷】 贯彻落实推广“黄泥墩经验”工作，在全乡范围推广阳光票决制。建成乡矛盾纠纷调解中心。启动村规民约“三化”工程，建立健全网格管理制度和人员机构设置，开展法制教育，落实“一村一法律顾问”制度，为村务与群众提供法律服务。排查风险隐患，全乡排查出各类矛盾纠纷9起，及时介入调解化解；办理群众来信来访5件；答复区长信箱、书记信箱、市长信箱、“12345”民生热线27件；网上信访系统接收上级交办信访件5件，答复办结33件。信访积案“清零”。

【民族招牌】 2021年，完成咸宜占湾畲族特色村寨二期项目，咸宜占湾村被评为中国第三批少数民族特色村寨。山村村成功创建丽水市四星级文化礼堂，丽新畲族乡被评为浙江省农村文化礼堂建设示范乡镇（街道）。畲族歌舞、民族体育竞技、彩带编织等传统文化纳入丽新小学校本课程。编排畲族舞蹈12支，参加各类文化演出，魅力畲乡的民族招牌得到进一步弘扬。全年新增乡贤17名，入库村级乡贤280余位，9个村均覆盖村级乡贤组织，2名乡贤受到市委市政府表彰，被评为丽水市新时代乡贤工作成绩突出乡镇。

【红色价值】 结合弘扬践行“浙西南革命精神”系列活动，挖掘郑和斋、陈俊等革命烈士事迹和革命战争年代曳岭片区“青帮会”等群众组织配合中国工农红军挺进师开展斗争的红色故事，结合现代乡贤身上根植的家国情怀，与丽新民族小学联合开发“红之延 畲乡贤”精品课程，将丽新乡贤文化与浙西南革命精神紧密结合，获评区级精品课程。

黄村乡

【概　况】 黄村乡下辖11个行政村、40个自然村。户籍总人口11660人，常住人口约4350人。党支部19个、党员540名。乡域总面积100.1平方千米，耕地704公顷，林地8406公顷，森林覆盖率达89.9%。

【发展规划】 以“信孝文化”为主题，以山水生态资源为依托，打造“一带、一路、一心、两翼”产业发展新格局。“一带”即严溪水带，既是黄村水库核心保护带，也是最具原生态风貌的核心景观带；“一路”即上李线，打造最美乡村风景线，建设骑行绿道和景观驿站，串联沿线旅游项目和八大行政村，整合各村特色资源优势，打通产业发展经络，吸引人流、物流、信息流，成为一条产业兴旺路、农民致富路、乡村振兴路；“一心”即将黄村村打造成为莲东农文旅产业发展中心；“两翼”即打造戈劄浙西南传统古村落文化旅游区和天堂高山600山湖记忆康养旅游小镇。

【生态农业】 茶叶、笋竹、茶油发展成为黄村乡三大主导产业。新增茶叶种植面积超33.33公顷，总计达128.07公顷，每年产生收益达600万余元，年均增收超15%。引导土面产业向精致精品方向发展，推动“方记土面”品种创新，新推出的山药土面、蔬菜土面、南瓜土面等产品市场影响力和份额持续扩大，年销售额达百万余元。各村对标“消薄”工作目标任务，推动“方记土面”“碧水湾沙滩”“池岭高山蔬菜基地”等联建项目建设，拓宽村集体经济增收渠道；利用河道经营权、集体山林、闲置房产和用地的发包，盘活闲置资源。

【乡村旅游】 黄泥墩村依托严溪河畔的优美环境，打造集“娱乐、民宿、餐饮”于一体的碧水湾沙滩旅游综合体，累计接待游客6万余人，实现总营收200余万元。天堂村依托天堂湖、高山田螺基地、高山猕猴桃基地等，打造高山康养休闲胜地。黄村村依托小城镇综合整治和美丽城镇创建成果，打造乡村休闲游线路。皂坑古民居、下陆尚书文化、戈劄传统村落等乡村旅游资源得到进一步保护和开发。

【“双增”工作】 参加“义乌山海协作飞地”“古堰画乡风情苑商铺”等区级联建项目，巩固推进“碧水湾沙滩旅游综合体”“方记土面”“池岭高山蔬菜基地”等乡级（村企）联建项目，谋划黄村集市市场、黄村综合办公楼租赁、皂坑河道承包项目等一批村级自建项目。区、乡、村三级共同发力，拓宽“双增”渠道。2021年，各村经营性收入共计213.95万元，其中黄村村、汇村村经营性收入超15万元，其余各村也均达到10万元标准，全部完成年度“消薄”任务。

【双招双引】 引进工商资本参

与项目建设，5月，在黄泥墩村举办“双招双引”项目推荐会暨碧水湾“微改造·精提升”行动启动仪式，成立由20位乡贤组成的双招双引“帮帮团”，仪式现场完成黄村乡整乡授信3亿元、池岭村竹林流转、金鸟村茶园经营权承包、郑村白茶加工技术集成示范4个投资项目的签约，开拓了村企合作可持续发展模式，为黄村乡农旅产业的发展赋能。

【村级事务阳光票决制】 黄村乡以村级事务阳光票决制发源地和先行乡的担当，在完善基层治理上不断深入，在技术创新、制度更新和数字赋能等方面坚持探索，创新优化村级事务阳光票决制，12月测试上线2.0版本，升级后的票决管理系统界面内容更加丰富，事项票决流程新增了合法性审查，纳入了莲都区纪委开发的“小微权力监督一点通”平台，创新开发云票决模块，实现线下村民代表与线上村民代表共同参与村级重大事项票决。新系统数据分析报表实时更新，通过图表形式精准呈现投票率、执行率等各方面情况，让村级事务监管变得更加高效、透明和智慧。黄泥墩村获评“全国民主法治村”“全国乡村治理示范村”“全国村级议事协商创新实验试点”。

【环境保护】 落实水源保护最严举措，抓好制度的落实，执行好“河长制”，水源保护区内3位乡级河道长、8位村级河道长均定期开展巡河，发现问题及时整改。执行好“农户门前卫生三包责任制”，要求农户负责屋里屋外的卫生保洁，全年劝诫乱扔现象2680余次。启用浙政钉App开展电子化巡河工作，有效巡河完成率100%，做到水源保护24小时有人监管。全年开展保洁日活动38次，累计参加3350余人次，清理垃圾280余吨，建成垃圾分类村11个，每天定期清运垃圾，做到垃圾分类、日产日清。配合各部门做好联合执法，加大禁止钓鱼、游泳等的监管，全年共劝诫钓鱼、游泳和畜禽散养167次。

【民生工程】 巩固和深化小城镇环境综合整治、美丽城镇创建、国家级卫生乡镇创建和黄村村AAA级旅游景区村创建的成果，推进全乡道路基础设施、公共服务设施、环境美化设施建设。2021年，实施完成了上李线大中修工程、下叶至天堂水库农村新建公路、美丽城镇等项目建设；启动推进金鸟、陈坑、黄村公厕，洪口、郎池、梅溪下农村生活污水治理等项目建设。2021年完成乡、村民生实事32件，改善农村基础设施，提高群众幸福指数。全乡城乡居民基本养老保险参保率达98.52%；城乡居民基本医疗保险参保率达99.29%。“浙丽保”参保率超过98%。

【社会治理】 全乡累计发放产业扶持资金49.5475万元，补助农户385户，全面消除年收入9240元以下的农户，全乡干部共结对1033户低收入农户（1425人）。全乡第一剂次疫苗接种率达104.77%，排名全区第一；全程接种率105.10%，排名全区第二。开展群众矛盾纠纷调处工作，全乡化解矛盾纠纷4件，化解省、市、区信访积案2件，化解率100%。

【基层队伍建设】 坚持“书记抓、抓书记”，突出党建“第一责任”，2021年召开6次党建工作推进会议，发展党员15名。健全基层党组织书记承诺、述职、评议、考核、问责“五位一体”责任体系，明确工作清单，建立党组织书记履职档案，每季度开展书记擂台赛，促进积极履职的同时，营造“比学赶超”良好氛围。开展换届“回头看”工作。通过走访、座谈、问卷调查、民主测评等形式，理出问题清单14条，调整主职干部1名。完成党代表换届工作，选举产生新一届50名乡级党代表，中共黄村乡第十五次代表大会于10月25日召开。打造黄村村、黄泥墩村党建示范点，和垟、池岭、郑村村级组织活动场所主体建设完成，金鸟村级组织活动场所开工建设。组建高山种植、乡村旅游、水源保护3个乡级“红石榴”党建联盟，推选有经验、公道正派、热心肠的村支部书记担任联盟“盟长”，对应分管班子作为联盟指导员，建立资源共享、人才共育、发展共谋的运行机制，为全乡富民产业组团发展提供坚强组织保证。

【党史学习教育】 传达习近平总书记在党史学习教育动员大会上的重要讲话精神及省、市、区党史学习教育会议精神，统筹全乡开展党史学习教育。为全体党员征订《论中国共产党历史》《习近平新时代中国特色社会主义思想学习问答》《中国共产党简史》等必读书籍，党员覆盖率达到100%。每月安排老党员讲党史。采取“线上+线下”相结合的学习方式，利用理论学习中心组、“三会一课”“主题党日”等方式组织开展集中学习和研讨交流，全年开展理论学习中心组学习24次，专题研讨4次，专题组织生活会1次。通过“周日红色故事会”平台，邀请50年党龄以上老党员、青年干部、乡贤等人员面向群众讲党史以及宣传十九届六中全会精神；谋划“五个一”系列活动献礼建党百年，包括一次乡级党员大会、一次党员奉献日活动、一次集中走访慰问活动，一次演讲比赛、一场知识竞赛；组建老党员宣讲队和青年干部宣讲队，利用干部夜学、党员活动、组团下访、文化礼堂等阵地，走进村庄、走进礼堂、走进校园，针对不同活动层面和受众人群需求，以专题辅导、视频宣讲、互动答疑等多种形式宣传解读党史；因地制宜、整合资源，在乡政府旁打造了一条党建长廊，引导辖区党员群众进一步学好党史知识。全年开展“周日红色故事会”20场、“信孝讲堂”青年干部讲党史10期、老党员讲党史10场。

【服务群众】 组织党员干部深入一线为民办事。新班子逐村进行“组团下访”，广泛听取群众意见，共收集意见建议50条，现场办公解决问题10个；创新制定党建、生态、经济、平安、民生五张报表，每月总结各村支部工作，把季度村级高质量绿色发展擂台赛开到文化礼堂，以“干部工作大家评”的全方位评价机制督促各村查找短板，向好看齐，向前奔跑。年初确定乡级民生实事10件，村级民生实事33件，明确责任领导、责任人、完成时限，以工作“清单式”形式，每月督办。所有民生实事全部按时完成。机关支部党员带头认领“微心愿”，征集困难群众“微心愿”22个，达成22个；组建12支“我为群众办实事”义务服务队，开展专车组团接送高龄老人打疫苗、防洪防汛转移安置群众、上门办理电子医保卡、留守儿童心理辅导等活动，党员累计为民办实事达3000余件次；开展“三服务”活动，发挥党员志愿服务队的作用，开展慰问、帮困、宣讲等志愿服务活动30多次。

名　　录

2021年区和乡镇、街道机构及负责人名录

【中国共产党丽水市莲都区委员会】

书　记:徐光文(—2021.11)
　　　张壮雄(2021.11—)
副书记:陈　豪(—2021.02)
　　　王忠宝
　　　(2021.02—2021.11)
　　　张　妍(女,2021.11—)
　　　胡伟华(—2021.03)
　　　王国锋(2021.04—)
常　委:翁伟标(—2021.12)
　　　雷　成(2021.04—)
　　　曹永跃(2021.11—)
　　　王　成(2021.08—)
　　　任万户(—2021.09)
　　　林　峰(—2021.11)
　　　郭云强(—2021.02)
　　　杨金跃(—2021.09)
　　　陈永超　蔡　昱(女)
　　　江　山(2021.11—)
　　　陶旭峰
　　　骆美祥(2021.09—)
　　　王东华(2021.12—)

【丽水市莲都区人民代表大会常务委员会】

主　任:陈元龙
副主任:张继芳　雷勇军
　　　陈鲁军　卢　进
　　　周贤华
党组书记:陈元龙(—2021.12)
　　　　陈立新(2021.12—)
党组副书记:陈元龙
　　　　　(2021.12—)
　　　　　张继芳　雷勇军

办公室

主　任:胡　军
副主任:蓝晓芬(女)　吴理信
　　　郑旭军(2021.09—)
　　　朱泽霞(女)　蓝炜琮

机关党组

书　记:胡　军

法制(监察和司法)工委

主　任:王品伟

农业农村工委

主　任:叶志军(—2021.09)

代表工委

主　任:王瑶鸿

民侨工委

主　任:王　弘

教科文卫工委

主　任:傅瑗君(女)

财经工委

主　任:赖志平

城建环资工委

主　任:陈晓宁

社会建设工委

主　任:汤永华

法制(内务司法)委员会

副主任委员:尚小林　夏宁炎
　　　　　徐　明

法制(监察和司法)委员会

主任委员:陈鲁军(2021.03—)
副主任委员:王品伟(2021.03—)
　　　　　尚小林(2021.09—)
　　　　　夏宁炎(—2021.08)
　　　　　徐伟群
　　　　　胡菊萍(女)

财政经济委员会

主任委员:周贤华
副主任委员:赖志平　麻益民
　　　　　沈小聪　王伟荣

社会建设委员会

主任委员:张继芳
副主任委员:汤永华
　　　　　徐　明(—2021.04)
　　　　　叶志军(2021.09—)
　　　　　徐柳玉(女)
　　　　　戴旭伟(2021.09—)
　　　　　蓝旭君
　　　　　(女,—2021.06)
　　　　　蓝林余

【丽水市莲都区人民政府】
区 长:陈 豪(—2021.02)
王忠宝
(2021.03—2021.11)
代区长:王忠宝
(2021.02—2021.03)
张 妍(女,2021.11—)
副区长:王忠宝
(2021.02—2021.03)
张 妍(女,2021.11—)
杨金跃(—2021.11)
曹永跃(2021.12—)
俞丽威(—2021.12)
雷 成(—2021.06)
谢雅贞(女,—2021.12)
蔡毓良 管兴标
陈 勇(挂职)
龚淑娟(女,挂职)
张小平(2021.11—)
孙 苗(女,2021.11—)
党组书记:陈 豪(—2021.02)
王忠宝
(2021.02—2021.12)
张 妍
(女,2021.12—)
党组副书记:杨金跃
(—2021.10)
曹永跃(2021.12—)

【中国人民政治协商会议丽水市莲都区委员会】
主 席:陈立新
副主席:叶晓东 任文红(女)
沈建祖
陈岳波(2021.03—)
虞海雄
党组书记:陈立新(—2021.12)
李邦生(2021.12—)
党组副书记:陈立新
(2021.12—)
翁伟标
秘书长:蒋 嫦(女)
副秘书长:王智勇 谢晓鹏
李顺富
蓝云仙(女,—2021.02)
梅焕根 翁阁谓(女)
潘春霞(女)
叶泳梅(女)
办公室
主 任:蒋 嫦
副主任:赵军浩
机关党组
书 记:蒋 嫦(女)
提案和协商工委
主 任:叶春晓(女)
副主任:周献贤 钟金亮
委员工委
主 任:谢晓鹏
副主任:林 军 王伟平
桑小明 赵 涌
经济委
主 任:吴雯华
副主任:叶卫东 潘金发
王君伟 李顺富
农业和农村委
主 任:叶利钦
副主任:陈森云 周文林
程碧霞(女)
孔伟仙(女)
人资环委
主 任:吴为晨
副主任:赵礼成 李冠武
教科文卫体委
主 任:叶青春(2021.02—)
副主任:吴慧彬 李美华(女)
瞿宗囡(女)
徐丽静(女) 叶雪军
社会法制委
主 任:梁智伟
副主任:朱祖胜 吴蔚国
王 青(女) 叶伟春
田志萍(女) 王伟平
林国友
港澳台侨民宗委
主 任:周奇星
副主任:朱瑞亮 傅 华
张 艳(女) 李顺富
周林茂
文史委
副主任:任迎春(女,—2021.02)
梅焕根(—2021.02)
文化文史和学习委
主 任:黄建兵
副主任:王金友 郑永忠
汤伟红(女,2021.02—)

【中国共产党丽水市莲都区纪律检查委员会 丽水市莲都区监察委员会】
区纪律检查委员会
书 记:蔡 昱(女)
副书记:施海勇(—2021.09)
卜广富(2021.12—)
钟勇军
常 委:陈飑军(—2021.08)
郑超敏 奚海峰
汤杨伟
何瑞芬(2021.12—)
区监察委员会
主 任:蔡 昱(女)
副主任:施海勇(—2021.11)
钟勇军
委 员:汤杨伟 何瑞芬(女)
王金炜
派驻纪检监察组
派驻第一纪检监察组
组 长:蓝伟军
副组长:李 涛(—2021.09)
于伟宏(2021.09—)
叶 盈(女)
派驻第二纪检监察组
组 长:诸葛彬

副组长：何雪琴（女，—2021.08）
王　琳（女，2021.08—）
许晓燕（女）
派驻第三纪检监察组
组　长：赵　颖（女）
副组长：王华平
派驻第四纪检监察组
组　长：陈金多
副组长：何惠丽（女）
派驻第五纪检监察组
组　长：蒋华靖
副组长：林　蓓（女）　周建荣
派驻第六纪检监察组
组　长：陈君佐
派驻第七纪检监察组
组　长：张　杰
派驻区法院纪检监察组
组　长：陈鲍军（2021.08—）
派驻区检察院纪检监察组
组　长：周陈亮
派驻区委组织部纪检组（区委直属机关纪检监察工委）
组　长：吴喆文
副组长：杨雪琼（女，—2021.08）
魏国华（女，2021.09—）

【丽水市莲都区人民法院】
院　长：李美顺（—2021.11）
代院长：黄玉香（女，2021.11—）
副院长：黄玉香（女，2021.11—）
熊　剑　卢建华
韦剑锋（2021.11—）
王庆文（女，—2021.11）
陈　波
政治处主任：林杨勇
党组书记：李美顺（—2021.11）
黄玉香
（女，2021.11—）
党组副书记：熊　剑

【丽水市莲都区人民检察院】
检察长：蔡建彧
副检察长：施建伟　黄祖培
王韵俊（女）
政治处主任：傅金霞
党组书记：蔡建彧
党组副书记：施建伟

【区委工作部门】
办公室（政策研究室）
主　任：王东华
副主任：赵建勇（—2021.06）
李爱勇
（2021.08—2021.12）
徐　清
（2021.08—2021.12）
周亚军
卜广富
（2021.08—2021.12）
刘海勇
蓝　青（2021.08—）
江慧霞（女）
洪盛林（—2021.08）
蒋卫青（2021.08—）
区委政策研究室副主任：
江慧霞（女）
区委台湾工作办公室，区政府台湾事务办公室
主　任：王东华
副主任：龚丽丽（女）
组织部
部　长：陈永超
常务副部长：陈江涛（—2021.01）
副部长：魏　俊
舒丽红（女，2021.08—）
王　皓（2021.08—）
梁永光
戴旭伟（—2021.08）
王伟平　李桂元
梁　敏
（女，挂职，—2021.07）

区委直属机关工作委员会
书　记：陈永超
副书记：应　俊
新经济与新社会组织工作委员会
书　记：魏　俊（—2021.08）
舒丽红（女，2021.08—）
副书记：罗文双
人才办专职副主任：张　挺
（2021.08—）
宣传部
部　长：陶旭峰（—2021.08）
江　山（2021.12—）
常务副部长：陈海波
副部长：陈一娟（女）　侯学峰
区委统一战线工作部
部　长：翁伟标
常务副部长：林　军
副部长：周林茂（—2021.09）
梁玮珺（女）
政法委员会
书　记：胡伟华（—2021.02）
王国锋（2021.04—）
副书记（分管日常工作）：徐伟乐
副书记：毛利军　郑丽珍（女）
政治处主任：王文俊
机构编制委员会办公室
主　任：戴旭伟（—2021.08）
王伟平（2021.08—）
副主任：江建东　俞　洁（女）
巡察工作领导小组办公室
主　任：奚海峰
副主任：邹青芬（女）
第一巡察组
组　长：叶　波
副组长：何伯成
副科级巡察专员：杨　蒙
第二巡察组
组　长：朱珈仪（女，—2018.08）
副组长：吴志明

副科级巡察专员：陈　敏（女）
第三巡察组
组　长：梁满云
副组长：徐雪峰
副科级巡察专员：练开友
第四巡察组
组　长：陈红敏
副组长：姚顺苗
副科级巡察专员：
黄磊磊（—2021.09）
陈　超（女，2021.09—）

区委、区政府信访局

局　长：刘益民
副局长：陈靖晶（女，—2021.08）
杨海霞（女，2021.08—）
毛晓飞　李　威
信访督查专员：林伟俊
党组书记：刘益民

区委老干部局

局　长：李桂元
副局长：蓝池星　樊秀娟（女）

【区政府工作部门】

办公室

主　任：郭晓波
副主任：蓝军伟
刘丽伟（—2021.09）
叶冠俊　杨娇云（女）
李益平（2021.09—）
田伟明　刘建斌
黄民杰
党组书记：郭晓波

金融发展中心

主　任：陈雅云（女）

区发展和改革局

局　长：章金宝（—2021.09）
叶向荣（2021.09—）
副局长：洪　飞　吴　俊
朱振新
林珂杰
（挂职，—2021.02）
方秀英（女，挂职）
党组书记：章金宝（—2021.09）
叶向荣（2021.09—）

区经济商务局

局　长：陈华君
副局长：杨忠根
许　浩
（挂职，—2021.12）
李春霞
（女，挂职，—2021.07）
总经济师：叶卫东
党组书记：陈华君

区教育局

局　长：李小富
总督学：朱珈仪（2021.09—）
副局长：吕春耀（—2021.09）
陈菁和（2021.09—）
王刘毅　邵　皓
党组书记：李小富
党组副书记：吕春耀（—2021.08）

区科学技术局

局　长：叶庆武
副局长：雷光伟（—2021.09）
程晓东（2021.09—）
纪正鸿（女）
李季衡
（女，挂职，—2021.12）
党组书记：叶庆武

区民政局

局　长：廖翊慧
副局长：蓝旭华　孔伟仙（女）
何祥权
党组书记：廖翊慧

区司法局

局　长：徐伟群（—2021.09）
杨建贞（2021.09—）
副局长：林　慧（女）　纪跃华
政治处主任：吴丽友
党组书记：徐伟群（—2021.08）
杨建贞（2021.08—）

区财政局

局　长：徐屈霞（女）
副局长：林　伟　李张芬（女）
总会计师：吕焕祺
党组书记：徐屈霞（女）

区人力资源和社会保障局

局　长：梁永光
副局长：蓝丽琴（女）
吴松妹（女，—2021.09）
党组书记：梁永光

区住房和城乡建设局

局　长：蓝海霞（女）
副局长：赵灵敏（女）　陈鹤驰
魏　锋（挂职）
总工程师：吴大勇（2021.02—）
党组书记：蓝海霞（女）

区交通运输局

局　长：章旭宇
副局长：周志方　李海燕（女）
区交通运输综合行政执法队队长：刘　俊
党组书记：章旭宇

区农业农村局

局　长：徐根发
副局长：钟爱平
李益平（—2021.09）
石伟明（2021.09—）
李海慧（2021.09—）
总农艺师：程碧霞（女）
区农业综合行政执法队队长：
吴小梅（女）
党组书记：徐根发
党组副书记：李益平（—2021.08）

区水利局

局　长：蓝小华
副局长：麻伟明（2021.09—）
陈礼聪（女）
程晓东（—2021.09）
总工程师：谢　琴（女）
党组书记：蓝小华

党组副书记：麻伟明（2021.08—）

区文化和广电旅游体育局

局　长：留红伟

副局长：刘宏华　郑永忠
　　　徐建梅（女）
　　　喻友贞（女，挂职）

区文化市场综合行政执法队队长：叶志文

党组书记：留红伟

区卫生健康局

局　长：吴丽云（女）

副局长：徐丽静（女）　虞海勇
　　　孙　钧

党组书记：吴丽云（女）

党组副书记：徐丽静（女）

区退役军人事务局

局　长：陈　军

副局长：潘秀华（—2021.09）
　　　王碧军　朱建勇
　　　陈卓文（2021.09—）

党组书记：陈　军

区应急管理局

局　长：钟海峰

副局长：范红胜
　　　叶君龙（—2021.09）
　　　傅志伟（2021.09—）
　　　胡仙红（女）

总工程师：程　涛（女）

党委书记：钟海峰

党委副书记：范红胜

区审计局

局　长：叶玲娣（女）

副局长：李益彬　刘朝晖

总审计师：虞君芳（女）

经济责任审计工作联席会议办公室主任：古春锋

党组书记：叶玲娣（女）

区国有资产监督管理办公室

主　任：吴蔚国

副主任：王静（女）　熊鑫俊

党组书记：吴蔚国

区市场监督管理局

局　长：林伟群

副局长：张小平　施慧锋
　　　叶思敏（女）
　　　毛湧良
　　　（挂职，2021.03—）

区市场监管综合行政执法队队长：张　骊（女）

党组书记：林伟群

区统计局

局　长：徐建波

副局长：吴武贵　季寒梅（女）

总统计师：上官潮涌

党组书记：徐建波

区医疗保障局

局　长：管青林

副局长：郑雪君（女）　雷永兵

党组书记：管青林

丽水市综合行政执法局莲都分局

局　长：陈金奎

副局长：陈伟贤　张伟杰
　　　金益林（2021.05—）

党组书记：陈金奎

【部分事业单位】

丽水生态产业集聚区莲都分区管委会（浙江丽水工业园区管委会）

主　任：金伟君（—2021.12）

副主任：麻丽云（女）
　　　汤伟波　朱伟军
　　　李建峰
　　　（挂职，—2021.12）

纪检监察工委书记：黄晓波
　　　（2021.08—）

总工程师：张一鸣

党工委书记：金伟君（—2021.12）

邮政管理局

局　长：周林茂（2021.09—）

副局长：何卫芳（女，2021.09—）

党组书记：周林茂（2021.09—）

丽水高铁站综合管理中心

主　任：陈江涛（2021.01—）

副主任：周建伟　尤恒芳（女）

党组书记：陈江涛（2021.01—）

区委党校

校　长：陈永超

常务副校长：陆朝霞（女）

副校长：黄　庆
　　　郭伟平（2021.09—）

东西岩风景区旅游开发建设管理中心

主　任：冯　远

副主任：张　丽（女）　梅焕根

党组书记：冯　远

区土地和房屋征收工作指导中心

主　任：叶刘军（—2021.09）

副主任：王　一　苑桢子（女）
　　　杨孙彬

党组书记：叶刘军（—2021.08）

区环境卫生服务中心

主　任：瞿宗囡（女，—2021.12）

副主任：吴耿王　吴海平
　　　董永悦　章锦欧

党组书记：吴耿王

浙江丽水瓯江风情旅游度假区管理中心

主　任：杨　杰

副主任：雷建华　李莉莎（女）

党组书记：杨　杰

区机关事务保障中心

主　任：周慧霞（女）

副主任：徐叶艳（女）　周永海

党组书记：周慧霞（女）

区经济合作交流中心

主　任：张　濂（—2021.12）

副主任：李军舫（女）
　　　（—2021.02）
　　　杨作盈　叶晓薇（女）

叶　明
(挂职,—2021.02)
王　巍
(挂职,2021.03—)
盛华兵(挂职)
党组书记:张　濂(—2021.12)

区档案馆和党史研究中心
主　任:吴日清(—2021.09)
吕春耀(2021.09—)
副主任:夏伟文　黄　芳(女)
党组书记:吴日清(—2021.08)
吕春耀(2021.08—)

区行政服务中心
主　任:曾　锋
副主任:朱小勇　陈霞云(女)
党组书记:杨金跃(—2021.10)

区融媒体中心
主　任:陈真伟
副主任:雷　蕾(女)
暴妮妮
(女,挂职,—2021.06)
总工程师:樊　颖(女)

区全面深化改革服务中心
主　任:吴祥宇
副主任:刘佩娟
章　皓(—2021.09)

区大数据发展中心
主　任:曾群英(女)
副主任:詹周毅　吴宏迅
总工程师:刘旭龙

数字经济发展中心
主　任:王　荷(女,—2021.03)
副主任:王　迅　冯巧伟(女)

生态林业发展中心
主　任:华官丽
副主任:王路永(—2021.09)
张晓波(2021.09—)
胡　伟
袁薇依
(女,挂职,2021.10—)
党组书记:华官丽

区移民工作中心
主　任:孙海波
党组书记:孙海波

【部分国企单位】

区国有资产投资经营公司
董事长:吴玉贞(女)
总经理:陈　杰(—2021.10)
副总经理:朱文卿(女)　叶永杰
党委书记:吴玉贞(女)
党委副书记:陈　杰(—2021.08)
纪委书记:陈美琪(女)

区城乡建设投资有限公司
董事长:叶向荣(—2021.10)
卢　剑(2021.10—)
总经理:卢　剑(—2021.10)
副总经理:叶达兵　刘　良
胡颖丽(女)　邓　骅
党委书记:叶向荣(—2021.09)
卢　剑(2021.09—)
党委副书记:卢　剑(—2021.09)
纪委书记:李亮德

区旅游投资发展有限公司
董事长:陈雯雯(女)
副总经理:瞿　磊　周玮哲
党委书记:陈雯雯(女)
纪委书记:周黎燕(女)

莲城宾馆有限公司
董事长、总经理:毛仁保

丽水工业园区建设发展有限公司
董事长、总经理:刘　俊

【区级民主党派】

中国国民党革命委员会莲都区委员会
主　委:虞海雄
副主委:潘春霞(女,驻会)
朱泽霞(女)

中国民主同盟莲都区委员会
主　委:周贤华
副主委:叶泳梅(女,驻会)
雷建华

中国民主建国会莲都区委员会
主　委:任文红(女)
副主委:翁阁谓(女,驻会)
程晓东

中国民主促进会莲都区委员会
主　委:李美华(女,—2021.04)
叶春晓(女,2021.04—)
副主委:胡　迪
(驻会,2021.09—)
张小平(—2021.09)
梅焕根(2021.09—)

中国农工民主党莲都区委员会
主　委:郭巧燕(女,—2021.04)
曾　锋(2021.04—)
副主委:王智勇(驻会)　周文飞

九三学社莲都区委员会
主　委:瞿宗囡(女)
副主委:蓝云仙
(女,驻会,—2021.09)
孔　振(2021.09—)
季伟华

区归国华侨联合会
主　席:陈海华
副主席:甘德福　朱贤师
刘　杰　余建栋
吴永建　邱敏婕(女)
周军伟　徐剑毅
徐丽美(女)
郑征波(女)
高益春　章　华
张　艳(专职)
张俊杰(挂职)
秘书长:张　艳
副秘书长:郑　悦　韩桂花
蒋伟灵

【部分群众团体】

区总工会
主　席:赵秀峰(—2021.09)

刘　华（女，2021.09—）
副主席：王　琳（女，—2021.09）
陈靖晶（女，2021.09—）
李丽革
朱千国（挂职）
党组书记：赵秀峰（—2021.08）
刘　华
（女，2021.08—）
经费审查委员会主任：李丽革
团区委
书　记：张莲芬（女）
副书记：王　震（—2021.09）
毛建鹏
修哲一
（挂职，—2021.09）
胡　琳（女，挂职）
区妇女联合会
主　席：傅佩珍（女）
副主席：王　青（女）
张　霓（女）
蓝炜虹（女，挂职）
党组书记：傅佩珍（女）
区红十字会
会　长：谢雅贞（女）
常务副会长：张美英（女）
区工商业联合会（总商会）
主　席：周国强
副主席：郭跃伟（2021.02—）
李　飞　章　龙
王华文　王爱凤（女）
陈旭东　陈晓建
周仕真　梁　永
吕尚军　刘少宏
刘俊毅　江世平
李祖军　吴　伟
徐建华　谢亮亮
刘新水
宋武龙（2021.02—）
胡建程（2021.02—）
梁丽红（女，2021.02—）
党组书记：郭跃伟
区文学艺术界联合会
主　席：陆湘阳
副主席：林　琳（女）
区供销合作社联合社
理事会主任：刘鹤林
理事会副主任：周　亮
（—2021.09）
吴朝勇
（2021.09—）
华俊林
监事会主任：李朝铨
党组书记：刘鹤林
区科学技术协会
主　席：吴　铭
副主席：叶雪军　舒跃军
张　静（女，挂职）
党组书记：吴　铭
区残疾人联合会
理事长：林国友
副理事长：阙伟华
（女，—2021.09）
刘黎明（2021.09—）
季伟华
练晶晶（女，挂职）
党组书记：林国友
区计划生育协会
常务副会长：吴丽云（女）
专职副会长：虞海勇
区老龄工作委员会
主　任：谢雅贞（女）
副主任：蓝军伟　陈江涛
陈海波　梁永光
李桂元　廖翊慧
吴丽云（女）
区关心下一代工作委员会
名誉主任：陈永超
蔡毓良（—2021.11）
孙　苗
（女，2021.11—）
主　任：王国荣
副主任：刘宗林　李桂元
张丽青（女）　毛志富
金献章　徐根发
洪盛林　田伟明
陈江涛　陈海波
李小富　徐伟乐
廖翊慧
专职副主任：尚小军

【垂直管理部门】
丽水市自然资源和规划局莲都分局
局　长：程　炜
副局长：江南平
谭　伟（—2021.11）
王肖健
周连军（2021.11—）
党组书记：程　炜
市生态环境局莲都分局
局　长：高稔荣（—2021.04）
莫冠华（2021.04—）
副局长：张雪峰
总工程师：季立寿
生态环境保护行政执法队专职副队长：刘春龙（—2021.12）
党组书记：高稔荣（—2021.04）
莫冠华（2021.04—）
莲都供电公司
总经理、党委副书记：林巧红（女）
党委书记、副总经理：
杨育算（—2021.01）
钱　江（2021.01—）
党委委员、副总经理：
唐永庆（—2021.08）
徐　璟（女）　龚华勇
周海波（2021.08—）
纪委书记、工会主席：
朱会军（—2021.01）
郭微（女，2021.01—）

莲都农村商业银行

董事长:宋武龙

监事长:叶世瑞(—2021.09)
　　　刘李锋(2021.09—)

行　长:林小勇

副行长:林剑英(女)
　　　王康明(2021.05—)
　　　郑建勇(2021.05—)
　　　李欣霞(女,2021.09—)

党委书记:宋武龙

纪委书记:叶世瑞(—2021.05)
　　　　刘李锋(2021.05—)

区公安分局

局　长:林　峰(—2021.12)
　　　潜伟峰(2021.12—)

政　委:叶伟春

副局长:周德平　马建伟
　　　施国平　王时豪

党委书记:林　峰(—2021.12)
　　　　潜伟峰(2021.12—)

党委副书记:叶伟春

纪委书记:舒旭勇

政治处主任:楼董杰

【岩泉街道】

中国共产党岩泉街道工作委员会

书　记:周亚军(—2021.08)
　　　吴海霞(女,2021.08—)

副书记:徐旭芬(女,—2021.08)
　　　王永健(2021.08—)
　　　金益林(—2021.08)
　　　徐　伟(2021.08—)

纪工委书记:李南龙

区人大岩泉街道工作委员会

主　任:唐　键(女,—2021.09)
　　　杨耀武(2021.09—)

副主任:金慧虹(女)

岩泉街道办事处

主　任:徐旭芬(女,—2021.09)
　　　王永健(2021.09—)

副主任:尚佐方(—2021.09)
　　　周苍秀
　　　蓝友春(—2021.09)
　　　尤会贤(—2021.09)
　　　蓝龙军(2021.09—)
　　　赵　健(2021.09—)
　　　陆云亮
　　　(挂职,—2021.02)
　　　冯　伟
　　　(挂职,2021.08—)

【紫金街道】

中国共产党紫金街道工作委员会

书　记:李勇军

副书记:李伟军(—2021.08)
　　　傅永福(2021.08—)
　　　杨海霞(女,—2021.08)
　　　陈黎霞(2021.08—)

纪工委书记:朱贤俊

区人大紫金街道工作委员会

主　任:麻伟明(—2021.09)
　　　陈岳平(2021.09—)

副主任:余子来(—2021.09)
　　　潘国龙(2021.09—)

紫金街道办事处

主　任:李伟军(—2021.09)
　　　傅永福(2021.09—)

副主任:陈黎霞(—2021.09)
　　　吴　胤(—2021.09)
　　　蓝龙军(—2021.09)
　　　陈林伟(2021.09—)
　　　吴广英(女)
　　　雷　陆(2021.09—)

【白云街道】

中国共产党白云街道工作委员会

书　记:舒丽红(女,—2021.08)
　　　李伟军(2021.08—)

副书记:齐国伟　夏海伟

纪工委书记:蔡建辉
　　　　(女,—2021.08)
　　　　黄磊磊(2021.09—)

区人大白云街道工作委员会

主　任:叶仙美(女)

副主任:朱小波(—2021.09)
　　　雷玉虹(女,2021.09—)

白云街道办事处

主　任:齐国伟

副主任:沙　狄(—2021.09)
　　　刘金平(—2021.09)
　　　刘文波
　　　陈肖兰(女,—2021.09)
　　　王晓飞(—2021.09)
　　　张旭标

【万象街道】

中国共产党万象街道工作委员会

书　记:卜广富(—2021.08)
　　　傅　华(2021.08—)

副书记:傅　华(—2021.08)
　　　陈　杰(2021.08—)
　　　王永健(—2021.08)
　　　洪心漪(女,2021.08—)

纪工委书记:黄晓波(—2021.08)
　　　　刘军武(2021.08—)

区人大万象街道工作委员会

主　任:汤　鑫

副主任:蓝津燕(女,—2021.09)
　　　丁晓丽(女,2021.09—)

万象街道办事处

主　任:傅　华(—2021.09)
　　　陈　杰(2021.09—)

副主任:陈岳平(—2021.09)
　　　梁俊武(2021.09—)
　　　郭玉伟
　　　郑旭军(—2021.09)
　　　任文伟(—2021.09)
　　　刘彤彤(女,2021.09—)
　　　蓝津燕(女,2021.09—)

【联城街道】

中国共产党联城街道工作委员会

书　记:刘海勇(—2021.08)

王育波(2021.08—)
副书记:王育波(—2021.08)
洪盛林(2021.08—)
金凌海(2021.08—)
纪工委书记:叶伟俊
区人大联城街道工作委员会
主　任:赵　基(—2021.09)
尚佐方(2021.09—)
副主任:诸葛俊芳
(女,—2021.09)
徐绿嫔(女,2021.09—)
联城街道办事处
主　任:王育波(—2021.09)
洪盛林(2021.09—)
副主任:吴朝勇(—2021.09)
徐煜军(2021.09—)
石伟明(—2021.09)
黄礼义(—2021.09)
陈林伟(—2021.09)
张春华(2021.09—)
黄剑波(2021.09—)
钟婷婷(女,2021.09—)

【碧湖镇】
中国共产党碧湖镇委员会
书　记:郭云强(—2021.02)
雷　成(2021.04—)
副书记:吴海霞(女,—2021.08)
刘丽伟(2021.08—)
傅永福(—2021.08)
刘　渊(—2021.08)
陈静磊(2021.08—)
潘　波(2021.08—)
麻建清
(挂职,—2021.10)
黄荣权
(挂职,2021.08—)
纪委书记:陈昊明
碧湖镇人大主席团
主　席:熊余伟
副主席:李海慧(—2021.12)
蓝　霞
(女,—2021.12)
陈昊颖(女,2021.12—)
碧湖镇人民政府
镇　长:吴海霞(女)(—2021.12)
刘丽伟(2021.12—)
副镇长:潘　波(—2021.12)
戴黎明　潘丽兵
吴旭涛(2021.12—)
蓝陈浩(2021.12—)
李　强(2021.12—)

【大港头镇】
中国共产党大港头镇委员会
书　记:杨　杰
副书记:叶予序
张晓波(—2021.08)
褚俊俊(2021.08—)
王　震(2021.08—)
周眉初
(女,挂职,—2021.10)
纪委书记:陈静磊(—2021.08)
陈煜然(2021.09—)
大港头镇人大主席团
主　席:胡志成(—2021.12)
刘　渊(2021.12—)
副主席:吕李媛(女,—2021.12)
李　丽(女,—2021.12)
叶梦琦(女,2021.12—)
大港头镇人民政府
镇　长:叶予序
副镇长:叶伟娟(女,—2021.12)
夏黎平(—2021.12)
雷发元(—2021.12)
钟建成
(2021.02—2021.12)
方　媛(女,2021.12—)
张　伟(2021.12—)
周巧波(2021.12—)

【峰源乡】
中国共产党峰源乡委员会
书　记:杨建贞(—2021.08)
胡志成(2021.08—)
副书记:陈菁和(—2021.08)
赵　基(2021.08—)
桑超迅(2021.08—)
张　权
(挂职,—2021.02)
纪委书记:桑超迅(—2021.08)
祁鹏飞(2021.08—)
峰源乡人大主席团
主　席:张　挺(—2021.12)
吴　昊(2021.12—)
副主席:饶钦茂(—2021.12)
峰源乡人民政府
乡　长:陈菁和(—2021.12)
赵　基(2021.12—)
副乡长:刘彤彤(女,—2021.12)
翁小雯(女,—2021.12)
郑昆捷
桑　埴(2021.02—)

【太平乡】
中国共产党太平乡委员会
书　记:蓝　青(—2021.08)
邱丽平(2021.08—)
副书记:邱丽平(—2021.08)
李秀红(2021.08—)
于伟宏(—2021.08)
李　飞(2021.09—)
王宏武
(挂职,—2021.02)
叶宗甄
(挂职,2021.08—)
纪委书记:李栽慧(—2021.09)
魏碧虹
(女,2021.09—)
太平乡人大主席团
主　席:李秀红(女,—2021.12)
吴松妹(女,2021.12—)

副主席:徐雄伟(—2021.12)
潘国龙(—2021.12)
李婧菁(女,2021.12—)

太平乡人民政府

乡　长:邱丽平(—2021.12)
副乡长:钟文焕(—2021.12)
张春华(—2021.12)
刘　浩(—2021.12)
琚鹏飞(2021.12—)
胡进震(2021.12—)
修哲一(2021.12—)
周德军(2021.12—)

【雅溪镇】

中国共产党雅溪镇委员会

书　记:李爱勇(—2021.08)
蓝煜斌(2021.08—)
副书记:蓝煜斌(—2021.08)
蒋　超(—2021.08)
张　城(2021.08—)
雷发元(2021.08—)
施　彦(女,2021.08—)
周勇锋
(挂职,—2021.02)
季俊杰
(挂职,2021.08—)
纪委书记:施　彦
(女,—2021.08)
陈俊俊(2021.08—)

雅溪镇人大主席团

主 席:杨耀武()
副主席:叶涌金(2021.02—)
蓝　艺(女,—2021.12)

雅溪镇人民政府

镇　长:蓝煜斌(—2021.12)
张　城(2021.12—)
副镇长:黄莉蓉(女,—2021.12)
潘林强
项赵洁(女,2021.02—)
蓝晓东(2021.12—)
徐颖萍(女,2021.12—)

【仙渡乡】

中国共产党仙渡乡委员会

书　记:王　皓(—2021.08)
胡春杰(2021.08—)
副书记:胡春杰(—2021.08)
梁媛媛(女,—2021.08)
黄逸帆(2021.08—)
陈婷莉(女,2021.08—)
林　彬
(挂职,—2021.02)
纪委书记:徐煜军(—2021.09)
杨　勇(2021.09—)

仙渡乡人大主席团

主　席:刘黎明(—2021.12)
梁媛媛(女,2021.12—)
副主席:吴杨琳(女,—2021.12)

仙渡乡人民政府

乡　长:胡春杰(—2021.12)
黄逸帆(2021.12—)
副乡长:周炳翔(—2021.12)
丁晓丽(女,—2021.12)
方　媛(女,—2021.12)
吴杨琳(女,2021.12—)
徐　靖
(2021.02—2021.09)
武　佩(女,2021.12—)
赵浏阳(2021.12—)
陈　仕
(挂职,2021.12—)

【老竹畲族镇】

中国共产党老竹畲族镇委员会

书　记:徐　清(—2021.08)
叶刘军(2021.08—)
副书记:蓝丽芬(女)
徐　科(—2021.08)
叶伟权(2021.08—)
蔡建辉(女,2021.08—)
纪委书记:王　盛

老竹畲族镇人大主席团

主　席: 应永生(—2021.12)
徐　科(2021.12—)
副主席:雷金荣(—2021.12)
章华祥(—2021.12)
史　品(2021.12—)

老竹畲族镇人民政府

镇　长:蓝丽芬(女)
副镇长:叶伟权(—2021.12)
郭起平
(2021.03—2021.12)
饶钦茂(2021.12—)
何翠球(女)
梅浙赣(2021.12—)

【丽新畲族乡】

中国共产党丽新畲族乡委员会

书　记:孙聪龙
副书记:钟文换(2021.08—)
叶薛超(女,—2021.08)
刘丽娥(女,2021.08—)
王　忠
(挂职,—2021.02)
金　立
(挂职,—2021.10)
纪委书记:刘军武(—2021.08)
赵永昌(2021.08—)

丽新畲族乡人大主席团

主　席:张　城(—2021.11)
叶薛超(女,2021.11—)
副主席:张俊峰(—2021.11)
叶慧麟(2021.11—)

丽新畲族乡人民政府

乡　长:钟文换(2021.11—)
副乡长:梁俊武(—2021.11)
赵　健(—2021.11)
陈　俊
汤海波(2021.11—)
朱晓锋(2021.11—)

【黄村乡】

中国共产党黄村乡委员会

书　记:刘　华(女,—2021.08)

虞旭萍(2021.08—)
副书记:熊夏敏(—2021.08)
张　政(—2021.08)
陶　琤(女,2021.08—)
纪学敏(女,2021.08—)
蔡尚宝
(挂职,—2021.02)
张　颖
(女,挂职,2021.08—)
纪委书记:陈　超
(女,—2021.09)
李海花
(女,2021.09—)

黄村乡人大主席团

主　席:陶　琤(女,—2021.12)
张　政(2021.12—)
副主席:吴龙兴(—2021.12)

黄村乡人民政府

乡　长:熊夏敏(—2021.12)
陶　琤(女,2021.12—)
副乡长:项庭武(—2021.12)
杨裕斐(—2021.02)
叶旭瑶(女)
姜建水(—2021.12)
李海花
(女,2021.02—2021.12)
李常傲(2021.12—)
林梦隆(2021.12—)

(中共丽水市莲都区委组织部)

2021年度莲都区表彰及试点情况

类型	序号	被表彰主体	表彰内容	表彰主体	文号	时间
表彰表扬	1	莲都区	全国无障碍环境示范区	住房和城乡建设部	建成〔2021〕15号	2021.2.1
	2	莲都区	2021年度全国基层治理创新典型案例	民政部办公厅	民办函〔2022〕7号	2022.2.17
	3	莲都区	“一星平安金鼎”区	省委、省政府	省委省政府便签	2021.3.27
	4	莲都区	2021年度“平安牌”县	省委、省政府	省委省政府便签	2022.3.29
	5	莲都区	2020年度美丽浙江建设(生态文明示范创建行动计划)工作考核优秀县(市、区)	省委、省政府	省委省政府便签	2021.5.17
	6	莲都区	第二批浙江省全域旅游示范区	省政府	浙政发〔2021〕32号	2021.11.3
	7	莲都区	真抓实干成效明显区	省府办	浙政办发〔2021〕24号	2021.5.7
	8	莲都区	全省农村饮用水达标提标行动工作成绩突出集体	省府办	省府办便签	2021.4.7
	9	莲都区	2020年四季度全省争先创优行动“最佳实践”	省府办	浙争先创优办〔2021〕1号	2021.1.27
	10	莲都区	浙江省农村文化礼堂建设建设示范县	省委宣传部	浙宣〔2021〕48号	2021.10.11
	11	莲都区	省第二批全省大花园示范县建设优秀典型案例	省发改委	浙发改环资函〔2021〕897号	2021.12.29
	12	莲都区	2021年高标准农田建设进度	省农业农村厅	浙农田发〔2021〕66号	2021.10.28
	13	莲都区	2022年“浙里田园”休闲农业与乡村旅游精品线路	省农业农村厅办公室	浙农产发〔2022〕3号	2022.4.7
	14	莲都区	2021年度高质量森林浙江建设目标责任制考核优秀	省林业局	浙林办〔2022〕10号	2022.2.28
	15	莲都区	2021年度浙江省数字生活新服务样板县创建专项激励	省商务厅	浙商务联发〔2021〕40号	2021.4.11
	16	莲都区	2021年度浙江省数字生活新服务样板县创建专项激励名单	省商务厅、省财政厅	浙商务联发〔2021〕40号	2021.3.31
	17	莲都区	2021年度浙江省改革突破金奖	省委全面深化改革委员会	浙委改发[2022]1号	2022.2
	18	莲都区	法治浙江(法治政府)建设示范单位	省委全面依法治省委员会	浙委法发〔2021〕5号	2021.4.19
	19	莲都区	2020年度法治浙江(法治政府)建设先进单位	省委全面依法治省委员会	浙委法发〔2021〕1号	2021.2.8
	20	莲都区	2020年度浙江省数字生活新服务标杆创建(培育)名单	省数字生活新服务工作联席会议办公室	浙数新办〔2021〕1号	2021.1.11
	21	莲都区	2020年度全省生活垃圾分类工作优秀单位	省生活垃圾分类工作领导小组	浙分类〔2021〕1号	2021.10.22
	22	莲都区	2021年度全省农村生活垃圾分类处理工作优胜县	省“千村示范、万村整治”工作办公室	浙村整建办〔2021〕11号	2021.12.16

类型	序号	被表彰主体	表彰内容	表彰主体	文号	时间
表彰表扬	23	莲都区	2021年度全省深化“千万工程”建设新时代美丽乡村（农村人居环境提升）工作优胜县	省“千村示范、万村整治”工作办公室	浙村整建办〔2021〕12号	2021.12.15
	24	莲都区	2021年度新一轮制造业“腾笼换鸟、凤凰涅槃”攻坚行动考核评价激励名单	省制造业高质量发展办	浙制高办〔2022〕9号	2022.3.28
	25	区纪委 区监委	全省扫黑除恶专项斗争先进集体	省委、省政府	省委省政府便签	2021.3.25
	26	区委组织部	2021年度优秀信息和信息报送先进单位	省委组织部	省委组织部《组工情况》第4期	2022.1.24
	27	区委统战部	全省统战系统先进集体	省委统战部	浙统发〔2021〕19号	2021.12.1
	28	区委统战部	莲都外国语学校被评为浙江省侨务工作实践创新基地	省委统战部	省委统战部便签	2021.1.22
	29	区委统战部	区侨联“侨胞之家”被评为2018—2020年度全国侨联系统“优秀侨胞之家”	中华全国归国华侨联合会	中侨发〔2021〕3号	2021.1.21
	30	区委统战部	民革丽水市莲都区第二支部党员之家获第二批民革优秀党员之家	中国国民党革命委员会中央委员会	革中〔2021〕115号	2021.12.3
	31	区委统战部	农工党莲都区委会获农工党脱贫攻坚工作先进集体	中国农工民主党中央委员会	农工中发〔2021〕26号	2021.6.28
	32	区委统战部	民盟莲都区委会获脱贫攻坚先进集体	中国民主同盟浙江省委员会	盟浙〔2021〕15号	2021.6.18
	33	区委统战部	“石榴红”民族舞蹈工作室列入第四批省级民族团结进步创建重点培育单位	省民族宗教事务委员会	浙民宗发〔2021〕39号	2021.12.9
	34	区委统战部	利山村被评为2021年省级民族乡村共同富裕示范点	省民族宗教事务委员会	浙民宗发〔2021〕35号	2021.12.3
	35	区委统战部	清真寺创成省级平安宗教活动场所	省民族宗教事务委员会	浙民宗发〔2021〕25号	2021.10.25
	36	区委统战部	白云寺创成省级普法教育示范基地	省民族宗教事务委员会、省普法办公室	浙民宗发〔2021〕34号	2021.12.1
	37	区财政局	生猪增产保供成绩突出集体	省府办	省府办便签	2021.11.10
	38	区财政局	全省松材线虫病防治工作和全面禁止非法交易、滥食野生动物工作突出贡献集体	省府办	省府办便签	2021.12.22
	39	区农业农村局	浙江省消除集体经济薄弱村工作成绩突出集体	省委、省政府	中国共产党浙江省委员会	2021.1.18
	40	区农业农村局	省级革命老区乡村振兴示范区	省乡村振兴局	浙财农[2022]11号	2022.3.19

类型	序号	被表彰主体	表彰内容	表彰主体	文号	时间
表彰表扬	41	区农业执法队	全省农业农村系统农业和渔业执法工作先进集体	浙江省农业农村厅	浙农法发〔2021〕12号	2021.11.23
	42	区农业执法队	2021年全省农业行政执法案卷表彰	浙江省农业农村厅	浙农法发〔2021〕14号	2021.12.08
	43	区生态林业发展中心	“云森防”部分相关应用全省上线运行	省林业局	省林业局便签	2021.12.23
	44	区生态林业发展中心	丽水市莲都区峰源林业工作中心站获“森林浙江”突出贡献集体	省委、省政府	省委省政府便签	2021.1.19
	45	区卫健局	2020年健康浙江建设考核优秀等次	省委省政府健康浙江建设领导小组办公室	健康浙江办〔2021〕2号	2021.7.8
	46	区统计局	浙江无人机智能调查试点	浙江省统计局	浙调办函〔2022〕4号	2022.2
	47	区市场监管局	2020年度省局综合绩效优秀等次	省市场监管局	浙市监党委〔2021〕6号	2021.1.19
	48	区市场监管局	2021年度省局综合绩效优秀等次	省市场监管局	浙市监党委〔2022〕7号	2022.2.8
	49	区市场监管局	2018—2020浙江省市场环境建设成绩突出集体	省“小微企业三年成长计划”工作领导小组	浙微组发〔2021〕3号	2021.8.31
	50	区市场监管局	2021年度省局“三比一讲”争先创优竞赛	省市场监管局	浙市监党委〔2021〕65号	2021.11.11
	51	区市场监管局	丽水猪肚案入选“铁拳”行动第一批典型案例	省市场监管局	浙市监党委〔2021〕60号	2021.7.19
	52	区市场监管局	2020年度“放心消费在浙江”成绩突出集体	省市场监管局	浙市监消〔2021〕1号	2021.1.11
	53	区市场监管局	2021年度浙江省市场监管执法工作成绩突出集体	省市场监管局	浙双打办〔2022〕2号	2022.1.28
	54	区市场监管局	“浙食链”完成进度“揭榜挂帅”任务县	省市场监管局	浙市监办〔2021〕60号	2021.6.27
	55	区人力社保局	2020—2021年度《中国劳动保障报》新闻宣传工作先进单位	人社部办公厅	人社部办公厅便签	2021
	56	区人力社保局	2020年度调解仲裁案件处理工作成绩突出单位	省人社厅	浙人社函〔2021〕20号	2021
	57	区委老干部局	全省老干部工作先进集体	省委组织部、省委老干部局、省人力社保厅	浙人社发〔2021〕68号	2021.12.16
	58	区司法局	全省“法雨春风进万家”爱民实践活动表现突出集体	省司法厅	浙司〔2021〕44号	2021.4.26
	59	区司法局	2016—2020年浙江省依法治理创建活动成绩突出单位	省委全面依法治省委员会守法普法协调小组	便签	2021.12.21

类型	序号	被表彰主体	表彰内容	表彰主体	文号	时间
表彰表扬	60	区民政局	全省2020年度改革创新工作成绩突出集体	省委、省政府	省委省政府便签	2021.5.12
	61	区民政局	2021年度县市区评估先进单位	省民政厅	浙民办函〔2022〕14号	2022.1.29
	62	96345服务中心支部	全省先进基层党组织	省委	浙委发〔2021〕18号	2021.6.28
	63	区供销社	2021年度全省供销社清产核资工作优秀集体	省供销合作社联合社	省供销合作社联合社便签	2022.1.29
	64	区供销社	2021年度全省供销社信息宣传工作先进单位	省供销合作社联合社	无	2022.1.06
	65	区教育局	2016—2020全国依法治理创建活动先进单位	宣传部、司法部	司发通〔2021〕90号	2021.12.28
	66	区建设局	全省新时代美丽城镇建设2021年度成绩突出集体	省美镇办	浙美镇办〔2022〕4号	2022.1.14
	67	区环卫中心	2021年浙江省城市市容环境卫生工作成绩突出集体	省住建厅、省总工会	便签	2021.10.2
	68	区审计局	浙江省优秀审计项目	省审计厅	浙审法〔2021〕82号	2021.10.9
	69	区审计局	全省审计机关考核优秀	省审计厅	浙审干〔2021〕110号	2021.12.31
	70	区妇联	2021年度省平安家庭建设优秀单位	省妇联	浙妇[2022]7号	2022.3
	71	区科协	2021年全国科普日优秀组织单位和活动	中国科协办公厅	科协办函普字〔2021〕238号	2021.12.14
	72	区残疾人工作委员会	全国残疾人工作先进单位	国务院残疾人工作委员会	残工委发〔2021〕4号	2021.7.15
	73	区残联	全省残联系统数字化改革"揭榜挂帅"中榜单位	省残联	省残联便签	2021.5.7
	74	区文旅局	2017—2020年度全国群众体育先进单位	国家体育总局	体群字〔2021〕210号	2021.9.2
	75	区人力社保局	新闻宣传工作做得好单位	人力资源部办公厅	人力资源部办公厅便签	2021.12.15
	76	区公安分局	白云派出所、大港头派出所获公安部一级公安派出所表彰	公安部	公发〔2021〕5号	2021.11.10
	77	区公安分局	大港头派出所获全国公安机关"群众办实事"成绩突出集体	公安部	公政治〔2021〕233号	2021.6.30
	78	区委老干部局	全省老干部工作先进集体	省委组织部、省人社厅	浙人社发〔2021〕68号	2021.12.16
	79	大港头镇	大港头村被评为首批浙江省美育村	省文化和旅游厅	浙文旅艺〔2022〕1号	2022.1.18
	80	大港头镇	"共享联盟 最佳微融站"	中共浙江日报报业集团委员会	浙报集团党委〔2022〕5号	2022.1.25

类型	序号	被表彰主体	表彰内容	表彰主体	文号	时间
表彰表扬	81	大港头镇	浙江省摄影之乡	省摄影家协会	浙江省摄影家协会便签	2022.4.15
	82	岩泉街道	全省“示范数字档案室”	省档案局	浙档发[2021]27号	2021.12.31
	83	岩泉街道	枫树湾村被评为2021度浙江省美丽乡村特色精品村	省农业农村厅	浙村整建办〔2021〕12号	2021.12.16
	84	紫金街道	开潭村获评浙江省示范文明村	省委、省政府	省委省政府便签	2021.1.15
	85	联城街道	港口村获评浙江省示范文明村	省委、省政府	省委省政府便签	2021.1.15
	86	仙渡乡	浙江省农村文化礼堂建设示范乡镇(街道)	省委宣传部	浙宣〔2021〕48号	2021.10.11
	87	仙渡乡	省级美丽城镇	省城乡环境整治工作领导小组	便签	2021.12.21
	88	仙渡乡	浙江省文明村镇	省委、省政府	省委省政府便签	2021.1.15
	89	仙渡乡	丽水市莲都区省级革命老区乡村振兴示范区	省乡村振兴局、省财政厅	浙乡振函〔2022〕5号	2022.2.15
	90	碧湖镇	堰头村被评为2021年中国美丽休闲乡村	农业农村办公厅	农办产〔2021〕19号	2021.11.12
	91	碧湖镇	碧一村、高溪村被评为省级民主法治村	省司法厅、农业厅、普法办	浙司〔2022〕5号	2022.1.18
	92	老竹镇	新陶村获评浙江省示范文明村	省委、省政府	省委便签	2021.1.19
	93	黄村乡	黄泥墩村被评为全国民主法治示范村	司法部、民政部	司法发通〔2021〕15号	2021.2.7
	94	黄村乡	黄泥墩村被评为全国乡村治理示范村	中央农村工作领导小组办公室	中农发〔2021〕15号	2021.2.7
试点	95	莲都区	屋顶分布式光伏开发试点单位	国家能源局	国能综通新能〔2021〕84号	2021.9.8
	96	莲都区	全省基层监督数字化改革“揭榜挂帅”试点单位	省纪委办公厅	省纪委办公厅便签	2021.5.12
	97	莲都区	浙江省第一批千年古城复兴试点	省发改委	浙发改城镇〔2021〕36号	2021.2.20
	98	莲都区	整县推进分布式光伏试点	省发改委	省发改委便签	2021.9
	99	莲都区	全省肥药两制改革综合试点	省农业农村厅	浙农字函〔2021〕931号	2021.12.31
	100	莲都区	浙江省2022年幸福河湖建设试点县	省水利厅、省财政厅	浙水河湖〔2021〕18号	2021.12.14
	101	莲都区	放心住宿“一件事”集成改革工作试点	省卫生健康委	浙卫发函〔2021〕136号	2021.10.22
	102	莲都区	非公企业产业工人职业技能提升全域试点	推进新时代浙江产业工人队伍建设改革工作协调小组办公室	浙产改办〔2021〕15号	2021.6.4

类型	序号	被表彰主体	表彰内容	表彰主体	文号	时间
试点	103	莲都区	2022年省财政支持深化民营和小微企业金融服务综合改革试点	省财政厅	浙财金〔2021〕39号	2022
	104	区妇联	巾帼助力山区26县共同富裕试点	省妇联	省妇联便签	2021.11
	105	区人力社保局	居家养老“一卡通”数字化改革创新项目试点	省人社厅	浙人社办发〔2022〕13号	2022
	106	区市场监管局	“浙江消费宝在线”试点	省市场监管局	省市场监管局便签	2022.3.7
	107	区司法局	政府合同合法性审查试点	省司法厅	浙司〔2021〕104号	2021.10.3
	108	区建设局	浙江省第一批城乡风貌样板区试点	省建设厅	浙建风貌〔2021〕58号	2021.12.24
	109	区卫健局	放心住宿“一件事”集成改革工作试点	省卫生健康委	浙卫发函〔2021〕136号	2021.10.22
	110	区生态林业发展中心	县域野生动植物本底调查试点县	省林业局	浙林字函〔2021〕335号	2021.10.28
	111	碧湖镇	全域土地综合整治试点	自然资源部办公厅	自然资办函〔2020〕2421号	2021.1.4
	112	碧湖镇	第一批千年古城复兴试点	省发改委	省发改城镇〔2021〕36号	2021.2.20
	113	碧湖镇	省法治化综合改革试点乡镇	省委全面依法治省委员会办公室	浙委法办函〔2021〕18号	2021.6.8
	114	碧湖镇	大陈村被评为全省第一批村庄规划编制和实施监督省级试点	省自然资源厅	浙自然资函〔2021〕50号	2021.8.18
	115	大港头镇	大港头村被评为全省第一批未来乡村建设试点单位	省农业农村厅	浙江省农业农村厅便签	2021.12.6
	116	仙渡乡	葛畈村获评2021年特色文化礼堂建设试点	省委宣传部	省委宣传部便签	2021.4.23
	117	黄村乡	黄泥墩村获评全国村级议事协商创新实验试点单位	民政部办公厅	民办函〔2021〕77号	2021.12.23

附 录

2021年莲都区国民经济和社会发展统计公报

莲都区统计局

2021年，面对错综复杂的外部环境、艰巨繁重的改革发展稳定任务，特别是新冠肺炎疫情的严重冲击，莲都区委、区政府团结带领全区各级党组织和广大党员干部群众，坚持底线思维，保持战略定力，脚踏实地抓落实，全区各项经济指标全面恢复，发展质效和民生保障不断改善，各项社会事业健康发展，与全省同步高水平全面建成小康社会，正向着“接续高质量发展建设百万人口大城市”阔步前进，意气风发迈向共同富裕。

一、综 合

据初步测算，2021年莲都区实现地区生产总值453.53亿元，按可比价计算，增长8.9%。其中，第一产业实现增加值21.18亿元，增长0.3%；第二产业实现增加值142.38亿元，增长11.6%；第三产业实现增加值289.97亿元，增长8.3%，三大产业对经济增长的贡献率分别为-0.3%、45.0%、55.3%，三次产业增加值结构为4.7∶31.4∶63.9。按照我国地区生产总值统一核算和数据发布制度规定，地区生产总值核算包括初步核算和最终核实两个步骤。经最终核实，2020年，全区生产总值现价总量为403.95亿元，按可比价格计算，增长3.3%，三次产业增加值结构为5.3∶29.7∶65.0。

2021年，年末全区户籍人口423924人，其中，城镇人口198932人，乡村人口224992人；男性人口211346人，女性人口212578人，分别占总人口的49.9%和50.1%。全年出生人口3651人，出生率为8.6‰；死亡人口2656人，死亡率为6.3‰；自然增长率为2.36‰。

2021年，全年市区居民消费价格总水平比上年上涨1.8%，其中，消费品价格上涨1.7%，服务价格上涨1.8%，工业品价格上涨2.6%。商品零售价格上涨2.3%。（见表1）

2021年居民消费价格情况

表1

指数类别	莲都区
居民消费价格总指数（以上年为100）	101.8
一、食品烟酒	100.8
二、衣着	101.3

续表1

指数类别	莲都区
三、居住	101.2
四、生活用品及服务	99.7
五、交通和通信	104.2
六、教育文化和娱乐	104.7
七、医疗保健	102.1
八、其他用品和服务	96.8

2021年，莲都区实现财政总收入103.21亿元，增长10.0%。一般公共预算收入63.67亿元，增长12.8%。一般公共预算支出138.77亿元，增长1.2%。分区域看，区本级实现财政总收入32.00亿元，增长5.4%。一般公共预算收入19.50亿元，增长8.6%。一般公共预算支出54.48亿元，下降0.4%。

二、农业和农村

根据粮食生产统计监测调查数据推算，2021年莲都区粮食播种面积12.54万亩，下降0.9%，粮食产量4.13万吨，增长15.0%。油菜籽播种面积426公顷，下降3.8%，产量824吨，增长1.7%。莲都区水果种植面积5550公顷，下降11.5%，产量9.53万吨，下降0.4%。水果产业产值4.32亿元，增长13.4%。蔬菜播种面积0.84万公顷，下降14%，产量24.01万吨，下降22.0%(见表2)，实现产值9.30亿元，增长5.1%。年末莲都区生猪存栏14.80万头，增长50.7%；出栏10.35万头，增长14.0%。家禽存栏126.8万羽，下降10.6%；出栏411.3万羽，增长6.6%。羊存栏0.66万头，增长17.9%；出栏0.55万头，增长37.5%。

2021年主要农产品产量

表2　　单位：吨

产品名称	绝对数	比上年增长(%)
粮食	41349	15.0
油料	1697	-6.3
其中，油菜籽	824	1.7
食用菌	3693	-61.8
其中，香菇	1301	-76.2
蔬菜	240111	-22.0
茶叶	2192	20.6
水果	95315	-0.4
其中，柑橘	32126	14.7
肉类	14724	1.8
其中，猪肉	8245	5.9
禽蛋	730	-35.9

2021年，全年化肥施用量(折纯)0.94万吨，比上年下降4.4%；农村用电量26490万千瓦时，比上年增长364.6%。

三、工业和建筑业

2021年，莲都区实现工业增

加值109.51亿元,按可比价计算增长17.4%。规模以上工业实现增加值96.44亿元,增长19.6%。规模以上工业企业销售产值增长32.5%,其中出口交货值增长44.2%。分行业看,31个行业大类中,26个行业增加值实现增长。

2021年,规模以上工业企业实现利润总额25.59亿元,比上年下降21.2%。人均薪酬7.93万元,同比增长18.8%

2021年,全年完成规模以上工业企业投入研发费用14.82亿元,比上年增长30.9%;规模以上工业新产品产值增长21.4%。新产品产值率36.4%。规模以上工业中,高技术、高新技术产业、装备制造业和战略性新兴产业增加值分别增长21.2%、23.7%、22.0%和33.2%,占规上工业增加值的比重分别为8.7%、54.5%、34.6%和17.1%。

2021年,区本级规模以上工业增加值增长18.6%,规模以上工业企业销售产值增长53.4%,分行业看,21个行业大类中,19个行业增加值实现增长。规模以上工业企业实现利润总额3.27亿元,比上年同期下降9.7%,人均薪酬7.26万元,同比增长21.2%。

2021年,区本级全年完成规模以上工业企业投入研发费用1.89亿元,比上年增长39.1%,规模以上工业新产品产值增长21.8%。新产品产值率29.9%。规模以上工业中,高技术、高新技术产业、装备制造业和战略性新兴产业增加值分别增长60.4%、17.2%、14.0%、28.4%,占规上工业增加值的比重分别为4.2%、41.2%、39.7%、9.1%。

2021年,莲都区全年建筑业增加值32.90亿元,占GDP的比重为7.3%。

四、固定资产投资和房地产业

2021年,莲都区固定资产投资增长26.4%。其中,民间项目投资增长23.2%,交通投资增长58.6%,生态环保、城市更新和水利设施项目投资增长17.4%,高新技术产业投资增长2.2%,工业投资、制造业投资分别增长11.6%和13.3%。

2021年,莲都区属(剔除开发区)固定投资增长21.3%,高于全市水平6.2个百分点,全年投资总量突破220亿元,新项目开工入统近百个,固定资产投资实现稳步提升,总体形势发展向好。其中,民间投资增长22.3%;交通投资增长17.6%;生态环保类投资增长15.2%;制造业投资下降29.7%;高新技术产业投资下降61.3%。分投资领域看,基础设施投资占比7.6%,下降9.1%;房地产投资占比78.8%,增长28.1%;工业投资占比5.3%,下降37.2%。分产业看,第一产业投资占比0.8%,下降29.0%;第二产业投资占比5.4%,下降37.4%;第三产业投资占比93.8%,增长29.1%。从产业结构上看,第三产业占莲都区属固定资产投资的绝对优势,第三产业上升明显,主要受房地产投资拉动,房地产投资占莲都区属投资总量的78.8%,拉动投资总量增长21.0个百分点。

2021年,莲都区全年房地产开发投资198.28亿元,比上年增长27%,其中住宅投资141.31亿元,增长27.3%。商品房销售面积180.38万平方米,增长26.8%;商品房销售额321.6亿元,增长35.9%。

2021年,莲都区剔除开发区全年房地产开发投资181.16亿元,比上年增长28.1%,其中住宅投资129.77亿元,增长30.7%。商品房销售面积93.56万平方米,增长4.3%;商品房销售额223.66亿元,增长28.1%。

五、内外贸易

2021年,全年社会消费品零售总额226.60亿元,增长11.3%。按经营地统计,城镇消费品零售额193.56亿元,增长9.7%;乡村消费品零售额33.04亿元,增长13.1%。。网络零售额124.89亿元,增长19.7%。

2021年,全年完成限额以上社会消费品零售总额75.21亿元,增长4.7%。在限额以上企业销售的商品类别中,饮料和粮油食品分别增长26.3%和9.8%;烟酒、文化办公用品和日用品类均分别增长11.8%、30.4%和8.7%;汽车类下降3.6%,其中新能源汽车增长360.1%。

2021年,全年货物进出口总额51.98亿元,下降7.2%,其中,出口46.84亿元,下降5.4%;进口5.14亿元,下降20.7%。区本级全年货物进出口总额14.83亿元，下降16.2%；出口14.61亿元，增长2.9%。

六、交通运输、邮电和旅游

2021年，莲都区实现交通运输、仓储和邮政业增加值10.20亿元，增长7.3%。全年铁路客运量679.83万人，增长15.0%，铁路货运量107.90万吨，增长27.7%。年末公路总里程1330.179公里，其中高速公路68.603公里。公路和水运完成货物周转量197388万吨公里，增长18.38%；公路和水运旅客周转量21869万人公里，下降8.09%。（详见表4）

2021年公路、水路运输完成运输量

表3

指标	计量单位	绝对数	比上年增长(%)
货物周转量	万吨公里	197388	18.38
公路	万吨公里	197388	18.38
水路	万吨公里	—	—
旅客周转量	万人公里	21869	-8.09
公路	万人公里	21520	-8.52
水路	万人公里	349	29.7

2021年，莲都区全年邮电业务总量9.14亿元，增长9.1 %。年末固定电话用户(含小灵通）9.05万户。年末移动电话用户75.03万户，互联网宽带接入用户数(固定互联网宽带)31.32万户。

2021年，莲都区实现旅游收入46.2亿元，增长0.9%。

七、金融和保险

2021年，莲都区年末金融系统本外币存款余额1355.60亿元，比上年末增长12.2%。其中人民币存款余额1341.28亿元，增长12.4%。金融系统本外币贷款余额1385.60亿元，比上年末增长16.5%，其中人民币贷款余额1384.36亿元，增长16.5%。

2021年，莲都区全年保险业实现保费收入26.73亿元，增长9.1%。其中：财产险保费收入9.81亿元，增长6.2%；人身险保费收入16.91亿元，增长10.9%。支付各类赔款及给付11.41亿元，其中，财产险赔付支出6.65亿元，人身险赔付支出4.77亿元。

八、教育和科学技术

2021年，莲都区拥有高等学校3所，在校学生44940人；中等职业学校4所，在校学生6156人(含丽水中专)；普通高中6所，在校学生9056人；普通初中19所，在校学生18867人；小学20所，在校学生38634人。小学和初中入学率、巩固率均为100%。初中毕业升高中段的比例为98.77%。莲都区拥有幼儿园72所，在园幼儿20491人。

莲都区新认定高新技术企业56家，累计220家；新培育科技型中小企业215家，累计730家，其中区本级新认定高新技术企业15家，累计54家；新培育科技型中小企业27家，累计147家。区本级财政一般公共预算支出中科技支出12800万元，增长16.4%。

九、文化、卫生和体育

2021年，莲都区年末共有文化馆2个、公共图书馆2个、文化站15个、美术馆1个、博物馆5个。

2021年末莲都区共有卫生机构50个（不含诊所、村卫生室），其中医院16个、卫生院19个、社区卫生服务中心5个。卫生机构拥有床位5910张，卫生技术人员7631人。执业医师和执业助理医师3201人(含诊所、村卫生室)。

2021年,莲都区运动员获得国家级赛事体操项目冠军1个。省级赛事冠军24个,其中轮滑项目15个、航海模型项目7个、体操项目2个。为进一步满足莲都区群众的多元化体育健身需求,全年共计开展各类体育活动51场,完成2450人国民体质监测工作任务。成功举办2021莲都区线上健身系列活动"留莲过年,AI动莲都"、2021休闲东西岩山地登高赛、2021"竹柳新桥"民族运动会、2021"碧湖田园半程马拉松"、2021"清韵杯"全国业余围棋公开赛。在2021年,莲都区体育民生实事完成村级全民健身广场1个,社区多功能场8个,百姓健身房4个。

十、就业、人民生活和社会保障

2021年莲都区居民人均可支配收入50417元,比上年增长10.3%,扣除价格因素增长8.3%。按常住地分,城镇常住居民和农村常住居民人均可支配收入分别为56371元和33766元,分别名义增长9.1%和11.2%,扣除价格因素分别增长7.2%和9.2%。

2021年莲都区居民人均生活消费支出36040元,比上年名义增长16.6%。其中,城镇常住居民人均生活消费支出39521元,增长15.4%;农村常住居民人均生活消费支出26307元,增长17.8%。

2021年末,莲都区参加职工基本医疗保险参保人数19.39万人,比上年同期增加1.02万人;其中生育保险13.73万人,比上年同期增加0.87万人。莲都区参加企业职工基本养老保险人数23.92万人,比上年末增加1.36万人;参加工伤保险人数32.58万人,增加4.65万人。莲都区被征地农民参加基本养老保险备案7243人(其中,选择参加职工养老保险6554人,选择参加城乡居民养老保险662人,选择被征地基本生活保障27人)。城乡居民养老保险基础养老金最低标准225元/月。

2021年末莲都区剔除开发区范围,各类收养性社会福利机构13家,拥有床2125张,收养各类人员1162人,完成城乡居家养老服务照料中心建设234个。从2018年7月开始施行城乡特困供养标准一体化,特困标准统一为每人每月1210元。农村和城镇特困对象自愿集中供养,2021年末农村和城镇特困对象集中供养率达到29.56%,有162名农村和城镇特困对象得到了集中供养。年末在册低保对象9839人,其中,城镇524人,农村9315人。年低保资金支出7182.16万元,比上年增长15.49%。城乡低保同标,平均每人每月910元。

十一、环境和社会安全

2021年,莲都区生态文明建设和环境质量状况在全省设区(市)的市区排名前列,生态环境状况级别为优,生态环境公众满意度达90.84分,在全省90个县(市、区)中排名前列。

2021年,莲都区剔除开发区范围"水十条"国家考核断面水质均达标,市控以上地表水监测断面、县级以上集中式饮用水水源地水质和跨行政区域河流交接断面水质均达100%,出境断面(共1个)水质达到Ⅱ类,考核结果为优秀。

2021年,市区环境空气质量综合指数为2.67,在全国168个重点城市排名第7,全省排名第2,AQI优良率为99.7%,同比上升0.8个百分点,全省排名第1,PM2.5平均浓度为21微克/立方米,全省排名第2,PM10平均浓度为40微克/立方米,降尘量为2.9吨/平方公里*月。

2021年,莲都区剔除开发区范围内共发生共发生各类生产安全事故2起、死亡2人。事故死亡人数占全年控制指标的100%。其中:工矿商贸企业事故2起,死亡2人;经营性火灾事故17起,死亡0人。全年未发生水上交通、渔业船舶和职业卫生事故。

注释:

(1)本公报所列各项数据为年度初步统计数据。部分数据因四舍五入原因,存在与分项合计不等的情况。

(2)生产总值和各产业增加值绝对数按现行价格计算,增长速度按可比价格计算。

(3)根据上级文旅部门统一部署,旅游业的统计方法和口径有调整。

(4)邮政业务总量计算使用2020年不变单价。

(5)因部分保险机构目前处于风险处置阶段，保费收入相关数据口径暂不包含这部分机构。

(6)本公报莲都区（市区）包括区本级、市本级、开发区范围。

资料来源：本公报中外贸进出口数据来自市、区经商局，公路运输、水运数据来自市交通运输局，移动电话用户数量、互联网宽带用户等数据来自电信、移动、联通公司，邮电业务总量数据来自市邮政管理局，金融和保费数据来自中国人民银行丽水市中心支行，社会保障数据来自市、区人力资源和社会保障局，财政数据来自区财政局，省级科技奖项、高新技术企业、省级以上科技项目等数据来自市科技局，卫生数据来区卫健局，低保、社会服务和救助数据来自区民政局，环境监测数据来自市生态环境局莲都分局，安全生产事故数据来自区应急管理局，教育数据来自市教育局，旅游、公共图书馆、博物馆等数据来自区文化和广电旅游体育局，户籍人口数据来自区公安局，其他数据来自市、区统计局和国家统计局丽水调查队。